中国社会科学院
新自由主义批判文选

中国社会科学院 编

中国社会科学出版社

图书在版编目(CIP)数据

中国社会科学院新自由主义批判文选/中国社会科学院编．—北京：中国社会科学出版社，2016.6
ISBN 978-7-5161-8309-0

Ⅰ.①中…　Ⅱ.①中…　Ⅲ.①自由主义—文集　Ⅳ.①D091.5-53

中国版本图书馆 CIP 数据核字(2016)第 117488 号

出 版 人	赵剑英
责任编辑	刘　艳
责任校对	闫　萃
责任印制	王　超

出　　版	中国社会科学出版社
社　　址	北京鼓楼西大街甲 158 号
邮　　编	100720
网　　址	http://www.csspw.cn
发 行 部	010-84083685
门 市 部	010-84029450
经　　销	新华书店及其他书店
印　　装	北京君升印刷有限公司
版　　次	2016 年 6 月第 1 版
印　　次	2016 年 6 月第 1 次印刷
开　　本	787×1092　1/16
印　　张	41.5
插　　页	2
字　　数	632 千字
定　　价	155.00 元

凡购买中国社会科学出版社图书，如有质量问题请与本社营销中心联系调换
电话：010-84083683
版权所有　侵权必究

序

世界历史发展的实践证明，选择什么样的指导思想，选择什么样的社会制度，选择什么样的发展道路，将会深刻地影响一个国家、一个民族的前途命运。当前，面对各种思想文化交流交融交锋的新形势，哲学社会科学战线的一项重要任务是自觉坚持以马克思主义为指导，深入批判"普世价值"论、"宪政民主"观、新自由主义、历史虚无主义、民主社会主义等错误思潮，坚定中国特色社会主义道路自信、理论自信和制度自信。

冷战结束以来，在西方所谓"普世价值"论的鼓吹下，一些国家被折腾得不成样子，有的四分五裂，有的战火纷飞，有的整天乱哄哄的……阿富汗、伊拉克、叙利亚、利比亚、也门等国家就是典型案例。西方资本主义价值体系给这些国家带来的显然不是"福音"或"救世良方"，而是无尽的动荡和灾难。这些国家和地区惨痛的教训证明，根本就没有普遍适用于一切社会、一切国家和一切民族的永恒的价值观。价值观念从来都是一定历史条件下具体社会经济政治形态的产物，都是具体的、历史的、变化的，总是与一定的社会经济政治关系相联系，所谓抽象的、超阶级的、超历史的"普世价值"在现实生活中不可能独立存在。一些人宣扬的"普世价值"论，是一个有特定政治含义和具体企图的思想陷阱，其针对我国的目的，就是要取消马克思主义指导地位，而代之以西方资产阶级意识形态，本质上是要否定中国共产党的领导、否定马克思主义的指导地位、否定人民民主专政的国体、否定社会主义制度。

"宪政民主"观是近年在我国意识形态领域涌现的又一股错误思潮。在党中央作出全面推进依法治国重大战略部署的背景下，有人趁机兴风作浪，故意混淆"依法治国"、"依宪治国"、"依宪执政"与西方"宪政民主"的本质区别。"宪政民主"是伴随西方资本主义的产生而发展起来的政治理念，逐渐演变成为西方资产阶级的主流政治和制度主张，完全是西方资产阶级的国家理念、政治模式和制度设计。他们鼓吹的"宪政民主"，实质上是要彻底否定我国社会主义法治、社会主义制度、中国共产党领导下的人民民主专政的社会主义国体，代之以西方资本主义的法治理念和法治模式，搞"三权分立"、"多党制"和"议会制"，一句话，搞资产阶级专政的资本主义国体。"宪政民主"显然绝对不是什么"普世民主"或"普世价值"，不是适用于一切国家的政治制度。我国是具有本国具体历史和现实特点的社会主义国家。我国适合什么样的制度，适用什么样的模式，是由我国国情决定的。照抄照搬他国的政治制度和政治模式行不通，甚至会把国家前途命运葬送掉。中国是一个社会主义的发展中大国，我们需要借鉴国外政治文明有益成果，但绝不能放弃中国特色社会主义政治制度的根本。

新自由主义思潮是随着我国改革开放而渗入进来的。从本质上看，新自由主义是西方资产阶级的意识形态，代表了国际金融垄断资本的核心利益和价值观念，通过鼓吹完全私有化、彻底市场化、绝对自由化和全球一体化，为以美国为首的国际金融垄断资本开辟全球空间。新自由主义先后被英、美金融垄断资产阶级捧上了西方主流经济学的宝座，逐步由经济思潮转化为附带一系列政策、举措的意识形态主张，并迅速向拉美、亚非、东欧等国家地区广泛蔓延。自90年代后期开始，新自由主义的"副作用"开始显现，先后导致一系列引进新自由主义的国家与地区的经济深受重创，社会动荡不安，人民苦不堪言。2007年美国次贷危机全面爆发，随即蔓延为一场全球性的金融危机。这十年来，为了走出金融危机与经济衰退相互拖累的发展困境，以美国为首的西方主要国家被迫采取加大政府开支、扩大基础建设投入等政府干预政策。可以说，世界金融危机这场肇始于美国的"经济灾难"正式宣告了新自由主义的彻底破产。这一破产表明，当代资本主义并没有从根本上解决生产社会化同生产资料私人占有的内在矛盾，周期性经济危机的爆发是资本主义基本矛盾发展的必然产物。正是由于生产资料占有方式的不同，社会主义市场经济的公有制本质决定了经济危机的可规避性、可防范性。中国特色社会主义的成功实践告诉人们，只有将公有制为主体的制度安排与市场经济紧密结合，同时用好"看得见的手"和"看不见的手"，才能使社会主义制度的优越性更好地发挥出来。

当然，对西方意识形态色彩的错误思潮的否定与批判，并不等于全盘否定西方现代文明所创造的一切有价值的、于我有用的看法与做法。中国特色社会主义是在吸取世界先进文明的基础上发展起来的。

以习近平同志为总书记的党中央坚持马克思主义指导，高扬中国特色社会主义伟大旗帜，坚持中国特色社会主义理论自信、制度自信和道路自信，大力加强意识形态工作，对错误思潮予以鲜明的批判和抵制，不断巩固马克思主义的指导地位，巩固全国人民共同奋斗的思想基础。中国社会科学院党组按照党中央的决策部署，积极组织院内外专家学者，围绕错误思潮的源流、本质及其危害等问题，展开了一系列深入研究与批驳，推出了一批较有影响的论著，受到了社会各界的广泛关注和充分肯定。本套文选选编了近年来公开发表的一些重点文章，这些文章积极运用马克思主义的立场、观点、方法，对各种谬论展开了具体而深入的批判。

我们期望这套文选的出版，能够帮助广大干部群众进一步学好马克思主义，学好习近平总书记系列重要讲话，转化为清醒的理论自觉、坚定的政治信念、科学的思维方法，在推动马克思主义中国化、时代化、大众化，推进中国特色社会主义理论体系创新发展，加快构建中国特色哲学社会科学创新体系，巩固和发展中国特色社会主义方面，发挥更为积极的作用。

是为序。

王伟光

2016 年 6 月

目 录

一 新自由主义的源流与本质

运用马克思主义立场、观点和方法,科学认识美国金融危机的
本质和原因
　　——重读《资本论》和《帝国主义论》……………… 王伟光(3)
新自由主义研究 ………… 中国社会科学院"新自由主义研究"课题组(24)
新自由主义的危害 ……………………………………… 李慎明(50)
新自由主义本质辨析 …………………………………… 李其庆(54)
略论新自由主义及其影响 ……………………………… 吴易风(62)
海外归来谈新自由主义的危害 ………………………… 杨　斌(70)
西方市场原教旨主义的衰败 …………………………… 于祖尧(105)
新自由主义的源流与本质 ……………………………… 何秉孟(111)
新自由主义的起源、发展及其影响 …………………… 程恩富(117)
作为资产阶级意识形态的新自由主义 ………………… 叶　晖(127)
新自由主义与构建和谐社会相对立 …………………… 周新城(131)
新自由主义思潮:一个与中国特色社会主义格格不入的
　意识形态 …………………………………… 刘国光　杨承训(139)

二 对新自由主义"彻底私有化"观点的批判

产权理论：马克思和科斯的比较 ………………………… 吴易风（151）
新自由主义产权理论与马克思主义产权理论比较 ………… 裴小革（177）
国企改革必须以马克思主义产权理论为指导
　　——兼评科斯的产权理论 ………………………… 何秉孟（202）
不能让新自由主义误导国有企业改革 …………………… 周新城（210）
批判新自由主义就是否定和反对改革吗？ ……… 胡若痴　卫兴华（236）
科学理解和积极发展混合所有制经济
　　——关于改革和加强国有企业的对话 ……… 项启源　何干强（241）
国企改革必须防止几种偏向 ……………………………… 宋方敏（259）

三 对新自由主义"绝对自由化"观点的批判

从国际金融危机进一步认清新自由主义的危害 ………… 李慎明（265）
中国金融体制改革应遵循的基本原则 …………………… 胡代光（273）
新自由主义与当前国际金融危机 ………………………… 丁　冰（279）
美国金融危机与国际金融垄断资本主义 ………………… 何秉孟（292）
新自由主义与国际金融危机
　　——西方国家思想界的反思与评析 ………………… 谭扬芳（321）
30年新自由主义迷思的幻灭
　　——解读美国《金融监管改革法案》 ……………… 刘　杉（333）
对国际金融危机的马克思主义分析和研究 ……………… 顾钰民（339）
金融资本主义：新特征与新影响 ……………… 周　宏　李国平（342）
金融资本逻辑与帝国的本质 ……………………………… 户晓坤（357）
积累的社会结构理论视野中的新自由主义时代和
　　金融危机 ……………………………… ［美］维克托·D.利皮特（361）
从近百年美国的三次金融立法看"金融自由化"的
　　历史命运 …………………………………………… 何秉孟（376）

四 对新自由主义"完全市场化"观点的批判

全面准确理解市场与政府的关系 …………… 刘国光 程恩富（389）
评析新自由主义倡导的政策实施问题 …………… 胡代光（401）
论资源配置中的市场调节作用与国家调节作用
　——两种不同的"市场决定性作用论" ………… 程恩富 孙秋鹏（414）
准确理解"使市场在资源配置中起决定性作用" ………… 何秉孟（435）
试论市场与政府在资源配置中的关系 …………… 许　敏（439）
新自由主义"市场失灵"理论的双重悖论及其批判
　——兼对更好发挥政府作用的思考 ……………………… 杨　静（447）

五 通往灾难之路的新自由主义

美国新自由主义模式：通往灾难之路 ………………… 何秉孟（469）
两种道路　两种前景 ……………………………………… 汝　信（473）
走中国特色社会主义道路要警惕新自由主义、
　民主社会主义、历史虚无主义三股思潮 ……………… 郑科扬（478）
新自由主义：救世良方还是经济毒药 ……朱安东 王佳菲 蔡万焕（484）
新自由主义的资本积累主张及其危害 …………………… 陈承财（500）
新自由主义的危害与拉美左翼运动的崛起 ……………… 靳辉明（509）
新自由主义在拉美的失败
　——读《厄瓜多尔：香蕉共和国的迷失》 ……………… 胡乐明（518）
俄罗斯经济私有化的后果及教训 ………………………… 张树华（523）
新自由主义与转轨国家私有化的教训 …………………… 杨　斌（539）
欧洲发达国家共产党对新自由主义全球化的
　批判 …………………………………………… 姜　辉 于海青（548）

六 坚持马克思主义政治经济学理论自信

西方国家金融和经济危机与中国对策
　研究 ……………………………… 王伟光 程恩富 胡乐明等（559）

社会主义市场经济理论是重大创新
　　——学习习近平总书记关于马克思主义政治经济学讲话………… 程恩富(605)
实现市场经济与社会主义的有机统一
　　——中国发展道路的应有之义 ………………………………… 刘国光(610)
构建中国特色社会主义金融体制的思考
　　——兼析金融私有化、自由化的几个观点 ………………… 杨承训(615)
马克思主义是研究美国金融危机的强大理论武器 ……………… 裴小革(628)
坚持马克思主义政治经济学理论自信 …………………………… 何干强(640)
以马克思主义引领高校经济学教育 ……………………………… 丁堡骏(645)
西方主流经济学难以解释中国经验 ……………………………… 张　宇(649)
"西化"的经济学教育不能成为主流 ……………………………… 邱海平(652)

一

新自由主义的源流与本质

运用马克思主义立场、观点和方法,科学认识美国金融危机的本质和原因

——重读《资本论》和《帝国主义论》

王伟光

2007年8月,美国次贷危机突然爆发,导致美国陷入自20世纪30年代大萧条以来最为严重的金融危机。继而美国金融风暴席卷全球,全世界正面临自20世纪30年代大萧条以来最严重的金融危机。这场全球性的金融危机已经引发了不同程度的世界性经济社会危机,目前还没有见底,今后发展会出现什么样的情况还需要进一步观察。

当前,摆在我们面前的一项重要任务就是重读《资本论》和《帝国主义论》,运用马克思主义立场、观点和方法,科学揭示这场危机的深刻本质和根本成因,提出根本性的有效规避和防范措施,建立制度保障和长效机制,保证中国特色社会主义健康稳定发展。

一 必须联系资本主义制度本质,认清金融危机的实质和原因

关于美国次贷危机引发的全球性金融危机及经济危机产生的原因,及其对我国造成的影响和解救的措施,发表的见解已经很多了,其中不乏真知灼见。有的认为,美国居民消费严重超过居民收入,无节制的负债,无

管制的市场，无限制地衍生金融工具，无限制地投机，无限制的高额利润和高收入是爆发金融危机的重要原因。有的认为，美国的消费模式、金融监管政策、金融机构的运作方式，美国和世界的经济结构等因素，是金融危机的基本成因。有的认为，房地产泡沫是金融危机的源头祸水，金融衍生品过多掩盖了巨大风险，金融监管机制滞后造成"金融创新"犹如脱缰之马，是金融危机爆发的真正原因。也有的认为，金融危机是某些金融大亨道德缺损所致。还有的认为，金融危机本质上是美国新自由主义市场经济治理思想和运行模式的严重危机。当然也有从资本主义弊病，从资本的逐利本性和金融资本的贪婪性来分析金融危机的成因，在一定程度上涉及资本主义根本制度问题。但是总的来看，目前形成的最普遍的解释许多还停留在现象层面、非本质层面上，即技术操作层面、治理理念和运行模式、管理体制层面上，如什么超前过度消费、房地产泡沫、金融衍生品泛滥、金融创新过度、金融监管不严、新自由主义思想作祟等。运用马克思主义的立场、观点和方法，从本质上、从制度层面科学揭示危机的产生原因，预测危机的发展趋势，提出防范解救的措施，尚远远不够。

面对危机，世界各国共产党人纷纷以马克思主义为指导，分析形势、揭露危机的本质和根源，制定危机条件下的各国共产党人的行动纲领，展示共产党人的看法和力量。根据中国社会科学院马克思主义研究院于海青博士提供的资料[①]：欧美一些资本主义国家的共产党人对于危机的成因、根源与实质的分析，更深入到资本主义的制度本质，很值得我们深思。

对于这场非常严重的危机，资本主义国家政府大多将其归咎为"金融市场上的投机活动失控""不良竞争"或"借贷过度"所致，并希望通过政府救市，"规范"资本主义现行体制、机制，以达到解决危机、恢复繁荣的目的。而与之大相径庭的是，欧美一些资本主义国家的共产党人既看到了监管缺位、金融政策不当、金融发展失衡等酿成这场危机的直接原因，又反对将这场金融危机简单归结为金融生态出了问题，他们普遍认为危机

[①] 海青：《欧美发达国家共产党论当前金融危机》，《世界社会主义研究动态》2008年第50期。

的产生有其深刻的制度根源,危机标志着新自由主义的破产,是资本主义固有矛盾发展的必然结果。

法国共产党认为,世界经济危机源于金融机构的过度贪欲。这场金融危机归根结底是资本主义制度的危机。它不是从天而降的,不仅仅是资本主义的一次"失控",而是资本主义的制度缺陷和唯利是图的本质造成的不可避免的结果。冲击全球的危机并非紧紧限于金融或经济领域,它同时也揭示了政治上的危机、资本主义生产方式的危机。从深层看,金融危机本质上是一场制度危机。美国共产党认为,金融化是新自由主义资本积累和治理模式的产物,它旨在恢复美国资本主义的发展势头及其在国内和国际事务中的主导地位。同时,它也是美国资本主义的弱点和矛盾发展的结果,使美国和世界经济陷入新的断层。德国共产党认为,这场金融危机具有全球性影响,它使得全球经济陷入衰退,并越来越影响到实体经济部门。危机产生的原因不是银行家的失误,也不是国家对银行监管失利。前者只是利用了这一体系本身的漏洞,造成投机行为的泛滥。投机一直是资本主义经济的构成要素。但在新的垄断资本主义发展阶段,它已经成为一个决定性因素,渗入经济政治生活的方方面面。英国共产党认为,不能把当前经济和金融危机主要归结为"次贷"危机的结果。强调根本在于为了服务于大企业及其市场体系的利益,包括公共部门在内的英国几乎所有的经济部门都被置于金融资本的控制之下。葡萄牙共产党认为,不应该把这场危机仅仅解释为"次贷"泡沫的破灭,当前的危机也是世界经济愈益金融化、大资本投机行为的结果。这场危机表明"非干预主义国家""市场之看不见的手""可调节的市场"等新自由主义教条是错误的。资本主义再次展示了它的本性及其固有的深刻矛盾。资本主义体系非但没有解决人类社会面临的问题,反而使不平等、非正义和贫困进一步恶化。希腊共产党认为,危机现象是资本主义不可避免的经济命运,任何管理性政策都不可能解决其固有的腐朽性。金融危机再次表明资本主义不可能避免周期性危机的爆发,也再次证明了社会主义替代资本主义的必然性。

看来,仅仅局限于从金融和金融危机现象本身来看待这场危机,不联系私有制条件下商品和商品交换的二重性内在矛盾，不联系金融资本逐利本性，不联系资本主义制度本质，难以回答像美国这样所谓"完美"的市场制度为什么没有能防止金融危机的爆发，难以看清危机的实质和深层原因，难以认清资本主义制度是造成危机的根本原因。

对于我国这种实行市场经济的社会主义制度国家来说，如果不更深一步地从根本制度上认识这场危机的成因、本质，就无法从根本上找到规避、防范、克服危机的办法和措施。不看到本质，不在病根上下药，只能治标，难以治本，很难建立防患于未然的制度性、长效性的规避防范体系。因而认清这场危机的本质，对于我国如何建立社会主义市场经济体系，如何建立规避、防范、克服危机的制度保障和长效机制，无疑具有深远的现实意义。

二 商品内在二重性矛盾潜伏危机产生的可能性，资本主义私人占有制度使危机爆发成为必然现实

马克思从商品入手分析资本主义，是有科学道理的。商品是市场经济中最基本的细胞，商品是市场经济中最普遍的存在，商品交换关系是市场经济中最基本的关系。商品和商品交换所内含的内在矛盾体现并蕴含了市场经济和市场经济占主导地位的社会形态的基本矛盾。认识市场经济和市场经济占主导地位的社会矛盾和社会特性，就要从商品及商品交换的内在矛盾和本质关系分析入手。商品与商品交换是伴随着社会分工与私有制的产生而逐渐发展起来的，资本主义市场经济是私有制条件下商品生产发展到一定程度的产物。因为商品与商品交换发展起来而成为占主导的经济形态，形成全球化的市场体系，属于资本家私人占有制为制度特征的资本主义市场经济。

马克思首先揭示了一般商品的二重性内在矛盾，认为商品是使用价值和价值的统一体，使用价值和价值既统一又矛盾，统一是指二者互相依赖、

互为条件，矛盾是指二者互相排斥、互相背离，甚至互相对立。使用价值和价值的矛盾是由生产商品的劳动二重性即具体劳动和抽象劳动的矛盾所决定的。商品的使用价值是由具体劳动决定的，然而要把商品放到市场上交换，就必须让生产商品使用价值的具体劳动转变为可以比较的抽象的一般劳动，这就是体现在商品中的一般人类劳动的凝结。这种一般劳动可以抽象为定量化的社会必要劳动时间，商品价值就是由商品生产者的这种抽象劳动凝结而成的。

商品既然具有使用价值和价值两重属性，它就必然有两重形态，即使用价值形态和价值形态。使用价值形态就是一个个的具体商品，价值形态则表现为商品交换的一般等价物。

商品交换开始是直接交换，买与卖是统一的，交换是在同一时间同一地点完成。随着商品经济的发展，商品交换发展为商品流通，买与卖不同时进行，买与卖在时间和空间上分离了。一些人卖而不买，另一些人买而不卖。商品的使用价值和价值愈益分离。商品的价值形态由一般等价物，比如黄金，逐步发展成为货币；比如金币，货币又逐步发展为纸币；比如美元，最后发展成为无形的虚拟货币；比如证券、银行信用卡。随着商品经济的发展，货币不仅作为流通手段，而且具有贮藏手段、支付手段功能，货币不在买卖中出现，可以延期支付。货币慢慢演变成观念形态的东西，离现实的商品交换越来越远。商品交换价值越来越独立存在，使用价值与价值的分离表现为货币的独立，又进一步表现为纸币的独立，某种货币符号的独立。这种分离，使得纸币可以滥印发行，证券可以独立运行，逐渐演变成虚拟市场、虚拟经济（建立在虚拟价值符号基础上的虚拟经济）。货币成为商品流通的重要手段，已经包含了发生经济危机的可能性；货币成为货币流通的手段，使危机更具可能性。在商品流通中，货币与商品分离了。在货币流通中，纸币、符号与商品一般等价物，与货币代表的价值分离了。货币流通与商品流通在时间上和空间上也分离了，这就进一步加重了危机的可能性。

马克思具体分析了资本主义私有制条件下商品的内在二重性矛盾的不可克服性。在私有制条件下，具体劳动和抽象劳动这对矛盾表现为私人劳动和社会劳动的矛盾，构成了商品生产的基本矛盾。由于商品生产是私人生产，商品是私有的，这就会使价值与使用价值、商品与货币、具体劳动和抽象劳动的分离和对立具有不可调和的对抗性质，造成周期性的经济危机的恶性循环。商品所内含的劳动二重性矛盾决定了价值和使用价值的二重性矛盾的进一步演变，表现为商品与货币的对立形式，进一步表现为实体经济与虚拟经济的对立形式。私有制使商品的内在二重性矛盾，在一定条件下，越来越激化，越来越背离，具有深刻的对抗性和不可克服性。在资本主义长达几百年的历史中，货币越来越背离商品，虚拟经济越来越背离实体经济，这就构成了金融泡沫、金融危机乃至全面经济危机的内在成因。

在资本主义私有制条件下，货币转化为资本家手中的资本。任何一个资本家，在开始他的剥削行为时，都必须掌握一定的货币。要把货币转化为资本，货币持有者必须在市场上能够买到自由劳动者的劳动力，劳动力与生产资料结合便产生增值的价值，资本流通所带来的增值部分，就是资本家剥削工人的剩余价值。资本实质上是能够带来剩余价值的价值。资本主义生产的唯一动机和直接目的，就是攫取更多的剩余价值，资本家是人格化的资本。资本有二重性，一方面追求利润的最大化，具有逐利性和贪婪性；另一方面又推动了经济发展，具有对生产强有力的拉动性。

资本在资本主义生产过程中，形成了三种资本形态：货币资本、生产资本和商品资本。它们是一致的，同时也是不断分离和矛盾对立的。随着货币资本的发展，逐渐独立，形成借贷资本、银行资本、股份资本和信用制度，形成借贷资本市场，有了股票、公司债券、国家公债、不动产抵押债券等有价债券，为所有者带来一定的定期收入，给人们一种钱能生出钱的错觉。在货币流通过程中形成赊购赊销，形成错综复杂的债务连锁关系。随着纸币化、证券化和信用制度的发展，逐步形成了虚拟资本和虚拟市场。虚拟资本同实体资本分离，而且虚拟资本的质和量也是背离的，也就是说虚拟资本的数量和实体资本的数量也是背离的。据专家统计，美国虚拟经济资本的虚假财富高达400万亿美元，大大超过了美国实体经济资本的30多倍。随着资本的发展、垄断资本的形成、金融资本和金融寡头的产生，

"它再生产出了一种新的金融贵族，一种新的寄生虫，——发起人、创业人和徒有其名的董事；并在创立公司、发行股票和进行股票交易方面再生产出了一整套投机和欺诈活动"①。资本主义私有制是形成金融危机的深层制度原因，金融资本的独立性、逐利性和贪婪性是形成金融危机的直接原因。

资本主义进入大机器工业时期，从19世纪开始，每隔若干年就要经历一次经济危机，严重的经济危机导致全面的社会危机。经济危机是私有制条件下商品内在二重性矛盾不可克服的外部表现。

资本主义危机产生的根本原因在于私有化制度，一方面生产力发展到高度社会化，资本也高度社会化；而另一方面生产资料和成果越来越为一小撮垄断寡头所有，这种生产的社会性同生产资料私有性的资本主义基本矛盾，使商品经济内含的危机可能性转变成危机必然性。由此看来，经济危机是资本主义经济制度本身所造成的，是资本主义生产方式内在矛盾的产物。要消灭危机，就必须消灭资本主义制度。商品内在二重性矛盾只构成产生危机的可能，而资本主义私有制度使危机的产生成为现实。

三　美国金融危机是资本主义制度性危机，最终是无法克服的，市场经济与社会主义制度相结合，使防范规避危机成为可能

美国"次贷危机"不可遏制地蔓延为全球性经济危机，向世界再次证明马克思关于资本主义周期性经济危机和资本主义生产方式必然灭亡理论的真理性。马克思认为，资本主义周期性经济危机不可避免，"危机最初不是在和直接消费有关的零售商业中暴露和爆发的，而是在批发商业和向它提供社会货币资本的银行中暴露和爆发的"②。只要不改变资本主义的私人占有制，商品的内在矛盾，资本主义内部固有的矛盾，就无法从根本上

---

① 《马克思恩格斯全集》第25卷，人民出版社1974年版，第496页。
② 同上书，第340页。

得到化解，其必然表现为周期性的世界性的经济危机。

资本主义危机具有周期性，每隔一段时间重复一次，是一种周期性出现的现象。1825年，英国第一次爆发经济危机；1836年，英国又发生了经济危机，波及美国；1847—1848年，经济危机席卷英国、美国和欧洲大陆；然后，1857年、1866年、1873年、1882年、1890年，每隔几年都要爆发一次世界性经济危机，以1873年危机最为深刻，大大加强了资本和生产的集中，促进垄断组织的形成和发展，向垄断资本主义过渡。

20世纪初叶，1900—1903年和1907年爆发了经济危机。资本主义世界又经历了1920—1921年、1929—1933年和1937—1938年三次危机。1929—1933年危机是最深刻、最严重的一次。这次危机持续四年之久，整个资本主义世界工业产量下降44%，贸易总额下降66%。1933年失业人口达3000万人。

第二次世界大战后，资本主义危机依然不断爆发。美国在1948年、1953年、1957年、1960年、1969年、1973年、1980年、1990年和2007年先后爆发九次经济危机。1957—1958年、1973—1975年、1980—1982年、2007年危机波及加拿大、日本和西欧主要国家，成为战后四次世界性危机。

周期性的经济危机，在资本主义发展过程中不断出现，形成资本主义在危机—缓解—危机中颠簸起伏的发展历程，资本主义的一时繁荣，只不过是新的经济危机到来之前的预兆，资本主义会在周期性阵发的经济危机中逐步走向灭亡。在高涨时期，资产阶级大肆宣扬资本主义的"永久繁荣""千年王国"，而等危机到来，"永久繁荣"神话又像肥皂泡一样破灭。经济危机是资本主义制度对抗性矛盾的定期爆发，清楚无误地表明资本主义生产方式的历史局限性，依然爆发的危机深刻暴露了资本主义对抗性矛盾还会进一步加深，有时还会更尖锐、更激化。

美国金融危机引发的全球性危机是当今时代进入21世纪以来具有重大历史意义的事件。它既是一场严重的金融危机，又是一场深度的经济危机、思想危机、社会危机和资本主义制度危机，是资本主义的全面危机。危机伴随社会的深刻变化。历史上，资本主义几次带有全球性的危机，都曾引起时代和世界格局的重大变化。从长期来看，美国金融危机的结局将使世界经济进入一个大调整、大动荡时期。这次危机具有颠覆性、全面性、深度性和长期性的负面效应，将给世界经济社会发展带来重大和持续的长时间的破坏性影响。全球经济全面衰退的过程已经开始，世界局势乃至格局将发生重大变化，世界发展进程和历史也将会发生重大转折。

（一）美国金融危机及其引发的波及全球的危机是资本主义的全面危机

这次发生的美国金融危机自金融领域爆发、集中于金融领域，对金融体系的破坏性最大，但又不限于金融领域，由金融向非金融领域蔓延、由虚拟经济向实体经济蔓延、由经济领域向社会领域蔓延，由技术操作层面向理念、模式、体制层面再向制度层面蔓延，这场危机渗透、影响到全球资本主义的各个领域、各个层面、各个方面。

（二）美国金融危机及其引发的波及全球的危机是资本主义的全球性危机

资本主义全球化，就是资本主义生产关系的全球化，资本主义全球化危机是资本主义危机的全球化。这次危机自美国爆发，但又迅速波及西方国家、第三世界国家，乃至波及全球。这次危机是美国闯祸，全世界埋单，一起遭殃，这就是全球化的负面效应。美国金融垄断资产阶级，是向全世界转嫁危机的好手，在这场危机中，它们向资本主义其他国家以及与资本主义发展联系紧密的发展中国家转嫁危机，引起全球性的恐慌与危机。

（三）美国金融危机及其引发的波及全球的危机是资本主义的制度性危机

美国金融危机并不是美国专利，而是典型的资本主义性质的制度危机。社会生产力的高度全球化、社会化与国际金融高度垄断于美国华尔街一小撮金融寡头如此私有化程度的矛盾是当代资本主义基本矛盾的表现，世界创造财富之多并高度集中与财富两极急剧分化不断加剧。从根本上说，这场危机是资本主义制度不可克服的内在矛盾演变而成的，是其内在矛盾激化的外部表现，是其内在矛盾不可克服的外部表现，是资本主义制度必然灭亡趋势的阶段性反映。这场危机告诉我们，资本主义基本矛盾不仅没有克服，而且以新的更尖锐的形式表现出来了。有人把美国金融危机归结为新自由主义治理理念和模式的失败，反证有管制的资本主义治理理念和模式的合理性。但是这种说法，也只是体制层面的说法，并没有涉及制度层面。实质上，无论自由主义，还是保守主义，都是治理资本主义市场经济的具体药方，只能缓解而不能从根本上挽救资本主义的制度危机。这场危机再次证明资本主义内在矛盾决定了资本主义不可能从根本上战胜危机，只能暂时缓解危机。

（四）美国金融危机及其引发的波及全球的危机是资本主义的意识形态危机

这场危机使人们重新思考资本主义制度的弊病，重新审视资本主义意识形态的虚伪性和反科学性。这场危机表面看是新自由主义等资产阶级思潮的危机，实质却是资本主义核心价值观、普世价值观、人权观、民主观的意识形态危机。新自由主义就意识形态层面来说，实际上是代表超级垄断资产阶级利益的一种意识形态，完全适应超级金融垄断资产阶级操纵金融市场剥夺全世界的需要。在这场危机中，资本主义国家的有识者开始对新自由主义反思，同时对资本主义制度也开始有所反思。由于社会主义中国改革成功，公有制市场经济试验成功，更加使顽固坚持资本主义制度的那些人加紧推行西方意识形态，加大对我国的西化、分化和私有化的力度。这恰恰又从反面说明资本主义意识形态的危机。

（五）美国金融危机反证中国特色社会主义市场经济的成功

中国人民创立了中国特色的社会主义市场经济，市场经济在人类历史上第一次实现了与公有制制度结合起来的形式，即社会主义市场经济。而在此之前，市场经济只与私有制制度相结合。社会主义和资本主义的本质区别是生产资料占有方式的不同，社会主义市场经济与资本主义市场经济的本质区别也是生产资料占有方式的不同。资本主义生产资料私有制决定了商品经济二重矛盾引发的危机最终是不可救药的,而社会主义市场经济决定了商品二重性矛盾可能会产生危机,社会主义生产资料公有制决定了危机又是可以规避、可以防范的。社会主义市场经济具有市场经济的特性,商品内在矛盾是不可改变的,改变的只是它的不可克服性。在社会主义市场经济条件下,警惕性不高,防范措施不力,可能会演变出危机。要清醒认识资本特别是金融资本的逐利性,防止资本和金融资本的无序化、极端化。在公有制条件下,资本逐利性是可以调节和控制的,但私有制条件下,资本逐利性变成贪婪性,暂时可以管制并缓解,最终是无法管制的。

四 资本主义与自由主义是两个层面的问题,一个是制度层面、本质层面,一个是体制层面、技术操作层面

波及全球的美国金融危机,使人们对新自由主义的市场经济治理理念和运行模式,进而对资本主义制度有了清醒的认识,对那些迷信自由主义、迷信资本主义的人,不啻是一剂良药。然而迷信新自由主义和迷信资本主义又是两个层面的问题。迷信新自由主义是对资本主义运用何种理念、采取何种模式治理市场经济的迷信,迷信资本主义的则是对根本制度的迷信。当然,这两个迷信又是一致的,对新自由主义的迷信实质上就是对资本主义制度的迷信,对资本主义制度的迷信又会影响对新自由主义的迷信。

资本主义与自由主义是两个层面的问题,既一致,又有区别。一个是制度层面、本质层面、根本性层面的问题;一个是体制层面、表现层面、技术操作层面的问题。

所谓新自由主义,秉承了亚当·斯密的自由竞争理论,以复兴古典自由主义理想、尽量减少政府对经济社会的干预为主要经济政策目标的思潮。这种新自由主义又被称为市场原教旨主义或资本原教旨主义,或

"完全不干预主义"。新自由主义的代表理念体现为形成于20世纪80年代末90年代初的"华盛顿共识"。因20世纪70年代凯恩斯主义无法应付滞胀问题而兴起,在里根、撒切尔时代勃兴,因此,又称其为"里根主义"。新自由主义的特点,是高度崇拜资本主义自由市场力量,认为资本主义条件下的市场是高效率的,甚至是万能的。经济运行中的所有问题,都可以由市场自行调节和解决。主张彻底的私有化,反对国有化,放松政府管制,主张进一步开放国际国内市场,实行贸易自由化、利率市场化,将各个国家的经济纳入由世界银行、国际货币基金组织和世界贸易组织主导的经济全球化体系当中。新自由主义极力鼓励以超级大国为主导的全球一体化,着力强调要推行以超级大国为主导的全球经济、政治、文化一体化,即全球资本主义化。新自由主义本质上是反对社会主义制度。

新自由主义倡导者认为新自由主义就是灵丹妙药,能够包治百病,认为市场经济这只"看不见的手"能够解决所有问题,因此,大力推崇自由市场经济治理理念和运作模式,实践证明是错误的。就治理理念和模式来说,在市场经济活动中必须发挥"两只手"的作用,不能只用"看不见的手",而放弃"看得见的手"。当然,运用到什么程度,这需要科学把握。如果放任"看不见的手"自由发展,必然放大市场经济的消极面,发展到一个程度,就会导致危机爆发。因此,还得用"看得见的手"加以调控,才能克服其固有的缺陷,促进市场经济的健康发展。

新自由主义一方面作为当代资本主义的主流意识形态,是金融垄断和国际垄断集团的核心理念和价值观念,必须坚决批判反对;另一方面又是如何治理资本主义市场经济的理念,按照这种理念形成的运行模式,是体制、技术操作层面上的问题。自由主义作为治理市场经济的理念和操作方法,对市场运作有一定的积极作用。如何管理社会主义市场经济,我们可以批判地借鉴新自由主义一些有价值的认识和做法。从这个意义上来说,新自由主义又是技术操作层面、体制层面上的问题,而与资本主义根本制度有所区别。资本主义制度是本质、根本,同一制度可以运用不同的治理理念、不同的体制、不同的模式、不同的操作方法。制度决定体制，体制是服务制度的。但二者又可以分开，同一体制可以服务于不同的制度，同一制度又可以有不同的体制。资本主义在发展过程中，创造过不同的体制、模式，但始终没有改变其制度和本质。

一定的社会形态必定要有特定的经济、政治、文化等社会制度，一定的社会制度也必然具有一定的经济、政治、文化等社会体制。社会制度就是一定社会形态的主要内容和本质标志，是一定社会的经济、政治、法律、文化等制度的总称，包括政治制度、经济制度、文化制度、教育制度、法律制度等，是指社会的根本制度和基本制度。经济制度属于经济基础领域的制度，政治、文化、教育、法律等方面的制度都属于上层建筑领域的制度。一定社会制度的主要成分是该社会的经济制度和政治制度。社会经济制度是一定社会生产关系的总和，它构成了该社会的经济基础，其中最主要的是生产资料所有制，社会经济制度标志着该社会经济形态的基本性质。社会政治制度是"经济基础的上层建筑"[①]，主要是指政治的上层建筑，其核心问题是国家政权问题，也就是国体问题，即由谁掌权，对谁专政的问题，它标志着一个国家的基本性质。经济制度和政治制度从根本上标志着一个社会形态的基本性质和主要特征。社会主义的经济制度和政治制度是社会主义社会形态的根本标志。社会主义制度主要是指经济制度和政治制度。社会制度一旦确定就要保持相对稳定，以便造成一个相对安定的社会环境来发展生产。当然任何一个社会制度，其发展过程都有一个逐步完善的过程。只有当生产关系再也容纳不下生产力发展时，社会制度的变革才会到来。

所谓社会体制指的是在一定社会制度的基础上所建立起来的生产关系、上层建筑的"具体的形式"，即社会制度在一定时期内的具体表现，社会体制又称"具体制度"。与一定的经济制度相一致的经济体制，是一定经济关系具体的结构和形式。与一定政治制度相适应的是政治体制，政治体

---

① 《列宁选集》第2卷，人民出版社1995年版，第443页。

制是指政治制度的具体结构和形式,即政体问题,也就是一个国家采取什么样的形式来实施国家权力的问题。社会主义的经济制度和政治制度确立之后,无产阶级政党和人民面临的主要任务是建立与社会主义制度相一致的适合生产力发展的社会体制。

社会制度与体制之间构成一定的相互依赖、相互矛盾的辩证关系。制度与体制是对立统一、相辅相成的关系,制度决定体制。一定的社会制度决定一定的社会体制,社会体制的形成要受社会制度的制约。一定的社会制度决定一定的社会体制,构成一定的社会模式。相对制度来说,体制表现出一定的独立性和反作用力。好的体制可以延续制度,不好的体制可能让制度发挥不了作用。体制可以巩固制度,也可以破坏制度。在既定制度下,可以选择多种体制,可以随着形势的发展改变现有体制;同一种制度也可以有多种体制模式并存;新的体制还可以吸收旧制度下的体制所具有的某些形式和功能。资本主义政治制度和经济制度同社会化生产之间本质上是对立的,这种对立性矛盾具体通过资本主义的政治体制和经济体制同社会化生产之间的矛盾表现出来,但是资本主义的社会体制同资本主义社会制度也有一定的背离,它在一定条件下也有促进资本主义生产发展的一方面。同样,社会主义根本制度是适应生产力发展的,但社会主义社会体制也可能同社会主义制度有一定的背离,它在一定条件下也可能阻碍社会主义生产力的发展。

资本主义自问世以来,已经有几百年的发展历程。经过了自由资本主义、垄断资本主义,当前进入了现代资本主义阶段,替代个人垄断,出现国家垄断、国际垄断、国际金融垄断等垄断形式,这些垄断形式都是现代资本主义特征的表现。当然如何概括现代资本主义,说法不一。有人认为它还是处于列宁所概括的垄断资本主义阶段,有人认为它已经开始了一个新的阶段。

关于自由资本主义的特征,马克思、恩格斯作了深刻的剖析,同时又从自由竞争资本主义特征上升到对资本主义一般特征的认识,得出了资本主义必然灭亡的客观趋势的判断。马克思、恩格斯认为,自由资本主义制度的内在矛盾,是不可克服的,一次次的爆发危机,最终会引发革命,导致资本主义丧钟的敲响。19世纪末20世纪初,随着资本主义生产的发展,自由竞争让位于垄断,垄断代替了竞争,占主导和支配地位,但并没有克服资本主义的固有矛盾,仍然没有使资本主义制度摆脱必然灭亡的历史结局。列宁运用马克思主义的方法,对垄断资本主义作了科学分析,揭示了垄断并没有改变资本主义固有的内在矛盾,而是加剧了该矛盾的发展,做出了帝国主义是资本主义的最高阶段,是垄断的、腐朽的、垂死的资本主义的重要结论。尽管列宁对全球垄断资产阶级走向灭亡的时间估计短了,但对垄断资产阶级的总特征和总趋势的判断是正确的。列宁说:"过程的复杂性和事物本质的被掩盖可以推迟死亡,但不能逃避死亡。"[①] 后来的发展完全证实了列宁观点的正确性。第一次世界大战、第二次世界大战的爆发,是资本主义内部矛盾激化的结果。战后资本主义基本矛盾进一步激化。社会主义的兴起、资本主义的内外交困、经济危机和社会危机的周期性爆发、当代资本主义的发展状况,深刻说明马克思、列宁的判断是正确的。从制度层面上来说,资本主义已从早期具有革命进步性的上升期,转入危机起伏期、相对缓和发展期,其基本的趋势是必然要走向灭亡的。

第二次世界大战后,资本主义在发展困境中。资本主义通过体制改良,加之高科技和全球化的发展进入相对稳定的和平发展、高速发展阶段。与此同时,由于社会主义各国在指导思想上犯了不少错误,在发展过程中选择了高度集中的计划经济体制,加之复杂的主客观原因所致,逐步放慢了发展速度,一些国家愈益陷入了发展困境。特别是到了20世纪八九十年代,苏东社会主义国家解体和改变性质,社会主义处于发展的低潮期。有人把此事件看作是社会主义制度的失败,资本主义制度的胜利。实际上,苏东剧变并不意味社会主义制度的失败,只是说明苏东所采取的社会主义具体模式和所走的具体道路是走不通的,高度集中的计划经济体制在当前是不合适的。美国等资本主义国家的进一步发展,

---

[①]《列宁全集》第54卷,人民出版社1990年版,第483页。

只是说明西方发达资本主义国家采取的资本主义改良政策和具体模式，暂时缓解了资本主义的内在矛盾。就资本主义历史发展趋势来说，它是必然要灭亡的。它短时间内还不会灭亡，是因为：一是从制度角度看，相对于资本主义的发展来说，它的现行制度还有容纳生产力发展的空间和余地；二是从体制角度看，资本主义现行体制还有许多优势，可以保障其制度继续存在，并促进生产力发展，延续资本主义生命力。当这两个条件不存在时，资本主义就会寿终正寝。

资本主义私有制是必然要灭亡的，但与私有制相适应的市场经济体制是有优势的。资本主义是靠市场体制的优越性，在短短几百年时间里创造了人类社会几千年所无法比拟的发展奇迹。然而，市场经济是一把双刃剑，有积极的一面，也有消极的一面。在如何发挥市场经济作用，即在如何对待和治理市场经济、如何克服市场经济消极面问题上，资本主义在发展过程中形成两种治理理念：一种是对市场实行国家的有效管制，可以称为有管制的市场经济理念，如凯恩斯主义或称为保守主义；再一种是对市场经济完全放任，可以称为完全放任的治理理念，即自由主义。这两种治理理念和在实践中形成的两种不同的市场运行模式和体制，在资本主义发展进程中交替出现，哪种理念和模式更有利于制度时就被采用，当它不利于其制度时就被抛弃。

在资本主义发展的自由竞争阶段，主要治理理念是自由主义，完全靠市场，实行无管制的自由市场政策。第二次世界大战之后，根据需要资本主义实行了有管制的市场治理理念，如凯恩斯主义，加大了宏观调控力度，使资本主义渡过难关，有了一个回光返照的发展时期。当苏东剧变时，有人错误地把苏东解体归结于社会主义制度的垮台，归结于资本主义制度的胜利，归结为计划经济体制的失败。进而认为有管制的市场经济治理理念也不行，只有自由主义治理理念才行，以新自由主义的资本主义取代国家管制的资本主义，这就是里根主义、撒切尔主义出台的背景。自由主义思潮的本质是推崇资本主义制度，推崇完全私有化的市场经济体制。在这一点上，它与保守主义是一致的，都是以维护资本主义制度为其目的，只不过手段不同而已。当今发生的这场危机的直接原因来自新自由主义的自由放任政策，但深层原因是资本主义制度的固有矛盾，不能把危机仅仅归结于技术与管理操作层面，应从制度问题上找深刻原因。这次危机说明自由主义治理理念和模式的破产，更说明资本主义制度的必然灭亡性。

与西方资本主义推崇自由主义、推崇资本主义制度的思潮相适应，国内也有人推崇自由主义，崇尚完全放任的市场经济治理理念和模式，崇尚完全私有化，主张放弃国家调控的市场经济。更有甚者认为社会主义制度与市场经济无法结合，主张实行彻底的资本主义制度。事实上自新自由主义推行以来，给人类带来了一波又一波的灾难。拉美一些国家本来发展平稳，20世纪90年代以来实行新自由主义的"华盛顿共识"，搞自由化、私有制，放松金融管制，造成了大倒退，出了大乱子，实际上新自由主义理念破产的效应在拉美诸国早已表现出来了。

五 应对金融风险，既要治标，更要治本，既要从操作层面、体制层面采取措施，更要从制度层面全面采取防范规避措施

马克思关于资本主义基本矛盾和制度本质的分析思路和基本观点，为我们解析这场美国金融危机及其引发的全球性危机，以及思考如何有效规避防范危机，提供了重要启示。

（一）要从私有制条件下商品及商品交换的内在矛盾出发，来认识资本主义制度不可克服的内在矛盾，进而认识这场危机的内在原因及其制度本质

资本主义制度不可克服的内在矛盾潜伏在商品和商品交换的内在矛盾中，资本主义生产资料的私人占有性决定了商品和商品交换的内在矛盾具有对抗性和不可克服性，这种内在矛盾的对抗性和不可克服性是资本主义

周期性经济危机爆发的根本原因，造成资本主义制度由盛到衰、必然灭亡的趋势。科学解释这场危机的本质、原因，必须从制度层面上认识。这场危机是资本主义制度不可克服的内在矛盾演变的集中反映。美国资本主义不可克服的内在矛盾，是私有制商品生产内在矛盾的体现。美国金融危机说明资本主义是必然要灭亡的，但从现阶段来说，美国金融危机又是可以缓解的，可以度过去的，但资本主义正是在一波又一波的金融危机和各种危机中走向灭亡的。

（二）要从制度层面上、从本质层面上，认识社会主义市场经济与资本主义市场经济的一致与差别，科学解析社会主义市场经济发生危机的可能性和有效规避防范风险的可行性

马克思对商品和商品交换内在矛盾，从而对市场经济内在矛盾的科学分析，适用于任何形式的市场经济，无论是资本主义市场经济，还是社会主义市场经济，概莫能外。然而同样的市场经济与不同的生产资料占有方式，即与不同的社会制度相结合，具有不同的性质和特点，会产生不同的结果。资本主义市场经济的私有制本质决定了经济危机的最终不可避免性，社会主义市场经济的公有制本质决定了经济危机的可规避性、可防范性。社会主义与资本主义的本质区别就是对生产资料的占有方式不同，社会主义市场经济与资本主义市场经济的本质区别就在于与市场经济结合的生产资料占有方式不同，这种占有方式的不同决定了社会主义制度与资本主义制度的本质不同，从而决定了社会主义市场经济与资本主义市场经济的本质不同。我国的社会主义市场经济是与公有制制度相联系的市场经济，它既有一般商品生产的特性，一般商品生产所具有的内在矛盾，因而它也有一般市场经济内在矛盾引发的金融危机和经济危机爆发的可能性。如果对发生危机的可能趋势不重视，不采取措施加以规避和防范，也会影响社会主义经济的健康发展。但另一方面，它又具有与资本主义市场经济不同的本质特性，与公有制制度相联系，采取有效措施，是可以规避和防范一般商品经济的内在矛盾可能引发的金融危机和经济危机的。

（三）必须充分认识市场经济和资本的两面性，发挥社会主义制度的优越性，规避市场经济和资本的消极面

市场经济具有两面性：积极的一面是能够最有效地配置资源，最大限度地调动各方面的积极性，推动经济的发展；消极的一面是它的发展具有很大的盲目性，在企业追求利润最大化的情况下，容易造成生产过剩，从而引发经济危机。在资本主义私有制条件下，市场经济一方面发挥其强大的推动经济发展的拉力作用，在资本主义几百年的发展历程中创造了巨大发展成就。但另一方面，资本主义的私人占有性又使市场经济的消极面不断膨胀，不断背离积极面，使商品和商品交换固有的内在矛盾不断激化，引发一波又一波的经济危机。市场经济所孕育出来的资本也具有与生俱来的两面性，一方面资本逐利性对调节市场、配置资源、调动积极性、推动经济发展具有积极作用；而另一方面，资本的逐利性又会导致经济失衡，两极分化，造成严重的危机，对经济社会发展产生消极破坏性。在资本主义私有制条件下，资本的贪婪本性是无法最终受到遏制的。马克思认为，在资本主义生产方式中，"生产剩余价值或赚钱，是这个生产方式的绝对规律"[①]。资本是带来剩余价值的价值，资本绝不会放弃对剩余价值的追求，其本性是逐利的。"一旦有适当的利润，资本就胆大起来。如果有10%的利润，它就保证到处被使用；有20%的利润，它就活跃起来；有50%的利润，它就铤而走险；为了100%的利润，它就敢践踏一切人间法律；有300%的利润，它就敢犯任何罪行，甚至冒绞首的危险。"[②] 在资本主义发展史上，资本的这种逐利贪婪本性暴露无遗。从原始积累，到殖民剥夺，再到战争掠夺，"资本来到世间，从头到脚，每个毛孔都滴着血和肮脏的东西"[③]。就当今世界发达资本主义各国来

---

① 《马克思恩格斯全集》第23卷，人民出版社1972年版，第679页。
② 同上书，第829页。
③ 同上。

说，没有一个是靠民主制度发达起来的，都是靠剥削本国和他国工人阶级和劳动人民的剩余价值，用明火执仗的殖民剥夺和战争掠夺完成了原始积累，用劳动人民的汗水和鲜血筑起了资本主义的"繁荣国度"。当然，几百年过去了，资本明火执仗的剥削和掠夺方式已难以为继了，发展到国际金融垄断资本主义，改变了攫取剩余价值的方式，转换了剥削手法，借助金融创新，垄断金融市场，操控全球经济，把他国的财富通过金融创新转移到自己手中，从而维持自己的繁荣。美元帝国的确立就是一个明证。正是金融资本的投机贪婪性，直接造成了今天的金融危机。

社会主义制度和资本主义制度的一个本质区别就是对资本的占有方式不同。社会主义市场经济与资本主义市场经济一个本质区别也是对资本的占有方式不同。在资本主义条件下，高度集中的私有制在当前突出表现为国际性金融资本的高度垄断，其加重了资本的贪婪性和毫无顾忌地投机运作。决定了资本的贪婪和逐利本性的不可遏制性与高效运行的速度。当然，一旦资本的贪婪性发展到危害资本主义制度本身的程度，资产阶级内部就会产生一定要控制这种贪婪性的理念和操作，否则资本主义制度就要被毁灭。这就产生了对市场和资本加以管制的治理理念和模式，这就是保守主义，即有管制的市场经济治理理念，如凯恩斯国家干涉主义。而一旦情况好转，又会产生对市场和资本放任自流的治理理念和模式，这就是自由主义。在资本主义发展史上，由于危机—缓解—危机的交替运行，就形成了有管制的或是放任自流的两种市场经济治理理念的交替使用。就目前而言，两种治理理念交替使用，尚能维持资本主义的发展，但资本主义制度固有弊病最终会导致灭亡。

（四）我国应对金融风险，既要治本，又要治标，既要从体制层面上防范，又要从制度层面上加强防范

世界各国救市的力度越来越大，但救市的效果并不明显，这说明救市措施只治标不治本，危机只能缓解而不能化解，说明治标同时必须治本的必要性。只注意体制层面上的防范，而忽视制度层面上的防范，是无法避免金融危机进而经济危机爆发的。

要对资本主义两面性有清醒的认识，既要看到它创造文明的先进性，某些体制机制的合理性；也要看到其制度固有的弊病、最终灭亡性。资本主义目前出现的金融危机乃至经济危机，说明公有制是有其优越性的，但搞纯之又纯的公有制是不符合目前社会主义各国生产力发展的实际情况的；搞以公有制为主体的社会主义市场经济是对的，但搞高度集中的计划经济是不符合目前的社会主义发展规律的；实行市场经济必须发挥社会主义制度的优势，实行有宏观调控的市场经济，而不是搞自由放任的市场经济治理模式。在社会主义发展进程中，实行公有制与市场经济相结合，才能让社会主义制度的优越性发挥出来。但搞社会主义市场经济，又不能完全放任市场，而要加强国家宏观调控，建立有宏观调控的市场经济。调控的市场经济，恰恰是社会主义公有制的制度优势所在。

总之，要从三个方面入手解决对金融危机的规避和防范：一是从制度方面，坚定不移地坚持社会主义的公有制为主体的经济制度和人民当家做主的政治制度，从制度层面防范和规避金融风险，对私营经济、市场经济、虚拟经济建立规范管理的根本措施。二是从体制方面，坚定不移地建立健全完善的社会主义市场经济体制，以及与其相关的信用体制，从体制上加以防范。三是从对市场的调控管制方面，建立有效的监管、调控、防范措施，特别是对金融业、垄断行业要建立有效的管制体系。目前，我国政府对危机的防范解救措施，从操作层面来看，做到了稳、快、有效，但还需要从制度层面、体制层面研究制定一些全面性的、战略性的、超前性的措施和办法。

（作者单位：中国社会科学院）

（原载《马克思主义研究》2009年第2期）

新自由主义研究

中国社会科学院"新自由主义研究"课题组

一 新自由主义的本质

(一) 什么是新自由主义

1. 国外学术界关于新自由主义的定义

国外学术界关于新自由主义的定义多种多样？其中较有代表性的是：

《新自由主义和全球秩序》一书的作者诺姆·乔姆斯基认为，新自由主义是在亚当·斯密古典自由主义思想基础上建立起来的一个新的理论体系。该理论体系强调以市场为导向，是一个包含一系列有关全球秩序和主张贸易自由化、价格市场化、私有化观点的理论和思想体系，其完成形态则是所谓"华盛顿共识"。

罗伯特·W. 迈克杰尼斯在《新自由主义和全球秩序》一书的导言中指出，新自由主义是我们这个时代明确的政治、经济范式——它指的是这样一些政策和过程：相当一批私有者能够得以控制尽可能多的社会层面，从而获得最大的个人利益。

法国"马克思园地协会"主席科恩·塞阿则认为，新自由主义是资本主义意识形态的理论表现。

2. 本课题组关于新自由主义的定义

我们认为，新自由主义是在继承资产阶级古典自由主义经济理论的基础上，以反对和抵制凯恩斯主义为主要特征，适应国家垄断资本主义向国际垄断资本主义转变要求的理论思潮、思想体系和政策主张。新自由主义与古典自由主义经济理论既有联系又有区别，并且通过对凯恩斯革命的反革命而著称于世；"华盛顿共识"的形成与推行，则是新自由主义从学术理论嬗变为国际垄断资本主义的经济范式和政治性纲领的主要标志。

3. 新自由主义的主要思想、理论观点

新自由主义经过近百年发展，学派林立，思想、理论体系庞杂，就当前美英新自由主义主流学派而言，其主要观点有：

——在经济理论方面：新自由主义继承了资产阶级古典自由主义经济理论的自由经营、自由贸易等思想，并走向极端，大力宣扬"三化"。一是"自由化"。认为自由是效率的前提，"若要让社会裹足不前，最有效的办法莫过于给所有的人都强加一个标准"[①]。二是私有化。在他们看来，私有制是人们"能够以个人的身份来决定我们要做的事情"[②]，从而成为推动经济发展的基础。三是市场化。他们认为，离开了市场就谈不上经济，无法有效配置资源，反对任何形式的国家干预。

——在政治理论方面：新自由主义特别强调和坚持三个"否定"。一是否定公有制。几乎所有的新自由主义者都一致地认为，"当集体化的范围扩大了之后，'经济'变得更糟而不是具有更高的'生产率'"[③]。因此，不能搞公有制。二是否定社会主义。在新自由主义者们看来，社会主义就是对自由的限制和否定，必然导致集权主义，"集权主义思想的悲剧在于：它把理性推到至高无上的地位，却以毁灭理性而告终，因为它误解了理性成长所依据的那个过程"[④]，因此，是一条通往奴役之路。三是否定国家干

---

① [英] 弗·奥·哈耶克：《自由宪章》，中国社会科学出版社1998年版，第75—76页。
② [英] 弗·奥·哈耶克：《通往奴役之路》，中国社会科学出版社1997年版，第101页。
③ [美] 詹姆斯·布坎南：《财产与自由》，中国社会科学出版社2002年版，第50页。
④ [英] 弗·奥·哈耶克：《通往奴役之路》，中国社会科学出版社1997年版，第29、157页。

预。在他们看来，任何形式的国家干预都只能造成经济效率的损失。

——在战略和政策方面：新自由主义极力鼓吹以超级大国为主导的全球一体化。经济全球化是人类社会发展的一个必然趋势和一个自然的历史过程。但经济全球化并不排除政治和文化的多元化，更不等于全球经济、政治、文化一体化。新自由主义并不是一般地鼓吹经济全球化，而是着力强调要推行以超级大国为主导的全球经济、政治、文化一体化，即全球资本主义化。

（二）新自由主义的产生及其发展

新自由主义是资本主义经济、政治、社会矛盾发展的产物。它的产生和发展大体经历了四个阶段：早期新自由主义创立时期、新自由主义受冷落与自我雕琢时期、新自由主义勃兴时期、新自由主义政治化和向全球蔓延时期。

1. 新自由主义创立时期

新自由主义作为一种经济学理论、思潮，产生于20世纪20—30年代，是由这个时期的经济社会与政治环境造成的。一方面随着第一次世界大战结束、德皇威廉二世退位和同年哈布斯堡家族结束对奥匈帝国的百年统治，自由资本主义开始向垄断资本主义转变；另一方面随着俄国十月革命的胜利、苏维埃政权和计划经济的建立，出现了实践中的社会主义。前一方面既是对资产阶级古典自由主义经济理论的一种肯定，也是对资产阶级古典自由主义经济理论的挑战；后一方面则是对资产阶级古典自由主义经济理论的一种压抑与刺激。正是在这种背景下，才出现了早期的新自由主义思潮。20世纪20—30年代发生了一场以奥地利经济学家米塞斯、哈耶克为首的新自由主义者为一方，以波兰经济学家兰格为另一方的关于经济计算问题的大论战。整个论战虽无果而终，但却成为新自由主义开始登上历史舞台的一个里程碑。

2. 新自由主义受冷落与自我雕琢时期

20世纪30年代爆发了一场席卷整个资本主义世界的经济大危机。这场大危机彻底暴露了自由放任市场经济的弊端，它不仅是对古典自由主义经济理论基础——萨伊定律（供给会自动地创造自己的需求）的一次全面否定，而且实际上宣告了自由竞争资本主义时代的结束。在人们愿意在手头持有更多货币的灵活偏好、边际消费倾向递减和投资边际收益递减三大心理规律的作用下，曾长期驱动经济增长的私人与企业的消费和投资热情全面衰退，有效需求不足迅速普遍化，并成为经济运行的一种常态，因而迫切需要国家出面来干预经济生活。于是，一种反映国家垄断资本主义要求的着重主张以扩大政府支出创造需求和通过政府干预推动经济增长的凯恩斯主义便应运而生。"罗斯福新政"则以政策实践的形式表明了凯恩斯主义的有效性，并使凯恩斯主义上升为资本主义世界的主流经济学，主导国家垄断资本主义的宏观经济运行长达40年之久。这40年既是国家干预主义盛行和国家垄断资本主义取得成功的"凯恩斯时代"，同时又是新自由主义受到冷落、新自由主义者着手对其理论进行精雕细琢，并使之系统化的经院修炼时期。有关新自由主义的很多重要著述就是在这个时期成文的。

3. 新自由主义勃兴时期

以20世纪70年代初期爆发的两次石油危机为导火线，导致整个资本主义世界陷入了"滞胀"（高通胀、高失业、低经济增长）的困境。面对"滞胀"，凯恩斯主义政策束手无策。"滞胀"是国家垄断资本充分发展导致资本主义固有矛盾日趋激化的必然结果。具体说，是由技术进步使生产率提高且在资本追求剩余价值（利润）最大化过程中导致失业增加，经济过度开发导致能源极度短缺和成本的迅速上升，政府过度干预导致政府膨胀、政府开支增加、企业税负加重等多种原因所致。但是新自由主义者却仅仅将其归结为国家干预过度、政府开支过大、人们的理性预期导致政府政策失灵所致。也正是在这种情况下多年受冷落的新自由主义适应这一需要，伴随美国总统里根和英国首相撒切尔夫人的上台，在否定凯恩斯主义的声浪中，占据了美、英等国主流经济学地位。新自由主义的一个重要特征是把反对国家干预上升到了一个新的系统化和理论化高度，是对凯恩斯革命的反革命。也正是在这个意义上，西方学者又称新自由主义为新保守主义。

4. 新自由主义政治化和向全球蔓延时期

自20世纪七八十年代以来，随着高新科技革命兴起，生产力巨大发展，资本主义由国家垄断向国际垄断发展。适应这种需要，新自由主义开始由理论、学术而政治化、国家意识形态化、范式化，成为美英国际垄断资本推行全球一体化理论体系的重要组成部分。其标志性事件是，于1990年由美国国际经济研究所牵头，有国际货币基金组织、世界银行和美国财政部及拉美国家、其他地区部分学术机构代表参加，并最终达成包括十项政策工具的"华盛顿共识"①。正如美国著名学者诺姆·乔姆斯基在他的《新自由主义和全球秩序》一书中明确指出的："新自由主义的华盛顿共识指的是以市场经济为导向的一系列理论，它们由美国政府及其控制的国际经济组织所制定，并由它们通过各种方式进行实施。""其基本原则简单地说就是：贸易经济自由化、市场定价（'使价格合理'）、消除通货膨胀（'宏观经济稳定'）和私有化。"② 在该书的导言中，罗伯特·W. 迈克杰尼斯则对"华盛顿共识"的本质内涵给出了如下简明概括："华盛顿共识"具有经济体制、政治体制和文化体制三重特性。

"华盛顿共识"的出笼，标志着新自由主义嬗变为美国的国家意识形态和主流价值观念。

（三）新自由主义主要流派及其代表人物的主要观点

新自由主义是一个包括众多学派的思想和理论体系。狭义新自由主义主要是指以哈耶克为代表的新自由主义。广义新自由主义，除了以哈耶克为代表的伦敦学派外，还包括以弗里德曼为代表的货币学派、以卢卡斯为代表的理性预期学派、以布坎南为代表的公共选择学派和以拉弗、费尔德

---

① 见本文"华盛顿共识"部分。
② [美] 诺姆·乔姆斯基：《新自由主义和全球秩序》，江苏人民出版社2000年版，第4页。

斯坦为代表的供给学派等，其中影响最大的是伦敦学派、现代货币学派和理性预期学派。

1. 伦敦学派

伦敦学派的主要代表人物是哈耶克，他是一位出生于奥地利的著名的经济学家、思想家。他的新自由主义理论观点是其他所有新自由主义者的主要思想来源。他长期活跃于反凯恩斯主义、反国家干预的新自由主义中心：奥地利的维也纳大学、美国的芝加哥大学、英国的伦敦大学经济学院。他既是主张经济自由的伦敦学派的主要代表，又是芝加哥学派的核心成员，同时也是奥地利学派的骨干。哈耶克不仅明确主张自由化，强调自由市场、自由经营，而且坚持认为私有制是自由的根本前提。他认为，"只是由于生产资料掌握在许多个独立行动的人的手里，才没有人有控制我们的全权，我们才能够以个人的身份来决定我们要做的事情。如果所有的生产资料都落到一个人手里，不管它在名义上是属于整个'社会'的，还是属于独裁者的，谁行使这个管理权，谁就有全权控制我们"[①]。哈耶克反对任何形式的经济计划和社会主义，认为垄断、计划化、国家干预始终与无效率相联系。他认为，即便是货币发行权也应还给私人银行，而不能让政府垄断。

2. 现代货币学派

现代货币学派是20世纪50年代中期在美国出现的新自由主义学派（也称新保守主义学派）。这一学派以现代货币数量论为理论基础，以制止通货膨胀和反对国家干预为主要政策主张，强调实行"单一规则"的货币政策。货币学派认为，货币政策比财政政策对产出量具有更大效应，货币供应的增加是通货膨胀的根源。货币主义者强调，货币和其他商品、其他金融资产是一样的资产。人们保留商品、债券、股票没有区别，彼此之间可以互相替代。因而，货币政策影响货币总需求。货币需求函数是比较稳定的，而且可以通过数字统计测量出来。这一学派的主要代表和领袖是美国芝加哥大学教授、著名经济学家M. 弗里德曼，他是当代最有影响的新

[①] [英] 弗·奥·哈耶克：《通往奴役之路》，中国社会科学出版社1997年版，第101—102页。

自由主义经济学家、现代货币主义创始人。他曾在美国财政部等机构任职，担任过尼克松总统的经济顾问委员会的委员。他认为资本主义体系之所以不稳，是货币受到扰乱，所以货币最重要，货币是支配资本主义产量、就业和物价变量的唯一重要因素。只要充分发挥市场机制的作用，资本主义体系本身是可以稳定的。他极力主张货币政策只要求货币数量稳定的、有节制的增加，即支持长期的货币规则或目标。除此之外，不需要政府干预私人经济，应让市场机制完全地充分地发挥作用。弗里德曼在市场经济理论、现代货币数量论、消费函数理论和经济方法论等方面，也均有建树，并因消费理论、货币历史和理论以及稳定经济政策方面的成就于1976年获得诺贝尔经济学奖。

3. 理性预期学派

理性预期学派认为，人是理性的，总在追求个人利益的最大化。由于经济变量的未来情况事关自己的选择和利益，个人会调用自己的智力和资源，对它进行尽可能准确的推测。人们会充分利用一切可用的、可得的信息，按照自己的知识和经验，对经济变量的未来情况做出预期。由于理性预期的作用，市场机制能确保充分就业均衡，政府干预经济的政策要么归于无效，要么加剧经济波动，因此是不必要的。这一学派的代表人物是芝加哥大学教授、美国经济学会现会长卢卡斯。他以经济人理性和人的行为理性预期假设为前提和立论基础，用货币周期模型论证和说明了经济波动的原因，并得出了凯恩斯主义政策无效因而无须政府干预经济的结论，他强调经济政策的稳定性和连续性，从而在宏观经济学领域引发了一场"理性预期革命"。他首创新增长理论，把经济运行的源泉和动力归结为人力资本的内生积累与增长，这种积累和增长不仅能使人力资本本身的收益递增，而且可以使其他投入要素的收益递增，从而可以使经济增长动态化、长期化。他认为，通过国际贸易可能会强化国家间人力资本禀赋差异，从而加大经济发展的不平衡。他于1995年获得诺贝尔经济学奖。

这里应指出，国内外学术界一些学者把德国的弗莱堡学派归于新自由主义。我们认为，对此尚需要研究，因为弗莱堡学派主张建立的市场经济是社会市场经济，即需要有许多调节原则的市场经济。例如，弗莱堡学派领袖瓦尔特·欧根就曾明确提出国家干预经济要遵循"限制利益集团""干预针对经济秩序"和"经济与社会政治系统化"三原则。这些原则和主张，是与哈耶克的完全自由化和不要国家干预不同的。弗莱堡学派所主张的经济秩序和理想类型也是与新自由主义的"自然秩序"不同的。他们所主张的经济秩序有多种"理想类型"，不是一般地否定对经济的集中管理，但强调要着重解决好集中管理过程中的经济计算和资源配置问题。他们既坚持"市场自由竞争原则"，又强调"政府有限干预原则"，同时也不放弃"社会平衡原则"。弗莱堡学派甚至从维护充分的市场竞争机制角度明确提出了实行多元所有制的政策主张和工人参加管理的政策主张。这些政策主张也是与新自由主义不同的，包括德国在内的欧洲国家许多学者，也持类似观点。

（四）新自由主义的本质：国际垄断资本主义的理论体系

1. 国际垄断资本主义需要新自由主义

资本主义在19世纪末20世纪初进入垄断阶段后，已经度过了一般垄断阶段和国家垄断阶段，从20世纪70年代起，资本主义开始由国家垄断阶段向国际垄断阶段过渡。

任何历史进程的新阶段除了有其本身特定的指标之外，还必然有某些重大事件作为其标志。没有标志性事件就不会有历史分期。资本主义由国家垄断阶段向国际垄断阶段转变，也不例外。标志着资本主义向国际垄断阶段转变的重大事件，先后发生在20世纪70年代到21世纪初的二十多年间，这些标志性重大事件有：

（1）以"滞胀"为特点的1973—1975年资本主义世界经济危机，标志着国家垄断资本主义发展到了极致，"滞胀"成为资本主义向国际垄断阶段大转弯的第一个历史拐点。"滞胀"既是对国家垄断资本主义发展的历史总结，又是资本主义进入国际垄断阶段的历史序幕。

（2）新自由主义的勃兴适应了当代国际垄断资本发展的需要，1990年"华盛顿共识"出笼后，新自由主义更成为国际垄断资本向全球扩张及其制度安排的理论依据。

（3）跨国公司的崛起使全球市场同时又成为全球工厂，从而为资本主义进入国际垄断阶段奠定了最深厚的物质基础。

（4）长期以来缺乏可贸易性的"服务"实现了贸易国际化，使国际垄断资本对全球经济实现了全产业控制，从而把资本主义在产业层面上推向了国际垄断阶段。

（5）因特网作为垄断资本控制全球的技术和经济密网，成为资本主义发展到一个新阶段的标志性技术。

（6）"9·11"事件为全面建立国际垄断资本全球体系提供了历史借口，使美国掀起了一场实现"政治全球化"或"全球一体化"的乌托邦浪潮。

资本主义在不同的发展阶段需要不同的理论。如果说国家垄断阶段需要的是凯恩斯主义，那么，国际垄断阶段需要的则是新自由主义。

2. 新自由主义推动资本主义向国际垄断阶段过渡

作为完成形态的国际垄断资本的理论体系的新自由主义思潮，在方方面面都有表现，归纳起来主要是四个方面，这就是经济的自由化、私有化、市场化、全球一体化。这四个方面互相联系，彼此促进，不可分割。自1990年"华盛顿共识"出笼之后，新自由主义开始向全球蔓延，为国际垄断资本开辟了全球空间。

第一，私有化浪潮席卷全球，既加速了国家垄断资本主义向国际垄断阶段的过渡，同时又摧毁了苏联东欧国家的公有制经济。在世界范围内，国际垄断资本难以进入或无法控制的领域已经所剩无几。

第二，经济市场化波及全球国际垄断资本在全球的运作有了越来越可靠的制度保障。由于新自由主义的蔓延，西方市场经济发达的国家致力于追求市场机制的完善，而非市场经济国家则纷纷谋求建立市场经济制度。20世纪90年代以来，苏联东欧国家几乎是齐步走式地向市场经济制度转轨。从拉美、亚洲到非洲，各类经济模式国家几乎都无一例外地使市场机制在资源配置中越来越发挥基础作用。各国的"经济市场化"进程，等于是在规范"行车规则"，为国际垄断资本进行全球扩张、控制全球经济扫清制度上的障碍，使垄断资本在国外的"自由空间"急剧扩大。

第三，在经济自由化进程中，金融自由化尤为引人注目，影响也最大，它为国际垄断资本控制全球经济提供了一个至关重要的杠杆。由于体制和国情的差异，各国金融自由化涉及的方面和内容有所不同，但总的来看，主要包括：实现完全的利率自由化；金融机构业务的多元化；改变境内外金融市场的分离状态，对外开放金融市场，实行外汇交易自由化；等等。金融自由化与金融国际化紧密相连相互推进。在金融越来越成为现代经济命脉的情况下，金融自由化和金融国际化使国际垄断资本有了一个控制全球经济的最重要的杠杆，从而通过金融"扼制"，把整个世界经济体系更加牢固地置于自己的掌握之中。

第四，新自由主义的全球一体化，是国际垄断资本企图统一全球的制度安排。20世纪80年代末90年代初"华盛顿共识"的炮制及其出笼正是国际垄断资本企图一统全球意志的体现。"华盛顿共识"已经远远超出了经济全球化，而是经济体制、政治体制和文化体制的"一体化"，也即美国化。所以，自20世纪90年代始，新自由主义思潮在全球的蔓延是国际垄断资本在全球扩张的理论表现。其结果，绝不可能使世界经济变成一个自由竞争的体系。恰恰相反，它将仍然处在垄断资本的控制之下。

3. 新自由主义、垄断资本国际扩张、经济全球化三者紧密交织

新自由主义是垄断资本国际扩张的理论。新自由主义、垄断资本国际扩张同经济全球化又紧密交织在一起。与垄断资本的国际扩张相比，经济全球化具有更广的涵盖范围。但是在当代，由于世界经济体系处在国际垄断资本的支配之下，所以垄断资本与经济全球化又几乎完全重叠。可以说垄断资本借助经济全球化全速进行国际扩张，而如果没有垄断资本的国际扩张，也就谈不上今天的经济全球化。因此，在经济全球化背后，不能不看到新自由主义和国际垄断资本的巨大影响力，甚至是支配力。

从本质上说，经济全球化是世界经济体系发展的一个阶段，是人类社会生产力发展的必然结果。但迄今为止，它又一直处在国际垄断资本的支配之下。因此，我们不拒绝参与经济全球化，但对其背后的新自由主义和垄断资本的国际扩张则须保持高度警惕。

二 新自由主义在世界的蔓延及其后果

（一）欧美主要政党对新自由主义及其经济模式的态度

新自由主义并非一个全新概念。从自由主义在近代史上出现到现在，其地位已经过了几度枯荣升贬。而自由主义在每一次复兴的过程中，均因涵盖了某些新内容而被称为"新自由主义"。从20世纪70年代末起，这种思想逐步在美、英两国取得主流学派乃至主流意识形态的地位。自20世纪90年代始，美、英推进的新自由主义模式，不仅在跨大西洋经济整合中，而且在由国际垄断资本推动的全球一体化中，发挥着主导模式的作用。当然，即使在西方发达国家，各主要政党对新自由主义的态度远非一致；特别是在进入21世纪，美国、英国爆发已持续两年多的21世纪第一次周期性经济危机之后，上述分歧正在进一步扩大。

1. 美国共和党狂热鼓吹新自由主义及其模式，民主党则有所保留

新自由主义及其模式的最积极推进者是美、英两国的右翼党派。

与西欧国家相比，美国的中左翼力量一直较弱。美国的共和党是以新自由主义思想为主导的右翼党派，民主党则是以自由主义思想为主导、时中时右的中间型党派。由于共和党执政时间长，所以在思想和模式发展方面严重右倾。20世纪70年代中期，新自由主义勃兴。20世纪80年代，里根政府积极推行新自由主义；老布什政府进一步强化新自由主义政策，炮制了"华盛顿共识"。20世纪90年代克林顿政府上台后，曾试图实行改革，但对新自由主义模式的矫正极为有限。在克林顿执政的后期，同英、德、荷（兰）等国的中左翼党派领袖共同推进"第三条道路"，虽然成就不大，但加强了欧美中左翼执政党的合作关系。所以，西欧国家的中左翼

党派无不希望民主党继续执政。1999年美国大选前，美国人对"第三条道路"热情很高，共和党推出了与民主党十分相似的竞选纲领，于是"中间型的温和治国方针"成为两党的竞选方针。然而，共和党候选人小布什上台后，使趋于中间化的政策全面右转。

小布什政府上台后的一个首要目标，便是力图使美国利益，特别是强势集团利益最大化并通过新自由主义及其模式予以实施。对新自由主义进行研究的学者乔姆斯基认为，多数公众尤其是美国公众在很大程度上并不了解新自由主义一词。共和党为保持这种思想与模式的核心地位，以压制媒体的方式来"制造"舆论的"同质性"，致使美国中下层公众对这种不合理的意识形态及其模式，导致不合理经济与社会现象的反抗力，远远小于西欧国家。即使在美国经济萧条、新自由主义思想与模式走向衰落的今天，大部分美国民众并未察觉新自由主义及其模式的种种弊端，他们愤恨的只是大公司的首席执行官（CEO）等极少数违法人物。

"9·11"事件发生后，美国安全问题被提到了议事日程，共和党和民主党均宣布在此事件后的新时期需要新思想、新战略。共和党政府的新战略是在全球推行新自由主义模式。2002年由共和党政府提出的《美国国家安全战略》指出，要通过单边战争和预防性攻势，建立可取得胜利的持续发展模式。也就是说，这种战略的根本目的不仅要保护美国领土与公民安全，而且还要在全球推销新自由主义模式。正是这种占主导地位的极右倾价值观和安全战略，将美国引向了又一场海湾战争。西班牙《起义报》在评论美国发动战争的动机时指出：要消除对"自由经济"的威胁，即对新自由主义经济制度的威胁，是美国要通过战争捍卫的主要价值观之一。

随着2001年年初美国陷入周期性经济衰退新自由主义及其模式正在走向衰落，美国地缘经济政治战略地位恐怕也会随之下降。然而，美国共和党小布什政府为维护美国垄断大资产阶级的利益，仍在全力维护新自由主义及其模式在国内的统治地位，并极力向全球推进。

2. 英国主要政党开始疏离新自由主义及其模式

20世纪70年代末到80年代，右翼的保守党在英国重新执政后，其领袖撒切尔夫人开始推进对福利国家体系的深度改革,她的改革思想与政策被称为"撒切尔主义"。"撒切尔主义"与差不多同期在美国由共和党总统里根推进的"里根主义"一样,被统称为新自由主义,也称"新保守主义"。在美、英两国推进新自由主义变革的结果,形成目前仍在全球化过程中占主导地位的经济模式,即被称为"英—美新自由主义市场经济模式"。

在20世纪90年代中期以前,英国保守党不仅在国内推行新自由主义市场经济模式,而且使英国成为在西欧推行这种模式的堡垒。工党在1997年上台后,布莱尔虽名为推进"第三条道路",但基本上没有触动原保守党建立起来的新自由主义经济模式。

然而,近两年来,由于美英均陷入周期性经济衰退,英国的两大党派对新自由主义及其模式的态度开始发生变化,英国这个欧洲的新自由主义堡垒正趋于瓦解。保守党领袖邓肯·史密斯在最近的一次讲话中承诺:他的党不会再继续撒切尔内阁的"物质主义"的模式。他在批评工党领袖布莱尔的严重政策失误时,指责这位工党领袖抱着新自由主义模式不放的做法不明智。保守党在本年度地方选举中获胜的一个重要原因,正是在模式问题上转变比工党快。而工党实际上也在加速转弯。2002年9月,布莱尔一改工党官员避而不谈"再分配"问题的惯例,公开表示:工党在本届任期内要大力推进"再分配权力、财富、机会"等方面的"合理目标","从而使每个人都可分享国家的繁荣"。实际上工党在此之前已推出了某些"再分配"的经济与社会政策,表明工党也在急于同新自由主义的政策划清界限。

3. 西欧诸国主要政党对新自由主义及其经济模式持保留态度

在20世纪90年代中期,新自由主义经济模式继20世纪80年代的私有化浪潮后,曾一度掀起小高潮,西欧诸国的两大主要党派——中左翼社会党(含社会党、社民党和工党)和中右翼基督教民主党,也成为这种模式的推动者。此后,社会党受到中左翼理论家的影响,开始强调公平价值与新自由主义的效率价值同等重要并且主张采取以市场手段和国家干预相结合的方法治理国家,另外还要求实行积极的福利政策。上述三位一体的政策主张,便是所谓同新自由主义对垒的"第三条道路"或"新中间道路"的要旨。到2000年,美英等国的经济因重大企业丑闻、股市泡沫破灭而快速走向衰退,使西欧诸国中下阶层对"新自由主义模式经济神话"抱有的希望随之破灭。广大民众和知识群体反对新自由主义及其模式的政治与社会运动不断升温,迫使西欧两大主要党派在政治上整体向左转。多数国家主要政党已进一步与新自由主义思想拉开了距离,并根据民众压力对新自由主义经济模式做出相应矫正。

(1)德国主要政党对新自由主义及其模式的态度变冷甚至抵制

德国在战后建立了称为"新莱茵模式"的社会市场模式。这种社会市场模式是以社会或以人为核心的市场经济模式。这种既要社会又要市场的模式的理论渊源,是德国的弗莱堡学派。值得一提的是,新自由主义的主要代表人物哈耶克20世纪60年代大多数时间在德国,曾企图对弗莱堡学派社会市场经济模式理论施加影响。其后,德国中右翼的基民盟/基社盟在20世纪80年代跟随美、英两国进行福利改革,推进私有化。同美、英不同的是,德国步子迈得比英、美要谨慎得多。

社民党在1998年上台后,推出了由该党思想库提出的"新德国模式"。该模式的三个目标中的第一个,即为新自由主义的效率第一原则。施罗德总理也曾力主推进这一模式,并因此而与党内以联邦财长拉封丹为首的左翼反对派产生了严重的摩擦。这场冲突,最终以拉封丹的辞职而告终。然而,在公众政治逐渐增压的情况下,特别是在2002年大选前的选举政治的强压下,施罗德审时度势地彻底改变了对新自由主义模式的态度,并且不顾党内反对派的嘲笑而公开批评他曾追捧过的带有新自由主义色彩的模式。2002年7月,施罗德在接受《每日镜报》专访时明确表示反对新自由主义被确定为即将来临的大选的社民党的"竞选基调"。这一基调后来证明有助于他的党在大选中勉强保住执政党的地位。在同一次访谈中他还说:"在欧盟委员会里……我发现了一种甚至超越美国的新自由主义的奇怪态度。"他批评说,欧盟委员会成员不应仅注重金融业等方面的发展,而却不注重工业生产的发展。我们知道,德国的"新莱茵模式"——社会市场模式所重视的是工业实业,而新自由主义模式所重视的则是易产生泡沫的金融业。不仅如此,施罗德政府还于2003年3月推出了向中下阶层倾斜的"新中间阶级纲领",以推动经济与社会的全面改革。

基民盟/基社盟也在随风而动,该党成员对新自由主义及其模式的支持热度下降。该党在选举党的领导人时就曾公开指责某些候选人的新自由主义立场。

（2）西欧其他国家政党对新自由主义及其模式的态度：呈现出修正或排斥的一面倒倾向

进入21世纪以来,西欧其他各国的政党也已从前一个时期向右看转变为向左看。在向新自由主义经济模式迈进过程中步子迈得小的党派,目前比较幸运,其所要做的政策调幅比较小。如法国和瑞典等国的执政党,在20世纪90年代的新自由主义大潮中坚持了较强的社民主义的社会政策,所以现在无须做太大的政策调整。而多数中右翼政党因比社会党更右倾,现在不得不做出更大幅度的政策调整,如法国保卫共和联盟在2002年的大选中就提出某些比社会党更为"左倾"的社会政策,本届中右翼政府甚至在考虑某些行业重新国有化的问题。总之,西欧不少主要政党,包括中左和中右两翼,均在把更多的砝码由天平的右边放到左边。即使某些有极端民族主义倾向的极右翼党派,为了争取民众也出台了反对新自由主义模式的纲领与政策。奥地利的自由党领袖海德尔就宣称：他的党派的纲领质而言之是"社民主义的",而不是新自由主义的。某些极右翼党派还因纲领、政策向"左倾"而获得了较高的民众支持率。西欧国家的政党所做出的政策调整,预示着新自由主义及其模式很可能在这一地区进一步失去民心。

（二）"华盛顿共识"：新自由主义国家意识形态化、政治化和范式化

20世纪70年代,新自由主义一些主要代表人物多数聚集在美国,逐步使美国成为新自由主义思潮的大本营。20世纪80年代里根上台后,以"里根主义"或"里根经济学"的面目,积极推行新自由主义。此后,历届共和党总统对新自由主义推崇备至。20世纪80年代末和90年代初，共和党总统老布什政府，为迎合国际垄断资本和大金融寡头向世界扩张的需要，炮制了"华盛顿共识"，从此，新自由主义由学术理论而国家意识形态化、政治化和范式化。

1. "华盛顿共识"的背景和内容

1990年，美国国际经济研究所在华盛顿召开了一个讨论20世纪80年代中后期以来拉美经济调整和改革的研讨会。出席会议的有拉美国家的政府官员、美国财政部等部门的官员、企业界人士，以及由美国操纵的世界银行、国际货币基金组织、美洲开发银行等国际机构的代表和若干高等院校、研究机构的经济学家。在会议的最后阶段，美国国际经济研究所前所长约翰·威廉姆逊说，经过讨论，与会者在拉美国家已经采用和将要采用的十个政策工具方面，在一定程度上达成了共识。由于上述国际机构的总部和美国财政部都在华盛顿，加之会议在华盛顿召开，因此这一共识被称作"华盛顿共识"。

威廉姆逊在会后将会议论文汇编成册，并于同年出版。在这本题为《拉美调整的成效》的论文集中，威廉姆逊更加明确地阐述了拉美国家在经济调整和改革过程中应该采纳的"处方"。它包括以下十个方面：

（1）加强财政纪律，压缩财政赤字，降低通货膨胀率，稳定宏观经济形势；

（2）把政府开支的重点转向经济效益高的领域和有利于改善收入分配的领域（如文教卫生和基础设施）；

（3）开展税制改革，降低边际税率，扩大税基；

（4）实施利率市场化；

（5）采用一种具有竞争力的汇率制度；

（6）实施贸易自由化，开放市场；

（7）放松对外资的限制；

（8）对国有企业实施私有化；

（9）放松政府的管制；

（10）保护私人财产权。

威廉姆逊认为，上述政策工具不仅适用于拉美，而且还适用于其他有意开展经济改革的发展中国家。在他看来，"华盛顿共识"似乎是放之四海而皆准的"灵丹妙药"。

2. 对"华盛顿共识"的评价

"华盛顿共识"从其问世之日起，就受到了来自国际学术界及其他多方面的猛烈批评。例如，有人认为，"华盛顿共识"的十个主张是以新自由主义为理论基础的，是一种"市场原教旨主义"。因此，发展中国家实施其"处方"的后果，必然是贫富差距越来越大，贫困化现象越来越严重，经济主权不断弱化。正如斯蒂格利茨所说，似乎只要实行私有化和自由化，市场就会自动解决经济发展的一切问题，说得好一些，"华盛顿共识"是不完整的，说得坏一点，"华盛顿共识"有误导性。还有人认为，"华盛顿共识"是一种"新帝国主义"，是美国及被美国操纵的国际金融机构迫使发展中国家开放市场的"敲门砖"，是"后冷战"时代资本主义向处于低潮的社会主义发动攻击的"进军曲"。

我们认为，"华盛顿共识"的某些政策主张（如加强财政纪律，压缩财政赤字，降低通货膨胀率，稳定宏观经济形势等），具有一定的合理性。但是，从整体上看，它的政策主张以新自由主义理论为基础，片面强调市场机制的功能和作用，鼓吹国有企业私有化、贸易自由化、金融自由化、利率市场化、放松对外资的监管、放松政府管制等，适应了国际垄断资本向全球扩张的需要。不仅如此，美国此后利用经济援助、贷款的附加条件，向发展中国家强制推行"华盛顿共识"，新自由主义最终被美国当局国家意识形态化、政治化、范式化。因此，发展中国家对"华盛顿共识"必须高度警惕。否则，国民经济安全乃至国家安全将面临巨大危险。最近阿根廷的经济崩溃就是最典型的例子。

（三）新自由主义在全球的蔓延及效果

新自由主义不仅在美英两国大行其道，而且正在世界范围内蔓延，特别是自20世纪90年代初"华盛顿共识"出笼后,在某些地区和国家的蔓延曾一度呈加剧之势,但效果并不乐观。

1. 新自由主义在拉美的推行和效果

(1) 新自由主义在拉美得到较为广泛传播的原因

新自由主义早在20世纪70年代初就传入拉美,但当时传播范围仅限于智利。1973年皮诺切特将军在智利通过政变上台后,立即将一大批从美国芝加哥大学等高等院校留学回国的经济学家安排在政府部门。这些"芝加哥弟子"认为,只有新自由主义才能使智利的经济走出困境。在他们的影响下,皮诺切特将军实施了以开放市场和减少国家干预等为主要内容的经济改革。

进入20世纪80年代后,拉美地区普遍爆发了债务危机和经济危机,这使20世纪80年代成为拉美"失去的十年"。对于恢复经济,拉美经济学家一筹莫展。在这种情况下,新自由主义乘虚而入。

1985年美国以解决拉美债务危机为由,提出以新自由主义为基础的"贝克计划"。该计划要求拉美国家必须对国有企业进行私有化,进一步开放国内市场,放松对外资的限制,实现价格自由化,等等。到20世纪90年代初,美国政府、国际货币基金组织和世界银行还更多地利用贷款的附加条件,强制拉美国家进行新自由主义的经济改革,推销"华盛顿共识"。当然,新自由主义之所以能在拉美地区较为广泛地蔓延,同部分拉美国家的领导人具有亲美背景,以及学术界和媒体的炒作不无关系。

(2) 新自由主义在拉美蔓延既取得一定成效,更遭到严重失败

20世纪80年代以来,在新自由主义的推动下,拉美经济改革的声势之大、范围之广、影响之深,不仅在拉美历史上是前所未有的,而且在整个第三世界,也非常引人注目。有人称之为拉美大陆的一次"经济政变"。

拉美的经济改革取得了一定成效:使拉美有的国家实现了从封闭的进口替代模式向外向发展模式的转变;恶性通货膨胀得到控制,宏观经济形势曾一度有所好转。

但总的来看,拉美地区十多年来,"改革"动作大、发展成效小。不

仅如此，拉美新自由主义改革还带来了一系列严重问题：

第一，国有企业私有化，使一些产业向私人资本和外国资本集中，失业问题更为严重。

第二，收入分配不公的问题越来越突出，两极分化和贫困化十分严重。例如，墨西哥在改革前，有两位亿万富翁，20世纪90年代后期增加到20多位；与此同时，贫困人口未见减少，相反有增加之势。墨西哥恰帕斯州农民揭竿而起的主要原因之一，正是两极分化和贫困化日益加剧。

第三，民族企业陷入困境。这种情况在开放度较高的墨西哥和阿根廷等国尤为明显。

第四，国家职能明显削弱，社会发展被严重忽视。

第五，金融自由化导致金融危机频发。1994年的墨西哥金融危机、1999年的巴西货币危机和2001年的阿根廷债务危机等，都与金融自由化有关。

（3）阿根廷危机的根源在于新自由主义

对于GDP曾居于世界第九的阿根廷近期发生经济危机的原因，国内外学术界争议较大。一种观点认为，阿根廷危机是梅内姆政府和德拉鲁阿政府推行新自由主义改革的必然后果；另一种观点认为，新自由主义政策在一定程度上促成了危机，但不是危机的唯一根源。

我们认为，阿根廷危机的根源与新自由主义政策密切相关：阿根廷推行新自由主义改革实施了大刀阔斧的国有企业私有化，国有企业和国有资产几乎都出售完毕，使外资企业在国民经济中占有举足轻重的地位，以致在本次危机中由于找不到可作抵押的国有资产而难以向国外金融机构贷款；为强化市场机制作用，阿根廷几乎放弃了国家对经济生活的调控，自由化成为压倒一切的信条；由于大幅度降低贸易壁垒和市场开放使大批民族企业倒闭，一些城市的失业率高达15%—20%；金融自由化，使阿根廷的金融机构大多被国际垄断资本控制，金融安全无保障，经济危机不可避免。

正是由于20世纪90年代拉美的新自由主义改革效果不佳，1998年4

月在智利首都圣地亚哥举行的美洲国家首脑会议,明确提出了以"圣地亚哥共识"替代"华盛顿共识"的主张。"圣地亚哥共识"的含义是:①必须减少经济改革的"社会成本",使每一个人都能从改革中受益;②大力发展教育事业和卫生事业;③不应该降低国家在社会发展进程中的作用;④健全法制,实现社会稳定;⑤提高妇女和少数民族群体的社会地位和经济地位;⑥完善和巩固民主制度。

2. 新自由主义在俄罗斯的推行和效果

(1)"休克疗法"是新自由主义"经典之作"

苏联解体后,俄罗斯开始强制而快速地推进经济转轨。1992年年初,俄激进民主派政府推出的所谓三位一体(自由化、私有化和稳定化)的"休克疗法"式经济转轨方案,是由美国哈佛大学的经济学家杰弗里·萨克斯所提出,曾被称为"哈佛方案"。"休克疗法"的基本依据是"华盛顿共识"。其内容具体包括:第一,市场自由化:俄自1992年1月全面放开商品、物价、汇率、外贸进出口等管制,政府大大削减经济调控内容和行政管理部门。第二,国有企业私有化:大规模出售和转让国有企业与资产培植广泛的有产者和私营企业主阶层。第三,经济稳定化:在全面放开价格的同时,实行严格的紧缩货币和财政政策,把稳定卢布、控制通货膨胀、减少政府预算赤字作为政府经济政策的重中之重,并将推行货币紧缩政策置于比发展生产、产业调整、结构更新和科技政策更重要的地位。此外,俄在转轨中把"西方化或全盘西化"作为战略和政策主导思想,引入和效法美国模式,向西方国家全面开放国内市场。

(2)新自由主义的"休克疗法"在俄罗斯以失败告终

俄罗斯按照"休克疗法",在实行经济转型的10年里,陷入了前所未有的社会经济危机,政局混乱,经济大幅下滑,少数人暴富,广大民众普遍贫困化。1989年,俄罗斯的GDP是中国的2倍多,而10年后仅为中国的1/3。这表明,俄当年推行的新自由主义"休克疗法"以失败告终。新自由主义"休克疗法",给俄罗斯人民带来了深重的灾难,但对于美国国际垄断资本来说,摧毁了苏联的以公有制为基础的经济体系,不能不说是一大胜利。

近年来，包括美国在内的许多学者，都在反思俄罗斯前 10 年经济转轨的经验教训。大多数国外学者都认为，俄罗斯前 10 年经济转轨失败的一个根本原因是，推行了新自由主义激进转轨政策。国外著名学者热若尔·罗兰指出，俄罗斯的经验基本上可以看作是"华盛顿共识"缺点的证明。曾任世界银行的首席经济学家、诺贝尔经济学奖得主斯蒂格利茨，对俄罗斯和其他转轨国家的重大战略和政策问题进行了重估，对"华盛顿共识"提出了质疑。他认为，这些失败的更深层原因是，对市场经济基本概念以及对机构改革进程最基本情况的误解。

三 新自由主义在我国的传播及我们应采取的科学态度

（一）新自由主义在我国的传播

我国的改革开放，建设中国特色社会主义，特别是建设社会主义市场经济体制需要引进、吸收、借鉴世界各国的优秀文明成果，包括批判性地吸收、借鉴西方现代资产阶级经济学中的科学成分，以及现代资本主义经济运作的有益经验。在这种大背景下，新自由主义传入国内不可避免。

新自由主义在我国较大规模地传播和讨论始于 20 世纪 80 年代中后期，主要通过文献出版物、以大学为主的各种讲坛（论坛）、各种研究机构（包括学会、研究会）主办的学术讨论等几种渠道或方式传播。

1. 出版物是传播的主要渠道或主要方式

早在 20 世纪 90 年代之前，有关新自由主义的论著就已经开始翻译和介绍到我国。当时，较有影响的有商务印书馆组织出版的《现代国外经济学论文选》（由现代外国经济学说研究会编）和相关译著（如米尔顿·弗里德曼著《资本主义与自由》，商务印书馆 1986 年版），以及北京经济学院出版社从 1988 年开始组织出版的《诺贝尔经济学奖获奖者著作丛书》（包括新自由主义主要代表人物哈耶克的代表作之一《个人主义与经济秩序》、新自由主义的重要成员布坎南的代表作《自由、市场和国家》等）。

进入 20 世纪 90 年代之后，中国社会科学出版社组织出版的"《西方现代思想》丛书之一",系统地向国人介绍了新自由主义核心人物的主要代表作。例如,路德维希·冯·米塞斯著《自由与繁荣的国度》、弗雷德里希·奥古斯特·哈耶克著《自由宪章》和《通往奴役之路》、卡尔·波普尔著《开放社会及其敌人》等等。

当然,在翻译出版的论著中,也有很多是介绍反新自由主义观点的。例如,翻译出版的法国巴黎"全球化观察"组织主席苏珊·乔治(Susan George)的《新自由主义简史》,就是一部对新自由主义持批判态度的专著。

2. 各种讲坛(论坛)是由各种新自由主义译著派生出来的传播渠道和方式

随着各种新自由主义译著的出版很多正式开设西方经济学专业课和专题课的大学,大都先后安排了介绍新自由主义理论和思潮的专题课程;有些学者主持讲解有关新自由主义的教学大纲和教案,也陆续整理成书出版,成为新自由主义在青年学生中传播的主要渠道和重要物质载体。值得注意的是,近年来,海外一些别有用心的人士及国内极少数顽固坚持资产阶级自由化的人,内外呼应,利用某些论坛,借介绍新自由主义之机,狂热鼓吹自由化、私有化、全盘西化。如疯狂叫嚣要"在马克思主义的棺材上钉上最后一颗钉子"的张五常,就是通过在某些大学乃至国家机关的讲坛大放厥词的。

3. 各种关于新自由主义的学术讨论是传播走向深化的主要渠道和方式

随着前述两种主要方式的传播,新自由主义逐步引起我国理论界、学术界的关注,关于新自由主义的研讨会也逐渐多了起来。当前,正是新自由主义在我国传播走向深化的阶段,也是我们对新自由主义的传播与研究实施正确导向的关键阶段。

(二)我国学术界关于新自由主义的研究

总的来看,我国理论界、学术界关于新自由主义的研究尚不是很充分,目前已发表的论著,大多停留在比较浅显,甚至似是而非的水平。尽管如此,或者也正因如此,我国学术界、理论界关于新自由主义及其在我国的传播的看法上,分歧较大。归纳起来,大致有以下四种观点:

1. 全面否定

持这种观点的学者不仅不赞成新自由主义的理论和政策主张，并对新自由主义在我国的传播持强烈的批判态度，更坚决反对借鉴新自由主义。

2. 极力鼓吹

极力鼓吹、推崇新自由主义的人在我国学术界、理论界为数不多，其代表性人物是极少数顽固坚持资产阶级自由化的人。持这种观点的人虽然不多，但在部分青年学生中具有相当蛊惑力；而且，他们还企图利用照抄照搬来的新自由主义的理论观点和政策主张，影响政府决策。对此，必须高度警惕。

3. 只介绍不分析、不判断

取这种态度的学者多为研究国际政治学的学者和研究国外经济学的学者。他们不重视对新自由主义本身的研究，也较少考虑新自由主义者的政治倾向，着重把包括新自由主义在内的西方的学术理论介绍到我国来。

4. 批判地吸收、借鉴

目前我国学术界、特别是经济学界，有一批较为严谨的经济学者既不全盘否定新自由主义，也不主张照抄照搬新自由主义，而是力图根据我国实际，对新自由主义特别是对其经济学理论进行分析和研究，积极吸收其中可供我国改革开放借鉴、参考的理论观点和政策主张以促进我国社会主义市场经济理论研究的深化和实践的发展。

但必须指出，总体来看，目前学术界持这种态度的学者的队伍还亟须进一步壮大，对新自由主义的这种科学研究也仅刚刚起步，既不系统也欠深入，尚需正确引导、推进。

（三）对新自由主义应取的科学态度

1. 作为学术理论的新自由主义同新自由主义政治化的"华盛顿共识"不能相等同

新自由主义作为一种经济学思潮和理论，是在资产阶级古典自由主义经济思想和理论基础上发展起来的。资产阶级古典自由主义经济理论体系的创始人是亚当·斯密，这一理论经过 200 多年的发展，其中不乏科学成分，是人类文明的共同成果。因此不能将作为资产阶级经济学理论的新自由主义，同美国政府为适应国际垄断资本扩张的需要，将新自由主义国家意识形态化、政治化和范式化的"华盛顿共识"相等同。

但是，即使对于作为经济学思想和理论、对市场经济运作具有参考价值的新自由主义我们也要坚持运用马克思主义的立场、观点和方法，批判性地借鉴和利用。

2. 新自由主义经济学理论中可资借鉴的合理成分

新自由主义经济理论至少有以下几方面值得深入研究和借鉴。

（1）关于市场是有效配置资源机制的观点。它符合市场经济发展的内在规律，对建立社会主义市场经济体制、对社会主义市场经济的发展，具有重要的借鉴作用。

（2）以弗里德曼为代表的现代货币主义等学派主张减少政府干预，压缩政府开支，提高政府效率的观点，值得我国深化经济体制改革和政治体制改革借鉴。

（3）关于积极财政政策和货币政策以及通过宏观调控实现国民经济稳定增长的理论。现代货币学派、理性预期学派和供给学派对此均有许多论述，这对我国进行同类操作，具有重要借鉴意义。

（4）关于加强法制和使政府行为纳入法制轨道的观点。法制与市场经济是一对孪生兄弟。我们需要进一步加强法制建设，发展和完善我国市场经济体制。

（5）关于尊重人权和人的自由发展的主张。人权和人的自由发展问题是人类社会发展的永恒主题。马克思主义人权观与资产阶级人权观具有本质区别。社会主义应当比资本主义能够更好地保障人权和人的自由发展。我们应理直气壮地高举保护人权的旗帜。

此外，新自由主义经济学的某些研究方法，也值得我国经济学借鉴。

3. 对新自由主义中必须加以批判和坚决抵制的内容

新自由主义作为国际垄断资本的思想理论体系，从本质上说，是维护私有制和资本主义制度，反对公有制和社会主义的。对此，我们不能没有清醒的认识。新自由主义理论体系中至少有以下几个方面的内容，我们对此应持批判态度：

（1）对将新自由主义国家意识形态化、为国际垄断资本扩张服务的"华盛顿共识"，我们必须坚决反对和抵制。

（2）关于绝对自由化。新自由主义所主张的自由化，主要是指金融自由化、贸易自由化、投资自由化等，这实际上是对经济弱势国家的经济主权的弱化。对此，我们既要遵守WTO的规则和我国的有关承诺，最大限度地把握机遇，积极参与国际竞争与合作；同时，又要最大限度地防范风险，特别是对金融自由化持谨慎态度，保留国家对金融强有力的监管和调控能力，以维护国家的经济独立和经济安全。

（3）关于全面私有化。这一点即使在资本主义社会，也是无法实现的，它不符合生产力发展的内在要求。经济社会发展水平越高，就越需要社会提供更多的公共物品。公共物品的生产和流通，不可能建立在纯粹的私有制基础上有些必须建立在公有制（国有制）基础上。我们建设中国特色社会主义，更不可能全盘私有化，必须坚持以公有制为主体。

（4）关于全面市场化，反对政府干预。实践证明，即使资本主义经济运作，也不可能全面市场化不要政府干预。搞社会主义市场经济，政府必须利用财政、金融等经济手段，以及指导性发展规划等措施，对市场进行宏观调控。

（5）关于全球一体化。新自由主义的全球一体化，是国际垄断资本统一全球的制度安排。但实际上，在未来相当长的历史时期内，我们仍将处于"一球两制"，即资本主义制度和社会主义制度斗争、合作、相互影响的共处时期；在这个时期，资本主义将长期居于优势地位。在此背景下，我们参与经济全球化，要高度警惕"全盘西化"，以免落入"全球一体化"陷阱。

要做好以上借鉴和批判工作，关键在于加强对新自由主义的分析与研究。

参考文献

[1] [美] 约翰·罗尔斯:《政治自由主义》,译林出版社 2000 年版。
[2] [英] 安东尼·德·雅赛:《重申自由主义》,中国社会科学出版社 1997 年版。
[3] [德] 奥托·施莱希特等:《秩序自由主义》,中国社会科学出版社 2002 年版。
[4] 李强:《自由主义》,中国社会科学出版社 1998 年版。
[5] [德] 格尔哈德·帕普克:《知识·自由与秩序》,中国社会科学出版社 2001 年版。
[6] [奥] 路德维希·冯·米瑟斯:《自由与繁荣的国度》,中国社会科学出版社 1995 年版。
[7] [美] 爱克尔·J. 桑德尔:《自由主义与正义的局限性》,译林出版社 2001 年版。
[8] [美] 约翰·凯克斯:《反对自由主义》,江苏人民出版社 2003 年版。
[9] [美] 伊曼努尔·华勒斯坦:《自由主义的终结》,社会科学文献出版社 2002 年版。
[10] [英] 约翰·格雷:《伪黎明》,中国社会科学出版社 2002 年版。
[11] [美] 布鲁斯·罗宾斯:《全球化中的知识左派》,中国社会科学出版社 2000 年版。
[12] [美] 斯蒂芬·D. 克莱斯勒:《结构冲突:第三世界对抗全球资本主义》,浙江人民出版社 2001 年版。
[13] [英] 大卫·雷斯曼:《保守资本主义》,社会科学文献出版社 2003 年版。
[14] [埃] 萨米尔·阿明:《资本主义的危机》,社会科学文献出版社 2003 年版。
[15] [法] 弗朗索瓦·沙奈:《资本全球化》,中央编译出版社 2001 年版。
[16] [英] 阿兰·爱伯斯坦:《哈耶克传》,中国社会科学出版社 2003 年版。
[17] 顾钰民、伍山林编:《保守的理念》,当代中国出版社 2002 年版。
[18] 余永定等:《西方经济学》,经济科学出版社 1997 年版。
[19] 胡代光等:《西方经济学的演变及其影响》,北京大学出版社 1998 年版。
[20] 梁小民:《西方经济学导论》,北京大学出版社 1997 年版。
[21] 左大培:《混乱的经济学》,石油出版社 2002 年版。
[22] 杨帆:《中国直面大国挑战》,石油出版社 2001 年版。
[23] 李其庆:《全球化背景下的新自由主义》,《世界社会主义研究动态》2003 年 8 月 26 日。

(课题组组长:何秉孟;副组长:戎殿新、刘迎秋、李千;成员:江时学、裴小革、阎小兵、顾俊礼、苏振兴、田春生)

(原载《马克思主义研究》2003 年第 6 期)

新自由主义的危害

李慎明

新自由主义不仅仅是资本主义的理论形态，它同时又是资本主义的政治纲领，是极力维护私有制和资本主义制度，极力反对公有制，是资产阶级统治压迫广大人民群众的工具。新自由主义所谓规范化改革，其政治目的就是动摇社会主义的基本政治经济制度，企图用资本主义制度"规制"世界，用资本主义制度代替社会主义制度。

一 新自由主义推行彻底的私有制，损害发展中国家的政治经济主权

新自由主义把资本主义的私有制视为唯一合理的制度，把集权主义和统制经济的一切弊端统统归之于社会主义和计划。新自由主义者向社会主义国家兜售新自由主义改革模式和政策，搞政治颠覆活动，瓦解、动摇社会主义经济基础和政治基础。20世纪80年代末90年代初，在新自由主义的渗透和作用下，西方和平演变战略在东欧和苏联得手，该地区原有的15个社会主义国家中的10个国家改变性质或不复存在。短短一年多里，波兰、匈牙利、民主德国、捷克和斯洛伐克、保加利亚、罗马尼亚六国，政权纷纷易手，执政40多年的共产党或下台成为在野党，或改变了性质。世界社会主义运动步入空前低潮。

苏东剧变后，美国等西方强国在独联体国家通过灌输西方新自由主义意识形态，进行"颜色革命"，使权力掌握在其代理人和亲西方势力的手中，在目标国进一步清除共产党及左翼力量的影响。

新自由主义向广大第三世界国家推行自由化，严重削弱发展中国家的民族工业和本国市场的保护屏障，大大削弱这些国家的政府控制本国经济和保证金融安全的能力，使其民族独立、国家主权不断弱化，为国际垄断资本控制、掠夺和盘剥广大发展中国家，推行霸权扫清障碍。新自由主义推行彻底的私有制、反对公有制，颠覆社会主义制度，损害发展中国家的政治经济主权。

此外，新自由主义极力用西方的意识形态、价值观念"规制"世界，对社会主义国家进行思想文化渗透，威胁社会主义国家的意识形态安全。美国为谋求全球霸权暗中策划"软战争"，涉及意识形态、政治经济和文化交流等各个领域，其中核心的是推行新自由主义的意识形态。

美国等西方国家向非西方国家，特别是社会主义国家灌输新自由主义意识形态，造成了十分恶劣的影响。资产阶级自由化思潮泛滥，西方的所谓人权、自由、价值观侵蚀了人们的思想。如在新自由主义意识形态的长期渗透下，苏东共产党在意识形态领域失去了主导权，造成了十分严重的恶果——苏东共产党的思想被搞乱了，人民的思想被搞乱了，整个苏东共产党和党的领袖被妖魔化，而资本主义则成了人们心目中自由和富足的理想天堂。

二 新自由主义在世界范围内造成贫富两极分化、社会动乱等严重社会问题

西方国家推行新自由主义在世界范围内造成工人大量失业、贫富两极分化、政府垮台、社会动乱等严重社会问题，尤其对广大发展中国家更是造成灾难性后果。新自由主义的理论和政策在西方发达国家和许多发展中国家的强制推行，产生了经济增长迟缓、贫富分化加剧、社会矛盾激化等消极后果。现在，世界上最富有国家的人均收入比最贫穷国家的人均收入

高出330多倍；世界南方欠世界北方的外债总额已经从1991年的7940亿美元急增至目前的3万多亿美元，短短十多年，翻了将近4倍。

在英美等发达国家，实行新自由主义所鼓吹的私有化、减税和削减社会福利等政策，导致消费需求不足，金融投机猖獗，虚拟经济恶性膨胀，收入差距进一步拉大。世界粮农组织和粮食署报告显示，目前全世界人口约为67亿。全球饥饿人口由2008年的9.15亿上升到现在的10.2亿，增加了11%。

历史的辩证法是无情的。这场国际金融危机暴露了当代资本主义——国际金融垄断资本主义的腐朽性，以及国际金融垄断资本的理论体系——新自由主义的危害性，进一步加剧了其自身所固有的基本矛盾和主要矛盾，最终必将危及自身。在柏林墙倒塌20周年之际，英国广播公司（BBC）在27个国家、2.9万余人的调查中显示，仅有11%的受访者认为自由市场资本主义运行良好，23%的受访者认为自由市场存在致命缺陷。而持自由市场存在致命缺陷观点的受访者在法国、墨西哥和巴西的比例分别为43%、38%和35%。连格林斯潘也公开承认：自由市场理论有"缺陷"。

三 警惕和抵制新自由主义的干扰，坚定不移地走中国特色社会主义道路

巩固马克思主义在中国意识形态领域的指导地位，坚定正确的理想信念。马克思主义是中国社会主义意识形态的旗帜和灵魂，是我们战胜各种错误思潮的有力思想武器。新自由主义和凯恩斯主义既救不了资本主义，更救不了中国。只有马克思主义和社会主义才能救中国。我们要坚持用马克思主义中国化最新成果武装头脑，使广大党员干部牢固树立坚定正确的理想信念，尤其是世界社会主义处于低潮时更为重要。只有这样，我们才能自觉坚持正确的政治方向，分清理论是非，增强防范和抵御新自由主义对我国意识形态渗透和干扰的能力。

坚持以公有制为主体、多种所有制经济共同发展的经济制度，坚定不

移地走中国特色社会主义道路。基本经济制度是一个国家社会制度的基础。坚持以公有制为主体、多种所有制经济共同发展的基本经济制度，是社会主义的一项根本原则，是实现社会主义优越性和共同富裕的重要保证。我们所要发展的社会主义市场经济，是与我国的这种基本经济制度结合在一起的，与新自由主义反对公有制、主张私有化是不相容的。只有坚持公有制为主体、多种所有制经济共同发展，才是振兴和发展我国经济的正道。任何否定公有制的主体地位，搞私有化，或者是回到过去单一的公有制，都离开了中国特色社会主义正确道路，都会使我国经济社会发展步入歧途，我们坚决反对。

坚持改革开放，确保改革开放的正确方向和健康发展。改革开放是推动我国经济社会发展的动力，推进中国特色社会主义事业，必须继续解放思想，坚持改革开放。在这次应对国际金融危机中，我国对稳定经济所采取的重大举措，取得了明显成效，在大多数发达国家都在负增长的时候，今年前三季度我国GDP同比增长7.7%，第三季度GDP同比增长8.9%。这充分彰显了中国特色社会主义制度的优越性。这也充分说明，教育、卫生、收入分配、社会保障等重要领域，以及扩大内需、调整结构，乃至总量平衡等问题，都不能完全交给市场去自发调节。我们要坚定不移地坚持党的基本理论、基本路线、基本纲领、基本经验，勇于变革、勇于创新，永不僵化、永不停滞。要坚持高举中国特色社会主义伟大旗帜，警惕新自由主义等各种错误思潮对改革的干扰，坚持改革开放的正确方向，继续推进马克思主义中国化，把中国特色社会主义事业不断推向前进。

（作者单位：中国社会科学院）

（原载《人民论坛》2013年第3期）

新自由主义本质辨析

李其庆

新自由主义一词从 20 世纪 80 年代末开始在西方流行，当然，新自由主义作为一种理论现象则出现得更早。对新自由主义的批判，在 20 世纪末达到高潮，西方左翼不仅从理论而且从实践的角度对其进行批判，甚至形成了一种运动。[①] 这是因为，一方面新自由主义的内在矛盾已经充分展开；另一方面人们对新自由主义的认识也随之深化。但是对新自由主义的本质还需在理论上进行概括。这个任务还没有完成。这项工作有一定困难，因为新自由主义的本质并非一目了然。正如一位加拿大学者所说："新自由主义既不像它自身所表白的那样，也不像人们所认为的那样。"[②] 的确，西方并没有一个学派自称或承认自己是新自由主义，就连人们所说的新自由主义的代表人物弗里德曼和哈耶克也不承认自己是新自由主义者。同时，由于现象和本质的分离，人们往往被假象所迷惑，不可避免地出现认识上的误区。我认为对新自由主义的本质的认识应把握三个基本点：一是阶级

[①] 从 1999 年 11 月西雅图世界贸易组织部长级会议到 2003 年 1 月 28 日第 33 届世界经济论坛，非政府组织在 3 年时间内至少组织了 21 次大规模反全球化游行示威。2002 年 1 月 31 日至 2 月 5 日，世界经济论坛在美国纽约召开，与此同时，反全球化的世界社会论坛在巴西召开。150 多个国家的劳工组织、农业工人组织、非政府组织的代表 6 万多人出席了会议。世界社会论坛反对"由自由市场控制"的全球化、反对"新自由主义的过分做法导致的灾难、不平等和不公正现象"。宣言主题是"为了抵制新自由主义、军国主义和战争"。

[②] Gilles Dostaler, Neoliberalisme, Keynesianisme et traditions liberales, La Pensee, 2000, juillet-septembre, p. 71.

性。新自由主义竭力掩盖自己意识形态的阶级性质。例如被称为世界资本主义宣言的"多边投资协议"就宣称其目标是"促进经济增长，改善就业环境，使国际投资在平等条件下展开竞争，从而增进人类福利"①。新自由主义表面上是为全人类谋利益，但实质上，它是为国际垄断资产阶级服务的。二是时代性。新自由主义的意识形态打着鲜明的时代烙印。它与全球化条件下资本主义发展新阶段相联系。三是两重性。新自由主义的产生有其历史的客观必然性。它一方面推动了资本主义的发展，缓和了资本主义的基本矛盾；另一方面又造成了世界资本主义体系新的矛盾和危机。从这三点来看，我赞成法国"马克思园地协会"主席科恩·塞阿的界说。他认为，新自由主义是资本主义全球化意识形态的理论表现。这个界说很简练，一针见血。需要说明的是，他所说的资本主义全球化并不是说，全球化就是资本主义化、美国化。他认为有两种全球化：一种是新自由主义的全球化即资本主义主导的全球化；另一种是公民世界的全球化。新自由主义是资本主义主导的全球化的意识形态的代表。②当然，西方左翼学者对新自由主义推动资本主义发展的一面往往看不清楚，这是他们的偏颇之处。在西方学者的基础上，我提出如下定义：新自由主义是国际垄断资产阶级关于全球化意识形态的理论表现。

那么，我们应该如何认识当代资本主义条件下的新自由主义呢？

我们是在认识当代资本主义的总题目下研究新自由主义的。20世纪80年代，资本主义发展进入了一个新的历史阶段，这已成共识。至于新阶段如何称谓，究竟是称为国际垄断资本主义还是金融垄断资本主义，或是别的什么，可以讨论。我们研究当代资本主义的新变化、新特点、新发展，就是要研究资本主义如何在资本主义生产方式范围内对经济关系和社会关系进行调节，从而实现资本主义的自我更新、自我发展的。这种调节必然在意识形态和理论中有所反映。从某种意义上说，资本主义在意识形态领

---

① 李其庆、刘元淇：《全球化与新自由主义》，广西师范大学出版社2003年版，第120页。
② 同上书，第369—376页。

域的变化更触及资本主义变化的实质。如果我们对当代资本主义意识形态问题都搞不清楚，就谈不上正确认识当代资本主义。新自由主义对资本主义国内和国际经济关系所做的调节，目的就是维护资本主义生产方式和资本主义经济制度。新自由主义的目标是建立以发达国家为主导的全球新秩序和资本的世界积累制度。这个问题值得研究。为此，应该建立世界经济学的新的理论体系，研究资本的国际运动的规律。马克思《资本论》六册计划就包含了这样的设想。国内学者也进行了撰写《国际资本论》《〈资本论〉续篇探索》等的尝试。这门学科除了能够帮助我们认识资本的国际运动以及世界范围内社会化大生产的一般规律外，还可以帮助我们认识国际垄断资本是如何通过资本的国际运动攫取超额垄断利润，进行国际剥削的。这样我们就可以更深刻地认识新自由主义的本质。目前，国外也有不少学者对此进行理论研究和实证分析，例如《金融全球化》和《资本全球化》的作者弗朗索瓦·沙奈就提出了金融占统治地位的资本的世界积累制度的概念，并对这种积累的运行机制进行了研究，例如他对 20 世纪 70 年代以来，国际资本在南北之间的流动进行分析，发现从 20 世纪 80 年代中期开始南北之间资本的反向净流动，从而得出结论：20 世纪 90 年代发达国家经济的繁荣是以发展中国家的债务危机和金融动荡为代价的。他的研究成果值得我们借鉴。在国际垄断资本对发展中国家进行国际剥削方面，我们缺少的不是定性分析，因为马克思主义经典著作家对此早已得出科学结论，只要资本主义生产方式没有改变，这些科学结论仍然适用，但是在定量分析方面，我们做得还非常不够。此外，由于世界经济的发展变化以及当代资本主义的复杂性，这一工作也有相当大的难度。

我们应该如何理解新自由主义是当代资本主义的"主流意识形态"这个定位呢？

当代资本主义的主流意识形态必然是统治阶级的意识形态。发达资本主义国家的统治阶级是国际垄断资产阶级，而新自由主义正是为国际垄断资产阶级服务的。所以我说，新自由主义是当代资本主义的主流意识形态。当然，也不能说，新自由主义就是当代资本主义主流意识形态的全部。

发达资本主义国家的意识形态具有多元性的特点。1998年我参加了在法国巴黎召开的纪念《共产党宣言》发表150周年大会，与会的1500名代表来自67个国家，会址是法国的国家图书馆——密特朗图书馆。在资本主义的腹地召开这样的大会，这在以前是不可想象的，这个事例突出反映了资本主义国家意识形态多元性的特点。如今，在法国，既有共产主义、社会民主主义、托洛茨基主义、自由主义、凯恩斯主义，也有新自由主义，但是这些思潮流派的同时并存，并没有危及资本主义的根本统治。资本主义已经深刻地认识到这一点。在一些资产阶级统治者看来，马克思主义、社会民主主义是它们的"床前医生"，对于资本主义长治久安是必不可少的。因为马克思主义的"把脉"技术确实高超，可以明察资本主义的"病理"。看来，资本主义也深谙"居安思危"之道。

但是，不能由此对资本主义的诸意识形态一视同仁、平等相待，当代资本主义多种意识形态并存，但新自由主义是当代资本主义的主流意识形态。20世纪80年代以来，法国政坛多次发生的"左右共治"，德国政党政治中"中左"与"中右"的趋同，以及近几年欧美政治的右转，我们从中都可以看到新自由主义的主导作用。

此外，由于新自由主义是资本主义经济、政治和社会矛盾发展的产物，它自身的发展也是矛盾的、不平衡的。新自由主义在不同时期、不同国家和地区呈现出不同的特点，其激烈程度也有所不同。在西方，有"激进新自由主义"和"温和新自由主义"之说。同时，新自由主义也不可能永远占据主流意识形态的地位。西方有学者预测，随着美国"帝国"的衰亡，新自由主义也将走向衰落。

对于当代资本主义的主流意识形态究竟是什么，目前学界还存在争论。有的学者认为，当代资本主义的主流意识形态仍然是凯恩斯主义，对此，我不敢苟同。毕竟，今日资本主义与凯恩斯主义时期的"黄金三十年"相比已经发生了深刻的变化，特别是全球化这一因素，促使资本主义发生了巨大的变化。也有学者认为资本主义主流意识形态是自由主义，这倒也无可厚非，因为资本主义公开宣称，资本主义的精神就是自由主义。但这种说法过于笼统,不能揭示当代资本主义的本质,不能对资本主义的新变化做出准确的反映。自由主义的含义很宽泛,此外,自由主义也是个历史范畴,它在资本主义发展的各个历史时期,内涵不同,所起的作用也不同,不能一概而论。例如我们绝不能把资产阶级革命初期反对封建主义的自由主义与今日的"新自由主义"相提并论。

有学者认为,新自由主义经历了"由经济学理论嬗变为美国的国家意识形态和主流价值观念"的过程,因此"不能将作为学术理论的新自由主义同政治化、范式化的新自由主义等同"①,我认为这个论断符合实际,同时也可以使我们深化对新自由主义本质的认识。我们所说的作为当代资本主义主流意识形态的新自由主义绝不是前者而是后者。我们无意否定西方经济学中合理、科学的成分,我们在社会主义市场经济的建设中,需要大量借鉴西方学者的研究成果。有些技术层面的东西可以直接拿来应用。但是我们也应该看到,政治经济学是一门阶级性很强的学科。正如马克思所说:"政治经济学所研究的材料的特殊性,……把代表私人利益的复仇女神召唤到战场上来反对自由的科学研究。"② 西方经济学的某些理论和政策主张被统治集团所利用,当作压迫和剥削本国和世界人民的工具,这是不争的事实,对于这些理论和政策主张我们必须坚决地抵制和反对。

关于凯恩斯主义,有人说,凯恩斯主义也是新自由主义,这没错。从某种意义上说,新自由主义和凯恩斯主义都是自由主义的变种。凯恩斯主义和新自由主义不是亚当·斯密时期的古典自由主义,但它们和自由主义是一脉相承的。也有人认为,新自由主义是反凯恩斯主义的,是对凯恩斯主义的反动,这也没有错。因为从表面上看,凯恩斯主义的需求管理理论与货币主义和供给学派的理论是对立的。但是如果我们进一步考察,就会发现,货币主义与凯恩斯主义在政策主张方面的分歧只是在于维护垄断资本的统治和攫取最大限度利润方面的策略和手法上各不相同。在面临失业

---

① 何秉孟:《新自由主义在世界的蔓延及我们应取的科学态度》,《国外理论动态》2004年第1期。
② 马克思:《资本论》第1卷,人民出版社1975年版,第12页。

与通货膨胀同时发生的情况下,凯恩斯主义者主张把减少失业放在优先地位,以便在扩大生产过程中从较多的工人身上榨取更多的利润;而货币主义者则把抑制通货膨胀放在优先地位,实质上是用紧缩货币供应量的办法来制造更多的失业,以庞大的产业后备军队伍来对抗工人阶级提高工资的合理要求。

此外,新自由主义也不完全否定国家干预。对于有利于社会总资本再生产运动顺利进行、有利于克服资本主义危机、有利于国有垄断资本和私人垄断相结合共同攫取超额垄断利润的国家干预,新自由主义不仅予以保留,而且还不断加强。它所反对的往往是有利于工人阶级的国家干预,例如,劳动法、[①] 工资法、社会福利、社会保障等方面的干预。

因此,对于新自由主义和凯恩斯主义的关系,不仅要从现象,而且要从本质上分析;不仅要看到它们的不同点,也要看到它们的共同点。例如,两者都主张阶级调和。此外,它们有一个根本的共同点,即都没有改变资本主义所有制关系。还有一点需要指出的是,同新自由主义一样,凯恩斯主义也远远超出了经济学概念的含义,在西方,"凯恩斯妥协""凯恩斯共识",甚至"凯恩斯时代"等概念都有深刻的政治意义。

我们对新自由主义本质的认识的确存在一些误区。例如把新自由主义的理论和学术渊源同作为当代资本主义主流意识形态的新自由主义混为一谈,认为新自由主义是一种纯理论、纯学术、非意识形态的东西,是资本主义兴利除弊,如革除"福利陷阱"等弊端的改革理论。2001年我在和一些学者交流关于西方思潮的研究时,有些学者就认为,我国有自己特殊的国情和历史发展阶段,我国经济正处于转轨时期,应当强调"效率优先",不能反对新自由主义。这是一种错误的认识。我国是一个经济、文化落后的社会主义国家。在改革的过程中,我们面临着许多社会问题:"三农"问题、失业问题、城乡二元结构问题、区域发展不平衡问题、生态失衡问题等。这些问题也是发展中国家面临的共同问题。从长远来看,我们只有

---

① 2000年,欧盟尼斯峰会提出要修改劳动法,引发了声势浩大的反全球化游行示威。

坚持社会主义方向，才能逐步解决这些问题。而如果用新自由主义指导我们的改革，固然我们可以取得一时的成效，但后果却不堪设想，原有的问题非但不能解决，反而更加严重。如果我们联系到新自由主义在拉美地区的实践，就更能对新自由主义保持警醒的态度。20世纪90年代，拉美各国因推行新自由主义获得了迅速的经济增长，但收入不平等现象大量增加，民众受到的排斥日益增多，社会保障不断削减。一个比较明显的例子就是阿根廷。1997年《经济学家》杂志这样描述：阿根廷的繁荣让人们回想起它的黄金时代。那是一个世纪以前，地处南美大草原的阿根廷向大英帝国出口小麦、牛肉和羊毛，并且是当时十大富裕国家之一。阿根廷成为新自由主义改革和成功参与全球化的"典范"后仅仅几年的时间，新自由主义带给它的是，3700万人口中，52%即1900万人生活在官方的贫困线以下；20%即750万人买不起食物。失业率上升到23%，还有22%的零工和不充分就业者。新自由主义政策主张的一个突出恶果就是社会的两极分化。东南亚金融危机的教训也值得我们汲取。新自由主义打着金融自由化的幌子对发展中国家进行疯狂的掠夺。有人说，一场金融危机对发展中国家造成的损失不亚于一场中等规模的战争。对新自由主义我们必须保持清醒的认识，否则就有可能导致理论和政策上的失误。

值得高兴的是，党和政府对我们在改革中所面临的问题高度重视，如十六届三中全会通过的《中共中央关于完善社会主义市场经济体制若干问题的决定》中提出了"五个统筹"，即统筹城乡发展、统筹区域发展、统筹经济社会发展、统筹人与自然的和谐发展、统筹国内发展和对外开放的要求。这"五个统筹"表明我们的改革是坚持社会主义方向的。

同时，我们对新自由主义的研究也应该防止片面化倾向。在纠正一种错误倾向的同时，也要防止可能掩盖着的另一种倾向。我们不能由于认识到新自由主义的危害性，就草木皆兵，风声鹤唳。对新自由主义的批判切忌一哄而起。新自由主义有特定含义，不能随意滥用。扣帽子、打棍子不是科学的研究方法，因而也是我们坚决反对的。

为了深入认识新自由主义的本质，我们还应该开阔视野，拓宽研究领域。除了上面提到的一些问题外，还有许多问题值得研究。例如新自由主义经济理论和实践对发达国家经济周期和危机的影响，新自由主义对发达国家劳资关系的影响，新自由主义与第三世界的发展危机，新自由主义与反全球化运动，等等。此外，新自由主义、新保守主义和新帝国主义的关系也是国内外学术界最近关注的问题。新自由主义者宣称，经济自由是政治自由的前提，但实际上经济自由和政治自由之间并不是一种线性关系。相反，经济上的自由主义对应的正是政治上的保守主义。而在国际关系上，新自由主义又导致新帝国主义。2004年9月将要在巴黎召开的第四届国际马克思大会就以新帝国主义为议题。会议组织者认为：新自由主义是专制主义、市场原教旨主义，它只能导致帝国主义战争和社会战争。冷战结束，进入21世纪后，在科索沃、阿富汗和伊拉克所发生的战争使我们看到，新帝国主义的战争不仅给所在地区的国家和人民带来灾难，而且给本国人民也带来了苦痛，因而也是一场社会战争。新帝国主义通过战争煽动本国人民的民族主义情绪，转移本国人民的视线，这就使得工人阶级在长期革命斗争和工人运动中所争取的社会权利和社会团结受到破坏。

同时，我们不难发现，帝国主义的战争和垄断资本主义经济存在密切的关系。垄断资产阶级通过战争，推动政府军事采购，发展经济，从而克服危机。这恰恰折射出国际关系层面上新自由主义的本质。

（作者单位：中央编译局）

（摘选自何秉孟主编《新自由主义评析》，社会科学文献出版社2004年版）

略论新自由主义及其影响

吴易风

自由主义是产生于17世纪英国的一种思潮,长期以来,它对经济思想、社会思想和政治思想都产生过很大影响。西方经济学中的自由主义又被称为经济自由主义。西方学者将经济自由主义分为古典自由主义和新自由主义。在西方经济学中,新自由主义是指20世纪30年代经济大萧条以来与国家干预主义相对立的经济自由主义。

在资产阶级革命时期,古典自由主义是革命的资产阶级的意识形态,曾经起过反封建主义的积极作用。资产阶级夺取政权以后,经济自由主义便开始具有为资本主义辩护的性质。

新自由主义是现代资产阶级右翼的意识形态。新自由主义的起源可以追溯到米塞斯1920年的《社会主义国家的经济计算》一文。米塞斯断言,社会主义国家不可能有合理的经济计算,不可能实现资源的合理配置。这表明,新自由主义在产生之初就把反对的矛头指向社会主义。米塞斯举办私人讲座,培养了哈耶克等一批新自由主义者。

在以凯恩斯主义为代表的国家干预主义盛行时,新自由主义长期处于非主流地位。20世纪70年代,西方国家特别是美国陷入"滞胀"而凯恩斯主义出现危机以来,新自由主义从非主流地位上升至主流地位。20世纪80年代以来,新自由主义一方面是略论新自由主义及其影响西方国家诱导社会主义国家和平演变的理论武器;另一方面是西方国家对发展中国家推行新殖民主义的理论武器。

在西方经济学中，经济自由主义与国家干预主义的分歧主要是：国家干预主义认为，资本主义市场经济在微观和宏观层次上都存在市场失败（market failure，又译为"市场失灵"），只靠市场机制这"一只看不见的手"不可能使资源配置达到最优状态。为了使资源配置达到最优状态，除了靠市场机制这"一只看不见的手"，还必须靠政府调控这"一只看得见的手"。与此相反，经济自由主义反对微观层次和宏观层次的政府调控，鼓吹市场万能，断言只要靠市场机制这"一只看不见的手"就能使资源配置达到最优状态。

当前，在西方经济学中，新自由主义（例如新古典宏观经济学）和新国家干预主义（例如新凯恩斯主义经济学）的主要分歧是：（1）新自由主义的重要假设是"市场出清"（大致含义是总供给等于总需求），新国家干预主义的重要假设是"非市场出清"（大致含义是总供给大于总需求）；（2）新自由主义认为存在"政府失败"，新国家干预主义认为存在"市场失败"；（3）新自由主义认为政策无效，新国家干预主义认为政策有效。

新自由主义有许多派别。其中有：以米塞斯、哈耶克为代表的新奥地利学派，以坎南、罗宾斯、哈耶克为代表的伦敦学派，以奈特、哈耶克、弗里德曼、斯蒂格勒、科斯等为代表的芝加哥学派，以弗里德曼为代表的货币学派，以欧根等为代表的弗莱堡学派，以拉弗、费尔德斯坦等为代表的供给学派，以卢卡斯、巴罗等为代表的新古典宏观经济学派（原称理性预期学派），以布坎南为代表的公共选择学派，以萨克斯为代表的曾任俄罗斯和其他东欧国家政府经济顾问的美国经济学家，以伊萨克森等为代表的曾为俄罗斯和其他东欧国家出谋划策的北欧经济学家，以科斯等为代表的新制度经济学（国内媒体误称张五常是新制度经济学的创始人，实际上他只是这个学派的成员）。

新自由主义不同学派的影响范围不同。在英国，对撒切尔政府影响大的是哈耶克、弗里德曼等人的新自由主义；在美国，对里根政府影响大的是供给学派的新自由主义；在俄罗斯和其他东欧国家，影响大的是萨克斯、伊萨克森等人的新自由主义；在我国，当前影响最大的是以科斯为首的新制度经济学的新自由主义。

美国从20世纪30年代"大萧条"以来，除里根政府在若干领域推行新自由主义之外，历届总统，包括里根前的罗斯福、杜鲁门、艾森豪威尔、肯尼迪、约翰逊、尼克松、福特、卡特，里根后的布什、克林顿和小布什，都奉行或基本奉行国家干预主义。但是，里根后的几届美国政府实行政策二重化：对内，基本实行国家干预主义；对外，却压制发展中国家和"转型国家"（主要指从计划经济向市场经济转变的国家）彻底实行新自由主义。可以作为典型例证的是美国的贸易政策。美国自己以贸易保护主义为基调，却压制别的国家推行贸易自由主义，实行贸易自由化。目的只有一个，一切都是"为了美国的利益"。所谓美国的利益，实质是美国垄断资本的利益。这是很值得注意的一个重要动向。

美国通过各种途径向发展中国家和"转型国家"推行新自由主义，主要途径有：（1）通过多种渠道向"转型国家"进行意识形态渗透，以影响该国的舆论导向，特别是影响经济学界的舆论导向。（2）由美国经济学家为"转型国家"和发展中国家制定经济"转型"方案，甚至出任"转型国家"和发展中国家政府顾问。（3）通过西方7国首脑会议和后来的8国首脑会议等国际峰会，通过世界贸易组织（WTO）、国际货币基金组织（IMF）、世界银行（WB）三大国际经济组织和其他国际经济组织，压制发展中国家和"转型国家"接受和实施新自由主义经济政策。

现在，美国按照新自由主义原则主导经济全球化。据美国国务院《1999年人权报告》的解释，全球化包括三类全球化：经济全球化、技术全球化、民主和人权全球化。据美国和其他西方国家一些官方学者的解释，全球化不仅包括经济全球化、技术全球化、民主和人权全球化，还应当包括法律全球化、文化全球化、语言全球化等一系列全球化。仅就经济全球化而论，制定经济全球化游戏规则的主要是美国，"华盛顿共识"是制定经济全球化游戏规则的基本原则。

"华盛顿共识"（Washington Consensus）最早是美国国际经济研究所约翰·威廉姆逊1990年针对拉丁美洲危机提出的新自由主义原则，内容涉及财政政策、货币政策、税收政策、利率政策、汇率政策、外资政策等许多方面，其中主要内容有三项：尽可能最大限度地自由化；尽可能最快地私有化；政府要采取强硬措施保证各项新自由主义政策的实施。

美国克林顿总统经济顾问委员会主席、前世界银行副行长斯蒂格利茨将"华盛顿共识"解释为"三化"：政府的角色最小化；快速的私有化；快速的自由化。

《新自由主义和全球秩序》一书作者乔姆斯基也将"华盛顿共识"基本原则归结为"三化"：贸易自由化、价格市场化、私有化。这一解释与斯蒂格利茨的解释比较接近。

更接近斯蒂格利茨的解释是里斯本小组《竞争的极限——经济全球化与人类未来》一书的解释，该书认为，经济全球化的核心是"三化"："私有化""市场自由化""非调控化"。

按照"华盛顿共识"，不仅从计划经济向市场经济转变的国家要实行私有化、自由化和政府角色最小化，而且所有想加入世界贸易组织、想融入全球化的国家都必须实行私有化、自由化和非调控化。上述《竞争的极限——经济全球化与人类未来》一书说："在全球化的经济中……存在着私有化的迫切需要；……存在着市场自由化的迫切需要；……存在着非调控化的迫切需要。"

"华盛顿共识"很快成为国际货币基金组织、世界银行和美国财政部的共识，又很快成为7国集团和后来8国集团以及一些其他国际组织的共识，成为西方国家主导经济全球化的根本原则。

新自由主义推行到哪个国家和地区，哪个国家或地区就会遭到巨大风险和灾难，甚至成为重灾区。在最近十多年中，下面的三类新自由主义重灾区具有典型意义。

第一类重灾区是俄罗斯和其他东欧国家。美国新自由主义经济学家萨克斯出任俄罗斯政府顾问，他为俄罗斯制定的被叫作"休克疗法"的改革方案，实际上就是"华盛顿共识"所体现的新自由主义原则的具体应用。北欧新自由主义经济学家伊萨克森等将"华盛顿共识"中的快速私有化原则应用到俄罗斯和其他东欧国家，具体提出：（1）"从计划向市场转变必须实行生产资料私有制"，"私有化是向市场经济转变的核心内容"。（2）制定保护私有制的法律，颁布私有化法。（3）最重要的改革是国有企业私有化。（4）国有小企业私有化方式："逐个地出售。"（5）国有大企业私有化方式："先把国有企业转变为国家拥有全部股票的股份公司，然后再将它们私有化。"方法是不断降低国家持股比重，直至全部卖光。（6）多给党政官员股票，"过去这些市场经济最凶猛的反对者就会成为新制度下改革进程的急先锋"。新自由主义导致苏东剧变，使原社会主义国家全面资本主义化。

第二类重灾区是发生金融危机的亚洲国家。1997年7月2日爆发的东南亚金融危机始于泰国。泰国在20世纪80年代和90年代危机爆发前，年增长率超过8%。高增长和廉价劳动力以及廉价土地吸引来大量外资。外资主要流进房地产市场和证券市场，房地产热和股市热不断升温。泰国金融体系内外腐败严重，导致贷款猛增，银行呆账、坏账十分严重。在西方国家推行的新自由主义影响下，在西方国家主导的经济全球化和金融自由化的压力下，泰国过早、过度地开放金融市场，撤掉了所有自我保护的屏障。结果爆发了一场严重的金融危机，使泰国经济很快下降到30年来的最低点。泰国金融危机很快发展成为东南亚金融危机，接着发展成为亚洲金融危机。

第三类重灾区是拉美国家。拉美国家多年来一直是美国推行新自由主义的试验场。最近的例子是阿根廷金融危机。这场金融危机很快发展成为债务危机以至经济危机。经济危机引起政治动荡，从2001年12月20日德拉鲁阿总统向国会提出辞呈，到2002年1月2日杜阿尔德被推举为新总统，阿根廷在半个月内换了5个总统。阿根廷经济危机的加深，不仅殃及邻国，而且引发了更多拉美国家的社会动荡。2003年12月15日，拉美社的一条题为《拉美寻找代替新自由主义的道路》的电讯说："新自由主义政策曾被作为推动后现代发展的政策而在拉美大陆各国实施,但平民阶层被新自由主义政策所遗忘并深受其害。"拉美社援引联合国拉美经济委员会发表的统计数字,说:拉美经济 1960 年在世界经济中所占的比例是8%,现在是 4%。拉美穷人人数增加,在拉美全人口中所占比例达43.4%。其中巴西贫困人口占全国人口的一半。至于阿根廷,"新自由主义使这个辽阔而富饶的国家变成了本地区最贫困的国家之一"。目前,寻找替代新自由主义道路的主力是拉美民众运动。"拉美国家的民众运动发挥了主角作用,它们屹然挺立,成为一道抵御忠实执行国际货币基金组织和跨国公司指令的各国政府的防洪大堤,成为抵御在政治和经济上屈从美国政策的防洪大堤。"

十多年来,某些经济学家一直企图用新自由主义误导我国改革开放的方向。

1. 有人在国内反复宣传西方公认的反共分子哈耶克的新自由主义。

2. 美国新自由主义者、货币学派领袖弗里德曼很早就向我国宣传新自由主义,企图用新自由主义误导我国改革开放。

3. 张五常多次来内地宣传新自由主义,国内很不正常地连续多年出现了"张五常热"。一些大学请张五常作报告,一些媒体大肆宣传张五常。经过一些人的反复推动,"张五常热"不断升温。"张五常热"升温,实质就是作为新自由主义一个流派的新制度经济学在国内不断升温。张五常的新自由主义观点主要有:

(1) 攻击马克思和马克思主义基本原理。他说:"马克思最蠢","马克思为祸最深","马克思由头错到尾",劳动价值论"被公认为谬论",剩余价值论已被打得"片甲不留","在中国,马克思的理论是奄奄一息了","我张五常不过是在马克思的棺材上再打上钉子而已"。

(2) 用科斯定理的产权清晰论反对公有制。他说:举世闻名的科斯定理其实就是一句话:产权清晰"是市场交易的先决条件",而产权清晰就是"私有产权"。他还说:科斯的产权清晰论"使举世开始明白私有产权的重要,间接或直接地使共产奄奄一息"。他断言社会主义公有制与市场经济不相容，说："北京的执政者一方面要保持公有制，另一方面要发展市场，怎会不互相矛盾，前言不对后语呢？"

（3）用新制度经济学的交易成本论断言私有制优越于公有制，宣传私有制是灵丹妙药，是唯一选择。他说：在交易成本方面，"共产比私产大得多"，而交易成本的大小"决定制度优劣"。"中国大陆的共产经验一败涂地"，"共产制度迟早会瓦解"，"中国会逐渐改变成为一个类似私产制的体制"，"私产制是经济发展的灵丹妙药"，"私产制度是唯一的选择"。

（4）主张把国有资产变成特权者的私产，主张由共产党推行私有财产制度。他说："将某些资产干脆交给有较大特权的人作为私产，让他们先富起来。""以共产党推行私产制，听起来有点语言矛盾，但权力所在……是可行之道。"

4. 美国新自由主义经济学家、俄罗斯"休克疗法"的倡导者萨克斯等人为"引导中国的发展"制定了中国经济联邦制和中国私有化方案。该方案说：中国正处在"制度变迁时期"或"转轨时期"，必须对经济制度进行"质的变革"：建立"经济联邦制"，发展"对抗中央的统制经济"的"地方诸侯经济"；"用非国有经济包围国有经济"；通过"产权清晰化"，使国有企业"私有化、股份化"。萨克斯等人认为，中国私有化方案与俄罗斯私有化方案的主要区别只在于：俄罗斯私有化是"突变式私有化"，中国私有化是"渐进式私有化"。

5. 有一位外籍华人也是新自由主义经济学家经常来国内讲学，他提出对全部国有企业"釜底抽薪"的私有化方案：中国四大国有商业银行实行股份化—私有化，股份化—私有化的商业银行不仅不再给国有企业贷款，而且要逼国有企业还债。这样就可以把全部国有企业彻底搞垮，实现国有企业全面私有化。他还提出土地私有化方案，说："中国农业要真正搞起来，土地一定要私有化。"

以上这些新自由主义政策主张在我国经济学界已经产生了相当大的影响。如果失去警惕，听任新自由主义泛滥下去，误导我国的改革开放，公有制在国民经济中的主体地位就会丧失,社会主义市场经济就会蜕变成为资本主义市场经济。

(作者单位:中国人民大学经济学院)

(摘选自何秉孟主编《新自由主义评析》,社会科学文献出版社2004年版)

海外归来谈新自由主义的危害

杨 斌

一 新自由主义流行全球及其后果

新自由主义思潮在全球范围的广泛流行,始于里根、撒切尔夫人等右翼保守派执政,并在美国政府和国际货币基金组织的支持下,具体化为"华盛顿共识"的结构调整和改革方案,并作为提供经济援助和贷款的重要附加条件,向第三世界的广大发展中国家,以及苏联东欧的经济转轨国家推荐。其核心内容包括放弃政府干预经济,推行国有企业的大规模私有化,实施贸易、投资、金融领域的自由化,等等。由于新自由主义被包装成所谓"规范改革"方案,又有国际权威金融机构的鼎力支持,一度仿佛成为风行全球不可阻挡的潮流。但是,新自由主义流行全球20多年之后,造成日趋严重的社会经济恶果,在全球范围内遭遇越来越强烈的抵制和反对。近年来,拉美各国纷纷涌现反新自由主义浪潮,信奉新自由主义的政客声名狼藉。我国领导人出访拉美期间,拉美社会各界人士以自身沉痛的教训,提醒中国千万警惕新自由主义的误导,防范其对国家利益和民众生活造成危害。

我们必须清醒地认识到,新自由主义之流行全球绝非偶然,造成危害的也不局限于拉美国家,不是单纯的区域经济或学术理论问题。新自主义作为一种学术理论早已存在，但是第二次世界大战后的很长一个时期，它在西方国家仅仅是一种边缘学派，并未得到西方主流经济学界的认可。新自由主义的学术渊源，可追溯到旧自由主义，在学术理论上并没有更多的创新，两者的区别主要在于：旧自由主义因大萧条早已声名狼藉，遭到西方社会改良思潮的批判，新自由主义则以种种理论返古复辟，重新否定第二次世界大战后的资本主义社会改良，同时也更彻底地否定社会主义革命。由于它顽固坚持"绝对个人自由"，反对一切形式的社会改良，抨击政府调节经济和社会福利制度，甚至反对政府禁止贩卖毒品，在美国和西欧也曾被普遍视为"反动"。美国学术界就流传着这样的笑话，芝加哥学派的学者往往固执己见，视"个人自由为神圣不可侵犯"，与之辩论则常遭"被扎汽车轮胎的不幸"。

新自由主义骤然时来运转，摆脱以前的边缘地位，风靡全球。首先是美英垄断财团和右翼势力将其作为谋求全球利益的战略工具；其次是作为打击社会改良思潮的意识形态；最后才是作为抨击凯恩斯主义的经济理论。新自由主义在我国学术界的流行，很可能对改革开放产生严重误导作用，甚至瓦解社会主义的意识形态，动摇社会主义基本政治经济制度，严重危害国家利益和经济、金融安全。一位信奉新自由主义的著名学者曾自豪地称新自由主义威力之巨大，竟然令苏联这样的社会主义大国土崩瓦解。新自由主义的鼻祖哈耶克的许多著作，被翻译介绍到中国并大量出版发行，在学术界、经济界都产生很大影响，许多著名经济学家撰文时都引经据典，将其作为设计政治经济改革的理论依据。他们对批判新自由主义极为抵触，认为它仅仅是一种纯粹的学术理论。但是，哈耶克从不掩饰自己的政治主张，他的政治、经济思想属于极右翼，不仅鼓吹极端的个人自由主义，公开提出"个人的自由高于一切"，还不遗余力地鼓吹私有制的优越性，认为私有产权应享有不受约束的自由；任何政府干预、调节经济都是有害的。他不仅激烈攻击社会主义和公有制，称公有制是产生"极权政治的基础"，也反对任何形式的温和社会改良，甚至还抨击瑞典的社会福利国家，称其政府介入必然是"通往奴役之路"。

值得关注的是，苏联酝酿改革的早期阶段，人们很羡慕瑞典的社会福利国家制度，曾将其视为理想的市场经济模式，但后来受到美国和国际货币基金组织的诱导，为了推行所谓"最彻底的规范改革"，又转向了新自由主义的经济改革方案。但是，经历了十年改革的曲折历程后，人们纷纷指责激进改革的设计者，表面上是推行"最彻底的规范经济改革"，实际上是搞"最原始、野蛮的资本主义"，给俄罗斯带来了巨大的社会灾难，导致了私有化过程中腐败和掠夺泛滥，形成了操纵经济的暴富权贵阶层。国民经济下降一半，严重削弱了综合国力；国防力量衰落，威胁到了国家安全利益；巨额掠夺资产通过各种非法途径流往海外，致使投资远低于折旧，社会设施严重老化；民众生活困苦，社会出现严重两极分化；社会保障和公共医疗系统陷入瘫痪；恶性传染病死灰复燃，人口出现持续下降。改革结果与预期反差巨大，令人惊叹，但是从学术理论角度深入反思，这种结局并不意外而且尽在情理之中。众所周知，新自由主义倡导者早已公开声称，他们反对瑞典的社会福利国家制度，主张恢复亚当·斯密时代的资本主义，试想依照这样的返古复辟的理论搞改革，自然只能得到最原始、野蛮的资本主义。叶利钦在回忆录中声称，他同盖达尔等年轻学者乃偶然相识，不料相互交谈后竟一见如故，于是任命他们为总理、私有化部长等要职。其实，盖达尔原任《共产党人》杂志编辑，既无实际经验，也不懂西方经济学，改革初期才受到哈耶克基金会的精心培训，灌输了新自由主义的意识形态和经济理论。正是这样的政治背景和西方上层引荐，才有可能得到叶利钦的特殊赏识和提拔。他担任总理后秉承国际货币基金组织的意旨，完整遵循新自由主义的"华盛顿共识"，竭力推行复辟原始资本主义的激进改革。

多年前，我在撰写研究报告和论文中，就提出应警惕新自由主义的危害，防止其误导我国的改革开放事业。1999年我撰写的《威胁中国的隐蔽战争》一书，不仅对新自由主义持强烈的批判态度，还将其视为美国隐蔽经济战的工具。有人质疑现实中是否有支持我观点的证据。我在该书中指出，美国出于蓄谋已久的谋求霸权动机，一直暗中策划隐蔽经济战的攻势，推荐误导性改革药方。在猛烈打击了拉美、苏联和亚洲经济，改变了越战后不利于美国的实力均衡对比后，才敢于赤裸裸地谋求建立世界霸权。许多中国经济学家不愿意相信"阴谋论"，认为经济研究中不应掺杂国际政治因素。1997年爆发的震惊世界的亚洲金融危机，许多中国人受到西方新闻媒介的误导，都认为是亚洲国家自身的原因造成的。但是，近年来逐渐暴露出越来越多的证据，特别是知情的西方著名经济学家透露的内幕，表明美国曾暗中操纵国际金融机构，蓄意为亚洲国家的金融危机推波助澜，其强加政策造成破坏的证据更是俯拾即是。

美国著名经济学家斯蒂格利茨先生，曾任世界银行副行长兼首席经济学家，因富有社会正义感并且敢于仗义执言，坦率批评国际金融机构的政策而被迫辞职。他后来在《我从世界危机中学到了什么》一文中，揭露了国际金融机构的决策过程不透明，实权掌握在幕后暗中操纵的人手中，经常拒不采纳著名专家学者的意见。亚洲金融危机中，斯蒂格利茨和其他著名经济学家，曾反复提醒国际金融机构应修改其政策药方，否则必然加重金融危机，造成恶性循环。特别是印尼，当时处于社会失业危机之中，放开价格、取消政府补贴很可能爆发严重动乱。但是，国际金融机构对他们的提醒视而不见，依然通过贷款附加条件强迫印尼推行，导致印尼爆发了代价惨重的社会动荡。据报道，仅印尼首都雅加达就有数千人死亡，全国各地还有大批华人和民众死于动乱，印尼处于社会动荡和分裂的边缘。

我曾在《威胁中国的隐蔽战争》中指出："人们纷纷谴责暴徒野蛮排华和苏哈托独裁，但是，很少有人指责美国和国际货币基金组织，正是美国隐蔽经济战诱发的社会动荡，给印尼人民和华侨造成了巨大的生命财产损失，而幕后的罪魁祸首却逃脱了社会谴责。"现在，斯蒂格利茨等正直的西方著名学者，根据自己亲身经历所揭露的惊人内幕，充分证明：由美国暗中操纵的国际金融机构，对于强迫印尼推行新自由主义政策的社会后果，其高层决策者不但事先早已知情，而且还遭到了著名经济学家的强烈反对，但却一意孤行蓄意制造社会悲剧。斯蒂格利茨还揭露，国际金融机构曾在内部秘密报告中，明确表明希望其改革计划激起社会动荡，厄瓜多尔和玻利维亚都不幸因此遭受劫难。这些血的惨痛教训提醒我们，不应天真地以为政治同经济可以截然分开，其实，美国政府和国际金融机构的决策过程，并不受一般经济、技术专家的意见左右，策划国际战略的智囊专家们的谋略建议，总是直通最高决策层并获得支配地位。我们必须正视隐蔽经济战的残酷现实，才能维护国家经济安全和百姓切身利益。

我在书中曾论述美国如何设置改革陷阱，巧施隐蔽经济战暗器破坏俄罗斯经济，还提醒中国"防人之心不可无"，但有些善良的国人却不愿怀疑别人。现在从斯蒂格利茨揭露的惊人内幕来看，尽管印尼的实力根本无法威胁美国，但美国谋求全球霸权的隐蔽经济战的打击对象居然不放过这样的发展中国家，更何况苏联和中国等有实力的大国，倘若中国不提高警惕严加防范，完全可能重演苏联和印尼的悲剧。

斯蒂格利茨在《我从世界危机中学到了什么》一文中，对美国造成俄罗斯改革灾难的责任，提供了更为直接有力的证据。他明确指出："俄罗斯的灾难的主要特点与东亚的灾难完全一样——包括国际货币基金组织和美国财政部的政策在唆使和引诱它的过程中所起的作用都一样。但是在俄罗斯，这种唆使和引诱进行得要早得多。"他揭露说，国际货币基金组织委派指导俄罗斯改革的经济学家，根本不了解俄罗斯经济的历史和特点，往往是缺乏经验、盲目相信市场教条、忽视历史、制度和社会分配因素的年轻学者。国际货币基金组织未经公开的学术和政策争论，就采取和实施了"休克疗法"方案。它有意排斥研究俄罗斯问题专家们的意见，以及许多著名经济学家的渐进改革主张，包括肯尼思·阿罗等获诺贝尔奖的经济学家。斯蒂格利茨在文中提到，有一位熟悉俄罗斯的杰出经济学家欧斯萨格，曾在美国总统顾问委员会中任高级顾问，"他正是那种拥有美国财政部和国际货币基金组织所需要的专门知识的人。但是，也许正是因为他知道的太多了，他们几乎从来不向他咨询"。

斯蒂格利茨还揭露了国际货币基金的决策草率，根本不深入了解各国的实际经济情况，而将新自由主义经济政策作为万灵药方，强迫苏联东欧和第三世界国家推行。国际货币基金认定"普遍真理就是休克疗法，适用于所有那些向市场经济转型的国家：下的药越猛，不管造成的反应多么痛苦，经济恢复得越快。推理过程就是这样的简单武断"。"当国际货币基金组织决定帮助一个国家，它派出一千经济学家的'使团'。这些经济学家往往缺乏对这个国家的广泛了解，他们可能对这个国家的五星级饭店，比对它的分布在乡下的村子拥有更多的了解。这些工作小组以在出发前就拟好报告的草稿而著名。我听说过这样的不幸事件，这些小组成员把给一个国家的报告的大部分复制下来；并把它们全部转变为给另一个国家的报告。他们带着这份由复制转变而来的报告出发了，但是由于文字处理软件的'寻找并替换'功能没能正常工作，结果在一些地方仍保留着原来那个国家的名字。原来如此！"

由于美国推荐的所谓规范改革药方自20世纪80年代以来流行全世界，对中国经济学界也产生了很大影响。识破其暗藏的陷阱机关并提高警惕，对维护改革大业和经济安全至关重要。对此我的专著已深入论述，在此不一一赘述。值得指出的是，有些迷信西方经济理论的经济学家，将新自由主义的经济数学模型视为科学，不愿正视其脱离现实世界的种种缺陷，不愿面对其给转轨国家造成的社会灾难。他们认为经济研究应保持中性立场，不应掺杂复杂的国际政治因素。但是，必须正视国际政治因素的存在，才能正确地认识复杂的客观现实世界，解释所谓规范经济理论屡遭失败的原因。从某种意义上说，正视美国谋求全球霸权的动机和行为，才能提出反映复杂客观现实的理论假说。这比那些依据忽视现实的虚假前提条件，单纯进行抽象演绎的数学模型更具科学性。

尽管新自由主义造成了巨大的社会灾难，许多中国经济学家却茫然不知，仍然将其作为规范理论以指导改革。这同经济研究与国际政治完全脱节，忽视复杂的客观现实世界有很大关系。例如，俄罗斯依据西方产权理论推行私有化，不仅没有提高企业效率、促进增长，反而导致国民经济和工业生产下降了50%，企业亏损面扩大了几倍，各种效率指标下降了30%，包括劳动生产率、能源和材料利用率等等。西方媒体称俄罗斯推行私有化后，变成了腐败泛滥的"强盗掠夺国家"。每年有数百亿美元资产，通过各种洗钱途径被非法转移到国外,难怪俄罗斯核战略部队连电费也交不起。这种误国误民的改革直接威胁到国家生存。令人遗憾的是,有些中国经济学家仍在鼓吹私有化,不愿意正视"科斯产权理论"的神话在俄罗斯改革中遭到惨痛失败的现实,也不愿意了解俄罗斯依照产权明晰思路推行各种形式私有化的丰富实践,完全不知道他们仍在主张的许多产权制度改革思路已在俄罗斯充分实践并造成了巨大破坏。目前,国内流行的经营者买断收购(MBO)以及各地纷纷出台的拍卖人中型国企方案,已经变成不加掩饰的私有化行为,很可能造成类似俄罗斯的灾难性恶果,严重威胁到中国的经济和国防安全。

美国《国际论坛先驱报》于1999年8月26日,发表了一篇评价俄罗斯经济转轨的文章,指出美国推荐的改革药方导致了大灾难,"联合国发表的最令人刺耳的报告说,以西方国家为首的通过大规模私有化改变苏联阵营国家经济模式的努力已经使一亿多人陷入赤贫。对除波兰和斯洛文尼亚以外的其他国家来说,人均寿命减少了4年或更多。西方国家不仅出了馊主意,而且受到了牵累。主意的威力是巨大的,尤其当它们是馊主意时"。美国《波士顿环球报》专栏作家威廉撰文写道:"俄罗斯人以前对美国抱有好感,现在人们却普遍抱有这样的看法,美国蓄意要毁掉俄罗斯,故意出了导致经济和体制瘫痪的坏主意,为的是使它不再成为自己的竞争对手。"

美国竭力鼓吹新自由主义经济政策,还通过操纵国际组织强行向全球特别是第三世界和苏联转轨国家推广。有人误以为美国是奉献自己的宝贵经验,帮助这些国家克服经济转轨的困难,殊不知美国的真实意图恰恰相反。稍微了解一下美国信奉的国际政治理论,其智囊、专家公开宣扬的全球战略,不难知道谋求建立单极霸权的美国,绝不会无私奉献自由市场的法宝,帮助世界各国走上繁荣富裕的道路。美国向各国推荐新自由主义改革药方,乃是有意发掘灾难时期导致频繁危机的自由放任政策,人为地制造破坏别国经济的金融危机,用于打击威胁其建立霸权的国际对手。

近年来,西方媒体透露出的大量证据表明,早在20世纪90年代之初,正当苏联阵营刚刚解体后不久，俄罗斯人还天真地以为实行了"休克疗法"，忍耐一下"短期阵痛"，就会康复痊愈并很快就能享受西方的富裕物质生活之时，美国战略家却早已知道俄罗斯实力将被彻底摧毁，并开始酝酿新一轮的重大国际战略调整，讨论21世纪美国的新国家安全战略如何永久确保美国享有世界霸主地位，绝不允许任何国家再崛起挑战美国优势，构思筹建新罗马帝国的宏伟战略蓝图。由此可见，美国向俄罗斯推荐的所谓规范改革药方，确实与美国的全球战略有密切联系。

令人深思的是，我国著名经济学前辈陈岱孙，曾于1995年撰文深刻指出："近年来在国内滋长的对西方经济学的盲目崇拜倾向，深究起来，实质只是对当代西方经济学中新自由主义这一古旧学派的崇拜，而人们之所以以腐朽为神奇，盲目崇拜这一带有浓厚的复古色彩的学派，主要原因有三：一是误认为新自由主义是主流派经济学；二是为其光怪陆离的理论表象所迷惑，没有认识到它与从亚当·斯密到马歇尔的旧经济自由主义一脉相承的理论渊源关系；三是没有识破西方国家和某些国际经济组织在发展中国家特别是社会主义中国强制推行自由主义经济学及新自由主义经济模式的险恶用心。西方国家在国内甚至国际经济生活中厉行国家干预主义政策，但要求广大发展中国家特别是社会主义国家推行新自由主义改革模式和经济政策，取消国有企业，取消国家对经济生活的管理特别是计划管理，洞开国内市场，与西方国家牢牢控制的世界经济接轨，其目的无非是要在发展中国家恢复殖民主义统治，在社会主义国家搞和平演变，演变为资本主义，或外围资本主义。我们的某些学者十分卖力地在国内贩卖这一套新自由主义货色，而且非常顽固地加以坚持，实际上扮演了一个可悲的角色。"

当年陈岱孙先生提出的深刻见解，今天重读显得格外令人回味。许多新一代的著名中国经济学家，还有接触西方不长的党内老干部，都误将陈岱孙先生的谆谆告诫，当作是思想僵化甚至是附和权势。其实，陈岱孙早年获哈佛经济学博士后不留恋美国高等学府的优厚待遇毅然归国，还拒绝过国民党政府的高官厚禄，"文化大革命"中又遭挨整批斗。他的警世告诚来自一片爱国真情，来自长期严谨治学的真知灼见，来自经历百年沧桑领悟的人生真谛。尤其值得敬佩的是，陈岱孙先生富有远见的警世之言，正越来越为世界局势的发展所证实，特别是亚洲爆发金融危机之后，还得到了许多西方著名学者的响应，尽管他们对于国际组织的强烈批评，来得要比陈岱孙先生晚了好多年。

美国为谋求全球霸权暗中策划的"软战争"，涉及意识形态、政治经济和文化交流等各个领域，其中核心的是推行新自由主义的意识形态，作为攻击社会主义国家和第三世界的政策武器。中国已经深感政治领域自由化的危害，但还没有意识到美国宣扬的规范经济理论，是新自由主义在经济领域的表现形态，不仅会造成改革失误和经济损失，加剧贫富悬殊和社会的两极分化，而且还会推动隐蔽的政治自由化，两者彼此呼应有密切的相互联系。从长远来看，先瓦解社会主义经济基础，然后渐进积累到矛盾尖锐的危险时期，就随时可能诱发经济危机和社会动荡，进而导致政治危机甚至国家陷入分裂。值得引起充分警惕，并及早采取防范措施。

其实，旧中国也广泛流行自由主义经济理论，但是，那时中国正饱受西方列强的掠夺压榨，人们根本不相信自由市场和私有产权神话，甘愿冒生命危险阅读违禁的马克思著作。但是，今天对于强大起来的社会主义中国，美国主动表现了种种友好亲善行为，邀请大批中国政府官员和学者进行访问，展示西方国家所拥有的财富和富裕生活。在这种情况下，人们很容易产生种种错觉，仿佛亚当·斯密学说和科斯产权定律确实有"点石成金"的神奇功效，为急于求富甚至不惜全盘效仿西方模式。改革开放以来，随着对外经济文化交流扩大，特别是国际组织不断向中国施加影响，其建议也被缺乏警惕的许多中国学者误认为是规范的经济理论和改革方案，新自由主义思潮在中国广泛流行。哈耶克的著作不断在中国翻译出版，在理论界和经济学界影响日益扩大，甚至成为许多中青年学者的崇拜偶像。

一些地方和部门重视警惕政治领域自由化的危害，却不懂得国际组织推荐药方的破坏性，忽视了新自由主义经济思潮的危害，对哈耶克著作的影响日益扩大视而不见。试想国际组织推荐的规范改革药方给拉美、俄罗斯造成了如此巨大的灾难，如何能用来帮助中国深化经济改革？哈耶克属于极右翼的经济学家，甚至不能容忍西方的温和社会改良，如何能容忍公有制和中国共产党存在？如何能容忍有中国特色的社会主义存在？难怪随着新自由主义在中国学术界流行，现在盛行否定自己历史的翻案风潮，否定从孙中山到共产党的革命，甚至还有梁启超、康有为的社会改良。也难怪信奉哈耶克的许多中青年经济学家，不断提出政治体制改革是绕不过去的，这说明新自由主义经济思潮的泛滥，不仅导致了贫富分化和社会不稳定，迅速削弱着社会主义经济基础，而且随着公有制的萎缩而私有制的扩大，正积极提出政治领域的要求和主张，要求修改宪法，宣布"私有产权神圣不可侵犯"，最终还必将明确提出复辟资本主义，取消社会主义制度和共产党的领导，用资本主义的政治经济制度取而代之。

二　俄罗斯为何频频向金融寡头发难

自普京上台执政以来，俄罗斯在经历长达10年的经济萧条后，终于出现了明显的恢复势头。2001年在西方经济普遍衰退的情况下，俄罗斯的国民生产总值增长5.5%，工业产值增长5%，农业产值增长6.8%，生产领域投资增长9%，工资、养老金水平有所提高，人民生活获得了一定改善。

有些中国学者认为，俄罗斯经济形势好转说明俄走出衰退低谷，"雨过天晴"，"改革阵痛"虽然有些长，但总算熬到尽头，新自由主义改革和私有化虽然代价不小，但最终还是能产生积极的效果。但是，真正熟悉本国情况的俄罗斯经济学家，却有着更为冷静、客观的看法。最近《俄罗斯企业家》杂志，刊登了一篇评论经济形势的文章，其中有一个寓意深远的形象比喻："今天的俄罗斯确实与1999年大不相同，这个国家可恰当地比喻为一个病人，刚刚从危重病人的急救室出来，回到了普通病房之中，病人刚刚摆脱了剧烈疼痛、危及生命的昏厥抽搐，但还远远没有真正康复。"

目前，俄罗斯经济仍面临着许多困难。据报道，尽管2001年俄罗斯的投资增长9%，但仍然远远无法弥补折旧的损失，仅为基础设施和设备损耗的1/3，即使加快两倍也仅能维持平衡。因此，谈不上扭转经济基础的衰败趋势，只能说是缓解了以前衰败的速度。2001年粮食产量达到8.2千万吨，创改革10年来的最高纪录，但仍远远低于1986—1990年10.4千万吨的平均产量，牛肉和家禽产量仅恢复到1990年的45%，牛奶产量仅恢复到1990年的58%。普京打击寡头势力阻止了一部分非法掠夺，但未能根本改变社会分配的不公正，富人获得了大部分经济增长好处，社会贫困率仍然保持很高水平，广大普通人的获益非常有限。普京有一次同社会各阶层进行电视座谈后，也承认有相当多人的生活未获改善。

2000年普京刚上台时，发生了举国震惊的库尔斯克号核潜艇事故，紧接着又发生了莫斯科电视塔大火灾。普京曾对这些灾难事件发表评论说："新的紧急形势显示，我们最重要的设施及整个国家已经处于何等危急的状况。我们不能不看到这些意外事件背后更广泛存在的问题，我们不能忘记俄罗斯经济的现状。"他还对金融寡头进行了强烈的抨击，指责他们凭着在叶利钦掌权时期同克里姆林宫的密切关系，掠夺国家财富造成了经济和军队衰败。他还强调说，再也不能隐瞒国家已举步维艰的实情，俄罗斯必须重振经济，才能避免这类灾难发生。俄罗斯推行私有化改革过程中，腐败官僚和经理勾结掠夺资产，结果投资急剧降低甚至低于折旧，造成各个行业设备和基础设施严重老化，这被普遍认为是导致事故频发的重要原因。前不久，俄罗斯一所大学宿舍失火，造成中国留学生的严重伤亡，同设施老化、年久失修也有很大关系。

深入考察一下俄罗斯的改革历程，就会发现近几年俄罗斯经济出现难得的好转，与其说是"休克疗法"终于见效，不如说是一个人曾误信了庸医，吞服"毒药"期盼着神奇疗效，却没想到大病了10年之久，"短期阵痛"变成挥之不去的"长痛"，终于开始怀疑大夫并稍微改变了药方，病情却出人意料地显著好转，但是，病情显著好转并不意味着康复，俄罗斯大病10年之后仍非常虚弱，仍需要长期对症的调养治疗。俄罗斯经济长期萧条后趋于好转，绝非"私有化"带来10年痛苦之后，又从"失灵"重新变成了"灵丹妙药"，与此相反，这恰恰同普京敢于纠正叶利钦时期错误,搁置了丘拜斯制订的一系列私有化计划特别是能源、通信等战略行业的私有化,采取措施打击私有化中崛起的金融寡头,阻止他们勾结腐败官员掠夺社会财富有关。

《环球时报》曾报道,俄罗斯的寡头新贵穷奢极侈,同平民百姓的贫苦形成了巨大反差。例如遭到通缉的俄寡头古辛斯基,他经常身着豪服出入巴黎五星级饭店,每餐一掷千金。他的周末在欧洲的私人别墅里度过,在西班牙和伦敦的奢华场所也经常能看到他的身影。大寡头别列佐夫斯基曾夸口说:"几乎所有的政治家都有自己的身价,他们差不多都被我收买了。"别列佐夫斯基还帮助叶利钦的女儿在私有化浪潮中当上了俄罗斯首位富婆。他还曾嘲笑那些主张结束寡头政治的人,说:"普京之所以说要摆脱寡头,是因为他必须这样对选民说……但要摆脱寡头是不可能的。"的确,前俄总理普里马科夫也曾努力打击金融寡头,结果却被叶利钦和金融寡头搞下了台。普京曾被认为是"忠于叶利钦的人",金融寡头还大撒金钱支持他竞选。俄罗斯舆论曾认为,普京的优势在于他是未知数,很少发表言论阐明自己的立场,因而遇到社会各方面阻力较少。现在看来,俄金融寡头的赌注还是押错了,难怪他们惊呼"原来普京不是叶利钦的接班人"。其实,寡头的失算恰恰正是历史必然,就算普京原来曾经忠于过叶利钦,看到改革失败给俄罗斯造成的灾难,他也未必能够继续推行叶利钦已经失败的政策。

叶利钦执政时期,暴发寡头不仅大肆掠夺国有资产,还全面操纵了政府的财政金融政策,直接掠夺国库、银行牟取暴利。金融寡头勾结政府的腐败官员,将原来效益良好的大型国有企业,以仅仅是零头的代价窃为己有,导致税收大幅减少、财政困难,继而操纵财政发行利率200%的债券,以高利贷形式直接掠夺国库资源,在财政陷入越来越深的危机时,又发明了所谓"抵押贷款私有化",将储藏丰厚的大油田、矿山廉价抵押拍卖。叶利钦政府优先保证寡头利息收入,宁愿拖欠巨额的工资、养老金,充分体现出为少数富人服务的本质。俄罗斯民众之所以广泛地拥护普京,不是因为他已经使经济起死回生,而是长期看到政府赤裸裸地为富人服务,在彻底绝望之后又重新看到了希望。

继2000年俄罗斯检察院通缉两大金融寡头之后，2003年10月25日，又逮捕了俄罗斯首富霍多尔科夫斯基，立刻在国内外引起了很大震动。俄罗斯检察院在采取逮捕行动之前，已进行了长期的酝酿准备和调查工作。追究10年前私有化的腐败行为，尤其是指控俄首富在私有化中欺诈数十亿美元国有资产，舆论界认为这标志着叶利钦政策的政治死亡，预示着普京的治国方式将发生重大转变。有人认为，普京再次发动打击金融寡头的行动，逮捕俄罗斯首富霍多尔科夫斯基，是为在议会选举中争取民心赢得选票。的确，俄罗斯民众饱尝了私有化的苦果，对私有化的暴富阶层极为反感。据调查统计，俄罗斯有88%的民众否定私有化，70%的民众认为应推翻私有化的现状。因此，这次逮捕俄罗斯首富霍多尔科夫斯基，深深赢得了俄罗斯民众的支持。调查显示，普京支持率上升到了70%以上。以支持普京为纲领的统一俄罗斯党，在议会选举中获得了37%的选票。舆论普遍将普京获胜的原因归之于顺应民意，推测明年总统选举前很可能采取进一步惩治腐败的行动。

但是，普京再次发动打击经济财阀的攻势，除了选举中赢得民心的考虑之外，还有更深层次的国际战略和经济原因。普京深知美国利用俄罗斯衰微之机，正发动谋求全球霸权的强大战略攻势，而俄罗斯的基础设施和核武库严重老化，已超期服役接近使用寿命的极限，倘若俄罗斯继续缺乏财力进行投资更新，必将导致俄罗斯国际战略地位进一步下降，越来越难以抗衡美国的全球霸权压力，甚至可能面临国家生死存亡的关头。尽管俄罗斯拥有丰富的自然矿藏资源，但这些自然资源及其原材料加工工业，大多落入了少数私有化暴发寡头之手，出口石油、金属矿藏获得的大量利润，无法用于基础设施和国防建设的投资，难以改善广大人民生活并缓和社会矛盾。一方面，俄罗斯军队因经费困难、装备简陋，在车臣战场上遭受着严重伤亡；另一方面，俄罗斯的私有化暴富阶层，却不断将大量财富悄悄转移至海外，如出巨资收购英国明星球队的事件，激起了俄罗斯民众的强烈不满。普京要想根本扭转俄罗斯的衰落命运，就不得不触动私有化造成的利益格局。正因如此，尽管普京为安抚俄罗斯新资产阶级，曾多次承诺对以前的私有化既往不咎，现在却不得不追究私有化的腐败罪行，指控霍多尔科夫斯基欺诈巨额国有资产，还将尤科斯石油公司150亿美元资产收归政府托管。

俄罗斯的教训给中国的启示是，不惜代价推行国有企业私有化的结果是导致整个资产阶级丧失合法性。无论俄罗斯宪法如何宣称保护私有产权，俄罗斯的新资产阶级却丝毫没有安全感。因为当腐败官员、经理可以随意掠夺公有财产，由此造成私有产权制度也丧失了合法性，不管宪法如何宣称"私有产权神圣不可侵犯"。2000年俄罗斯司法部门的一份报告指出，依据俄罗斯法律来看，80%的私有化是非法的，在广大民众眼中新暴富阶层更是"窃国盗贼"。俄罗斯新资产阶级或许感到困惑，为何自己不像西方资产阶级那样获得公众认可。殊不知，英国资产阶级发家主要靠掠夺殖民地，而俄罗斯暴富阶层却依靠掠夺公有资产，导致了国家衰败和广大民众的贫困，由此滋生了广大民众深刻的"仇富心理"。霍多尔科夫斯基等新贵感到惶恐不安，他们担心的历史性审判也迟早会到来，竭力推动私有化的政治家、学者，也迟早会面临声誉扫地和政治生命死亡的结局。

2003年11月，法国《世界报》的文章指出："这样一场合法性的危机，正是俄罗斯社会问题的所在。形势不会保持长久不变，对于许多民众来说，它简直令人无法忍受。普京的2010年计划预测国内生产总值要增长一倍，并要解决贫困问题，从而激起了人们的期待，但是，如果经济只是靠自然资源及原材料赢利，这是不现实的。来自自然资源和原材料的收入必须能够得到控制，并且被重新注入经济所需要的领域，所有权的不合法性问题必须得到解决，所有这一切正是尤科斯事件的中心所在。"石油、金属矿藏开采加工属于竞争性行业，但同时也是国民经济的重要战略性行业，一旦依据新自由主义的所谓"规范理论"，国有企业退出这些竞争性领域实行私有化，就意味着国家丧失了经济命脉和调控能力。尽管俄罗斯人曾对私有化抱有浪漫幻想，但经历10年改革、饱尝私有化苦果之后，今天俄罗斯有70%以上民众，反对在原材料等基础工业领域实行私有制，一半以上民众反对在工业领域实行私有制。俄罗斯政治家格雷兹诺夫，这位支持普京的有"总统党"之称的俄罗斯统一党领导人，在 2003 年 11 月的竞选大会上表示坚决支持政府打击经济财阀的行动。他说，自然资源不属于某个公司，更不属于某个人，而是全体公民的财富，"公民的利润"不能私有化。有分析人士认为，格雷兹诺夫的这番话意味深远，意味着普京的经济路线发生重大调整，实质上是主张战略资源的重新国有化。据外电报道，2003 年俄罗斯议会大选中，入围的四大政党不是主张"国家民族主义"，就是主张"左翼或平民民族主义"，以前推行新自由主义的政党已成政治僵尸，甚至无法获得进入议会的最低选票资格。

三　拉丁美洲涌现反新自由主义浪潮

自 20 世纪 80 年代以来，拉丁美洲最先卷入全球化的浪潮，全面推行了投资、贸易、金融领域自由化。但近年来，拉丁美洲正经历着激烈的经济动荡，先是阿根廷爆发了严重的金融危机，继而触发了社会动乱和政治危机，随后，金融动荡又仿佛具有传染力的疫病，逐渐蔓延到了邻近的乌拉圭、巴西等国，甚至引起了公众舆论和政治局势的剧变。由于全球化造成的贫富分化等问题，拉丁美洲早就产生了反全球化运动，但以前仅作为民间的反对势力存在，而现在竟然迅速壮大执掌政权，如积极参与反全球化的世界社会论坛、被指责为"极左派"的劳工党领袖劳拉，不久前以压倒性优势赢得了巴西总统大选。在巴西总统大选初选投票中，主张反对全球化的几位总统候选人，共获得了近 80% 选民的支持，其中包括劳工阶层和中产阶级，甚至还有相当数量的民族资产阶级。此后不久，厄瓜多尔大选也产生了反全球化的左翼总统，玻利维亚的大选左派也获得了重大胜利。

拉美政坛风向的剧变引起了美国的担忧。《纽约时报》的评论家费拉罗忧心忡忡地撰文指出："持续二十年的自由市场资本主义试验，正在越来越多的拉美国家遭到反弹，无论从秘鲁到巴拉圭，从巴西到玻利维亚，还是从厄瓜多尔到委内瑞拉，我们或许正在目睹一个时代的终结，20 世纪

90年代末正统的经济改革终告失败。"他还以秘鲁私有化引发的大罢工抗议为例,劝告美国对新自由主义改革方案重新包装,"更多强调促进出口和扩大贸易政策,不要再固执地逼迫拉美各国政府推行私有化和削减社会开支,改善美国公众形象并削弱反对势力"。

费拉罗作为美国右翼智囊的担忧不无根据,阿根廷曾被美国官方称为改革楷模,乃是最彻底推行了新自由主义改革的国家,当年阿根廷盛行私有化浪潮之时,从银行、发电站到大油田、矿山,从港口、码头到飞机场、火车站,几乎买光了竞争性和战略性企业,除了被解雇工人抗议外很少受到反对。如今拉美各国看到阿根廷作为私有化楷模,出卖国企资产吸引外资的"蜜月"终结之后,跌入了金融危机的深渊难以自拔。腐败官僚趁私有化之机暴富的丑闻曝光,激起了拉美民众对私有化的强烈反感,秘鲁、危地马拉、玻利维亚等国,相继爆发了反私有化的抗议活动。

秘鲁总统特洛多因推行私有化,引发了大规模抗议行动和社会骚乱,被迫于2002年6月12日解散内阁,撤销了经济部部长库茨斯基的职务。库茨斯基是信奉新自由主义的经济学家,在西方金融界和国际货币基金组织支持下,主张加速矿业、能源等战略行业的私有化,力争筹集7亿美元以上私有化收入,用于弥补政府赤字确保偿还西方债务,但由于阿根廷等国私有化恶果的曝光,库茨斯基遇到了越来越强烈的社会阻力。秘鲁政府决定出售最大的国家水电综合企业,2002年5月初引发了48小时的全国大罢工,而对秘鲁北部的塔拉罗国有炼油厂的私有化决定,也激起了大规模的社会抗议活动。经济部长库茨斯基不顾社会强烈反对,6月继续宣布出售两个南方国有发电厂,引发了南方7个省份的大罢工和骚乱,抗议获得了社会广泛声援并且向全国扩散。秘鲁政府最初对抗议采取了强硬态度,指责抗议者是"制造骚乱的极端分子",宣布当地进入30天的紧急状态,并从全国调遣军队准备压制抗议活动,但是,由于抗议私有化赢得了广泛的社会支持,军队也表示同情并且拒绝服从调遣命令。秘鲁总统特洛多为挽回危机平息抗议,被迫宣布停止私有化改革并且解散内阁。国际货币基金组织对中断私有化强烈不满,指责特洛多违背了对西方资本的承诺,声称对"投资者和市场产生了不利影响"。但是，由于秘鲁总统特洛多的民众支持率急剧下降到了10%以下，甚至低于因腐败下台的秘鲁前总统藤森，他仿佛是"泥菩萨过河自身难保"，也无法理会国际货币基金组织施加的压力了。

新自由主义全球化盛行拉美20年以来，在美国操纵的国际经济组织逼迫下，拉美各国一直恪守市场原教旨主义的信条。所造成的各种社会恶果经过了长期积累，终于爆发了遍及整个大陆的抗议活动。但是，面对拉美国家的经济、政治动荡，国际货币基金组织依然视而不见、我行我素，顽固地坚持"私有化和自由市场教条"，甚至引起了美国右翼有识之士的担忧。《迈阿密导报》的拉美专栏作家安德鲁，同华盛顿的右翼智囊团联系颇为密切。2002年7月14日，他以向美国国务卿鲍威尔献策的形式撰文称："拉美各国政府正陷入严重的困境。据最新民意调查表明，大多数拉美政府的民众支持率，均下降到维持稳定所需的30%以下，包括玻利维亚、巴西、阿根廷、哥伦比亚，还有厄瓜多尔、秘鲁、乌拉圭，等等。"他还督促美国政府调整对拉美政策，不要再继续强调"私有化和削减政府开支"，否则"拉美将变成孕育救世主式左翼政权的肥沃土壤"。安德鲁的警告果然变成了现实，仅仅短短的几个月之后，在巴西、厄瓜多尔、玻利维亚等国的大选中，新兴的左翼政党相继赢得了重大胜利，从被西方贬斥为"极端派"的反全球化民间力量，一转眼堂而皇之地步入了执政的殿堂。2003年5月阿根廷大选中，前总统梅内姆因坚持新自由主义、丧失民心，被迫退出总统选举，主张发展民族工业的基什内尔，虽是政坛新秀却轻松赢得了大选。

拉美反全球化运动勃起影响了世界格局，"社会论坛"的全球影响力明显提高。最近法国总统希拉克在八国峰会期间，特意邀请巴西、中国、印度等国领导人，举行具有战略意义的南北高峰对话，实质上是联合第三世界的反霸力量开展牵制、抗衡美国全球霸权的外交攻势。中国有些人追随美国主流媒体的调子，认为反全球化运动不符合世界潮流，仅是鱼龙混杂、不成气候的民间力量。这种态度不利于全面认识全球化的利弊，不利于团结第三世界提高中国国际地位，有必要根据国际格局的新变化进行反思。

近来拉美出现反全球化运动的新浪潮，一些左派政党纷纷赢得大选胜利，其直接导火索是阿根廷金融危机。阿根廷的经验教训有特殊借鉴意义，因为它是经济全球化的先驱国家。20世纪70年代中期爆发军事政变后，它就废除了庇隆时代的贸易保护政策，从民族主义政策转向新自由主义改革，全面推行贸易、投资的自由化，经济开放起步早、时间长，更为彻底融入了全球化的进程。阿根廷还是美国赞扬的全球化楷模，它所推行的一系列改革开放措施，更加符合西方的自由贸易和产权理论，符合美国所倡导的规范市场经济模式，符合世界银行的全球化结构调整方案，不像泰国、韩国等一些亚洲国家那样，被西方批评为不规范的"裙带资本主义"。由于阿根廷有较长的经济开放历程，对比庇隆执政的"贸易保护"时期，更有利于考察全球化的实践结果。

阿根廷卷入经济全球化20年之后，竟然从一个相对富庶的拉美国家，陷入饥饿遍地、贫困潦倒的境地，其惨痛教训值得深入研究，引以为戒。阿根廷像众多的亚非拉国家一样，在对外开放政策上经历过多次反复，其曲折历程对中国颇有启示。19世纪，阿根廷同其他许多亚非拉国家一样，在西方列强主导的第一次经济全球化时期，处于资源、原材料出口国的依附地位。第一次世界大战期间西方列强之间忙于混战，放松了对拉美国家的控制和竞争压力，阿根廷的制造业才趁机发展起来。第二次世界大战之后，西方列强主导的第一次经济全球化退潮，亚非拉国家纷纷摆脱殖民统治，形成了争取独立发展民族经济的潮流，西方发达国家也盛行社会改良，强调政府干预，放弃了自由放任主义。阿根廷第二次世界大战后长期由庇隆主义政党执政，倡导政治独立、经济主权和社会公正，其政治纲领同西方社会民主党相似，除了对资本主义制度进行社会改良，强调政府干预经济和推行国有化，实行社会福利政策保护劳工利益之外，还特别强调独立自主地发展民族工业。庇隆主义政党强调保护民族利益，实行进口替代政策，有力推动了国有企业和民族工业发展。科学技术和工业制造水平进步很快，甚至能够生产喷气飞机和建造核电站。它是拉美少数拥有较多中产阶级的国家，社会福利和医疗保障居拉美前列，20世纪70年代生活水平接近欧洲西班牙。当然，阿根廷的进口替代政策也有弊端，如过度强调保护国内市场而忽视了对外开放，不利于引进外国资金和先进技术，削弱了国际竞争导致不利于提高经济效益，国营企业冗员较多，等等。20世纪80年代，美英右翼保守政党上台执政之后，竭力推动新自由主义的经济全球化，激烈抨击第二次世界大战后西方国家的社会改良，以及发展中国家的进口替代政策，宣扬全球化时代"民族工业"过时了，应该用"境内工业"的新观念取而代之，导致世界经济潮流出现风向剧变。但是，经历20年经济全球化再回头来看，西方发达国家的社会改良政策，以及发展中国家的进口替代政策，尽管确实存在需要改善的种种弊病，从整体上来看成绩仍远远大于缺陷，它创造了历史上罕见的经济"黄金时期"。例如，20世纪50—70年代，拉丁美洲国家实现了较高经济增长，30年平均年增长率高达5.6%。相比之下，20世纪80年代，拉美国家转向新自由主义全球化后，陷入了经济停滞的"失去的十年"。尽管20世纪90年代初某国家恢复了增长，但到了90年代末和21世纪初，又普遍遭受全球金融风暴的强烈冲击，国民经济出现了不同程度的萧条滑坡，甚至像阿根廷这样的经济全球化楷模，在依靠出售国企吸引外资维持短时期高增长后，又深深陷入经济危机的泥潭难以自拔，2002年国民经济下降了13%。比较进口替代和新自由主义全球化时期的政策，究竟孰优孰劣，显然不言自明。

阿根廷全面推行全球化，开放贸易、投资，但是，吸引外资数额的增长不如人们的预期。其中原因之一是在庇隆主义的贸易保护时期，外国公司为了进入阿根廷的国内市场，不得不直接投资以绕过关税保护壁垒。这样，限制进口的同时，也间接刺激外商投资。阿根廷搞贸易投资自由化、取消保护之后，外商通过出口就可直接进入阿根廷市场，没有必要直接投资新建工厂，同时还可选择成本更便宜的生产基地，在其他国家生产组装后再向阿根廷出口。外商直接投资促进增长的效果并不理想，原因是开放投资、取消收购兼并限制之后，促进就业增长的外商投资新建企业减少，外商更愿意采取收购兼并本地企业的办法，这样可廉价获得经营人才和销售渠道，消除本地竞争对手并避免抬高工资成本。因此，阿根廷迎合全球化开放贸易投资，更多是出让本国市场和出售民族企业，吸引外商投资促进增长的效果却非常有限。此外，跨国公司采用的是资本密集型技术，并不适合阿根廷的生产要素价格环境，但它们不愿花费高额成本将其改造成适用技术。收购兼并本地企业后造成大量的失业，外商转移价格隐藏利润又减少了阿根廷税收，国内有效需求萎缩也限制了外商投资，难以形成持续增长吸引外资的良性循环。

但是，阿根廷政府并未反思全球化的利弊，反而将经济增长完全寄希望于外资，采取了更深卷入全球化的开放措施，通过进一步放开投资限制和私有化，大量出售国企来吸引外资的流入。第二次世界大战后的庇隆主义时期，阿根廷同其他发展中国家一样，追随西欧的社会改良和国有化潮流，为推动工业化建立了许多国有企业。当时西欧大多数国家由社会党执政，主张通过社会改良和国有化措施，加强政府对经济的干预和协调作用，促进经济增长并缓和经济周期危机，缩小收入分配差距缓和社会矛盾。许多亚非拉国家的民族主义政党，还主张通过国有化发展民族工业，维护经济主权并减少对西方的依赖。冷战时期，美国出于对抗苏联威胁的压力，对全球国有化运动采取了宽容态度，韩国和中国台湾经济起飞都曾借助国有企业，美国从未像今天这样胁迫大搞私有化。尽管西欧和发展中国家的国有企业，在效率和经营方面确实存在不少问题，但总的来看，其历史功绩却是难以抹杀的。第二次世界大战后，西欧经历了经济增长的"黄金时期"，经济周期波动和社会矛盾明显缓和，许多亚非拉国家通过发展国有企业，克服了本国民族私人资本力量薄弱、不愿进行风险较大的工业投资的缺点，实现了民族工业的起飞和相对较快发展，摆脱了跨国公司对经济命脉的垄断。但是，20世纪80年代起，美国积极推动全球的私有化浪潮，还暗中操纵国际货币基金组织推波助澜，以债务陷阱和贷款附加条件等手段，胁迫发展中国家推行大规模私有化。阿根廷在全球私有化中可谓走在前列，梅内姆从主张庇隆主义走向另一极端，鼓吹新自由主义和最彻底的私有化，甚至比右翼政客有过之而无不及。

阿根廷私有化先从竞争性制造业起步，开始受到民族主义者和失业工人抗议，政府对大规模出卖国有企业有所顾忌，后来随着跨国公司接管一个又一个行业，不断向阿根廷施压开放更多的领域，阿根廷逐步丧失自主性受制于人，为了保持稳定也不得不屈服外部压力，否则外资不满而撤离就会引起经济动荡。阿根廷开放市场导致国际竞争的冲击，民族工业企业经营遇到很大困难，越来越依赖外资流入维持经济增长。更重要的是，腐败官员从出售国企中尝到了甜头，折价出卖国企暗中可获巨额回扣，贪婪和私利逐渐腐蚀民族主义传统，形成了热衷于私有化的官僚买办阶层，从此私有化浪潮席卷了阿根廷全国。20世纪90年代初，梅内姆任命卡瓦略为经济部部长。卡瓦略毕业于哈佛，深受美国上层权贵赏识，是其精心培养的忠实的新自由主义信徒，上任后开始全面推行大规模私有化。阿根廷堪称最彻底推行了私有化的国家。它不仅卖光了竞争性领域的国有企业，还几乎卖光了战略性行业的国有企业，包括开采石油、天然气资源的国有企业，通信、电力、公用事业以及核电站，甚至还有港口、码头、飞机场、火车站。港口、火车站等属于自然垄断行业，即使在西方国家一般也是国营，私人资本经营可榨取高额垄断租金。但是，阿根廷官员却竭力出卖这些国有企业，仿佛出卖任何公共财产都是改革政绩，很难用提高效率等冠冕堂皇的说法解释。阿根廷金融危机触发激烈的政治动荡后，昔日的私有化改革功臣纷纷下台，腐败官僚借私有化暴富的丑闻纷纷曝光，卡瓦略也因涉嫌经济犯罪锒铛入狱，私有化背后隐藏的真实动机才昭然若揭。

值得关注的是，第二次世界大战后阿根廷庇隆政党执政的时代，推行民族主义的贸易保护政策，曾被西方批评为政府过多干预经济，存在裙带关系和国有企业低效率问题，但那时阿根廷的整体经济发展水平，曾位居拉美前列接近欧洲的西班牙。但是，阿根廷抛弃庇隆时代的贸易保护政策，积极推行美国倡导的全球化、私有化之后，如今却沦落为拉丁美洲最贫困的国家。难怪阿根廷民众更加怀念庇隆时代，怀念那时的福利补贴和带薪休假，期盼恢复当年的"光荣与梦想"。庇隆总统曾自称"穷人的代言人",当时在广大中下阶层民众中口碑甚好。今天阿根廷民众饱尝生活痛苦艰难,他们经常从父辈那里得知,比起现在,过去普通民众的生活要富裕得多,现在推行全球化、私有化的官僚政客,丝毫不像庇隆总统那样关心民众疾苦,更激起了广大民众对官僚腐败的愤怒,纷纷群情激昂地参加游行抗议示威,阿根廷陷入社会动荡和政治危机之中,政府频繁更换官员也难以恢复民众信任。

2003年的阿根廷总统大选,显示了民众对新自由主义的强烈反感。梅内姆因涉嫌经济丑闻被迫下台后,受到阿根廷法院的刑事拘留调查。2002年,法院不顾民众抗议允许他保释出狱后,梅内姆又迫不及待参与了2003年大选,还想重温利用总统权力谋取利益的美梦。但此次阿根廷大选前的民意调查表明,他被列为"最不受民众欢迎的人"。为了避免丢人,梅内姆不等大选结束,5月14日就宣布自动退出总统选举。在第一轮选举中并不出众的候选人基什内尔,不战而胜轻松赢得了总统选举。据报道,倘若梅内姆不宣布退出选举,基什内尔将赢得70%—80%的选票,仅凭借梅内姆的恶名而非自己的声望,成为该国历史上得票最多的总统。难怪阿根廷民众认为,"基什内尔没有赢,梅内姆输了"。基什内尔担任总统后宣布了施政纲领,称将改变新自由主义的经济模式,在政治、经济领域实行深刻的变革,重视发展本国的民族工业,培养本国的企业和科学技术人才,积极促进社会就业和公平分配,重点支持教育事业、公共卫生,大力兴修交通、医院等社会基础设施,履行政府保护扶植弱势群体的职责。

阿根廷从融入全球化到爆发危机的历程,揭示出左翼民族主义政党的通病,就是容易从一个极端走向另一个极端。许多发展中国家的民族主义政党,一般都是在遭受西方列强压迫的时期诞生的,曾经为争取国家的经济主权积极斗争,为推动本国工业化做出过很大贡献。但是,这些政党取得成绩后往往骄傲自大,出现了意识形态僵化、教条化倾向,将发展民族经济潮流的政策极端化,片面强调进口替代政策而忽视扩大出口,单纯强调发展民族工业而忽视引进外资,导致压抑增长潜力和丧失发展机遇,这种弊病经过长期积累变得日益明显,又产生了走向另一个极端的盲目倾向。

20世纪80年代,由于美国鼓吹的新自由主义误导,以前的民族主义政客纷纷改头换面,解放思想否定以前的意识形态,认为民族工业和国有企业统统都过时了,"主权""独立"之类概念都是空洞教条,不符合全球化的潮流,应该一律抛弃,主张推行最彻底的私有化和对外开放,似乎忘却了民族前辈的艰苦斗争历史。

其实,意识形态的产生有其深刻历史渊源,并非脱离现实利益的空洞说教。早在大英帝国主导的全球化时代,第三世界国家也曾向西方敞开大门,跨国公司遍布工商、金融等领域,控制着矿产资源和经济命脉。旧中国同广大亚非拉国家一样,受到不平等贸易交换的盘剥掠夺,难以实现工业化和获得经济发展。数个世纪中,亚非拉国家在西方列强竞争的夹缝中求生存,期望发展资本主义的梦想屡屡落空,逐渐认识到没有民族独立和经济主权,根本无法保护弱小的民族工业获得发展,从而产生了民族主义的意识形态。无数爱国仁人志士不惜牺牲自己的生命,为赢得民族独立和经济主权艰苦斗争。第二次世界大战后,亚非拉国家工业化取得很大成绩,美国担心这些国家大力发展民族工业,实力增强改变世界格局不利于称霸,就积极鼓吹全球化诱导其敞开大门,向第三世界转移一些相对劳动密集的产业,还有服务于跨国公司的组装、加工工业,同时限制技术转移并保留高附加价值产品,采用新策略来占领发展中国家的市场,扼杀其技术开发和独立发展工业的潜力,然后利用其依赖性提出更多苛刻条件,逼迫全面开放战略性行业和资本市场,蓄意制造金融投机泡沫掠取超额利润,酿造经济危机进而控制经济命脉。

我所著的《软战争——美国经济军事霸权挑战中国》一书,剖析了全球频繁爆发的金融危机同美国谋求全球霸权战略之间的联系。近年来逐渐暴露出越来越多的证据。一些知情西方著名经济学家揭露的内幕,美英政界人士公开提出的"新帝国主义论"(称可运用包括欺骗在内的"丛林规则"),以及这次阿根廷爆发的金融危机,都为我著作中的分析、判断提供了有力支持。斯蒂格利茨将美国倡导的全球化开放比作鸦片战争,他说:"与19世纪一样,欧洲人和美国人,在亚洲、非洲和拉丁美洲到处冲破壁垄打开市场，却阻碍第三世界的农产品进入他们的市场。鸦片战争中，西方用战争来推行他们的不平等贸易。今天，世界银行和国际货币基金组织使用的金融和财政手段几乎一样有效。"

四　正视全球化风险，维护经济金融安全

随着"入世"过渡保护期的逐渐结束，中国必然面临经济全球化的严峻挑战。面对美国施加更大开放金融领域的压力，为了趋利避害防范经济金融风险，值得关注阿根廷金融危机的教训。阿根廷的经验教训有特殊借鉴意义，首先，因为它是经济全球化的先驱国家，最先从民族主义转向新自由主义，开始推行贸易、投资、金融自由化，经济开放的起步早、时间长，更为彻底融入了全球化的进程。相比之下，亚洲国家尚在经济全球化的途中，譬如 1997 年亚洲金融危机之后，国际货币基金组织才趁机要求泰国、韩国向外商开放银行证券领域投资，允许外资收购 25% 以上的控股权，出售战略性行业的大型国有企业。但是，这些开放要求对于阿根廷来说，早在 20 年前就提出并开始实施了。有人认为改革开放的最终目标，就是同国际接轨融入全球化潮流，但到达全球化的彼岸究竟会怎样，必须深入考察阿根廷等先驱国家，才有可能真正看得比较清楚。

阿根廷还以金融自由化闻名于世，银行证券领域的开放程度很高，是国际货币基金组织积极推荐的改革典范。1998 年，俄罗斯陷入金融危机狼狈不堪时，美国前财政部部长奥尼尔曾向俄官员建议："你们为何不效仿阿根廷的金融改革呢？阿根廷金融完全向跨国银行开放了，跨国银行通过收购占有很高份额，这样就能稳定金融解决银行坏账问题。"阿根廷在国有企业改革方面也走得很远，实现了所有国有资产进入市场"全流通"，基本卖光了战略性行业的国有企业，包括银行业、自然资源和公用事业，私有化水平位居发展中国家的前列，私有化收入甚至比俄罗斯还高 3 倍，并将出售国企资金用于社会保障体系。由于中国的国有股减持屡遭挫折，允许西方金融资本进入中国股市收购、兼并国有企业并且推动 MBO，在经

济学界、金融界的呼声日益高涨,阿根廷的经验自然很有借鉴意义。

阿根廷经历过曲折的全球化历程,既有开放初期遭受的强烈冲击,也有外资大量流入带来的经济繁荣,但最终爆发了震惊世界的金融危机,其造成社会贫困和经济破坏之大,引发社会抗议和政局动荡之强烈,不仅超过阿根廷历史上任何一次危机,也令亚洲金融危机相形见绌。这表明随着全球化进程的日益深化,金融危机的破坏作用也日益深化,全球化的彼岸未必就是"伊甸园",大规模出售国企的私有化收入,未必就能改善社会保障维护社会稳定,银行金融开放更是很可能风险重重,资本雄厚、经营规范的跨国银行,不仅未能确保阿根廷民众的存款安全,反倒带来资本外逃和存款冻结之害,其教训值得深入研究并引以为戒。

1997年爆发的亚洲金融危机,没有波及远在大洋彼岸的阿根廷。一些阿根廷政治家颇为得意,认为本国的经济开放进程更为彻底、规范,乃是受西方赞扬的全球化和私有化的楷模,没有"裙带资本主义"和政府干预过度的情形,经济状况稳定不会爆发金融危机。有的阿根廷官员虽然担心全球化和过度开放,却总认为不会发生太严重的问题,到不了百姓挨饿和企业家跳楼的地步,而且阿根廷是美国在拉美的亲密伙伴,一直紧紧跟随美国的经济、外交政策,到了危难之时定会伸出援救之手。但是,2001年年底爆发的阿根廷金融危机,其引发的社会震荡之猛烈,却远远超过了数年前的亚洲金融危机。美国面对阿根廷激烈的社会经济动荡,竟无动于衷地宣称阿根廷是咎由自取,坐视阿根廷经济局势恶化却拒绝提供援助。

阿根廷曾被誉为"拉丁美洲的粮仓",有丰富的能源、农业自然资源,向世界各国出口大量谷物、牛肉。但是,自2001年陷入金融危机以来,阿根廷经济却呈现急剧恶化态势,出现了遍及全国的贫困、饥饿现象。由于货币贬值、银行瘫痪和存款冻结,爆发了波及全国的社会动荡骚乱,成千上万的民众走上街头游行抗议,几十人在警察镇压骚乱中丧生,社会经济困境导致了政局动荡不已,仅仅一个月内就连续更换了5位总统。2001年12月,阿根廷的食品消费减少了19%,2002年1月又减少了12%,阿根廷总统被迫宣布进入食品紧急状态。据阿根廷官方统计局公布的统计数字,

2001年10月至2002年3月，大约150万阿根廷人加入到贫困大军，贫困人口上升到占其人口总数的42.6%。2002年下半年，尽管阿根廷政局动荡稍有缓和，但随着企业破产和失业大军猛增，失业率急剧上升到人口的1/4，社会贫困人口仍继续迅速攀升。截至2002年10月，社会贫困人口比重已上升至57%，而且这种趋势还在继续，预计2003年社会贫困率将突破60%。

经济危机导致了严重的社会恶果。国际货币基金组织强加的经济结构调整方案，规定政府削减公共开支以确保偿还外债，加剧了经济萎缩及社会福利的恶化。儿童和退休老年人受到的影响最大，官方统计的儿童贫困率竟高达67%。2002年11月12日，阿根廷报刊报道了震惊全国的新闻，北部图库曼省有5个儿童因饥饿死亡，而且由于普遍的饥饿和营养不良，其他22个省份也广泛存在类似问题，2002年有数百名儿童饿死。阿根廷曾拥有比较完善的社会保障医疗体系，如今也因经济危机陷入了全面瘫痪。由于政府削减社会开支和限制银行提款，加上货币贬值和进口药价上涨等原因，阿根廷的公共医疗体系几乎陷于瓦解，80%的医院无法得到正常的药品供应，退休老年人被迫自费从市场上购买药品，危机严重时期有一半的首都居民受到影响，被迫减少或停止购买所需的药品，包括患有心脏病、糖尿病的严重病人。阿根廷有350万名退休者的医药费用，大多依靠政府资助的社会保障体系，由于财政陷入危机社会保障资金短缺，无法支付拖欠药店的5亿美元资金，全国1.2万家药店中有一半被迫关门。

2003年爆发的全球"非典"疫情，警示人们必须重视社会经济协调发展，应加大社会公共卫生体系建设的投入，但国际货币基金组织推荐的全球化结构调整方案，却误导拉美大幅度削减政府公共卫生支出，导致拉美各国的公共卫生状况显著恶化。如拉美刚开始推行全球化的20世纪80年代，乌拉圭的婴儿死亡率从28‰升到32‰，巴西则从66‰上升到74‰；秘鲁的人均营养水平从必要基准线的97%下降到85%；各种恶性的传染病均呈迅速上升的趋势，秘鲁的传染病发病率增加了两倍之多。20世纪80年代后期拉美国家出现了霍乱大流行，同医疗卫生条件恶化有直接关系，闹得整个社会人心惶惶,广大民众也深受其害。阿根廷曾是拉美经济发展水平最高的国家,拥有拉美最健全的社会保障医疗体系,人均工资水平曾在拉美名列前列。但是,阿根廷成为美国称赞的全球化楷模之后,靠外资流入支撑的短期经济繁荣好景不长,阿根廷以前令人羡慕的人均工资水平,如今却急剧下降到拉丁美洲的倒数几位,社会保障医疗体系也陷入瘫痪,婴儿死亡率则从拉美的最低水平,上升到最高水平,直逼最贫穷的国家。

阿根廷经济危机不仅冲击了劳动阶层,而且还冲击了中产阶级和资产阶级。后者从银行瘫痪和股市暴跌中损失惨重,而前者却很少拥有银行存款和股票。阿根廷推行全球化的早期阶段,从外资大量涌入中获得利益的主要是买办阶层和中产阶级,但首当其冲的却是蓝领劳动阶层,伴随外资收购和国企私有化进程,大批工人被解雇并抛向街头。但是,政府官员却很少重视社会不稳定苗头,认为只要外国资本源源不断流入,各种经济社会问题终将获得解决。但是,这种两极分化的增长难以维持,终于导致全面经济危机的爆发,就连中产阶层和资产阶级也难以幸免。经济危机导致市场需求急剧萎缩,阿根廷众多的私营企业陷入经营困境,银行瘫痪和股市暴跌更是雪上加霜,难以获得维持经营所需的资金。据报道,阿根廷有3万多韩国侨民经营商业企业,其中有两万人难以维持企业被迫离开。加入街头抗议的还有大批公务员,他们的工资、医疗、养老保障等,也因银行冻结存款几乎陷于中止。阿根廷的政府官员、议员和买办阶层曾积极推动全球化并从中获益,现在被指责为造成灾难的罪魁祸首,成为阿根廷民众发泄愤怒的对象,只要出现在公共场所就成了过街老鼠。阿根廷外交部部长刚登上出访客机,就遭到阿根廷同机乘客辱骂并被赶了下来。政府官员、经济顾问和各党派的议员,经常在餐馆、市场、剧院等公共场所成为愤怒的阿根廷民众围攻的对象。曾令人羡慕的跨国银行的白领经理,现在为避免民众围攻不敢走大门,只能悄悄溜银行后门上下班。一位阿根廷议员的住宅被民众烧毁后,他困惑地哀叹道:"阿根廷究竟是怎么了?为何陷入如此疯狂的地步?难道所有政治家都是贼吗?"

新自由主义全球化的一个核心步骤,就是金融领域和资本市场的自由化。伴随着发展中国家推行私有化，逐步丧失民族经济实力和谈判能力，国际资本就会提出越来越苛刻的要求，逼迫发展中国家开放战略性行业，其中最核心的就是金融领域自由化，向外资开放银行业和证券市场。这样国际金融资本就可以享有充分自由，能够不受约束地迅速流入、流出，随意操纵金融、证券和外汇市场，炒作各种金融泡沫并获取投机暴利，直接威胁发展中国家的金融体系稳定。私有化为出售大型国有银行开路，金融自由化反过来加速私有化，国际金融资本实力雄厚有操纵市场优势，一旦国有企业股权进入市场"全流通"，就能凭借掌握的充足筹码人为哄抬或压低股价，酿造金融危机并逼迫国有企业破产，更为廉价地收购战略性行业的国有企业。"境内工业"取代"民族工业"的舆论攻势，更是为控制发展中国家的经济命脉大开方便之门。阿根廷向外资开放资本市场，获得了一些短期的经济利益，但从长远来看却带来更大弊端。如外资流入虽然推动证券市场发展，阿根廷也颇以股票市场繁荣为自豪，但西方金融投机超级大庄家的进入，实力远远超过了本国的股市庄家，能够轻易操纵股票市场的大起大落，哄抬本地上市公司股价吸引跟风，获利后抛售打压股价造成股市恐慌，导致本地中小股民蒙受重大损失，进而廉价收购兼并本地的上市公司，控制阿根廷的重要企业和战略行业。

阿根廷金融自由化的重要内容，就是推行大型国有银行的私有化，允许外资收购本国国有、私营银行。银行业属于战略性的金融产业，直接关系到国家的经济命脉。因此，许多国家都非常重视国有银行。如第二次世界大战后法国推行了银行业国有化，1983年在资产额800亿法郎以上的12家银行中，有10家属于国有银行，其中7家最大的银行全部是国有银行。韩国的国有银行也占有很高的比重，政府充分利用银行推动经济起飞。经济全球化浪潮中，美国及其操纵的国际货币基金组织，特别重视推动金融领域自由化，逼迫发展中国家向外资开放银行业。阿根廷开放战略性产业的投资后，外资进入银行业的速度非常之快。1992年，阿根廷由本国控制的银行资产，在全部银行资产中占压倒优势的82%，外国资本控制的银行资产仅占12%。到了1997年，本国控制的银行资产下降到了48%，外国资本控制的银行资产则上升到52%。这意味着阿根廷的外资银行比重，短短5年中迅速增长了4倍多，位居拉美国家银行业开放程度之首。但是，阿根廷政府对于外国控制银行业的趋势，丝毫不加担忧，继续鼓励扩大开放，阿根廷民众和企业也纷纷将存款，转向资本雄厚的西方跨国大银行。1997—2001年，阿根廷本国控制的银行资产比重进一步从48%萎缩至33%，外国资本控制的银行资产比重则从52%进一步增至67%，已在阿根廷银行业占压倒优势。阿根廷本国控制的银行资产4年中平均每年下降6%，外国资本控制的银行资产4年中平均每年增长9%。截至2001年，阿根廷10家最大的银行中，外资控股的银行占了8家，包括花旗银行、纽约银行、波士顿银行等著名美国大银行。外资银行能够全面经营阿根廷比索和美元业务，阿根廷经济出现了日益加深的美元化趋势，美元流通扩大，存贷款业务不断增长，货币局和联系汇率制削弱了金融主权，阿根廷政府逐渐丧失了金融调控能力，难以利用金融杠杆刺激经济发展，外债迅速增长出现了金融失控的局面。

阿根廷金融危机蒙受损失最大的，主要是中产阶级和资产阶级。他们曾经对经济全球化抱有浪漫幻想，为外资流入的短期繁荣欢欣鼓舞。他们漠视蓝领中下阶层遭受的痛苦，没想到如今灾难也降临到自己头上，也像当年遭到解雇的国有企业工人一样，群情激愤地走上街头抗议示威。阿根廷的学者特别是经济学家，曾经迎合潮流宣扬新自由主义，抨击民族保护主义，主张贸易自由化，为私有化出谋划策，主张卖光国有企业，现在大多数也沦为金融危机的受害者。即使像前经济部部长卡瓦略这类改革明星，还有梅内姆政府的腐败官僚买办，虽然出卖民族利益捞了不少好处，如今不是涉嫌经济犯罪沦为阶下囚，就是成为遭到民众痛斥的过街老鼠。阿根廷昔日被赞誉为全球化的成功楷模，如今却是令人震惊的全球化失败案例，难怪阿根廷金融危机触发了拉美反全球化的新浪潮。2002年年末巴西大选中，反全球化的候选人获得了近80%选票，赢得社会各阶层民众的广泛支持，其中也包括中产阶级和民族资产阶级。

中国"入世"后将加大金融领域开放程度，外资银行进入会增加外资企业的竞争力，增大政府对外资企业进行监督管理的难度，如外资企业常见的逃税、避税、转移定价，金融开放可能造成隐性外债、套利、逃汇等等。东南亚国家允许外国银行进入，开设分支机构和离岸金融设施，这是造成其外债失控和金融泡沫泛滥的重要原因。据外电报道，以前中国在加入世贸谈判中，曾承诺2000年人民币完全自由兑换，但东南亚金融危机爆发后，中国才知道这是非常危险的。这说明中国对金融开放的潜在风险很可能估计不足，必须采取更为慎重的态度深入分析，采取更为充分的措施防范冲击。研究的问题诸如外债、外汇、金融市场的监管会面临哪些困难，会有多少企业和居民的资金流向外资银行，如何避免国内银行经营困难触发金融危机，如何确保政府对金融领域的有效控制，如何将引进的外国银行限制在适当范围内，既能起到适度竞争的激励、示范作用，促进国内金融企业改善经营和服务质量，又不会造成失控局面丧失金融主权，等等。

阿根廷金融危机的教训说明，金融银行业属于战略性行业，是国际资本力争控制的重点，与制造业开放比较具有更大的风险。金融银行业的联系范围广泛，涉及各行业企业和民众的利益，一旦爆发危机方方面面都受牵连，即使竞争力很强的企业也难以幸免。银行、证券业的开放有利于吸引外资，促进短期的经济增长和股市繁荣，人们为短期利益迷惑容易麻痹大意，稍有不慎很快就会受制于人。阿根廷放弃保护民族工业，盲目开放，先是渐进侵蚀市场并受制于跨国公司，丧失谈判筹码被迫开放战略行业，允许外资收购兼并大型国有企业，银行、证券市场开放又加快了私有化，配合金融泡沫投机造成大起大落，几个回合就迅速丧失经济控制权，外资银行占据了70%以上份额，最终到经济陷入萧条爆发金融危机时，政府却无力稳定金融制止大量资本外逃，广大民众存款横遭掠夺蒙受惨重损失。

中国推进银行业和证券市场的改革，不应搞美国倡导的金融自由化，迷信"国际接轨"，盲目开放市场。美国宣扬的所谓"规范经济理论"，貌似中性却暗藏强烈商业动机。譬如国内盛行一时"全流通"理论，主张任何行业的国有企业资产，都应不受限制地进入市场自由流通，在国内外投资者之间自由地进行买卖。这意味着给股市形成巨大抛盘压力，必然导致股民恐慌和股市暴跌。结果深沪股市蒙受上万亿元损失，证券业陷入全行业亏损困境。倘若政府不及时宣布停止国有股减持，上市公司资产还将继续大幅度贬值，为国际资本廉价收购兼并制造商机，趁机造势唱衰中国经济并且打压股市，利用中国"入世"之机操纵金融证券市场，进而控制中国战略产业和经济命脉。尽管"国有股减持"宣布停止之后，"新股全流通"的传闻继续引起恐慌，迫使证监会声称将对此追究法律责任。由此可见错误流行经济理论的危害，倘若不从思想上反思，难以杜绝流毒。

由于国有股减持以来股市陷入长期低迷，允许西方金融资本进入中国股市，参与收购、兼并国有企业的呼声日高，利益驱动可能导致金融开放不够谨慎，恰好迎合美国倡导的金融自由化。有人认为中国外汇储备增长很快，说明现在开放资本账户的风险不大，实行人民币自由兑换条件已经成熟。实际上，正如阿根廷、韩国、日本等国经验所表明的，利用海外金融热钱促使股市暴涨，制造泡沫经济繁荣是饮鸩止渴，因为全球金融热钱日交易额上万亿美元，任何国家的外汇储备都是杯水车薪。放宽人民币兑换和外汇管理规定，引入境外合格投资者参与证券市场，允许跨国公司收购、兼并国有企业，都应该先在有限范围内长期试点，观察利弊得失并探索有效管理办法，防止外资渗透削弱政府的监管能力，防止隐患积累最终导致失控局面，像阿根廷那样丧失经济金融主权。目前，中国应警惕国际资本的渐进性侵蚀，即逐步削弱经济安全防线，绕过政府管制获得突破口后发动全面竞争攻势，致使来不及预防就迅速产生雪崩效应，就像阿根廷等国那样突然爆发金融危机，进而触发政治危机和社会动乱。

当前不少地方正酝酿"经营者买断收购"，即银行向少数经营者提供贷款，用于买断收购国有企业的控股权。不少地方官员特别热衷于这种改革，今后两年很可能形成遍及全国的风潮。但是，这种改革是赤裸裸的私有化，同俄罗斯推行的货币私有化基本相同，潜伏着巨大的经济金融安全隐患。有人干脆只用英文术语 MBO，避讳其面向少数人的私有化实质。俄罗斯首先推行分配财产的凭证私有化，带来经济衰退、财政困难的恶果，于是转向出售国有资产的货币私有化，但是，长期推行这一政策的实践充分证明，货币私有化所造成的后果更为恶劣，腐败官员和企业经理相互勾结，以极为低廉的价格大肆掠夺国有资产，国家财政丧失财税支柱更为困难，弥补社会保障缺口的期望完全落空。私有化不仅没有提高企业经营效率，反而导致4年中企业亏损面扩大3倍。由于拥有银行贷款的支配、控制权就意味着廉价获取数十倍的国有资产，银行体系成为私有化争夺的热点，一年中竟有数十位银行行长惨遭谋杀，揭示出私有化腐败严重和黑幕重重。急剧的两极分化导致了社会贫富悬殊，形成了控制经济的少数金融寡头。1998年爆发财政、金融双重危机，俄罗斯政府财政几乎陷入破产境地，广大民众包括新兴资产阶级的存款，也在银行破产倒闭浪潮中损失惨重。

2003年7月25日《财经信息》报道："自今年2月以来，在国有资产管理相关法律不完善的前提下，在国资委亮相前，各地方政府一哄而上大规模出售国有资产，西安、山东、江苏、重庆、上海、辽宁等地，纷纷推出了自己的国资出售方案。日前，北京市也加入到这一行列中来，从而使中国各地对出售国有资产的热情更加踊跃。"这是继国有股减持受挫被停止之后，各地自发推出的又一项将会造成重大经济损失、严重影响社会稳定的不慎重措施。尽管众多经济学家曾看好国有股减持，但国有股减持从推出到停止的一年中，中国股市总市值损失高达1.8万亿元。各地竞相推出的出售国有企业方案，并未经过科学严谨的论证和试点工作，遭到越来越多经济学家的质疑和反对。如果盲目推行很可能造成数万亿元损失，导致全国国有资产迅速贬值并大规模流失。

中国总会计师协会理事的刊物报道："许多专家认为各地大规模一哄而上出售国有资产，是在用无数的国有资产寻找有限的购买力，相互之间形成了激烈的竞争态势，是一种对国有资产的'自轻''自贱''自贬'行为，各地卖也卖不出好价钱，各地自己往下压价，压到贱得不能再贱时才出手。"国际上也不乏这样的先例。例如，阿根廷虽然是资本主义小国，私有化又存在着严重的腐败现象，20世纪90年代私有化金额尚有300亿美元，俄罗斯以前曾是社会主义大国，20世纪90年代私有化金额仅有100亿美元。由此可见，国有资产越多供求就越不平衡，收不到钱反而造成巨大损失。中国的国有资产规模，现在虽然远远超过俄罗斯，但很可能出售收入还不如俄罗斯。

斯蒂格利茨曾撰文指出："俄罗斯1995年后臭名昭著的'贷款换股份'，实际上变成了不合法的私有化。""向私人贷款用来购买这些企业，或按照贷款换股份协议，以政府企业股份做抵押向政府申请贷款。谁拥有银行的控制权或特殊关系，谁就能大量廉价收购或掠夺国有资产。金融特权就意味着收购国有企业的特权。表面上腐败不那么直接，程序比政府官员将国有资产直接送给朋友还要不透明。由于存在腐败和利用职权，由此形成的私有权削弱了国家利益，危害了社会秩序。"叶利钦上台时曾经以"反腐败"为号召，但现在沸沸扬扬的洗钱丑闻牵涉了他的家族和几乎所有政府高官，他们都涉嫌将巨额非法财产转移到海外个人账户。美国《新闻周刊》以"盗窃国家"称呼俄罗斯。倘若效仿俄罗斯货币私有化的MBO无法得到有效遏制，在国内泛滥成风，非但不利于民营企业的健康、合理发展，还会极大地败坏民营企业的社会声誉，甚至令私有产权在民众心中丧失合法性。

值得关注的是，国内流行的"经营者买断收购"主张，潜伏着很大的金融安全隐患。由于前些年推行"抓大放小"时期，地方中小国有企业已几乎卖光，现在国内推行"经营者买断收购"的目标，已经转向了地方的骨干国有企业。允许外资收购国有企业控股权，将大大加快出售国有企业的步伐，一旦"经营者买断收购"形成全国性风潮，不仅地方的国有经济将迅速瓦解，大批职工下岗、失业不利于社会稳定，还会严重影响地方政府的财税来源，削弱社会保障和公共卫生体系的建设，威胁银行体系和百姓存款的安全，最终牵连波及所有大中型国有企业，危及财政税源支柱及国家经济安全。20世纪90年代，报刊媒体曾广泛报道某地的产权改革，该地领导则以大胆卖光国有企业著称，获得了闻名一时的称号"程卖光"。舆论报道曾宣扬该项改革的成效如何显著，但后来却发现大量职工下岗、企业纷纷垮台。又据报道，前不久"程卖光"畏罪外逃，他在海外账户上竟然积累了数千万元，都是趁卖光国有企业搜刮的非法财产，出售国企暗含着腐败，这又直接导致了资本外逃。现在"经营者买断收购"比这更加危险，因为买卖对象转向了地方骨干国有企业，而且经营者本人不承担资金风险，借用的是民众在银行的血汗存款。许多企业、投资机构看好这种改革，正在积极策划、网罗资金并疏通关系，期盼通过复杂的包装炒作获得巨大利益。

由于多年来的通货紧缩和需求不振，许多私营企业也面临着经营困难。MBO当然也不是"灵丹妙药"，但不少人愿意高息借款参与此事，获利途径很可能同"程卖光"相似，通过买通关系、压低价格和转移资产。某县有一家职工人数上千的大水泥厂，属于地方骨干中型国有企业。以前一直效益不错，并上缴大量利税。前不久该地某镇长从银行贷款500万元，收购了这家资产上千万的国有企业。改制后职工的劳动时间延长了50%，所得工资收入却被平均削减了40%，还有众多职工下岗被农民工取代，但改制企业仍经营困难，资金周转紧张。据悉企业老板深知经营风险很大，正悄悄将资金逐步转移到个人账户，等挣足了个人腰包随时可以"一走了之"。破产仅仅涉及改制企业的有限责任，对他个人利益来说完全无所谓，真正损失的是企业职工的饭碗，还有银行里广大群众的血汗存款。由此可见，"经营者买断收购"的潜在危害很大，不仅直接导致了腐败泛滥的危险性，还会增加银行坏账和资本外逃风险，根本违反了中央的精神和改革宗旨，完全可以说是"三个不代表"，将会导致社会生产力遭到破坏，最广大人民群众的利益遭受侵犯，贪婪谋私的腐败文化横行泛滥，还必然造成"三个不利于"的恶果，不利于坚持社会主义改革方向，不利于维护社会的稳定，不利于提高广大人民的生活水平。当前，应及早遏制"经营者买断收购"的势头，以免蔓延开来形成既得利益集团，这样才能维护国家经济金融安全，维护广大人民群众的切身利益。

西方现代大型企业中，经营权可以下放，产权处置权必须集中。国有资产的管理权也必须集中，地方政府只有经营代理权，"三级所有"应是"三级代理"，不应包括资产所有处置权，因为这是全民所有的公共财产，否则难以防止腐败和贱卖行为。即使出售地方国有资产，也必须通过集中审批程序，杜绝腐败、作弊的行为，分期、分批逐个上市出售，这样才真正符合市场经济规律。宁可将地方的不良国有资产首先无偿交给素质好的国企托管,这样出售国企少了,收入反而多了,国家才能获得长期稳定的资产收益,通过国有资产适当流通来调整结构,用于社会保障和稳定财政、金融。有些地方试点出售中型国有企业,效益好的企业也打五折出售,不只仅仅出售给极少数高层经营者,而且利用银行贷款不承担风险,各地竞相效仿跟风,造成了严重的腐败和恶劣的社会影响。这些试点失误应该及时清理、纠正,建立国有资产保值、增值和流失追究的责任制度。"试点"与"推广"应严格分开,否则会造成"明试点、暗推广",出现"先做再说、形成事实"的歪风,导致遍及全国的恶果和宏观失控局面。由于潜伏腐败利益的驱动机制,自发贱卖国有资产具有传染性,必须用战胜"非典"的决心和意志,坚决及时地制止其在全国蔓延的危害。

参考文献

[1] 斯蒂格利茨:《改革向何处去?——论十年转轨》,中国科学院国情报告译文,1999。

[2] 《一个冰冷的世界:国际货币基金组织带你去地狱的四个步骤》,格雷·帕拉斯特访问斯蒂格利茨,英国《观察家》杂志 2001 年 4 月。

[3] 丹尼斯:《西方银行家为掠夺资产推动全球私有化》,美国《政企首要摘要》2001 年 8 月 10 日。

[4] 斯蒂格利茨:《我从世界危机中学到了什么》,中国科学院国情报告译文,2000。

[5] 汉斯-彼得·马丁:《全球化陷阱》,中央编译出版社 1998 年版。

[6] 《布莱尔外交顾问库玻的新帝国主义论》,《环球》2002 年第 11 期。

[7] 米格尔·特伊伯尔:《阿根廷:结构调整和社会脱节》,美国《科学与社会》2000—2001 年冬季号。

[8] 杨斌:《软战争——美国经济军事霸权挑战中国》,经济管理出版社 2001 年版。

(作者单位:中国社会科学院工业经济研究所)

(摘选自何秉孟主编《新自由主义评析》,社会科学文献出版社 2004 年版)

西方市场原教旨主义的衰败

于祖尧

自 20 世纪 70 年代以来,在西方世界,新自由主义取代凯恩斯主义成为主导美欧意识形态和经济对策的主流经济学派,之后逐步蜕变为美国政府对外推行霸权主义、对社会主义国家实行和平演变、对发展中国家推行新殖民主义的工具。在近现代经济思想史上,没有哪一个经济学派曾经像新自由主义一样在世界政治、经济生活中产生如此巨大的影响。但是,2008 年 9 月一场席卷全球的经济风暴扫尽了它的威风,这场世界性金融、经济危机宣告了新自由主义的破产。面对这场给全人类带来深重灾难的危机,全世界的学者、政客乃至平民百姓都在反思,力求寻找新的出路。

一 资本主义制度的全面危机:美国华尔街金融寡头和美国政府战后对全人类发动空前严重的浩劫

2008 年 8 月,美国雷曼兄弟公司宣布破产,标志着一场自 20 世纪 30 年代以来最严重的经济危机降临。危机起始于银行信贷资金断裂,但很快便殃及实体经济。在危机最严重时,美国有 14 万家企业倒闭,工业生产下降 46.2%,银行倒闭 140 家,西方世界工业生产下降 37.2%。危机重创了西方国家经济,泡沫经济破灭,股市崩盘,资产大量缩水。据 2009 年 3 月

9日亚洲开发银行报告，仅2008年全球金融资产缩水超过50万亿美元，相当于全球一年的产出。5年来，美国家庭净资产缩水36%，从10.29万美元下降到6.68万美元。大约有1100万宗住宅抵押贷款（占美国住房贷款总额23%）已资不抵债，即贷款余额大于房价。另据美联储数据，衰退吞噬了美国人近20年的财富。失业人数剧增。据国际劳工组织报告，2008年危机以来，全球约有5000万个工作岗位消失，2011年年底，全球有1.96亿人失业，预计2012年将上升到2.02亿，失业率达6.1%。发达国家的就业率要到2016年年末才可能恢复到2008年危机前的水平。美国失业率一度升至近10%，随后一直在8%左右摆动。欧盟2012年第一季度失业人口达2470万人，比上季度增加19.3万人，比上年同期增加210万人。欧盟为应对衰退所采取的紧缩政策，进一步加剧了欧洲就业形势恶化，大量失业人口流入庞大的贫困队伍。

危机加剧了贫富两极分化，原本富裕的社会呈现贫困化的颓势。由于经济泡沫破裂，居民资产严重缩水，中产阶层处境艰难。有媒体认为，中产阶层正在消失。中低收入群体受害最为严重。据墨西哥《宇宙报》网站1月24日报道，美国最新人口普查统计显示：经济衰退已使4600万美国人口生活在贫困之中，创近52年来最高纪录。据美国国会预算办公室报告（2011年10月25日），1979—2007年，1%最富有的人税后家庭收入增长了275%，而最贫穷的20%的人税后家庭收入仅增长18%。2010年，美国贫困率上升到15.1%。2009年，领取免费食品券的人数增加到3220万。危机伤害的不仅是发达国家的劳动人民，发展中国家的劳动人民所遭受的灾难更加深重。危机爆发后，美欧国家运用经济、行政手段转嫁危机，加害于发展中国家，使它们蒙受双重灾难。

危机爆发已5年，各国政府相继出手救市，但经济未见全面复苏，失业率居高不下，财政入不敷出，债务危机深重，救市举措如同饮鸩止渴，社会矛盾加剧，整个西方世界充满了"不确定性"。

二 反思经济危机、批判新自由主义和"华盛顿共识"、挑战美国经济霸权、抨击金融垄断资本主义,已经发展成为西方世界不可逆转的群众性思潮

1. 2011年9月17日,在美国爆发的"占领华尔街"运动,标志着西方国家广大下层民众对标榜自由、民主、人权的资本主义制度和政府政策的强烈不满,已经从单纯言论发展到群体性有组织的政治运动。这个运动提出,我们"是占总人口99%的普通大众,对于仅占总数1%人的贪婪和腐败,我们再也无法忍受"。其主要特点就是具有极其鲜明的政治色彩,矛头直指华尔街金融寡头、美国政府及其所推行的新自由主义经济政策。"占领华尔街"运动目前虽无严密组织,没有政治纲领,但绝不会到此为止,导致这场政治运动的资本主义固有矛盾一个也没有解决,危机还看不到尽头。

2. 在西方信奉新自由主义的营垒里,许多学者、官员、政治家直面危机,正视现实,重新审视,深刻反思,转而批判新自由主义。日本知名的兼官学一身的经济学教授中谷岩对自己所学所讲所用的经济学进行了认真反思,说自己曾经"过于天真地相信资本主义全球化和市场至上主义的价值";曾宣扬"如果日本也能像美国那样进行自由经济活动,转变成市场机制发挥机能的社会,就能变得像美国人那样富裕、幸福"。在参与政府决策时,曾力主把美国的经济体制、政策和结构引进日本。危机使他的幻想破灭,他终于清醒地认识到"美国式资本主义已经开始自灭",疾呼"有必要大声反对追随美国那种抛弃弱者型的结构改革"。

美联储前主席格林斯潘号称"四朝元老",在四届政府中执掌金融大权,竭力推行新自由主义货币政策,是造成危机的罪魁祸首之一。他于2008年10月23日在国会作证时承认其在执掌美联储期间对金融业疏于监管,助长了金融自由化。他认为这是个"错误",现代风险管理范式已经"走偏",他对放松监管这一政策的信念已经"动摇"。国际金融大鳄索罗斯对于市场原教旨主义的批判可谓一针见血。他说:"眼下发生的事令人难

以置信！这是我所说的市场原教旨主义这一放任市场和让其自动调节理论作用的结果。危机并非因为一些外来因素，也不是自然灾害造成的，是体制给自己造成了损失。它发生了内破裂。"

3. 从批判新自由主义思潮，进而扩展到批判现行资本主义制度，这是近几年西方意识形态领域的重要变化。20世纪80—90年代，国际舆论界崇尚资本主义制度，丑化诋毁社会主义制度。但21世纪初，美国这位帝国老大自己不争气，一场金融经济风暴撕掉了披在它身上的"皇帝新装"。

关于资本主义的种种神话，已经被它自己制造的危机无情地戳穿，令精英人士崇拜的"美国模式"已经丢尽颜面，信誉扫地。国际工会联盟秘书长沙兰·伯罗认为，20世纪的资本主义已经过时，不再适应21世纪。达沃斯论坛主席克劳斯·施瓦布提出避免"制度腐败变质"问题。他认为："人们绝对可以说，当前形式的资本主义制度不再适合当今世界。"国际货币基金组织首席经济学家肯尼斯·罗戈夫列举了现代资本主义诸多弊端，指出所有现行资本主义制度形式归根到底都是过渡性质的。当今居主导地位的英美模式将被其他模式所取代。

经济危机还暴露了西方政治制度的腐败性、虚伪性。西方的"民主"，名为"票主"，实为"钱主"。美国经济学家罗伯特·赖克支持"占领华尔街"运动，要求建立一个免受金钱腐蚀的干净的民主制度。他认为，当收入和财富如此集中于少数人手中时，极少数富人有足够的金钱主宰民主，会不可避免地破坏民主。

4. 世界经济危机这场由美国金融寡头、政客、文人合谋酿成的大灾难，彻底戳穿了他们编造和散布的关于美国社会、制度、体制、模式、道路的种种神话、迷信。在事实面前，谎言重复千遍万遍也变不成真理。伦敦政治经济学院教授梅格纳德·德赛提出，西方资本主义已步入老年，充满活力的资本主义已经向东方转移。但是西方资本主义危机对于东方来说，也是一件令人深感不安的事情。他说，许多国家在筹划一条通向未来繁荣的道路时，决定推行越来越"资本主义"的政策。但是，那条通往繁荣的道路现在看上去再危险不过了。他认为，资本主义制度对亚洲国家来说可能是最糟糕的经济制度。曾任德国总理的施密特是中国人民的老朋友，是"社会市场经济"的倡导者和践行者。就在美国佐利克等人抛出旨在最终瓦解我国社会主义国有经济、实现全盘私有化的所谓"顶层设计"改革方案的时候，施密特发出令国人深省之语："国有企业是中国人民的命根子，应当否决私有化。"

5. 西方学界不仅直接挑战新自由主义，而且名校学生群起造了新自由主义学派大师的反。2011年11月2日，在美国哈佛大学发生了一起震惊美国乃至世界学界的学生罢课事件。被学生罢课的是哈佛"明星教授"——新自由主义经济学大师曼昆。他撰写的《经济学原理》被译成20多种语言，在世界发行100多万册。他曾任小布什总统经济顾问委员会主席。罢课学生说，他们属于美国社会中"99%的人民"，抗议另"1%人的贪婪和腐败"。罢课是为了表达他们"对于这门导引性经济学课程中根深蒂固的偏见的不满"。罢课学生响应"占领华尔街"运动，当天走出校园加入了"占领波士顿"的游行示威队伍。游行队伍也走进哈佛，支援罢课学生，打出红色标语："我们希望大学为99%的人服务！"罢课学生认为，真正合理的经济学研究必须同时包含对各种经济学的优点和缺点的批判性探讨。但在曼昆课程中我们几乎无法接触其他可供选择的路径来研究经济学。哈佛学生的罢课行动提出了许多问题，值得我们认真思考。

6. 世界经济大危机爆发，导致新自由主义衰败，引发了西方国家意识形态的危机。在这个背景下，马克思及其著作、理论在经历了一段政治寒潮之后，在西方世界重新受到重视，出现了不容小视的"马克思热"。新自由主义衰败和马克思热，形成了强烈对比，构成当今西方政治生态的重要特点。

在西方世界，苏联解体后出现过一股反马克思主义思潮，马克思主义遭到诋毁、批判、冷待。当时，美国的福山断言，苏东国家蜕变是历史的终结，即人类社会已经达到了最佳状态，资本主义已无可替代。"自由、民主与资本主义取得胜利的今天，历史已经终结。"但是，面对此番大危机爆发的严酷现实，他不得不说，这场危机"凸显了资本主义制度内在的不稳定性。美国式资本主义已经从神坛上跌落下来","这场危机是美国在全球事务中占据经济主导地位的终结","尤其是美国不再被看作有社会政策创新思维的唯一中心"。西方出现的"马克思热"有以下特点：一是发生在仍在延续的世界性大危机的背景下。20世纪30年代大危机，各国应对之策可分为两类：一类是社会主义国家苏联采取的以国家工业化、现代化和提高人民物质文化生活水平为主旨，扩大内需，同时充分利用西方经济危机提供的机遇，引进先进设备和技术、人才，发展自己；另一类是西方国家按照凯恩斯主义，实行扩张的财政货币政策，靠经济军事化扩张军备和罗斯福新政，使经济走出险境。到20世纪70年代，由于经济陷入滞胀泥潭，凯恩斯主义的主流地位被新自由主义取代。但好景不长，进入21世纪，一场金融风暴紧接着一场经济台风横扫全球，扫尽了新自由主义的颜面。正是在这种困境中，一些有识之士和公众把目光投向"世纪伟人"马克思。"马克思热"的另一特点是波及的面广，从欧洲到美洲、亚洲，从金融帝国到发展中国家，涉及的人群众多，从学者到政治家、从企业家到经管人员、从青年学生到普通劳动者、从神职人员到平民百姓，几乎遍及各行各业、各类群体。

"马克思热"的出现完全是自发的，而不是有组织的。如果没有世界经济大危机，没有新自由主义衰败，西方"马克思热"不可能如此迅速出现。这股思潮反映了世界历史发展的必然趋势。但是，必须清醒地看到，"马克思热"的出现，并不意味着新自由主义及其领军者从此放弃自己的阵营。斗争将是长期的、曲折的。

(作者单位：中国社会科学院世界社会主义研究中心)

(原载《红旗文稿》2012年第24期)

新自由主义的源流与本质

何秉孟

美国的新自由主义模式之所以会堕落为"通往灾难之路",是由其本质所决定的。

新自由主义这样一种极右的资产阶级经济学理论体系,是20世纪二三十年代特殊的经济社会背景下资产阶级思想理论界孕育出的一个怪胎。所谓特殊的经济社会背景是:一方面,随着第一次世界大战的结束,资本主义加速由自由竞争阶段向垄断阶段过渡,主导自由竞争资本主义运作近一个半世纪的资产阶级古典经济学,已越来越不适应垄断资本主义的需要,30年代初爆发的席卷整个资本主义世界的经济大萧条,表明资产阶级古典经济学理论已经走到了历史的尽头。在20世纪30年代大萧条前夕及大萧条期间,多多少少从《资本论》汲取营养的凯恩斯发表了一系列关于就业、投资、货币等方面论著,逐步取代资产阶级古典经济学成为主导国家垄断资本主义的主流经济学;另一方面,苏联的以公有制为基础、有计划按比例发展的社会主义经济蓬勃发展,显示出强大的生命力。这就从左、右两个方面对主张自由竞争、自由经营、自由贸易等为基本理念的资产阶级古典经济学形成夹击之势。正是在这种背景下,以捍卫资产阶级古典经济学为己任的弗里德里希·哈耶克按捺不住,相继发表了《价格与生产》《储蓄的"悖论"》等文章,对主张在经济危机期间,政府实行扩张性财政、加大社会投入、增加就业、提振社会有效需求,以刺激资本投资、拉动经济增长的凯恩斯主义进行批判，绝望地为资产阶级古典经济学辩护；同时，他还伙同他的老师、极端仇视社会主义的冯·米塞斯，挑起了同波兰经济学家奥斯卡·兰格关于经济计算问题的论战，借这场论战批判以公有制为基础、以保持政府宏观调控和有计划按比例发展为基本特征的社会主义经济体制。在20世纪30年代经济大萧条期间，哈耶克、米塞斯等的歇斯底里表演，既成为新自由主义及其头面人物哈耶克登上世界历史舞台的序幕，更表明，新自由主义从诞生时起，便是逆历史潮流的！由于哈耶克等人顽固坚持的这种已经走向极端的市场原教旨主义，当时在政界甚至在理论学术界均遭冷遇。这就迫使哈耶克及米塞斯等新自由主义的中坚分子不得不蛰伏于英国伦敦政治经济学院、美国芝加哥大学等学术机构，窥探时机、以求一逞。

在长达数十年的蛰伏期间，哈耶克等人主要干了两件事：其一，潜心完善其极端自由主义经济理论，先后发表了《通往奴役之路》《自由宪章》《致命的自负——社会主义的谬误》等著述；其二，充分施展其擅长学术小圈子的能耐，纠集一批以复兴自由放任市场经济理论为己任的英国、美国等国的学者，成立了朝圣山学社。从1947年至20世纪70年代末的近30年中，朝圣山学社先后在12个国家召开了27次研讨会，推动新自由主义理论研究，传播新自由主义理论主张，壮大新自由主义理论队伍，并逐步形成诸多学派。其中，尤以哈耶克、科斯、弗里德曼和卢卡斯"四大金刚"为首的以下四个学派，从不同角度鼓吹新自由主义的核心理念，影响最大，对新自由主义在全球的蔓延起了极坏作用。

一是哈耶克领衔的伦敦学派。这个学派以英国的伦敦政治经济学院为基地，狂热鼓吹绝对自由化、完全私有化、彻底市场化，强调自由市场、自由经营，认为任何形式的经济计划、国家干预始终与效率无缘；而私有制又是自由的根本前提，在哈耶克及其弟子看来，公有制、社会主义是通往奴役之路。哈耶克是典型的市场原教旨主义者，他及其伦敦学派的理论观点是其他新自由主义者的主要思想来源。

二是由米尔顿·弗里德曼领衔的现代货币学派。这个学派以美国芝加哥大学为基地，强调实行货币"单一规则"，以现代货币数量论为其理论基础，以激烈反对国家干预为其主要政策主张，主张在货币单一规则的前提下，实行经济自由放任政策，反对国家干预，否定计划经济和任何形式的公有经济，是绝对自由化特别是金融自由化、完全私有化、彻底市场化的狂热鼓吹者。

三是由罗纳德·科斯领衔的新制度经济学派。这个学派以经济组织或制度问题为研究对象，主要强调明晰私人产权，降低市场交易费用，实现资源"有效配置"。新制度经济学的理论包括四个方面，即交易费用理论、产权理论、企业理论、制度变迁理论。在新制度经济学看来，交易费用的节省是企业产生、存在以及替代市场机制的唯一动力；只要企业产权落实到自然人，也就是私人，其交易成本必然低于公有制企业，因此，私有制企业的经营效率比公有制企业高。这一学派的创始人是在新自由主义大本营芝加哥大学任教的罗纳德·科斯。

四是由罗伯特·卢卡斯领衔的理性预期学派。卢卡斯提出的名噪一时的所谓"理性预期假说"，是这一学派的理论基础。所谓"理性预期"，就是认为在经济活动中，人是理性的，总在追求个人利益的最大化。由于经济未来的发展趋势关乎自己的投资或就业选择等切身利益，所以他总会充分调用自己各种主观和客观资源，对经济前景进行尽可能准确的预测，其决策一般来说是有根据的；而政府对经济信息的反应不如公众灵活、及时，所以政府的决策不可能像个人决策那样准确、灵活，因此政府的任何一项稳定经济的措施，都会被公众的合理预期所抵消，成为无效措施。这一观点给予了奉行国家干预政策的凯恩斯主义沉重打击，所以也被称为"理性预期革命"。

由于资本主义经济的周期性规律，20世纪70年代，资本主义世界陷入长达10年之久的"经济低增长或经济停滞、高通胀、高失业"的"经济滞胀"期。在以往，"高通胀"一般出现在经济复苏—高涨阶段，但此次却与高失业、经济停滞并存于危机阶段，这是国家垄断资本主义阶段技术进步、资本有机构成提高，导致实体产业资本利润率下降所形成的资本主义经济危机的一种新特征。面对资本主义的这一新的社会经济现象，凯恩斯主义束手无策。

持续的"滞胀"危机，迫使西方发达资本主义国家，特别是美英等国的资本，向通过高杠杆操作可能获得高额利润的金融领域、资本市场流动，导致金融垄断资本急剧扩张、膨胀。进入20世纪70年代后，美英等国急剧膨胀了的金融资本不甘于为实体经济融资、支付的"配角"地位，不仅利用实体产业深陷"滞胀"危机、负债累累之困境，通过提供贷款、并购等手段，逐步控制了产业资本，实现了经济的金融化，而且向政治权力领域渗透，从而推动美英资本主义由国家垄断向国际金融资本垄断阶段过渡。

金融资本较之实体产业资本更贪婪、更具冒险性，逐步实现了对产业资本乃至国家政治决定权的控制后，再也不满足于被调控、被监管和国内有限的市场了，力图摆脱监管自由流动、自由经营，乃至突破国界，在更广阔的全球空间、市场上攫取更丰厚的利润。此时的国际金融垄断资本，迫切需要一种理论取代主张宏观调控的凯恩斯主义，为其全球扩张提供理论支撑。长期蛰伏于学术界的哈耶克及他的弟子，凭借其敏锐的政治嗅觉把握住了这一机遇，他们利用"滞胀"危机对凯恩斯主义发起猛攻；同时，极力鼓吹他们的将古典经济学基本理念推向"市场原教旨主义"极端的"市场化、私有化、自由化和全球一体化"主张。哈耶克一伙的这些动作和极端理论主张，正好迎合了美英国际金融垄断资本的需要。

20世纪70年代末，代表英国国际金融垄断资本利益的保守党首脑撒切尔当选首相。上台伊始，她便将伦敦学派的基本理念冠以"撒切尔主义"的名义作为保守党的执政理念，围绕着向国有企业开刀、向工会开刀推进新自由主义改革：大规模推进私有化，实行紧缩的财政政策，压缩社会福利开支，减少政府对经济的调控和干预以推行经济自由化，将新自由主义捧上了英国主流经济学的宝座。1980年年底，美国共和党人罗纳德·里根成为美国总统。同撒切尔夫人一样，里根上台伊始，便迫不及待地抛出了所谓"里根经济学"。这种经济学不过是新自由主义的两个主要学派，即以芝加哥大学教授米尔顿·弗里德曼为主要代表的现代货币学派理论、以南加利福尼亚大学教授阿瑟·拉弗和哈佛大学教授马丁·费尔德斯坦为代表的供给学派理论的大杂烩而已。

20世纪80年代，两任里根政府通过大力推行新自由主义"改革"，把新自由主义学派推上了美国资产阶级主流经济学的宝座；不仅如此，在此期间，里根政府紧锣密鼓，按照这一理论营造了一个适应国际金融垄断资本需要的新自由主义—资本主义模式，把国际金融资本垄断集团送上了主宰美国经济、左右美国政治的权力巅峰的宝座，从而也将资本主义由国家垄断阶段向国际金融资本垄断阶段转变的历史进程向纵深推进了一步。

美国的金融寡头——国际金融垄断资本集团并不满足于仅仅对美国经济的主宰，美国国内的市场对于急剧膨胀的金融资本来说，已经过于狭小了，迫切需要突破国界，向全球扩张，控制全球经济，掠夺全世界人民。1990年，美国共和党总统布什为适应国际金融垄断资本全球扩张的需要，授意美国国际经济研究所发起，召开了一个有关拉美地区20世纪80年代中后期以来经济调整与改革问题的研讨会。会议行将结束时，新自由主义经济学家、曾任美国国际经济研究所所长的约翰·威廉姆逊抛出了一份包含十条政策主张的所谓会议"共识"，后来被称为"华盛顿共识"。

"华盛顿共识"的十点政策声明中，除了新自由主义骨干们长期以来鼓吹的"私有化""市场化""自由化"等内容外，还特别强调各国政府应开放商品市场、金融资本市场，放松对外资的限制和监管。其用心十分明显，就是为美国的国际金融垄断资本进入其他国家的市场开辟道路，以便控制他国的金融、资本市场乃至整个经济命脉，当世界金融乃至世界经济的霸主。从此，新自由主义的内涵在"私有化""市场化""自由化"这"三化"的基础上，又扩展了"全球一体化，即全球美国化"。可见，"华盛顿共识"的出笼，标志着新自由主义理论及其实践模式步入了一个新的阶段：新自由主义由学术、理论而政治化、美国国家意识形态化；由此，美国国际金融垄断资本集团开始了按新自由主义理论和美国的新自由主义模式改造全世界的"十字军远征"。

必须强调的是，20世纪70年代末80年代初以"撒切尔主义"和"里根经济学"的名义将新自由主义推上英美两国主流经济学的宝座,绝不仅仅是撒切尔和里根他们的个人喜好,而是他们所代表的国际金融垄断资产阶级利益与需要决定的;另外,国际金融垄断资本之所以青睐新自由主义,是因为新自由主义主张的绝对自由化、完全私有化、彻底市场化、全球"一体化"也即美国化,适应美英国际金融垄断资本全球扩张的需要。这就是新自由主义的本质。

(作者单位:中国社会科学院)

(原载《中国社会科学报》2015年5月25日)

新自由主义的起源、发展及其影响

程恩富

新自由主义经济思潮也称新保守主义经济思潮,是 20 世纪 30 年代后在反凯恩斯主义的过程中逐渐形成和发展起来的当代西方经济学说。1929—1933 年,资本主义世界经济危机对古典自由主义经济学形成了巨大的冲击,古典自由主义经济学的统治地位被凯恩斯主义所取代。然而,仍有少数经济学家坚持自由主义经济的信条,同凯恩斯主义对抗,主张回到自由放任的市场经济,反对国家干预。到了 20 世纪 70 年代,特别是在 1974—1975 年的经济危机以后,资本主义国家普遍出现了失业与通货膨胀并存的"滞胀"局面,使凯恩斯主义陷于重重矛盾的境地。正是在这样的背景下,新自由主义的经济思潮又重新抬头,并获得一定的市场。

一 新自由主义经济思潮的内涵与特点

新自由主义经济思潮包括的学派主要有伦敦学派、现代货币学派、理性预期学派、供给学派、弗莱堡学派、公共选择学派、产权经济学派。其中,伦敦学派是最彻底的自由主义,现代货币学派是新自由主义中影响最大的学派。这些学派之所以都归入新自由主义的学说范围,是因为它们在一些基本思想方面具有共同点。

（一）主张非调控化：推崇市场原教旨主义，反对国家干预

尽管新自由主义经济学家不可能完全拒绝利用国家干预来稳定现代市场经济运行，但推崇"市场万能"的市场机制作用，强调国家对经济运行和经济活动的调控与干预越少越好，一切顺从自由市场的利润最大化原则，这是新自由主义理论的核心内容。他们确立这一基本观点的依据有以下两点。

一是经济活动是有规律的，国家调控是造成经济不稳定的主要根源。新自由主义者坚信，只有实行市场竞争制度，充分发挥市场机制的作用，才能提供为技术进步所需的多样性、复杂性和灵活性，而国家的宏观管理和干预恰恰阻碍了技术进步。国家采取的任何干预经济的政策和措施，归根到底都是徒劳无益的。管得最少的政府是最好的政府，国家不干预经济是对经济最好的管理。要使经济保持稳定，唯一有效的办法是国家听任经济自然发展。

二是个人自由主义。新自由主义认为，个人自由主义是自由市场制度存在的基础，也是经济自由的基本出发点。社会是由单个自由人构成的，社会财富的增加源于自由人的经济活动。个人有了自由选择的权利，才能保证社会的进步和创造。尊重个人自由，就要让个人在市场中自由选择，国家不应该进行干预。这种以个人自由为基础的自由市场制度，是效率最高的，因而也是最好的制度。新自由主义的代表人物哈耶克说："人类的主要问题是，这些有限的关心（事实上它的确决定了人们的行动）是怎样能够产生有效的刺激以使他们自愿尽其所能为那些他们不了解的需要作出贡献。经济学家们认为发展完善的市场是一种使得人们加入比他们所理解的更为广泛深入的一种过程的有效方式，正是通过市场才使得他们能够为'与自己毫不相干'的目标贡献力量。"[1] 在自由市场制度下，个人在为自己利益进行努力的同时，可以自动地为别人和社会

---

[1] ［英］弗·奥·哈耶克：《个人主义与经济秩序》，北京经济学院出版社1989年版，第15页。

的利益作出贡献。

（二）主张私有化：宣扬"私有产权神话"的永恒作用，反对公有制

新自由主义经济学家是私有化的狂热拥护者，认为私有制经济具有自身内在的稳定性，在市场这只"看不见的手"的调节下，私有经济能够自动地实现经济的均衡，使经济稳定在可接受的失业水平上。私有制经济的这种优势是公有制经济所没有的。

新自由主义还认为，私有制经济的最大好处在于它保证了个人的自由，私有制不仅是有产者个人自由的最重要保证，也是无产者个人自由的最重要保证。这是因为，穷人通过个人努力就可能致富，而且穷人致富的努力不会受到任何人的阻碍。包括穷人在内的任何人，都有选择职业的自由，都能够通过施展才华和努力工作致富。虽然在私有制社会里，富人在机会方面受到的限制要比穷人少得多，从而人们收入可能不均等，但每一个人致富的机会是均等的。

新自由主义又认为，私有制能够给人们自由选择的权利，应当用个人自由高于一切的观念来支配个人的行动。由于生产资料归个人所有，个人愿意生产什么就生产什么，没有人加以限制。企业主可以在不受任何束缚的条件下充分发挥积极性，从而使价格下降，国民收入上升，需求增加，有效地推动经济发展。

新自由主义在鼓吹"私有产权神话"的同时，还极力反对公有制。他们认为，在废除了私有制的公有制社会里，穷人名义上成了公有财产的主人翁，但同时却不得不服从于拥有极大的垄断权的国家管理机构，完全受这个庞大的管理体制所支配。他们得出的结论是：私有制社会是一个富人得势的社会，公有制社会是一个得了势的人才能致富的社会，而一个富人得势的世界要比一个只有得了势的人才能致富的世界更好些。依哈耶克所见："正是由于生产资料掌握在许多个独立行动的人的手里这个唯一的缘故，才没有人来控制我们的全权，我们才能够以个人的身份来决定我们要做的事情。如果所有的生产资料都落在一个人手里，不管它在名义上是属于整个'社会',或是属于独裁者,谁操有这个管理权,谁就有全权管制我们。"①

(三)主张全球自由化:维护美国主导下的自由经济,反对建立国际经济新秩序

新自由主义把市场原教旨主义推广到世界范围,从理论和政策上推行私人跨国公司支配下的全球自由贸易和自由金融,颂扬实行霸权主义和单边主义的美国通过控制国际经济组织来主导世界经济运行,不赞成许多国家要求重新建立或健全国际经济新秩序的合理意见。

在新自由主义看来,各国取消任何经济保护,让各种生产要素和资源(除了劳动力要素)在国家之间自由流动,实现贸易和金融的完全自由化与国际化,最有利于资源的高效配置和比较优势的充分发挥。他们重点向不发达国家推销其经济理论和政策,要求这些国家不顾本国经济发展水平、国际贸易和国际金融等国内外条件是否成熟,尽快实行完全的利率自由浮动、外汇自由交易等金融自由化,尽快取消关税和对外资的产业限制政策等贸易自由化。

与此同时,新自由主义经济学家站在美国等发达资本主义国家的立场,赞扬它们凭借其所控制的国际货币基金组织、世界银行、国际清算银行、世界贸易组织、国际会计准则的一系列组织和行业规则来控制世界各国,实行美国模式的世界经济一体化。世界银行前首席经济学家、新凯恩斯主义的代表人物约瑟夫·斯蒂格利茨尖锐批评了新自由主义的结构调整。他说,实际上世界银行、国际货币基金组织和世界贸易组织这三个组织都是单一统治秩序下的可互相调换使用的面具,许多规则是由他们共同制定的。它们会在每个国家都实施"结构调整"的"四部曲":第一步是私有化,准确说就是腐败化。在这个过程中,削价出售国有资产的回扣率会达到10%,而这些资产动辄价值数亿美元。第二步是国际货币基金组织和世行

---

① [英]弗·奥·哈耶克:《通向奴役的道路》,中国社会科学出版社1997年版,第101页。

的"拯救经济计划"——资本市场自由化,即允许资本自由流进流出。投机的"热钱"只是单方向不断流出。一个国家的储备在几小时、几天内就流干了。第三步是价格市场化。在粮食、水、燃气价格飞涨的时期,它引发骚乱和动荡,进而引起新的资本恐慌性出逃和政府的崩溃,外国公司就趁机以"跳楼价"买到那些价值连城的东西。第四步是"消灭贫困计划"——自由贸易。约瑟夫·斯蒂格利茨把这种贸易自由化比作以金融和财政手段进行的鸦片战争。①

(四)主张福利个人化:强调保障的责任由国家向个人转移,反对福利国家

新自由主义认为,基于高税收政策的"福利国家"导致经济上的低效率,弱化了人们工作、储蓄和投资的动机;"充分就业"政策减少了私营部门的劳动力供应,使经济发展缺乏弹性;以养老、就业和医疗等为主要内容的全民福利,摧毁了个人自我照顾的能力,增加了个人依赖国家的惰性。在哈耶克看来,福利国家是一种人为的设计而不是单纯的人类行动,完全忽视了一个自由市场经济社会中建立"自发秩序"的必要条件。

综上所述,新自由主义经济思潮的本质特征,就是在凯恩斯主义基础上"倒退""回归"(回归斯密)的现代自由主义。按照英语世界的传统,这就是"右"的,"保守"的,称为新保守主义经济思潮更能显示其本质,也符合英语传统的准确称谓。正如智利的拉美经济与国际政策研究中心主任 S. 比塔尔所指出的:"在拉美,'新自由主义'这一术语被用来指实现私有化、放弃管制、减少国家的作用以及在贸易和金融领域中扩大开放度等经济政策。但在英语中,这一政策方法被称作'新保守主义'。"②

---

① 参见《一个冰凉的世界——国际货币基金组织带你去地狱的四个步骤》,英国《观察家》杂志 2001 年 4 月号;《国外理论动态》2001 年第 12 期。
② 参见《新自由主义与拉美的新结构主义之争》,《拉美经委会评论》1988 年 4 月号。

二 新自由主义经济实践的后果

新自由主义为世界经济制定的方案有三个基本方面：第一，对国民经济实行私有化和非调控化，使市场作用最大化，国家职能最小化；第二，国家完全取消贸易壁垒，向跨国资本开放经济，实行贸易和金融自由化；第三，压低通货膨胀，从根本上控制财政预算赤字。但在不同国家，这三个方面具体实施的措施及其重点则有很大不同。

在发达国家，新自由主义具体实施的经济政策主要包括：紧缩货币供给，压低工资，抑制通货膨胀；解除政府部门对私人企业的管制，减税刺激投资，削减社会福利支出和打击工会。在拉美、亚非发展中国家和苏联、东欧等社会主义国家，新自由主义推行的经济政策主要是私有化、自由化和非调控化。在国际贸易和国际金融领域，新自由主义最主要的观点是主张解除对国际商品贸易、服务和资本流动的一切障碍，实现世界范围的自由贸易和自由资本流动。新自由主义的这一系列政策对世界经济产生了重大影响。凡是实施了新自由主义经济政策的国家，几乎都发生了经济萧条，甚至严重的经济衰退。

新自由主义并没有促进发达资本主义国家的经济增长。在1979年撒切尔夫人担任英国首相，1980年里根担任美国总统以后，新自由主义开始占据西方国家经济政策取向的主流地位，公共部门企业和服务的私有化、削减税率、减少公共开支和社会福利支出、放松市场管制等一系列自由化改革相继进行。然而，从1973年到20世纪90年代初，美国和英国领导的新自由主义经济调整并没有表现出良好的业绩。1973—1992年，人均真实国内生产总值年增长率，西欧为1.8%，美国为1.4%，均分别低于1950—1973年的3.9%、2.4%。被誉为"新经济"的美国，在克林顿时代连续近10年的持续低通胀增长，实际上并不是历史上最好的时期。1991—2000年，美国年均真实GDP增长率仅比商业周期1980—1981年的2.5%高，为3.7%，低于1961—1969年的4.9%、1970—1973年的4.8%、1975—1979

年的 4.7% 和 1982—1990 年的 4.0%。克林顿时代进行的相对国家干预、信息技术革命，以及通过对工会力量的打击和限制来压低工资、降低边际税率对资本投资的刺激，用消费信贷拉动超前消费等，远没有使美国经济达到新自由主义描绘的神话境地。美国工业生产能力的利用率已从上个周期末 2000 年的历史最低水平 80.7% 下降到 2002 年 12 月的 73.6%。这就是说，美国在实行新自由主义的经济政策后，似乎经济有了相当发展，但只要对美国的统计数字稍加分析，就不难看出这只不过是表面的繁荣，实际上还埋下了股市泡沫、私人部门债务膨胀、财政赤字不断扩大等隐患。即使在高科技、高利军火和经济霸权时代，美国经济的发展速度也并不快，而且发生过经济衰退。

第二次世界大战后至 20 世纪 70 年代，由于冷战的需要，美国政府及国际货币基金组织等采取了支持西方各国发展的宽松态度，较少干涉各国经济主权和经济决策。但是，自美英向世界各国推销"华盛顿共识"以后，日本、德国等发达国家重视工业生产、重视国家干预经济的政策开始受到美国政府的阻挠，结果大大削弱了政府控制国民经济活动的能力，全球金融泡沫更迅速、更大规模地扩展开来。即使是在精通美欧新自由主义经济学各流派理论和政策的日本，虽然推行了十多年新自由主义经济政策，但依然不能启动和繁荣整个国民经济。

新自由主义也未能促进发展中资本主义国家的经济发展。以新自由主义经济学在拉美国家的试验为例。20 世纪 70 年代以来，在新自由主义影响下，智利、阿根廷、乌拉圭等国先后实行了对外开放的贸易自由化政策，加快进行国营企业私有化，减少甚至取消国家对价格、汇率、利率、租金、工资等的全面干预和控制，开放金融市场，放宽对外资的限制。但是，阿根廷、乌拉圭的新自由主义改革"试验"，均以失败告终。智利的新自由主义改革虽取得了一定成效，但也付出了高昂代价。1976—1983 年，破产企业增加了 7 倍，银行业几乎崩溃，失业率达 30%，特别是金融政策的失误，导致国家在 20 世纪 80 年代初几乎无法偿还外债，国家用 80% 的出口收入偿债，经济陷入了严重的危机之中。20 世纪 90 年代 10 年间，整个拉美地区贫困人数上升到总人口数的44%。拉美占世界贸易的份额1970年为8%，1980年降为5%，1990年只有3%。1982—1991年，拉美地区经济增长率仅为1.8%，大大低于世界3.3%的平均增长率，甚至低于2.25%的非洲地区的经济增长率。2002年，斯蒂格利茨指出，最近10年拉美的经济增长率，仅是20世纪60年代和70年代的一半。从1982年墨西哥金融危机引发的拉美债务危机，到1994年墨西哥再次爆发金融危机，到1999年巴西发生金融危机，再到2001年阿根廷爆发金融危机，实行新自由主义改革的拉美地区社会经济危机不断。

大多数发展中国家推行新自由主义"结构调整"改革的结果，都是民族工业的发展遭到了致命的打击，政府控制国内经济和金融活动的能力大大削弱，经济安全、民族独立和国家主权不断弱化，与发达国家的经济差距越来越大。

纵观近10年的新自由主义经济实践，可以清晰地看到：苏东是倒退的十年，拉美是失去的十年，日本是爬行的十年，美欧是缓升的十年。被联合国认定的49个最不发达的国家（亦称第四世界），也没有通过私有化等新自由主义途径富强起来，有的反而更加贫穷。全球经济迫切需要在反思和超越新自由主义的保守经济理念中振兴和健康发展。

三　简要评论

从人类社会经济思想史的演进和世界经济发展的趋势察析，相对于马克思主义经济学、西方激进经济学和新老凯恩斯主义经济学来说，新自由主义经济思潮尽管也有某些合理的思想颗粒，但总体上、本质上是保守和落后的。包括萨缪尔逊在内的西方众多学者，都把新自由主义经济学称为"右翼经济学"或新保守主义经济学。应当说，这些称谓准确地描述了它的思想特征。

在经济全球化和冷战结束的条件下，20世纪八九十年代的新自由主义经济学取代凯恩斯主义，成为当代资本主义的主流经济意识形态，取得了思想"霸权"的强势地位。西方左翼学者、中间派学者和新凯恩斯主义者，都对新自由主义经济学持批判态度。法国"马克思园地协会"主席科恩·赛阿就明确指出，新自由主义是资本主义全球化意识形态的右翼理论表现。特别是世纪之交的近几年来，形成了一次自东欧剧变、苏联解体以后对新自由主义经济思潮及其产物——"华盛顿共识"的批判浪潮。这是具有重大理论意义和进步性的，也是当今国际经济学界的前沿创新。

更可喜的是，随着西方国家的人民在西雅图、布拉格、华盛顿、达沃斯等地不断举行大规模抗议示威，反对新自由主义主导下的全球化，对新自由主义思想的、学术的和理论的批判开始转变为实际行动。近年来，委内瑞拉、巴西和阿根廷等南美国家，在推行了十多年新自由主义经济政策而碰壁之后，改行中左政策，使新自由主义经济理论失去了试验地，缩小了影响。定期在纽约举行的"世界社会主义学者大会"和在古巴举行的"全球化论坛"，以及影响巨大的"世界社会论坛"等，已日渐成为全世界学者和各界人士批判新自由主义及其经济学的重要阵地，它将逐步扭转思想和体制的旧局面。

对发达国家和发展中国家实行双重标准的新自由主义经济思潮，其目标是建立以发达国家为主导的全球经济秩序和资本主义的全球扩张。其结果，一方面拓展了资本主义生存和发展的空间，在一定程度上使资本主义的基本矛盾有所缓和；另一方面又造成了世界资本主义体系新的矛盾和危机，特别是加剧了发达国家内部以及发达国家和发展中国家之间的贫富两极分化，引发了国家层面的反对新自由主义经济思潮的斗争。这是反对新自由主义的重要国际态势。

世界著名思想家安德森说得好，西方左翼要从新自由主义霸权统治下逆风起飞，必须彻底检讨自身理论的成败得失，根据时代的发展变化建立自身的理论基础，重新制定新世纪的理论战略。当前，世界各国的马克思主义经济学家和西方激进的经济学家正在联合，将逐渐整合成强有力的理论力量。在他们那里，理论批评与理论创新并重并举，必将全面超越新自由主义经济思想，为人类的经济和社会良性发展作出积极的贡献。

日本著名马克思主义经济学家伊藤诚强调，中国完善社会主义市场经济体制的关键，在于克服新自由主义的思想障碍，这是颇有见地的。国内外许多有识之士纷纷指出，在中国社会主义市场经济健康发展的同时，也有少数经济学家著书立说，宣传私有制的效率比公有制高而主张私有化，认为公平与效率是替代关系而贬低社会公平，神化自由市场而轻视国家宏观调控。这些理论主张对于完善社会主义市场经济体制，全面落实科学发展观，早日实现跨越式发展和社会主义现代化，都是不利的，应当旗帜鲜明地予以抵制和反对，尽快消除其影响。

（作者单位：中国社会科学院马克思主义研究学部）

（原载《求是》2005年第3期）

作为资产阶级意识形态的新自由主义

叶　晖

根据人民论坛问卷调查中心每年公布的中外十大思潮评选，新自由主义思潮连续五年名列前三位。2014年，在政府和市场关系、混合所有制经济发展、建设法治政府等领域，新自由主义思潮十分活跃，引发广泛关注。

新自由主义作为一种经济学思潮和理论，是在古典自由主义经济理论基础上建立起来的。这一理论经过200多年的发展，不乏科学成分，是人类文明的共同成果。然而，"华盛顿共识"的出笼和推广，标志着新自由主义从学术理论嬗变为国际垄断资本向全世界扩展的理论与政策工具，完成了政治化、意识形态化、经济范式化的彻底转变。新自由主义的核心思想和主要内容是围绕着如何推进"自由化、私有化、市场化和全球化"而展开的。

新自由主义所主张的"自由化"以个人自由为前提，反对政府对经济活动的干预，主张放任自流的自由竞争、自由贸易，尤其是强调金融自由化，强调各国应开放金融市场以便资本的自由流动。正如大卫·哈维所说，由于"自由化"是以个人为基础的，它必然成为私有业者最大限度地控制社会层面的自由，成为他们剥削他人的自由，或获得超额利润而不对社会作出相应贡献的自由，或发国难财的自由。它意味着那些收入、闲暇和安全都高枕无忧的人拥有完全的自由，而人民大众仅拥有微薄的自由。另外,"自由化"所强调的金融自由化又成为国际垄断资本扩张的重要平台,是国际金融资产阶级利益最大化的方法。新自由主义鼓吹各国应解除对资本市场的管制,允许资本自由流动,但事实上资金只是单方向地不断流出,国际金融资产阶级却通过一次又一次金融危机变相洗劫各国的财富,金融自由化作为国际金融资产阶级代言人和吹鼓手的真面目就不言而喻了。

以产权改革为核心的"私有化",是新自由主义精神实质最好的体现。新自由主义者把私有制看成是唯一合理的社会制度,认为只有私有制才能保障个人自由,并能够赋予人民自由的权利,从而使每个人的积极性和潜能都得到充分发挥。同时,由于私有制经济具有内在的稳定性,在市场这只"看不见的手"的调节下,他们以为私有经济能够自动促进社会经济的均衡发展。相反地,他们认为公有制以中央计划、行政命令代替分散决策经营,不仅扼杀了个人的积极性,也必然导致经济效率低下,最终将面临集权主义的严重问题。可见,鼓吹私有化的新自由主义者大多是私有制的狂热支持者,同时又是公有制和福利国家的极力反对者,其目的就是通过否定公有制,让人们放弃公有制,实行私有化的政策。究其实质,私有化确立的国际垄断资本的权威,帮助国际垄断资本实现了显性和隐性的双重好处。显性的是发展中国家的国有企业私有化之后,往往落在国际垄断资本手中;而隐性的则是私有化往往和腐败及国有资产的流失联系在一起。于是,新自由主义主张的私有化在否定公有制和集体主义的同时,就成了资产阶级向全球输出意识形态、进行和平演变的绝佳路径了。

新自由主义主张的"市场化"是指经济运行完全依靠市场来进行调节。它强调市场机制的自发调节作用,认为离开市场就谈不上经济,无法有效配置资源。新自由主义者认为,市场机制在生产要素的合理配置方面起着不可替代的决定性作用,只有市场竞争制度才能提供技术进步所必需的多样性和灵活性。而国家对经济进行某种程度的干预和计划调节,必然使市场无法正常传递信息,私人经济活动受限,从而引起一系列经济社会问题，诸如通货膨胀、失业增多和劳动生产率下降等，甚至在政治上容易导致对民主的破坏和对个人权利的侵犯。他们把市场经济理想化，对市场经济的局限性和政府适度干预的必要性熟视无睹，而把政府调控看成是经济不稳定、效率低下和社会不公平的总根源。当他们认为坚持市场化就必须反对政府调控，倡导"小政府、大社会"的时候，意识形态话语就表露无遗了。因为归根结底，经济市场化只是为国际垄断资本进行全球扩张、控制全球经济、扫清制度障碍提供了最佳借口。在经济市场化体系中，无数国家和个人的利益受到损害，而赢家永远只有一个，那就是"政治华盛顿"和"智力华盛顿"背后的国际垄断资产阶级。由此可见，推崇市场机制的作用，反对国家对经济活动的过分调节，不过是实现新自由主义作为意识形态扩张工具的烟雾弹而已。

在国家战略和政策方面，新自由主义极力鼓吹全球一体化。经济全球化是世界经济体系发展的一个必然趋势，是人类社会生产力发展的必然结果。但新自由主义并不是一般地鼓吹经济全球化，而是着力强调要推进以超级大国为主导的全球经济、政治和文化的一体化，其本质是全球的资本主义化乃至"美国化"。他们主张全球治理是人类未来的基本走势，民族国家已经过时并正在终结，认为发展中国家可以把主权让渡给国际货币基金组织和世界银行等国际组织。显而易见，新自由主义所标榜的"全球化"不过是发达国家打开发展中国家市场，向发展中国家倾销自己的商品，掠夺发展中国家资源的重要手段。20世纪90年代初出炉的"华盛顿共识"已经远远超出了经济全球化，而是经济体制、政治体制和文化体制的全球一体化，是美国国际垄断资本企图统一全球意志的集中体现。至此，新自由主义思潮作为美国国际垄断资本在全球扩张的理论工具开始在全球蔓延，其结果显而易见，世界经济绝不可能变成一个自由竞争的体系，恰恰相反，它只会继续处在美国国际垄断资产阶级的控制之下。由此可见，肢解民族国家，为垄断资本寻求更大的生存空间才是新自由主义全球化的根本目标。

事实证明，新自由主义主张的自由化、私有化、市场化和全球化打开了其他国家接受资本主义意识形态的"潘多拉之盒",它不仅成为论证资本主义国家精英阶层存在合法性的思想武器,也成为用资产阶级意识形态一统江山,实现"意识形态演进的终结"的理论工具。

(作者单位:浙江师范大学马克思主义学院)

(原载《中国社会科学报》2015年2月9日)

新自由主义与构建和谐社会相对立

周新城

一 构建社会主义和谐社会，必须坚决批判新自由主义

构建社会主义和谐社会是我们党要为之奋斗的一个重要目标。需要指出的是，并非任何社会都可以形成和谐关系、构建和谐社会。在阶级压迫、阶级剥削的社会制度下，社会矛盾主要是阶级矛盾，这种矛盾具有对抗性，它只能通过激烈的阶级斗争和冲突来解决，希冀在这样的社会里构建和谐社会，那必然是缘木求鱼。统治阶级可以采取一些措施来缓和阶级矛盾，但绝不可能形成阶级之间和谐相处的局面。马克思、恩格斯把消灭私有制、消灭阶级、消灭剥削视作未来和谐社会的根本条件。很明显，只有在非对抗性矛盾占主导地位的社会里，人与人之间才能形成和谐的关系，才有可能构建和谐社会，因为非对抗性矛盾是根本利益一致基础上的矛盾，这种矛盾可以通过民主的方法、讨论和协商的方法，通过团结—批评—团结的方式得到解决。在目前历史条件下，非对抗性矛盾占主导地位的社会就是社会主义社会。所以，只有在社会主义条件下，才能论及构建和谐社会的问题。

在我国，新中国成立以后，通过生产资料所有制的社会主义改造，建立了社会主义制度。大规模阶级斗争已经过去，阶级矛盾不再是社会的主要矛盾，对抗性矛盾已经不占主导地位。在社会主义社会，虽然在一定范

围内还存在对抗性的阶级矛盾，但大量的、主要的是人民内部矛盾，人民内部根本利益是一致的，因而从性质上说，属于非对抗性矛盾。在人民内部矛盾是主要矛盾的我国，已经具备了构建和谐社会的基本前提。所以，胡锦涛同志不是一般地谈论和谐社会问题，而是提出构建社会主义和谐社会，是把和谐社会同社会主义制度密切联系在一起的。我们不能离开社会主义制度抽象地讨论构建和谐社会的问题。

在社会主义社会，和谐关系并不会自然而然地出现。也就是说，社会主义制度的建立，只是为构建和谐社会提供了必要的条件，它要成为现实，还需要通过我们艰苦的工作，不断解决出现的矛盾，同各种不和谐因素进行斗争。胡锦涛同志指出："社会主义和谐社会并不是没有矛盾的社会。矛盾运动是社会发展的基本动力，这是马克思主义的一个基本原理。构建社会主义和谐社会的过程，就是在妥善处理各种矛盾中不断前进的过程，就是不断消除不和谐因素、增加和谐因素的过程。"

当前，构建社会主义和谐社会的一项迫切任务是，必须排除新自由主义的干扰，清除新自由主义的影响。新自由主义是我国改革开放以来最大的不和谐因素之一，是与构建社会主义和谐社会相对立的。新自由主义，作为反映国际垄断资产阶级利益的世界性思潮，集中表现在美国极力倡导的"华盛顿共识"上，它的基本内容可以概括为私有化、自由化、非调控化。以美国为首的西方发达国家，在社会主义国家里推销新自由主义及其政策，目的是把社会主义制度演变成为资本主义制度，在他们手里，新自由主义不过是"和平演变"的工具。改革开放以来，我们着重清理已有的思想理论体系，同时提出要学习、借鉴世界各国的优秀文明成果，包括西方经济学中的有益内容。在此背景下，新自由主义逐步传入国内。国内有的学者把新自由主义当作灵丹妙药，主张用新自由主义那一套来指导我国的改革。新自由主义一度成为"显学"，占领了我国大学的讲坛。不可否认，新自由主义已经对我国学术界和实际工作产生了不小的影响。所以，构建社会主义和谐社会，必须同新自由主义作坚决的斗争。

二 新自由主义主张私有化，势必会破坏社会主义和谐社会的经济基础

社会主义的生产资料公有制，是构建和谐社会的经济基础。在生产资料公有制的条件下，生产资料归劳动人民共同所有，在生产资料占有方面，劳动者都是平等的所有者。"全体公民在同整个社会的生产资料的关系上处于同等的地位，这就是说，全体公民同样可以利用公有的生产资料、公有的土地、公有的工厂等进行劳动。"这就排除了个人凭借生产资料所有权无偿地占有他人剩余劳动产品的可能，从而为消灭压迫、消灭剥削、消除两极分化，进而为形成人与人之间的和谐关系奠定了基础。巩固和发展公有制经济，是构建和谐社会的基本前提条件。

目前我国正处在社会主义初级阶段。生产力比较落后而且发展又不平衡的状况，客观上要求有多种所有制与之相适应，因而个体经济、私营企业、外资企业等非公有制经济成分是国民经济的重要组成部分。但是，我们始终坚持以公有制为主体，这一点是毫不动摇的。正如邓小平同志所指出的："在改革中，我们始终坚持两条根本原则，一是以社会主义公有制为主体，一是共同富裕。有计划地利用外资，发展一部分个体经济，都是服从于发展社会主义经济这个总要求的。""我们吸收外资，允许个体经济发展，不会影响以公有制经济为主体这一基本点。相反地，吸收外资也好，允许个体经济的存在和发展也好，归根到底，是要更有力地发展生产力，加强公有制经济。"我国的改革是在坚持公有制为主体的前提下开展的。这一点，既是我国社会制度保持社会主义性质的根本保证，也是我们构建社会主义和谐社会的根本保证。

新自由主义的核心则是反对和攻击公有制，主张私有化，这就从根本上破坏了社会和谐的基础。全面体现新自由主义思想的"华盛顿共识"中，最重要的一条就是"对国有企业实施私有化"。一度对我国理论界、学术界颇有影响的新自由主义分子张五常公开叫嚷："私有制是经济发展

的灵丹妙药","私有产权是真正的市场的先决条件","共产制度迟早会瓦解",唯一的出路是"走私有化道路",而且断定"中国会逐渐改变而成为一个类似私产的体制"。我国一些经济学家深受新自由主义的影响,也希望中国的改革按照私有化的方向发展。有人公开宣布:"人间正道私有化",喊出"私有制万岁"的口号。如果按照新自由主义的主张去做,用私有制取代公有制,在商品经济和市场竞争的条件下,必然出现生产资料占有的不平等现象,生产资料越来越集中到少数人手里,大多数人则丧失生产资料,沦为一无所有的雇佣劳动者。在此基础上,必然出现人压迫人、人剥削人的对抗性矛盾,社会和谐的根基就遭到了破坏。新自由主义的私有化主张与构建和谐社会的要求是南辕北辙的。

三 新自由主义鼓吹极端个人主义,势必会破坏社会主义和谐社会的社会基础

构建社会主义和谐社会,关键是要正确处理人们之间的利益关系,使之相互协调。在社会主义条件下,由于建立了生产资料公有制,人民的根本利益是一致的,人与人之间没有根本的利害冲突。但是,由于生产力水平以及其他条件的限制,社会主义还只能实行按劳分配的原则,劳动还是谋生的手段,不是生活第一需要,因而不可避免地还存在个人利益。在脑力劳动与体力劳动之间、城市与乡村之间、工业与农业之间的本质差别还没有消灭的情况下,人们之间的具体利益还是有差别的。我们必须重视并保护每一个人的个人利益。但是公有制决定了除个人利益之外,还存在国家利益、集体利益,要求三者利益兼顾,不能只顾一头。当三者利益发生矛盾时,个人利益应该服从国家利益、集体利益。这样,人们之间的利益关系才是协调的。在社会主义初级阶段,即使是实行按要素分配的非公有制经济成分,由于受到占主体地位的公有制经济的影响和社会主义国家法律的制约,在一定程度上也要按这一原则来处理利益关系。邓小平同志指出:"在社会主义制度之下,归根结底,个人利益和集体利益是统一的,

局部利益和整体利益是统一的，暂时利益和长远利益是统一的。我们必须按照统筹兼顾的原则来调节多种利益的相互关系。"按照统筹兼顾的原则来处理社会主义条件下人民内部的利益关系，就有可能形成和谐的社会关系，就有可能构建和谐社会。如果违反统筹兼顾的原则，片面地追求某一方面的利益，而忽视其他方面的利益，势必加剧利益矛盾，使不同利益集团的矛盾尖锐化，甚至导致对抗和冲突，破坏人与人之间的和谐关系。

新自由主义的理论前提是"经济人"假设，即人的本性是自私的，每一个人都在追逐个人的私利。新自由主义认为，个人的自由权利、个人的利益是神圣不可侵犯的、至高无上的。他们鼓吹极端个人主义，主张"人为财死、鸟为食亡"，认为个人利益服从国家利益、集体利益是违反人的本性的、不合理的事情。他们甚至公开反对公平，提出："当公平取代了自由的时候，人们所有的自由权利都将处于危险之中。""自由比平等更重要，试图实现平等就可能危及自由。"他们明确反对"以经济再分配的手段来增进穷人的自由"，反对政府的福利开支，反对工会维护工人利益的斗争，提出"不能为了公平牺牲效率"。从理论上讲，"人的本性是自私的"这一"经济人"假设，是历史唯心主义的荒谬命题；从实践上说，按照经济人假设来处理各方面的利益关系，人人都只顾自己的个人利益，那么，人与人之间必然形成一种对抗关系。例如，在被新自由主义者誉为最合理的、永恒的社会制度的资本主义社会里，资本家追逐最大限度利润，必然要尽可能多地榨取工人创造的剩余价值，阶级对抗是不可避免的。显然，鼓吹人的本性是自私的，"人人为自己，上帝为大家"，那是不可能妥善处理人民内部矛盾、协调人民内部的利益关系的，更不可能建设"公平正义"的和谐社会。实行新自由主义那一套主张，就从根本上破坏了和谐社会的社会基础。

四 新自由主义反对党的领导和人民民主专政，势必会破坏社会主义和谐社会的政治基础

共产党的领导和人民民主专政，是构建社会主义和谐社会的政治基础。

政局稳定、社会安定，是和谐社会的重要特征。从政治上说，坚持党的领导、坚持人民民主专政，是我国政局保持稳定、社会保持安定的根本保证。共产党作为工人阶级的先锋队，代表了先进生产力发展的要求，代表了先进文化的前进方向，代表了最广大人民的根本利益。坚持党的领导，才能使全国各族人民团结在一起，保持政局的稳定，保证我国沿着社会主义方向发展。正如邓小平同志指出的："没有共产党的领导，肯定会天下大乱，四分五裂。历史事实证明了这一点。"同样，"要争取一个安定团结的政治局面，没有人民民主专政不行"。必须一方面对人民群众实行最广泛的民主，另一方面对敌对势力实行专政。"只有人民内部的民主，而没有对破坏分子的专政，社会就不可能保持安定团结的政治局面，就不可能把现代化建设搞成功。"东欧剧变、苏联解体的教训表明，一旦取消共产党的领导、取消无产阶级专政，蓄意夺取政权的敌对势力就会乘机制造动乱，各派政治力量纷争不休，整个社会陷入混乱状态，人与人之间的和谐关系就荡然无存。

新自由主义标榜捍卫个人的自由权利，打出"民主""自由"的旗帜，攻击社会主义制度是"通往奴役之路"。在政治上，他们集中攻击的就是共产党的领导和无产阶级专政。他们主张实行西方国家的以议会民主、三权分立为特征的资产阶级政治制度。这一套主张，在我国一度甚嚣尘上，2003年的所谓"民间修宪"就是一个例证。然而一旦按照新自由主义的主张去做，社会主义制度就会被推翻，政局就会动荡不安，国家就会四分五裂，这同人民构建和谐社会的良好愿望是背道而驰的。

五 新自由主义主张指导思想多元化，势必会破坏社会主义和谐社会的思想基础

任何一个社会，在意识形态领域，总是政治上、经济上占统治地位的阶级的思想处于指导地位，也就是说，指导思想总是一元化的。在社会主义国家，掌握国家政权和生产资料的工人阶级及其政党——共产党，理所

当然地要把反映工人阶级根本利益的马克思主义作为自己的指导思想。不可否认，在社会主义初级阶段，由于国际形势和国内多种所有制经济成分的存在，社会上出现非无产阶级思想是不可避免的，但就指导思想来说，不能也不应该多元化，更不允许它们取代马克思主义成为指导思想。马克思主义在意识形态领域始终占据指导地位，在建党立国的基本原则问题上统一思想，在此前提下实行"百花齐放、百家争鸣"的方针，这就构成了社会主义和谐社会的思想基础。

放弃马克思主义的指导地位，后果极其严重。由于社会意识对社会存在有着强烈的反作用，各个阶级都抓意识形态，都力图按照自己的面貌改造世界。对社会主义思想体系的任何轻视和脱离，都意味着资产阶级思想体系的加强。如果我们在指导思想上不坚持马克思主义，而搞什么多元化，客观上就是支持和放纵资产阶级思想的蔓延，势必造成人心大乱、天下大乱，给党和国家带来灾难，破坏社会和谐的思想基础。苏联的政治动乱就是从放弃马克思主义的指导地位开始的，这是一个典型的反面教材。第一个社会主义国家苏联之所以会瓦解，具有光荣斗争历史的苏联共产党之所以会失去政权并顷刻瓦解，人与人之间平等互助的关系之所以迅速为阶级压迫和剥削关系所取代，原因是多方面的，其中一个很重要的原因，是理论上、思想上出了问题，从赫鲁晓夫丢掉斯大林，到戈尔巴乔夫公开背叛马克思列宁主义，前后经过 30 多年，指导思想多元化，导致党内思想混乱，思想政治上彻底解除武装，最终导致恢复资本主义制度，人与人之间的和谐关系从根本上遭到了破坏。这个教训是十分深刻的。

新自由主义在思想领域的一个显著特点，就是仇视马克思主义，要求取消马克思主义在我国意识形态领域的指导地位。在这方面，张五常最为典型。他公开主张用新自由主义取代马克思主义，作为中国改革的指导思想。1999 年，他还为中国的改革开出了一个新自由主义的方案。如果实行这一方案，公有制基础上的人与人之间的和谐关系必将彻底消失，重新恢复阶级压迫和阶级剥削关系，这哪里还谈得上构建和谐社会！

构建社会主义和谐社会是一个不断出现矛盾，而又不断解决矛盾的历史的过程。社会主义和谐社会,只有在不断排除各种干扰的情况下才能实现。当前,新自由主义是构建和谐社会的最大的障碍,因为它破坏了社会主义社会的经济基础、社会基础、政治基础和思想基础,从而从根本上破坏了和谐社会的建设。我们必须旗帜鲜明地批判新自由主义,肃清它在各个领域的影响,这是构建社会主义和谐社会的重要保证。

(作者单位:中国人民大学)

(原载《中国社会科学院院报》2006年2月9日)

新自由主义思潮：一个与中国特色社会主义格格不入的意识形态

刘国光　杨承训

一　什么是新自由主义

新自由主义作为当代资本主义主流意识形态，作为国际垄断资本集团的核心理论体系和价值观念，必须坚决地反对和抵制。

杨承训（河南省社会科学院原副院长、河南财经学院资深教授。以下简称"杨"）：胡锦涛同志最近强调："切实做好意识形态工作。"我想起3年前您发表的《对经济学教学和研究中一些问题的看法》一文，您当时就清楚地指出马克思主义被边缘化的问题，引起一场争论：在我国改革开放中什么是经济学的主流？到底是中国化马克思主义经济学，还是新自由主义的西方经济学？经过3年多的实践，国际国内的事实更证实了，特别是美国引发的世界性金融危机，使大家有了更清醒的认识。现在是进一步清理新自由主义的时候了。

刘国光（中国社会科学院特邀顾问，以下简称"刘"）：党的十七届三中全会提出，意识形态领域并不平静，特别是渗透和反渗透斗争仍然十分尖锐，多种敌对势力正加紧在意识形态领域对我国进行渗透破坏活动，同时国内也出现了一些噪声和杂音。新自由主义和社会民主主义都属于噪声、杂音之列，它们都是搅乱中国特色社会主义，与其格格不入的意识形态。

新自由主义是近二三十年来西方经济学的主要流派，也是美国几任执政者的主体意识，在我国渗透流行，自称为中国的"主流经济学"，影响到学界、媒体以至一些执政官员，现在确实需要认真清理，这关系到我国社会主义的命运。简单地说，新自由主义是古典自由主义的复活，针对凯恩斯国家干涉主义不能应付20世纪70年代以来的滞胀问题而崛起。在英美等发达国家一时兴盛，随着"华盛顿共识"的形成与推行，嬗变为国际垄断资本的经济范式和政治纲领。其主要观点是自由化、市场化、私有化；否定公有制，否定社会主义，否定国家干预；在战略政策方面则极力鼓吹、推行以超级大国为主导的全球经济、政治、文化一体化，即全球资本主义化。新自由主义作为一种经济学理论和研究方法，它对市场经济运作具有一定的说明作用，可以批判地借鉴吸收；但作为当代资本主义主流意识形态，作为国际垄断资本集团的核心理论体系和价值观念，则必须坚决地反对和抵制。

二 新自由主义给世界造成的危害

事实上，在新自由主义霸权盛行的这些年代里，经济增长放慢，贫困增加，经济和金融危机成为流行病。

杨：现在由美国的次贷危机引发的金融危机和经济衰退殃及世界，充分表明新自由主义的破产、欧美模式的残畸。这一点，连西方有良知的经济学家都承认了。但国内有些经济学家还在那里辩解，继续宣扬自由市场的迷信。

刘：我想那些人很难改变立场。不仅社会主义者，而且从凯恩斯到斯蒂格里茨，所有资本主义社会的有识之士一直在强调经济自由放任之危害，但忠言逆耳终究敌不过资本积累的无节制欲望，只要社会危机稍有缓和，自由市场的卫道士就会第一时间卷土重来，举起自由放任的旗帜。但其结局终究是一次一次的失败。

放眼世界，追思历史，新自由主义思潮真是给人类带来一场又一场的灾难。拉丁美洲是美国的后院，本来发展得还可以，20世纪90年代美国推行新自由主义来了个"华盛顿共识"，让拉美各国搞自由化、私有化、放松国际金融管制等，出现了10年倒退，许多国家都出了大问题，阿根廷一下子垮下来，由富国变成穷国，政治上出了大动乱。后来，拉美国家觉悟了，纷纷抛弃"欧美自由市场经济模式"，向左转。

苏联的和平演变与美国推行新自由主义分不开，戈尔巴乔夫实际上是向新自由主义急转弯。"大爆炸"后的俄罗斯完全听信新自由主义"休克疗法"的药方，结果造成近10年的大灾难，其损失比第二次世界大战还大，后来才开始觉醒。还有一些"转型"国家实际上变成了西方的附庸国，银行等国民经济命脉被欧美操纵，这次金融危机一来，有几个几乎使"国家破产"。欧美自顾不暇，哪有力量救它们。同时，受危害的还有亚洲一些国家，10年前东南亚金融危机，就使不少国家和地区遭了殃。

新自由主义在世界各地表演的结果究竟如何，美国纽约大学教授塔布（William K. Tabb）有一个很好的总结。他说："新自由主义就其所许诺的目标而言，已经失败了。它没有带来快速的经济增长，没有消除贫困，也没有使经济稳定。事实上，在新自由主义霸权盛行的这些年代里，经济增长放慢，贫困增加，经济和金融危机成为流行病。"

如今火烧到欧美自己国内了，又使全世界都跟着蒙受灾难。

三 新自由主义在中国的传播及其影响

中国经济改革的路线主要依据中国自己的情况。在与时俱进的马克思主义指导下，形成有中国特色的社会主义市场经济模式，而绝不是一般的、抽象的或资本主义的市场经济模式。

杨：新自由主义通过对"主流改革派"的影响，插手中国的经济改革。但是，他们认为新自由主义带给中国的是好的影响。对此，您有什么评价？

刘：这要分几层来讲。

第一，我国经济改革以市场为取向，需要借鉴学习包括新自由主义在内的西方经济学中关于市场机制一般运行机理的理论，但不能按照他们的意识形态作为改革路线选择的依据，即不能照抄西方模式。中国经济改革的路线是邓小平说的社会主义自我完善，主要依据中国自己的情况，在与时俱进的马克思主义指导下，形成有中国特色的社会主义市场经济模式，而绝不是一般的、抽象的或资本主义的市场经济模式。由此区别目标模式的社会性质，是十分重要的。但是一些受到新自由主义影响的人士却无视这种区别，主张中国改革突破姓"社"姓"资"的束缚，把中国改革简单化为"市场化改革"，或者说模仿欧美自由市场经济模式，只字不提社会主义。借此稀里糊涂地把中国改革引导到资本主义自由市场经济的道路上去，这显然不符合中国改革是社会主义自我完善的宗旨。

第二，由于社会主义在人们心目中有崇高地位，有些人士在阐述"市场化改革"的观点时，有时也不得不说说"社会主义"，但同时又说对"社会主义"有不同的理解，以此来篡改"社会主义"的科学内涵。社会主义有确定的科学内涵，是不容改变的。拿社会主义市场经济来说，十四大和《宪法》都明确规定社会主义市场经济是与社会基本经济制度结合在一起的，即公有制为主体、多种所有制共同发展，是社会主义市场经济必有的内涵。这与新自由主义反对公有制、主张私有化的观点是不相容的。有一位人士倡议的所谓"人民社会主义"或"社会主义新模式"中，根本不提公有制为主体，他在许多文章中把我国公有制经济贬称为"官本经济"，主张以"民本经济""民营经济"为主体来代替"官本经济"，宣称"经济体制转轨的过程本质上是由原来的官本经济转向民本经济的过程"，实际上就是以私有经济为主体来代替公有经济为主体，完全抽掉了社会主义的经济基础。还有一些人士鼓吹不但要突破姓"社"姓"资"，还要突破姓"公"姓"私"，破除"所有制迷信"。这类主张，无论用什么华丽辞藻来包装，揭开"画皮"，都是与中国特色社会主义市场经济的内涵格格不入的。

杨：他们何止不准问姓"社"姓"资"、姓"公"姓"私"，新自由主义思潮还有一个特点，就是只要市场自由，不要政府干预，使政府"守夜人化"，这个主张在中国还颇有影响呢。

刘：这正是我要说的第三点。"自由化"是新自由主义"三化"主张（市场化、私有化、自由化）中的一化。主张一切由看不见的手来指挥，反对政府对市场的干预与管制。这种观点被人们称为"市场原教旨主义"。这次西方金融危机已经充分证明，这种观点是根本站不住脚的。我国经济改革本来要转变政府的经济职能，减少政府对微观经济的干预，让市场在资源配置中起基础性作用。同时，政府对经济的宏观调控本来就是社会主义市场经济的组成部分，国家计划又是宏观调控的重要手段，这些都是写在十四大文件之中的。而我们有些经济学人力倡把政府职能压缩到提供市场环境和维护市场秩序，要政府从一切经营性领域抽出，从全部竞争性乃至垄断部门退出，并且竭力贬低和削弱国家计划在宏观调控中的作用，使之跟不上市场化的进程，这是造成近年来我国许多社会经济失衡的重要原因之一。目前在"市场化改革"口号下，迷信市场成风，计划大有成为禁区的趋向。在这种氛围之下，十七大重新强调社会主义市场经济下也要加强国家计划在宏观调控中的导向作用，看来是十分必要的，是对新自由主义影响的一个矫正。

在这次世界经济大动荡中，我国政府对稳定经济所采取的种种重大措施，许多都是计划手段，证明了社会主义市场经济是不能离开国家计划指导下的宏观协调的。计划与市场都是手段，都可以用，这是邓小平讲过的。那种唯市场是崇、见计划就损、迷信市场自由放任万能的新自由主义神话，所有神经正常、立场也没有问题的人，都不会再相信了。

四 新自由主义的实质

从认识论上看，新自由主义片面地夸大了市场自发功能和个人主义的趋利性。

杨：新自由主义在世界流行几十年，后来在中国也有广泛的传播，自居"主流经济学"，这不是偶然的，有它的历史社会背景。我想请刘先生对此作一个剖析。

刘：新自由主义实质上代表西方大垄断资产阶级的利益。资本主义市场经济是强势经济，谁拥有更多的资本谁就拥有话语权，谁就更自由。实际上只有大资本拥有者，特别是金融资本垄断者，才能自由地赚大钱，美国华尔街的大资本家就是自由地赚全世界的钱。有人说自由是对所有人的，但根本无钱或者有很少钱怎么能在市场上"自由"起来。当年反对封建制度时，资本主义刚刚兴起，古典自由主义确有进步意义，到了社会财富集中在大资本垄断集团手里时，这种新自由主义只能代表他们少数人的利益。这个道理很浅显。

从认识论上看，新自由主义片面地夸大了市场自发功能和个人主义的趋利性。就市场调节的特点来说，自发性确有它积极的功能，追求利益最大化产生追求效益的动力。但是，真理夸大一步就会变成谬误，使得人们的认识直线化、片面化，把事物的某种特性推到极端，否定了事物的另一面。恩格斯把这种思维称为"有缺陷的推理"。

在20世纪70—80年代后，新自由主义流行，与凯恩斯主义失灵、资本主义国家"滞胀"症发作有关。西方大资本家的实力越来越雄厚，自由度非常大的金融资本、虚拟资本需要这种自由体制，美国等强国利用手中极其雄厚的资本对发展中国家的经济自由出入也需要这种"便利"，所以撒切尔夫人和里根上台，开辟了新自由主义长达近30年的主流经济学地位。这次大的金融危机宣告了它的失败，资本主义暂时需要更多地利用凯恩斯国家干预手段，借重社会主义国家的计划手段。不过这还不是新自由主义的最后终结，将来有一天经济形势一旦变暖，它还会东山再起。大概只要有大垄断资本集团存在，特别是大金融资本存在，社会就有新自由主义之类的理论观点泛滥。

五 新自由主义在中国传播流行的原因

> 邓小平说得很形象：打开窗子透透新鲜空气，也会有苍蝇、蚊子进来。

杨：在社会主义中国，为什么新自由主义思潮也能够传播流行呢？

刘：这也要分几层来看。

第一，中国改革从一开始就具有市场取向的性质，需要向市场经济的国家学习。对外开放给了我们这样一个学习机会。不过也有另一面，邓小平说得很形象：打开窗子透透新鲜空气，也会有苍蝇、蚊子进来——一些西方意识扑面而来。新自由主义经济思想正是这样一种混合物。一方面，作为经济学术理论，它对市场经济运行机制不乏科学的分析，对我们市场取向的改革可供参考；另一方面，它充满了资产阶级的偏见。中国对外开放的时期正是新自由主义在西方方兴未艾的时候，出国考察的学者、官员和在西方留学的学生，一些人在一定程度上接受了新自由主义的影响。这些人回国后把新思想带到了中国。缤纷杂陈的生活方式和思想潮流传入中国，对比落后的中国，有些人不加分析地看到欧美比中国富得多，就一味向往以至敬慕；加上苏东剧变，世界社会主义运动处于低潮，他们实际上丧失了对社会主义的信心，在汲取西方有益东西的时候，对西方糟粕失去抵抗力，盲目信奉，成为崇拜者、宣传者，甚至叫作"兼收并蓄"。这样，新自由主义得以在中国蔓延。

第二，从国内背景看，"如同在其他任何社会，中国也不乏原教旨主义的新自由主义信徒"（郑永年语）。这与改革开放后中国社会阶层的变化有很大的关系。中国改革要求从单一的公有制变为公有制为主体、多种所有制并存。在这个过程中，公降私升在一定时期是不可避免的。但是随着非公经济的发展、壮大和公有制经济的相对式微，中国社会阶层发生了显著的变动。拥有资本、财富和知识的阶层地位上升，而工农劳动群众的地位下降，这是不争的事实。在这种情况下，新自由主义以其强调"效率就是一切"，而"资本是达到效率的至高无上的手段"，力图使政府政策为资本利益最大化开路，忽视普通人民的权利，这一整套学说，是中国社会的新兴强势集团所乐于接受的。从这个群体中天然会产生原教旨主义的新自由主义信徒。

第三，从意识形态工作来说，我们党一贯反对右的和"左"的机会主义，有右反右，有"左"反"左"。新时期的右倾主要是资产阶级自由化。邓小平自己称反对资产阶级自由化最积极，21世纪头50年都要反。反对资产阶级自由化理应包括反对新自由主义的经济思想，这方面邓小平当时没有专门多说。这是因为他的注意力首先是在政治方面，在提出反资产阶级自由化的时候，总是同时提出"坚持四项基本原则"，就是在政治层次上提出来的，着眼于解决更高层次的政治问题，这是非常英明、非常必要的。改革开放才不久，经济上要向市场、向非公经济、向外向型经济开放，不可过于拘泥，强调要思想解放，要大胆地闯，是非常必要的。但是与此同时，对于警惕经济领域的资产阶级自由化，即新自由主义经济思潮，相对地强调不够、注意不够。比如，邓小平曾说，有些人"把改革开放说成是引进和发展资本主义"，以此来反对改革开放，这当然是不对的。但是，确实也有人"打着拥护改革的旗号，想把中国引导到搞资本主义"，也是邓小平说的。他还说，"某些人所说的改革，应该换个名字，叫作自由化，即资本主义化。我们讲的改革，与他们不同，这个问题还要继续争论"。所以，不能说经济领域没有资产阶级自由化的问题。资产阶级自由化不但政治领域有，经济领域也有。私有化、自由化和市场化，反对公有制，反对政府干预，反对社会主义，这一系列观点都与经济领域有关。反对资产阶级自由化，政治上反经济上不反，这是不够的。防止经济领域资产阶级的自由化，就是防止经济领域变质。经济领域如果变质（变成私有化、资本主义化），政治领域也会跟着变质。这是马克思主义的基本常识。过去就有某些领导干部认为经济领域没有资产阶级自由化问题，至今仍有一些干部这样认为，以致放松这方面意识形态的斗争。新自由主义经济思潮之所以能够在中国渗透、流行，同这个情况有很大的关系。

六 关于抵制新自由主义和坚持马克思主义主流地位的几点意见

在实行多样化，包容各种思潮存在的同时，一定要强调"主旋律"，强调切实地而不是形式主义地宣传马克思主义、科学社会主义。

杨：您分析了新自由主义在中国渗透、流行的情况和原因。您认为应该采取怎样的措施来扭转这个现象，坚持马克思主义在经济学中的主流地位？

刘：这是一个大题目。我在2005年7月15日关于经济学教学与研究问题的谈话中，已经谈了几点意见，得到有关领导的重视，问题在于落实执行。这里我再补充几点意见。

第一，要重视经济领域反对资产阶级自由化即反新自由主义经济思潮的斗争。在理论上，要把新自由主义经济学中对于市场机制运行一般规律的科学成分同作为资产阶级意识形态区别开来。对前者，可以批判地选择吸收；对后者，要明确宣布，新自由主义的私有化、自由化、市场化以及反公有制、反政府干预、反社会主义等系统主张，是与有中国特色的社会主义市场经济不相容的，要坚决反对，坚持科学社会主义和中国特色社会主义。

第二，对从事经济学教学、研究和财经部门的海外归来的爱国人士，欢迎他们为社会主义祖国服务，帮助他们进行科学社会主义和中国特色社会主义的思想教育与再教育。

第三，对各级党政领导，特别是高层干部进行马克思主义基本原理的教育、再教育，主要经典著作的选读，批判敌对思潮和反社会主义的杂音（包括新自由主义、社会民主主义等），防止上理论骗子的当。

第四，重视媒体舆论。在社会利益多元化、复杂化以后，各种社会思潮的出现，以及非马克思主义、反社会主义思潮的出现是不可避免的。历史经验证明，对于多种多样的社会思潮，自由放任不行，简单堵塞也不行，包容并蓄似乎是和谐社会应有之义。但一切事物总要有一个"度",不能让一些非常错误的思潮横行,把人们的思想搞得乱七八糟、六神无主,不能让这些思潮把我国改革和发展的方向引入歧途,像戈尔巴乔夫、雅可夫列夫导致灾难后果的"多元化""公开化"那样。所以,在实行多样化,包容各种思潮存在的同时,一定要强调"主旋律",强调切实地而不是形式主义地宣传马克思主义、科学社会主义,坚持四项基本原则和改革开放的中国特色社会主义,用主旋律来教育人民,筑牢社会团结进步的思想基柱。批判与反批判是追求科学真理的必由之路,不争论在现时条件下只有利于反社会主义思潮向我们争论,而不利于我们对反社会主义思潮的反驳。在社会主义国家,公正合理的思想斗争,必将有利于错误思潮的清除和马克思主义的胜利。

(原载《中国社会科学院报》2009年3月3日)

二

对新自由主义"彻底私有化"观点的批判

产权理论：马克思和科斯的比较[*]

吴易风

一 "科斯有产权理论而马克思没有产权理论"断语考释

在我国，十多年来，一直流行着一个说法：科斯有产权理论而马克思没有产权理论。甚至还说：在马克思著作中，连产权这一用语也没有。

持上述观点的主要是盲目推崇科斯产权理论的经济学家。他们不仅认为科斯的产权理论是科学的产权理论，而且认为这是唯一科学的产权理论。

也有极少数马克思主义经济学家，他们只是因为在马克思部分著作译本中没有找到产权字样，便断言马克思只有所有制理论，而没有产权理论。

"科斯有产权理论而马克思没有产权理论"的论断，事关重大，实有严肃考释的必要。

马克思系统地研究了与经济领域的生产关系相对应的法律领域的财产关系，研究了与财产有关的法的权利。在英文版《马克思恩格斯全集》中，有很多可以译为财产权或产权的英文词组：property rights, the rights of property 等。在中文版《马克思恩格斯全集》中，即使这些词组都没有译

---

[*] 本文是中国人民大学 985 工程重大攻关项目"产权理论与实践"课题组和 211 工程"马克思经济学与西方经济学比较研究"课题组的阶段性成果。

为财产权或产权,财产关系、财产权、产权等译名出现的次数也还相当之多。经检索,这三个译名出现的次数分别为:财产关系,74 次;财产权,42 次;产权,77 次。

马克思不仅研究了复数形式的财产权或产权,而且研究并论述了复数形式的财产权或产权中所包含的各单项权利:所有权、占有权、使用权、支配权、经营权、索取权、继承权、不可侵犯权等一系列法的权利。经检索,这些译名在中文版《马克思恩格斯全集》中出现的次数分别为:所有权,1284 次;占有权,60 次;使用权,50 次;支配权,116 次;经营权,4 次;索取权,24 次;继承权,267 次;不可侵犯权,6 次。

财产关系是生产关系的法律表现。马克思的《资本论》是一部详尽剖析资本主义生产方式以及和它相适应的生产关系的科学巨著,也是一部全面地剖析作为资本主义生产关系法律表现的资本主义财产关系的科学巨著。事实上,马克思关于财产关系和产权(以下均用产权作为财产权的简称)的大量论述,构建了马克思主义产权理论大厦的主体工程。

科斯的产权理论在深度和广度上都无法与马克思相提并论。在篇数不多的文章中,科斯对产权有所论述,然而语焉不详。科斯主张产权清晰,可是他的产权理论从概念到命题都不清晰,因而受到学术界的质疑。一种委婉的批评是:科斯的产权理论在他的文章中"是隐含的,而不是明确表述的"[1]。一种辩解性的神秘说法是:科斯虽不算逻辑高手,但他的"思想深不可测"[2],他的"创见有如神龙见首不见尾"[3]。"神龙"是时隐时现、不见全貌、神秘难测的,这种"有如神龙"的产权理论在西方国家导致多种理解和解释,并引起长期争论。

与国内某些否认马克思有产权理论的经济学家不同,国外比较尊重历史事实的经济学家承认马克思有产权理论,而且承认马克思是第一位有产

---

[1] 罗伯特·考特、托马斯·尤伦:《法和经济学》,张军等译,上海三联书店、上海人民出版社 1994 年版,第 166 页。
[2] 张五常:《我所知道的高斯(科斯)》,《凭栏集》,香港壹出版有限公司 1991 年版,第 127 页。
[3] 同上书,第 133 页。

权理论的社会科学家。例如,对产权理论有研究的美国得克萨斯A&M大学教授S.佩乔维奇在《马克思、产权学派和社会演化过程》中对马克思和西方产权学派的产权理论进行比较时说:"马克思是第一位有产权理论的社会科学家。"①

可见,"科斯有产权理论而马克思没有产权理论"的断语,没有任何根据。这一断语,只能被证伪,不能被证实。

二 马克思和科斯研究产权理论的个人学术背景比较

研究产权理论,除了要有哲学、历史以及其他相关学科知识外,必须具备的基本条件至少有:第一,对政治经济学或经济学有全面、系统、深入的研究;第二,对法学以及与财产有关的法律有全面、系统、深入的研究;第三,在此基础上,对政治经济学或经济学与法学和法律的关系有全面、系统、深入的研究。

马克思先在波恩大学法律系、后在柏林大学法律系攻读法律专业。大学毕业时,他不仅已经具有系统的法学和法律专业知识,而且对哲学和历史已经进行了相当深入的研究。

大学毕业后,马克思在担任《莱茵报》主编期间,十分关注当时莱茵省议会关于林木盗窃法的辩论。他从经济和法两个方面对莱茵省议会关于林木盗窃法的辩论发表了评论。这场辩论使他懂得,法的问题不是孤立的,而是与经济密切相关。这场辩论成为推动他研究经济问题的最初动因。《莱茵报》被封后,马克思迁居巴黎,开始系统研究政治经济学。后来迁居伦敦,长期深入研究政治经济学。

在与产权理论有关的研究领域,马克思的理论贡献在于创立了马克思主义政治经济学,在于创立了马克思主义法学,还在于深入揭示了经济领

---

① S. Pejovich, Karl Marx, Property Rights School and the Process of Social Change, *In Karl Marx's Economics: Critical Assessments*, ed. by J. C. Wood, London: Croom Helm Ltd, 1988, Vol. Ⅵ, p. 240.

域的生产关系与法律领域的财产关系之间的本质联系,为马克思主义法经济学的创立奠定了坚实基础。

在个人学术背景方面,马克思具备了研究产权理论所必需的各项基本条件。科学的经济理论与丰富的法学和法律知识的结合,使马克思得以建立真正科学的产权理论。

科斯在伦敦经济学院主修的是与经济学有关的商学士课程。他对产业法感兴趣,并由此获得并积累了不少法律案例知识。科斯说:"由于我在伦敦经济学院求学时的经验,我对法律个案并不陌生。"①

科斯主修了与经济学有关的课程,但他没有修过经济学课程。科斯说:"虽然我在伦敦经济学院所上过的一些科目和经济学有关,但我从未修过经济学。"② 又说:"我从未学习过经济学类的课程,从没有。"③ 科斯自称是"未受过正规训练而踏入经济学的世界"的。④ 当然,对学者来说,在大学攻读的课程不是知识的唯一来源。在以后的学习和研究过程中,完全可以掌握自己原来不熟悉,甚至不知道的知识。问题在于,科斯不认为自己从事产权理论研究存在着个人学术背景的缺陷,存在着知识结构不合理的缺陷。相反,科斯认为不熟悉经济学这一劣势是自己的优势。他说:"那使得我的思维不受任何约束,十分自由。这是个优势。"⑤ 又说:"事后证明反而占了便宜。"⑥ 科斯确实"十分自由"。什么是产权,什么是产权清晰,什么是科斯定理,他对自己产权理论中的核心概念、范畴、定理等都一概不定义,不解释,还美其名曰"我没有被这些定义问题纠缠"⑦。别人定义了,解释了,他又"十分自由"地宣布:都不对。科斯也的确"占

---

① 高小勇、汪丁丁:《专访诺贝尔经济学奖得主》,朝华出版社2005年版,第293页。
② 同上书,第287页。
③ 经济学消息报社:《追踪诺贝尔——诺贝尔经济学奖得主专访录》,中国计划出版社1998年版,第193页。
④ [美]伯烈特·史宾斯:《诺贝尔之路》,黄进发译,西南财经大学出版社1999年版,第276页。
⑤ 经济学消息报社:《追踪诺贝尔——诺贝尔经济学奖得主专访录》,中国计划出版社1998年版,第193页。
⑥ [美]伯烈特·史宾斯:《诺贝尔之路》,黄进发译,西南财经大学出版社1999年版,第276页。
⑦ 经济学消息报社:《追踪诺贝尔——诺贝尔经济学奖得主专访录》,中国计划出版社1998年版,第192页。

了便宜"。仅凭两篇连他自己都承认颇有争议的文章①，竟然在他自己所不熟悉的经济学领域获得了诺贝尔经济学奖。

既然不熟悉经济学，法权关系和财产关系与经济关系之间的关系这个产权理论的基础性问题，自然也就远处于科斯研究的视野之外。

三 马克思和科斯研究产权理论的方法论比较

马克思研究政治经济学的方法论，可以分为三个层次：经济哲学的方法论、经济学的方法论和研究经济问题的具体的方法论。与此相似，马克思研究产权问题的方法论也可以分为哲学层次的方法论、一般的方法论和具体的方法论。这里我们最关心的是哲学层次的方法论和一般的方法论。

马克思研究产权问题的哲学层次的方法论是唯物辩证法和历史唯物论。马克思证明，经济基础中的生产关系或经济关系，决定上层建筑中包括产权在内的法权关系。上层建筑中包括产权在内的法权关系形成后，又反作用于经济基础，反作用于生产关系或经济关系。

科斯不懂得唯物辩证法和历史唯物论，不知道经济关系和法权关系之间的决定与被决定的关系，不知道它们之间的作用与反作用关系。他只看到产权的重要性，便倒果为因地认为法律所决定的产权决定了人们之间的经济关系。

科学抽象法在马克思经济学方法论中居于重要地位，同样，在马克思的产权理论中也居于重要地位。马克思从未停留在产权的具体案例上，也从未停留在诸如林木盗窃法等具体法律上。而是从与财产有关的各种具体关系中，从与产权有关的具体案例中，从与财产有关的各种权利中，抽象出一般的财产关系和财产权利。然后，把在政治经济学领域研究中用科学

---

① 科斯："让我获奖的两篇文章，分别是五十多年前发表的《企业的性质》和三十年前发表的《社会成本问题》。第一篇在当年备受冷落，而第二篇的重要性则引发各方的论争，两者可以说都未曾立即获得经济学界的赞同。"伯烈特·史宾斯：《诺贝尔之路》，第 292 页。

抽象法得到的生产关系或经济关系,与在法学和法律领域研究中用科学抽象法得到的财产关系和财产权利连接起来,探求它们之间的本质联系,揭示财产关系和财产权利的本质。最后,再沿着从抽象上升到具体的道路,从财产关系和财产权利的本质出发,进而具体分析与财产有关的各种具体关系和具体权利。

与马克思不同,科斯把有关产权的具体案例作为研究产权理论的出发点。例如,在他最著名的代表作《社会成本问题》这篇文章中,读者从头到尾看到的是一连串的具体案例:斯特奇斯诉布里奇曼案,库克诉福布斯案,布赖恩特诉勒菲弗案,巴斯诉格雷戈里案,韦伯诉伯德案,亚当斯诉厄赛尔案,安德烈亚诉塞尔弗里奇有限公司案,德尔塔航空公司诉克西、克西诉亚特兰大案,乔治亚铁路和银行公司诉马德克斯案,斯密斯诉新英格兰航空公司案,布兰德诉耶茨案,等等。论文从个案到个案,始终停留在具体案例上。可是,在产权理论研究中,案例分析法不过是一种具体方法。没有科学抽象力,不运用科学抽象法,只运用具体案例分析法,是不可能建立起科学的产权理论的。

逻辑与历史相一致的方法,在马克思的产权理论方法论中,就像在马克思的经济学方法论中一样,也居于重要地位。马克思不仅用逻辑方法揭示了财产关系和产权制度的性质,而且对财产关系和产权制度进行了历史考察,具体研究了人类历史各个发展阶段上的财产关系和产权制度的性质和形式,尤其是具体研究了资本主义这一历史发展阶段上的财产关系和产权制度的性质和形式。

在科斯的产权理论中,产权案例几乎无一例外都是资本主义经济中的产权案例。科斯不知道产权有某种历史,他知道的只是资本主义经济中的产权,但他误以为资本主义这一特定历史阶段上的产权形式是超历史的、永恒的产权形式。在科斯那里,逻辑与历史不一致。即使退一步,仅就逻辑而言,科斯的逻辑不仅无法与被西方学者称为"铁的逻辑"的马克思的逻辑相比,甚至也无法与多数西方经济学家的逻辑相比。就连最善于赞美科斯的他的那位弟子,也不得不承认:科斯的确比不上逻辑高手。另一位推崇科斯方法论的学者,面对科斯缺乏严密逻辑的文章,则耐人寻味地说:科斯的文章是"散文"式的文章。

科斯的方法论中也有积极因素。这就是说,在经济学方法论的假设问题上,他敢于批评西方"学院派经济学家的主流看法",敢于批评西方经济学界严重脱离现实的"黑板经济学"①。

科斯第一篇著名文章《企业的性质》的第一句话是:"过去,经济理论一直因未能清楚地说明其假设而备受困扰。"②乔安·罗宾逊曾对西方经济学方法论中的假设提出两个问题:"它们易于处理吗?它们与现实世界相吻合吗?"她分析了西方经济学假设的两种情况:"一种假设是可处理的,而另一种则是现实的。"科斯补充了"可能还有"的第三种情况。他说:"可能还有这样的理论分支,其中的假设既是可处理的,又是现实的。"③ 这一新的说法,可以看作是对西方经济学假设的含蓄批评,也可以看作是对改进西方经济学假设的一种积极设想。不过,有的学者据此说,科斯为创建现实主义经济学做出了基础性贡献。这种评价显然过分夸大了科斯这一说法的意义。事实是,西方理论经济学中的很多假设只考虑易于处理而大为背离现实的状况,并没有因为科斯提出新的说法而有所改变。科斯本人没有,其他西方经济学家至今也没有创建出现实主义经济学。具有讽刺意味的是,在第一篇著名文章《企业的性质》中声称假设还应有现实性的科斯,在自己的第二篇著名文章《社会成本问题》中所采取的假设竟然是完全违背现实性的假设。科斯在获奖后的一次演说中也承认:该文的"假设大为背离真实世界"④。

只有使逻辑与历史相一致,从而使逻辑与现实相一致的假设,才是经济理论和产权理论研究所要求的、具有现实性的科学假设。

---

① 高小勇、汪丁丁:《专访诺贝尔经济学奖得主》,朝华出版社2005年版,第292页。
② [美]科斯:《企业的性质》,《企业、市场与法律》,上海三联书店1990年版,第1—2页。
③ 同上。
④ 高小勇、汪丁丁:《专访诺贝尔经济学奖得主》,朝华出版社2005年版,第296页。

四　马克思和科斯的产权理论体系比较

马克思的产权理论体系包含下述一系列重要命题。

（一）包括产权关系的法权关系是反映经济关系的意志关系

马克思运用辩证唯物主义和历史唯物主义原理，研究了社会经济基础和上层建筑的关系，揭示了法的关系的根源。他指出："法的关系正像国家的形式一样，既不能从它们本身来理解，也不能从所谓人类精神的一般发展来理解，相反，它们根源于物质的生活关系。"[①] 马克思具体分析了商品市场和劳动力市场包括所有权、占有权、转让权、使用权等产权方面的法权关系。他指出，无论是商品市场或劳动力市场，买方和卖方的交易行为都是在双方意志一致的基础上进行的。马克思深入揭示了法权关系、意志关系、经济关系三者之间的关系："这种具有契约形式的（不管这种契约是不是用法律固定下来的）法权关系，是一种反映着经济关系的意志关系。这种法权关系或意志关系的内容是由这种经济关系本身决定的。"[②] 这样，马克思在社会科学史上第一次发现了包括产权关系的法权关系、经济关系、意志关系三者之间的本质联系，正确地阐明了三者之间的关系，为构建科学的产权理论奠定了坚实的理论基础。在这方面，马克思不仅超越了他所有理论前辈和同时代理论家，而且直至今天仍然是包括经济学家、法学家、法经济学家在内的当代西方社会科学家所望尘莫及的。科斯不仅没有论述过这些关系，甚至连类似的问题都没有提出过。

（二）财产关系是生产关系的法律用语

经济科学要研究生产关系，法律科学要研究财产关系。这就出现了财

[①]《马克思恩格斯全集》第13卷，人民出版社1962年版，第8页。
[②]《马克思恩格斯全集》第23卷，人民出版社1972年版，第102页。

产关系与生产关系的关系问题。这是构建科学产权理论首先必须解决的根本问题。马克思不仅研究了政治经济学或经济学中的生产关系或经济关系，研究了法学和产权理论中的财产关系，而且研究了经济科学中的生产关系与法律科学中的财产关系二者之间的关系。他发现："财产关系……只是生产关系的法律用语。"[①] 马克思证明，法律科学所研究的财产关系，实质上就是经济科学所研究的生产关系。科斯没有生产关系概念，根本不研究财产关系与生产关系或经济关系之间的关系，而只是就产权论产权。这就决定了根本不可能揭示财产关系和产权制度的本质。

（三）产权是所有制关系的法的观念

经济科学要研究所有制，法律科学要研究产权。所有制是经济范畴，是关于生产资料归属的经济制度；产权是法律范畴，是关于财产归属的法律制度。产权和所有制之间是什么关系？这又是西方经济学家和法学家所没有提出，更没有解决的重要问题。马克思既充分研究了所有制，又充分研究了产权。他发现，所有制先于产权的存在而存在。只是在私有制产生和保护私有制的法律出现以后，才出现产权。马克思发现，法律中的产权，是所有制的法律形态，是"一定所有制关系所特有的法的观念"[②]，"民法不过是所有制发展的一定阶段……的表现"[③]。科斯只研究法律中的产权，而不研究经济关系中的所有制，当然就无从认识产权是所有制的法的观念。

（四）财产和产权具有某种历史，采取各种不同的形式

马克思把历史唯物论用于产权研究，深入考察产权的起源和历史变迁。他认为，产权是历史的产物，是历史的范畴。马克思和恩格斯很早就发现，财产具有某种历史，采取各种不同的形式。

[①]《马克思恩格斯全集》第13卷，人民出版社1962年版，第8—9页。
[②]《马克思恩格斯全集》第30卷，人民出版社1974年版，第608页。
[③]《马克思恩格斯全集》第4卷，人民出版社1958年版，第87页。

二　对新自由主义"彻底私有化"观点的批判

马克思研究了资本主义以前的财产的三种历史状态。财产的第一种状态是原始的土地财产。在这种状态下，共同体把自然的生产条件即自然存在的原始工具、原料和自然提供的生活资料看作是自己的财产。这时还没有出现国家和法，没有所有权，只有所有制。"这种所有制的原始形式本身就是直接的公有制。"① 财产的第二种历史状态是劳动主体成为劳动工具、原料和生活资料所有者。在这种状态下，构成财产的要素已经从自然存在的要素发展成为由劳动生产的要素。马克思说："这是第二种历史状态，它按其本性只有作为第一种状态的对立物，或者可以说，同时作为已经改变的第一种状态的补充物，才能存在。"② 在第一种状态下，存在公有财产。在第二种状态下，存在财产所有权——以自己的劳动为基础的财产私有权。财产的第三种历史状态是劳动者只对生活资料有所有权，而没有对土地和劳动工具的所有权。马克思指出："这种形式实质上是奴隶制和农奴制的公式。"③

在考察资本主义以前财产的三种历史状态后，马克思着重研究资本主义的财产形式。在这种财产形式下，劳动者的唯一财产是自己的劳动力，唯一所有权是自己的劳动力所有权，其他财产成了资本家的财产，成了劳动者的非财产。马克思说："在资本的公式中，活劳动对于原料、对于工具、对于劳动过程中所必需的生活资料，都是从否定的意义上即把这一切都当作非财产来发生关系。"④

科斯曾自称对历史感兴趣，在选择专业时曾考虑把历史作为第一志愿。可是，在产权问题上，他却完全没有历史观点，不知道财产和产权有各种历史形式，而是始终把资本主义产权形式当作唯一的产权形式，当作永恒的产权形式。他不知道，看来也不愿意知道资本主义产权形式的本质特征。

---

① 《马克思恩格斯全集》第46卷（上），人民出版社1979年版，第498页。
② 同上书，第501页。
③ 同上书，第502页。
④ 同上书，第500页。

（五）存在两种不同性质的产权规律，即产权的第一规律和第二规律，但不存在产权的"一般规律"

在经济研究领域，马克思十分重视对深藏在经济现象背后的经济规律的研究。同样，在产权研究领域，马克思十分重视对深藏在产权现象背后的产权规律的研究。马克思发现并深刻揭示了性质不同的产权的第一规律和产权的第二规律。

在历史上，产权最初是以自己的劳动为基础的。劳动者对自己劳动的产品拥有产权，这是最初的产权规律，是劳动者的产权规律，也是商品生产的产权规律。

在资本主义社会，只从流通过程的表面现象上看，似乎也是如此。正像马克思所描述的："产权（the rights of property）似乎是以自己的劳动为基础的。……因为互相对立的仅仅是权利平等的商品所有者，占有别人商品的手段只能是让渡自己的商品，而自己的商品又只能是由劳动创造的。"① 然而，实际上，在资本主义经济条件下，产权对于资本家和工人具有完全不同的性质和意义。马克思指出："产权对于资本家来说，表现为占有别人无酬劳动或产品的权利，而对于工人来说，则表现为不能占有自己的产品。"②

马克思着重分析了产权在资本主义社会中辩证地转化的"奇异的结果"："产权（the right of property）在资本方面辩证地转化为对他人产品的权利，或者说转化为对他人劳动的产权，转化为不支付等价物便占有他人劳动的权利，而在劳动能力方面则辩证地转化为必须把它本身的劳动或把它本身的产品看作他人财产的义务。"③

在从政治经济学的分析中揭示资本和雇佣劳动的关系之后，马克思通过把经济领域价值增值过程中的关系表述为产权领域的占有过程，从而把资本和雇佣劳动的关系表述为产权领域的财产关系和产权规律。

---

① Karl Marx, Capital, Vol. I, Moscow: Progress Publishers, 1965, p. 583. 参见《马克思恩格斯全集》第 23 卷，第 640 页。
② 同上。
③ Karl Marx and Frederick Engels, Collected Works, Vol. 28, Moscow: Progress Publishers, 1986, p. 386.

马克思揭露了资产阶级经济学家宣扬的产权的"一般规律"的辩护性，深入研究并揭示了不同性质的产权规律，严格区分了产权的第一规律和第二规律。产权的第一规律是商品生产的产权规律，劳动者对劳动的产品拥有产权的规律。产权的第二规律是资本主义生产的产权规律，资产阶级产权规律，即工人劳动的产品表现为他人的财产，也就是他人的劳动表现为资本的财产的规律。马克思指出："剩余劳动变为资本的剩余价值，这一点意味着：工人并不占有他自己劳动的产品，这个产品对他来说表现为他人的财产；反过来说，他人的劳动表现为资本的财产。资产阶级财产的这第二规律是第一规律（即劳动产品是劳动者的财产的规律）转变来的，……它同第一规律一样被承认为规律。第一规律是劳动和财产的同一性；第二规律是劳动表现为被否定的财产，或者说财产表现为对他人劳动的异己性的否定。"[①]

在产权领域中发现劳动者产权规律和资产阶级产权规律，就像在经济领域中发现剩余价值规律一样，是马克思不可磨灭的历史功绩。

劳动者产权规律和资产阶级产权规律问题，对维护资本主义私有产权制度的科斯及其追随者来说，是一个极其危险的问题，因而是他们绝不会研究和绝不敢研究的问题。

（六）产权是与财产有关的各种法定权利。马克思研究的产权包含所有权、占有权、使用权、支配权、经营权、索取权、继承权和不可侵犯权等一系列权利

在与财产有关的一系列权利中，决定性的是所有权。在权利统一而不相互分离的情况下，拥有所有权，就意味着拥有与财产有关的全部权利，也就是拥有完全产权。

所有权是历史的产物。马克思指出，在原始公有制下，家庭和氏族对

---

① Karl Marx and Frederick Engels, *Collected Works*, Vol. 28, Moscow: Progress Publishers, 1986, pp. 397 – 398. 参见《马克思恩格斯全集》第 46 卷（上），人民出版社 1979 年版，第 469 页。

财产"只是占有，而没有所有权"①。

在私有制和保护私有制的法律出现以后，出现了所有权。所有权最初以自己的劳动为基础。人，作为劳动者，对财产有所有权。但在奴隶社会中，人，劳动者，作为奴隶，却成了私有财产的对象。一般地说，在存在阶级剥削的经济中，所有权表现为占有他人劳动的权利，表现为劳动不能占有它自己的产品。

在资本主义制度下，对他人劳动的无偿占有，会成为更多地占有他人无偿劳动的条件。马克思揭示资本主义占有的这一性质时指出："对他人劳动的过去的占有，现在表现为对他人劳动的新占有的简单条件……越来越多地不支付等价物便占有他人劳动的唯一条件，……财产——过去的或客体化了的他人劳动——表现为进一步占有现在的或活的他人劳动的唯一条件。"②

索取权是分配关系的法律表现。马克思指出，索取权的实质是对剩余劳动的要求权。在资本主义经济中，索取权表现为对剩余价值的无偿占有权。职能资本家、货币资本家、土地所有者在法律上都享有对剩余价值的索取权。在索取权的要求下，剩余价值分割为企业主收入、利息、地租等各种不同的相互独立的形式，归不同的人所有。货币资本家和土地所有者凭借所有权取得索取权，职能资本家凭借对资本的使用权或支配权，从而凭借对劳动力的使用权或支配权取得索取权。

继承权是马克思产权理论研究的又一项重要权利，这种权利的实质是通过法律保证私有产权的世代连续性，从而保证以私有制为基础的生产关系得以维持和继续。马克思指出："继承法最清楚地说明了法对于生产关系的依存性。"③ 在资本主义社会，"资产阶级财产……通过继承权等等而长期存在下去，不受单个资本家的易逝性的影响"④。马克思认为，社会主

---

① 《马克思恩格斯全集》第12卷，人民出版社1962年版，第752页。
② 《马克思恩格斯全集》第46卷（上），人民出版社1979年版，第454页。
③ 《马克思恩格斯全集》第3卷，人民出版社1960年版，第420页。
④ Karl Marx and Frederick Engels, *Collected Works*, Vol. 28, Moscow: Progress Publishers, 1986, p. 397. 参见《马克思恩格斯全集》第46卷（上），人民出版社1979年版，第469页。

义运动不应把废除继承权而应把为生产资料的公有化创造条件作为社会改造的起点。

科斯也论及产权中的若干权利,尽管远不如马克思研究的深入和全面。但是,根本区别还不在这里,而在于对各项权利的解释是拘泥于表面现象和法律条文,还是深入揭示各项权利的本质。科斯对资本主义社会与财产有关的权利的论述,从未接触到这些权利的本质,而只是停留在表面现象和法律条文之上。

(七)产权所包含的权利可以统一,全属于同一主体;也可以分离,分属于不同主体

在经济思想史和产权理论史上,马克思是第一位深入研究和科学阐述产权的各种权利统一与分离学说的理论家。马克思全面考察分析了资本主义以前的与资本主义社会的权利统一和分离,其中包括所有权和占有权的统一与分离,劳动力所有权与使用权或支配权的统一和分离,土地所有权与经营权的统一和分离,资本所有权与使用权的统一和分离,从而建立了系统的全面的关于产权统一和分离的理论。通过这一理论,马克思进一步深入揭示了财产关系背后的生产关系和阶级关系。

所有权和占有权、所有者和占有者在某些情况下是统一的。马克思考察个体小生产者时指出:"在我们所考察的场合,生产者——劳动者——是自己的生产资料的占有者、所有者。"[①] 他们拥有"对劳动条件的所有权或占有权"[②]。奴隶制经济、领主制经济、使用自有资本的资本主义经济中的所有权和占有权、所有者和占有者都是统一的。

所有权和占有权、所有者和占有者在另一些情况下是分离的。"在财产仅仅作为公社财产而存在的地方,单个成员本身只是一块特定土地的占有者,……这种单个的人只是占有者。只有公共财产,只有私人占有。"[③]

[①] 《马克思恩格斯全集》第26卷Ⅰ,人民出版社1972年版,第440页。
[②] 《马克思恩格斯全集》第25卷,人民出版社1974年版,第674页。
[③] 《马克思恩格斯全集》第46卷(上),人民出版社1979年版,第478页注1。

地主制经济是典型的所有权和占有权相分离的经济：土地出租者是土地所有者，拥有土地所有权，但在土地出租期内没有占有权；租地农民在租期内有占有权，但没有所有权。土地出租者凭借土地所有权向取得租期内占有权的租地农民收取地租。"在劳动地租、产品地租、货币地租……这一切地租形式上，支付地租的人都被假定是土地的实际耕作者和占有者，他们的无酬剩余劳动直接落入土地所有者手里。"①

劳动力所有权和使用权或支配权在某种情况下是统一的，属于同一主体。按照马克思的分析，当劳动的客观条件和主观条件都是劳动者自己的财产时，也就是当生产资料和生活资料都是劳动者自己的财产时，劳动者既是自己的劳动力的所有者，又是自己的劳动力的使用者。在此情况下，劳动力的所有权和使用权是统一的，全属于劳动者自己。个体小生产者便是如此。与此完全相反，当劳动的客观条件和主观条件都不是劳动者自己的财产时，也就是当生产资料和生活资料都不是劳动者自己的财产，而且劳动者的人身也不是劳动者自己的财产时，劳动者既不是自己的劳动力的所有者，也不是自己的劳动力的使用者或支配者。在此情况下，劳动力的所有权和使用权或支配权也是统一的，全属于他人。古代奴隶制度和近代黑奴制度便是如此。

劳动力所有权和使用权或支配权在另一种情况下是分离的，分属于不同主体。资本主义经济是劳动力所有权和使用权或支配权相分离的典型。马克思指出，劳动力所有权和使用权或支配权相分离的条件是：劳动者是自己的劳动力的所有者；劳动者只有劳动力表现为自己的"唯一的财产"，而劳动的生产条件则表现为自己的"非财产"，表现为"他人财产"②。

在此情况下，劳动者由于失去了劳动力的实现条件，就只有到劳动力市场上出售自己的"唯一的财产"——劳动力。劳动力市场上的买卖"双方是在法律上平等的人。这种关系要保持下去，劳动力所有者就必须始终

---

① 《马克思恩格斯全集》第25卷，人民出版社1974年版，第904页。
② 《马克思恩格斯全集》第46卷（上），人民出版社1979年版，第504页。

把劳动力只出卖一定时间，因为他要是把劳动力一下子全部卖光，他就出卖了自己，就从自由人变成奴隶，从商品所有者变成商品。……他必须始终让买者只是在一定期限内暂时支配他的劳动力，使用他的劳动力，就是说，他在让渡自己的劳动力时不放弃自己对它的所有权"[1]。因此，劳动者出售的是劳动力的"暂时使用权"[2]或"暂时支配权"[3]。正是这种劳动力的暂时使用权或暂时支配权的让渡，使资本在使用和支配劳动力的过程中获得了剩余价值。

土地所有权和经营权或使用权在资本主义经济中既可以是统一的，也可以是分离的。在土地所有者使用自有土地经营农场的情况下，土地所有权和土地经营权或使用权相统一，土地所有者和土地经营者或使用者相统一。但是，这并不是资本主义经济的典型情况。资本主义经济的典型情况是土地所有权和土地经营权或使用权相分离。在此情况下，土地经营者有资本，但不是土地所有者；土地所有者有土地，但不是土地经营者。马克思把这种分离归结为"资本和土地的分离、租地农场主和土地所有者的分离"[4]。

资本所有权和使用权在资本主义经济中既可以是统一的，也可以是分离的。当资本家用自有资本进行生产和交换时，资本家既是资本所有者，又是资本使用者；既拥有资本所有权，又拥有资本使用权。在此情况下，全部利润属于同一主体，而不用在不同主体之间分割。这种资本家当然可以对利润进行观念上的分割，但无须进行实践上的分割。在研究产业资本和商业资本时，马克思假设资本家完全用自有资本进行经营。在这一场合，资本所有权和使用权的统一是研究的出发点。与此相反，在研究借贷资本时，马克思假设职能资本家完全用借入资本进行经营。在这一场合，资本所有权和使用权的分离是研究的出发点。资本所有权和使用权的分离形成

---

[1]《马克思恩格斯全集》第23卷，人民出版社1972年版，第190—191页。
[2]《马克思恩格斯全集》第26卷Ⅲ，人民出版社1974年版，第121页。
[3]《马克思恩格斯全集》第26卷Ⅰ，人民出版社1972年版，第333页。
[4]《马克思恩格斯全集》第25卷，人民出版社1974年版，第847页。

两个产权主体：一个是资本所有者即借贷资本家，一个是"资本的非所有者"[①]，即职能资本家。前者处于生产过程之前和生产过程之外，后者处于生产过程之中和生产过程之后。前者单纯代表资本所有权，后者单纯代表资本使用权。资本所有权和使用权的分离，导致利息和企业主收入即企业利润的分离。资本所有权和使用权的分离形成两种对立："在再生产过程中，执行职能的资本家作为别人所有的资本的代表，同雇佣工人相对立"；"在再生产过程中的资本职能同在再生产过程外的资本的单纯所有权的对立"[②]。

资本所有权和资本使用权的分离在股份公司中得到了进一步的发展。"在股份公司内，职能已经同资本所有权相分离，因而劳动也已经完全同生产资料的所有权和剩余劳动的所有权相分离。"[③] 股份公司的发展使职能资本家转化为"单纯的经理，即别人的资本的管理人"，使资本所有者转化为"单纯的所有者，即单纯的货币资本家"[④]。马克思把股份公司看作是从相互分离的私有财产转化为联合起来的生产者的财产即直接的社会财产的过渡点，看作是从同资本所有权结合在一起的再生产过程中的职能转化为联合起来的生产者的单纯职能、作为社会职能的过渡点。他认为，股份公司的社会资本还只是"在资本主义生产方式本身范围内"对私人资本"消极地扬弃"[⑤]。

（八）产权分为公共产权和私有产权，资本原始积累时期出现变公共产权为私有产权的掠夺和盗窃过程

马克思研究了历史上的公共产权和私有产权，研究了资本主义原始积累，研究了法律在资本主义原始积累时期变公共产权和国有产权为私有产权过程中的作用。他指出：资本主义原始积累是剥夺者"对国有土地的掠

[①] 《马克思恩格斯全集》第25卷，人民出版社1974年版，第419页。
[②] 同上书，第427页。
[③] 同上书，第494页。
[④] 同上书，第493页。
[⑤] 同上书，第493、498页。

夺，特别是对公有地的不断的盗窃"的过程，是"掠夺人民土地"的过程。在这一掠夺和盗窃过程中，"法律本身现在成了掠夺人民土地的工具"，"公有地圈围法"是使剥夺者"借以把人民的土地当作私有财产赠送给自己的法令"，"是剥夺人民的法令"①。

（九）资本主义财产关系和产权制度具有对抗性质，会从生产力的发展形势变成生产力发展的桎梏。资本主义财产关系和产权制度必将为社会主义财产关系和产权制度所代替。社会主义运动的起点是为生产资料公有化创造条件

马克思研究了资本主义生产方式的历史地位，研究了与资本主义生产方式相适应的资本主义生产关系的历史地位，研究了资本主义生产关系所决定的资本主义财产关系的历史地位。马克思指出，资本主义生产关系和财产关系，曾经是社会的物质生产力发展的形式，起过促进生产力发展的积极作用。但是，资本主义生产关系和财产关系具有对抗性质。在揭示"整个资本主义财产关系的对抗性质"时，马克思引证了英国政治活动家和政论家赛米尔·兰格的名言："人权成为产权的牺牲品。"② 马克思还在1843年写的《〈黑格尔法哲学批判〉导言》中就已经提出"无产阶级要求否定私有财产"③。在《1844年经济学哲学手稿》中，马克思在第一次试图论证共产主义时，提出"共产主义是私有财产……的积极的扬弃"④。马克思在后来的研究中科学地证明："社会的物质生产力发展到一定阶段，便同它们一直在其中活动的现存生产关系或财产关系（这只是生产关系的法律用语）发生矛盾。于是这些关系便由生产力的发展形势变成生产力的桎梏。"⑤ 马克思还证明，资本主义生产关系必将被社会主义生产关系所代替，相应地，资本主义财产关系必将被社会主义财产关系所代替。社会主

---

① 《马克思恩格斯全集》第23卷，人民出版社1972年版，第792—793页。
② 同上书，第722页注115。
③ 《马克思恩格斯全集》第3卷，人民出版社2002年版，第213页。
④ 同上书，第297页。
⑤ 《马克思恩格斯全集》第13卷，人民出版社1962年版，第8—9页。

义运动的"起点应该是：为生产资料的公有化创造条件"①。

由上述可见，马克思的产权理论已经形成了科学体系，提出、论证并阐明了有关产权的一系列原理。

科斯的产权理论现在通常被称为"科斯定理"。

不少西方学者认为，被称作科斯定理的命题，源于科斯1960年《社会成本问题》中的案例。但是，该文除了案例，还是案例。研究者很难从中找出带有理论性的话语来表示科斯定理。

有的西方学者认为，被称作科斯定理的命题，源于科斯1959年《联邦通讯委员会》一文中的一句话："权利的清晰界定是市场交易的基本前提。"② 对于这一命题，科斯既未证明，也未作进一步解释。科斯的那位弟子说："后来举世知名的高斯定律（科斯定理），简而言之，只不过是这一句话。"③

对于什么是科斯定理，科斯自己没有解释，西方经济学界则众说纷纭。

第一次把科斯的命题命名为"科斯定理"的乔治·J. 施蒂格勒，根据科斯《社会成本问题》一文关于养牛人和粮农的例子，用完全竞争下的私人成本和社会成本的关系解释科斯定理。他说："科斯定理这样断言，在完全竞争条件下，私人成本与社会成本相等。"④ 老一代西方经济学家的观点是：养牛人的牛损害了粮农的庄稼，当然应当赔偿。一般地说，造成有害的外部性例如污染的一方，应当受到指责，并赔偿受害的一方。他们的政策主张是，存在有害的外部性时，政府调节是必要的。现在，科斯提出了新思想：外部性问题有相互性：一方面，养牛人损害了粮农，增大了社会成本；另一方面，粮农索赔，损害了养牛人，增大了养牛人的私人成本。他的政策主张是，存在外部性时，由有关各方进行谈判，就可以达到帕累托效率，而不用政府调节。施蒂格勒虽然第一次把科斯的这一奇特命题叫

---

① 《马克思恩格斯全集》第16卷，人民出版社1964年版，第652页。
② R. H. Coase, 1959, *The Federal Communications Commission*, The Journal of Law and Economics, Vol. II, October p. 27.
③ 张五常：《我所知道的高斯（科斯）》，《凭栏集》，香港壹出版有限公司1991年版，第121页。
④ [美] 乔治·J. 施蒂格勒：《价格理论》，李青原译，商务印书馆1992年版，第113页。

作"科斯定理",但并未予以肯定,而是说:"我们这代老经济学家一直持有与此定理相反的观点,而那些年轻读者对此则习以为常。因此这一命题在老经济学家眼里比在年轻人眼里更为奇特。"①

在施蒂格勒之后,西方经济学家对科斯定理做了各种各样的解释。科斯定理研究者 R. D. 库特把科斯定理的多种解释分为三类:自由交换论、交易成本论和完全竞争论。

按照自由交换论,科斯定理是:只要能自由交换,财产的法定权利的最初分配就不影响经济效率。

按照交易成本论,科斯定理是:只要交易成本为零,财产的法定权利的最初分配就不影响经济效率。

按照完全竞争论,科斯定理是:只要能够在完全竞争市场上进行交换,财产的法定权利的最初分配就不影响经济效率。

科斯定理三种同义反复的解释表明,科斯产权理论试图提出并回答的中心问题是产权界定或产权清晰与经济效率的关系。

可见,科斯定理只是提出并试图解决产权理论中的一个问题,而远未提出并解决产权理论的一系列重大问题。

直到科斯获奖几年后的一次谈话中,他才算是比较清楚地说出了产权和产权清晰的含义。他说:"就我来看,产权是指一种权利,人们所享有的权利,……这意味着应明确人们所享有的权利。比如,你拥有一把椅子,这是什么意思?你能送给别人吗?有时可以,有时却不可以。你还有什么权利?能把这把椅子搬到另一个地方去吗?有时可以,有时却不可以。但你能说出你能做什么。假如你拥有一块土地,你能用它干什么呢?能做的事当然很多呀!这就是你的权利所包含的内容……在收购另一家企业时,假如你在缔结的合同中明确了你享有的权利,你拥有某一工厂,你能怎么处理?你能被允许怎么处理?你能卖掉这个工厂吗?能卖给任何人吗?有时你能卖给本国人而不能卖给外籍人,有时你也可以卖给外籍人,有时却

---

① [美]乔治·J. 施蒂格勒:《价格理论》,李青原译,商务印书馆1992年版,第113页。

只能在国家机构批准的情况下卖出。如果收购这种企业，你究竟能得到什么权利呢？我认为，在一些经济学家中，产权的定义是简单而又独特的，你能联系某些事物根据法律界定你的权利是什么。"① 这可以说是科斯对产权和产权清晰所作的最清晰、最充分的一次论述。读者由此不难判断，原来"举世知名"的科斯产权理论，不过尔尔。

如果说，马克思已经为构建马克思主义产权理论大厦完成了主体工程的话，那么，科斯充其量只是为试图构建的西方产权理论大厦准备了一些"砖块"——即拉斯·威林在诺贝尔经济学奖颁奖典礼上代表瑞典皇家科学院介绍科斯时所说的"砖块"，也就是后来科斯本人在一次演讲中所说的"砖块"。为工程备料——准备"砖块"，与完成主体工程相比，距离还非常遥远。因此，就产权理论体系而言，未成体系的科斯产权理论实难与已形成科学体系的马克思产权理论进行比较。

如果仅就产权与经济效率的关系而论，马克思的产权理论与科斯的产权理论则存在一定的可比性。

马克思经过严格的科学论证，证明资本主义生产关系，从而资本主义财产关系和产权制度，在相当长的历史时期中曾经是社会物质生产力的发展形势，起过促进生产力发展的积极作用。但是，资本主义生产关系，从而资本主义财产关系和产权制度，充满对抗性，最终成为生产力发展的桎梏。马克思的这一原理经得住逻辑检验，也经得住历史检验和实践检验。由马克思的这一原理可以推知，当资本主义财产关系和产权制度适应生产力发展时，资本主义经济比较有效率；当资本主义财产关系和产权制度成为生产力发展的桎梏时，资本主义经济则缺乏效率。事实上，马克思主义政治经济学已经证明，自由竞争时期的资本主义市场经济比较有效率，而垄断资本主义时期的资本主义市场经济则缺乏效率。

科斯关于产权与经济效率关系的命题，即只要私有产权清晰，资本主

---

① 经济学消息报社：《追踪诺贝尔——诺贝尔经济学奖得主专访录》，中国计划出版社1998年版，第191—192页。

义市场经济总是有效率的这一命题,没有得到任何证明。科斯自己没有证明过,科斯的追随者也没有证明过。资本主义市场经济的全部历史证明,这一论断无法成立。西方微观经济学的市场失灵理论也可以证明,科斯的这一论断是错误的。原因是,在各种市场结构中,只有理想世界的完全竞争市场有效率,而现实世界的垄断市场、寡头市场、垄断竞争市场尽管也都以私有产权为前提,但都不同程度地缺乏效率。至于理想的有效率的完全竞争市场,萨缪尔森说,从来就没有存在过。可见,"科斯定理"经不住逻辑检验,也经不住历史检验和实践检验。

五 两种产权理论对社会主义市场经济的不同政策含义

马克思和科斯的不同产权理论,对中国社会主义市场经济具有完全不同的政策含义和完全不同的后果。

"科斯定理"的适用范围本来很小。在西方微观经济学中,只是在讨论外部性例如污染问题时才提到它。以庇古为代表的传统观点是:存在外部性时,社会成本大于企业的私人成本。在此情况下,按照习惯法的规则,造成污染或其他损害的一方应当受到指责,并对受到污染或其他损害的一方进行补偿。因此,政府调节,通过对造成污染或其他损害的企业征税,以使企业的私人成本与社会成本相等。科斯反对西方经济学传统观点和习惯法规则,反对政府调节,认为污染和其他损害具有双向性,不应只由造成污染或其他损害的一方负责,而应通过双方谈判来解决外部性,以保持效率。

西方经济学家在研究和说明"科斯定理"的应用范围时,强调"科斯定理"的"应用范围有限","只应用于某些特定环境","它通常应用的领域并非是现实世界的常态"[①]。

可是,科斯的追随者力图扩大"科斯定理"的应用范围,竟然把"科斯

[①] Eric Elder, Coase's Theorem, *In Survey of Social Science: Economics Series*, ed. by Frank N. Magill., Vol. 1, Pasadena, California: Salem Press, 1991, pp. 303–304.

定理"用来作为我国经济体制改革的指导思想。经过他们"中国化""本土化"后的"科斯定理"是：只要产权清晰，市场经济的一切问题都会迎刃而解。他们关于社会主义国家国有企业产权改革的基本观点和主张是：公有制产权不清晰，只有实行私有化，把社会主义公有制变为资本主义私有制，把社会主义公有产权变为私有产权，产权才清晰，经济才有效率。

如果只看科斯"权利的清晰界定是市场交易的基本前提"这句话，推不出只有私有制才能做到产权清晰的结论。人们似乎也可以把这句话应用到以公有制为主体、多种经济成分共存的社会主义市场经济中来。但是，科斯《联邦通讯委员会》中的这句话是在《私有财产……》的小标题下讲的。因此，他的那位弟子解释说："清楚的权利界定是私有产权。"[1]

科斯的那位弟子来华宣传科斯产权理论和私有化主张时说："我对共产（主义）政制一向都不存幻想——我一向认为若要发展经济，私产制度是我所知的唯一可靠途径。……中国会逐渐改变而成为一个类似私产制的体制。"他透露："科斯自始至终都同意我的分析。"[2]

科斯并非只站在幕后，他还亲自走到台前宣传中国要实行私有化。1997年，科斯对中国来访者说："问题的本质是要实行私有制度……西方经济学家……劝告说，'你们搞私有化吧，……'如果体制建立了，就不用为私有化操心了。"[3] 2005年，年已95岁的科斯，不顾年迈，颇为显眼地撰文赞扬他那位弟子1982年发表的题为《中国会走向资本主义的道路吗？》一文，并推销他本人的产权和交易成本理论。科斯说："跟着的发展，证实他的推断是对了。……读者，以产权及交易成本的概念协助跟踪，会多点明白中国发生着些什么。"[4] 科斯及其弟子与追随者的观点和主张说明，如果我们的社会主义市场经济中的产权改革以科斯产权理论为指导，

---

[1] 张五常：《我所知道的高斯（科斯）》，《凭栏集》，香港壹出版有限公司1991年版，第121页。
[2] 张五常：《中国的前途》，香港信报有限公司1996年版，第11页。
[3] 经济学消息报社：《追踪诺贝尔——诺贝尔经济学奖得主专访录》，中国计划出版社1998年版，第70页。
[4] 科斯：《为张五常英语论文集序》，向松祚、高小勇主编《五常思想》，朝华出版社2006年版，第25—26页。

就必定实行私有化。果如此，社会主义公有制就必定会变成资本主义私有制，社会主义公有产权就必定会变成资本主义私有产权，社会主义市场经济就必定会变成资本主义市场经济。

按照马克思的所有制理论和产权理论，从社会主义制度的基本要求出发，从我国当前社会的物质生产力水平出发，社会主义市场经济的生产资料所有制必须坚持以公有制为主体，多种所有制共存；相应地，在产权方面，必须坚持以公有产权为主体，多种产权制度并存。

按照马克思的所有制理论和产权理论，社会主义国家国有企业产权改革可以实行所有权和经营权相分离的原则：国家享有所有权，企业享有经营权。国家所有权是指企业财产属于社会主义国家所有，也就是属于全国人民所有。企业经营权是指企业对国家授予其经营的财产有依法行使自主经营的权利。所有权和经营权相分离的国有企业改革方案，是一个公有产权清晰的改革方案，是有利于社会物质生产力发展的方案。这一方案是社会主义国有企业不会变成资本主义私有企业的根本保证，从而，是社会主义市场经济不会变成资本主义市场经济的根本保证。

按照马克思的所有制理论和产权理论，在社会主义初级阶段，社会主义国家国有企业改革，绝不能走资本主义原始积累的道路，绝不能让剥夺者掠夺国有财产、盗窃公有财产、剥夺人民财产。社会主义国家有关产权的法律，绝不能像资本主义原始积累时期资本主义国家法律让剥夺者把人民的财产"当作自己的私有财产赠送给自己"[①]那样成为剥夺人民的法律，而必须是保护以公有制为主体、多种经济成分共存，保护以公有产权为主体、多种产权制度并存的法律。

六　两种产权理论的不同历史地位

科斯的那位弟子在评价科斯定理的历史地位时说："科斯定理……必将

---

① 《马克思恩格斯全集》第23卷，人民出版社1972年版，第793页。

与萨伊定律一样载入史册",科斯的交易成本论"终将可以与边际效用学派在新古典经济学中所占的位置相比美"①。他说这番话的目的是颂扬科斯。然而,在马克思主义者看来,把科斯定理与萨伊定律相提并论,把交易成本论与边际效用论相提并论,倒有某种恰当之处。因为这些所谓定理、定律和理论都非科学,而是谬误。如果科斯定理和交易成本论将来在经济思想史中占有某种地位的话,那就会是与萨伊定律和边际效用论名声类似的地位。

其实,不待马克思主义者来说科斯谬误,也不待未来经济思想史家来说科斯谬误,现代一些很有影响的西方经济学家已经宣布了科斯的产权理论不是科学,而是谬误。

例如,为《新帕尔格雷夫经济学大辞典》撰写"科斯定理"条目的作者 R. D. 库特在论述了科斯定理的三类解释之后说:"以科斯定理的这三条说明中任何一条来确定科斯定理,都会碰到障碍,这些障碍表明,科斯定理有可能是错误的或仅仅是同义反复。"又说:"交易成本论犯了方向性错误","科斯定理的交易成本论应被看作是谬误或一种同义反复。"②

例如,萨缪尔森和诺德豪斯指出,"科斯定理"根本没有得到证明。他们说:"博弈论没有定理能够证明,一只看不见的手将把一对或更多的谈判者引向污染的帕累托有效率水平。科斯从来没有证明这一结果,也没有其他任何人做到这一点。"③ 萨缪尔森等人的批评实际上相当严厉。这无异于指出,未经证明的科斯命题根本不能称为"科斯定理",因为定理是已经证明具有正确性、可以作为原则或规律的命题。

例如,斯蒂格利茨严厉批判"科斯定理",指出:所谓科斯定理,乃是

---

① Steven N. S. Cheung:《科斯》,《新帕尔格雷夫经济学大辞典》第 1 卷,经济科学出版社 1992 年版,第 497 页。
② R. D. 库特:《科斯定理》,《新帕尔格雷夫经济学大辞典》第 1 卷,经济科学出版社 1992 年版,第 499—500 页。
③ 保罗·A. 萨缪尔森、威廉·D. 诺德豪斯:《经济学》,高鸿业译,中国发展出版社 1992 年版,第 1204 页。

"科斯谬误"（The Coase Fallace）。[①] 在科斯获奖后，斯蒂格利茨继续严厉批判科斯定理，指出科斯的产权清晰论是"产权神话"，而且指出这种神话对社会主义国家的危险性。他说："这种神话是一种危险的神话，因为它误导了许多转型国家把注意力集中在产权问题上，即集中在私有化上。"[②]

科斯凭两篇颇有争议的文章获得诺贝尔经济学奖，当属绝无仅有。消息一传出，疑义颇多。科斯获奖之谜将来是会解开的。西方国家除了需要科斯产权理论为西方国家的私有化、为受西方国家误导的发展中国家的私有化、为西方国家争夺公共海域和太空的产权提供理论依据之外，还需要用这一理论诱导社会主义国家进行和平演变，实行私有化。人们记得，科斯获奖之日，正是苏联、东欧发生剧变之时。科斯的那位弟子透露了一点线索，他在科斯获奖后出版的以颂扬科斯为主要任务的文集中说："'高斯定律'（'科斯定理'——引者）……使举世开始明白私有产权的重要，间接或直接地使共产（主义）奄奄一息。"[③]

科斯个案说明，绝不能把获得诺贝尔经济学奖当作某种经济理论是科学的证明。

马克思既是马克思主义政治经济学的创始人，又是马克思主义法学创始人，同时也是马克思主义法经济学的创始人。一个多世纪以来，马克思产权理论经受住了逻辑检验、历史检验和实践检验，已经被证明并将继续被证明是社会科学史上的第一个系统的产权理论，而且是迄今为止社会科学史上真正科学的产权理论。

（作者单位：中国人民大学经济学院）
（原载《中国社会科学》2007 年第 2 期）

[①] Joseph E. Stiglitz et al., *The Economic Role of the State*, Edited by Arnold Heertje, Basil Blackwell, 1989, p. 36.
[②] Joseph E. Stiglitz, *Whither Socialism?* MA: MIT Press, 1994, p. 252.
[③] 张五常：《我所知道的高斯（科斯）》，《凭栏集》，香港壹出版有限公司1991年版，第117页。

新自由主义产权理论与马克思主义产权理论比较

裴小革

1993年党的十四届三中全会通过了《中共中央关于建立社会主义市场经济体制若干问题的决定》，引领中国经济体制改革进入一个新的阶段。十多年来，我国经济体制改革取得了重大进展，社会主义市场经济体制已初步建立，但这一体制还不完善，作为市场交易基础的产权关系还有许多方面需要理顺。2003年10月，党的十六届三中全会强调，产权是所有制的核心和主要内容，要建立归属清晰、权责明确、保护严格、流转顺畅的现代产权制度。建立现代产权制度，有利于维护公有财产权，巩固公有制经济的主体地位；也有利于保护私有财产权，促进非公有制经济发展；还有利于各类资本的流动和重组，推动混合所有制经济发展。

但是，在如何建立我国社会主义市场经济产权关系的问题上，还有许多理论问题需要澄清。有些经济学家认为，对于这些问题，只能依据新自由主义经济学及其产权理论来回答，马克思主义产权理论对于回答这类问题是无用的。这是不对的，事实上，19世纪后期产生的新自由主义经济学的基本理论——边际效用论和均衡价格论，都是撇开人与人之间的产权关系来研究经济问题的，只能说明人与物的关系和物与物的关系。20世纪30年代后期以来出现的科斯定理等新自由主义产权理论，虽然承认人们的市场交易本质上是一种人与人之间的产权交易，交易要有效率必须做到产权清晰，但又把这种产权看成是自然的产物或"天赋人权"，无法从如何有利于生产力发展的角度，说明为什么一件商品的产权应该清晰到某人那里，而不应该清晰到另一个人那里的道理。

与这些理论不同，马克思主义产权理论则是一种从人们之间的劳动贡献关系入手研究产权关系的理论。它从生产力发展的角度，为我们从理论上阐明市场经济中各种产权关系的合理性，提供了一种最重要的基本理论。本文试图结合与新自由主义产权理论的比较，说明马克思主义产权理论的科学性，并对适合我国的产权分配原则做些探讨。

一 产权理论的由来和演变

这里讲的产权，不是指与他人无关的一个人对物的权利，而是一种相对于其他人来说，某人具有的特殊权利，即人与人之间的权利关系。用经济学界普遍接受的德姆赛茨的定义就是："产权就是使一个人或其他人受益或受损的权利。"[1] 由于科斯分别在发表于1937年的《企业的性质》和1960年的《社会成本问题》中，冲破了新自由主义经济学价格理论不研究产权关系的束缚，用交易成本理论论证了保护私人产权的必要性，促成了新自由主义产权学派的形成，以致被某些人认为是给经济学带来了全新的理论思维视角，掀起了理论分析范式的革命。其实，科斯定理所表达的关于保护私人产权必要性的思想并不新，是历史上很多学者都从不同角度论证过的。

关于保护私人产权必要性最早的比较系统的论述，可见于古希腊学者亚里士多德的《政治学》，以后我国汉代历史学家司马迁、法国学者卢梭、英国古典经济学家亚当·斯密、李嘉图等，都对保护私人产权的必要性做过论述。其中英国古典自由主义经济学家虽然已经明确提出了劳动价值论，

---

[1] 科斯等：《财产权利与制度变迁——产权学派与新制度学派译文集》，上海三联书店1991年版，第97页。

但他们有关保护私人产权的论述，却不是建立在劳动价值论的基础上的，而是建立在倡导"天赋人权"理论的古典自由主义基础上的。

虽然亚当·斯密，特别是李嘉图承认劳动者在生产中创造财富的主体作用，但是在他们的理论里，按照自然规律（他们把市场经济运作看成是自然规律），私人产权不可能由劳动贡献决定。按照市场交换形成的自然法则，没有非劳动生产要素的劳动者即使劳动贡献很大，也只能得到维持最低基本生活费用的工资；有资本的人即使劳动贡献小，也有权按照资本的贡献得到全部利润；有土地的人即使不劳动，也有权按照土地的贡献得到全部地租。这些都是自然的、不应调节、不可改变的。

在古典自由主义经济学家倡导"天赋人权"的时代，资产者在生产中的作用，远远大于作为食利者阶层的土地贵族，是新兴的统治阶级，和当时代表旧势力的统治阶级土地贵族的矛盾比较尖锐，工人阶级刚刚产生，在政治上和经济上处于依附于资产阶级的状态。古典经济学家提出"天赋人权"的自由放任主张，主要是为了借此冲破封建制度的束缚，压制土地贵族的利益。由于土地贵族当时已经得利过多，对经济发展又贡献不大，所以这种经济理论在当时的历史条件下对社会进步产生过积极作用，推动过生产力的快速发展。

但是，随着历史条件的变化，资产阶级和工人阶级的矛盾日益突出起来。资本主义制度建立后，在对资产者的非劳动生产要素产权的优先保护下，西方社会的不平等发展到了极端的程度。轰轰烈烈的工业革命所带来的好处，绝大部分为少数资本家和暴发户所获得。封建社会制度固有的不自由、不平等以及贵族的特权被消除后，新的特权、不平等、不自由和人身依附现象又出现了。

其具体表现是，只有那些拥有非劳动生产要素、受到良好教育、占有上层社会地位的利益集团，才能真正有权享有经济自由和政治自由。国家所保障的公民的基本权利，成为只保障那些非劳动生产要素所有者特权的代名词。名义上是自由国家的资本主义国家，实际上是阶级国家，其社会也是阶级社会。

二 对新自由主义"彻底私有化"观点的批判

在这个社会里，占统治地位的资产阶级凭借其经济权势而掌握了政治上的权利，并且利用其特权来压制工人阶级和工人运动，从而在政治、社会尤其在经济利益方面贯彻他们的主张，导致贫富两极分化和贫富阶层分化后的固化，造成劳资矛盾和市场供求矛盾日益尖锐。19 世纪以后，资本主义制度出现前所未有的危机，工人运动汹涌澎湃，经济危机频繁发生，社会主义思想也得到了广泛的传播，要求革命和改良的历史浪潮猛烈冲击着资产阶级的统治体系。

马克思的产权理论就是在这种情况下产生的。有人凭借对苏联政治经济学教科书的印象，以为马克思的产权理论只是有关生产资料所有制或所有权的理论，这是不正确的。尽管对生产资料所有制的研究，是马克思产权研究的一个重要内容，但是在此基础上，他也研究了基于生产资料所有制而产生一系列其他人与人之间的利益关系问题，以及这些利益关系的来源和变化趋势问题，他说："在每个历史时代中所有权是以各种不同的方式、在完全不同的社会关系下面发展起来的。因此，给资产阶级的所有权下定义不外乎是把资产阶级生产的全部社会关系描述一番。"[①] 马克思对这些社会关系的研究，用现在经济学界通用的术语来表达，实际上就是对产权关系的研究。所以有经济学家认为"马克思是第一位有产权理论的社会科学家"[②]，这是很有道理的。

可以说，对产权关系问题的论述，是贯穿于马克思政治经济学始终的一条主线，也是它最有自己特色的理论之一。马克思采取先研究劳资矛盾后研究供需矛盾的方法，继承发展了古典经济学家的劳动价值论，同时把自己的产权理论建立在了这一理论的基础之上。他利用这一理论深刻揭示了按照"天赋人权"理论建立的资本主义经济的内在矛盾和运动规律，重点论述了这种优先保护资产者非劳动生产要素及其所得权的资本主义经济的弊端，科学地指出了它的历史过渡性。

[①] 《马克思恩格斯选集》第 1 卷，人民出版社 1995 年版，第 177 页。
[②] 张宇等主编：《高级政治经济学——马克思主义经济学的最新发展》，经济科学出版社 2002 年版，第 134—135 页。

需要说明的是，对于马克思的产权理论，目前国内存在许多误解。有人孤立地从马克思的某些语录推断说，马克思认为社会主义就是反对个人拥有一切私有产权，要求个人放弃占有生产资料和享乐。例如，他们在引用马克思和恩格斯说过的一句否定私有制的话时，常常不引前面对这段话的意义所作的重要界定，只引这段话的最后一句话，而这段完整的话是："现代的资产阶级私有制是建立在阶级对立上面、建立在一些人对另一些人的剥削上面的产品生产和占有的最后而又最完备的表现。从这个意义上说，共产党人可以把自己的理论概括为一句话：消灭私有制。"① 在我国社会主义市场经济条件下，如果企业家和工人主要不是对立关系而是合作关系，制度可以保证，企业家和工人之间可以在按劳动贡献分配为主和生产要素参与分配的原则下分享产出成果，这样形成的个人财产所有权显然与马恩讲的私有制有所不同，并不是消灭的目标。

那种对社会主义的看法忽视了一个最重要的事实，即马克思设想的社会主义反对的不是个人拥有财产本身，而是有人利用这种私人财产对他人劳动成果的无偿占有。因为在马克思看来，这种无偿占有尽管对于封建社会存在的个体小生产来说，是一种进步，但相对于社会化大生产来说，已经不能适应生产力的进一步发展了。也就是说，马克思认为，只有在利用私人财产无偿占有他人劳动成果的意义上，私人财产所有权收益才是相对于劳动者劳动所得收益来说，需要反对的。马克思和恩格斯指出："共产主义并不剥夺任何人占有社会产品的权力，它只剥夺利用这种占有去奴役他人劳动的权力。"②

马克思运用历史唯物主义观点考察人与人类社会，认为由自然界升华出人类社会的过程，亦是人的生物形态的形成和人的社会形态的形成彼此结合、相互影响的统一过程，这一过程的根本动力和内在机制是劳动的解放。人不同于物的创造性劳动，在人和人类社会的形成和发展过程中具有

---

① 《马克思恩格斯选集》第1卷，人民出版社1995年版，第286页。
② 同上书，第288页。

决定性的意义。劳动者拥有和可以支配的财富、收入、投资、消费及他们的文化素质与经济效率密切相关，把劳动等同于物，总是使劳动者保持贫穷和愚昧，虽然有时可以取得短时期的高效率，但这种效率在各种比例关系失调中无法持久，而且使劳动者受到压制的制度也一定会在受压迫、受剥削者的成长和反抗中改变。因此，按照马克思的产权理论，由劳动所得而形成的私人产权不仅不应反对，而且需要保护。对这种私人产权的保护，就是对劳动和劳动所得的保护，就是对劳动者对劳动所得支配权的保护，就是对劳动者积极性创造性的保护，就是对生产力发展动力根源的保护。

新自由主义以新古典经济学为主要理论基础，但涵盖更广，通常是指20世纪20年代以来出现，80年代以来在欧美国家稍占上风，苏东剧变后一度大为流行的各种主张扩大个人自由的政治经济思潮。它们中最典型的代表持有如下经济哲学：（1）市场秩序只有在个人自愿的交易活动过程中才能形成。市场规则本身是个人交易活动自发形成的某种结果，不可能独立于分散的个人交易之外。（2）市场机制的作用在于对分散的市场活动予以自发、自动的调节，是"看不见的手"发挥作用的过程。①

与马克思的理论不同，和马克思同时代的新自由主义经济学基本理论的创始人，如杰文斯、门格尔、瓦尔拉斯和马歇尔等，面对工人阶级已经登上政治斗争舞台的新形势，不敢再提对资产者比较不利的劳动价值论，也不再主要关注产权关系和经济发展问题，而是着力研究如何克服当时的供需矛盾问题，把实现资源的静态最优配置当成经济研究的主题，提出了边际效用论、一般均衡论、局部均衡论等有关将价值和价格相等同的理论。这些理论或者主要研究人与物的关系，如边际效用论；或者主要研究物与物的关系，如一般均衡论和局部均衡论。在不得不涉及人与人之间的产权关系时，则将劳动者做了拟物化的处理，即将其描述为与非劳动生产要素没有区别的"劳动"。只从需求者的主观评价方面说明静态资源最佳配置

---

① [英]弗·奥·哈耶克：《自由秩序原理》（上），生活·读书·新知三联书店1997年版，第184—198页。

的状态,不从供给者的劳动贡献奖励方面说明动态资源最优发展状态。

自厂商理论在20世纪30年代形成以后,新自由主义经济学的基本理论将企业假定为在市场和技术约束下追求利润最大化的实体,因而成为所谓"黑箱"。按照这种理论,企业是利润最大化的追求者,利润最大化的条件是边际收益等于边际成本,而决定收益函数和成本函数的四个因素是:产出量、产出品价格、投入量、投入品价格,因此,企业的行为仅在于如何在不同市场和技术条件下为取得最大利润调整这四个变量。

到20世纪60年代,依据"天赋人权"理论建立的自由放任原始资本主义经济在经济危机中全面崩溃,取而代之的是政府干预的混合市场经济（在美国）,欧洲战后建立了福利市场经济或社会市场经济。面对自己的理论与现实越离越远、在经济学界和其他学派相比已趋下风的挑战,新自由主义学派经济学家们终于感到了自己上述理论的局限性,这才发掘出科斯分别写于20世纪30年代和60年代的前面提到的论文,广泛接受了科斯提出的交易成本概念,把对产权关系的研究纳入了他们的研究范围,承认了市场交易的本质是人与人之间的产权交易的事实,使产权学派或称新制度经济学成为新自由主义的一个重要流派。

新自由主义产权学派的理论,大都是建立在科斯定理基础上的。科斯定理的含义是:如果（1）产权关系明确,（2）交易成本为零,则自愿交易必能使资源得到有效配置。由此这派经济学家认为,不论产权关系明确与否,交易成本总是存在的,但在不同的制度结构、法律规则下它是不同的,在产权关系明确的制度规则下会较低,反之它就会很高。交易成本的不同导致了不同经济体制下的不同经济效率。由此,他们从应该尽量减少交易成本、明确产权关系的角度,论证了保护私人产权的必要性。

这种理论和尽量回避产权关系的早期新自由主义经济学相比,内容有所拓展,突出了产权清晰对于经济效率的重要性。但是,它和古典自由主义经济学的产权理论一样,都不是建立在劳动价值论基础上的,它根据"天赋人权"理论,只是论证了产权清晰的好处,但却回避了从如何有利于生产力发展的角度,说明为什么在市场交易中,一种商品的产权清晰到某人那里要比清晰到另一个人更合理的问题。

二 新自由主义产权理论若干观点评析

目前，我国一些经济学家一方面否认马克思产权理论是一种从生产力发展角度研究产权关系问题的理论，把它说成是一种只研究公平不研究发展的理论；另一方面硬把科斯等人的产权理论说成是对马克思已有研究成果的拓展，完全无视科斯等人的理论不承认劳动价值论，没有继承马克思产权理论许多精髓的事实。他们在对我国产权关系的研究中，只依据科斯等人的新自由主义产权理论，提出了一些广为流行的产权理论观点。鉴于如果不澄清这些理论观点的局限性，马克思主义产权理论就很难为我国很多经济学家承认，本文在论述马克思主义产权理论的科学性之前，先要分析一下这些产权理论观点。

其中一种流行的新自由主义产权理论观点，只讨论如何使产权清晰的问题，不讨论产权清晰对什么人而言更有利于生产力发展问题，认为在对人与人之间的产权交易分析中，没有必要探究每个人已有产权的来源，应该把已有产权来源问题全留给法学家去做，或者应该全把它归结为天赋人权。在这种观点看来，在市场经济中，只能有市场交换一种协调机制，在这种相当于早期资本主义自由放任经济的纯市场经济当中，只要劳动者的劳动贡献比非劳动生产要素所有者的机器或土地等非劳动生产要素的贡献小，即使他的劳动贡献比非劳动生产要素所有者的劳动贡献大，他也只能按照和物的贡献相比较的贡献，得到较小的新增价值产权；物质生产要素所有者自己不必干任何事，可以用自己的物的贡献和劳动者的劳动贡献比，只要他的土地或机器等物质生产要素的贡献比劳动者的劳动贡献大，他虽然不劳动却可以按照物的贡献享有比劳动者大的权利占有产出成果。

按照这种新自由主义产权理论观点，比如说，一百亩土地及其一切与它相联系的自然资源对于粮食产出的贡献，是为生产提供了土壤、肥料、阳光、水分、种子，并且日日夜夜都在那里发力孕育着禾苗的生长，而劳动者的贡献只是用几个白天播了一下种，偶尔去除了一下草，浇了一下地，结果从同是物质力的角度看，土地对于粮食生产的贡献占99%，劳动贡献只占1%，那么，没有干什么活儿的这一百亩土地的土地所有者就可以凭借对土地的所有权，拿走粮食产量的99%，没有土地辛苦劳动的劳动者只能按和土地相比的贡献拿粮食产出的1%。至于土地所有者对于土地的所有权，则是自然产生的，白得的，经济学不必研究，可以让法学家去研究，或可以把它看成是神圣不可侵犯的"天赋人权"。

这种新自由主义观点把人的劳动贡献和非劳动生产要素的贡献硬拉到一起进行比较是很不恰当的。由于人和物是不同性质的事物，他们之间的贡献，是不能用同一尺度比较的。比如，如果我在没有与别人合作的情况下写了一篇文章，我就可以说，这篇文章是我写的，它的价值是我贡献给人类的财富。而用不着说，这篇文章是我和我的衣服、裤子、鞋、电脑、笔、纸、房子，乃至宇宙和地球一起写的。从使用价值方面看，宇宙和地球当然比我有用、比我作用大，但它们不属于人类，不管写文章这回事，我的文章写得好，就说明我对它们利用得好，我对人类的贡献就大。如果那些物有原有价值，这些价值就能被我转移到新产品上，转移得了转移不了，全看我的劳动如何，对它们利用如何也全看我的劳动如何。它们就是它们，除了巧合不会自动改变自己适应人类。

由于在现实中任何生产要素都不可能单独起作用，客观上一般也不存在新自由主义经济学边际生产力分配论假定的一种要素不变另一种要素增多的情况，劳动和非劳动生产要素在生产过程中的贡献份额实际上是无法测量的[1]，一些经济学家就转而单独用供求关系来说明劳动者和非劳动生产要素所有者之间的产权关系，认为他们之间的产权关系只能由市场供求一种协调机制决定。在这种关系中，非劳动生产要素及其所得权是第一要保护的，劳动所得则是应当尽量利用市场交换机制加以压制的，无论劳动

---

[1] ［英］斯拉法：《用商品生产商品：经济理论批判绪论》，商务印书馆1997年版，第6—43页。

者的劳动贡献有多大，都只有权得到市场供求决定的均衡工资。只要通过尽力压制劳动者的劳动所得，把非劳动生产要素及其所得作为神圣不可侵犯的产权保护起来，整个经济就可以随着财富在非劳动生产要素所有者手中不断增长而自然发展起来。

但这种论证是不能成立的。我国和各发达国家的历史都证明，这种原始资本主义的做法，必然要导致资产者和无产者的激烈斗争和冲突，引起经济危机的频繁发生和社会动荡的反复出现。让一部分人不劳动，只凭对非劳动生产要素的所有权白得越来越多的产权，劳动者却无法凭劳动勤劳致富的社会经济关系，会使社会不同阶层之间无法形成有效竞争和流动，必然要因广大劳动者无法发挥自主劳动、广大劳动者得不到应得劳动成果和广大劳动者科技水平无法提高而阻碍生产力的发展。

同时，这种新自由主义产权理论也是不符合我国和世界各国现代市场经济实际的。在当代，实行市场经济的各个国家在以市场交换作为基础性的协调机制的同时，都还存在着国家立法机制、社会保障机制、税收补贴机制、劳资集体谈判机制、利润分享机制等其他协调机制的补充。非劳动生产要素所有者如果不劳动的话，只能凭借非劳动生产要素贡献参与得到社会伦理认可的各种产权，而不可能按照他的非劳动生产要素与劳动者相比较的贡献得到产权。

例如，如果他只是储蓄他的非劳动生产要素，那他只有权在社会伦理认可的范围内得到用于补偿旧价值的费用和补偿他少消费的机会成本的利息。这样得到的收入产权就不是按他的非劳动生产要素和劳动相比较的贡献计算的收入产权，而是按那些非劳动生产要素原有价值加少量奖励计算的收入产权。原有价值大，可以多得些；原有价值少，就要少得。物的贡献只能和物的贡献比。他们要想得到更多的收入产权，就必须冒风险、花精力去投资管理，这样他们才能和生产者一起以按劳动贡献分配为主和非劳动生产要素参与分配的原则，分享人和物共同作用产生的总收入产权。

这种现实的一个明显表现就是，尽管现在我国和世界各发达国家都在越来越多地用资本替代劳力、用机器替代人工，国家和个人财产越来越多，劳动收入却在国民收入中占约75%，且有比例上升趋势，用西蒙·库兹涅茨的话说就是："人们可以在上述现代经济增长的一世纪中（这个时间可持续一个半世纪而不致使历史趋势有大的变更），劳动收入的份额上升了，大约从55%上升为75%；而资产收入则下降了，大约从45%降为大约25%。"①

另一些只依据新自由主义产权理论看问题的经济学家，除了用"天赋人权"来回避产权交易者的产权来源问题以外，还用了一些把劳动排除在外的其他理论，来说明某些人群在产权交易关系中独占企业剩余索取权的理由。其中一种流行的产权理论观点是，由于企业主需要承担可能失去资产的投资风险，所以只有他才有资格独占企业的剩余索取权，才有权获得企业利润，其他劳动者因为没有失去企业资产的投资风险，所以不论做出了多少劳动贡献都没有权利分享企业剩余。

虽然这是当代新自由主义经济学教科书的主流说法，由于被人重复了千百遍而已被很多人视为理所当然不可动摇的真理，但其实经不起推敲。

第一，投资风险总是需要人付出脑力和体力去承担的，所以承担投资风险不过是劳动的一种，是完全可以和其他劳动相比较的。

第二，在市场经济条件下，其他劳动者在进入企业以后事实上已经参与承担了企业的投资风险。如果企业盈利增加，他通常不仅可以按照有关合同拿到工资，而且将有更好的收入增加和晋升前景；如果企业亏损或破产，他将实际上拿不到合同规定的工资甚至失业。这说明他用放弃其他选择的机会成本参与了企业的投资，也承担着一定的投资风险。

第三，其他劳动者承担的投资风险虽然可能比企业主小，但承担着其他风险，如从事接近有毒有害物质的特殊工种工人承担的生命风险、替其他经营企业的经理承担的责任风险等，又可能比他大，所以即使仅仅从承担风险大小的角度看，其他劳动者分享企业剩余的资格也不一定比企业主小。所以只用承担投资风险来论证企业主对企业剩余的独占权，把其他劳动者的企业

---

① 樊纲、姚枝仲：《中国财产性生产要素总量与结构的分析》，《经济研究》2002年第11期；西蒙·库兹涅茨：《各国的经济增长——总产值和生产结构》，商务印书馆1999年版，第75—76页。

剩余索取权一概排除是站不住脚的。完全按照这种理论行事，生产力将因很多劳动者无法按照劳动贡献获得成果降低劳动积极性而受到阻碍。

另一种只依据新自由主义产权理论看问题得出的观点是，由于拥有大量资本的富人可以用这些资本显示自己具有赚钱的能力，并且这些富人通常要从事经营活动，而经营活动比生产活动不好监督，所以只有具有大量资本并从事经营活动的富人，才应该享有获取企业剩余的权利，其他从事生产的穷人因为没有资本和比较好监督，只应得到劳动力市场上供求决定的工资。

这种观点的片面性可以从以下两方面来看。

第一，它把是否拥有资本当成了是否具有经营能力必不可少的信号，但实际上富有程度和经营能力并没有必然的联系。世界上几乎所有巨型企业的第一代创业者，都是穷人而不是富人。例如，美国微软集团创始人比尔·盖茨父亲是律师，母亲是中学教师，创业时自己只是个大学肄业的穷学生。德国西门子公司创始人维尔纳·冯·西门子年轻时因参与决斗被送到马德堡德内城监禁，但他在狱中进行科学实验研究出镀金和镀银的办法。西门子出狱后在31岁时，用借来的600马克与仪器制造家哈尔斯克共同创建了西门子—哈尔斯克公司，即西门子公司的前身。我国希望公司的创始人之一刘永好，涉足商海是随其三哥筹资1000元，在新津县农村养鹌鹑，然后用竹筐挑到集市卖油炸鹌鹑蛋。

这说明穷人中蕴藏有大量善于经营赚钱的人。与此形成对照的是，富人中善于经营赚钱的人却有不断减少的趋势。在世界各国，都有大量家族企业上演着创立、崛起、衰败的三部曲，创立、崛起的领导者是最初的穷人创业者，衰败的领导者则是天生的富人继承者。"富不过三代"是世界各国家族企业中存在的一种普遍现象。例如，据美国小企业局估计，美国家族企业中，只有1/3能持续到第二代不衰亡。许多著名家族企业，如杜邦、洛克菲勒、卡内基都有这种萧条趋势，他们的子孙可能往其他方向发展，如艺术和政治，而且表现得有声有色，但他们中极少能够将他们前人的事业经营得出类拔萃。所以在公司创办人交棒给第二代以后，这些家族企业很快就会引进专业经理人,到了第三代,通常整个公司都已经在专业经理人控制之下。第三代的孙子辈即使仍然握有公司的大多数股份,也已很少积极参与公司的管理。①

第二,企业主不一定最不好监督,是否容易监督也不应成为是否有资格获取企业剩余索取权的正当理由。虽然企业主掌握着企业财权,经营活动的不确定性较大,但并不一定没法监督,因为他是企业中的极少数,处在企业活动的中心舞台,其活动与企业所有员工都有关,只要员工们联合起来去监督他,他的活动其实是很好监督的。原始资本主义企业的企业主之所以可以不受员工监督,为所欲为,主要是因为那时员工们一无所有,还没有联合起来,社会地位低下,看到他侵害企业整体利益和自己利益也投诉无门,只好随他横行霸道。同时,把好不好监督作为获取权利的根据也是没有道理的。小偷比正常人不好监督,难道社会就应该给予他们偷窃的权利吗?

还有一种只依据新自由主义经济学看问题得出的产权观点认为,一个人在社会经济关系中的产权,只应由一个人所拥有的人力资本或占据的岗位来决定。但是,学历和岗位都只是人们做出贡献的条件,并不是贡献本身,把这些条件等同于贡献,一方面会使得到这些条件的人成为懒人,不去积极为社会做贡献;另一方面会引导尚未得到这些条件的人,不是去积极为社会做贡献,而是不择手段地攫取这些条件,造成社会上假文凭盛行,跑官要官成风。不看实际劳动贡献,还会出现高分低能的人压制有真才实学的人、尸位素餐的人压制勤劳肯干的人的不良现象,阻碍生产力的发展。

总之,从如何促进生产力发展的角度看,决定人们在社会经济关系中的产权大小的最主要因素,不应是"天赋人权"的财产继承,不应是承担没承担或承担了多少投资风险,不应是拥有资本的多少,不应是容易还是不容易被监督,不应是有多少"人力资本",也不应是占据了什么岗位,而应该是他们劳动贡献的大小。我国的产权研究,在吸收新自由主义产权

---

① [美]弗朗西斯·福山:《信任——社会道德与繁荣的创造》,远方出版社1998年版,第95页。

理论中合理因素的同时，还应在劳动价值论的基础上创新发展马克思主义产权理论。

三　马克思主义产权理论的科学性

以上分析表明，只依据新自由主义经济学及科斯等人的产权理论，无法从如何最有利于生产力发展的角度，正确说明产权为什么应该清晰到某个人，不应该清晰到另一个人的问题。马克思主义产权理论，则为我们研究这个问题提供了最重要的理论基础。笔者认为，马克思主义产权理论有以下几个要点。

第一，社会和经济的发展最终要依赖于生产力的发展，在生产力的诸因素中，劳动者的劳动是"主体"和"财富的一般可能性"。马克思指出："劳动是非原料，非劳动工具，非原产品……劳动不是作为对象，而是作为活动存在；不是作为价值本身，而是作为价值的活的源泉存在。……劳动作为主体，作为活动是财富的一般可能性。"[①]

第二，资本主义私有制使广大劳动者的劳动成果产权与他们本人发生了"异化"。马克思指出：在资本主义私有制下，"劳动不仅生产商品，它还生产作为商品的劳动自身和工人，而且是按它一般生产商品的比例生产的。……工人在劳动中耗费的力量越多，他亲手创造出来反对自身的、异己的对象世界的力量就越强大，他本身、他的内部世界就越贫乏，归他所有的东西就越少。宗教方面的情况也是如此。人奉献给上帝的越多，他留给自身的就越少。工人把自己的生命投入对象；但现在这个生命已不再属于他而属于对象了。因此，这个活动越多，工人就越丧失对象。凡是成为他的劳动产品的东西，就不再是他本身的东西。因此，这个产品越多，他本身的东西就越少"[②]。

[①] 《马克思恩格斯全集》第46卷（上），人民出版社1979年版，第252—253页。
[②] 《马克思恩格斯全集》第42卷，人民出版社1979年版，第90—91页。

第三,广大劳动者劳动成果产权的异化,不能适应社会化大生产发展的要求,必然要被某种可以使广大劳动者的劳动成果产权回归他们的社会主义制度所取代。尽管"异化"这个词在他的早期著作中出现较多,但马克思在后期著作中实际上也用较少哲学色彩的语言,论述了资本主义私有制下广大劳动者的劳动成果产权异化问题,并根据对于发展生产力的历史局限性的分析,预见了未来社会主义制度的基本特征。

例如,在人们经常引用的《资本论》第3卷论述自由与必然的段落中,马克思就曾这样展望了后资本主义的社会主义制度:在那里,"社会化的人,联合起来的生产者,将合理地调节他们和自然之间的物质变换,把它置于他们的共同控制之下,而不让它作为盲目的力量来统治自己;靠消耗最小的力量,在最无愧于和最适合于他们的人类本性的条件下来进行这种物质变换"①。这里的"人类本性"就是指人的全面发展和人类物种生活的特性。最无愧于和最适合于人类本性,指的就是摆脱劳动成果产权异化,实现广大劳动者的劳动成果产权向他们回归。至于这种可以使劳动者的劳动成果产权回归他们的自由人的联合体社会主义制度如何实现,马克思并未给出具体答案。马克思晚年在写于1879—1880年的《评阿·瓦格纳的"政治经济学教科书"》一文明确指出:"我从来没有创造过'社会主义体系'。"②

正是利用这种产权理论,马克思在各种生产要素中,突出了劳动和劳动者的作用,揭示了优先保护资产者非劳动生产要素及其所得产权的资本主义私有制,有对生产力发展不利的方面,有局限性的方面。按照这种理论,为促进生产力的更快发展,对劳动和劳动所得的保护必然要越来越居于优先地位。马克思所阐述的这种理论,对于我国产权关系及建立在产权关系上收入分配关系研究,具有显然的适用性。但是,现在有人常把从马克思主义产权理论可以推论出的按劳分配,理解为某种具体的分配形式,

---

① 《马克思恩格斯全集》第25卷,人民出版社1975年版,第926—927页。
② 《马克思恩格斯全集》第19卷,人民出版社1963年版,第399页。

二 对新自由主义"彻底私有化"观点的批判

并把这种分配形式等同于按劳累程度分配或按劳动人头分配,进而认为马克思主义产权理论是错误的、无用的,按劳分配也是错误的、无用的。

诚然,如果把按劳分配理解为马克思设想的未来社会产权分配的一种具体形式,那么这种具体形式确实无法在市场经济中实行。因为马克思依据劳动价值论设想的那种按劳分配具体形式,是以完全的公有制和商品经济已经消亡为前提的。① 但是,马克思向来不赞成对未来社会的特征做过于具体、全面的论述,更没有为未来社会规定具体方案。马克思和恩格斯都认为,在新社会没有成为现实而缺乏实践的情况下详细地设计未来蓝图,其结果只能是越是制定得详细周密,就越是要陷入纯粹的幻想。

马克思曾经指出:"在将来某个特定的时刻应该做些什么,应该马上做些什么,这当然完全取决于人们将不得不在其中活动的那个既定的历史环境。"② 恩格斯也指出:"无论如何,共产主义社会中的人们自己会决定,是否应当为此采取某种措施,在什么时候,用什么办法,以及究竟是什么样的措施。我不认为自己有向他们提出这方面的建议和劝导的使命。"③ 马克思设想的那种按劳分配的具体形式,是建立在他所设想的历史条件下的,既然中国社会主义市场经济的历史条件和马克思设想的未来社会不同,中国当然不能实行那种具体的按劳分配形式。

但是,按劳分配除了在未来可能成为一种具体的分配形式以外,还可以是一种建立在劳动价值论基础上的产权分配原则,或论证在市场经济条件下如何进行产权分配才最有利于创造财富的生产力的发展的基础理论和分析工具。它作为一种建立在劳动价值论基础上的产权分配理论,对包括中国在内的各种市场经济国家的产权分配,却具有明显的解释力和适用性。

事实上,把从马克思主义产权理论推论出的按劳分配,理解为按劳累程度分配或按劳动人头分配是没有根据的。马克思主义产权理论的劳动价值论的一个基本要点是,商品的价值是由社会必要劳动时间决定的。社

---

① [德] 马克思:《哥达纲领批判》,人民出版社1965年版。
② 《马克思恩格斯选集》第4卷,人民出版社1995年版,第643页。
③ 同上书,第642页。

必要劳动时间是指在现有的社会正常的生产条件下，在社会平均的劳动熟练程度和劳动强度下制造某种使用价值所需要的劳动时间。也就是说，谁的劳动对社会的贡献比较大，他创造的价值才比较大，他得到的产权才应该比较多。从马克思主义产权理论推论出的按劳分配，准确地讲应为按劳动贡献分配。现在有人把马克思的劳动价值论说成是体力劳动价值论，硬把从马克思主义产权理论推论出的按劳分配说成是按劳累程度分配或按劳动人头分配，说这种理论认为谁累或哪里人多，就可以创造更大的价值，并可以分配到更多财富，这是对马克思主义产权理论和按劳分配的歪曲。现在发展中国家都是劳动过剩，那样说当然是荒谬的。

还有人认为，由于社会必要劳动时间无法测量，由马克思主义产权理论可以推论出的按劳动贡献分配没有可操作性，因此，马克思主义产权理论和收入分配理论是没用的。这是混淆了基础理论和具体分配形式的说法。事实上，马克思主义产权理论及按照这种理论可以推论出的按劳动贡献分配，在市场经济中只是一种可以用于分析如何分配才最有利于生产力发展的理论框架和分析工具，而不是一种具体的可操作的分配形式。

按照这种理论，现实中存在的各种可操作的分配形式，如按供求分配、按资分配、按土地分配、按等级分配、按企业分配、按学历分配、按资历分配、按岗位分配、按地区分配、按行业分配、按职业分配、按劳动时间分配、按劳动成果分配、按需分配等等，都只有在尽可能注入更多的按劳动贡献分配的因素，或尽可能向按劳动贡献分配方向调整的情况下，才能更有利于生产力的发展。同时，产权分配不仅涉及经济问题，而且涉及政治、社会和伦理等各方面的问题，需要结合许多理论来研究，马克思也并没有认为根据他的理论可以在全社会实行"不折不扣"的按劳分配。[1] 所以，马克思主义产权理论和收入分配理论，是一种十分需要我们结合当代和中国实际创新发展的很有用的基础理论。

下面本文结合当代和中国实际，对马克思主义产权理论尊重劳动贡献

---

[1] ［德］马克思：《哥达纲领批判》，人民出版社1965年版，第10—15页。

二 对新自由主义"彻底私有化"观点的批判

的产权分配主张的科学性做些探讨。

第一,让人们根据劳动贡献获得产权,可以激发劳动者更大的劳动热情。有人说,要使劳动者勤劳,就必须让劳动者保持贫穷,过去在计划经济时期,为什么劳动者不愿意干活,就是因为他们太富了。有些国有企业的职工之所以没有干劲,也是因为他们太富了。他们至今仍然自觉不自觉地保持着"文革"时期"越穷越革命,富了就变修"的思维方式,唯恐劳动者社会地位提高,唯恐劳动者变富,以致把现在农民和农民工的贫穷和社会地位低下,看成是一件需要想尽办法保持的好事。

其实,把计划经济时期有些国有企业职工没有干劲的原因说成他们太富,是不符合实际的。他们之所以干劲不高,不是因为太富,恰恰相反,是因为没有致富的途径,"干多干少一个样,干好干坏一个样",有时候干多了还不落好,还要受到别人的批判和围攻,人们当然就不愿意多干活了。人们对富裕的欲望是没有止境的,只要干比不干能更富,只要能够得到自己的劳动成果,不论已经多么富了,人们还是会去积极劳动创造更大财富的。比如,现在发达国家的劳动者大多比发展中国家的劳动者富,但他们大多数人并没有变懒,他们能够得到自己劳动成果的劳动和高科技含量劳动,还使他们不断创造出比发展中国家多的社会财富。如果说劳动者的劳动热情是火,那么劳动报酬和劳动奖励就是油,有了得到油的产权,火才能燃烧得更加旺盛。

第二,让人们根据劳动贡献获得产权,可以使劳动者具有更健康和充沛的劳动体力。现在一些只依据新自由主义理论看问题的经济学家,一谈产权关系,只讲虐待物的危害,不提虐待人的危害,似乎只要优先保护好有非劳动生产资料所有者的非劳动生产要素所得,经济就可以自动发展了。其实,使劳动者得不到他的劳动果实,总是处于被虐待、被剥削的境地,才是经济不能快速发展更深刻的原因。

现在各发达国家由于有比较健全的劳工组织、劳工保护法律,劳动者的身体健康水平一般要高于发展中国家,这从各国的体育运动水平就可以看出,它们的经济发展水平也就可以因此而好于发展中国家。一个人只要吃得好、食物营养水平高，多干一些活也不会太累；相反，一个吃得很差的人，即使干不太重的活也会感到吃不消，而且很容易病倒。我们国家过去就有很多劳动模范，因为得不到应得的劳动报酬贫病交加，英年早逝；现在也有很多农民工因为工资屡遭拖欠，得不到应得的劳动报酬，搞得疾病缠身，过早丧失了劳动能力。这些都是不利于我国经济发展的。

第三，让人们根据劳动贡献获得产权，可以使劳动者受到更好的教育和培训，拥有更多的人力资本。现在很多企业经营者只重视更新设备和机器，为买到好机器不惜血本，以为只要有好机器企业的赢利就可以自然提高，对职工的收入却极力压制，不但不愿意出钱培训员工，还阻止员工根据劳动贡献获得产权，唯恐员工有钱自己去进行自我知识更新，增加自己的人力资本，生怕员工一超过他，他的经理位子就坐不稳了。这种做法是很不利于生产力发展的。

早在20世纪80年代，电讯巨头摩托罗拉公司就做过一次调查表明，每一美元的培训费用，在3年内可实现40美元的生产效益。当今世界是个飞速发展的社会，各种知识日新月异。如果劳动者因不能根据劳动贡献获得产权，两年没有更新知识和技术，他们的知识和技术就已经落伍了。劳动者需要不断受到教育和培训，不仅因为他们可以由此学到新的工作技能，还因为他们能够因此而更新过去已经掌握的工作技能。如果员工得不到新思想的灌输，没有实践新知识的机会，无法从事高技术含量劳动，最好的员工也跟不上高新技术领域的发展，企业无论有多么好的机器也会在世界范围的竞争中被淘汰。所以，一些发达国家的企业甚至明文规定，企业领导有培养下级的责任，并将领导是否有能力培养下级作为考察领导者是否称职的一个重要指标。它们的做法，难道不是可以给我们以很大的启发吗？

第四，让人们根据劳动贡献获得产权，可以增加劳动者的自立精神和创业机会，并带动更多的人就业。"盛衰各有时，立身苦不早"，一个人越早能自立，越早有自己可以支配的事业，他就越早能把自己的自主精神和自主劳动发挥出来，有越长的时间和越多的机会创造更多的社会财富。美国人为什么创造的财富多？就是因为劳动者自立早，做学生的时候就不依赖父母去打工，可以在较大程度上根据劳动贡献获得产权。在美国经济发展初期，地广人稀，资本家给劳动者的工资必须比较高[①]，不然他们就可以自己开块土地当小农场主去，结果，劳动者自主精神高，自主劳动多，创造的财富就多。由于劳动者能够在较大程度上根据劳动贡献获得产权，劳动者有较多的机会积累资本，自己去创业。较多的创业又可以带动更多的人就业，创造出更多的财富，结果美国很快就赶上和超过英国，成为世界第一强国。

所以，一提促进创业和就业，就说必须优先保护非劳动生产要素所得产权，尽力压低劳动者工资是不对的。促进创业和就业不仅现有的企业主和投资者可以做，其他劳动者在有了必要的物质条件以后也可以做。而且，已经创业的人一般比较保守，储蓄倾向比较高，投资意愿比较弱，总想做守成劳动，干起事来顾虑较多，全靠他们就会造成整个社会的投资不足和就业机会不足。相反，在还没创业的人中，却蕴藏着大量渴望创业投资的人，这些人往往干劲十足充满朝气，"动物精神"比较强，魄力比较大，愿意破釜沉舟，把自己收入中比较大的部分用于投资创业，去做创新劳动。在社会经济关系中，让人们根据劳动贡献获得产权，可以让这些人把他们的自主劳动和创新劳动发挥出来，在经济中不断出现有生命力的中小企业，这样就业才能不断扩大，财富才能快速增多。

美国前总统尼克松在1973年8月1日纪念美国小企业管理局成立20周年之际曾说："自从我国建国以来，中小企业为我们提供了一些最优秀的创见和发明，从而大大加速了我们经济和科学的发展。"[②] 美国前总统里根在1982年向国会递交的《中小企业状况》的总统报告中也说："中小企业在美国经济中起着关键的作用。中小企业在创新和就业方面的贡献特别令人注目。"[③] 这种经验值得借鉴。

[①] 亚当·斯密指出："最高的劳动工资不是在最富的国家出现，而却在最繁荣，即最快变得富裕的国家出现。今日英格兰确比北美各地富，然北美各地的劳动工资却比英格兰各地高。"（亚当·斯密：《国民财富的性质和原因的研究》上卷，商务印书馆1979年版，第63页。）

[②] 章嘉琳：《变化中的美国经济》，学林出版社1987年版，第149页。

[③] 同上。

第五，让人们根据劳动贡献获得产权，可以增加社会各阶层之间的人员流动，增加经济的活力和稳定。一些依据新自由主义理论主张优先保护非劳动生产要素所得权的经济学家，只讲物质财产对于其所有者自由的重要性，不讲劳动成果对于劳动者自由的重要性，以致把劳动等同于物，根本不承认劳动者具有创造财富的主体力量，竭力论证非劳动生产要素所得的不可侵犯性，其基本主张是：谁掌握企业的财产所有权，谁就独占企业的剩余索取权，企业中的雇员不论干好干坏，都没有权利分享企业利润，只有得到市场供求决定的均衡工资的权利。他们明明知道单凭市场交换一种协调机制工人只能得到维持最低生活费用的生存工资，社会地位和生活水平没有改善的可能，仍然把市场供求规律说成是自然规律，把工人的贫困说成是市场经济的必然现象，坚决反对工人根据劳动贡献获得产权，参与利润分享，通过多做劳动贡献改变自己的命运和社会地位。

这种主张实际上是试图通过对非劳动生产要素所得权的优先保护，实行一种事实上的固定等级制，用对资产者的已有财产的保护，压制劳动者对自己劳动成果的保护，以便让资产者永远养尊处优，劳动者永远处于无产状态。但是，这种做法是不利于财富增长和社会稳定的。

说它不利于财产增长，是因为它无法使对生产力发展做出最大劳动贡献的人得到最多的奖励，试想如果不干什么活的储蓄者凭借财产所有权得到的利息是所有全部利润，那实际干活的经营者和生产者还有什么积极性去努力生产创造财富呢？财富按物的贡献到了不干活的人手里，就会变成死财富无法增值，到了劳动贡献少的人手里就增值少，只有到了劳动贡献多的人手里才会增值多。优先保护非劳动生产要素所得而不是劳动所得，就是保护财产多的人凭借财产所有权侵占贫穷劳动者的劳动果实。但正如前面分析过的，富人实际上并不一定是比穷人能力高的人或劳动贡献大的人，还往往比较保守，比较没闯劲，于是经济就会因此而失去活力，财富也无法快速增加。

说它不利于社会稳定，是因为在市场经济中，如果只按市场交换一种机制协调不同利益集团的利益关系，就会形成一种"按生产要素分配"，而且由于各国现实的市场经济不像西方主流经济学教科书假定的那样，存在着人人平等的完全竞争，而是存在着巨大的财产差异，这种"按生产要素分配"的结果不会是西方主流经济学教科书所描述的一片和谐和均衡，只能是两极分化。穷人生活水平极低，极难通过多做劳动贡献改变，不断因贫穷而受到富人欺凌和侮辱，于是不得不与他们展开斗争。富人虽然在物质享受上极为优越，但因受到穷人的仇视，整天要提心吊胆，精神却十分紧张，生怕被人暗杀，或财产被抢，掉进穷人的悲惨行列，于是不得不加紧对穷人的镇压和打击，造成社会冲突不断升级。

因此，在我国社会主义市场经济中，应依据马克思主义产权理论，在寻求产权清晰的过程中，优先保护按劳动贡献形成的产权，即明确非劳动生产要素只能转移旧价值，生产过程中产生的新价值的产权，应在其他机制对市场交换基础机制的补充下，更多地调节到劳动贡献大的人手中，例如，如果股东的财产虽然比经营者和生产者多，但后者的劳动贡献更大，那么就应该把体现新价值的财富更多地调节到后者手中，降低不同社会阶层之间的流动壁垒，增加经济的活力。这样，财富才能快速增长，社会才会长治久安。

四　对适合中国的产权分配原则的探讨

从以上对新自由主义产权理论和马克思产权理论的比较研究中，可以引申出一条有利于我国生产力发展的产权分配原则：按劳动贡献分配为主和其他生产要素参与分配。毫无疑问，这条原则是建立在马克思主义产权理论基础上的。有人说，马克思主义产权理论，是只研究公平不研究效率和发展的理论，这是不对的。事实上，马克思主义产权理论，是有关经济效率和经济发展的理论，它表明，在决定经济效率和经济发展的生产力的诸多因素中，劳动者的劳动是唯一能动的要素，是起决定作用的主体力量，而其他要素归根到底只有从属的或受动的意义。物质其他要素除了巧合不会自动改变自己适应人类，本身也并不参加产权分配，受不到产权分配的激励。作为劳动者素质的人力资本、知识等其他人的素质要素只有在劳动中才能取得，在劳动中才能发挥作用。正是根据马克思主义产权理论所阐明的这个事实，我们才把劳动与其他生产要素区别开来，提出了这条产权分配原则。

为什么要提按劳动贡献分配，而不是按劳分配呢？这是因为长期以来，人们已经习惯于把按劳分配当作某种收入分配的具体形式，给予了太多不合理的含义，如按劳累程度分配、按劳动人头分配、按劳动时间分配、按劳动产品件数分配等等。这里用按劳动贡献分配所要表达的特定含义则是，在劳动者之间，谁的劳动对社会贡献比较大，他所得到的劳动成果就应比较多。它不等同于任何一种具体的分配形式，而是指在各种可操作的分配形式的组合中应尽量贯彻的一种分配原则。

例如，由市场供求关系决定产权关系是一种可操作的分配形式，在这种分配形式下，由于单个雇主与单个雇员之间的经济地位往往不对等，某单个雇员的工资就可能被压到大大低于他对企业和社会的劳动贡献的水平上，这时，就有必要在非商品交换的协商机制、利润分享机制、政府干预机制等对市场交换机制的补充下，使该雇员的劳动贡献成果产权能够通过这些机制的共同作用，尽量向他回归。

为什么要提其他生产要素参与分配，而不是按生产要素分配呢？这是为了把人的劳动贡献和其他生产要素区别开来。按生产要素分配的提法，将劳动与其他生产要素等同起来了，但事实上劳动与其他生产要素起的作用是不同的。一台在市场上的均衡售价为500元的机器，企业把它买回来以后，不论创造了多少使用价值，这些使用价值到市场上卖了多少钱，它还是值500元，那些多增的使用价值和价值都不能算作它的功劳，归它所有，而要算作选择购买和实际操作它的人的功劳，归人所用。所以拥有它的人只能用它的原有价值参与分配，由劳动引起的增值使用价值与人创造的价值合为一体，都要算作人的功劳，为人所有和分配。

一个市场均衡工资是每月500元的大学毕业生，在被企业雇用以后，如果因为他的到来和发挥作用，企业可以多赚5万元的话，从有利于生产力发展的角度看,应通过以市场交换为基础机制和其他机制为补充的多种机制的作用下,让他的劳动贡献尽量向他本人回归,不是以 500 元,而是以 5 万元为他的上限取得产权。

为什么要提按劳动贡献分配为主,而不是只提按劳动贡献分配呢?这主要是出于两种考虑,一种考虑是,在当代随着人们的财产越来越多,将有越来越多的人要走入运用其他生产要素进行劳动,以获取产权的行列。其他生产要素相当于人们的生产工具,使用生产工具劳动可以提高人们的劳动生产率,用较少的劳动生产出较多的财富,让较少的价值体现在较多的使用价值上,使物美价廉的东西越来越多。所以除了提按劳动贡献分配以外,还应鼓励人们用其他生产要素的原有价值参与分配。例如,即使拥有资本的人只是把资本存在了银行,劳动贡献不大,也要保护他们的资本,尽量让他们用这些资本参与分配,到期后收回相当于资本原有价值的本金,并在按劳动贡献分配为主的原则下给予他们以利息的奖励。

第二种考虑是,产权分配不仅涉及经济问题,而且涉及政治、社会、伦理等很多问题,所以不能实行"不折不扣"的按劳动贡献分配。即使有些地区、有些人群的劳动贡献不大,出于除生产力发展以外的其他方面的考虑,也要给予他们较多产权,帮助他们生活和成长。例如,对于贫困地区和贫困人口给予一些财政上的特殊帮助;对于儿童教育给予一些特殊助学补助;对于残疾人给予一些就业的优待;对于老年人随着社会经济的发展相应增加他们的退休金或养老金;等等。

按劳动贡献分配为主和其他生产要素参与分配,反映了我国劳动收入在国民收入中占 75% 以上的现实[1],也符合经济越发展劳动收入在国民收入中所占比重将越高的趋势[2],既有理论根据又有现实根据,实为一项适合我国社会主义市场经济发展要求的产权分配原则。

---

[1] 樊纲、姚枝仲:《中国财产性生产要素总量与结构的分析》,《经济研究》2002 年第 11 期。
[2] [美] 西奥多·舒尔茨:《报酬递增的源泉》,北京大学出版社 2001 年版,第 83—84 页。

参考文献

[1] 马克思：《资本论》第 1 卷，人民出版社 1975 年版。

[2] 《马克思恩格斯选集》第 1 卷，人民出版社 1995 年版。

[3] 科斯等主编：《财产权利与制度变迁——产权学派与新制度学派译文集》，上海三联书店 1991 年版。

[4] 何秉孟、傅军胜：《劳动价值理论新论》，社会科学文献出版社 2003 年版。

[5] 张宇、孟捷、卢荻：《高级政治经济学——马克思主义经济学的最新发展》，经济科学出版社 2002 年版。

[6] 哈耶克：《自由秩序原理》（上），生活·读书·新知三联书店 1997 年版。

[7] 樊纲、姚枝仲：《中国财产性生产要素总量与结构的分析》，《经济研究》2002 年第 11 期。

[8] 裴小革：《外国经济思想史》，中国财政经济出版社 2000 年版。

[9] 章嘉琳：《变化中的美国经济》，学林出版社 1987 年版。

[10] 亚当·斯密：《国民财富的性质和原因的研究》（上卷），商务印书馆 1979 年版。

[11] 弗朗西斯·福山：《信任——社会道德与繁荣的创造》，远方出版社 1998 年版。

[12] 西奥多·舒尔茨：《报酬递增的源泉》，北京大学出版社 2001 年版。

[13] 西蒙·库兹涅茨：《各国的经济增长——总产值和生产结构》，商务印书馆 1999 年版。

[14] 斯拉法：《用商品生产商品：经济理论批判绪论》，商务印书馆 1997 年版。

（作者单位：中国社会科学院经济研究所）

（原载《政治经济学评论》2004 年第 2 期）

国企改革必须以马克思主义产权理论为指导

——兼评科斯的产权理论

何秉孟

我国的改革,已经进入国有企业改革的攻坚阶段。国有企业改革如何进行,理论界、经济界乃至社会各界存在严重分歧。虽然在所谓"不争论"的原则之下,争论未公开,但实际上,近几年来辩论从未停息。当前辩论的焦点之一,是国有企业改革坚持以什么理论为指导:是以新自由主义者科斯的产权理论为指导,还是以马克思主义的产权理论为指导呢?

一 科斯的产权理论是私有产权理论

什么是科斯的产权理论呢?科斯是美国新自由主义大本营芝加哥大学的教授,是所谓新制度经济学派的主要代表人物。科斯的成名,主要得益于他的两篇论文:一是《企业性质》(1937年);二是《社会成本问题》(1960年)。这两篇论文的基本观点是:(1)市场交易是有成本的,即所谓交易成本或交易费用,企业的存在就是为了节省交易费用;(2)在交易费用为零时,只要产权初始界定清晰,并允许经济当事人谈判交易,就可以实现资源的有效配置;(3)什么叫"产权初始界定清晰"呢?就是界定到自然人,也就是"私有";(4)"一旦考虑到进行市场交易的成本,……

合法权利的初始界定，会对经济运行的效率产生影响"，私有经济交易成本低于公有经济，私有制的效率比公有制高。科斯从交易成本入手，得出了公有制经济的效率不如私有制高的结论。他的这一套，对于西方资产阶级经济学来说，并没有什么独特的贡献。因为西方的资产阶级经济理论，从来都是建立在私有制的基础之上或以私有制为前提的。私有制对于西方资产阶级经济学家来说，是不言而喻的。所以，长期以来，科斯及其产权理论在西方学界默默无闻，无人问津。

只是进入20世纪80年代之后，国际垄断资本为了在全球推进私有化浪潮，特别是对社会主义国家进行"和平演变"的需要，便寻找理论武器。这时，他们从古纸堆中发现了科斯的那一套，于是，动员各方面的力量，对科斯理论进行包装并大肆炒作，将我们在上面对科斯的理论所归纳的第（2）点包装为"科斯第一定理"，将第（3）、（4）两点包装为"科斯第二定理"。国际垄断资产阶级在对科斯那一套"理论"进行包装时不惜使用耸人听闻的"第一定理""第二定理"这样的大字眼，这本身倒是非同寻常的。不仅如此，1991年，科斯的"产权理论"甚至被授予诺贝尔奖！由此也可见，诺贝尔奖带有多么强烈的意识形态色彩！

对科斯的理论，包括目前被某些人奉为金科玉律的所谓"科斯第一定理""科斯第二定理"，稍作分析，就可以发现它存在两个非常明显的漏洞：其一，认定私有制经济的交易成本比公有制经济低，并没有实证依据，是先入为主的武断结论。事实上，商品交易过程，是一个讨价还价的谈判过程和有着诸多中间环节的履约过程，其成本不仅取决于市场的规范程度，而且取决于交易主体的谈判能力、履约能力，交易过程纷繁复杂，没有大量的实证资料，凭什么断定公有制经济的交易成本大于私有制经济？其二，能否实现资源的有效配置，并不仅取决于单个企业交易成本的高低，还取决于其他多种因素。比如，我们知道，资本主义生产的基本矛盾是生产的社会化同生产资料私人占有的矛盾；在这一基本矛盾的作用下，每一个企业内部的有计划同整个社会生产的无计划并存，由此导致周期性经济危机。每一次经济危机，均是生产力的巨大破坏，造成资源的极大浪费，谈何

"资源的有效配置"？2001年爆发的世界性资本主义经济大危机表明，这一规律没有改变。相反，我国改革开放20多年来，国民经济持续以近10%的增幅高速增长，创造了人间奇迹。这说明，社会主义公有制经济的效率完全可以高于资本主义私有制经济。可见，所谓"科斯定理"不过是伪科学而已。

然而，就是科斯的这一套庸俗得不能再庸俗的私有产权理论，近几年来，某些人竟视之为圣经企图千方百计地将其输入国内，用以"指导"中国的改革事业。这方面最典型的例子是前几年在国内持续升温的"张五常热"。"张五常热"升温，就是科斯的私有产权理论在国内升温。张五常本人多次声称：是科斯派他到香港大学任职的，责任是就近向中国人传授经济体制运行的知识，"向外行介绍产权经济学"，目的是引导中国的经济体制改革走全面私有化的道路，在中国重建私有制。[①]

还必须指出，由于科斯是从交易费用入手得出公有制不如私有制效率高的结论的，因此学界有人不仅对所谓"科斯定理"大肆炒作，而且还吹嘘什么科斯"第一次"将交易费用概念引入经济分析，建立了"著名的交易费用理论"，这也是科斯对西方现代经济学的一个主要贡献。其实，凡是多少了解经济学说史的人都知道，马克思在《资本论》第二卷第6章和第三卷第17章中，早就提出了"流通费用"这一概念，并对流通费用的类别、补偿以及如何节省流通费用等进行了精辟的分析。马克思提出流通费用概念和理论体系的时间比科斯要早至少半个多世纪！

二 国有企业改革必须以马克思主义的产权理论为指导

我国的经济体制改革，是社会主义制度的自我完善。改革不能动摇以公有制为主体，多种所有制经济共同发展的基本经济制度，否则，就会偏离社会主义的方向。因此，我们绝对不能用科斯的一套私有产权理论指导

[①] 张五常：《经济解释》，商务印书馆2000年版，第490页。

中国的国有企业改革。

有的人可能会说:"以科斯为代表的新制度经济学派产权理论不能指导中国国有企业改革,到底什么理论才能指导国有企业改革呢?"

答案只能是:马克思主义的产权理论。

"马克思主义有产权理论吗?"

答案是肯定的。

近几年来,我国著名的马克思主义经济学家吴易风、李炳炎等一批学者和理论工作者,对马克思论著中蕴藏丰富的产权理论进行了艰苦的发掘、研究,并紧紧围绕我国国有企业产权改革的实践探索进行理论抽象和理论思维,为创立中国化的马克思主义产权理论进行了创造性的、卓有成效的理论探索。当代化的、中国化的马克思主义产权理论正在形成,其基本点是:

1. 法权关系是一种反映现实的经济关系的意志关系,其内容由经济关系所决定。

2. 所有权是所有制的法律形态,财产权是生产关系的法律表现。

3. 财产权不是单一的权利,而是一组权利,除了所有权外,还包括占有权、使用权、支配权、经营权、索取权、继承权和不可侵犯权,等等。

4. 财产权的各种权利,可以是统一的(统一于一个主体),也可以是分离的,而且分离的形式有多种。

5. 根据马克思的劳动价值理论和剩余价值理论,社会主义公有制必将取代资本主义私有制,资本主义的生产社会化同生产资料私人占有这一基本矛盾必将随之消失,社会主义国家可以运用经济的、行政的手段(计划等)对经济进行宏观调控,资本主义固有的周期性经济危机因此而消失,避免了因经济危机而造成的生产力的巨大破坏,使社会主义公有制比资本主义私有制具有更高效率,能够更好地在全社会范围内配置资源。

6. 社会主义国有企业必须建立产权清晰的现代企业制度,以解决高度集中的计划经济体制下形成的国有企业在实际运作中出现的所有权同经营权之间的矛盾(既存在所有权干预经营权的问题,又存在经营权侵蚀所有权的现象)。这里的"产权清晰",并不是清晰到自然人,而是财产权的各种权利归属于谁要清晰;而这里的"谁",可以是法人代表的全民(国家),可以是法人代表的某一集体或群体,也可以是出资的自然人。

7. 根据财产权的各种权利可以分离的理论,借鉴现代资本主义经济的运作经验,国有企业改革应实行财产所有权同经营权相分离。企业经营权是一种企业财产权,这种企业财产权和法人制度相结合,便构成企业法人财产权。同时,推进国有资产管理体制改革,实现出资人到位,以改变所有权主体虚置的现象。在此基础上,建立现代公司制,实行法人治理。

8. 国有企业财产所有权和经营权的分离,在社会主义国家,不是绝对分离,而是相对分离。国家作为国有资产的所有者,必须对企业的经营方向、企业领导人的任免等,保留某些决定权和监督权。

9. 所有制属于基本经济制度,而股份制是一种企业组织形式和资本组织形式,两者是内容和形式的关系。私有制经济可以运用股份制这种组织形式公有制经济也可以运用股份制。因此,股份制不等于公有制。股份制可以成为社会主义初级阶段公有制的主要实现形式。推进国有企业改革,通过股份制大力发展混合所有制经济,实现投资主体的多元化,以增强国有经济的活力和控制力。

10. 实行股份制改革,不能肢解国有企业的国家所有权,更不能以任何名义将国有资产分给任何个人,导致国有资产流失。不论实行国有资产控股还是国有资产参股但不控股公司,都必须确保国有资产的保值、增值,在市场竞争中不断发展和壮大国有经济。

以上归纳的十个方面,是马克思主义产权理论的基本内容。马克思主义的产权理论是公有产权理论,在本质上,它是同以科斯为代表的所谓新制度经济学派的私有产权理论根本对立的。我们推进国有企业改革,只能按照马克思主义的产权理论办事。改革开放以来,我国经济体制改革,特别是国有企业改革所取得的一切成就,都是坚持和运用马克思主义产权理论的结果,而不是如某些人所说的那样,是运用新自由主义制度经济学派的私有产权理论的结果;恰恰相反,在某些地区或某些企业,改革过程中之所以出现某些偏离社会主义方向的失误，或者造成国有资产流失，正是因为受了西方新制度经济学派的私有产权理论的影响和干扰。

比如，河南省长葛市发电厂在2003年年底的改制中，导致国有资产严重流失，便是发生在最近的例子。河南长葛市发电厂是长葛市为数不多的赢利国企之一，价值1.2亿元，资产评估值为1.01亿元，负债评估为3600万元，净资产评估值为6500多万元；在改制过程中，为解决富余人员问题，从净资产评估值中又扣除职工身份转换费、内部退养费、社会保障费等各项费用共3300万元，剩余国有净资产为3200多万元。而由原厂长为董事长、35个自然人股东组成的股份制有限责任公司（典型的私有公司）仅用1500万元就买下了这个企业。也就是说，一个1亿多元资产现值的赢利国有企业，仅卖了1500万元，变成了一个纯粹的私有制股份企业！这就是在科斯私有产权理论影响下，在所谓股份制改革的旗号下、实行企业管理层收购导致国有企业私有化和国有资产大量流失的典型例证。

应该指出，类似长葛电厂的例证，绝非个别现象。科斯的私有产权理论对我国改革发展事业造成的危害和损失，已达到令人震惊的程度！

三 马克思主义的产权理论还需要进一步丰富和发展

马克思主义的产权理论同整个马克思主义理论体系一样，是一个开放的科学的理论体系，具有与时俱进的理论品质，它是随着人类社会实践、特别是社会主义实践的不断深入而发展起来的，它还将而且必须随着社会主义实践的进一步深入而不断丰富和发展自己。

在经济学说史上或者说在社会科学发展史上，马克思是第一位创立产权理论的经济学家。早在19世纪中叶，马克思凭借他在经济学方面的深厚造诣，对产权理论进行了深入探讨。在前面我们已经提及的有关法权是反映现实的经济关系的意志关系，所有权是所有制的法律形态，"财产权是生产关系的法律表现"，"财产权是一组权利"，"财产权的各种权利，可以是统一的，也可以是分离的"，以及随着社会生产力的发展，在不同的历史时期所有制和财产处于不同的历史形式，因此社会主义公有制和公有产权取代资本主义私有制和私有产权是不可逆转的历史趋势，等等，便是马克思研究产权理论所作出的著名论断。马克思的产权理论比之大字眼"第一定理""第二定理"下的科斯的所谓产权理论，不知要高明多少倍！

同时，我们也清楚地看到，马克思的产权理论，没有涉及如何处理社会主义时期，特别是生产力水平落后的社会主义国家国有企业在经济运转中的各种产权关系问题。这是因为他没有经历社会主义的实践。如何解决这方面的问题，不是他的任务，是后来者的任务。

马克思逝世后的近百年的社会主义实践告诉我们，在高度集中的计划经济体制下形成的国有企业组织形式，在实际运作之中存在诸多矛盾，其中最突出的是所有权同经营权的矛盾，既存在所有权过多干预经营权的问题，又存在经营权侵蚀所有权利益的问题，影响社会主义制度优越性的充分发挥。苏联和东欧有些社会主义国家，曾先后于20世纪六七十年代着手进行改革，但成效甚微，导致国民经济缺乏活力；进入20世纪80年代后，这些国家的改革又严重偏离社会主义方向，成为红旗落地、资本主义复辟的重要原因。

中国共产党具有将马克思主义当代化、中国化的优良传统。改革开放30多年来，我们密切结合中国的实际，总结当代经济运作的规律，包括借鉴现代资本主义经济运作的有益经验，大力推进马克思主义产权理论的中国化、当代化，形成了有中国特色的马克思主义产权理论的基本框架。

毋庸讳言，马克思主义的产权理论尚需进一步丰富和发展。这不仅是因为马克思主义产权理论当代化、中国化，也就是有中国特色的马克思主义公有产权理论创立的时间不长，更重要的是，社会主义本身是一个理论与实践双重探索的过程，中国特色社会主义更是一个艰苦的长期的理论与实践的双重探索过程。从目前我国国有企业改革的实践看，我们在有些环节上破了题，但在某些环节上仍没有破题，甚或存在认识上的误区。比如，在企业法人治理结构的构建上，从理论到实践，均不是很清晰，仍在摸索之中；再比如，公司内部各类职工的分配问题，就存在误区，有的人盲目搬用西方公司对 CEO 们实行股份期权制。实际上，从本次资本主义经济危机中美国曝光的大量的企业丑闻来看，这种股份期权制正是垄断资本腐朽性的具体表现，我们断不可用。不仅如此，随着生产力的发展和社会的进步，国有企业的组织形式、公有产权的实现形式也将会出现新的变化，马克思主义的公有产权理论当然要不断地充实、完善自己，以反映现实经济生活所发生的各种变化。社会科学的发展历史告诉我们，任何人不可能创造一种永恒适用的"定理"。如果执意要玩弄这类大字眼，历史将证明，其价值比之幼儿园的孩童们"过家家"不会高出多少。

（作者单位：中国社会科学院）

（原载《马克思主义研究》2004 年第 5 期）

不能让新自由主义误导国有企业改革

周新城

近20年来,新自由主义在中国大肆泛滥,在经济学界几乎已占主流地位,在某些人那里已成为经济改革的指导思想,误导着国有企业改革。国有企业的改革,始终存在着两种改革观的对立:是按照马克思主义,坚持公有制,改革其实现形式;还是按照新自由主义,取消公有制,实行私有化。从提出国有企业改革以来,这种争论一刻也没有中断。在国有企业改革的政治方向和根本指导思想的问题上,中央的态度是极其鲜明的。十四届六中全会明确指出,要划清以公有制为主体,多种所有制经济共同发展与私有化的界限,坚持公有制为主体,反对私有化。2000年8月12日,江泽民同志在为准备十五届四中全会而召开的东北和华北地区国有企业改革和发展座谈会上强调:"我们要积极开拓,勇于进取,但决不搞私有化。这是一条大原则,决不能有丝毫动摇。"他在另一个场合阐述了私有化的危害。他说:"把国有资产大量量化到个人,并最终集中到了少数人手中,那样,我们的国有资产就有被掏空的危险,我们的社会主义制度就会失去经济基础。那时,中国将会是一个什么样的局面?我们靠什么来坚持社会主义制度,靠什么来巩固人民的政权,靠什么来保证实现全体人民的共同富裕?"因此,搞私有化绝没有好下场。

然而,国有企业改革一到关键时刻,总有一些人尤其是某些著名经济学家,根据新自由主义理论,制造种种理由,反对公有制,鼓吹私有化。

这些经济学家的手法是多种多样的，但概括起来，不外乎两种：一种是公开的、直截了当的，按照新自由主义的"理性经济人""私有财产永恒论"等假设，攻击公有制违反人的自私本性，鼓吹"私有制万岁""绕不开一个私有化"等，主张"私有化是国有企业的惟一出路"；另一种是隐蔽的、迂回曲折的，只要中央提出一项改革措施，他们就把它往私有化方向去引导。例如，中央提出建立社会主义市场经济体制改革是我国经济体制改革的目标，他们就鼓吹公有制与市场经济不相容，要搞市场经济就必须实行私有化；中央提出"产权明晰、权责明确、政企分开、管理科学"的现代企业制度，他们就鼓吹公有制产权不清晰，"产权虚置"，只有落实到个人，产权才能明晰；中央提出国有企业可以利用股份制形式筹集社会资本，扩大公有资本的支配范围，增强公有经济的主体地位，有人就鼓吹通过股份制将国有企业的资本出售给私人，把股份制作为私有化的一种手段；中央提出国有经济战线过长，要做战略性调整，以增强国有经济的主导作用，他们就鼓吹国有经济退出竞争性领域，把赚钱的企业让给私人经营；中央提出"抓大放小"的方针，要求采取多种形式放开搞活国有中小企业，他们就把出售当作唯一的形式，鼓吹一卖了之，掀起一股卖企业的歪风。这类言论更具有欺骗性，缺乏理论修养的人往往不容易看清它们的实质。新自由主义在国有企业改革方面的种种言论，一度充斥报刊，这就搞乱了人们的思想，并在实践中把国有企业改革引向邪路，严重干扰了国有企业改革的进展。这就要求我们运用马克思主义基本原理，旗帜鲜明地批判新自由主义，从理论上分清是非，提高辨别能力，保证国有企业改革沿着正确的道路健康发展。

一 "人的本性是自私的"，这是历史唯心主义的命题。由此得出私有化的必要性的结论是站不住脚的

新自由主义经济学是把"人的本性是自私的"作为既定的、无须论证的前提，由此来解释一切经济现象。有一位经济学家在讲坛上公开宣传，

二 对新自由主义"彻底私有化"观点的批判

"人是自私的",每一个人都是追逐个人利益的"理性经济人",这一论断是经济学的"结晶""精髓"。"它经过两百多年实践的检验,是颠扑不破的。"这些经济学家在国有企业改革问题上的逻辑推理是这样的:人的本性是自私的,公有制不符合人的本性,所以公有制是必然要垮台的,私有化是不可避免的。

"人是自私的",把人看作理性的利己主义者,在经济学说史上最早也许是亚当·斯密提出来的。亚当·斯密研究经济学时,就是以人的利己主义为出发点的。他认为,人的本性是自私的,人们在自己的经济活动中考虑的只是个人的利益,只受个人利己主义的支配。个人彼此之间需要互相提供帮助和交往,但这种互相交往只是为了自己获取个人利益。每个人都按照利己心去追求个人利益,人与人之间便形成一种共同利益。他把自私自利当作一种亘古不变的自然现象,每一个人一生下来就具有的本性,一切经济范畴都从人的利己主义本性中去寻求解释。所以,亚当·斯密的整个经济学说的理论体系就是从这种人的本性中演绎出来的。自亚当·斯密以来的西方资产阶级经济学家,包括古典经济学家、庸俗经济学家(也就是某些人所说的"现代经济学家"),几乎无一例外地都把人的自私本性当作天经地义的事情,当作分析一切经济问题最基本的前提。

应该指出,"人的本性是自私的"这一命题,在理论上是历史唯心主义的、反科学的,在实践上是反社会主义的、为资本主义辩护的。

我们是马克思主义者,就应该用马克思主义的历史唯物主义来分析这个问题。马克思说过:"人的本质不是单个人所固有的抽象物,在其现实性上,它是一切社会关系的总和。"[①] 在实际生活中,没有什么抽象的、永恒的、全人类共同的"人的本性",存在的只是具体的、由现实社会经济关系决定的人性,在阶级社会里,也就是阶级性。"自私"是一种观念形态、一种思想意识,属于上层建筑的范畴。自私、利己主义不是天生的,不是人一生下来就自然而然具有的本性。社会存在决定社会意识,经济基

---

① 《马克思恩格斯选集》第 1 卷,人民出版社 1995 年版,第 56 页。

础决定上层建筑，作为一种观念、一种思想的"自私"，是由社会存在和经济基础决定的。在原始社会，极其落后的生产力以及原始公社的生产关系决定了人们毫无自私自利的思想，一切劳动成果，人们都会自觉地在整个部落中平均分配。这一点早已为许多原始部落的调查报告所证实。原始社会瓦解后，私有制的出现使得剥削阶级有可能利用所掌握的生产资料无偿地占有劳动者的剩余劳动产品，也就是说产生了剥削，在此基础上，才形成自私自利、利己主义的思想。大家知道，在经济上占统治地位的阶级，它的思想也必然在意识形态领域中占统治地位。几千年私有制的存在和发展，使得在意识形态领域中占统治地位的剥削阶级的自私自利思想，逐步影响到劳动人民。自私自利、利己主义思想的普遍化是私有制长期统治的结果，而不是人的不可改变的"本性"。随着私有制的消灭、公有制的建立和发展，人们必然会逐步摆脱自私自利这种剥削阶级思想的束缚，树立起与公有制相适应的大公无私的观念。可见，人并不是天生就是自私的，也不是所有的人都是自私的。自私观念是一种历史现象，它是私有制的产物，将随着私有制的消灭而消失。自私的人，即"理性经济人"，是历史的结果，而不是历史的起点。把自私当作人的天然的本性，并以此作为不可更改的假设、公理来推断一切经济问题，从哲学上讲显然是一种历史唯心主义，而与马克思主义的历史唯物主义相悖的。

从实践上看，资产阶级学者从来都是利用"人的本性是自私的"这一命题来反对社会主义的。说远一点，李嘉图就是以此反驳空想社会主义者欧文提出的按新原则改造社会的方案的。李嘉图在给自己的朋友格隆的一封信中以提问的形式表述了这一点："如果人们的发奋努力的动力是社会利益而不是他们的私人利益，这种社会用原来那么多的人能比已往任何时候生产出更多的东西？难道说，几百年的经验不是证明恰恰相反吗？"李嘉图正是把资产阶级社会的经验作为亘古不变的真理来批判欧文空想社会主义的。再说最近的一件事情。20世纪八九十年代，新自由主义者张五常在北京狂妄地宣称："我一句话就可以把共产主义驳倒：人的本性是自私的。"他从"人是自私的"这一假设出发，断言："中国大陆的共产经验一败涂地","共产制度迟早会瓦解"。张五常也是把人的自私本性作为反共反社会主义的理论根据的。这清楚地说明,被某些人当作经济学的"精髓"的"人是自私的"这一原理,反映的是资产阶级的利益和要求,在现实生活中恰好是资产阶级学者反对社会主义的工具。这种状况不由得使我们想起了1983年邓小平同志的一段话。他说:"离开具体情况和具体任务来谈人,这就不是谈现实的人而是谈抽象的人,就不是马克思主义的态度,就会把青年引入歧途。"抽象地谈论人的本性,"实际上只会引导人们去批评、怀疑和否定社会主义,使人们对社会主义、共产主义的前途失去信心"。他指出:"有的现象可能短期内看不出多大的坏处,但是如果我们不及时注意和采取坚定的措施加以制止,而任其自由泛滥,就会影响更多的人走上邪路,后果就可能非常严重。从长远来看,这个问题关系到我们的事业将由什么样的一代人来接班,关系到党和国家的命运和前途。"[①] 对此我们切不可掉以轻心!

与"人是自私的"相联系,新自由主义经济学认为,"保护个人财产"是经济学的不可更改的定律。一位经济学家说,保护个人财产"实在是社会经济发展的需要","'人为财死,鸟为食亡。'别看这只是一句俗话,却是千百年来人们对自身经济行为的总结,揭示的是一个浅白而又深刻的经济学原理"。只有保护个人财产,社会才能进步,经济才能发展。他们认为,公有制否定了财产的私有,人就没有积极性了,经济就没有效率,因此,国有企业必须实行私有化。

谈到"保护个人财产",应该区分生活资料和生产资料。个人凭借劳动得来的生活资料,毫无疑问是应该保护的,不允许别人"随便拿"。这一点是生活常识,无须学习深奥的经济学"精髓"就人人都懂得的。但对于个人占有生产资料,则需要做历史的具体分析。因为个人之所以占有生产资料,是要利用这些生产资料来进行生产。要知道,生产资料的消费就是生产。而要进行生产,就要把生产资料与劳动力结合起来,形成一定的

[①] 《邓小平文选》第3卷,人民出版社1993年版,第45页。

生产关系。生产资料所有者凭借所掌握的生产资料同劳动者发生的经济关系，就是所有制关系。人类社会历史上存在过不同的个人占有生产资料的方式，即不同的私有制形式。有奴隶主私有制、地主私有制、资产阶级私有制，也有劳动者个体私有制。对这些不同形式的私有制，我们应该放到具体历史条件下去考察，看它是促进生产力的发展，还是束缚生产力的发展，据此来确定我们的态度。随着作为人类社会最后一种私有制形式——资产阶级私有制的确立和发展，生产社会性与私人资本主义占有之间的矛盾日益尖锐化。解决这一矛盾的唯一办法是用公有制取代私有制，这时，私有制的丧钟就敲响了。正是依据社会发展的这一规律性，马克思、恩格斯代表工人阶级的根本利益，在《共产党宣言》中庄严地宣布："共产党人可以把自己的理论概括为一句话：消灭私有制。"[①] 全世界共产党人为实现消灭私有制这一理想进行了坚持不懈的斗争。当然，这不能一蹴而就，需要随着条件的成熟逐步推进。譬如，在我国社会主义的初级阶段，由于生产力的落后，资本主义性质的经济成分和个体经济对国民经济的发展还有着积极作用，因而在政策上还需要予以保护和鼓励。但是对于共产党人来说，消灭私有制这一最终目标是不能动摇的。应该看到，我们是根据生产力落后这一具体国情，允许资本主义性质的私有制和个体经济存在，支持并鼓励它们在一定范围内发展的，而不是抽象地、无条件地赞扬私有制。我们绝不是主张私有制永远存在下去，绝不是主张私有制万岁，而是主张利用非公有制经济来发展生产力，为最终彻底消灭私有制创造条件。忘记了这一点，就忘记了根本。

不区分生活资料与生产资料，笼统地讲保护个人财产，实际上是要保护生产资料私有制。强调保护个人财产的经济学家要说的是，保护私有制是经济学的不容置疑的公理，经济学的全部结论都应该从私有制的存在推断出来，一切经济决策都要有利于私有制，否则就是错误的。因为不保护私有制，社会就不能进步，经济就不能发展。这些经济学家把"保护个人

[①] 《马克思恩格斯选集》第1卷，人民出版社1995年版，第286页。

财产"作为经济学的毋庸置疑的前提,所讲的理由只有一个,即私有制才有效率。他们说,消灭了私有制,人就没有积极性了,没有动力了,当然也就没有效率了。这也是某些受新自由主义影响甚深的经济学家反对公有制、主张国有企业私有化的一个重要根据。其实,这是一种美化私有制、为私有制辩护的资产阶级理论。所有资产阶级学者都竭力鼓吹个人产权制度是唯一有效率的制度,把这一条作为研究经济问题的无可怀疑的信条,似乎是无须论证的。马克思、恩格斯在《共产党宣言》中就专门批判了这个信条。针对有人说的"私有制一消灭,一切活动就会停止,懒惰之风就会兴起",马克思、恩格斯反驳道:"这样说来,资产阶级社会早就应该因懒惰而灭亡了,因为在这个社会里劳者不获,获者不劳。""你们的观念本身是资产阶级生产关系和所有制关系的产物,正像你们的法不过是奉为法律的你们这个阶级的意志一样,而这种意志的内容是由你们这个阶级的物质生活条件来决定的。""你们的利己观念使你们把自己的生产关系和所有制关系从历史的、在生产过程中是暂时的关系变成永恒的自然规律和理性规律,这种利己观念是你们和一切灭亡了的统治阶级所共有的。"[①] 站在资产阶级立场上,用在私有制基础上产生的利己观念来观察问题,当然只能得出保护生产资料私有制才有效率的结论,而永远不会理解也不愿理解公有制的发展动力。对于一个普通工人来说,在公有制基础上当家做主,相互之间建立平等互助合作的关系,实行按劳分配,与资产阶级私有制条件下的被雇佣、被剥削的地位相比,其积极性、主动性显然要高得多。这正是公有制的优越性所在。这一点也是囿于资产阶级经济学而不能自拔的学者所无法理解的。

"保护个人财产,社会才能进步,经济才能发展"的说法,是一种反马克思主义的历史唯心主义的观点。持这种说法的经济学家忘记了私有制尽管存在了几千年,却是历史的暂时现象,而不是永恒的。某种私有制形式,当它适应生产力的性质,可以推动经济的发展;当它不适应生产力发

[①] 《马克思恩格斯选集》第 1 卷,人民出版社 1995 年版,第 288、289 页。

展的要求，就会成为经济发展、社会进步的障碍。在当今的历史条件下，生产社会化程度空前提高，就整体来说，资本主义私有制早已阻碍生产力的发展，已经成为历史的绊脚石。社会主义取代资本主义，公有制取代私有制，已是社会发展的必然趋势。我们并不否认在社会主义初级阶段，资本主义性质的私有制在一定范围内还有积极作用，然而这种积极作用只有在以公有制为主体的条件下才能显示出来。如果没有公有制为主体，没有社会主义国有经济为主导，如果资本主义私有制占统治地位，那就必然使得生产社会性与私人资本主义占有之间的矛盾越来越尖锐，社会就会出现生产无政府状态，而且两极分化会越来越严重，资产阶级与无产阶级的对立和斗争会越来越加剧，在这种情况下，就会出现俄罗斯那样的政局动荡、经济凋敝、社会不稳的状态。俄罗斯的以私有化为核心的经济改革的后果，恰恰是对"只有私有制才是有效率的"这一资产阶级原理的莫大的讽刺。

新自由主义者以"人的本性是自私的""私有财产是经济发展、社会进步的永恒需要"等为出发点，论证了公有制违背了人的本性，不符合经济发展、社会进步的需要，自然而然地得出结论：国有企业是没有前途的，唯一的出路是私有化。然而他们的理论前提是错误的，是一种历史唯心主义，而且在实践上也不符合历史发展的事实，因而由此得出的结论也是荒唐的。但是，这种观点在经济学界却泛滥一时，不能不引起我们的重视。

二 应该用马克思主义来理解中央有关国有企业改革的方针政策，不允许新自由主义者把这些方针政策朝私有化方向解释

我国经济体制改革中有一种奇特的现象：每当中央对国有企业改革提出一项政策，立即有人（而且主要是所谓"著名经济学家"）用新自由主义来解释这一政策，把这一政策引导到私有化方向去，使它成为私有化的一项措施，接着有的部门、地区就按照这种理解去贯彻执行。于是，私有化就慢慢蔓延开来。这就给人一个错误的印象，仿佛中央是主张国有企业

实行私有化的。我国是共产党领导下的社会主义国家，我们的指导思想是马克思主义，有关国有企业改革的一切政策，都是为了巩固公有制的主体地位，加强国有经济的主导作用。因此，必须按照马克思主义来理解中央有关国有企业改革的各项政策，旗帜鲜明地批判新自由主义的曲解。

（一）对产权问题应作马克思主义的分析，不能把"产权清晰"的要求解释成实行私有化

十四届三中全会对国有企业改革提出了明确的要求，即"进一步转换国有企业的经营机制，建立适应市场经济要求，产权清晰、权责明确、政企分开、管理科学的现代企业制度。"这是一个完整的思路，应该成为国有企业改革的指导思想。

对于"产权清晰"的含义曾经在报刊上展开热烈的讨论。在讨论中，对"产权清晰"显然有两种截然相反的理解。一种是用新自由主义经济学中的私有制产权理论来解释我国国有企业改革中"产权清晰"的要求。用私有制产权理论来观察和分析我国公有制的产权，必然是怎么看都不清晰，而且只要是公有制，产权总是不清晰。另一种流行的看法，认为全民所有制是"产权虚置"，是"人人所有，人人皆无"，说是大家都有，实际上谁都没有直接占有。因此，要明晰产权，就必须把国家的财产落实到每个人，也就是所谓"量化到个人"。按照这一理论，产权明晰的结果必然是私有化。有的人并没有直接提出私有化，而是要求把"全民所有"明晰为"地区所有"或"企业所有"。然而根据上述逻辑，"地区所有""企业所有"的产权还是不明晰的，因为在这个地区、这个企业范围内仍是"人人所有，人人皆无"，真正明晰化还是要归个人所有才行。可见，前一段时间，在全民所有制的产权问题上有三个误区："地区所有""企业所有""个人所有"，而这三个误区归根结底是一个：私有化。这恰恰是西方资产阶级的新自由主义产权理论的核心。

我们没有必要再从理论上来说明为什么要坚持公有制了，因为这是马克思主义的常识。谁都知道，只要走社会主义道路，就必须坚定不移地维

护公有制的主体地位，绝不能搞什么私有化。需要说明的是，十四届三中全会提出的"产权清晰"的含义是什么。

首先要明确，产权即财产权利，按照马克思主义的理解，是有关所有制的经济关系在法律上的表现。有关所有制的经济关系决定产权，不同所有制的经济关系就有不同的产权状况和不同的产权理论，因而不存在一个统一的、抽象的、脱离经济关系的产权和产权理论。公有制有公有制产权的界定、公有制的产权理论；私有制有私有制产权的界定、私有制的产权理论。绝不能用反映私有制经济关系的产权来规范公有制的经济关系，也不能用西方私有制的产权理论来指导全民所有制的改革。这是理解"产权清晰"的前提。

其次要指出，产权是一个内容复杂的概念，它不是单一的权利，而是多种权利的结合体。从我国国有企业改革的角度来考察，产权这一概念至少包含两组权利：一是财产的所有权（这是根本的、具有决定意义的权利）；二是财产的使用权、支配权即经营权（这是由所有权决定的，但又具有相对独立性的权利）。从财产所有权来考察，我国国有企业的产权应该说是清晰的。谁都知道，国有企业的财产归国家所有，无产阶级专政的国家代表全体劳动人民并按照劳动人民的根本利益对国有企业的财产行使所有权。如果这种所有权都不清晰，企业的全民所有制性质也就不存在了。我国有关法规对国有企业的财产所有权有着明确的规定。例如，《国有企业财产监督管理条例》指出："企业财产属于全民所有，即国家所有。国务院代表国家统一行使对企业财产的所有权。"当然，在具体工作中，这种所有权仍需要落实，不仅要从数量上清产核资，界定产权（例如，要把国有资产与企业办的劳动服务公司的集体资产分清，在实行租赁、承包时要把国有资产与个人资产分清，这方面还有大量的工作要做）；而且要明确哪一个具体的国家机关代表国家来行使所有权。从这个意义上讲，所有权需要进一步明晰化，但不能由此笼统地得出结论，国有企业的财产所有权是不明晰的，更不能由此把"产权清晰"理解为取消国家对财产的所有权，把生产资料"量化到个人"。对此不应有任何疑义。

从财产的使用权、支配权即经营权来考察，国有企业的产权是不够清晰的，需要明晰化。1984年党的十二届三中全会《关于经济体制改革的决定》就指出："根据马克思主义的理论和社会主义实践，所有权同经营权是可以适当分开的。""要使企业真正成为相对独立的经济实体，成为自主经营、自负盈亏的社会主义商品生产者和经营者，具有自我改造和自我发展的能力，成为具有一定权利和义务的法人。"我国国有企业的改革正是按照这一思路进行的。这一改革思路，既坚持了全民所有制的性质，又符合建立市场经济体制的要求，因为正如萨缪尔森指出的那样，"市场经济最重要、最基本的前提是利益主体独立化"，换句话说，进入市场的主体应该是自主经营、自负盈亏的经济实体。然而迄今为止，我国国有企业还没有做到这一点，国有企业的财产使用权和支配权即经营权仍不够明晰。这表明，市场主体还没有完全形成。因此"产权清晰"的重点是明确国有企业应该拥有的财产使用权和支配权，把企业各项经营权利和责任落到实处。

可见，"产权清晰"是适应市场经济的需要搞好国有企业的重要措施，把"产权清晰"理解为私有化，是与中央关于建立现代企业制度的思想南辕北辙的。

（二）公有制与市场经济是可以相容的。把公有制与市场经济对立起来，认为搞市场经济就必须实行私有化，在理论上是错误的，在政治上是有害的

自从党的十四大提出我国经济体制改革的目标是建立社会主义市场经济体制以来，我国理论界经常出现一种声音，认为"公有制与市场经济不相容"，"国有经济是不合格的市场主体"，"市场经济增长一分，国有经济就萎缩一分"，等等。有人正是从这一理论出发，提出既然要建立市场经济，就必须取消国有经济，实行私有化。例如，2000年7月《中国改革》的评论员文章，把非国有化确定为国有企业改革的根本出路，就是以此为据的。应该说，这种论点一度颇为盛行，因而有必要澄清。

把公有制与市场经济对立起来的观点，显然是违反邓小平理论的。邓小平同志在经济理论方面的一大贡献，就是突破了把计划经济、市场经济当作基本制度范畴的思想束缚，他指出，不能认为计划经济是社会主义的本质特征，市场经济是资本主义的本质特征。计划经济、市场经济都只是发展生产的方法、调节经济的手段，它们属于运行机制的范畴，因而资本主义可以用，社会主义也可以用；可以在私有制基础上运转，也可以在公有制基础上运转。早在1979年他就指出："说市场经济只存在于资本主义社会，只有资本主义的市场经济，这肯定是不正确的。""社会主义也可以搞市场经济。"① 1985年他进一步明确指出："社会主义和市场经济不存在根本矛盾。问题是用什么方法才能更有力地发展生产力。我们过去一直搞计划经济，但多年的实践证明，在某种意义上说，只搞计划经济会束缚生产力的发展。把计划经济和市场经济结合起来，就更能解放生产力，加速经济发展。"他又说："计划和市场都是方法嘛。只要对发展生产力有好处，就可以利用。它为社会主义服务，就是社会主义的；为资本主义服务，就是资本主义的。"② 在视察南方的讲话中，他把这一思想做了总结，指出："计划多一点还是市场多一点，不是社会主义与资本主义的本质区别。计划经济不等于社会主义，资本主义也有计划；市场经济不等于资本主义，社会主义也有市场。计划和市场都是经济手段。"③ 我们之所以不厌其烦地引用邓小平同志的有关论述，只是想说明一点：作为改革开放总设计师的邓小平，在他的扩大市场调节的范围，使市场发挥资源配置的基础性作用的改革基本思路中，始终认为市场经济是社会主义可以而且必须运用的发展生产的方法，它与公有制为基础的社会主义没有不可调和的矛盾，两者是可以相容的。正是根据这一思想，党的十四大才确定把建立社会主义市场经济体制作为经济体制改革的目标。而社会主义市场经济，按照江泽民同志的说法："简要地说，就是要把公有制的优越性与市场经济对资源的

---

① 《邓小平文选》第2卷，人民出版社1993年版，第236页。
② 同上书，第148—149、203页。
③ 同上书，第373页。

优化配置有效地结合起来，二者不能割裂，也不能偏废。"

公有制能不能与市场经济相容的问题，理论上需要回答的是，市场经济这种运行机制对进入市场的主体的要求是什么，公有制能不能满足这一要求。

建立市场经济有一个起码的前提，即进入市场交换的主体是独立的，拥有自主的经营决策权，并具有自己的经济利益，能够根据本身的利益对市场信号自主地作出反应。私有制是符合这一条件的，而且历史发展的事实是，在社会主义制度出现以前，市场经济一直是与私有制结合在一起，以私有制为基础的，人们很容易因此就认为，只有私有制才能搞市场经济。社会主义革命在一些国家取得胜利以后，在相当长时期内，由于受国际国内形势的制约和人们思想认识上的局限，生产资料全民所有制一直采取国家所有、国家直接经营、统负盈亏这种实现形式，企业成为国家机关的附属物，没有经营自主权，也没有独立的经济利益，赢利上缴国家，亏损由国家补贴。公有制这种实现形式是与市场经济相排斥的。这也容易给人们一种公有制不能搞市场经济的印象。然而这种看法是不对的。从过去的实践并不能得出公有制本身不能与市场经济相结合这样一个带有普遍性的结论，因为公有制在经济上可以有不同的实现形式。我国改革开放的实践证明，公有制也可以采取国家所有，企业自主经营、自负盈亏这种实现形式。而公有制的这种实现形式，就为建立市场经济体制创造了必要的前提条件。可见，与市场经济相排斥的，并不是公有制本身，而是公有制的特定的具体实现形式。对原有的公有制实现形式进行改革，在坚持公有制的前提下，赋予企业自主经营权，使企业作为独立的商品生产者出现在市场上，是可以搞市场经济的。认为公有制与市场经济水火不相容，只有实行私有化才能建立市场经济的观点，如果仅仅从理论认识的角度看，其错误就在于，把公有制的某一种实现形式绝对化了，否认公有制可以有多种实现形式。实际上是说公有制不能改革，要改革只有否定公有制本身，这显然是不对的。

市场经济既可以与私有制相结合，也可以与公有制相结合，这一点，不仅中国的学者，而且著名的西方经济学家也是承认的。例如，萨缪尔森认为："市场主体的最基本特征是自负盈亏，只要分清了企业的所有权和管理权，实现真正的自负盈亏，就可以形成一个正常的市场主体，而与其所有制性质并无直接关系，公有与私有都是没有区别的。"就连我国某些主张私有化的经济学家将其言论奉为圭臬的科斯，也不得不承认："由于西方经济学的整个理论体系是以私有制度已经存在为假定前提的，这就很容易推出私有制是市场经济唯一前提的结论。而我们现在能看到的市场经济的制度基础也只有私有制一种，但历史并没有对公有制基础上的市场经济做出证伪。"所以，科斯提出，如果中国把公有制与市场经济结合起来，这才是真正的中国特色。可见，说搞市场经济必须先搞私有化，这是一个理论误区。

毫无疑问，建立以公有制为基础的市场经济体制，在人类历史上是一项崭新的事业。我们从理论上论证了公有制与市场经济是可以相容的，但在实践上如何把公有制与市场经济结合起来，却是没有先例的，需要不断探索。已经存在的市场经济，都是与私有制相结合的，在这一方面，资本主义国家已经搞了几百年，积累了丰富的经验，其中许多经验值得我们借鉴和学习。但资本主义市场经济与我们所要建立的社会主义市场经济是有原则区别的，简单地照搬是不妥当的。我们在学习和借鉴资本主义国家的经验的时候，必须牢牢记住：我们要建立的市场经济是以公有制为基础的，是社会主义性质的市场经济，是要反映社会主义基本制度的特点和要求的。社会主义市场经济是一个整体，既不要因为坚持社会主义就否定市场经济，也不能因为要搞市场经济就否定社会主义，我们的目标是把两者结合起来。只要我们坚定不移地沿着这条道路前进，在实践中不断总结经验，通过一代人以至几代人的努力，一定能够建立起充满生机和活力的崭新的社会主义市场经济体制。

那些持"公有制与市场经济不相容"的观点的人，从理论上讲，是回到了已被邓小平同志多次批评过的把市场经济当作基本制度范畴的过时的错误的观点上去了，因为他们实际上还是认为市场经济是资本主义特有的东西，只有资本主义才能搞市场经济；从政治上讲，是反对党的十四大关于建立社会主义市场经济体制的重大决策，因为他们实际上认为社会主义不可能搞市场经济，因而建立社会主义市场经济只是一种不切实际的空想；从实践上讲，是会引导改革走上私有化，最终恢复资本主义制度的邪路上去的，因为他们实际上认为公有制是实行市场经济的最大障碍，反对改革必须坚持以公有制为主体。不管论者主观意图如何，客观效果就是如此。

（三）公有制实现形式可以而且应当多样化。但各种实现形式必须反映公有制的本质，不能把公有财产量化到个人当作公有制的实现形式

党的十五大提出："公有制实现形式可以而且应当多样化。一切反映社会化生产规律的经营方式和组织形式都可以大胆利用。要努力寻找能够极大促进生产力发展的公有制实现形式。"这一论断，在理论上是新的发展，在实践上对深化改革具有重要的指导意义。

正如我们一开始就说到的，中央关于改革的任何一个提法、决策都会有不同的理解和解释，公有制实现形式问题也不例外。有的人抓住"公有制实现形式可以而且应当多样化"这一具有重大理论意义和实践意义的提法，把私有化的内容塞了进来，提出把国有企业出售给个人也是公有制的一种实现形式，仿佛实现形式多样化就是怎么干都可以。某个省委机关报的社论居然有这样的标题："当前国企改革要突出一个卖字、落实一个股字、抓好一个私字"，把私有制也当作是多样化的公有制实现形式中的一种形式了。某市党委一位常委公开发表文章说："要打破一种思想束缚：卖企业，厂长不能作为大股。"一位中央领导同志批评说，厂长作为大股买企业，厂长哪有钱，他不贪污哪有钱？你不送给他，他哪能买得起？荒唐得不得了。类似的荒唐言论，都是在公有制实现形式可以多样化的旗号下提出来的。因此，有必要正确地理解和把握公有制实现形式多样化这一论断，并用来指导我们的国有企业改革实践。

任何事物都有内容和形式两个侧面。一般来说，内容决定形式，形式表现内容。同一内容可以通过多种形式反映出来，而同一种形式往往可以反映和体现不同本质内容的特点和要求。人与人之间的经济关系也是这样。经济关系是一个具有不同层次的内容，而这些内容又是具有从属关系的系统。有的经济关系属于本质内容，例如所有制，它是整个生产关系的基础，决定着社会经济形态的性质；有的经济关系是属于本质关系的实现形式层次的，例如经营方式、组织形式、管理方法、运行机制等，它是由所有制决定的，反映所有制的特点和要求，但它又是相对独立的。一种所有制可以有多种实现形式，例如资产阶级私有制，可以有独资、合伙、股份制等不同组织形式；而不同所有制的具体实现形式，往往可以有共同之处，例如股份制，资本主义可以用，社会主义也可以用。当然，同一种组织形式由于所有制基础不同，会显示出不同的特点。

把公有制同它的实现形式分开，提出公有制的实现形式可以而且应当多样化的问题，从理论上讲，明确了公有制改革的对象和内容。在确立了社会主义市场经济体制这一目标后，有人经常谈论公有制的改革。我们不能笼统地反对改革公有制，也不能认为公有制已是完美无缺的。问题在于改什么。有的经济学家认为公有制的改革就是取消公有制、实行私有化。我们且不谈这种观点的政治方面，只想从方法论上指出一点，即他们把公有制与公有制的具体实现形式混为一谈了。与市场经济不相容的，不是公有制本身，而是公有制在计划经济条件下形成的国家统一经营、统负盈亏的政企合一的那种实现形式，因而改革的内容不是取消公有制本身（如果那样做，所建立的就不是社会主义市场经济，而是资本主义市场经济了），而是要改革公有制的不适应市场经济这种运行机制要求的具体实现形式。公有制改革的任务是在坚持公有制的前提下，探索符合市场经济需要的实现形式。

从改革的实际工作来看，把公有制与公有制的实现形式分开，大大解放了人们的思想，促使人们积极探索公有制的具体实现形式。过去我们往往把公有制的某种实现形式（例如国有国营）固定化，仿佛改变国家统一经营、统负盈亏这种经营方式，或者改变国家独资这种组织形式，就是否定了公有制。这种把公有制与公有制的某种特定的经营方式、组织形式等同起来的思维模式,束缚了人们的思想,使得人们不可能考虑公有制改革问题。现在,明确了公有制可以有多种实现形式,过去常用的经营方式、组织形式只是可供选择的一种,改变原有的经营方式、组织形式不等于取消了公有制,而只是改变了它的实现形式,这样我们就可以在坚持公有制的前提下,大胆地探索符合生产力发展需要的实现形式。改革不是改变所有制的公有性质,而是选择公有制的合适的实现形式。选择的标准是"三个有利于":在不改变公有制性质的条件,只要有利于发展社会主义社会的生产力、有利于提高人民生活水平,什么样的经营方式、组织形式都可以采用。公有制的实现形式是多种多样的,所以,应该调查研究,从实际出发,按照经济发展的需要大胆地探索,既不能墨守成规,固守原有的实现形式,又不能一哄而起,套用某一种模式,寻找某种包医百病的灵丹妙药。必须根据本企业的实际情况,"一厂一策",找到适合本企业的能够促进经济发展的经营方式、组织形式。这是一项随着情况的变化不断探索的艰苦的开拓性工作,既没有普遍适用的固定模式,也没有一劳永逸、一成不变的方案。

把公有制与公有制的实现形式分开,也有助于我们解除思想顾虑,在经营方式、组织形式方面大胆地学习和借鉴资本主义国家对我们有用的东西。社会主义经济与资本主义经济在所有制的本质方面是对立的,社会主义经济以公有制为基础,资本主义经济以私有制为基础。在这方面两者不可能趋同,如果在所有制性质方面向资本主义国家学习,那就必然实行私有化,放弃社会主义道路,这是行不通的。但是,社会主义经济与资本主义经济又有共同之处,它们都是社会化生产,都是商品经济,在经济的具体运行过程中,都要按照社会化生产管理的一般要求进行管理,都要遵循商品经济基本规律的要求进行运转。因而在所有制的具体实现形式方面,即在经营方式、组织形式等方面,两者又有相同的东西。在两者具有共性的地方,我们完全可以向资本主义学习,这不会改变我国经济的社会主义性质,恰恰相反,这种学习是社会主义赢得与资本主义相比较的优势的重要条件。所以,邓小平同志指出:必须大胆"吸收和借鉴当今世界各国包括资本主义国家的一切反映现代化生产规律的先进经营方式、管理方法"①。

当然,这种学习绝不能照搬,必须扬弃资本主义经营方式、组织形式中反映和体现资本主义经济关系特点的内容,按照社会主义原则加以改造,创造出反映和体现公有制的特点和要求的具有中国特色的经营方式、组织形式。

概括来说,在理解公有制实现形式可以而且应当多样化这一科学论断时,结合我国改革的实际,有三点值得注意。第一,不应该把公有制的实现形式凝固化、单一化,应该根据实际情况进行选择,改变实现形式不等于改变公有制;第二,无论哪一种实现形式都应该体现公有制的要求,绝不能借口实现形式的多样化否定公有制,实行私有化;第三,应该根据"三个有利于"的标准来探索公有制的实现形式,真正做到多样化,切忌"一刀切"、乱刮风。

(四)股份制是企业的一种资产组织形式。国有企业实行股份制是为放大国有资本的功能。要警惕把股份制作为私有化的一种形式

公有制的组织形式也是可以而且应当多样化的。十五大明确指出,除了国家独资这种资产组织形式外,公有制还可以有其他组织形式,例如股份制。十五届四中全会进一步提出,国有经济的作用既要通过国有独资企业来实现,更要大力发展股份制,探索通过国有控股和参股企业来实现。一时间,股份制成为一个热门话题。

在有关股份制的讨论过程中,显然有不同的看法。从根本指导思想的角度看,可以概括为两类看法。一类是十五大和十五届四中全会的精神,即"国有资本通过股份制可以吸引和组织更多的社会资本,放大国有资本的功能,提高国有经济的控制力、影响力和带动力。国有大中型企业尤其是优势企业,宜于实行股份制的,要通过规范上市、中外合资和企业互相

---

① 《邓小平文选》第3卷,人民出版社1993年版,第373页。

参股等形式,改为股份制企业,发展混合所有制经济,重要的企业由国家控股"。显然实行股份制是为了发展国有经济,加强国有经济的主导作用。另一类的主张是通过股份制把国有企业的财产量化到个人,用股票的形式卖给个人,实行私有化,就像苏联和东欧国家所做的那样。这两类看法虽然都是主张实行股份制,但其性质、目的以及后果是大相径庭的。

主张通过股份制把国有企业的财产量化到个人的人,有一个重要的遁词,即股份制就是集体所有制,因为它不是一个人占有而是一批人共同占有生产资料。既然是集体所有制,那么股份制在性质上应该就是公有制。在这一套理论的掩饰下,他们就可以明目张胆地把公有财产分散归个人所有了,似乎那样做,国有企业的公有性质并没有变化。一位著名经济学家提出的"新公有制企业"理论公开主张股份制就是公有制,把私有制基础上的股份公司也说成是公有制企业。这样,私有化就合法化了。这一套理论的要害在于股份制是不是就是集体所有制,这是需要从理论上搞清楚的。

应该说,十五大的报告对此做了回答。十五大报告指出:"股份制是现代企业的一种资本组织形式……资本主义可以用,社会主义也可以用。不能笼统地说股份制是公有还是私有。"既然股份制是一种组织形式,它本身并没有回答性质问题,因为一种组织形式可以反映和体现不同的生产关系本质。股份制的性质取决于它是在什么所有制基础上组织起来的:以公有制为基础的股份公司,是社会主义性质的;以私有制为基础的股份公司,则是资本主义性质的。不同所有制混合在一起的股份公司,其性质取决于哪种所有制是主体,控股权掌握在谁手中。如果是国家和集体控股,它具有明显的公有性,因为它有利于扩大公有资本的支配范围,增强公有制的主体作用。绝不能认为股份制就是集体所有制,因为股份制是组织形式,而所有制是生产关系的本质,股份制和所有制分别属于两类不同的经济范畴,它们之间不可能有互等性。在私有制条件下,组织形式由独资、合伙变为股份公司,并不会改变生产关系的本质,不会使私有制变为公有制。要知道所有制并不是人与物之间的关系,而是人与人之间的经济关系,它是指所有者通过占有生产资料同其他人尤其是同劳动者发生的经济关系,这种经济关系的实质是生产资料与劳动力相结合的方式。资产组织形式的变化并不会自动地导致所有者与劳动者之间关系的变化。所以，对于股份制的性质，不能光从形式上看问题，不能说一批人共同占有生产资料就是集体所有制，这里，关键是要看股份制反映和体现了什么样的经济关系，占有生产资料的所有者与劳动者是什么样的经济关系。

值得我们注意的是，戈尔巴乔夫正是以股份制就是集体所有制作为"理论依据"，把股份制作为中介来推行私有化的。据美国最后一任驻苏大使马特洛克的回忆，在1989年初苏美两国总统马耳他会晤时戈尔巴乔就提出："在西方，许多财产归集体所有，股份公司即是明显的例子。"尽管马特洛克嘲笑戈尔巴乔夫"对资本主义经济的认识非常模糊，有时也不准确"，但他敏感地意识到："戈尔巴乔夫正在试图对'社会主义'产权重下定义。虽然他仍在'私有财产'这个术语上纠缠不清，但准备把持股人拥有的公司看作是一种可以接受的'集体所有制'形式。如果他能够使这一定义站住脚，必将为国有大型企业的私有化开辟一条道路。"① 这一段话从反面告诉我们，把股份制定义为集体所有制会导致什么样的后果。在这个问题上，显然马特洛克要比我们一些"马克思主义者"明白得多。

这里还要稍微分析一下股份合作制。十五大报告提出，应提倡和鼓励股份合作制。有人主张在实行股份合作制时，股票应该集中在少数人手里，主要应该集中在经营者（厂长、经理）手里，据说那样才能调动经营者的积极性，搞好企业。这实际上是打着股份合作制的旗号实行私有化。股份合作制并不是简单的个人入股，而是有条件的。第一，它是以劳动合作为基础，即职工既是资产所有者又是劳动者，而且首先是劳动者；第二，每人入股的资金差额不大，而且企业决策权是一人一票，而不是一股一票，因而在生产过程中人与人之间是平等互助合作的关系；第三，在分配中，按劳分配为主、按资分配为辅，一般情况下不会形成剥削关系。按这些条件建立起来的股份合作制是社会主义集体经济。如果只讲"股份制"不讲"合作制"，股票集

---

① 马特洛克：《苏联解体亲历记》，世界知识出版社1996年版，第315页。

中在少数人手里，工人变成了不占有生产资料、没有决策权的雇佣劳动者，那么企业就会变成建立在私有制基础上的、存在雇佣和剥削关系、导致两极分化的资本主义性质的股份制企业。这种股份制企业虽然打着股份合作制的旗号，但已不是公有制的实现形式，而成为私有制的实现形式。国有企业实行这样的"股份合作制"，就不是把全民所有制改造成为集体所有制，而是把公有制改为私有制，这实质上是一种私有化。

（五）从战略上调整国有经济布局和改组国有企业组织结构是搞好国有经济的积极的方针。不能把调整消极地理解为国有经济"全面退出竞争性领域"

国有经济布局和国有企业组织结构不合理，是国有企业难以搞好的重要原因。国有经济布局不合理主要表现在：国有经济分布过宽，战线过长，各行各业无所不包，力量过于分散，整体素质不高。国有企业结构不合理主要表现在：重复建设严重，企业大而全、小而全，没有形成专业化生产、社会化协作体系和规模经济，缺乏市场应变能力。在这样的格局下，要把几十万家国有企业都无一例外地搞活搞好，是根本不可能的，也是不必要的。所以，对国有经济布局进行战略性调整，对国有企业实施战略性改组，是完全必要的。从力图搞好每一个国有企业，到从整体上搞好国有经济，这是国有企业改革和发展在理论上、实践上和工作指导上的一大转变，也是搞好搞活国有经济的战略性部署。

但是，我们不能不看到，有人借国有经济的战略性调整，鼓吹国有经济全面退出竞争性领域，将竞争性领域的国有企业改造成为"民有民营"企业，实行私有化。令人担心的是，近年来，"全面退出论"成为一种十分流行的观点，这将对调整工作产生某种程度的误导。

"全面退出论"认为，私有制经济天生适于竞争，而国有经济则天生不适于竞争，因为公有制是与市场经济不相容的。所以，国有经济必须从竞争性领域"全面退出"。有一篇文章说："按照国有经济应有的地位和应起的作用来说，它只应该是在特殊性、自然垄断性、非营利性（公益性）

等领域存在的一种形式，实际上也就是市场配置资源失灵或不利的领域。"因此，"国有资本从原有体制内的竞争性领域退出"应该是全面而彻底的，既包括小型国有企业，又包括中型和大型国有企业，目的是使"民有民营经济成为市场经济的基础"。

"全面退出论"的根据是国有经济不适于竞争，而国有经济不适于竞争这一论断的理论依据又是公有制与市场经济不相容。对于这种理论依据的错误，我们在上面已经分析过，无须赘述。这里，需要分析的是，"全面退出论"的实践会导致什么样的状况。

首先，什么叫"竞争性领域"？竞争是相对于垄断来说的。竞争可以分为国内竞争和国际竞争。世界经济发展到今天，国内市场与国际市场已经联系在一起，发展经济必须面向国内、国际两个市场，企业不仅要面对国内市场的竞争，而且还要面对国际市场的竞争。即使在国内市场上属于垄断性的行业，到国际上也是竞争性领域。例如，一般认为，我国的高科技如航天航空等行业自然应属于国有经济发挥作用的领域，然而放眼国际、国内两个市场，能说这一领域不存在竞争吗？我国电力、交通、金融、外贸等过去一直是垄断性的行业，随着改革开放的深化，现在有哪一个行业不是竞争性的？迄今为止，非竞争性领域已屈指可数，如果国有经济从竞争性领域全面退出，它还有多少立足之地呢？国有经济又如何发挥对整个国民经济的主导作用呢？"全面退出论"实际上主张的是，把赚钱的买卖都让给私有制经济，而让国有经济专门去干不赚钱的、赔本的买卖，反过来又咒骂国有经济没有效率，这难道符合市场经济平等竞争的逻辑吗？

其次，如何"退出"？毫无疑问，长期以来形成的我国国有经济涉及面过宽、战线过长、布局和结构不合理的状态，客观上提出了调整和改组的必要。在调整和改组过程中，一部分国有资产（尤其是国有小企业）将从其原来所在行业退出来，转向国民经济更需要加强和发展的领域，这是不可避免的。但是，国有资产究竟从哪些行业、哪些企业退出，不是想当然地人为加以规定的，而是市场竞争的结果。大量明明竞争力强、经营良好、效益卓著的国有企业，由于它处于竞争性领域就用行政命令的办法迫使它退出，非要用私营企业取而代之不可，这不是市场经济，而是一种居心叵测的"命令经济"。"全面退出论"打出的是发展市场经济的旗号，干的是命令经济的勾当。这说明他们代表的是私营企业主的利益，只要符合这种利益，理论逻辑是可以不顾的。

最后，国有经济全面退出会造成什么样的后果？国有经济是我国社会主义制度的重要经济基础。一旦国有企业从竞争性领域退出，仅仅从事不赚钱的、赔本的买卖，国有经济就不能控制整个国民经济和提供财政收入，它不仅不能引导、带领其他经济成分沿着有利于社会主义的方向发展，相反，要靠非公有制经济缴纳的税款来养活，这时国有经济就必然成为非公有制经济的附庸。出现了这样的局面，共产党的领导地位、无产阶级专政就失去了经济基础，我国千百万烈士牺牲性命才建立起来的社会主义制度就不可能存在下去。这种后果是令人不寒而栗的。

"全面退出论"往往拿资本主义国家中国有经济的地位和作用来论证我国国有经济太多了，应该退出。这是毫无道理的。我国是社会主义国家，我们的国有企业与资本主义国家的国有企业相比，不仅性质上有根本区别，而且其地位和作用也是截然不同的。资本主义制度下也有一些国有企业，它是作为私人企业的补充而存在的，它是为保证私人企业更好地运转服务的。美国前总统肯尼迪说过："私人企业在我们现在的国家制度下，应当是我们的经济力量的基础，这是我们对抗共产主义的唯一抉择，国家只应生产私人企业所不能生产的东西。"所以，在资本主义国家里，国有企业的任务被定位为弥补市场机制在经济运行中的缺陷，在市场经济失灵的地方发挥作用。社会主义国家则不同。国家所有制是社会主义公有制的主要形式，因为在社会主义阶段，国家是代表全社会的一个有形组织，体现全社会掌握生产资料、组织生产的全民所有制，必然而且只能采取国家所有制的形式。没有国有经济，也就没有全民所有制，而失去全民所有制的主导，集体所有制的社会主义性质也会随之发生变化。可以说国有经济的存在及其在国民经济发展中的主导作用是公有制主体地位的核心，它决定着整个社会的社会主义性质。

在我国，国有企业特别是国有大中型企业，是国民经济的支柱，是能源、交通、重要原材料和技术装备的主要提供者，也是国家财政收入的主要来源。国有经济是整个社会生产发展的脊梁、经济的主要增长点，也是非国有经济得以发展的支撑力量。国有企业改革与发展的目的是提高国有经济的控制力、影响力、带动力，而不是相反。如果把国有经济的地位缩小为非公有制经济的辅助，把它的作用缩小为弥补市场的失灵，必然破坏社会主义制度的经济基础，这是同中央对国有经济改革与发展的基本思路背道而驰的。

遗憾的是，至今仍有一些人把资本主义制度中国有企业的地位和作用套到社会主义国有经济身上来。例如，最近有一篇文章说："国有经济在社会主义市场经济中主要应该承担弥补市场机制不足的功能"，所以国有企业不能太多。这种直接搬用资本主义国家的指导思想和做法的"理论"，也许是他们一贯鼓吹的"不要问姓'社'姓'资'"的逻辑延伸。这种观点会导致什么样的后果，只要对照一下上面引用的肯尼迪的看法，也就一目了然了。

（六）"抓大放小"是推进国有企业战略性改组的一项重大措施。"放小"是放开搞活国有中小企业而不是放弃、撒手不管

十四届五中全会提出，要对国有企业实施战略性改组，搞好大的，放活小的。后来把这一方针概括为"抓大放小"。十五大肯定了这一方针。十五届四中全会再次重申要坚持"抓大放小"，把"抓大放小"作为推进国有企业战略性改组的一项重大措施。

从政治方向角度来看，"抓大"分歧不大，但对于"放小"，则无论在理论上还是在实践上都有严重的分歧。

中央提出"放小"是着眼于从整体上搞好国有经济。"放小"是指放开搞活国有中小企业，而不是放弃；"放小"的同时还要"扶小""带小"，而不是撒手不管。这就需要从实际出发，不搞一个模式。必须发挥创造性，积极探索"放小"的形式和办法，但不论采取哪种形式、哪种办

法都是为了从整体上搞好国有经济。国有中小企业在国民经济中的地位当然不如大型企业重要，但是，它在为大型企业生产配套产品、满足人民的消费需要、保证地方财政收入、增加就业等方面有着不可忽视的作用，我们有责任把它们搞好。

然而在中央提出"放小"以后，有人把"放小"歪曲成不要国有中小企业了，在全国范围内不同程度上刮起了卖企业之风。某市委书记在报纸上发表文章，公开宣称："十五大的精神就是卖，尽快地卖。"有的市甚至搞卖企业的群众运动，开大会动员，派成百个工作组下厂督促卖企业。有人把限定时间卖光国有企业作为任期的政绩，把本地区没有国有企业作为改革成绩加以炫耀。一时间，在"放小"的旗帜下，中小企业私有化在某些地区形成了气候，仿佛谁反对把企业卖给（实际上绝大多数场合是送给）私人，谁就是僵化、保守，反对改革。而某些经济学理论家在这股卖企业的私有化浪潮中起了恶劣的误导和推波助澜的作用。

必须指出，中央提出的放开搞活国有中小企业，在对国有中小企业实施战略性改组的措施中，有改组、联合、兼并、租赁、承包和股份合作制、出售等多种形式。必须根据具体情况，按照"三个有利于"的标准选择"放小"的形式，不能变成只有出售一种形式，统统采取一卖了之的做法。当前有些地方出现的出售企业风，所谓"差的送、好的卖，非公有化一步到位"，用搞运动的办法出售小企业，是完全错误的。这不是搞好搞活国有小企业，而是不要国有小企业，是实行私有化，把公有制变为私有制。刮起这股风的原因，在思想认识上，是由于对国有企业丧失信心，认为"公有不如私有"，也是对十五大精神的误解，把所有制实现形式的变化当成所有制性质的变化；在工作方法上，是简单化，想用甩包袱的办法来摆脱出现困难的企业，而不是帮助企业克服困难；更重要的是由于某种个人利益的驱动，因为所谓卖，实际上是"半卖半送"给领导干部（大多是原企业的经营者）及其亲属，这些当权者是得到好处的。这股出售风必将产生严重后果，这种后果在有的地方已经显现出来了。从政治上看，它会使得地方政权改变颜色。公有制是坚持共产党领导和无产阶级专政的经济基础，一旦实行私有化，共产党的领导地位将会丧失，无产阶级专政将无法存在。有人说，政府要为纳税人服务，问题是纳税人是谁。如果纳税人主体是私营企业，那么政府就必然是为私人资本家服务，这种政权就不再是社会主义性质的了。这不是耸人听闻，而是个别地方的现实。从社会后果看，把企业出售给私人，必然产生两极分化：一极是占有生产资料的资本家，另一极是一无所有的雇用劳动者。这样就不可避免地出现两个阶级，发生阶级斗争，其影响难以估计。俄罗斯实行私有化以后的情况说明了这一点。从经济上看，出售企业并没有出现某些鼓吹者所预期的那样良好的效果，相反，许多地方由于产权转换引起了生产的混乱，把好企业都搞垮了。事实证明私有化绝对不是出路。所以，我们必须刹住这股出售风。当然，我们并不一概反对出售小企业。例如，确实资不抵债、起死无望的企业，是可以出售的。但这只是少数。即使在出售时，也必须严加规范，切实防止国有资产流失和损害职工的合法权益，尤其要防止逃债现象。

以上我们对新自由主义在国有企业改革问题上的若干观点做了一些分析。不得不承认的是，类似的观点，经过所谓"著名经济学家"的宣传，已经产生了广泛的影响，在改革的实践中造成了严重的后果。这是西方教条主义、洋迷信泛滥的恶果。现在是彻底清算新自由主义的时候了。必须在马克思主义的指导下，坚持社会主义方向，从搞好国有企业、增强国有经济的主导作用出发，进行国有企业改革。必须坚决批判新自由主义所鼓吹的私有化的种种观点，绝不能允许它们自由泛滥并影响改革实践。这就是我们面临的任务。

(作者单位：中国人民大学)

(摘选自何秉孟主编《产权理论与国企改革——兼评科斯产权理论》，社会科学文献出版社2005年版)

批判新自由主义就是否定和反对改革吗?

胡若痴 卫兴华

现在需要弄清的问题是：我国有没有新自由主义思潮？为了辨明是非，需要首先对什么是新自由主义有所了解；其次，我国学界批判新自由主义究竟是指向什么？

新自由主义及其危害，国内外学者已讲得很多，这里只从说明问题的角度简明概括其主要观点。新自由主义是区别于 18 世纪的资产阶级自由主义的新派别。18 世纪中后期，亚当·斯密确立了自由主义的经济理论，"经济人"假设是其理论基础。1929—1933 年世界资本主义经济危机发生，自由主义分化为两派：凯恩斯学派和哈耶克等的新自由主义学派。由于应对大危机需要，主张国家干预的凯恩斯学派占据了主导地位。到 20 世纪七八十年代，由于资本主义国家发生了"滞涨"，凯恩斯主义失灵，新自由主义流行起来，广泛流行于八九十年代。新自由主义的观点扩展到经济、政治、社会、价值观等领域。仅就经济领域来说，它主张彻底私有化、完全市场化、普遍自由化；它反对公有制；反对国家对经济的干预和调控。事实上，新自由主义是否定和反对社会主义的经济制度和社会制度的，其代表人物有哈耶克、弗里德曼等。

新自由主义在全世界推行，造成了巨大的恶果。在拉美国家，新自由主义导致企业大量破产、资本外逃、债务深重、贫富严重分化，经济增长缓慢。苏联实行新自由主义主导的改革，导致国破党亡。资本主义国家也导致了一场严重的国际金融和经济危机，至今没有完全走出危机的泥沼。

中国的改革，从性质上来说是社会主义制度的自我完善与发展。改革的目标，是建立和完善有国家宏观调控的、与社会主义经济制度相结合的社会主义市场经济，改革的中心环节是搞好搞活国有企业，改革与发展要坚持宪法规定的国有经济为主导、公有制为基础的社会主义经济制度。要坚持中国特色社会主义理论、制度和道路。正是由于我国实行了这样的中国特色社会主义，才实现了改革30多年来年均9.8%的经济增长率，取得了举世瞩目的成就，表现出与实行新自由主义国家造成灾难性后果的巨大差距。

既然我国改革的指导思想是正确的，为什么学术界还要批判新自由主义呢？有两个原因：其一，西方政要与学者在向我国推销新自由主义，如弗里德曼就对中国鼓吹实行私有化。当前，全世界看到新自由主义的祸害，掀起批判新自由主义的浪潮，我国也要抵制新自由主义的侵蚀，开展批判；其二，我国改革开放以来，国内新自由主义的思潮一直干扰着我国的改革开放大业，彻底私有化、全面市场化、经济政治自由化的声音经久不衰，且有愈演愈烈之势。

我国私有化主张的表现之一，是高调宣扬"国退民进""国有企业从竞争领域退出"，即要求国有企业让位于私有经济。因为宣传势头持久而强硬，人们误以为是中央精神，其实中央是不赞同这种观点的。《人民日报》和《经济日报》为传达中央的精神，曾发表了多篇否定这种观点的文章，但收效甚微，至今还有人将"国退民进"宣传为国有经济改革的方向。

我国私有化主张的表现之二，宣称我国国有经济是"国家社会主义"，谎称其根源于希特勒的国家社会主义工人党，而私有制经济是"民办社会主义"。这一观点以曹思源为代表，他在香港《前哨》1999年11月9号发表《中国经济改革走向》一文，并刊登了他1999年在北京大学讲演的照片。文章的内容与在北大讲演以及1999年5月在美国一所大学的讲演相同。他在讲演中发问：作为"国家社会主义"的国有经济是谁发明的？回答"是希特勒"！还特别声明："我在北大也讲了"，"翻遍马克思恩格斯的著作，他们从来都不是国家崇拜论者，不是国家社会主义者，国家社会主义的祖宗是希特勒，而民办社会主义是老百姓办起来的。"国家社会主义"在一天天烂下去"，而"我们的民办社会主义在一天天好起来"。"中国的私有制经济发展了，我们作为中国人，应当感到高兴和光荣。"他提出的改革走向是国有经济私有化。他说：国有经济"像冰棍，在滴水了，一天天滴下来，最后只剩下一根棍子了"。他断言："中国共产党将要改名为中国社会党。"

断言国有经济的理论与实践的来源不是马克思，而是希特勒，纯属编造。第一，希特勒难道在德国实行过国有经济占统治地位的社会主义吗？没有！第二，马克思、恩格斯从《共产党宣言》起，在一系列著作中明确指出，工人阶级取得政权后，要消灭私有制，首先将生产资料掌握在由劳动人民掌权的国家手中。他们始终主张公有制是社会主义经济制度的基础。

私有化主张的表现之三，错解马克思主义和中国特色社会主义理论，为私有化张目。恩格斯批判过将俾斯麦的国有化看作社会主义的"冒牌社会主义"。有人将其移植和泛化到我国社会主义中来，断言我国的国有经济不是社会主义，是恩格斯批判的"冒牌社会主义"。反之，又错解邓小平三条"是否有利于"的标准，将其作为区分"姓资""姓社"的标准，据此，断言私有制经济"姓社"，是社会主义经济。有的学者断言，把非公有制经济看作非社会主义经济，认为公有制经济才是社会主义，这是"应当摒弃的传统社会主义观点"。断言中国特色社会主义肯定了非公经济是社会主义经济。这样一来，不但私营个体等经济是社会主义经济，连本是外国资本主义性质的外资企业，也是社会主义性质的经济了。按照这种逻辑，既然国有经济不是社会主义，现有一切私有制都是社会主义，那么，只要大力发展私有制经济，以私有制经济取代国有和一切公有经济，就是完全的社会主义了。然而，这种为私有化提供的理论依据，是打着马克思主义和邓小平理论旗号，曲解和否定马克思主义和邓小平理论的，是背离科学社会主义和中国特色社会主义的。

私有化主张的表现之四，从各个方面给国有企业泼污水，否定国有经济的地位和作用。当然，国有经济还有很多的问题和缺点，需要通过深化改革和治理以获得健康发展。但现在的问题是，有些人士硬要从根本制度上否定宪法规定的国有经济的主导地位和作用，否定以国有经济为核心的公有制经济是社会主义经济制度的基础。甚至还有私营大企业主公开出面诅咒国有经济，要求国有经济退位。邓小平原来提出公有制为主体，非公有制经济为补充。非公经济发展起来了，认为作"补充"只是当配角，要求平起平坐；于是放弃了"补充"一词，改为"共同发展"，又提出两个"毫不动摇"；私有制经济进一步发展了，又对"共同发展"和两个"毫不动摇"也不满足了，要求国有经济从垄断行业也退出来，公开提出反对国家和国企控制国民经济命脉。当非公经济已经发展到占国内生产总值的60％以上，国有经济在工业经济中只占20％了，又提出种种非难国有经济的"理由"，说国有经济"与民争利"，阻碍非公有经济发展。

十八届三中全会后，宣传私有化的声浪再次掀起。有人用新自由主义的观点解读十八届三中全会《决定》，似乎以为《决定》为他们打开了彻底私有化、全面市场化与自由化之门。

2014年头几个月，由媒体操作的两种观点值得注意。其一是把市场决定资源配置同国有经济对立起来，宣称二者是相互冲突的。一位经济学家提出："既要发挥市场的决定作用，又要坚持国有经济的主导作用……这是一种语言腐败，还是一种思维混乱？""保持国有经济的主导地位，民企无法成长。"另外，国务院发展研究中心企业研究所的一位副所长认为：中国13万多家国有中小型企业"应该彻底民营化"。其余几个大型和特大型国企可搞混合所有制经济，然后"整体上市，逐步释放国有股"。国有股可以降到20％以下，甚至零。其二是用市场决定资源配置作用来削弱和排除政府作用。或是只强调市场的决定作用，避而不提"更好地发挥政府的作用"；或是将市场决定作用与政府宏观调控对立起来，着力于批评"强势政府"，否定党和政府在改革与发展中的重要作用。

二 对新自由主义"彻底私有化"观点的批判

以上所梳理的这些观点，很显然是宣扬彻底私有化、全面市场化和普遍自由化的新自由主义观点。

事实上，新自由主义观点对我国的改革实践也带来了负面效应。众所周知，我国在国企改革转制中，存在国有资产大量流失现象。在改革以来放权的宽松环境下，企业高管具有了自主权，但有效的监督机制还未建立，在"国退民进""国有企业退出竞争领域"、MBA 大行其道的喧嚣中，名卖实送、半卖半送、自卖自买等化公为私的盗窃国有资产的行为，时兴了一阵。新自由主义作为一种与马克思主义、中国特色社会主义理论相对立的思潮，如任其泛滥，让其得逞，会给我国的社会主义事业带来灾难性后果，西方和平演变的图谋将会实现。从西方政要们和平演变中国的策略中，可以得到一些警示。尼克松在其《透视世界》一书中讲，"在经济方面，中国朝自由市场制度前进的过程已经走了一半，现在它的两种经济——一种私有，一种公有——正在进行殊死的竞争"，而且"战斗远没有结束"。只要美国"继续介入中国的经济，就能在帮助私营经济，逐步销蚀国营经济方面扮演重要的角色"。美国驻华大使馆新闻处 2000 年 9 月的《背景材料》中提及克林顿的讲话：要在中国推行美国的"价值观念"，使中国"加速大型国有企业的衰亡"，"私营企业取而代之"，可以"为人权和法制而奋斗的人们增添力量"。可见，西方政要和平演变我国的重要策略之一，就是支持以私有制经济"销蚀"公有制经济特别是国有经济，新自由主义在我国会起什么作用和起了什么作用，与国外势力的期待和怂恿联系起来看，就看得更清楚了。

硬说批判新自由主义就是否定和反对改革，也对！不过否定和反对的是全盘私有化的新自由主义的改革，而不是社会主义自我完善、自我发展的改革！

（作者单位：对外经济贸易大学国际经济研究院；中国人民大学经济学院）

（摘选自《马克思主义研究》2014 年第 8 期）

科学理解和积极发展混合所有制经济

——关于改革和加强国有企业的对话

项启源　何干强

一　国企改革的新动态值得关注

2014年十二届全国人大二次会议期间，习近平总书记在参加上海代表团审议时指出，国企不仅不能削弱，而且要加强；国有企业加强是在深化改革中通过自我完善，在凤凰涅槃中浴火重生，而不是抱守残缺、不思进取、不思改革，确实要担当社会责任树立良好形象，在推动改革措施上加大力度。在参加安徽代表团审议时指出，发展混合所有制经济，基本政策已明确，关键是细则，成败也在细则；要吸取过去国企改革经验和教训，不能在一片改革声浪中把国有资产变成牟取暴利的机会；改革关键是公开透明。①

项启源（以下简称项）：最近看到不少关于采用混合所有制经济形式深化国有企业改革的报道和文章，想同您交流一下看法。

何干强（以下简称何）：好的。我知道，您一直在研究中国国有经济问题；最近读到《中国社会科学院学部委员专题文集》编辑委员会推出的

---

① 参见2013年11月10日《安徽日报》。

您的专著《论社会主义初级阶段的生产关系》，序言标题是"学习、宣传、捍卫马克思主义经济理论是我毕生的追求"；书中有6篇文章构成的"坚持公有制的主体地位，壮大国有经济"专篇。① 您关注国企改革新动态，寓意深刻，非同寻常。很高兴聆听您的指教。

项：党的十八届三中全会以来，经济学界有两个热门话题：一个是"使市场在资源配置中起决定性作用"，一个是"积极发展混合所有制经济"。咱们这次交流后一个话题，这关系到在国企改革中，如何正确、全面地贯彻党的十八届三中全会精神。

《中共中央关于全面深化改革若干重大问题的决定》（以下简称《决定》）指出："国有资本、集体资本、非公有资本等交叉持股、相互融合的混合所有制经济，是基本经济制度的重要实现形式，有利于国有资本放大功能、保值增值、提高竞争力，有利于各种所有制资本取长补短、相互促进、共同发展。"我认为，积极发展混合所有制经济，必须全面理解三中全会的这个指导思想。最关键的就是弄清发展混合所有制经济，通过企业层面的深化改革，巩固和发展以公有制为主体，多种所有制经济共同发展的社会主义基本经济制度。遵照这个基本要求，采用混合所有制经济的国有企业改革，一般来说就应当坚持国有资本控股。这是因为，混合所有制本身属于企业的资本组织形式，社会主义经济和资本主义经济都可以利用，但是，它的社会性质，却是由控股资本的社会性质决定的。

党的十五大曾明确指出："股份制是现代企业的一种资本组织形式，有利于所有权和经营权的分离，有利于提高企业和资本的运作效率，资本主义可以用，社会主义也可以用。不能笼统地说股份制是公有还是私有，关键看控股权掌握在谁手中。国家和集体控股，具有明显的公有性，有利于扩大公有资本的支配范围，增强公有制的主体作用。"② 这些重要论述对混

---

① 项启源：《论中国社会主义初级阶段的生产关系》，中国社会科学出版社2013年版，第1、153—227页。

② 江泽民：《高举邓小平理论伟大旗帜，把建设有中国特色社会主义事业全面推向二十一世纪》，http://cpc.people.com.cn/GB/64162/64168/64568/65445/4526285.html。

合所有制同样适用。这也就告诉我们,能否科学地、积极地发展混合所有制经济,关键看企业资本的控股权掌握在谁手中。混合所有制只要国家和集体控股,就有利于巩固和发展社会主义基本经济制度;否则,如果普遍搞私人、外商控股,那就变成一种私有化形式了。当然,一般说要坚持国有资本控股,这意味着不排除在国企改革中,有少部分企业因为国有资本整体上的结构调整等原因,有可能变为私人控股。

何: 我很赞同您的意见。党的十五大关于"股份制公有还是私有,关键看控股权掌握在谁手中"的判断方法,坚持和发展了马克思主义政治经济学的基本原理,极为重要;当前在采用混合所有制经济深化国企改革实践中,很有必要特别强调并认真贯彻落实。

项: 可是当下舆论界对混合所有制经济的某些解读,却似是而非。

——有人把社会主义基本经济制度和企业层面的混合所有制等同起来,说"混合所有制经济有宏观和微观两个层面",在宏观层面就是指"一个国家或地区所有制结构的非单一性","在中国就是发展以公有制为主体,多种所有制经济共同发展的基本经济制度"。[1] 宏观层面的社会主义基本经济制度的公有制主体地位与私营、外资经济、个体经济的非主体地位,在性质上和数量上都有清晰的界定,怎么能说成一种混合所有制经济呢?这不是模糊了中国特色社会主义经济制度了吗!

——有人认为发展混合所有制经济就是不再区分公私界限,说"从长远看,国有与民营之间的界线将变得模糊,'你中有我,我中有你'的格局正在形成"[2]。这在逻辑上不通,混合所有制的前提就是存在性质不同、你我界限清晰的多种生产资料所有制,公有资本和私有资本、外国资本的所有制性质不同,即使以入股合资形式投入同一个企业,也绝不会改变各自的所有制性质,实际上它们相互之间谁控股谁非控股、各自按所投资本获取利润,都毫不含糊。

---

[1] 《混合所有制经济将大发展》,《京华时报》2013年11月13日。
[2] 《混合所有制改革:2014年度最大投资主题》,《投资快报》2014年3月7日。

——有人在论证混合所有制经济时或明或暗地贬低国有企业,说混合所有制经济"就是把国企的资本雄厚优势和民企的机制灵活优势集中到一起","有利于企业'走出去',不会被其他国家所限制"。① 这看起来是在宣扬混合所有制经济的好处,其实是在宣扬国企如果不与私企混合,就不能形成灵活机制,就不能走出国门。还有人说,前一段改革中搞的混合所有制企业"并没有获得应有的成功",这是因为"国有股东过于强势,使得民营股东缺乏必要的话语权";"尤其是央企掌握的是整个产业链的控制权,即使在一些应该市场化的领域,由于其掌握了上游,造成了实质性的产业控制权"。② 这实际上是说,今后发展混合所有制企业,国有股东就不应当控股,国企就不应当掌握产业链的控制权。这样一来,也就取消了宪法规定的国有经济在国民经济中的主导作用。

——有人曲解国有资本的生产经营性质,提出"国有企业可以'国有国不营',而国有资产也可以经由民营保值增值","国有资本可以以退为进,补足社保和公益性基金所需,使国有资产回归到全民所有、全民分享的本性"。③ 按照这种说法,国有资本所有者就要放弃对国有资本经营权的支配和控制,这就等于使广大人民失去对国有资本的所有权;而主张生产经营性的国有资本转化为非经营性的社保和公益性基金,也就等于要求国有经济退出经济领域。

——更有人把发展混合所有制经济直接等同于私有化。有位身为政府高层研究机构的副所长公开宣扬,"关于国有企业混合所有制,国有资本应该占多少比重,我的意见是,对于占国有企业总数90%以上的中小国有企业,国有资本的比重完全可以退到零";"8000多家大型和特大型的国有企业是可以搞混合所有制的","这类国有企业,在比较长的时间里保持国有控股50%以上,其他的企业都可以国有股降到50%—20%以下甚至零"。不言而喻,这与党中央积极发展混合所有制经济的精神完全背道而驰!

---

① 《混合所有制改革:2014年度最大投资主题》,《投资快报》2014年3月7日。
② 《混合所有制经济将大发展》,《京华时报》2013年11月13日。
③ 陈清泰:《国企改革再清源》,《财经》2012年第13期。

凡此种种，足见这股舆论潮流来势颇猛；当然，有些报刊已经刊登了批评这些舆论的文章，但是对比起来，"亮剑"还很不够。其实，目前围绕混合所有制经济的争论，是长期以来坚持社会主义方向同坚持资本主义方向这两种改革观在新形势下的又一次碰撞。我们对此理应关注。

何：的确如此，您的这个判断并不是危言耸听。我认为，这股舆论潮流的产生不是偶然的，其实质是国际资产阶级经济思潮在当代中国的持续表现。

一是新自由主义思潮。这种代表国际金融垄断资产阶级利益的思潮渗透到社会主义国家，典型表现就是宣扬私有制的永恒性和绝对优越性，污蔑公有制违背人的所谓"理性"，没有效率，没有存在的理由；目的就是要瓦解公有制经济基础，苏联东欧理论界和领导层在改革中受其严重误导，搞私有化，结果社会思想混乱，国家改旗易帜。在我们中国，由于党中央始终坚持改革是社会主义制度的自我完善和发展，也由于马克思主义学者对新自由主义思潮高度警觉和自觉批判，因此，它的表现不得不有所收敛。但是，树欲静而风不止。尽管《决定》指出，改革开放的成功经验，"最重要的是，坚持党的领导，贯彻党的基本路线，不走封闭僵化的老路，不走改旗易帜的邪路，坚定走中国特色社会主义道路，始终确保改革正确方向"[①]，但是仍然出现所谓"国有企业机制天然不活""国有资本不能控股""国有经济应当退出竞争性领域"等观点，改头换面推行私有化，足见我们对新自由主义思潮要有"宜将剩勇追穷寇"的精神，继续深入批判，才能推进国企改革的健康发展。

二是国际上一度流行的所谓"趋同论"。"趋同"，原是生物学术语，指亲缘关系较远的异种生物处在相同的环境下，具有某种相同的特征和功能。20世纪60年代初，荷兰经济学家廷伯根把这个术语运用到社会研究领域，用以说明资本主义和社会主义的关系，由此形成所谓社会发展的"趋同论"，认为人类社会将孵化出一种既不是社会主义又不是资本主义的

---

① 《中共中央关于全面深化改革若干重大问题的决定》，《人民日报》2013年11月16日。

新的社会形态。这显然背离唯物史观揭示的资本主义必然灭亡,共产主义必然胜利的历史发展规律。目前,一些媒体对混合所有制的解读也搬用"趋同论",说"20世纪50年代西欧掀起了国有化浪潮。这样,国有制、法人社团所有制与私有制构成了混合所有制","中国则通过改革开放,以寻求高效率。结果找到的也是混合所有制。社会主义与资本主义都是为了寻求高效率,殊途同归,都找到了混合所有制,这就是所有制的趋同"①。这就完全背离了中央文件把混合所有制作为社会主义基本经济制度的一种实现形式的阐释。

显然,搬用新自由主义和"趋同论"来解读混合所有制经济,绝不是要推进中国特色社会主义经济改革理论的科学创新,而是混淆理论是非,打着深化改革的幌子,将中国经济引向资本主义的邪路。

二 科学地理解混合所有制经济

项:采取混合所有制经济形式来推进国企改革,首先必须把我国的国有企业同发达资本主义国家的"国有企业"在所有制性质上区别开来,两者不能混为一谈。后者生产资料属于"总资本家"所有,仍然具有私有制性质;它们的存在以资本家阶级整体利益的需要为转移,为了化解经济危机,有时不得不有所增加,而一旦矛盾有所缓和,又会大力削减;它们在国民经济中只是起所谓"稳定器"作用。而我国国有企业不是西方经济学所说的所谓公共经济、公益性经济,而是全民所有制性质的经济,是劳动人民占绝大多数的人民支配的经济。党的十八届三中全会指出:"国有企业属于全民所有,是推进国家现代化、保障人民共同利益的重要力量。"②我国包括工商业、金融业在内的所有经营性的国有企业,是全民所有制经济的物质支柱;它们是全体人民获取自身物质利益,实现共同富裕的根基;

---

① 参见百度百科词条解释:"所有制趋同论"。
② 《中共中央关于全面深化改革若干重大问题的决定》,《人民日报》2013年11月16日。

在国民经济中发挥主导作用，在国民经济发展中，只能逐步壮大，而绝不能缩小，绝不能把它们的作用降低到发达资本主义国家那种"稳定器"的地位。党的十八届三中全会提出的是"积极发展混合所有制经济"，"积极"这个状语很重要；积极意味着要通过国企改革做大做强国有经济。这首先必须坚持用马克思主义基本原理来理解国有企业，同时，还必须科学地理解混合所有制经济这个经济范畴。如果用西方资产阶级经济学的观点解读混合所有制经济，那就只能起消极发展的作用，导致国有企业严重萎缩。

何：是的，掌握科学的概念和理论才能正确实践。您曾建议党的文件和党报党刊科学地使用经济学概念，像"垄断"这样的范畴被有的党报文章用到我国国有企业上，就背离了党和政府把国有企业做大做强，增强国有经济控制力的一贯主张，这是自相矛盾，授人以柄。[①] 如果像有些人那样，以所谓消除国企的"垄断""国有经济无效率"为由，来发展混合所有制经济，其出发点就成问题。从所有制性质上区分我国的国有企业同发达资本主义国家的"国有企业"，认清国有企业是社会主义经济基础的支柱，这是我们积极发展混合所有制经济、深化国企改革的科学前提。

项：其次，科学理解"混合所有制经济"，应当确立对唯物史观、马克思主义经济学和科学社会主义原则的理论自信，至少应当明确两个基本观点。

一是国企改革采取混合所有制经济形式一般应当国有资本控股。混合所有制经济是可以为多种所有制经济服务的经济形式，利用这种形式深化国企改革，基本目的是从整体上做大做强国有经济，更好地发挥国有经济在国民经济中的控制力；这就要求我们发展混合所有制经济服从这个基本目的。因此，改制企业的国有资本除了全国国有资本整体结构调整的需要，要转移到其他经营领域，少数企业可以不再控股之外，一般来说，在与私资、外资合资经营的时候，应当坚持在企业中处于控股地位。根据唯物辩

[①] 项启源：《论中国社会主义初级阶段的生产关系》，中国社会科学出版社2013年版，第10—11页。

证法，主要矛盾的存在和发展"规定和影响着其他矛盾的存在和发展"[①]；事物中主要矛盾的性质决定着整个事物的基本性质。所以，混合所有制企业的基本经济性质是由控股资本的生产资料所有制性质决定的。国有资本所有者只有在混合所有制企业中取得控股权，才能在企业经营决策中取得控制权，从而使企业保持社会主义公有制的基本性质。

二是国企改革采取混合所有制经济形式必须坚持社会主义生产关系的基本性质。生产资料所有制的本质是一定社会历史形式的生产关系。采取混合所有制经济形式改革国企，绝不能把国企公有制体现的社会主义生产关系改掉。应当强调的是，不能用资本拜物教的观点，只把混合所有制企业中的多种所有制的资本关系，简单地看成投资各方的财产关系，只谈它们在企业可分配利润中，如何按各自投资取得一定份额；而必须看到，参与合资经营的不同所有制性质的资本价值背后，都是一定的生产关系；公私资本之间，存在着社会主义生产关系与非社会主义生产关系之间的统一和对立。采取混合所有制经济这种形式推进国企改革，之所以要强调国有资本控股，重要的是保证社会主义生产关系在企业中取得支配地位，要使改制后的混合所有制企业能够自觉服从国家的宏观经济调控，能够保证工人阶级在企业中的领导地位和主人翁地位。

何： 在采用混合所有制经济深化国企改革中，重视坚持改制企业的社会主义性质，极为重要。现在的舆论界，在谈改革时，似乎谈生产力的多，谈生产关系的少。这与受西方资产阶级经济学的影响不无关系。"混合经济""混合所有制经济"是从国外引进的经济学概念；如果照搬西方经济学理解它们，是不可能考虑生产关系的，因为这种经济学的思想方法和基本原理是为维护资本主义私有制及其掌控的生产力服务的，那是不可能维护社会主义经济基础、壮大社会主义国有经济的。而忽视维护社会主义生产关系，对于为何发展混合所有制经济要国企控股、如何控股，就不可能全面深入地理解。例如，有人只讲通过混合所有制经济"实现资源的有效

---

① 《毛泽东选集》第1卷，人民出版社1991年版，第320页。

配置，生产力要素的优化组合"，却不讲国有经济总量如何保值增值；有人似乎也同意国有资本控股，但是，只认为国有"母公司"可控股，而到二级、三级子公司，则认为可以让私人资本、外资控股，甚至国资可以完全退出，而"母公司"搞混合所有制，是用出售国有资本的方式把国有股本转为私人、外资股本。这些主张显然缺乏从整体上做大做强国有资本的意识，更没有巩固和发展社会主义生产关系的意识，只从单纯的财产控制角度看问题，是十分片面的。如果包括原国有控股的二级、三级子公司在内的全国大多数中小企业都转由私人资本、外资控股，全国企业层面的劳动者将都处于私有制生产关系掌控之中，这就根本不可能使社会主义生产关系占主体地位，劳动者的劳动积极性又怎能自觉提高？看来，我们在发展社会主义市场经济中借鉴国外的经济学概念不能采取完全照搬的态度，而应当遵循辩证逻辑方法。像混合所有制经济这个概念，反映了多种所有制经济共存于同一企业这种现象，我们可以取其概念的形式，但是应当剔除原有概念中的"趋同论"内容，弄清其科学的内涵，才能揭示这个概念反映的经济现实的本质。

项：我们强调国有资本控股，固然是为了保证社会主义生产关系在企业中取得支配地位，从根本上说也是为了解放生产力，提高国有控股企业的市场竞争力，促进共同富裕。习近平同志 2009 年在全国国有企业党的建设工作会议上曾指出："国有企业是全面建设小康社会的重要力量，是中国特色社会主义的重要支柱，是我们党执政的重要基础。新中国成立以来特别是改革开放 30 多年来国有企业发展的历程表明，党建工作始终是国有企业的独特政治资源，是企业核心竞争力的有机组成部分，是实现企业科学发展的关键因素，也是建立中国特色现代企业制度的一个本质特征。"[①]他深刻揭示了国企党建工作与提高企业竞争力的内在联系，这也就从党建高度，论证了国资控股对于促进生产力发展的重要性。如果国有资本失去在混合所有制经济中的控股地位，党的建设这种国有企业的独特政治资源，

---

① 习近平：《以改革创新精神推进国有企业党的建设》，《人民日报》2009 年 8 月 18 日。

势必丧失。尽管说,近年来党中央在非公有制企业中也提出了加强党的建设的要求,但是,这毕竟与国有独资、国有控股企业中的党建工作的作用不可相提并论。私有制企业的所有权、经营权掌控在私人企业主或私有资本控股的董事会手中,而在公有制企业尤其是国有独资、国有控股企业的整个管理都掌控在工人阶级自己手中,只有在这种条件下,党建工作作为加强企业核心竞争力的独特政治资源优势,才能真正充分发挥出来。

何:您从生产关系和生产力两个方面,深刻论述了采用混合所有制经济深化国企改革要把握的基本观点,这十分重要。为了全面科学地理解混合所有制经济这个概念,我认为还有必要从唯物史观角度弄清以下道理。

其一,混合所有制经济具有实物形态混合和价值形态清晰这种二重性。马克思指出,劳动的二重性,"这一点是理解政治经济学的枢纽"[①]。在市场经济条件下,只有用劳动二重性的观点,才能正确认识作为一个法人的混合所有制企业中不同出资者形成的财产所有权关系和生产关系。从使用价值角度来看,混合所有制企业在厂房、设备、原材料、产品等实物形态和劳动力的组织使用上,各方投资必然混为一体,只能形成"混合经济"。但是从价值角度来看,就绝不是"混合经济",因为投入资本的各方之间对资本价值方面的所有权关系,是十分明晰的,否则,投资主体的经济利益会遭受损失。认识这一点,对于我们在积极发展混合所有制经济中,既大胆改革,又防止国有资产流失,具有重大意义。有人说,混合所有制经济"其突出特征是财产占有形式的社会化,'你中有我,我中有你',不能笼统地说股份制是公有还是私有"[②],这种只从使用价值角度来解读混合所有制的观点,停留在看得见的经济现象上,而完全看不到本质的层面,因此是不科学的。不能忘记马克思的忠告,"如果事物的表现形式和事物的本质会直接合而为一,一切科学就都成为多余的了"[③]。政治经济学的常识

---

① [德]马克思:《资本论》第1卷,人民出版社2004年版,第55页。
② 参见百度关于"混合所有制"的词条解释,http://baike.baidu.com/link?url=o-veuENQs90V6sFSwtZcdzq0rMNdPx,NnuOzahCdKCOKVDmvswSWFuOrWOuNG-f82。
③ 《马克思恩格斯全集》第25卷,人民出版社2004年版,第923页。

告诉我们,价值的本质是人与人的关系,从价值层面理解国企改革采取混合所有制改革必须国有资本控股,着眼点正是企业的生产关系这个本质层面。

其二,混合所有制经济是社会主义基本经济制度在企业层面的一种重要实现形式。在唯物史观看来,所有制与所有制的实现形式是既有区别又有联系的两个范畴。区别在于,前者是指所有制本身,而后者是指所有制的主体凭借拥有的生产资料所有权,获取经济价值的途径和取得实际收入的形式;两者的联系在于,有了后者这种一定的途径和形式,前者的生产资料所有权才不是抽象的,才能成为现实。十八届三中全会把混合所有制经济规定为"基本经济制度的重要实现形式",这就表明,混合所有制经济是使基本经济制度得以实现的一种重要途径和形式,所起的作用应是促进公有制经济在国民经济中的主体地位得到巩固和发展;促进国有经济能更好地在国民经济中发挥主导作用,从而振兴整个民族经济,实现人民共同富裕这样的价值目标。正因为如此,采取混合所有制经济深化国企改革,必须把国有资本控股作为实践中应当坚持的基本原则。

其三,混合所有制经济属于经济的社会形态发展中的过渡性经济形式。任何新时代的初期,都会存在或多或少的新旧所有制混合这种过渡性的经济形式。它们的存在是适应社会生产力的发展客观要求的。但是,作为新时代的经济的社会形态的主体,毕竟不是过渡性经济形式,而是体现新时代生产关系的所有制经济形式。在社会主义初级阶段,占主体地位的是由国有经济和集体经济这两种形式构成的公有制经济。目前的混合所有制经济,不能替代公有制经济;它属于过渡性经济形式。混合所有制兼容社会主义和资本主义新旧两种生产关系,企业内的资本股权结构、内部管理制度处在动态变化过程之中,在外部因素的作用下,会呈现向社会主义生产关系逐步完善和向资本主义生产关系蜕变这两种对立的可能性趋势。要防止向后一种可能性发展,也必须坚持公有资本控股的原则。

项:改革开放以来,国有控股企业已经取得众所周知的成绩,为何如今还有人一再反对国有资本控股?这无非是代表戴着私有制市场经济的有色眼镜来看待国企改革。有些"西化"学者习惯于用发达国家的资本主义市场经济这把"剪刀",来裁剪中国的国有经济。我认为,遵照马克思在《资本论》中揭示的关于基本经济制度决定、制约市场一般关系的原理,我们恰恰应当认真探索公有制占主体地位的基本经济制度对市场经济所起的制约作用,由此弄清社会主义市场经济有哪些不同于资本主义市场经济的新特征,弄清我国国有资本控股的混合所有制经济应当具有哪些不同于私资、外资控股的混合所有制经济的新特征。在理解混合所有制经济问题上,我们一定要坚持做到社会主义基本经济制度与市场经济相结合,这是我国经济体制进一步深化改革能否成功的关键,其中最重要的就是解决国有经济能否振兴这个问题。各级党和政府要依靠工人阶级,带领广大人民群众在改革实践中为此而积极探索,要坚决杜绝"西化"学者消解、改掉国有企业走邪路的主张。

三 坚持整体和个别相结合深化国企改革

项:科学地理解混合所有制经济的科学含义,是为了真正贯彻党的十八届三中全会精神,做到在实践中"积极发展混合所有制经济","有利于国有资本放大功能、保值增值、提高竞争力"。我认为,要贯彻党的十八届三中全会和习近平总书记的讲话精神,有必要从国有资本整体和国有企业这两个层面来推进国企改革实践。社会主义国有资本是全民所有制性质的国有经济的经营形式,它们是一个整体,要做大做强,就不能离开整体性的管理;要使它们在国民经济中发挥好主导作用,就需要发挥好它们的整体性功能。而这种整体又是由整体性管理机构和投入一个个企业的国有资本综合构成的,为此,我们采用混合所有制经济形式深化国有企业的改革,在实践的"细则"上,要坚持整体与个别相结合,从整体上做大做强国有资本、从单个上搞活国有企业。

何:从整体与个别结合上制定国企改革"细则",这对正确的改革实践极为重要。然而,目前却存在把国有资本整体与基层国企割裂开来的倾向，一些人往往离开从整体上做大做强国有资本来谈国企"改革"。有人公然主张从整体上缩减国有经济，政府某个高层智囊机构甚至明确主张"国有企业产出占全国 GDP 的比重，应从 2010 年的 27% 减至 2030 年的 10%"①。这明显背离党中央的精神。更有甚者，有人公开呼吁"从中央部委到地方政府"要向私人资本"真正放开那些'含金量'大的投资领域"，"可以考虑摆脱所有制束缚，淡化'主体'或'主导'的提法"，把基本经济制度改为"我国实行多种所有制经济形式，国有经济、集体经济、个体经济、私营经济、外资经济和混合经济，各种所有制经济平等竞争、相互促进、共同发展"②。这种声音具有颠覆国家宪法、改旗易帜的居心。各级党和政府绝不能把这种"改革"主张当成真改革，一定要严格把好关，维护和遵循国家宪法，促进国企改革。

项：从整体上说，采用混合所有制经济形式深化国有企业改革，就应当遵循宪法精神，加强各级人民代表大会，首先是全国人民代表大会对国有资本经营管理的监督。经营性的国有资本同非经营性的国有资产一样，都属于全民所有，全国人民代表大会代表人民享有对它们的所有权，并行使对国有资产经营者的支配权和监督权。目前，国有资本是通过各级政府设立"国有资产监督管理委员会"（简称国资委）来经营管理的，这固然很有必要，不过实践表明，目前人民代表大会对国资委的监督还很不够。从媒体报道的有些大型国企改革动态来看，一般都是企业打报告，国资委批准实施，反映不出人民代表大会对国资委的监督。建立人民代表大会对国资委，从而对国有资本整体经营管理的监督机制，这应当作为深化国企改革的重要内容。

何：从整体上做到习近平总书记强调的"改革关键是公开透明"，防止少数人利用国有资本重组、发展混合所有制经济为私人谋取暴利，这不但需要建立健全人民代表大会对国资委、国资委对国有及其国有资本控股

---

① 世界银行、国务院发展研究中心联合课题组：《2030 年的中国：建设现代、和谐、有创造力的社会》，国财政经济出版社 2013 年版。
② 《财经》杂志编辑部"社评"：《完善基本经济制度表述》，《财经》2012 年第 25 期。

企业的监督，还需要贯彻党的群众路线，依靠和动员全社会工人阶级和广大人民群众，增强民主意识和责任感，直接监督国有资本的经营管理。有学者曾提出，可以通过民法制度的改革创新，建立"特别求偿权制度"，促使广大普通公民把关心公有资产的所有权与自身利益结合起来。就是说，通过立法，授予普通公民"特别求偿权"，当其发现公有财产受到任何侵害时，有权依法提起"特别求偿之诉"，诉请法院判令侵害人对公有财产利益主体停止侵害，返还财产，赔偿损失，并承担相关责任；如果胜诉，求偿人可以依法获得一定求偿酬金。[①] 这种在市场经济条件下，依靠人民群众加强对国有资本整体上监管的法制创新思路是有利于维护全民所有制的国有经济不受侵犯的。

项：从企业层面上说，采用混合所有制经济形式深化国有企业，不能搞"一刀切"，排斥国有独资企业、排斥巨型国有"托拉斯"的存在。混合所有制经济是国企改革的一种重要形式，但是不能把它当作唯一形式。理论和实践都证明，国有独资企业能够同市场经济有效结合，它们在竞争领域的继续巩固和发展是合理合法的，是对人民有利的。我们应当在明确这一前提下，积极发展混合所有制经济，努力把三中全会提出的"有利于国有资本放大功能、保值增值、提高竞争力"落到实处。如上所述，这需要坚持国有资本控股的一般原则。在控股经营过程中，不但要促进国有资本保值增值，还要善于利用国有资本绝对控股和相对控股的方式，把进入企业的一定量私资、外资纳入国有控股企业的统一管理轨道；在国内市场国际化的市场经济环境中，要科学管理这种合资企业，提高企业市场竞争力，抵御外资控制国内市场，在巩固民族经济独立自主中发挥积极作用。

何：在企业层面，坚持国有资本控股的一般原则发展混合所有制经济，必须防止国有资本流失。习近平总书记说，"要吸取过去国企改革经验和教训"，这非常重要。改革是一个长期实践的过程，应当坚持不断深入与阶段总结相结合的辩证法；定期总结经验和教训，才能做到科学地深化改

[①] 余元洲：《公有制市场经济与民法革命》，河南大学出版社2001年版，第5、110—127页。

革。曾几何时，某些政府管理部门对国企改革推行经理人购买（MBO），让大量国有资本以极低的价格卖给乃至送给私人；让国企把经济效益好的子公司、车间专门"剥离"出来，与私资、外资搞合资；对工人群众搞买断工龄，向社会一推了之，这些"改革措施"使少数人变成所谓"合法的暴发户"，导致官商勾结，腐败滋生，群体性事件不时发生，居民收入差距不断拉大。认真反思这些教训十分必要。绝不能让新自由主义再次危害国企改革。

但是，目前在国企改革实践中发展混合所有制经济的某些主张和做法的后果不容乐观。例如，有人说，"大量国有资本连同收益仍滞留在一般制造业，就践行'控制国民经济命脉'的使命而言，已经没有什么意义"[1]；与此同时，有人宣扬搞混合所有制经济，"有可能将提高民资在央企母公司股权中的比重"[2]。在一些国有企业提出的改革方案或设想中，有的提出"民资参股比例将达三分之一"[3]，有的打算"出让49%的股份引入战略投资者"[4]，有的"引资的优先级十分明确：优先战略资本、优先民营资本"[5]，按照这些主张，似乎搞混合所有制经济主要是为了发展民营经济，而不是有利于巩固和壮大国有经济本身。在公开的改革方案中，很少见到在保持和扩大国有企业现有国有资本数额基础上，以追加新投资的方式吸纳私资、外资参股的；绝大多数是通过出让方式，即将国有资本与私资、外资置换的方式搞合资，但是都没有说明退出的国有资本到哪里去，做何用途。有人以改变国企"垄断"为由，主张把效益好的国企资本股份拱手出让给私资、外资所有者，于理于法都说不通，这等于将原来归人民所得的国有股本的利益让给私人去占有。因此，积极发展混合所有制经济，必须贯彻党中央关于"有利于国有资本放大功能、保值增值、提高竞争

---

[1] 陈清泰：《国企改革再清源》，《财经》2012年第13期。
[2] 《混合所有制经济将大发展》，《京华时报》2013年11月13日。
[3] 杨烨、王璐：《多家央企混合所有制改革破局 中冶拟尝试员工持股》，《经济参考报》2014年3月31日。
[4] 《混合所有制改革：2014年度最大投资主题》，《投资快报》2014年3月7日。
[5] 朱贤佳：《傅成玉详解中石化混合所有制改革》，《上海证券报》2014年3月25日。

力"的方针，而绝不能将其偷换成为发展私营经济、外资经济创造条件。

项：从企业层面深化国企改革是一项系统工程，积极发展混合所有制经济不仅要重视产权登记、资产评估、资产监管等，还必须从领导班子自身建设、依靠科技创新、调动职工群众积极性等多方面努力。在国有资本控股的条件下，国资委要从思想政治素质、经营管理专业知识和组织能力，以及以往在企业管理实践中取得的实际绩效等多方面，综合考察、选拔人才，把国有资本的所有者代表进入企业落到实处。国有资本所有者代表理应在企业董事会贯彻国资委做大做强国有资本的战略意图，团结领导班子成员，加强对经营层的组织领导，贯彻鞍钢宪法"两参一改三结合"（干部参加劳动、职工群众参加管理，改革不合理的规章制度，实行领导、技术人员和职工群众的结合）的好传统，全心全意依靠工人阶级，完善监事会职能，完善"厂务公开"、职工代表大会制度等民主管理制度，建立一套体现按劳分配为主的分配、激励制度；这样，才有可能在企业内部巩固和完善社会主义生产关系，发挥新中国成立以来长期积累起来的国有企业的人才优势、科技优势和设备优势，在市场竞争中取得比私营经济、外资经济更好的生产效率和经营效益。

何：的确，深化国企改革内容十分丰富。改革开放以来，许多国有、集体企业实际上创造了公有制经济与市场经济结合，发挥社会主义生产关系优势的许多成功经验。我在参加江苏邓小平理论研究会的调研中就很有感受。例如，苏南一家实施股份合作制改革的集体所有制味精厂每年扣除经营成本，确定可分配基金总额之后，在处理股权分红板块与劳动分配板块的关系上，明确把重心放在按劳分配这一板块；基本做法是，当可分配基金总额增加时，首先保证劳动分配这一板块的数额增加一定比例（当时提出增加15%），余下的再进行按股分红。可以说，这家工厂创造了坚持按劳分配为主的具体操作原则。又如，一家股份合作制铝锭厂的领导班子创造了每个成员承担个人责任的民主决策机制，在项目投资决策上，领导班子成员实行实名投票责任制，在决策过程中投赞成票、反对票和弃权票，均需署名。如果项目成功，赞成者给予一定奖励，而反对和弃权者没有；

如果项目失败，赞成者要处以罚款，而后者不承担责任。这种领导成员的决策责任机制，给工厂带来很好的经济效益，这个例子证明，经营者只有以私人财产抵押才能负起责任的新自由主义论调完全站不住脚。这些在股份合作制实践中的经验对于发展混合所有制经济也是适用的。

项：从国企改革本身看，近年来有些企业实施混合所有制改革，在实践中已有值得总结的经验。例如，中国建筑材料集团、中国医药集团这两个处在竞争领域的中央国企，搞混合所有制改革，都进入了世界五百强。同时担任这两个企业董事长的宋志平同志说，"应该把混合所有制提高到国有经济保值增值和发展的高度上来认识"，"国有经济在充分竞争领域该怎么做？有人说统统退出。这不符合现状和国情，也做不到"。[①] 他说，"所以我们上市增发都是吸引社会增量资本"，"就是用一定的（国有）资本，发展过程中（施行）国有资本稀释，比例稀释，但绝对值增加，国有经济的控制力增加，200亿控制600亿，用600亿又控制一个3000亿的公司"，"最近这些年建材的资本收益率在20%以上，高过很多上市公司"。[②] 这种采用吸引社会资本增资的方式，而不是卖出国有股本向私人资本让利的方式，是有利于国有经济保值增值和增强控制力的。可见，要认真贯彻党的十八届三中全会精神，积极发展混合所有制经济，确有必要在马克思主义指导下认真总结经验和教训；一定要与"私有化"的改革主张划清界限，这样才能保证国有经济在中国特色社会主义道路上朝气蓬勃的向前发展。

参考文献

[1] 刘国光：《社会主义市场经济理论问题》，中国社会科学出版社2013年版。

[2] 杨承训：《国有企业是社会主义市场经济第一主体》，《人民日报》2012年6月1日。

[3] 程恩富、方兴起：《深化经济改革的首要任务绝不是国有企业私有化》，《求是》2012年第

---

① 宋志平：《混合所有制改革不是私有化》，《上海证券报》2014年3月3日。
② 高江虹：《中国建材集团、中国医药集团董事长宋志平：混合所有制撬起改革大空间》，《21世纪经济报道》2013年11月19日。

13期。

[4] 宗寒:《两只眼看中国资产层》,红旗出版社2012年版。

[5] 辛程:《应该正确解读三中全会决定的精神》,《中华魂》2014年3月上。

[6] 项启源:《如何准确理解中国特色社会主义市场经济?——与高尚全先生商榷》,《马克思主义研究》2013年第5期。

[7] 蔡万焕、何干强:《警惕改头换面的新自由主义——"国有企业股权多元化"辨析》,《当代经济研究》2012年第8期。

(作者单位:中国社会科学院;南京财经大学经济学院)

(原载《马克思主义研究》2014年第7期)

国企改革必须防止几种偏向

宋方敏

从一个时期以来的改革实践和舆论影响看,正确理解和贯彻中央国企改革意见,必须注意防止几种偏向。

不能偏离改革主旨,为混而混、硬性混改。国企改革指导思想表明,改革目的是"做强做优做大国有企业,不断增强国有经济活力、控制力、影响力、抗风险能力",关键在于完善现代企业制度和国有资产监管体制。发展混合所有制,是国企改革可选择的一种形式和途径,但不是目的本身。中央对"混改"强调的重点,一是以"转换机制""放大国资功能"为出发点;二是要"稳妥推动";三是从实际出发,"因地施策、因业施策、因企施策,宜独则独、宜控则控、宜参则参,不搞拉郎配,不搞全覆盖,不设时间表,成熟一个推进一个"。有些省市将"混改"当成国企改革主要目标,不顾实际、不讲条件地下达硬指标、硬任务,规定完成时限进度,搞"混改大跃进"的做法,应该尽快纠正。

不能偏离混合本意,让私资外资单向混国资。国企发展混合所有制,很重要的是为了通过各种资本相互混合、交叉持股,增强国有经济的控制力和影响力。中央确定的基本原则表述为"坚持公有制主体地位,发挥国有经济主导作用,积极促进国有资本、集体资本、非公有资本等交叉持股、相互融合",显然是指在坚持公有制主体、国有经济主导的前提下,促进各种资本交叉互混,而不是只混国资;且"国有资本、集体资本"排在

"非公有资本"前面，说明国有及公有经济地位重要，没有任何理由把"混改"等同于"国退私进""国退外进"。中央意见非常明确，既鼓励非国有资本投资主体参与国企改制重组或国有控股上市公司增资扩股，又鼓励国有资本以多种方式入股非国有企业。

不能偏离功能定位，在竞争领域搞国退民进，放弃控股。国企分为商业类和公益类，是根据国资战略定位、国企实际作用和发展目标作出的基本功能界定，以便分类改革和监管，提高改革的针对性、监管的有效性、考核评价的科学性，绝不能曲解为公益类企业需要国资控制，商业类企业国资可以放弃控股，甚至全面退出。我国国企绝大部分都是处于竞争性领域的商业类企业，国有经济发挥主导和支柱作用，必须通过国有资本保值增值、具备有效控制其他社会资本的实力来实现。控股是一种产权竞争，是在融资共进中竞大竞强。国企一旦放弃控股权，就成为私有性质的混合经济体，不再是国企。因此，中央要求商业类国企，以增强国有经济活力、放大国有资本功能、实现国有资产保值增值为主要目标，总体上按照市场化运作，独立经营、优胜劣汰，具体则区分不同功能定位，把握不同力度的控股要求。

不能偏离中国特色，把完善现代企业制度等同于照搬西方。习近平总书记强调，对国有企业要有制度自信，要沿着符合国情的道路去改。"制度自信"如果不落到企业微观制度基础上，那就成了空话。这些年国企管理暴露出种种问题，很大程度上就是由于企业改制中生搬硬套、食洋不化、机制脱节带来的制度性漏洞。一些国企引入公司制后，在现实管理中党委集体领导被边缘化，民主管理监督被严重削弱，权力制约出现"真空"。这说明，西方那一套服从私人资本利益及其代理人意志的公司法人治理结构，不可能自动适应公有财产维护、经营和管理的要求；相反，一旦与利益集团结合，极易变成"公权私用"的制度工具，为财产化公为私提供便捷之径。国企完善现代企业制度，必须把适应市场运行和发挥社会主义优势结合起来。中央意见在企业制度建设上的突出特点：一是坚持党的领导，把加强党的领导和完善公司治理统一起来；二是强化监督，健全以职工代表大会为基本形式的企业民主管理制度，加强企业职工民主监督。可以说，这是企业制度设计的两条底线，一保"不变质"，二保"不流失"，为国企改革和健康发展提供了根本性、关键性的制度保证。

不能偏离实体经济，片面导致只管资本，不管企业。有种流行说法，今后国家将由过去管国企变为管国资，只要资本运作有效益，企业不用管也管不着了。这是一种令人担心的倾向！一个国家的经济实力，基础和关键在实体经济，不能光看资本增值数量，更要看资产实际质量。资本富国，不等于经济强国。中央意见所讲"以管企业为主向以管资本为主的转变"，是专门对国有资产监管机构提出的职能转变要求，"为主"不是一概不管，更不代表国家对国企放任不管。从实质上讲，以管资本为主，是为了从价值形态更加集中有效地加强对国企整体结构、经营发展方向和效益的调节、监督和管控。相应地，通过完善国资授权经营体制，组建国有资本投资、运营公司，属于企业自己的管理事项由企业分级管理解决。国家还要运用法律手段，全面推进依法治企；通过加强和改进党对国企的领导，从思想上、政治上、组织上保证企业的正确方向。说到底，抓好国企，才能抓好实体经济，才有我国经济立于不败的支柱和基石，靠别的是靠不住的。

（作者单位：昆仑策研究院）

（原载《中国社会科学报》2015年10月20日）

三

对新自由主义"绝对自由化"观点的批判

从国际金融危机进一步认清新自由主义的危害

李慎明

2008年下半年，由美国"次贷"危机引发的金融危机迅疾向全球蔓延，不少世界著名的金融机构相继陷入困境甚至破产，全球经济蒙受重大损失。这是自20世纪30年代大萧条以来最为严重的全球性经济灾难。这次国际金融危机爆发的导火线是美国"次贷"危机，直接原因是金融监管不力。但从根本上说，它仍然是马克思主义创始人所揭示的生产社会化与生产资料私人占有这一资本主义基本矛盾所引起、所决定的，是资本主义发展的当代形态——国际金融垄断资本主义（制度）内在矛盾发展的必然结果。而国际金融垄断资本主义的理论基础就是以"华盛顿共识"为其完成形态的新自由主义。因此，联系当前正在发生的国际金融危机，站在马克思主义和科学社会主义的立场上，运用其观点和方法，深化对新自由主义的研究，进一步认清其本质及危害，十分必要也十分重要。

一 新自由主义的演变及其本质

属于新自由主义的各种流派及其代表人物的思想观点和政策主张虽然有不同程度的差别，但他们大多以自由的名义抵制对市场的计划调节和国家干预，以维护垄断资产阶级和金融寡头的根本利益。美国学者诺姆·乔姆斯基认为，新自由主义是20世纪30年代在亚当·斯密古典自由主义思想基础上建立起来的一个新的理论体系，它强调以市场为导向，主张贸易自由化、价格市场化、私有化。该理论体系也被称为"华盛顿共识"，它们由美国政府及其控制的国际经济组织所制定，并通过各种方式实施。美国学者罗伯特·W. 迈克杰尼斯指出，新自由主义是我们这个时代明确的政治、经济范式。法国学者科恩·塞阿则认为，新自由主义是资本主义意识形态的理论表现。

我们可以这样来定义新自由主义：新自由主义是在继承资产阶级古典自由主义经济理论的基础上，适应国家垄断资本主义向国际金融垄断资本主义转变要求的理论思潮、思想体系和政策主张。"华盛顿共识"的形成与推行，是新自由主义从学术理论嬗变为国际金融垄断资本主义的经济范式、政治纲领和意识形态的主要标志。其核心内容就是"私有化、市场化、自由化"和"全球经济一体化"（即美国化）。

一是从经济上看，新自由主义鼓吹贸易、金融、投资自由化、市场化，反对国家干预，是国际金融垄断资本进行全球扩张、攫取超额垄断利润的工具。新自由主义主张商品服务、资本、货币的跨国自由流动，要求发展中国家放松对资本和金融市场的管制。但英美等西方发达国家从来就没有完全实行过这样的政策，而是通过政府补贴、非关税壁垒，滥用反倾销措施和特殊保障措施等搞贸易保护主义。其根本目的就是维护当今以美国为首的发达国家或国际垄断集团的利益和国际金融寡头的利益，而让其他发展中国家任凭国际金融垄断资本去盘剥，掠夺和占有全世界的资源。新自由主义主张反对国家干预，但对于有利于国际金融垄断资本运行的、有利于资本主义克服危机、有利于垄断资本攫取超额垄断利润的国家干预，新自由主义不仅予以保留，而且还不断加强。例如，在金融危机中，美国不惜出台了高达8500亿美元的救市方案，其中有相当大的比例注入了金融垄断企业，仅美国国际集团（AIG）就获得了1700亿美元。可见，美国所反对的是其他国家维护自己经济主权和经济利益的国家干预，反对的往往是有利于工人阶级的国家干预，例如，对劳动和社会保障等方面的干预。

二是从政治上看，新自由主义不仅仅是资本主义的理论形态，它同时也是资本主义的政治纲领，它极力维护私有制和资本主义制度，极力反对公有制，是资产阶级统治压迫广大人民群众的工具。新自由主义所谓规范化改革，其政治目的就是动摇社会主义的基本政治经济制度，企图用资本主义制度"规制"世界，用资本主义制度代替社会主义制度。美国新自由主义思想家弗里德曼强调，应该把资本主义移植到中央计划经济中去，对其进行资本主义改造。新自由主义的主要代表人物哈耶克，不仅主张把资本主义制度移植到其他非西方国家，而且强调把作为资本主义制度支撑和基础的思想和价值观念一同移植到这些国家。

三是从意识形态上看，新自由主义作为国际金融垄断资本主义主流意识形态，是维护国际金融垄断资产阶级对本国劳动人民以及广大发展中国家进行剥削和压迫的工具。西方国家并不是把新自由主义单纯地看作一个经济学派，而首先把它作为一种适应其政治需要的意识形态，要用这种意识形态来规范其他国家改革的政治和价值取向。美国学者詹姆斯说，西方统治阶级对人民的文化生活进行系统的渗透和控制，以达到重塑被压迫人民的价值观、行为方式、社会制度和身份，使之服从帝国主义阶级利益的目的。

二 新自由主义的危害

（一）新自由主义的推行必然导致金融危机和经济危机，加剧全球经济动荡，严重损害世界各国尤其是发展中国家的经济和金融安全

国际金融危机重创了世界经济。国际货币基金组织报告说，金融危机造成2008年第四季度世界经济下降了5%，预计2009年世界经济将下降0.5%—1.0%。全球各国折损预计将达到4.1万亿美元；全球资本市场市值蒸发超过50万亿美元，相当于2008年全球的GDP。在国际金融危机中，美国、日本、欧盟等发达资本主义国家经济严重衰退，各新兴国家经济严重受创，使本来就十分脆弱的发展中国家经济更是雪上加霜。

国际金融垄断资本的扩张和统治，使经济加速金融化、虚拟化、泡沫化，造成世界经济异化，增加了世界经济发展的风险和不确定性。金融资本垄断寡头利用金融作为现代经济运行的血液和命脉的特殊地位，逐步实现对实体经济的控制，并越来越多地占有超额垄断利润。近十年来，整个美国金融行业所"创造"的利润竟占美国所有企业利润的40%左右。而在40年前，这一比例仅为2%左右。金融机构在追逐利润动机驱使下，不断推出规模庞大、结构复杂、透明度低的金融衍生品。有报告说，2007年全球实物经济10万多亿美元，GDP为近54万亿美元，全球金融衍生品市值为681万亿美元；全球GDP与全球金融衍生品相比则为1:13，实物经济与金融衍生品比为1:68；美国实物经济与金融衍生品比竟为1:91还多。而金融资本本身并不创造剩余价值，货币循环所能生出更多货币，全靠投机和高杠杆运作，虚拟财富如脱缰之马急剧膨胀。一旦泡沫破裂，就必然引发金融、经济危机，给全球各国经济造成极大灾难。截至2009年9月底，美国国债高达11.9万亿美元。另外，美国在医疗、社会保障等福利项目上的负债高达59.1万亿美元。美国现在的总负债已经超过69万亿美元。如果从2001年算起，截至2009年11月，美元兑西方一篮子货币比价贬值了约31%。这已经给其他持有美国国债的国家和美国的普通民众造成巨大的损失。

这次国际金融危机削弱了发展中国家防范抵御国际金融垄断资本侵入和扩张的能力，加重了国际金融垄断寡头对其他国家和世界人民包括美国劳动人民在内的剥削和掠夺。在"次贷"危机爆发和蔓延的2007年，美国不仅不全力收缩资本应对本国金融危机，反而加快了海外扩张的步伐。据美国经济分析局统计，当年美国增持3.56万亿美元的海外"真金白银"和资源财富，为历年之最，以不断实现其增值，使其海外总资产规模达到19.46万亿美元。与此同时，美国却诱使其他国家尤其是发展中国家大量增持不断贬值的美元和不断缩水的各种金融衍生品3.43万亿美元，也为历年之最。

（二）新自由主义推行彻底的私有制，反对公有制，颠覆社会主义制度，损害发展中国家的政治经济主权

新自由主义把资本主义的私有制视为唯一合理的制度，他们把集权主义和统制经济的一切弊端统统归之于社会主义和计划。他们向社会主义国家兜售新自由主义改革模式和政策，搞政治颠覆活动，瓦解、动摇社会主义经济基础和政治基础。20世纪80年代末90年代初，在新自由主义的渗透和作用下，西方和平演变战略在东欧和苏联得手，该地区原有的15个社会主义国家中，有10个国家改变性质或不复存在。短短一年多时间，波兰、匈牙利、民主德国、捷克和斯洛伐克、保加利亚、罗马尼亚7国，政权纷纷易手，执政40多年的共产党或下台成为在野党，或改变了性质。世界社会主义运动步入空前低潮。

苏东剧变后，美国等西方强国在独联体国家通过灌输西方新自由主义意识形态，进行"颜色革命"，使权力掌握在其代理人和亲西方势力的手中，在目标国进一步清除共产党及左翼力量的影响。

新自由主义向广大第三世界国家推行自由化，严重削弱发展中国家的民族工业和本国市场的保护屏障，大大削弱这些国家政府控制本国经济和保证金融安全的能力，使其民族独立、国家主权不断弱化，为国际垄断资本控制、掠夺和盘剥广大发展中国家，推行霸权扫清障碍。

（三）新自由主义极力用西方的意识形态、价值观念"规制"世界，对社会主义国家进行思想文化渗透，威胁社会主义国家的意识形态安全

美国为谋求全球霸权暗中策划"软战争"，涉及意识形态、政治经济和文化交流等各个领域，其中核心的是推行新自由主义的意识形态。

美国等西方国家向非西方国家特别是社会主义国家灌输新自由主义意识形态，造成了十分恶劣的影响。资产阶级自由化思潮泛滥，西方的所谓人权、自由、价值观侵蚀了人们的思想。如在新自由主义意识形态的长期渗透下，苏东共产党在意识形态领域失去了主导权，造成了十分严重的恶果——苏东共产党的思想被搞乱了，人民的思想被搞乱了，整个苏东共产党和党的领袖被妖魔化,而资本主义则成了人们心目中自由和富足的理想天堂。

(四)西方国家推行新自由主义在世界范围内造成工人大量失业、贫富两极分化、政府垮台、社会动乱等严重社会问题,尤其对广大发展中国家更是造成灾难性后果

新自由主义理论和政策在西方发达国家和许多发展中国家的强制推行,产生了经济增长迟缓、贫富分化加剧、社会矛盾激化等消极后果。现在,世界上最富有国家的人均收入比最贫穷国家的人均收入高出330多倍;世界南方欠世界北方的外债总额已经从1991年的7940亿美元急增至目前的3万多亿美元。

在英美等发达国家,实行新自由主义所鼓吹的私有化、减税和削减社会福利等政策,导致消费需求不足,金融投机猖獗,虚拟经济恶性膨胀,收入差距进一步拉大。2000年美国贫困人口为3160万,2008年为3980万,2009年则达到4240多万,占其总人口的14.13%。

国际金融危机使世界失业人口猛增。据国际劳工组织评估,世界失业人口从2007年的1.9亿增加到2009年底的2.1亿。世界粮农组织和粮食署报告显示,目前全世界人口约为67亿。全球饥饿人口由2008年的9.15亿上升到2009年的10.2亿,增加了11%。

但是,历史的辩证法是无情的。这场国际金融危机暴露了当代资本主义——国际金融垄断资本主义的腐朽性,以及国际金融垄断资本的理论体系——新自由主义的危害性,进一步加剧了其自身所固有的基本矛盾和主要矛盾,最终必将危及自身。在柏林墙倒塌20周年之际,英国广播公司(BBC)对27个国家、2.9万余人的调查显示,仅有11%的受访者认为自由市场资本主义运行良好,23%的受访者认为自由市场存在致命缺陷。而持自由市场存在致命缺陷观点的受访者在法国、墨西哥和巴西的比例分别为43%、38%和35%。法国总统萨科奇高呼"自由主义终结了",并提出要建立"新布雷顿森林体系+新资本主义",而英国首相布朗和德国总理默克尔也都支持。日本首相鸠山指出：美式自由主义，造成了日本贫富悬殊。斯蒂格利茨等学者和索罗斯等金融家都严厉批评新自由主义。连格林斯潘也公开承认：自由市场理论有"缺陷"。

三　警惕和抵制新自由主义的干扰，坚定不移地走中国特色社会主义道路

（一）巩固马克思主义在中国意识形态领域的指导地位，坚定正确的理想信念

马克思主义是中国社会主义意识形态的旗帜和灵魂，是我们战胜各种错误思潮的有力思想武器。从根本上说，无论新自由主义还是凯恩斯主义或是民主社会主义都最终救不了资本主义，也不能使中国快速发展。我们要坚持用马克思主义中国化最新成果武装头脑，使广大党员干部牢固树立坚定正确的理想信念，尤其是在世界社会主义处于低潮时更为重要。只有这样，我们才能自觉坚持正确的政治方向，分清理论是非，增强防范和抵御新自由主义以及其他各种错误思潮对我国意识形态渗透和干扰的能力。

（二）坚持公有制为主体、多种所有制经济共同发展的基本经济制度，坚定不移地走中国特色社会主义道路

基本经济制度是一个国家社会制度的基础。坚持以公有制为主体、多种所有制经济共同发展的基本经济制度，是社会主义的一项根本原则，是实现社会主义优越性和共同富裕的重要保证。我国所要发展的社会主义市场经济，是与这种基本经济制度结合在一起的，是与新自由主义反对公有制、主张私有化不相容的。只有坚持公有制为主体、多种所有制经济共同发展，才是振兴和发展我国经济的正道。任何否定公有制的主体地位，搞私有化，或者是回到过去单一的公有制，都离开了中国特色社会主义正确道路，都会使我国经济社会发展步入歧途，我们坚决反对。

（三）坚持改革开放，确保改革开放的正确方向和健康发展

改革开放是推动我国经济社会发展的动力，推进中国特色社会主义事业，必须继续解放思想，坚持改革开放。在这次应对国际金融危机过程中，我国对稳定经济所采取的重大举措取得了明显成效，在大多数发达国家都呈负增长的时候，2009年我国GDP同比增长8.7%，这充分彰显了中国特色社会主义制度的优越性。这也充分说明，教育、卫生、收入分配、社会保障等重要领域，以及扩大内需、调整结构，乃至总量平衡等问题，都不能完全交给市场去自发调节。我们要坚定不移地坚持党的基本理论、基本路线、基本纲领、基本经验，勇于变革、勇于创新，永不僵化、永不停滞。要坚持高举中国特色社会主义伟大旗帜，警惕新自由主义等错误思潮对改革的干扰，坚持改革开放的正确方向，继续推进马克思主义中国化，把中国特色社会主义事业不断推向前进。

（作者单位：中国社会科学院）

（原载《红旗文稿》2010年第6期）

中国金融体制改革应遵循的基本原则

胡代光

一 导言

我很赞同中国人民银行金融研究所原所长秦池江指出的目前中国金融业存在的七大"不和谐"现象,即[①]:

(1) 金融组织体系不和谐。目前在银行、证券、保险业各有一个监管部门,是分散的板块关系,没有形成一个内在的严密组织结构。特别是为低端客户服务的中小金融机构力量非常薄弱。

(2) 社会融资市场不和谐。国内目前的融资市场有信贷市场、股票市场、基金市场、债务市场、票据市场等,但其中最重要的是短期融资市场,而短期融资怎么解决,目前还是个问题。

(3) 城乡金融功能不和谐。目前国内的金融机构大都聚集在城市里,对于农村金融功能如何完善的问题则很容易被忽略。

(4) 客户服务的目标和方式不和谐。目前国内的金融服务大都集中在个人理财上,不论是大银行还是小银行都在搞个人理财产品,而事实上大多数人还达不到由国有大银行帮自己理财的程度。银行在个人理财方面花费那么多的心思和成本,实际效果却值得商榷。

---

① 参见《参考消息·北京参考》2005年4月21日,第1版。

（5）金融法律和监管不和谐。国内的金融法律缺乏宏观、总体、长期的考虑，对金融业该约束的约束不了，不该管的管得太死，致使金融业无法高速发展。

（6）人力资源配置不和谐。在目前进行的国有银行改革过程中，很多人都强调重视和吸收高端人才，给予他们丰厚的待遇和薪酬。与其相应的是，更广大的基层银行职员却整天提心吊胆，担心完不成拉存款的任务，担心会下岗，在这样的状态和环境中，很不利于他们提高工作的积极性。

（7）金融环境不和谐。目前国内金融环境实在让人担忧。关于建立信用制度的问题，呼喊了三年，但实质上目前的进展还不是很大。

与此同时，我们又读到了中国银监会主席刘明康最近总结出的中国银行业存在"三个80%"现象和"三个一"现象的报道。即职务犯罪占80%，尤其是一把手犯罪问题严重；案发在基层的占80%；内外勾结作案的占80%。一把手纷纷落马，内部环节一路打通，犯罪分子一跑了之。刘明康主席认为，这暴露出银行内部管理不善、制度形同虚设等问题，主要是我们的信用文化和管理制度出现问题，好人主义盛行，有章不循，规章制度不能与时俱进。而且，中国银行业的问题在于，分支行长权力太大，组织架构层级过多，缺乏效率，计算机系统只是模拟会计的手工运算，而无法做到实时监控，假账不能被及时发现。[①]

此外，中国银监会副主席唐双宁最近也指出：城市商业银行存在七大问题：（1）资本充足率不足，有效增资扩股困难。2004年年底，113家城市商业银行总体资本充足率仅为1.36%（2006年年底，绝大多城市商业银行资本充足率应达到8%的监管要求）。（2）总体资产质量仍然较差，截至2004年年末全辖不良贷款余额1061亿元，不良贷款率11.7%。（3）拨备严重不足，总体防范风险的能力仍然不足。（4）发展极不平衡，呈现明显的地区性差异。（5）公司治理仍不完善，内部控制和风险管理薄弱。（6）

---

① 参见《参考消息》2005年6月14日。

创新和开发能力不足。（7）人才储备不足。[①]

二 循序渐进 欲速则不达

据前面所归纳的现象和问题，可见中国金融体制深入改革问题的切实解决还任重而道远。如何密切联系中国国情，在坚持社会主义市场经济的改革方向的前提下，我们确实应总结经验教训，重点抓好金融体制改革，进一步推动制度创新。但需要注意，切忌"东施效颦"或"画虎不成反类犬"！本文只就以下三个方面问题简要地提出一点意见：

（1）中国金融业自20世纪90年代以来，就实施分业经营，并为此提供了法律依据，起到了良好作用。但随着中国金融服务领域的发展和对外开放的扩大，金融领域混业经营似乎已是大势所趋。但国务院发展研究中心副主任李剑阁已指出："所谓混业经营，指的是在一个法人主体下，同时经营银行、证券、保险、信托等不同业务。选择分业经营还是混业经营取决于各国特定的经济环境。"[②] 国务院发展研究中心金融研究所所长夏斌也表示："就中国目前来说，分业经营、分业监管更符合国情，全面推行混业经营还需一定时日。"[③] 他们的论断是"言之成理，持之有故"。

要知道，"混业经营"并非灵丹妙药。美国斯坦福大学教授刘遵义强调指出："混业经营存在一些问题，一个就是混业经营就要求进行联合监管，否则就会出现监管的漏洞；第二个就是混业经营就可能会出现金融的'打包'服务，锁定银行与客户之间的距离，导致市场不公平。"[④]

由此可见，如果我们未能消除目前国内银行业出现的"三个80%"现象和"三个一"现象，那么急于推行金融领域的混业经营，不仅不会达到预期效果，反而很有可能导致混乱恶果。

[①] 参见《人民日报》2005年6月20日。
[②] 清华大学中国经济研究中心编：《中国经济研究通讯》2004年7月号，第3页。
[③] 《参考消息·北京参考》2005年4月18日，第4版。
[④] 清华大学中国经济研究中心编：《中国经济研究通讯》2004年7月号，第5页。

（2）目前中国银行业面临着信用风险、市场风险和操作风险，其中信用风险是最大的风险。这是中国银监会主席刘明康最近指出的。如何防范、化解这些风险，确实需要健全相关的法律制度，加强法律约束力，提高社会信用意识，建立对企业和个人信用的评级制度及其评分指标系统，完善并严格执行银行内部管理规章制度。一些客户利用虚假信息骗取银行贷款，一些企业利用改制重组等逃废银行债务，这些行为都是内外有关人员相互勾结所造成的。为什么现在"好人主义"盛行？我从银行界人士中获悉，据说，现今银行组织机构各层次级别的领导人大部分都将由民主选举，投票决定，因而好些领导人不愿按规章制度严格监督管理，切实要求部属人员认真履行职责，否则，那些"好人主义"领导人就将落选，难提职升级，往上爬。然而，这恰是扭曲民主选举的积极作用。

（3）现在，国内四大国有商业银行均准备抢先股份制改革，其中包括引进外国银行参股，这标志着中国国有商业银行的改革正在逐步深化，从而有利于引入先进的管理经验和专业技术，提高风险管理水平，增强竞争力。2005年6月17日，中国建设银行和美国美洲银行已在北京宣布美洲银行将分阶段对中国建设银行进行投资，最终持有股权可达到19.9%。可见，中国国有商业银行的体制改革又迈出了重要的一步，将改善治理结构，加速银行股份上市，促进银行广泛服务。但是，如前面所指出的，当前国内金融业面临七大"不和谐"现象，以及城市商业银行存在着七大问题。如果我们未能认真理顺其逻辑顺序，没有切实弄清其因果关系，由此予以实质性解决，那么只希望推进国有商业银行股份制改革和利用上市来解决问题，就未免急功近利，忘记了欲速则不达的教训。要知道，为了有效保障投资利益，必须有完善服务的体制和强健的管理制度，并且能严格执行而非虚设。尤其是国内银行，要提高其风险管理能力和强化内部监控。从长远来看，这些要求都是国内商业银行业务繁荣发展的必要条件，甚至是充分条件，而要建立和完善这些条件，确实并非一蹴而就。

三 我们应遵循的基本原则

加快金融体制改革，是关系中国经济改革和发展全局的重要任务。我们应遵循的基本原则，概括来说，有如下五个方面：

（1）必须认认真真地树立和落实科学发展观，即坚持以人为本，全面、协调、可持续的发展观。科学发展观的根本要求是统筹兼顾，实现城乡协调发展、区域协调发展、经济社会协调发展、人与自然和谐发展，统筹国内发展和对外开放。在科学发展观的指导下，我们就能得到启示，思考如何逐步解决目前困扰国内金融业的七大"不和谐"现象。

（2）必须坚持贯彻中国经济增长方式从粗放型向集约型根本转变这个方针，依靠科学技术进步和创新，建立节约资源的体制、机制和政策体系，大力发展循环经济，促进产业转型，提高经济增长质量，即要提高真实经济增长的比重，切忌搞泡沫经济，而且经济增长中效益增长，包括各种形式的知识经济效益的提高，要高于速度增长。与此同时，要改善产业结构，加速产品结构的升级换代，一定要积极向技术密集型、知识密集型、高附加值的产品出口结构转变，提高产品的国际竞争力。只有这样，才能增强中国实际经济力量，掌握主动权，为防范金融风暴或危机奠定坚实的物质基础。

（3）为了防范金融风险，中国银监会应采取有力措施加强金融监管的力度。可根据1997年巴塞尔银行监管委员会通过的《有效银行监管的核心原则》的精神，结合中国的具体情况，制定出贯彻《有效银行监管的核心原则》的实施细则，提出进行银行监管的明确规定和要求，把重点放在如何防范信贷风险与加强银行内部控制系统上。必须狠抓一批对社会有影响的金融大案、要案，严加惩处，并向社会曝光，以提高金融监管的权威性。

（4）目前，国际金融市场上流动的短期银行存款和其他短期证券已超过7.2万亿—10万亿美元，每天在国际金融市场上的国际游资多达1万亿—2万亿美元。而且，金融炒家们还可以通过突然的巨额贷款和其他投机手段，将投机资本放大5—10倍。在全球外汇市场上，每天至少有1万亿美元以上交易额，但其中只有15%代表着实际的资本流通和商品贸易，其余85%都用于短期套利。因此，我们需要为全球金融体系建立一种公平、公正、公开并真正起着稳定性作用的制度，以便遏制全世界范围内以极快的速度进行的投机。

中国早在1996年12月就实现了人民币在经常项目下可兑换。加入世界贸易组织并不要求中国承诺开放资本市场。目前只能实行经常项目完全开放，并随着国际资本流入中国的渠道不断扩大，资本市场将逐步开放，即长期资本开放、短期资本不开放。对资本市场完全开放，我们不设立时间表。特别是对引进投机性很大的衍生金融工具应持谨慎态度。这些都是中国谨慎从事金融开放、提高警惕性、增强资本市场监管、防范金融风险所需要遵循的对策性原则。

（5）中国金融体制改革始终是在"要坚持公有制为主体，多种所有制经济共同发展的基本经济制度，毫不动摇地巩固和发展公有制经济，毫不动摇地鼓励、支持和引导非公有制经济发展"的前提条件下进行的，因此为保证金融体制改革的成效，就需要切实贯彻"依法治国和以德治国相结合"的重要原则，积极实行立法和监督并重，加大发扬"诚信至上，勤劳为本"这些中华民族的高尚品德。然而，现在却流行着这样的调门："理想，理想，无钱不想；前途，前途，有利就图。"似乎拜金主义成为市场的神圣教义！于是，极端个人主义至上，不顾社会目标，不管诚信、公德，不择手段，只要捞到巨额钞票在手，就被赞誉为"市场经济观念强"，就是好样的"理性经济人"！由此可见，在中国金融体制改革的进程中，通过匹配信用制度的建立和完善，势必加强伦理、道德的教育，"人而无信，不知其可"（《论语·为政》）。我们急需高声赞颂信用文化的发扬。

（作者单位：北京大学经济学院）

（摘选自何秉孟主编《金融改革与经济安全》，社会科学文献出版社2007年版）

新自由主义与当前国际金融危机

丁 冰

近百年来,资本主义世界经历了两次最大的金融危机和经济危机。它们在形成上的共同特点是与当时占主导地位的西方经济学的理论政策体系有密切关系。第一次是20世纪30年代的大危机,在那之前西方经济学占主导地位的是以马歇尔为代表的新古典经济学自由主义。这种自由主义理论认为,只要依靠自由的市场机制就可以使社会经济自动实现充分就业均衡,既无生产过剩,也无工人失业。然而,30年代的大危机彻底粉碎了这种自动均衡论的神话,因此,那次经济危机便标志着新古典经济学自由主义的彻底破产。第二次是当前的国际金融危机和经济危机,这乃是近三四十年来西方占据主导地位的新自由主义发展的必然结果。因此,当前这次危机便标志着新自由主义的彻底破产。现就着重说明这个问题。

一 新自由主义的含义和主要表现

(一)新自由主义的含义

所谓新自由主义是承袭新古典经济学自由思想并作为凯恩斯国家干预主义的对立物而产生的保守主义经济思潮。它起源于20世纪40—50年代新奥地利学派的自由主义,蓬勃兴起于70年代以米尔顿·弗里德曼(Milton Friedman,1912—2006)货币主义为代表的各个新自由主义学派,到

80—90年代又为美国官方积极推广泛滥于全世界的自由主义理论和政策思想体系。其核心是实行以"华盛顿共识"为代表的全盘私有化、市场化和自由化,其中包括金融自由化,以进一步加强资本的剥削和掠夺,其结果势必加剧资本主义固有的基本矛盾和贫富两极分化的发展,从而为当前国际金融危机和经济危机的爆发埋下了深深的隐患。

(二) 全球私有化浪潮及其影响

从私有化来看,资本主义制度本来就是以生产资料私有制为基础的,无所谓私有化不私有化的问题。即使资本主义国家的国有企业那也只不过是"理想的总资本家"[①]的企业,而非劳动者公有的企业,因此,本质上仍然是资本主义的私有制企业。但新自由主义者在20世纪70年代以后,特别是由"华盛顿共识"强调提出的私有化的口号仍然有其不同寻常的意义。80年代由英国带头掀起的全球私有化浪潮,不仅使欧洲一些发达资本主义国家如英、法、意等国在第二次世界大战后建立起来的大批国有企业纷纷私有化,加强了资本家对劳动群众的直接剥削,而且也严重影响了发展中国家以及社会主义国家。社会主义国家的国有企业因为私有化失去了立足的国际环境和舆论支撑,甚至被指责为经济腐朽和低效率之源,以致有大批国有企业私有化。如苏东剧变,国有经济体系基本瓦解,资本主义私有制全面复辟就是一个明显的例子。马克思主义认为,在资本主义私有制和雇佣劳动制的企业里,由于广大工人的剩余劳动所创造的全部剩余价值被资本家(企业主)所无偿占有,以致必然出现两极分化的情况:一极是贫困的积累,另一极是财富的积累。在70年代以后,随着新自由主义的泛滥,世界各国推行私有化政策,势必会使这种两极分化的贫富悬殊现象进一步加剧。

据世界银行提供的数据,世界最富国家与最穷国家人均收入之比,在新自由主义刚兴起的1973年为44∶1,到2000年扩大为227∶1[②],即27年

---

① 《马克思恩格斯全集》第20卷,人民出版社1971年版,第303页。
② 唐裳:《新自由主义全球化别名》,中央民族大学出版社2007年版,第108页。

间贫富差距扩大了 5.16 倍！联合国确认，全球最不发达的国家 1974 年为 19 个，到 2002 年增加到 49 个。目前世界 60 亿人口中，每人每天生活费不足 2 美元的贫困人口近 28 亿，约占全球人口的一半；不足 1 美元的赤贫人口约 15 亿，占全球人口的 1/4。美国近年来两极分化加剧的情况更为明显，据美国密歇根大学社会研究中心 2007 年 8 月 4 日公布的一项调查：美国最富有的 2% 的人口的净资产从 1984 年到 2005 年的 21 年之间翻了一番，而最穷的 1/4 的人口的净资产同期不增反减。[①] 其中 2000—2005 年，美国经济增长 12%，劳动生产力提高 17%，而工人每小时平均工资只增长 3%，3/4 的美国人实际生活水平下降，美国人的收入差距已达到前所未有的水平——最富有的 1% 的人拥有全部财富的 38%，占全国 40% 的人口只拥有全部财富的 1%。[②]

在两极分化日益发展的情势下，由于极少数最富人的边际消费倾向很低，使得社会平均消费倾向越发下降，从而社会产品必然会出现相对过剩。比如美欧各发达国家自 20 世纪 80—90 年代以来，随着高新技术和所谓新经济的发展，以及新自由主义的推行，作为其支柱产业的住房、汽车等行业的产品产量都大大超过了市场的有效需求。如美国的通用、克莱斯勒、福特三大汽车公司，德国的奔驰、大众，日本的丰田等近年都呈产能过剩、设备闲置、产品销量大减的格局，这种生产过剩的局面就形成了这次国际金融危机和经济危机的基础。

（三）此次世界生产过剩的特点

不过作为这次危机基础的生产过剩与以往有所不同，即不仅是本国的生产过剩，而且是跨国移动的生产过剩——这是这次世界生产过剩的一个显著特点。譬如 20 世纪 30 年代的世界经济大危机，基本上限于各国内部的生产过剩，以致各国虽差不多在同时都发生生产过剩危机，但不涉及生产过

---

① 李响：《新自由主义的最终崩盘——关于全球金融危机的公共讨论》，乌有之乡网，2008 年 12 月 16 日。
② 参见宿景祥文章，《马克思主义文摘》2009 年第 9 期，第 87—88 页。

剩跨国移动的问题。形成这个跨国移动生产过剩的原因在于，在20世纪30年代以前资本主义全球化的水平还不是很高，生产技术还是传统机械工业，因而发达国家及其随后形成的以垄断资本主义为基础的帝国主义国家，对落后国家的剥削、掠夺的渠道还主要限于抢占市场以及修路、开矿、掠夺资源，很少到落后国家去发展工业，甚至还会极力抑制、阻止落后国家民族工业的发展，而把发展工业制造业的任务留给自己来完成，并以自己拥有工业制造产品的优势去掠夺世界。例如，19世纪的英国凭着自己作为"世界工厂"的经济实力成为称霸世界的日不落帝国。但到了20世纪70年代以后，随着经济全球化的高度发展和高新技术日新月异的蓬勃兴起，美欧发达国家的垄断资本家为了追求利润最大化，便把在国际分工中处于价值链高端的产品、服务留归自己在国内生产，把价值链低端的劳动密集型、资源型甚至带污染性的产业转移到发展中国家，剥削其廉价劳动力，摧残劳动者的身心健康，然后进口其产品供本国居民消费。这样，一方面，对发达国家来说便形成实体经济的削弱或空心化；另一方面，对发展中国家来说，有的由于缺乏独立自主创新精神，又往往会去迎合发达国家调整产业结构、转移产业战略的需要，而使自己陷入"世界工厂"的地位。实际上，如果说在19世纪英国成为"世界工厂"尚可作为世界先进生产力的象征，到现在如果成为"世界工厂"，就很可能已落入发达国家的圈套而成为其附属加工车间的代名词。按照所谓"中美国"（Chimerica）经济这个新词汇的发明者美国哈佛大学历史学教授尼尔·弗格森的解释，"中美国"经济就是把"节俭者和挥霍者结合起来的经济体系"，即由流血流汗、省吃俭用的中国生产出来的大量相对过剩的产品出口给挥霍无度的美国去消费。一旦进口这些产品的发达国家的消费萎缩、进口减少，那些发展中国家的生产过剩的矛盾就会立即暴露出来，而形成跨国移动的世界生产过剩危机。

二 金融自由化的兴起和发展

从市场化、自由化来看，新自由主义者从市场原教旨主义的市场万能论出发，并以经济全球化为借口，强调实行国际金融自由化、贸易自由化、投资自由化。这里拟着重对当前与国际金融危机关系更密切的国际金融自由化问题予以较详细的分析。

（一）国际金融衍生品的产生和发展

马克思经济学认为，资本主义社会化大生产必须有高度发达的信用体系和信用制度相配合，即在实体经济发展的基础上，必然会有相应的虚拟经济和金融业的发展。因此，经济危机往往会首先从信用、金融危机开始。然而信用危机、金融危机却多种多样，层次也有高有低，所以各次危机的爆发点并不一定相同。如20世纪30年代危机的爆发点是1929年9月24日（星期四）纽约股市暴跌，当前经济危机的爆发点是2007年8月9日美国住房次贷危机。究其原因，这既与凯恩斯主义的消费决定生产理论和鼓励举债消费的思想政策有关，也与新自由主义鼓吹的金融创新、厉行金融自由化的发展有关。1933年罗斯福新政为摆脱30年代经济危机曾颁布了加强金融管制的《格拉斯—斯蒂格尔法案》（Glass-Steagall Act），规定银行必须分业经营，即银行不得经营投资、证券等非银行的金融业务，以加强金融管制，规避金融风险。但在70年代新自由主义兴起的新形势下，金融业的种种限制和束缚，却被逐渐削弱和冲破，到1999年美国政府颁布《金融服务现代化法》（即《格拉姆—利奇—布利基法案》），正式废除了这个分业经营、加强金融管制的法案。加之美元危机爆发，布雷顿森林体系瓦解，金融动荡加剧，金融业的竞争更加激烈，各金融机构为求生存和发展，便顾不得传统的陈规旧习，而力图从金融创新中既摆脱管制又规避风险，以达到多赚利润的目的。于是在股票、债券、汇票、不动产的抵押单等初级虚拟资本的基础上又创造出新的金融衍生品（Derivatives），如股票、债券等各类金融资产的期货、期权合同，以及更高级的金融衍生品如利率、汇率、股指等各类指数的期货、期权合同。1970年，美国政府抵押协会（CNMA）发行首只公开交易的住房抵押担保证券（CDO），开创了资产证券化的先河；接着1972年5月，芝加哥商品交易所推出7种外汇期货合同，标志着金融衍生品的诞生；80年代初到90年代初的十年之间，在各主要资本主义国家金融衍生品都已出现并获得快速发展；90年代末以后在美国随着房地产业的发展，次级住房抵押贷款及其衍生的信用违约互换（Credit Default Swap，CDS）、打包的房屋抵押债券（Collateralized Debt Obligation，CDO）、抵押贷款支持证券（Mortgage Backed Securities，MBS），以及把MBS、CDO捆绑在一起形成的新指数ABX等新的金融衍生品也大量涌现出来。

（二）金融衍生品的三大特点

所有以上金融衍生品都具有如下特点。

第一，虚拟性。一切金融衍生品都是基于一定的初级虚拟资本如股票、债券、汇票、不动产的贷款抵押单等衍生出来的虚拟资本，因此，可以说是虚拟资本的虚拟资本。所谓虚拟资本是指由生息资本演化而来的相对独立于现实资本之外，能给持有者带来一定有规则的货币收入的资本化。马克思在说明虚拟资本的虚拟性时说："生息资本的形式造成这样的结果：每一个确定的和有规则的货币收入都表现资本的利息，而不论这种收入是不是由资本生出。货币收入首先转化为利息，有了利息，然后得出产生这个货币收入的资本。"[1] 这个资本就是虚拟资本。之所以说它是虚拟的，就是因为它不是现实的资本，而是"幻想的虚拟的资本"[2]。虚拟的层次越高，其资本脱离现实资本的距离越远，因而对服务于现实经济的作用就越小；同时也意味着金融衍生品越来越多，虚拟经济体系越来越复杂。据有关资料表明，截至2001年年底，全世界有60个交易所在进行金融衍生品交易，几乎每天都有新的金融衍生品生产出来。估计目前金融衍生品有两万多个，其中仅抵押贷款系列的金融衍生品就有约1500个之多。

第二，高杠杆性。金融衍生品是一种金融合约，其价格取决于基础资

---

[1] 《马克思恩格斯全集》第25卷，人民出版社1975年版，第526、527页。
[2] 同上。

产的价值和相关的利率或指数,因而其交易并不必须按其全部价格支付现金,也不必及时转移标的物的所有权(买空卖空),购买者只需支付一定的保证金,当到期交割时再以现金结算衍生品的价格差额即可。例如,购买100元的某种金融衍生品,其保证金为10元,即只需拿出10%的现金即可购得100%的金融衍生品的全部价值,其杠杆率为10倍;若保证金为5元,杠杆率为20倍。杠杆率越高,所需现金相对越少。因而金融衍生品层次越高,交易次数越多,相互交错关系越复杂,其金融衍生品的交易量比实物资产所高出的倍数就越大。例如,这次金融海啸爆发初期,美国次级抵押贷款规模为1.3万亿美元,而信用违约互换(CDS)的规模则达62万亿美元,相当于抵押贷款规模的48倍和当年美国GDP的4倍。[①] 又据国际清算银行估计,2006年年底,美国境内的股票、债券、外汇、大宗商品期货和金融衍生品市值约为400万亿美元,为美国当年13万亿美元GDP的30倍。[②]

　　第三,高收益性和高风险性。资本只能在运动中才能赚取利润,获得收益。资本的流动性越强,周转得越快,在其他条件不变的情况下,利润率就越高。金融衍生品由于其相对独立于周转较慢的实物资本而能够快速转手,流动性很强,加之具有高杠杆性的特点,必然要比一般实物资本能获得更高的利润率。然而,正因其具有高虚拟性和高杠杆性,一旦投资失误,其风险损失也必然更为惨烈,即在其庞杂的虚拟经济体系中,若有任何一个环节运行不畅,就可能立即引起整个链条的断裂,造成极为严重的经济损失;同时因它的交易一般是在场外进行,又要保持商业机密,透明度很低,很难监管;如果信用评级失真,再加上这种交易变现的预期性不确定的因素很多,风险就更大;更何况金融衍生品本来就是在20世纪70年代以后新自由主义的鼓吹倡导下,反对监管的金融自由化的产物,高风险性自然成为其固有属性和特点。

[①] 严行方:《直面金融海啸》,金城出版社2009年版,第33页。
[②] 《中国证券报》2008年10月22日。

上述金融衍生品的三大特点及其在世纪之交的前后发展说明，以美国为主导的资本主义世界的金融危机发生的一切必要条件都已日益成熟。但这还不是危机爆发的充分条件，即要使国际金融危机发生的可能性变为现实性，还需要有一定的时机和导火索。这个时机和导火索就是小布什上台后继续加紧推行新自由主义政策而酿成的住房次贷危机。

三 国际金融经济危机的爆发和后果

（一）布什政府为挽救经济衰退的经济政策

2001年布什上台，就恰逢美国网络、股市泡沫破灭和遭受"9·11"恐怖袭击，经济陷入战后第10次衰退的困境。2001年第三、第四季度GDP分别下降1.1%、1.3%。消费者的信心指数也随着股价狂跌而大幅度下降，即从2000年年初的140多下降到2001年8月和9月的114和97.6，到11月更下降到84.9，人气大为不振。布什为了摆脱这种困境，重振经济，在对外推行单边主义继续称霸世界的同时，对内则进一步推行新自由主义政策，大幅度减税、降息、放松金融监管，以刺激经济增长。但美国经济在20世纪90年代的克林顿时期，凭着高科技的优势和"冷战"结束后的有利时机，出现相对稳定较快发展的所谓新经济，早已形成产品饱和或过剩状态，哪里还有什么新的经济增长点呢？过去在需求不足的情况下，美国还可大力发展军事工业来拉动经济增长，现在"冷战"结束，发展军工已受到一定限制，于是就把刺激增长的目标选定在房地产业上，因为房地产向来是美国的支柱产业，可带动五六十个行业发展，而且美国居民很多是租房住，自有产权率较低；同时从政治上考虑，布什在对外称霸的同时，对内又不能不千方百计地骗取人民的支持，需要提出要建设一个"人人拥有住房的社会"的口号，以笼络人心。

（二）由住房次贷危机到国际经济危机的全面爆发和严重后果

为了刺激经济增长和鼓励居民购房，美联储在2001—2004年连续11

次降息，使银行基准利息率从6.5%降到1%。同时银行还不断放宽住房贷款条件，以致零首付也可以借款买房，从而大大刺激了住房需求，使次贷泛滥，炒房加剧，房价上涨，随之经济过热的趋势愈益明显。美联储接着从2004年6月底开始为抑制经济过热和通货膨胀，又连续17次加息，使利息率到2006年6月底高达5.25%。在此期间，房产因过剩而价格下跌，次贷购房者特别是炒房者受利息上升、房价下降的双重压力。住房次贷危机在2007年3月美国第二大住房贷款金融机构——新世纪金融公司申请破产保护时，就已初露端倪了。随着多米诺骨牌效应的发展，到同年8月，美国已有30余家这类抵押贷款公司停业，它们的股票价格几乎直线下降，一场住房次贷危机就这样一发不可收拾地爆发了。准确地讲，按照英国经济学家理查德·诺思埃奇的说法，这次次贷危机的爆发是从2007年8月9日开始的，具有标志性的事件是：法国巴黎银行冻结了旗下三家在美国次级抵押房贷市场面临亏损的基金，结果导致银行间停止贷款，利率攀升，并引发了北石银行出现资金链危机，招致储户挤兑。北石银行前首席执行官（CEO）亚当·阿普尔加思有一段广为人知的话："生活在（2007年）8月9日发生了变化，那就是市场冻结的日子。"[①] 随后到2008年8月，美国最大的住房贷款机构"两房"（其贷款额占到美国住房贷款总额12万亿美元的44%）因亏损而市值下跌90%，以致同年9月7日被政府接管，便标志着次贷危机的全面爆发。接着美国最大的五家投资公司中有三家先后陷入困境，它们或被收购（美林），或破产重组（贝尔斯登），或遭破产（雷曼兄弟）。剩下的高盛、摩根士丹利两家，又被改变为商业银行投资公司。特别是2008年9月15日雷曼兄弟公司宣布破产，这标志着金融危机的爆发。因为这些金融机构不仅规模庞大，而且都经营与住房次贷系列直接相关的CDS、CDO、MBS、ABX等各种金融衍生品，也经营其他股票、债券、利率、汇率、期货、期权、期指等各种金融产品，而且它们还彼此形成相互交易、难解难分的联系，一旦次贷危机爆发，自然会使其他各种

---

① ［英］理查德·诺思埃奇：《信贷危机撼动世界的两年》，英国《独立报》2009年8月9日。

相关衍生品价值下跌,从而引发整个金融系统的危机。即在雷曼兄弟公司破产后仅约半个月,就有十几家世界著名的金融机构如美林、AIG、华盛顿互惠银行等,或者被收购、重组、救助,或者市值大跌。不仅如此,在金融全球化已大大发展的情况下,这场危机还必然会由美国发展到全球,因为五大投行都是世界著名的跨国公司,美国的最大保险公司美国国际集团(AIG)也是全球最大的跨国保险公司,它们的损失不可避免会将其他各国相关金融机构一起拖下水。

随着国际金融危机的爆发和金融衍生品泡沫的破灭,原已存在的生产过剩的危机就必然会暴露于光天化日之下。因为金融衍生品是虚拟资本的虚拟资本,既以实体经济的存在为基础,又是远离实体经济而相对独立运动的虚拟产品。它的出现,不仅意味着社会化大生产的商品经济有了更大规模、更高程度的发展,从而使资本主义私有制与生产社会化的矛盾、生产过剩与消费不足的矛盾更加突出,同时也使这些矛盾在金融泡沫的面纱掩盖下被深深地隐藏起来,甚至还让经济出现表面繁荣的假象。因为即使当企业的产品已出现过剩,在短期内由于有发达的金融支持,社会经济秩序也能照样正常运行,各个资本家特别是金融资本家也能照样获得丰厚利润。然而,金融泡沫迟早是要破灭的,这次由次贷危机所引发的金融海啸,据亚洲开发银行估计,2008年全球金融资产损失约50万亿美元,约相当于全球一年的经济产出。金融泡沫破灭,企业生产过剩的真相就显露出来。首先是金融企业及其所赖以生存的工商企业出现经营困难、亏损甚至破产倒闭,工人失业。大批从业人员因收入减少,即使原来能靠透支消费信贷过日子,现在也难以为继;于是消费市场大大萎缩,继而使企业因产品缺乏市场而进一步亏损、破产,工人也因之失业;随后,消费市场进一步萎缩,形成恶性循环,经济危机或衰退就全面爆发。2008年10月以后,美欧各发达国家以及包括新兴市场经济国家在内的各个发展中国家普遍出现金融危机,并导致经济下降或发展减速,失业人员也大幅度增加。例如从GDP来看,美国从2007年12月就进入衰退期,按年率计算,2008年第三、第四季度和2009年第一、第二季度分别下降0.5%、6.2%、5.7%和

1%；欧盟2009年第一季度环比下降4.6%，同比减幅高达21.6%；俄罗斯2009年上半年同比下降10.1%，其中第一季度下降10.4%，第二季度下降9.8%，预计全年下降8.7%。再从失业率来看，美国2009年1—6月分别为7.6%、8.1%、8.5%、8.9%、9.4%、9.5%，呈逐月上升之势，其中有15个州已超过10%；欧元区2009年4—6月分别为9.3%、9.5%、9.4%，其中5月最高的西班牙为18.7%，最低的荷兰为3.2%；日本2009年5月失业率为5.2%。我国的实体经济也受到相当的影响，据统计，2008年第四季度GDP的增长幅度从第一季度的10.6%降到6.8%，2009年第一季度进一步下降为6.1%，第二季度回升到7.9%；失业状况也是相当突出的，2008年2000万农民工返乡，城镇失业率达9.4%，至少有3200多万人失业。

（三）当前国际金融、经济危机的实质及对新自由主义的沉重打击

2007年开始的国际金融危机和经济危机是自20世纪70—80年代以来，随着新自由主义的兴起和泛滥，一步一步发展的结果。其实质就是新自由主义私有化的发展所必然产生的生产过剩，而且是跨国移动生产过剩。因此，我们完全有理由说，当前国际金融危机和经济危机的爆发，标志着新自由主义的彻底破产。

四　对国际经济危机的估计和相关对策

从目前情况来看，据媒体报道，危机的高潮虽然已经过去，但经济发展不平衡，危机实际上在世界许多领域仍在继续蔓延，甚至许多国家还普遍深陷失业的困境之中。2009年11月6—7日为期两天的20国财长和央行行长会议声明：经济和金融形势有好转，但经济复苏"处于不均衡状态，仍需依赖政府支持"，高失业仍然是各国重点关心的问题。[①] 资料显示，就

---

① 《参考消息》2009年11月9日，第4版。

美国来讲，2009年第二、第三季度以来失业率基本上仍呈逐月上升之势，7—11月的失业率分别为9.4%、9.7%、9.8%、10.2%、10%，其中，10月的失业率创下了1983年年初以来的最高值；日本2009年7—9月的失业率分别为5.7%、5.5%、5.3%，虽在逐月下降，但已大大超过战后20世纪80年代以前只约1%的失业水平；欧元区16国的失业率，据欧盟2009年11月初公布的预测数字，失业率到2010年将由2009年的9.5%上升到10.7%；东欧各国2009年上半年的失业率超过10%；即使金砖四国的失业率也处于高位状态，如巴西2009年5—6月分别为8.8%、8.1%，俄罗斯2009年失业率将达9%，我国城乡失业人员估计至今也不下几千万。

目前这种大量失业并未随着危机高潮的消逝而相应减少，原因是各国政府使用巨额资金（据IMF统计全球达11.9万亿美元）"救市"的重点，不是使实体经济增加就业，而是首先挽救金融市场，实质是使少数金融寡头及其代理人少受损失，即使惠及实体经济，资本家也为降低成本而尽量减少工人，也就是说各国政府面对严重的金融危机和经济危机，虽然及时采取了一些必要的干预措施，但没有实施根治经济危机之法，而是继续沿着新自由主义所倡导的全盘私有化、市场化、金融自由化框架进行一些修补，以致大量人员失业的现象并未随着经济好转而相应减少，甚至还有增加，也就没有什么奇怪的了。

大量失业人员的继续存在，不仅表明经济危机还远未结束，而且预示着经济有再次产生衰退的危险。因为严重的失业就意味着有严重的消费需求不足，生产就不可能有真正的恢复和发展，甚至还可能出现停滞或下降。在2006年曾预见到美国有可能爆发金融危机的美国著名经济学家纽约大学的努里尔·鲁比尼教授，2009年8月初预测全球经济，他表示："全球经济2009年可能萎缩2%，在年底前仍将处于衰退之中，但明年可能增长2%—3%。……明年下半年经济可能步入W形衰退的第二轮衰退期。"[①] 这里进一步说明，当前国际金融危机与新自由主义有着密切关系，后者不仅

---

① 参见美国《华尔街报》2009年8月3日报道，转引自《参考消息》2009年8月4日。

是前者大规模爆发的根本原因，也是其至今仍远未结束的重要原因。由此，我们又可更进一步得出结论：无论是凯恩斯的国家干预主义，还是弗里德曼、"华盛顿共识"的新自由主义，对根治资本主义周期性经济危机都无济于事，而我国唯一的治本之策就是坚持走中国特色的社会主义道路。

（作者单位：首都经贸大学经济系）
（摘选自何秉孟主编《国际金融垄断资本与经济危机跟踪研究》，社会科学文献出版社2010年版）

美国金融危机与国际金融垄断资本主义

何秉孟

席卷全球的金融危机的策源地、肇始者是当代头号资本主义国家——美国。这是一场自第二次世界大战以来,甚至是 20 世纪 30 年代大萧条以来最为严重的经济灾难!

面对这场经济灾难,学术界、理论界乃至经济、政治各界的许多人都在反思:为什么一贯号称其"经济基本面健全",并据此对他国的经济体制、经济运行机制发号施令的美国,会成为这场严重经济灾难的制造者?由于立足点不同,答案自然见仁见智。我们认为,深层原因还是在于以美国为代表的国际金融垄断资本主义制度的腐朽性。

一 美国金融危机的历史特征和当代资本主义的新发展

美国这场严重的金融危机、经济危机之所以会发生,是美国国际金融垄断资本主义制度沉疴经年的集中表现。

根据马克思在《资本论》中阐发的基本原理,资本主义社会之所以会发生周期性经济危机,是由其生产社会化和生产资料私人占有这一基本矛盾,以及由此派生的各个企业内部生产的有计划同整个社会生产的无政府状态,社会生产可无限扩张的趋势同广大劳动者有支付能力的需求相对不足这样两对矛盾所决定的。从一般意义上讲,对当前这场肇始于美国、迅速蔓延至全球的严重金融危机和经济危机的发生原因，做上述归纳当然是不错的。但深入研究，就感到这种解读似乎还不够。这是因为，当代发达资本主义国家，特别是美国的资本主义制度，经过近一个半世纪的发展、演变，较之《资本论》所分析、研究的资本主义，已具有诸多新特点。即使仅就危机本身而言，此次国际性金融危机、经济危机，同20世纪30年代的大萧条相比较，至少具有以下三个方面的显著特征：

其一，20世纪30年代的大萧条始发于工业生产领域。当时世界上第一大工业经济体美国，1927年工业陷入衰退，1928年虽曾短暂反弹，但很快于1929年6月再次大幅度下降。至1932年，工业生产下降一半以上，退回到1905—1906年的水平；美国工业生产的剧烈下降，很快波及当时世界第二工业经济体德国，至1932年，工业生产下降也超过一半，退回到1896年的水平，失业人数大幅度上升；随后英、法、日等资本主义国家工业生产纷纷下降。[①] 工业生产危机爆发两年多之后，也即1931年才爆发全球性的货币、金融危机。而此次危机，从一开始，就具有金融危机的性质，2007年7月美国发生的所谓"次贷危机"，从本质上看，已经是金融危机，所谓"次贷危机"不过是美国国际金融资本垄断寡头及其"看门人"企图继续误导广大投资者、消费者的一种欺人之谈而已。

其二，20世纪30年代的大萧条，一开始便鲜明地暴露出是资本主义生产相对过剩引发的经济危机。而此次危机，虽然从本质上和深层原因上看仍同资本主义生产相对过剩有很大关联，但同时，在很大程度上同经济金融化、金融虚拟化和金融衍生产品毒化、泡沫化，以及金融监管缺失即金融自由化等具有更为密切的关联。

其三，20世纪30年代的大萧条，受重创的主要是资本主义国家，广大不发达国家所受影响并不严重。从表1可以看出，1928—1937年的10

[①] 参见宋则行、樊亢主编《世界经济史》中卷，经济科学出版社1994年版，第136—137页。

年之间，欧洲、北美（主要是美国、加拿大）在世界贸易中的比重下降，而拉丁美洲、非洲、亚洲、大洋洲所占比重上升；特别是社会主义国家苏联，在整个20世纪30年代，经济持续发展，顺利完成了第二、第三个"五年建设计划"，到第二次世界大战前夕，苏联已发展成为仅次于美国的世界第二工业强国，充分显示了社会主义制度的优越性。而这次危机，虽肇始于美国，但席卷全球，世界各国无一幸免。

表1　　　　　　　1928—1937年世界贸易的地理分布　　　　　　（%）

地区	1928年		1937年	
	出口	进口	出口	进口
欧　洲	48.0	56.2	47.0	55.8
北　美	19.8	15.2	17.1	13.9
拉丁美洲	9.8	7.6	10.2	7.2
亚　洲	15.5	13.8	16.9	14.1
非　洲	4.0	4.6	5.3	6.2
大洋洲	2.9	2.6	3.5	2.8
世　界	100.0	100.0	100.0	100.0

资料来源：P. 耶茨：《对外贸易四十年》，伦敦，1959年，第32—33页。转引自宋则行、樊亢《世界经济史》中卷，第211页。

此次国际性金融危机所具有的上述三个显著特征，是由当代资本主义的新发展及其基本矛盾在运行形式上显示的基本特征所决定的。

20世纪中叶，人类从第二次世界大战的废墟中爬了出来，饱受战乱摧残的各国人民，面对饥寒交迫，强烈渴望和平、企盼发展。亿万人民群众的这种强烈意愿和呼声，推动20世纪五六十年代，成为凯恩斯主义主导下的国家垄断资本主义恢复、发展的"黄金期"。但凯恩斯主义并不能改变资本主义经济的周期性规律。进入70年代，资本主义即陷入长达10年之久的"滞胀"。所谓"滞胀"，就是高失业、经济停滞或低增长与高通胀同时存在。比如，1973—1982年，美国的失业率最高达9.1%（1975年），1982年失业人数达1220万人，创历史高峰。欧洲共同体的失业率达 10%，英国甚至高达 13.4%（1982 年），整个"经合组织"失业人数达到 3050 万人，接近 30 年代大萧条失业 4000 万人的水平。在此期间，经济增长速度大幅度下降，美、英、法、德、意、日等国 1975—1979 年工业生产的年均增长率仅为 2.6%，比 60 年代 6.6% 的增幅下降 60% 多；1979—1982 年，美国工业生产持续下降或停滞了 44 个月，欧共体各国则下降或停滞了 30 多个月。与此同时，物价却飞涨，消费品物价年均上涨率 60 年代为 3.7%，1970—1974 年年均上涨 7.9%，1975—1979 年更达 10.1%。[①] 一般来说，经济停滞或萎缩、高失业、高通胀等现象是在资本主义经济周期运行的不同阶段交替出现的现象，前两者多发生在经济周期的萧条——危机阶段，高通胀多出现在经济复苏——高涨阶段。此次出现的经济停滞或下降、高失业与高通胀同时存在的所谓"两高一低"现象，是资本主义经济运行过程中的一种新的社会经济现象。

深入剖析 20 世纪 70 年代"滞胀期间""两高一低"同时存在的这一新的社会经济现象，我们不难发现，马克思在《资本论》中所揭示的资本主义生产利润率下降趋势的规律，是导致这场长达 10 年的"滞胀"危机重要的直接原因。第二次世界大战之后，经过五六十年代相对平稳的发展，资本主义积累不断增长，科学技术日益进步，资本的有机构成不断提高；在劳动生产率提高的同时，资本利润率也趋于下降，资本利润率的下降，又导致固定资本投资疲软（见表 2、表 3）；为维持较高资本利润率，国家垄断资本利用其垄断地位，扭曲市场法则，强行推高物价；驱动经济复苏的另一只轮子——社会消费，因为劳动者大量失业及高通胀而持续低迷。正是这诸多因素的综合作用，使资本主义经济只能在"两高一低"的"滞胀"中挣扎、爬行。

[①] 参见宋则行、樊亢主编《世界经济史》下卷，经济科学出版社 1994 年版，第 55—59 页。

表2　　　60年代、70年代美国、西德、日本固定资本投资增长率　　　（%）

年代	国别		
	美国	联邦德国	日本
60	4.5	8.5	17.9
70	2.1	3.4	2.1

资料来源：宋则行、樊亢：《世界经济史》下卷，第57页。

表3　　　　　美国资本主义各发展阶段资本平均利润率　　　　　（%）

阶段（时段）	自由竞争资本主义（1869—1897）	私人垄断资本主义（1898—1940）	国家垄断资本主义（1941—1982）	国际金融垄断资本主义（1983—　）
资本平均利润率	17.5	13（14）*	11.9	12.7
最高的十年或（其中最后一年）	24.2（1882）	14.1（1913—1929）	13.1（1949—1968）	13.2（1998）

注：* 1898—1929年的平均利润率。

资料来源：根据李民骐、朱安东提供的资料编制。

通过以上分析，关于20世纪70年代的"滞胀"危机，我们至少可以得出以下几点结论：

第一，在20世纪70年代长达10年的"滞胀"危机中，尽管出现了一些新的社会经济现象，但它仍然是由生产社会化与生产资料私人占有这一资本主义社会的基本矛盾引发的资本主义周期性经济危机，而且，由这一基本矛盾所决定的资本利润率的下降趋势，是导致长达10年经济"滞胀"的直接原因。

第二，经过战后五六十年代长达20多年的恢复、发展的"黄金期"，以美英为代表的国家垄断资本集团的垄断资本，特别是金融垄断资本大幅度扩张，加上科学技术的进步，生产社会化程度进一步提高，国内市场已满足不了国家垄断资本，特别是金融垄断资本的需要。也就是说，国家垄断资本力图突破国界，寻求在更广阔的空间、市场上攫取更高额的利润。因此，这场"滞胀"危机，在一定意义上是主导国家垄断资本主义近40年的凯恩斯主义的危机——它已经适应不了国家垄断资本，特别是金融垄断资本全球扩张的需要。

第三，从表3中我们可以看到，随着科学技术的进步，以及资本为提高竞争力以获取超额利润这一内在动力的驱动，实体经济资本的技术构成不断提高，从而资本的有机构成也不断提高，导致资本的利润率趋于下降。1965—1973年，美国制造业的利润率下降了43.5%，1978年又比1973年降低了23%。[①] 而资本的本性是追求利润的最大化。在市场这只"看不见的手"的推动下，什么领域利润率高，资本就会向什么领域流动。金融领域、资本市场虽然风险大，但存在着通过高杠杆操作、通过投机获取高额回报的机遇，于是吸引具有冒险天性的资本纷纷向金融领域、资本市场集中，使金融垄断资本迅速扩张、膨胀，并开始了由"圈地"（办实体企业）向直接"圈钱"的蜕变。

毋庸置疑，对于20世纪70年代"滞胀"危机发生的原因，由于立足点不同，看法迥异，甚至完全相反。例如，新自由主义学派掌门人哈耶克及其在英国伦敦学派、美国芝加哥学派中的弟子们认为，"滞胀"危机是由于凯恩斯主义主导的国家对经济实行干预，以及政府开支过大所致。他们在对凯恩斯主义进行口诛笔伐的同时，大肆鼓吹他们一贯主张的"市场化、私有化、自由化"和"全球一体化"。正是在这种情况下，代表美英金融垄断资本集团利益的美国总统里根和英国首相撒切尔先后上台执政，将凯恩斯主义扔进了历史博物馆，把新自由主义捧上了美英主流经济学的宝座。

所谓"危机"，乃"困局 + 机遇"。纵观历史，每逢"重大危机"，人类发展皆处于十字路口：代表进步的力量如果把握住了"机遇"，将推动人类社会进步；代表没落的力量如果抓着了"机遇"，将把人类社会拖向倒退。20世纪30年代的大萧条、70年代的"滞胀"危机，均属此类"重大危机"。70多年前，苏联共产党人把握住了"机遇"，身陷资本主义包围的社会主义苏联逆势而上，在大萧条期间，一跃而成为世界第二大工业强国，为随后战胜德、意、日法西斯准备了物质基础，催生了后来的社会主义阵营；50多年前，由于赫鲁晓夫集团挑起内争，世界社会主义阵营分裂、力量受损，再加

---

① 张宇：《金融危机、新自由主义与中国道路》，《经济学动态》2009年第4期。

上苏联忙于经营霸权，1979年年末出兵阿富汗，而中国又深陷十年动乱，均错过了资本主义陷入"滞胀"危机的历史性"机遇"。而美英的国际金融垄断资本集团则抓住了凯恩斯主义对"滞胀危机"束手无策之机，用新自由主义取代凯恩斯主义，开始了全球扩张的灾难性远征。

20世纪70年代末80年代初，各主要资本主义国家先后走出了"滞胀"危机。长达近10年的"滞胀"危机，催生了对人类社会发展颇具影响力的三件大事：其一是信息技术和网络技术的发明与广泛应用；其二是我们在前面已经提及的以私有化、市场化、自由化（尤其是金融自由化）和全球一体化这"四化"为核心内容的新自由主义理论，逐步取代凯恩斯主义而成为美英的主流经济学理论，至20世纪90年代初，以"华盛顿共识"出笼为标志，新自由主义最终蜕变为美国国际金融垄断资本集团的意识形态和政策；其三是布雷顿森林国际金融货币体系的崩溃，取而代之的是要求汇率形成机制"市场化"、资本流动及资本运作"自由化"，加上美元霸权为主要内容的当代国际金融货币体系。信息技术和网络技术的发明与广泛应用，既大幅度提高了社会生产力，同时又为国际金融垄断资本的全球扩张，以及金融与资本市场的虚拟化和病态膨胀提供了技术支撑；新自由主义则成为国际金融垄断资本向全球扩张及其制度安排的理论依据；当代国际金融货币体系为美英国际金融垄断资本全球扩张提供了最重要的杠杆或平台。这三者的媾和，成为拉动美国为代表的发达资本主义由国家垄断向国际金融资本垄断过渡的"三驾马车"。

正是在这样一种非常奇特的"三驾马车"的拉动下，20世纪70年代的"滞胀"危机，不断加剧资本向大垄断资本，特别是国际金融垄断资本集中的趋势。以美国为例，资产超过50亿美元的工业大公司，1955年只有8家，到1970年增加到22家，15年增加了14家，增加了将近两倍；到1980年更增至52家，同1970年相比，10年之内增加了30家，翻了一番多。100亿美元以上的巨型公司，1955年有2家，1975年增加到11家，20年增加了9家；1980年增至19家，5年增加了8家。在"滞胀"后期，资本聚集速度明显加快（见表4）。与此同时，银行资本也在加速集中，不仅大银行兼并中小银行，还出现强强合并，产生了一批空前巨大的国际金融垄断资本集团（见表5）。到1977年，美国最大的50家商业银行资产达6684亿美元，存款为5212亿美元，分别占全美国1万多家大小银行总资产的56.8%和总存款的55%；其中美洲银行、第一花旗银行、大通曼哈顿银行、制造商汉诺威信托银行、摩根保证信托银行5家最大银行的资产和存款量，分别为3224亿美元和2464亿美元，占50家大银行总资产和总存款的比重均超过42%；而雄踞首位的美洲银行，拥有资产949亿美元和存款758亿美元，占5家最大银行资产和存款总量的30%左右。[①]

表4 1955—1980年美国资产额超过10亿美元的工业公司数

年份 \ 资产数额	100亿美元以上	50亿美元以上	20亿美元以上	10亿美元以上
1955	2	8	23	65
1960	2	11	30	80
1965	5	16	46	101
1970	10	22	84	152
1975	11	26	86	179
1980	19	52	150	249

资料来源：龚维敬：《美国垄断资本集中》，人民出版社1986年版，第183页。

表5 1972—1978年美国按合并银行资产额分组的银行合并情况

按合并银行资产额分组	被合并银行数			
	1972年	1974年	1976年	1978年
1000万美元以下	2	5	3	/
1000万—2500万美元	4	7	5	4
2500万—5000万美元	5	8	10	3
5000万—1亿美元	12	11	13	11
1亿美元以上	34	39	44	44

资料来源：龚维敬：《美国垄断资本集中》表31，第102页。

---

① 参见宋则行、樊亢主编《世界经济史》下卷，经济科学出版社1994年版，第77页。

尤其引人注目的是，正是在20世纪70年代的"滞胀"期间，美国金融垄断资本的国际化步伐大大加快。在"滞胀"期间，由于美国国内经济长期萎缩低迷，固定资产投资不振，迫使金融寡头把闲置的、过剩的金融资本输往国外，并在海外设立分支机构，致使美国跨国银行在海外的势力迅速增强。1954年，20个资本主义国家的99家银行控制的国外分行共1200家，美国占10%；到1977年，世界最大的50家银行共在海外设分支机构3000家左右，美国占37%，所占比重增长近两倍，分支机构数由120家左右增至1100余家，增长近10倍；1979年美国在海外投资新建和合并企业的资产总额中，银行所占比重为43.3%，比制造业的资产额要高出两倍多。美国的许多大商业银行都是在70年代的"滞胀"期间发展成为庞大的跨国银行的[1]，也就是说，美国的金融垄断资本在70年代"滞胀"期间加速蜕变为国际金融垄断资本。

进入20世纪80年代后，美国、英国等国的国际金融垄断资本及其控制的跨国公司获得空前扩张，至20世纪末，全球跨国母公司已多达6万余家，它们控制的海外分支机构有50多万家；这些跨国公司控制着世界生产的40%，国际贸易的50%—60%，国际技术贸易的70%，对外直接投资的90%以上。由此可见，以跨国公司为代表的国际垄断资本，尤其是国际金融垄断资本已经成为经济全球化的深厚基础，超级国际金融垄断资本集团已经具备足够的实力把全世界作为其运作的舞台。[2] 这表明，从20世纪70年代开始，当代资本主义发展已经进入一个新的阶段：由国家垄断向国际金融资本垄断转变。

任何历史进程的新阶段除了有其本身特定的指标特征之外，还必然以某些重大事件作为其标志。

没有标志性事件就不会有历史分期。资本主义由国家垄断阶段向国际

---

[1] 参见龚维敬《美国垄断资本集中》，人民出版社1986年版，第132—133页。
[2] 参见中国社会科学院研究室《世界沧桑150年——〈共产党宣言〉发表以来世界发生的主要变化》，社会科学文献出版社2002年版，第56—57页。

金融资本垄断阶段转变也不例外。标志着资本主义向国际金融资本垄断阶段转变的重大事件,先后发生在20世纪70年代到21世纪初的30多年间,这些标志性重大事件有:

(1)以"滞胀"为特点的1973—1975年资本主义世界经济危机,标志着国家垄断资本主义发展到了极致,"滞胀"成为资本主义向国际金融资本垄断阶段大转弯的第一个历史拐点。"滞胀"既是对国家垄断资本主义发展的历史总结,又是资本主义进入国际金融资本垄断阶段的历史序幕。

(2)新自由主义的勃兴适应了当代国际金融垄断资本发展的需要。1990年"华盛顿共识"出笼后,新自由主义更成为国际金融垄断资本向全球扩张及其制度安排的理论依据。

(3)跨国公司的崛起使全球市场同时又成为全球工厂,从而为资本主义进入国际金融资本垄断阶段奠定了最深厚的物质基础。

(4)长期以来缺乏可贸易性的"服务"实现了贸易国际化,使国际金融垄断资本对全球经济实现了全产业控制,从而把资本主义在产业层面上推向了国际金融资本垄断阶段。

(5)互联网作为国际金融垄断资本控制全球的技术和经济密网,成为资本主义发展到一个新阶段的标志性技术。

(6)"9·11"事件为全面建立国际金融垄断资本全球体系提供了历史借口,使美国掀起了一场实现"政治全球化"或"全球一体化"的乌托邦浪潮。

(7)2007年爆发于美国并很快蔓延、祸害全球的近百年来最严重的金融危机,表明国际金融垄断资本的寄生性、腐朽性已达于极点,它可能标志着国际金融资本垄断既是资本主义发展的最高阶段,也是国际金融垄断资本主义的"收官"阶段。

二 国际金融垄断资本主义必然导致全球性金融危机

资本主义由国家垄断加速向国际金融资本垄断过渡,不仅提高了生产社会化的程度,同时在更大的范围内实现了生产资料的私人占有,无疑进一步加剧了资本主义制度所固有的基本矛盾及其他主要矛盾。从美国近二三十年的历史进程来看,国际金融垄断资本在运作过程中,已逐步呈现出了同国家垄断资本既有某种联系、继承,又有显著差别的若干基本特征:

其一,经济加速金融化,金融资本成为经济乃至政治的主宰。所谓经济金融化,用美国著名左翼学者威廉·K.塔布的话说,既是经济上的,又是政治上的。[①] 集中表现在:社会资本创造的利润越来越多地被金融资本所占有,因此推动金融资本(金融企业资本+虚拟资本)相对于实体经济企业资本迅速膨胀。20世纪六七十年代后,由于实体经济企业的资本利润率趋于下降,面对激烈竞争,实体经济企业不得不通过并购等手段"做大"自己。而实体经济企业要完成"并购"行为,必须向银行贷款融资。金融资本垄断寡头正是利用金融作为现代经济运行血液和命脉的特殊地位,逐步实现了对实体经济企业的操控,并越来越多地占有实体经济企业资本在生产过程中所攫取的剩余。据学者研究,20世纪70年代,美国金融部门所获得的利润仅仅是非金融部门所获利润的1/5,到了20世纪末,这一比例上升到了70%左右。[②] 另据美国学者统计,整个美国金融行业在2004年所"创造"的利润约为3000亿美元,而美国国内所有非金融行业所"创造"的利润则为5340亿美元,就是说,美国金融行业"创造"了美国所有国内企业利润的40%左右。而在40年前,也就是20世纪60年代,金融行业所"创造"的利润不到国内所有企业所"创造"利润的2%。[③] 仅仅40年,这一比重就增长了19倍!

在自由竞争资本主义阶段,借贷职能的资本从社会资本中独立出来形成金融资本,是为了提高为实体经济服务的效率。其收入——利息,来自生产资本所攫取的剩余价值,也就是从实体企业的剩余价值中分割出来的一

[①] 参见[美]威廉·K.塔布《当代世界资本主义体系面临四大危机》,唐科译,《国外理论动态》2009年第6期。
[②] 参见张宇《金融危机、新自由主义与中国的道路》,《经济学动态》2009年第1期。
[③] 参见[美]威廉·K.塔布《当代世界资本主义体系面临四大危机》,唐科译,《国外理论动态》2009年第6期。

部分。当资本主义发展到 20 世纪八九十年代之后,国际金融垄断资本再也不满足于对生产资本的"从属""配角"地位,逐步与实体经济脱节,完成了由服务于生产资本向主宰生产资本的异化,完成了"协助"生产资本"圈地"(办实体经济企业),并分割其部分剩余价值向直接"圈钱"的演化。正如威廉·K. 塔布所说:"金融体系似乎已产生了一种新的、魔术般的'货币—货币'循环,在此循环中,仅用货币本身就能制造出货币来,而无须实际生产的介入。"① 所谓"货币—货币"(G—G′)或者"货币＜货币"(G＜G′)循环中的"魔术",除了金融寡头凭借其对实体经济企业的操控向实体经济分割尽可能多的"企业剩余"外,更主要的是以各种手段,包括打着"金融创新"的旗号,推出名目繁多、令人眼花缭乱的金融衍生品,并通过高杠杆,或者相互间甚或对广大中小投资者进行诈骗,将全球股市、基金债券市场变成同实体经济完全不相关的大赌场,不仅使经济关系越来越表现为债权股权等金融关系,甚至使社会资产也因金融化而异化为金融资产。

其二,金融虚拟化、泡沫化。资本的本性就是要在循环中尽快增值。既然无须经过实体经济生产运作、仅仅货币自身循环就能生出更多的货币(G＜G′),加上美国自 20 世纪六七十年代以后实体经济领域资本利润率持续下降,导致大量的社会资本涌入金融领域。据有关统计,20 世纪 50 年代至 70 年代,美国金融资产流量对 GDP 之比平均为 257 倍,1980—2007 年这一比例迅速上升到 418 倍;不仅如此,近一二十年来,即使是非金融公司,其资产总额中金融资产也在迅速增长、所占比重越来越高。20 世纪 70 年代,非金融公司的金融资产与实体经济资产之比为 40% 多,到 90 年代,这一比例已接近 90%。②

金融资本本身并不创造剩余价值,货币循环所以能生出更多货币,全靠投机诈骗、高杠杆运作。正是这种在高杠杆运作中的投机诈骗能带

---

① [美] 威廉·K. 塔布:《当代世界资本主义体系面临四大危机》,唐科译,《国外理论动态》2009 年第 6 期。
② 参见张宇《金融危机、新自由主义与中国的道路》,《经济学动态》2009 年第 1 期。

来高额回报,给极具冒险性的资本以强烈刺激,不惜举借高于自身资产数倍、数十倍、数百倍的银行贷款去购买美国的金融资产、股票债券及其他形形色色的金融衍生品。在这种完全脱离实体经济的货币循环中,出现了一个十分奇特的现象:"债务"成为重要的"发酵剂":美国的各种所谓"金融创新产品"或金融衍生品,大都由美国政府债务、公司债务以至普通消费者的消费抵押债务等包装而成;同时,要高杠杆运作,购买这些金融衍生产品,又需要举借新的债务。正是在这种"举债"购买由各类债券包装成的金融衍生产品的恶性循环中,美国经济中由金融衍生产品(其中相当部分是"有毒"的)所形成的虚假财富如脱缰之马急剧膨胀。据国际货币基金组织(IMF)最近的报告,目前全球的金融衍生产品总值已达596万亿美元,是全球股市总值65万亿美元的9倍,是全球GDP总量54.5万亿美元的11倍。[1] 其中美国的金融衍生产品总值占全球的50%以上,已高达300多万亿美元,是美国号称13万亿美元GDP的25倍。[2] 日本学者的上述估算应该说还是比较保守的,据2008年10月7日出版的《东方日报》所载之文称:美国市场金融衍生产品的总值高达455万亿美元,占全球金融衍生产品总值的76%,相当于美国号称的年GDP13万亿美元的35倍。文章援引美国前总统布什的哀叹:"华尔街醉了,什么时候不再搞这么多花巧得令人头昏脑涨的金融产品,才算醉醒了!"但布什哪里知道,在新自由主义金融自由化的主导之下,华尔街是不可能"醉醒"的!因为,美国的众多金融机构,都是由这种虚拟的、泡沫化的有毒金融衍生产品撑起来的。以美国最大的房产抵押金融机构房利美、房地美为例,其核心资产总共为750亿美元,但它们所发出的衍生金融债券竟高达52000亿美元,是其核心资产的近70倍,泡沫之大令人瞠目结舌。[3] 可见,被某些人视为天堂的美国,就是建筑在这种虚拟的、有毒的金融衍生产品泡沫之上的。如果把这些泡

---

[1] 参见《金融海啸的〈祸根〉和〈灾底〉》,《信报财经新闻》2008年12月30日。
[2] 参见刘海藩《当前金融危机的原因与应对》,《马克思主义研究》2009年第2期。
[3] 参见《指点江山:金融市场异化》,《东方日报》2008年10月7日。

沫都挤掉，美国还剩下什么？然而，不论是共和党的布什当政，还是民主党的奥巴马当政，都不可能在真正意义上去挤掉这些有毒的泡沫！

其三，金融资本流动、金融运作自由化。金融行业是一个具有战略意义的、非常特殊的行业。这首先是因为，现代金融是现代经济的中心，是一个国家整个经济体的血液和命脉。其次，还因为金融产品是一种特殊商品：作为商品一般，金融产品的流动，要求以市场为基础并自由流动；但作为一般等价物，也即作为商品交换结算工具的货币市场工具，以及作为资产储备或转移资金、安排资产风险结构等的资本市场工具，它必须在国家计划的调控下，在国家有关法律的框架内，在国家有关部门的严密监控之下流动，以确保金融体系健康运行。最后，随着现代金融衍生产品的增多和金融产品的虚拟化，其流动性进一步增强，尤其是现代金融产品同当代高新技术——信息技术、网络技术结合之后，其流动之迅速、流动量之大，从而形成的对一个国家的金融系统乃至整个国民经济的冲击力之大，常常出乎人们的想象。正因为如此，迄今为止，世界上还没有哪一个国家实行金融自由化的金融体制而未遭受金融货币危机打击的成功范例！

对此，美国的国际金融垄断资本集团及其守门人——美国执政当局心里十分清楚。也正因为如此，为实现其尽快增值的目标，美国国际金融垄断资本不满足于仅仅主宰美国经济，而且要掌控整个世界经济体系，实现"全球一体化"即"美国化"，其重要杠杆之一，就是"金融自由化"。关于这一点，威廉·K.塔布在对美国国际金融垄断资本的嬗变过程进行跟踪分析时指出："因为金融部门已经取得了对（美国）其他经济部门的操控，实际上也取得了指挥债务人、弱势公司和（美国）政府的权力。由于它的权力增长，它可以要求在更大程度上不受管制，从而使得它进一步膨胀，并危及更大的经济系统的稳定性。"[①]

[①] [美]威廉·K.塔布：《当代世界资本主义体系面临四大危机》，唐科译，《国外理论动态》2009年第6期。

美国国际金融资本垄断集团及其守门人美国当局推行的"金融自由化",主要有两个方面的含义:其一是金融资本流动自由化。20世纪八九十年代以来,美国国际金融垄断资本集团加大在全球推行金融自由化的力度,要求各国改变境内外金融市场的分离状态,对外开放金融市场,实行外汇交易自由化等;1990年出笼的"华盛顿共识"明确要求"放松对外资的限制",这一切的要害在于,削弱他国的经济主权、金融主权,为其国际金融垄断资本自由进出他国"圈钱",进而控制他国经济扫清道路。

还应该指出的是,在推行"金融资本流动自由化"方面,美国当局历来实行双重标准:他们鼓吹的"金融自由化",仅适用于美国的金融垄断资本进入其他国家的金融、资本市场,如果其他国家的资本进入美国市场,将会遇到法律甚至行政的种种壁垒,受到严格的限制、审查甚至被拒之门外。近几十年来,美国当局在维护其"国家安全"的名义下,通过立法或发布行政条例,对其他国家的金融资本进入美国进行严格限制和严密金融监管,其法律或行政法规的条款多达一千余条。[①]

美国当局推行"金融自由化"的另一层含义,就是主张金融运作自由化,取消金融运作中必不可少的监管环节。监管环节的缺失,使大大小小在货币循环中运用欺诈手段"圈钱"的金融巨鳄获得空前"解放",近二三十年来,"金融创新"被亵渎,成了"金融诈骗";金融衍生产品大多被毒化,成了美国产的另类"摇头丸"。正是在美国这样一个充满欺诈、剧毒的金融、资本市场上演的一幕幕"圈钱"大比拼过程中,孵化出了一批又一批麦道夫、斯坦福之流的超级欺诈骗子,甚至连号称美国金融市场看门人的穆迪、标准普尔、惠誉等信用评级机构,在美国充满尔虞我诈的金融大染缸里也被熏陶为专门出卖灵魂(穆迪高管:"我们为了赚钱,把灵魂出卖给了魔鬼。")、同金融巨鳄们沆瀣一气、将大批"有毒债券"贴上"优质""3A"标记,去坑蒙全球投资者的制度性毒瘤。[②] 所有这一切,都

[①] 参见何秉孟、李千《金融改革与经济安全——警惕"金融自由化"对中国金融改革的干扰》,《马克思主义研究》2007年第6期。

[②] 参见《世界抨击美国三大评级机构》,《环球时报》2008年10月27日,第7版。

是对美国推行的"金融自由化"的经典注释！

其四，实体经济逐步空心化。近二三十年来，美国经济金融化、金融虚拟化、金融衍生产品泡沫化，仅仅是美国经济畸形发展的一个方面。美国经济畸形发展的另一个方面，是实体经济逐步萎缩、国民经济空心化。实体经济的主体制造业也就是第二产业在 GDP 中的比重，1990 年仅为 24%，2007 年进一步下降至 18%；制造业投资的增长率 2006 年仅为 2.7%，投资额仅相当于 GDP 的 2.1%。① 20 世纪八九十年代，美国的服务性行业（主要是金融行业），已占 GDP 的 70% 左右，在实体经济领域，除军事工业仍为全球之冠外，其余仅石油、IT、房产、汽车、飞机制造以及农业等产业还能称雄于世界。但进入 21 世纪后，先是 IT 产业泡沫破灭，继而因"9·11"事件使飞机制造业遭重创；21 世纪初为摆脱经济衰退，实行 30 年期购房贷款 60 年来最低利率以刺激住宅销售，营造了房地产业的巨大泡沫。2007 年房地产因泡沫破灭而一蹶不振；在由此引发的金融危机中，美国所剩为数不多的实体支柱产业汽车行业又遭重创，克莱斯勒、通用、福特三大汽车巨头因汽车销量骤降、经营出现巨额亏损——仅 2008 年第三季度这三家公司亏损共达 240 多亿美元、债务负担过重、股价暴跌至垃圾股边缘而深陷困境，克莱斯勒、通用两公司不得不先后申请破产保护，福特公司亦在考虑出卖所持马自达的股份以维持运转。至此，美国这个庞然大物稍有竞争力的实体经济产业已经仅剩军工、石油、农业而已！

顺便指出，近几年来，美国号称其年 GDP 已达 13 万亿美元左右。现在看来，这也是一个为维持美元霸主地位而被注水稀释了的数字。进入 21 世纪后，在美国经济中，金融业占半壁江山。然而美国的金融业除美钞印制外，毕竟是虚拟的、泡沫化的，2009 年虚拟资产估值 10 万亿美元，2010 年金融市场、资本市场一旦动荡，马上会缩水至 6 万亿美元甚至更少。比如，据私募基金百仕通集团执行长史瓦兹曼统计，此次金融危机在不到一年半的时间即毁掉 45% 的世界财富。另据美联储 2009 年 3 月 12 日公布的资料，美国家

---

① 参见何国勇《国际金融危机的成因、前景及启示》，《南方论丛》2009 年第 2 期。

庭的财富（房产、银行存款、股票资产减去债务）2007年第二季度为64.4万亿美元，至2008年底剩下51.5万亿美元，一年多缩水20%，仅2008年第四季度即缩水9%。[①] 到目前为止，美国的金融危机和全面经济危机还在发展，其金融系统近乎腐烂，信誉也丧失殆尽，金融企业大都亏损、缩水，美国年GDP到底剩下几何，这可能是一个美国政府不愿正视的数字。关于这个问题，头顶"商品大王"桂冠的罗杰斯曾有一段精彩的点评："我不会相信政府公布的任何数据，美国政府无论通胀数据或经济增长都讲了十多年的大话……我不会在意政府公布的数据。"[②]

其五，在所谓"效率优先"的新自由主义政策主导下，美国劳动大众日益贫困化。以自由化特别是金融自由化、私有化、市场化或市场原教旨主义为灵魂的新自由主义，是为国际金融垄断资本榨取尽可能多的劳动者血汗服务的。所谓"效率优先"本质是"资本效率优先"和"资本增值效率优先"。私有化、市场化、自由化之于"资本增值效率"，犹如水之于鱼；只有在不受制约的市场里，资本尽快增值的"效率"才能得以彰显或实现。然而，满足资本尽快增值的"效率"，是以牺牲社会公平、以广大劳动者的日益贫困为代价的。对于这一点，新自由主义者向来讳莫如深，足见其虚伪性。但客观事实充分证明"效率优先"是一种经典的"劫贫济富"政策：近二三十年来，随着科学技术的进步，工人素质的提高，劳动生产率也大大提高，工人在单位时间内创造的价值也在增加，工人的工资本应相应提高，而事实是美国工人的工资不仅没有上升，反而不断下降。1971年美国企业工人平均工资每小时17.6美元，至2007年每小时工资下降到10美元，降幅达43%[③]；如果将通货膨胀因素考虑进去，工人的实际工资降幅更大。

正是在所谓"效率优先"政策的主导下，美国社会的两极分化进一步加剧。近二三十年来，美国企业高管与普通员工的工资差距，从40∶1扩大到了

[①] 参见《信用危机全球财富腰斩》，《联合报》2009年3月14日，AA1版。
[②] 参见《罗杰斯：美国将破产》，《东方日报》2009年1月1日，B03版。
[③] 参见何国勇《国际金融危机的成因、前景及启示》，《南方论丛》2009年第2期。

357∶1。① 20世纪70年代之后的30年中，美国普通劳动者家庭的收入没有明显增加，而占人口0.1%的富有者的收入增长了4倍，占人口0.01%的最富有者家庭的财富增加了7倍。② 从2000年到2006年，美国1.5万个高收入家庭的年收入从1500万美元增加至3000万美元，6年翻了一番；而占美国劳动力70%的普通员工家庭的年收入从25800美元增至26350美元，仅增长550美元，6年仅增2%。前者的家庭年收入为后者的1150倍，在这6年中前者年收入的增加额为后者年收入增加额的近3万倍。③

美国政客及一些资产阶级经济学家常常津津乐道：美国普通民众均持有股票，"人人都是资本家"。其实，这也是一个大骗局，真相是，占人口10%的富人持有美国股票市值的89.3%、全部债券的90%，而普通员工持股之和仅占全部股票市值的0.1%。④ 贫者愈贫，富者愈富，且后者建筑在前者之上。这就是"效率优先"所构建的当今美国的社会现实。

其六，美国经济乃至国家运行的基础债务化。有关统计资料显示，2006年前后，美国居民消费已经占到美国GDP的73%。⑤ 根据这一统计口径，如果再按美国声称的年GDP 13万亿美元计算，2006年美国居民人均消费3万美元左右。而占劳动力70%的普通员工家庭的平均年收入为2.6万美元，一个家庭按4口人计，人年均可支配收入当不足万元，远远不足以支付人年均3万美元的消费支出。这里的可能解读只能有二：一是正如罗杰斯所言，美国发布的数据有极大水分，其年GDP根本不足13万亿美元。即使按人年均消费支出高出年人均可支配收入（1万元）一倍进行匡算，美国的年GDP也只能在8万亿美元之下；二是即使按2006年美国年GDP 8万亿美元计算，是年美国人均消费支出（8万亿×0.73÷3亿人）2万美元，人均可支配收入1万美元，消费资金缺口人均还达1万美元。这笔巨大的消费资金缺口靠什么填补呢？只能依靠借贷！

---

① 参见何国勇《国际金融危机的成因、前景及启示》，《南方论丛》2009年第2期。
② 参见张宇《金融危机、新自由主义与中国的道路》，《经济学动态》2009年第1期。
③ 参见刘海藩《当前金融危机的原因与应对》，《马克思主义研究》2009年第2期。
④ 同上。
⑤ 参见张宇《金融危机、新自由主义与中国的道路》，《经济学动态》2009年第1期。

资本主义经济在生产社会化与生产资料私人占有这一基本矛盾的支配下，一方面是生产、物资供给具有无限制增长的趋势，另一方面是因资本盘剥的加重广大劳动者的贫困加深，有支付能力的社会购买力增长缓慢，导致相对过剩的经济危机周期性发生。当资本主义发展到国际金融垄断资本攫取主导地位之后，仅仅从生产资本那里分割更大一块"企业剩余"已无法满足其深不见底的壑欲，在"金融创新"的旗帜下，"G＜G′"的"圈钱"魔术式"经营"堂而皇之地登上了资本主义经济的最高殿堂：股票、股市以及各种基金逐步去集资之功能，与经济基本面脱钩，蜕变成了高杠杆运作以"圈钱"的大赌场；债券，对于国际金融寡头来说，成了资本市场上可以"一箭三雕"的新宠：一是鼓动借贷消费可暂时缓解因劳动大众贫困加深、社会购买力不足导致的生产相对过剩危机；二是可从借贷消费的劳动大众身上进行再次榨取；三是通过将各种债券（包括坏账、死账债券）包装成形形色色的金融衍生品可对美国乃至全球投资者进行坑蒙诈骗，以转嫁损失。

正是在美国国际金融垄断资本集团的主导、推动之下，近一二十年来，在美国逐步形成了一种"负债经济模式"：普通民众靠借贷维持日常消费。有学者据此责难美国人是超前消费，其实，这是一种误读。美国民众靠借贷消费，不过是为了维持一种较为体面的生活而已，是不得已而为之。据

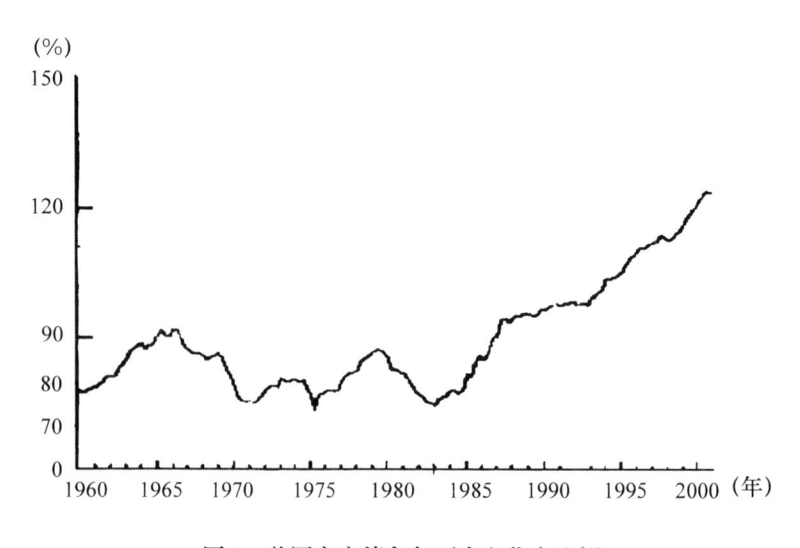

图1 美国家庭债务与可支配收入比例

有关资料（见图1、图2），美国家庭债务占其可支配收入的比重，1983年为75%左右，2000年上升为125%；美国家庭债务占其税后收入的比重，1980年为60%，2000年为110%。

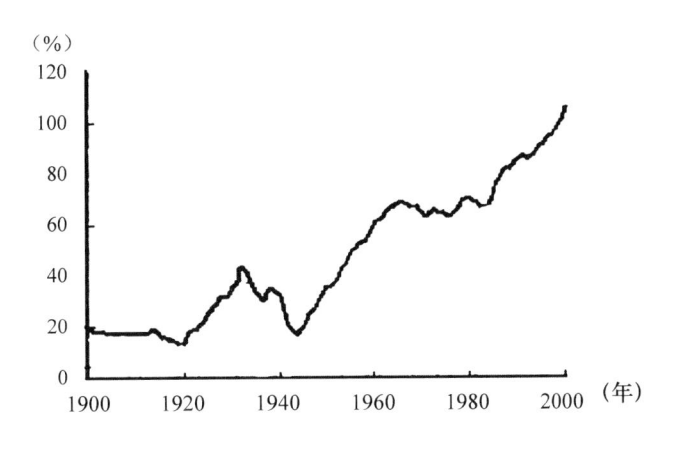

图2　美国家庭债务占税后收入比重

从20世纪八九十年代开始，美国民众家庭已经入不敷出了。所以，消费信贷急剧增长，1971年到2007年的26年，美国民众的消费信贷从1200亿美元激增至2.5万亿美元，增加了近20倍。这还不包含高达11.5万亿美元的住房负债，如将两者相加，总共负债14万亿美元，比美国一年的GDP还要多，平均每个美国人负债近5万美元，当然，负债最重的还是低收入者。① 所以，当前美国普通民众工资的40%要用于偿还住房贷款，15%要用于偿还上学贷款，11%要用于缴纳社会保障基金，15%要用于缴纳个人所得税，剩下用于日常生活消费的不足工资的19%。要维持较为体面的消费，不得不举借新债！②

不仅美国广大民众靠借贷维持日常消费，美国企业甚至政府也靠举债维持经营或运转。2007年美国国债余额为10.35万亿美元。金融危机爆发后，2008年布什政府推出8500亿美元救市国债计划，为此国会不得不将国债上限提高至11.3万亿美元；2009年奥巴马上任后，又推出7870亿美元国债救

---

① 参见何国勇《国际金融危机的成因、前景及启示》，《南方论丛》2009年第2期。
② 迈克尔·赫德森（《金融帝国：美国金融霸权的来源和基础》的作者）来华访问讲演提供的资料。

市计划，国会又不得不为此将国债上限提高到 12.1 万亿美元。2009 年 8 月 7 日，美财长盖特纳再一次向国会申请突破 12.1 万亿美元的国债上限，美国国债余额直逼 13 万亿美元。这相对于美国政府发布的大大注了水的年 GDP13 万亿美元来说，美国国债率已高达 100%，远远高于国际公认的安全债务率 60% 的上限。问题的严重性还远不止如此。如果把美国政府对国民的社会保障欠账等内债加在一起，2009 年美国的债务余额已高达 55 万亿美元；如果再把诸如"两房债券"之类的抵押债券、美国各大财团所发行的说不清是公司债还是政府债务等共计 20 万亿美元（2007 年末美国国债协会 SIFMA 统计）债务统计进来，美国政府的债务总额将高达 75 万亿美元。而按 2007 年的市场公允价格计算，美国的全部资产总市值约 76 万亿美元。[①] 近两年，美国爆发严重金融危机和全面经济危机，部分资产大幅度缩水，其资产总市值已远在其国家债务总额 75 万亿美元之下。这就是说，美国已经资不抵债，从一定意义上，美国比沦落到破产边缘的冰岛还要糟得多！

以上六个方面的基本特征，是美国为代表的国际金融垄断资本主义的基本矛盾在运行中的基本表现。它表明在资本主义的国际金融资本垄断阶段，生产社会化同生产资料私人占有之间的矛盾在进一步发展，企业内部尤其是金融企业内部的有组织性、计划性同超越国界的全球性的无政府状态间的矛盾空前尖锐，生产无限扩大的趋势同劳动大众相对贫困导致有支付能力的社会购买力不足的矛盾在进一步激化，国际金融垄断资本的寄生性、腐朽性在日益加深。这一切表明，美国爆发的这场近百年来最严重的金融危机绝非偶然，是美国国际金融垄断资本的寄生性和腐朽性日益加深、国际金融垄断资本主义基本矛盾日益激化的必然结果。

三 国际金融危机的发展趋势及其对世界经济政治格局的影响

此次肇始于美国、蔓延全世界的金融危机和全面经济危机，留给人类

---

① 参见何国勇《国际金融危机的成因、前景及启示》，《南方论丛》2009 年第 2 期。

一系列值得反思和研究的问题。从我国未来的发展，特别是未来发展战略的角度出发，当前至少有以下几个问题亟须深入思考和研究。

（一）关于美国金融危机、经济危机的发展趋势：实体经济衰退 2010 年上半年可望探底，金融危机和动荡将持续数年

从 2007 年 7 月美国发生所谓"次贷危机"算起，此次金融危机已持续两年有余。近一个时期以来，国内外各界对这场危机的发展趋势均在分析、研究，诸子百家，见仁见智。以美联储主席伯南克为代表的一部分人士认为，美国经济、全球经济"已经走出衰退的低谷"，"短期经济增长前景乐观"。2009 年 8 月 21 日在堪萨斯城联邦储备银行于杰克逊市的"年度经济研讨会"上，伯南克特别强调了美联储的贡献，说什么"若非美联储对危机及时作出回应，全球经济将面临灭顶之灾"。真乃纵火者参与灭火，摇身一变成了救火大英雄！唯其如此，其乐观论调的科学性就不免要大打折扣。包括美国在内的西方主流经济学派大多持谨慎的乐观看法，认为美国经济、全球经济虽出现探底复苏征兆，但好转势头不稳固。有少数人士不认同上述乐观估计，认为美国经济呈"V"形反转的可能性很小，经济复苏可能呈"W"形，亨斯曼公司的高管即持此看法。应该指出的是，美国各界的上述各种看法，其依据大都是美国政府发布的相互矛盾且经过"修正"的经济运行数据。

我们曾经指出，分析美国当前爆发金融危机、经济危机的原因，不能仅仅从经济运作层面、技术操作层面去寻找[①]；同样，分析、研究美国金融危机和全面经济危机的发展趋势，也不能仅仅着眼于美国经济的运作层面或技术操作层面。而且，美国乃至世界当前正在演进的危机，是一次复合性危机，它本身就包含两个层面：一是实体经济衰退，二是金融危机。两者间虽有关联，但由于在以美国为代表的资本主义由国家垄断向国际金融资本垄断过渡的过程中，经济金融化、金融虚拟化和泡沫化、金融资本

---

① 参见何秉孟《美国爆发金融危机的深刻背景和制度根源》，《马克思主义研究》2009 年第 3 期。

流动和金融运作自由化，发生金融危机的原因及发展趋势同实体经济衰退发生的原因及发展趋势是有很大差别的。

实体经济衰退一般来说，均具有生产相对过剩的性质，其自身发展规律是，在"看不见的手"的操控下，调整产业结构以及生产与消费结构；当然，这种结构的调整，以生产力的巨大破坏和广大劳动者的苦难为代价。就当前美国的实体经济衰退而论，房地产业、汽车产业及相关产业的相对过剩生产能力，均将通过大批企业、公司的破产倒闭而破坏掉，破坏"彻底"了，也就是"探底"；待产业结构、生产与消费结构在低位上取得新的平衡后，衰退中的实体经济才有可能告别衰退，自"低谷"逐渐爬升。根据美国商务部发布的信息，从2008年下半年至2009年中，美国实体经济已连续四个季度衰退，累计萎缩幅度已逾14%，其萎缩幅度之大并不多见，也就是说，对相对过剩的生产力的破坏已经相当"彻底"，实体经济再进一步下探的余地有限，2009年第二季度实体经济萎缩1%，较第一季度衰退6.4%的大幅度收窄也说明了这一点。只要不出现新的"地震"，实体经济衰退有望于2009年年底或2010年上半年结束。衰退触底后是在低谷徘徊还是反弹，取决于两个因素：一是实体经济能否找到新的经济增长点，二是金融危机的走势。

这次世界性金融危机，尽管同生产相对过剩有联系，如2007年7月发生的"次贷危机"，在一定意义上也可以说是生产相对过剩引起的；但深入分析，生产过剩不过是爆发金融危机的"导火索"而已。真正引发近百年最为严重的金融危机的深层原因，正如我们在前面已经指出的，是近二三十年来，美国的国际金融资本垄断集团为"圈钱"，在新自由主义理论、政策主导之下，构建的以经济金融化、金融虚拟化和泡沫化、金融资本流动及金融运作自由化为基本特征的掠夺性金融体制。只要这种集骗（诈骗）、赌（高杠杆操作，将资本、债券市场变为脱离实体经济的大赌场）、毒（泡沫化的有毒金融衍生产品）于一身的制度性、体制性弊端不革除，金融危机就不可能从根本上得到治理。具体地说，要从根本上治理金融危机，至少要解决以下三个方面的问题：一是摒弃新自由主义的理论，特别是摒弃金融自由化理念、政策，结束国际金融资本垄断集团对美国经济、政治权力的垄断；二是彻底改变美国国民经济金融化的畸形经济结构，终结"G—G′"这种"圈钱"的货币循环体制；三是从根本上改革现有金融运行机制，加强对金融资本流动和金融运作的监管，废止金融虚拟化，逐步挤掉金融衍生产品的泡沫，特别是剔除巨额有毒的金融衍生产品及其他有毒的金融资产。解决上述三个问题，对于美国当局来说，"难于上青天"，可以说是不可能的。美国金融危机发生后，布什政府以及奥巴马政府采取的办法主要是向金融机构注资，这不是要革除弊端，而是在给危机肇事者颁奖！金融危机持续两年多，金融系统已经暴露出的问题根本没有触动，新的问题仍在层出不穷，真所谓"旧债未了，又添新债"。据美国联邦存款保险公司（FDIC）8月27日公布，该公司仅2009年第二季度就将111家贷款商纳入"问题银行"之中，使其旗下的"问题银行"增至416家，涉及资产总额近3000亿美元，总数创15年以来之新高！其实，这也仅是"问题"的冰山一角，美国金融系统的坏账、呆账、死账，以及有毒的金融衍生产品到底有多少，可能谁都心中无数！有的学者最近指出：引发"次贷危机"的"问题债"规模大概为13万亿美元，另外还有美国的地方债券、企业债券、金融债、信用卡债和一系列消费类债务，其总规模是"次级贷"规模的两倍左右，也就是达25万亿美元左右。如果这方面潜在的问题爆发，其震波将远大于房屋次级贷所引发的金融"地震"。[①]此外，近二三十年来，美国国际金融资本垄断集团为获取巨额铸币收益，充分发挥印钞机功能，滥发美元；此次金融危机中，更是开足印钞机马力印制美元，向金融系统输血注资。2009年7月20日，美国财政部"不良资产援助计划"特别督察长卡巴洛夫斯基称，目前联邦政府2万多亿美元的援助计划，仅仅是挽救银行行动的开始，未来救助银行的总金额可能高达23.7万亿美元。美国当局如此无节制地印发美元，潜伏着美元大幅度贬值的通货膨胀风险，美元"货币危机"很可能在未来某个时期一触即发。

总之，治理美国的金融危机，较之治理美国的实体经济衰退，难度要

---

① 参见《第二轮金融危机中国能否幸免》，《中国财富》2009年4月号，第92页。

大得多,所需时间要长得多。或者我们可以说,从2007年的所谓"次贷危机"开始,美国的金融系统才真正踏入了"问题期",这个"问题期"持续的时间会有多长,乐观地估计,可能至少需要两三个总统任期。

(二)此次金融危机对美国的影响:综合实力受到重创,"一超独大"进入尾期

美国2007年爆发的金融危机,祸害全球,但遭创最重的还是美国,主要反映在三个方面:首先是本已"空心化"的美国实体经济再遭重创;其次是美国金融体系的腐朽性暴露无遗,在全球投资者中信誉丧失殆尽,改革美元为霸主的当代世界金融货币体系的呼声不断,美元的霸主地位岌岌可危;最后是美国引为自豪的"软实力"——以新自由主义为核心的意识形态在全球的影响力急剧下降。关于前两个方面,笔者在前面的行文中已有探讨,在此,着重分析第三个方面的问题。

以私有化、市场化、自由化(特别是金融自由化)和全球一体化(美国化)为核心内容,以及以"华盛顿共识"为"完成形态"的新自由主义,是美英国际垄断资本(主要是国际金融垄断资本)全球扩张的理论体系。20世纪70年代末80年代初,随着代表国际金融垄断集团和石油、军工集团利益的美国共和党里根及英国保守党撒切尔夫人的上台,新自由主义被捧上了主流经济学宝座。二十多年来,国际金融垄断集团诱导甚至以贷款、援助的附加条件等软硬兼施的手段,在全球推行新自由主义,特别是金融自由化,为在竞争中具有绝对优势的国际金融垄断资本构建自由进出各国并确保其套利套汇收益的操作平台,其结果是导致金融频繁动荡,金融危机和货币危机不断发生。据世界银行统计,20世纪八九十年代,全球共发生大大小小的金融货币危机108次,其中,80年代45次,90年代63次,90年代的频次比80年代多40%。八九十年代的金融货币危机,绝大多数发生在新兴工业国家、发展中国家等经济弱势国家,美国的金融体系没有发生大的动荡,不仅如此,美国的金融寡头还落井下石,大发他国国难财。这首先说明,美英国际金融垄断资本所推行的新自由主义,特别是金融自由化，对经济弱势国家而言，绝非福音，而是祸水。但由于在此期间，美国的金融相对稳定，导致有些人对新自由主义、对金融自由化尚存一些幻想：既然信奉新自由主义、金融自由化的美国没有发生金融危机，这是否表明，不是新自由主义、金融自由化本身不好，而是这些国家推行新自由主义、金融自由化力度不够？笔者2006年访问拉美，同巴西学者座谈时，有些巴西学者就持这种看法。其实，一个时期以来，我们国内持类似观点的也大有人在，他们反对批判新自由主义，主张照搬美国人的理念，移植美国的经济体制、金融体制以实现中国的"崛起"，做起了"美国梦"。然而，历史多多少少有点无情：正当美国的国际金融资本垄断寡头们在津津乐道美国的"经济、金融基本面健康""华盛顿共识"具有"广泛适用性"的时候，正当包括我国在内的发展中国家的某些人沉溺在"美国梦"中的时候，美国爆发了近百年来最严重的金融危机，这不啻当头棒喝！美国哥伦比亚大学教授、诺贝尔经济学奖获得者约瑟夫·斯蒂格利茨对这种现象进行了精彩点评，认为当前的金融危机和经济危机使华盛顿奉行的理论与实践遭遇前所未有的尴尬；危机结束之时，美国式资本主义将受到沉重打击，发展中国家将会越来越相信："美国所倡导的一切经济理念只能远离，不可亲近。世界对美国式的资本主义模式感到失望，我们提倡的意识形态已经失去昔日的光环，它锈蚀得已经不需要再进行修补了。"[1] 斯蒂格利茨从美国内部透视美国所得出的上述判断，虽然浸透着伤感，也足以让至今仍沉溺于"美国梦"的人士清醒！这不仅仅因为斯氏是一位美国人，而且是一位得过诺贝尔奖的较少偏见的严肃学者。

我们知道，苏联解体、"冷战"结束后，美国"一超独大"，主要靠庞大的军事机器、美元霸主和新自由主义为灵魂的意识形态"软实力"这三足支撑。美国被严重金融危机、全面经济衰退折腾两年之后，支撑"一超独大"的三"足"之中，一"足"——以私有化、市场化、自由化（主要是金融自由化）和全球"一体化"为核心内容的新自由主义意识形态"软实力"，

---

[1] [美] 约瑟夫·斯蒂格利茨：《华尔街的"遗毒"》，《名利场》2009年7月号。

虽然不大可能立即退出历史舞台，甚至有可能经过某些"修补"后继续招摇撞骗，但因其过于腐朽，完全违背经济社会发展的客观规律，几十年来给人类带来了太多的灾难，在全球已成过街老鼠，甚至连美国国际金融资本垄断集团一手扶植起来的、长期唯美国国际金融垄断资本之马首是瞻的世界银行和国际货币基金组织，也开始批判金融自由化、呼吁加强金融监管，看来，这一只"足"是土崩瓦解了。另一"足"——美元霸权，其根基也已动摇。由于美国的国际金融垄断资本贪得无厌，几十年来凭借美元在国际金融货币体系中的特殊地位，利用印钞机疯狂盘剥全世界，积怨太深；在此次危机中，美国当局为拯救华尔街的一批金融大亨，开足印钞机印制"绿纸片"，美元危机、美元大幅度贬值迟早会发生，使其货币市场工具功能和资本市场工具功能大打折扣。所以，全球要求改革现有国际金融货币体系的呼声此起彼伏。所谓改革现有国际金融货币体系，集中在两个方面，一是摒弃所谓"金融自由化"，加强金融监管；二是终止美元的霸主地位。

现在我们可以看到，曾经支撑美国"一超独大"的三"足"之中，一"足"已经坍塌，一"足"受创致残，剩下的一"足"——庞大的军事机器，虽仍在发挥支撑作用，但也并非是无往不胜。比如，2003年在谎言的掩饰下美军气势汹汹入侵伊拉克，几年来耗费数以万亿美元计，死伤成千上万将士，如陷泥潭，最近不得不部署撤离伊拉克。入侵伊拉克的后果足以说明，如果师出无名，军事机器再强大，也逃脱不了举着白旗从战壕爬出的结局。当然，由于实力不对称，美国的军事机器在伊拉克尚未伤筋动骨，在弱小者面前仍可张牙舞爪，但要支撑"一超独大"局面，毕竟"独木难支"。这一切似乎表明，美国"一超独大"已近尾声，世界或许真正开启了进入"多级格局"之门。

（三）国际金融危机对资本主义历史进程的影响：由国家垄断向国际金融资本垄断过渡的进程将被中断，社会市场资本主义经济模式的影响将增强

"祸兮福之所倚，福兮祸之所伏。"虽然这次国际性金融危机对人类的社会生产力造成巨大破坏，加剧了数以亿计的普通老百姓的贫困和苦难；但是，这场危机充分暴露了美国新自由主义经济模式的极端寄生性和腐朽性，宣告了以"私有化、市场化、自由化（尤其是金融自由化）和'全球一体化'"为核心内容的新自由主义理论的破产，重创了美国金融垄断资本的实力，资本主义由国家垄断向国际金融资本垄断过渡的进程将因此而中断；同时，美国"一超独大"的世界格局也将因此而步入尾期，为"终结"美国"人类灾难制造者"历史提供了难得的机遇。这一切，对于包括美国人民在内的世界人民来说，是不可多得的福音。

然而，我们必须清醒地看到，即使当代资本主义由国家垄断向国际金融资本垄断过渡的进程被中断，即使"终结"美国"人类灾难制造者"历史的机遇能够成为现实，也并不意味着世界资本主义的末日会立即来临。自20世纪八九十年代苏东剧变后，世界社会主义遭受严重挫折而陷入低谷，此次国际性金融危机和全面经济危机并没有改变资本主义仍具有一定的发展空间，因而在今后相当长的一段历史时期内还会处于绝对优势地位这一基本态势；时至今日，世界工人阶级也并没有为改变这一基本态势做好思想上、组织上的准备。所以，美国新自由主义经济模式的破产，仅仅是寄生性和腐朽性达于极点的一种资本主义模式的破产。

2006年，我们曾撰文指出，当今世界，在资本主义这个总的范畴下，有三种主要的市场经济模式：其一是美国和英国的以新自由主义为理论基础的自由市场经济模式或市场原教旨主义经济模式；其二是德国、法国和北欧瑞典等国的以社会民主主义为理论基础的社会市场经济模式；其三是日本、新加坡、韩国等亚洲国家的"政府主导"的市场经济模式。[①] 二十多年来，世界上不仅存在社会主义同资本主义两条道路之间的尖锐对立与激烈斗争，而且还存在资本主义体系内各种经济模式之间的激烈竞争。20世纪80年代后，美国的国际金融垄断资本集团为实现"全球一体化"也

---

① 参见何秉孟、姜辉《同英国学者关于市场经济不同发展模式讨论的报告》，《马克思主义研究》2006年第4期。

即"全球美国化"的野心，控制全球金融和世界市场，不仅采取各种手段，向拉美、东亚等新兴市场经济国家以及前苏东地区推销新自由主义及其完成形态——"华盛顿共识"，而且对其盟友欧洲大陆诸国也进行渗透。期间，欧洲学界、政界如资产阶级中左翼政党也以各种方式对美国的新自由主义渗透进行反制，以维护社会市场经济模式。20世纪90年代，由布莱尔、克林顿、施罗德以及英国工党的著名理论家吉登斯等人推出的"第三条道路"理论或模式，就是一种渗透与反渗透的复合体。由此也可看出，在这一期间，欧洲大陆的社会市场经济模式同美国的新自由主义经济模式间的竞争与较量异常激烈。此次爆发自美国的严重金融危机和全面经济危机，宣告了美国新自由主义经济模式的破产，对于与之竞争的欧洲大陆的社会市场经济模式而言，当然可以视作这场竞争与较量的圆满结局。

德国、法国和北欧瑞典等国的社会市场经济模式，以实体经济为主、以混合经济体制为主，国有和集体、合作经济成分比重较大；它虽然也强调市场机制的作用，主张自由竞争，但反对自由放任的市场经济，主张市场机制与国家的有限干预（或计划）相结合，注重社会公平、社会福利和社会保障；它一般以西方的社会民主主义为理论基础，同马克思主义有思想渊源，在一定程度上受欧洲大陆历史悠久的工人运动和社会主义运动的影响。所以，它虽然没有跳出资本主义的窠臼，但它是一种改良的资本主义。在一定意义上，美国新自由主义经济模式的破产，为这种改良的资本主义——社会市场资本主义经济模式腾出了生存、发展空间，也就是说，在可以预见的将来，社会市场资本主义经济模式的影响将会有所增强。这一发展趋势，给我国学术界、理论界提出了十分紧迫的任务：在继续深入分析、批判新自由主义的同时，加强对欧洲大陆社会市场经济模式的分析、研究，实事求是地揭示其历史局限性及发展趋势，批判性地借鉴其对我有用的经验，以服务于拓展、完善、深化中国特色社会主义理论的时代使命。

（作者单位：中国社会科学院）

（原载《中国社会科学》2010年第2期）

新自由主义与国际金融危机

——西方国家思想界的反思与评析

谭扬芳

2008年下半年,由美国"次贷"危机引发的国际金融危机,使世界经济陷入20世纪大萧条以来最困难的境地,危机的原因成为国内外思想界关注的焦点。从理论根源上,把国际金融危机归因于新自由主义,在国内众多马克思主义学者中基本是一种共识。那么,西方国家思想界是如何反思与评析新自由主义与国际金融危机的关系呢?他山之石,可以攻玉。探讨国外学者对新自由主义与当前国际金融危机之间的关系的研究同样意义重大。

一 新自由主义的缘起及发展

新自由主义兴起于20世纪70年代的"滞胀"危机,兴盛于苏东剧变后的世界政治危机。

(一)凯恩斯主义走向衰落是新自由主义产生的理论契机

20世纪70年代,西方经历了两次战后最深重的经济危机,整个西方经济长期陷入"滞胀"。在危机中,西方各国经济停滞、物价飞涨、股市暴跌,这暴露了资本主义经济的脆弱性,要克服这种脆弱性就必须进行全球范围内的生产要素整合和经济结构调整。而当时人们所奉行的凯恩斯主义却提不出有效对策,凯恩斯主义由此走向衰落。公司利益集团者们努力寻找支持削减政府计划的理论依据,以哈耶克为代表的新自由主义应运而兴。新自由主义主张贸易、金融、投资自由化、市场化,反对国家干预;主张商品服务、资本、货币的跨国自由流动;要求发展中国家放松对资本和金融市场的管制。新自由主义主张的经济理论正好解了西方政治家的燃眉之急,他们正寻求走出危机带来的经济困境的理论主张。"撒切尔新政"的实施,标志着哈耶克倡导的新自由主义思潮开始进入主流社会。里根政府于1982年签发的《加恩—圣杰曼存款机构法案》,标志新自由主义从思潮转变成为政府政策的开始。

(二) 社会主义受挫是新自由主义大行其道的政治因素

20世纪90年代初期苏东剧变后,社会主义的挫折和计划经济的低效使广大发展中国家无所适从地出现了意识形态真空,迫切需要一种新的思想和改革思路摆脱贫困,走上经济繁荣之路。新自由主义恰好填补了这一"真空"而大行其道。以米塞斯为代表的西德自由主义学派特别推崇自由放任的思想,他和哈耶克一起,对苏联"集中计划经济"进行了最早的批评。

以哈耶克为代表的新自由主义应危机而生,无论是西方政界还是学术界都对新自由主义美梦抱有诸多幻想。例如,德国学者德特马·多林(Detmar Doering)曾评价哈耶克及其新自由主义代表作《通往奴役之路》是"80年代最强有力地启发英国的政策重返市场经济原则的那样一部著作","即使在其他国家,如在美国,哈耶克也成为一种自由主义反思的精神领袖。他也受到了学术界的承认——他获得了1974年诺贝尔经济学奖。1989年苏联帝国社会主义暴政的终结,也许是在他的人生旅途尽头最值得他欣慰的事情,而且许多东欧国家的知识分子自发地成立了各种'哈耶克俱乐部'和'哈耶克协会'。他们找不到比这更好的镇山之主了"。[①]

[①] [英] 弗·奥·哈耶克:《通往奴役之路》,王明毅等译,中国社会科学出版社1997年版,第7页。

二 新自由主义孕育了当前的国际金融危机

西方国家思想界基于不同的政治立场和理论基础,对危机的原因作出不同的解释。但是每一种原因都与新自由主义推行的政治、经济政策和生活方式密切相关。

(一) 新自由主义的金融自由化政策导致金融危机

新自由主义的理论基础是其代表人物弗里德曼、哈耶克的个人自由至上的思想。他们认为,自由是效率的前提,"若要让社会裹足不前,最有效的办法莫过于给所有的人都强加一个标准"①。只要按自由市场机制办事,一切社会经济问题和个人自由问题都可有序地迎刃而解。正是在这种理论指导下,美国实施了一系列金融自由化政策。

对于新自由主义推行的金融自由化政策与当前国际金融危机的关系,西方思想界不少学者看得很清楚。美共主席萨姆·韦伯说:"许多人觉察到了这次危机的直接原因,然而他们中许多人并不知道金融自由化是把美国金融体系和经济带入万丈深渊边缘的深层原因。"②

有的学者批评弗里德曼、哈耶克等人所尊崇的自由市场化政策并没有达到实现个人自由的目的。相反,市场交换在表面自由平等的背后却掩盖着极不公平的事实,以致会引发种种社会问题,直至暴力,人们所追求的个人自由也只能化为泡影。美共经济委员会成员瓦迪·哈拉比用鲜活的事例一针见血地指出:"弗里德曼称赞'自由市场',却对维持市场极不平等的交换必然需要大规模使用暴力——军队、警察、监狱视而不见。皮诺切特统治下的智利就是一个赤裸裸的案例。"③

英国《金融时报》专栏作家约翰·凯指出,"新自由主义的金融失控

---

① [英] 弗·奥·哈耶克:《自由宪章》,杨玉生等译,中国社会科学出版社 1999 年版,第 75—76 页。
② 杨成果:《美国共产党论美国金融危机的根源与出路》,《国外理论动态》2009 年第 2 期。
③ 丁冰:《失灵的药方——看西方学者如何批评新自由主义》,《红旗文稿》2009 年第 3 期。

是一切危机的根源"①。值得一提的是，就连东南亚金融危机的始作俑者索罗斯在评价当前国际金融危机时都发出这样的感叹："眼下发生的事情令人难以置信！这是我所说的市场原教旨主义这一放任市场和让其自动调节理论作用的结果。危机并非因为一些外来因素，也不是自然灾害造成的，是体制给自己造成了损失。它发生了内破裂。"②

（二）新自由主义的私有化财产制度导致金融危机

新自由主义将私有化作为自己的体制核心，其主要理由就是认为私有化一定能够带来自由民主和高效经济。哈耶克指出私有财产制度是给人以有限的自由与平等的主要因素之一。私人资本主义连同其自由市场的发展成了我们一切民主自由发展的先决条件。新自由主义否定公有制。几乎所有的新自由主义者都一致地认为，"当集体化的范围扩大了之后，'经济'变得更糟而不是具有更高的'生产率'"③。

新自由主义私有化与当前国际金融危机之间的内在关系，西方思想界一些有见地的学者作出了深刻分析。德国哲学家、社会学家哈贝马斯认为，金融危机是布什上台后推行私有化的结果。他指出："养老和医疗、公共交通、能源供应、判决的执行、军事安全以及学校和高等教育都被私有化了，市镇区乡的文化基础设施也交由私人捐助者的责任心和慷慨来负责，这样一种社会设计所产生的危险和影响同一个社会的和民主的法治国家的平等主义原则严重不符。"④

美国经济学家詹姆斯·佩特拉斯也认为："在我们的时代，新自由主义私有化关注的是利润而不是生产，它仅仅导致国际垄断资产阶级在全球范围内对现有财富和资产进行掠夺，在任何地方都没有导致生产力的蓬勃

---

① [英] 约翰·凯：《新自由主义的金融失控是一切危机的根源》，http://www.ftchinese.com/story/001030740。
② 肖洁、曾金胜：《国外理论界对新自由主义的批评》，《人民论坛》2009年第6期。
③ [美] 詹姆斯·布坎南：《财富与自由》，中国社会科学出版社2002年版，第50页。
④ 赵光锐：《哈贝马斯谈新自由主义破产后的世界秩序》，《国外理论动态》2009年第3期。

发展。"①

(三) 新自由主义反对国家干预导致金融危机

新自由主义主张，让市场机制去调节一切社会资源的配置，即不论是私人产品还是公共产品都要让市场机制去调节和安排，反对国家干预。这种主张基于如下认识："市场上各方必须应该自由地按照他们能找到交易伙伴的价格进行买卖，任何人必须应该自由地生产、出售和买进任何有可能生产和出售的东西。进入各种贸易的通道也必须在平等的条件下向所有人开放，法律必须不能容忍任何个人或集团通过公开或隐秘的力量限制这些通道。任何控制某些商品的价格或数量的企图，都会使竞争失去它有效地协调个人努力的力量，因为这时价格的变化不再显示客观条件的全部有关变化，也不再对个人的行动提供一个可靠的指南。"②

西方思想界普遍认为，正是新自由主义反对国家干预导致了金融危机。

英国《金融时报》2009年4月15日发表社评《让我们吸取资本主义的教训》，文中指出："市场并不总是会自我修正。不受监管的市场可能会降低而非提高社会效率。新自由主义认为监管越少越好的轻慢论点已被证明是错误的。这场危机暴露出，我们当前的国家金融监管框架无法管理全球性的金融体系。"大卫·科茨也指出："新自由主义的理论家们宣称，如果没有国家的管制，金融市场会更有效率，人们就能把有限的资源投入回报率最高的领域。但是他们忽略了一个重要的事实，即没有管制的市场非常容易发生危机。而且在新自由主义条件下金融危机会变得更加严重。"③

(四) 新自由主义加剧贫富分化导致金融危机

当前国际金融危机的深层根源是新自由主义导致美国国内外的两极分

---

① 丁冰：《失灵的药方——看西方学者如何批评新自由主义》，《红旗文稿》2009年第3期。
② [英] 弗·奥·哈耶克：《通往奴役之路》，王明毅等译，中国社会科学出版社1997年版，第41页。
③ [美] 大卫·科茨：《美国此次金融危机的根本原因是新自由主义的资本主义》，《红旗文稿》2008年第13期。

化，加剧了资本主义的基本矛盾。新自由主义主流学者告诉人们：自由市场经济是通向最优效率、快速经济增长和创新，使所有那些愿意勤奋工作并利用机遇的人享有繁荣富裕的坦途。然而实际情况是，新自由主义的幸福诺言没有实现，反而导致美国国内外的两极分化，使全球性的金融危机不可避免。

新自由主义加剧贫富分化的事实，西方思想界比我们看得更清楚。大卫·科茨对贫富分化的现象、原因及结果做了深刻分析。他指出："新自由主义造成了日益严重的贫富分化，GDP 增长的绝大部分都进入了少数富有阶层的口袋。2005 年，美国最富有的 1% 和 1‰ 的人所拥有的财富都达到了 1928 年以来的最高水平。最富有的 1‰ 的人口只有 30 万，他们的收入与最穷的 50% 的人口的总收入是相当的，而最穷的 50% 的人口有 1.5 亿。从 1980 年到 2005 年，最富有的 1‰ 的人口的收入占社会总收入的份额翻了番。其所以如此，原因在于在新自由主义条件下，工人和工会在与资本的博弈中处于弱势地位，社会缺乏为工人提供援助的相应政策和计划，导致工资不升反降而利润却不断上涨。贫富分化带来的问题是，谁来购买不断增加的产出？结果是，进入 21 世纪以来，工薪家庭的收入水平或者停滞或者下降，他们不得不把房屋作为抵押进行借贷以保持之前的生活水平。到 2006 年，这种债务已经变得过高而无法持续下去，工薪家庭发现他们已经很难再靠其收入进行正常借贷了，之前的债务也无力偿还了，于是，爆发了危机。"[①]

据世界银行提供的数据，世界最富国家与最穷国家人均收入差距，在新自由主义刚兴起时期的 1973 年为 44∶1，到 2000 年扩大为 227∶1，即 27 年间贫富差距扩大了 15.5 倍。2006 年 2 月 15 日，联合国下属的世界发展经济学研究院发布报告称，2% 的最富人群占有全球 50% 的财富，并且财富高度集中在北美、欧洲和亚太地区高收入国家，这些国家拥有全球超过

---

① ［美］大卫·科茨：《美国此次金融危机的根本原因是新自由主义的资本主义》，《红旗文稿》2008 年第 13 期。

90%的财富。

显然，美国在世界范围内推行新自由主义金融全球化使世界贫富差距越来越大，财富越来越流向美国等发达资本主义国家。金融全球化进程把一国资本主义经济政治发展的不平衡扩展到世界范围，即在促进世界经济发展和社会财富不断增加的同时，扩大了世界范围的贫富差距。

三 新自由主义救不了当前的国际金融危机

在次贷危机引发的金融危机经历2008年一系列标志性事件之后，2008年9月18日，在危机的关键时期，新自由主义主导的美国政府曾信誓旦旦，能够"救市"。

（一）新自由主义救市方案遭拖延

据香港文汇报综合外电报道，为避免华尔街金融危机持续恶化，美国政府当时确实部署了有史以来最大规模的救市措施，处理金融机构的不良资产。美国国家广播有线电视公司（CNBC）的报道说，计划最大部分是由政府通过发行债券，购买由华尔街金融机构发出的按揭及相关工具，改善他们的资产负债表。

2008年9月27日，媒体报道"美国救市方案遭拖延令全球股市担忧"，由于来自布什所在的共和党国会议员的反对，美国政府7000亿美元救市方案迟迟难以达成协议，这令全世界投资者神经紧张。救市方案拖延不决令市场焦虑，亚洲、欧洲和美国早盘的股票交易均告下跌。此前市场已受到美国最大储蓄贷款集团华盛顿互助银行（Washington Mutual）垮台的打击。货币市场依然面临严峻压力，很多公司赖以为经营融资的商业票据市场基本陷于停滞。

2008年9月30日，媒体再报道"美国7000亿美元救市方案遭众议院否决"。

直到2008年10月1日夜间美国参议院才批准了布什政府7000亿美元

的金融体系救助方案。

(二) 新自由主义救市计划的本质及后果

西方思想界批评新自由主义的救市计划实质是为平息金融市场恐慌的空前国家干预行动,这种干预体现在为危机中的美欧银行纾困或者使其国有化,与此同时,世界各国央行实施了巨额全球注资行动。

在西方许多被激怒的纳税人看来,新自由主义的救市计划是在为华尔街纾困。斯蒂格利茨批评布什政府的减税政策和7000亿美元的救市计划。他认为:"这无异于是向体内出血的病人输血,向投机者提供补偿,以便他们继续进行投机。"①

新自由主义的救市计划会给全球经济带来怎样的后果是西方思想界质疑的问题。英国《金融时报》首席经济评论员马丁·沃尔夫质疑"美国已经找到解决银行业灾难的可行方案。相反,随着公众被激怒,国会产生敌对情绪,总统畏手畏脚,依赖于政府向资金不足的机构注入公共资金能力的政策得以实施,美国已陷入僵局"②。

摩根士丹利亚洲主席史蒂芬·罗奇在分析"美国救市的后患"时指出:"美国政府希望信贷资金再次流向负债累累的美国消费者。——这是一张后患无穷的处方。——如果这些政策最终使得搅乱全球经济的失衡长期存在下去,下一次危机会比此次更为严重。——眼下先顾增长,问题留待日后。这又一次成为了危机之中失衡世界的口头禅。但这正是全球政策所面临的最大风险。"③他警告新自由主义的救市之道"是一条多么不计后果的治世之路"④!

(三) 当前国际金融危机的影响

当前国际金融危机的影响突出表现为经济增速急剧下滑,失业急速增

---

① 宋晓平:《当前国际金融危机、全球化和发展问题》,《世界社会主义研究》2009年第5期。
② [英] 马丁·沃尔夫:《看不到美国救市的希望》,http://www.ftchinese.com/story/001025460。
③ [美] 史蒂芬·罗奇:《美国救市的后患》,http://www.ftchinese.com/story/001025303。
④ 同上。

长，贫富分化进一步加剧。

国际金融危机导致世界经济急剧下滑。据国际货币基金组织有关统计，2008年第四季度全球经济降幅超过6%，发达国家经济降幅高达7.5%，全球工业生产平均降幅高达15%—20%，全球商品贸易降幅超过30%。2009年第一季度，全球经济、工业生产和贸易继续大幅度下滑，降幅与2008年第四季度相仿。

联合国国际劳工组织于1月27日发布的《2010年全球就业趋势》报告显示：受经济危机影响，2009年全球失业率达6.6%，失业者总数近2.12亿人，其中有2700万新增失业者。该组织预计，2010年全球失业率仍将居高不下，世界经济正面临无就业增长型复苏。

当前国际金融危机给穷人、穷国的打击更为深重。西方思想界有良知的政治家、学者发文呼吁关注金融危机中受损最严重的穷人及穷国，遏制贫富差距扩大，批判社会不公。

在回答德国《时代》周报记者关于危机后果的提问时，哈贝马斯说："最让我担忧的，是骇人听闻的社会不公：制度失灵所产生的社会成本对最脆弱的社会群体的打击最为无情。普通大众本来就不是新自由主义主导的全球化的受益者，但是面对金融体系可预见的功能失灵给实体经济带来的后果，现在他们却被再次要求买单。而且这不像股票持有者那样以票面价值支付，而是以他们日常赖以生活的硬通货来支付。从全球范围来看，经济上最虚弱的国家也难逃这种被惩罚的命运。"①

西方思想界指责美国政府的不负责任，错失救市的最好时机。对于金融危机的责任，党派之间互相指责，政客和华尔街的金融寡头们想尽办法证明自己的清白。当雷曼兄弟岌岌可危时，美国政府认为不能用纳税人的钱拯救一家投资银行，因而坐视不管，结果导致第一块多米诺骨牌倒塌。当美国决策当局认识到问题极为严重，并决定使用财政、货币及其他政策全力应对危机时，美国经济实际已经进入负增长，已形成经济衰退、失业

---

① 赵光锐：《哈贝马斯谈新自由主义破产后的世界秩序》，《国外理论动态》2009年第3期。

增加与偿付能力不足的恶性循环。

四　新自由主义必将衰败于当前的国际金融危机

从 20 世纪 70 年代开始的"滞胀"危机中兴起的新自由主义导致了当前的国际金融危机，随着世界各国携手应对危机，当危机走出低谷时，新自由主义能幸免于难吗？

（一）当前国际金融危机的现状

当前的国际金融危机走出低谷，全球经济开始回暖了吗？西方政界和媒体好像给出了肯定的答复。2010 年 3 月 17 日，英国《金融时报》报道"美联储就美国经济发出乐观信号"，称劳动力市场正在"企稳"，而企业在设备上的支出"明显上升"。2010 年 4 月 2 日，英国《金融时报》更是报出"全球制造业 3 月强劲复苏"的好消息。

针对上述好消息，西方思想界有些谨慎的人士也表现出了担忧。如詹姆斯·波利提、艾伦·拉贝波特撰文强调美国经济复苏仍然艰难。他们指出："在最近一个季度，美国经济的年率化增长速度为 5.9%，但经济衰退已造成 840 万人失业和将近 14 万亿美元的家庭财富损失。长期失业成为一个重大担忧，可能导致美国的劳动力结构出现变化，因为企业学会如何应对员工减少的局面，而失业者发现自己的技能逐渐销蚀。住宅市场从危机中的复苏也十分艰难。"[①]

（二）新自由主义的未来

金融危机走出低谷，那么新自由主义何去何从？在这个问题上西方思想界分歧较大。有的认为，危机什么都没有改变，还是一切照旧。如英国

---

① 宋晓平：《当前国际金融危机、全球化和发展问题》，《世界社会主义研究》2009 年第 5 期。

《金融时报》专栏作家菲利普·斯蒂芬斯指出，政治方面的情况也是一切如旧，他说："自由市场所遭遇的反弹，本应令左翼势力重新崛起。好吧，我想你可能会说，这场危机对奥巴马入主白宫助了一臂之力。但看看其他地方吧，我们基本上没看到哪里又在启动社会主义长征。"① 尽管如此，他还是不得不承认："推动自由放任经济在全球取得进展的理念体系——'华盛顿共识'——仍被悄悄埋葬了。——全球这些正在崛起的经济体，不会再听西方说教自由市场的优点。"②

有的认为危机对新自由主义的影响可能是根本性的。世界银行代表希尔瓦则认为不管资本主义是否终结，新自由主义政策是难以为继了。马丁·沃尔夫在《自我毁灭的种子》一文中尖锐地指出，新自由主义时代也是金融危机格外频发的时代，同时还是资产价格形成大泡沫的时代。在经济泡沫的蛊惑下，似乎所有的人都失去了理智，金融家们的贪婪、普通投资者的盲目、监管者的松懈、政府的失察都表现得淋漓尽致。而所有这一切都蕴含着最终导致新自由主义灭亡的种子。

西方思想界认为，法国总统萨科奇（Nicolas Sarkozy）是最新一位为新自由主义敲响丧钟的领导人。萨科奇认为，新自由主义带来了过去30年空前的全球繁荣，也带来了当前的严重泡沫破灭。"无所不能、始终正确的市场已经完了。""自由主义终结了。"③ 大卫·科茨认为，当前国际金融危机是新自由主义模式的资本主义的系统性危机。基于此，"金融危机导致了那种不受监管的经济自由化正在走向终结"④。

综上所述，通过西方思想界对新自由主义与当前国际金融危机关系的反思和评价，我们不难得出这样的结论：这场国际金融危机暴露了当代资本主义国际金融垄断资本主义的腐朽性，以及国际金融垄断资本的理论体

---

① ［英］菲利普·斯蒂芬斯：《金融危机改变了什么？》，http://www.ftchinese.com/story/001029245。
② 同上。
③ 李慎明：《从国际金融危机进一步认清新自由主义的危害》，《红旗文稿》2010年第3期。
④ ［美］大卫·科茨：《目前金融和经济危机：新自由主义的资本主义的体制危机》，《理论学习》2009年第6期。

系新自由主义的危害性,进一步加剧了其自身所固有的基本矛盾和主要矛盾,最终必将危及自身。①

(作者单位:中国社会科学院马克思主义研究院)

(原载《北京行政学院学报》2010年第4期)

---

① 李慎明:《从国际金融危机进一步认清新自由主义的危害》,《红旗文稿》2010年第3期。

30年新自由主义迷思的幻灭

——解读美国《金融监管改革法案》

刘 杉

2010年7月15日，在经历了一年多的多方政治博弈和利益妥协之后，由奥巴马的民主党政府所推动的，美国自"大萧条"以来最严厉的金融改革法案——《多德—弗兰克华尔街改革和个人消费者保护法案》在美国参议院以60票赞成39票反对的投票结果获得了通过。7月21日，美国总统奥巴马在里根大楼签署了该法案，这份1279页的金融改革法案标志着美国历时近两年的金融改革立法完成，华尔街从此正式掀开新金融时代的序幕。

如果说国际金融海啸打破了新自由主义的神话，产生了对于自20世纪70年代末以来主导西方国家经济政策的新自由主义思想的信任危机，那么此次美国金融监管改革法则通过改革市场秩序和监管体制模式，开启了在体制上与新自由主义分道扬镳的过程。

一 法案开启美国金融监管体制历史性变革

美国总统奥巴马在其2009年的总统就职演说中，针对美国金融危机指出："虽有一些人的贪婪和不负责任，但更为重要的是我们作为一个整体在一些重大问题上决策失误。"他认为："没有严格的监督，市场就会失控"，"长期以来耗掉我们太多精力的陈腐政治论争已经不再适用。今天，我们的问题不在于政府的大小，而在于政府能否起作用"。他的这一政策宣誓立即被解读为一种与新自由主义相异的政府金融管理的思想。

7月21日，经奥巴马签署后的《金融监管改革法案》正式生效，由此奥巴马在就职演说中所表现的对新自由主义的反感终于变成了政治实践中的现实。尽管这个法案在条文上对处在政府托管状态的房利美和房地美涉及不多，对信用评级机构的监管也很有限，对金融机构从事衍生品业务的限制还不彻底，其执行中的实际效果也有待观察。但该法案的几个核心内容对于打破长期主导美国政府经济管理，特别是金融监管的新自由主义理念，调整政府金融监管组织机制，赋予政府系统监管和干预金融公司的权力，进而建立政府系统协调金融市场的体制，具有历史性意义。

法案的具体内容主要包括：（1）扩大政府金融监管体制的职能和权力，成立金融稳定监管委员会，负责系统监测和应对威胁国家金融稳定的风险，并努力消除金融机构"大而不能倒"的困局；（2）设立新的消费者金融保护局，提供历史上最强的消费者金融保护和监管制度，防范普通消费者遭受不良金融产品的蒙骗；（3）采纳防范金融风险的"沃克尔规则"，限制大型金融机构的高风险投机性金融套利，并将以前缺乏监管的场外金融衍生品纳入监管视野；（4）美联储有权对企业管理层的薪酬进行监督和干预，确保高管不会为了高薪酬而对金融风险涉足过度。

一般认为，产生此次金融监管法案的主要动力是以2008年9月美国雷曼兄弟银行破产倒闭为标志的金融体制危机。然而，很多相关分析没有提到的背景性事实还包括20世纪90年代初英国的英镑危机和意大利的里拉危机，1994年墨西哥金融危机，1997—1998年发生在泰国、印度尼西亚、马来西亚、韩国和菲律宾等国的亚洲金融危机，1998年俄罗斯金融危机，1999年巴西货币危机，2001年阿根廷债务危机。除此之外，还有由金融问题引发的、延续多年的日本经济低迷，以及近来爆发的欧洲主权债务危机。这一系列延续多年的危机昭示了新自由主义政府管理体制的弊端，即在缺乏足够的惩罚或管制机制的条件下允许金融投机行为，会造成极大的经济危害。

然而，对于各国接二连三地发生严重的金融危机，美国的主流精英和媒体长期以来一直从新自由主义金融体制之外找原因，如谴责发生金融危机的国家的银行结构与业务范围不完善，一些国家任人唯亲、贪污腐化的权贵资本主义特性。他们不批评以对冲基金为先锋的国际金融巨鳄对别国赤裸裸的、肆无忌惮的、明火执仗的金融抢劫，而是严厉指责各种救市行为违背自由市场经济原则，包括批评香港政府在金融危机时捍卫市场的措施。他们对美国金融体系还保持着一份坚定的自信，认为作为新自由主义的理想——美国政府的金融基本制度的设计，特别是金融管理系统、信用系统和市场监管机制，还是完善的全球典范，是别国特别是发展中国家应该学习和追赶的目标。

2008年金融危机暴露出了美国自身金融体系的弊端，以及政府的无能为力，证实了美国银行风险评估模式的荒诞。世人也终于明确了国际金融管理和金融巨头们对新自由主义理念的执着，是造成这次金融危机的根本原因。包括法国总统萨科齐、刚下台的英国前首相布朗和澳大利亚前总理陆克文在内的西方国家领导人，都开始质疑新自由主义理念，拥护政府对国家和国际金融机构进行更多的管理和介入。2009年联合国贸易与发展会议（UNCTAD）的报告《全球经济危机：系统性失败和多层面补救》，把脉全球金融经济危机，对过去新自由主义的放任型市场管理模式进行了全面而深入的批判，认为根据各个国家的经验来看，无论金融危机形成的具体原因如何，最终都可以归结为金融制度的不完善，造成投机泛滥和监管放松。

二 作为"历史终结"思想的新自由主义

现代形态新自由主义的核心是一种市场机制的、排他性的现代资本主义理念，相信依靠市场的自我约束和自我调整能力，那只"看不见的手"就能实现资源配置效率。20世纪70年代，布雷顿森林体系崩溃、"石油危机"冲击，西方国家出现了经济滞胀。长期处于边缘地位的新自由主义意识形态成为西方主要国家政府的指导思想。新自由主义的崛起在美国的"里根革命"和英国的"撒切尔新政"时期达到高潮。其重要内容之一就是取消或放松微观经济的政府调节，即取消或放松政府对经济过程的监管。用里根的话来说就是："政府不能解决问题，政府本身才是问题。"新自由主义的政策使西方国家的经济恢复了活力。到了20世纪80年代中后期，英美等国的"滞胀"阴影几近消失，失业率回落，经济增长率上升，通货膨胀率下降。新自由主义思想成为社会的主流思想。90年代后又形成了新自由主义的第二波浪潮。新自由主义的政策被传统上拥护"大政府"的政党所采纳。不仅克林顿和布什政府基本上都遵循里根主义，许多主张"第三种道路"的西方国家政党，如英国的工党和德国的社会民主党，在执政时采纳的也是新自由主义政策。

与此同时，拉美国家的进口替代型工业化过程出现"困局"，造成经济停滞；苏联东欧社会主义体系分崩离析；东亚新兴工业化国家也遇到了发展困境。美国的经济体制成为其他主要资本主义国家效仿的榜样和很多发展中国家学习的范本。指导发展中国家经济体制改革的"华盛顿共识"，也被认为是一种"放之四海而皆准"（One-size-fits-all set）的国家经济制度的设计原则和经济发展的先决条件。因此新自由主义思想一度成为福山所宣称的"历史的终结"。

三 金融管制放松造成恶果

新自由主义对市场自我约束和自我调整能力的盲目自信表现在金融领域，就是过于相信金融市场中各参与主体之间能够很好地调整彼此关系。为此，除了货币政策等宏观政府管理外，认为政府应主动地进行"去监管化"，逐渐放弃政府对金融市场的危机防控机制和微观管理职能。

1987年年初，美联储投票放松了30年代罗斯福新政时期为摆脱经济危机而颁布的，禁止商业银行从事华尔街投资业务的《格拉斯—斯蒂格尔法案》的限制条件。认为从大萧条以来，金融市场的环境发生了巨大的变化,这些变化使得像 30 年代那种规模的大萧条很难再发生。当时提出的理由主要有三:一是一个十分有效的证券交易委员会(SEC)的确立;二是大多数投资者投资水平的提高;三是独立的投资评级机构能够为投资者提供准确和可信的投资信息。20 世纪 90 年代初,大型商业银行开始得到美联储从事承销证券等投资业务,其证券业务占其总资产的合法比重也开始逐步上升。1999 年,美国国会投票完全废除了《格拉斯—斯蒂格尔法案》,出台了《1999 年金融服务法》这一放松金融管制的标志性法律。允许美国银行、证券、保险业之间混业经营,实行全能银行模式。商业银行拥有投资银行的限制完全被解除了。《2000 年商品期货现代化法案》还从立法上削弱了政府在金融风险防控上的能力。

由于政府金融监管的缺失和松懈,受利益驱动的各金融机构为做大做强,迅速扩大业务,进行并购,罔顾巨大的金融风险,大胆地从事金融创新。他们越来越少地依赖储蓄存款,而是相互拆借,并把贷款打包出售,把风险转移到投资者身上,以降低自身的风险。随着电脑技术的发展,金融衍生物(derivatives)、金融期货(financial futures)、信用风险保险的信用违约掉期(credit default swaps)变得十分流行,使得金融衍生品越来越复杂,财务杠杆率一再放大,以致最终连一些主管们也看不懂自己公司衍生品的价值计算方法。金融机构投机之手最终伸向高风险的次级抵押贷款,并把有毒资产与低风险的资产一起打包,使其变成不受政府监管的复杂的复合债券,再切片卖给毫无戒心的社会大众或国外客户。这样,金融机构可以获得高额利润,而社会大众和国外客户则必须承担风险。

评级机构的角色也很丑陋,包括穆迪、标准普尔和惠誉评级等评级公司本身深陷这类投机泡沫之中无法自拔。为了保护自己的投资,并获得更大的投资收益,评级机构的评级报告往往给投资人描绘一个根本不现实的美好前景,对投资的内在风险性却轻描淡写。在这个过程中,不仅新自由主义对于市场主体能够自我约束和自我调整的市场性善假设被事实所粉碎,而且消费者也根本无法理性地保护自己的利益。

各种衍生品使得金融机构投机的风险小了,社会或国际间的总体风险却在积累,到了一定的临界点就可能产生连锁性的爆发,反过来也会损害金融机构本身。2008年的金融危机就是在这种长期积累后,从次级房贷引爆的金融灾难,也是这次金融监管改革的直接动力。

四 法案标志着与新自由主义决裂

这次针对监管体制弊端的美国金融监管改革,实际上是一种政府管理思想的转变,除了要在制度上打破以华尔街为中心的政商利益链以外,还必须在意识形态领域与以共和党为代表的美国保守派博弈。

从西方政治哲学的传统来看,放任自由主义代表了终极任务(endgame)和终极阶段(the final stage),有类似宗教般的神圣价值。在美国这个崇尚自由的国度,反对政府对经济和金融监管的政治力量与民间力量很强大。经过美国政府、学界和媒体多年来不遗余力的宣扬,新自由主义观念已经由一种政策举措或政治观念被建构成了一种美国的主流意识形态。新自由主义的自由市场观念和实践,与政治上的自由民主思想都是现代美国的核心价值观,共同构成了美国软实力的重要组成部分。即使实际施行的效果与理论预期完全相反,这类主流意识形态也难以撼动。

这次金融监管法案强化了政府的经济管理职能,终止了美国政府不干预金融产业的格局,所挑战的正是这个主流意识。法案的通过可以说是几方面共同努力,最终战胜重重阻挠的结果。这包括奥巴马民主党政府的推动、被华尔街的贪婪严重伤害了的美国民众的支持,以及来自国际上的压力。虽然金融监管法案内容本身更多是各种政治经济势力妥协的产物,具有某种应急的性质,也不是对新自由主义的全盘否定。但它所开启的却是一个与30年新自由主义市场迷思分道扬镳的新方向。

(作者单位:武汉大学政治与公共管理学院)
(原载《中国社会科学报》2010年8月12日)

对国际金融危机的马克思主义分析和研究

顾钰民

2008年爆发的国际金融危机不仅引发了对西方经济学理论的深层反省，而且也深化了对马克思主义经济学的研究。近年来，我国学者运用马克思主义经济理论从以下几个方面对国际金融危机的一些基本理论问题进行了深入研究。

一是关于国际金融危机的实质。马克思主义理论认为，资本主义经济危机的实质是生产过剩。这次金融危机的爆发也是生产过剩这一实质所表现出来的社会现象。从现象上看，导致金融危机爆发的导火索是美国的次贷危机。次贷危机是金融领域中的危机，其实质是实体经济中的生产过剩。次级贷款的目标是要让穷人也能够买得起住房，这就必须给他们贷款，有了贷款就会对住房产生巨大的需求，从而缓和生产过剩的矛盾和刺激经济发展。但问题在于金融机构又把这种贷款通过一种金融衍生品，即"住宅抵押贷款支持证券"，在金融市场上交易，也就是把住房抵押贷款权证券化，由此形成了难以控制的金融交易，造成整个金融链条的断裂而引发金融危机。但这并不能改变金融危机生产过剩的实质。

二是关于金融危机爆发的原因。比较普遍的一种观点认为，爆发金融危机的主要原因是政府对金融活动，特别是金融衍生品的监管不力，任其无限发展，最终导致金融市场的混乱，使得危机爆发。但是，这只是停留于对现象的分析,并没有揭示当前金融危机的根本原因。在马克思主义研究者看来,金融危机爆发的根本原因是由于整个西方经济发展的比例失调,使得经济不能正常运行。高度社会化的生产使经济活动越来越细化,也使各种经济关系越来越复杂化,整个经济的运行是一个庞大的系统。要保证这一系统在运行过程中不出问题,绝不是市场能够做到的。更何况这一系统由于信用和金融关系的渗入,以及信用关系和金融衍生品的市场化而变得更为复杂。尤其是在现代经济发展过程中,进入市场流通的不仅是有形的物质商品,而且有无形的以金融衍生品为载体的信用关系,这又极大地加大了经济运行的风险。当这一系统在运行过程中由于某一个环节,特别是金融环节上出现重大的问题,就会危及整个系统的正常运行,从而出现全局性的问题而产生经济危机。

在现代经济中,由于经济活动的高度货币化、金融化,使原来主要表现为实体经济领域中的比例失调,现在更多地表现为金融领域中的比例失调,实体经济领域中的比例失调与金融领域中的比例失调形成一种相互影响的机制。实体经济中的生产过剩,在一定程度上可以通过金融领域的活动得到缓解,即信用和债务关系可以通过创造需求来缓解实体经济的生产过剩。但金融领域的活动在缓解实体经济领域比例失调的同时,又把这种比例失调转化为金融领域的问题,特别是当金融领域的活动出现失控的时候,又会加剧实体经济领域的比例失调。信用和债务创造的需求不是有支付能力的现实需求,而是把未来几十年的需求变为当前需求,并以这种未来需求为基点进一步扩大现实供给,这就使生产过剩的矛盾更加突出。原来实体经济领域出现的比例失调,现在发展为实体经济领域和金融领域都出现比例失调。所以,源自实体经济领域的生产过剩,在通过金融领域的活动得到缓解的过程中,隐含着使这种生产过剩进一步深化的隐患。在现象上表现为金融活动的失控,实质是实体经济领域的生产过剩。金融活动的失控和实体经济领域的生产过剩相互交织是当代资本主义经济危机的一个新的特征。

三是关于资本主义发展的历史趋势。金融危机验证了马克思主义关于资本主义发展的历史趋势的分析。其一，马克思遵循生产力与生产关系的矛盾运动这一基本线索，认为资本主义在生产力方面表现出的基本特征是生产高度社会化，生产越来越具有社会性质。当代资本主义私人生产日益被社会生产所取代的这一事实，验证了马克思主义关于资本日益采取社会资本的形式，私人资本将由社会资本所取代的预见。其二，马克思主义从经济活动社会化的要求出发，认为社会资本的运行和整个经济活动的进行，已经离不开国家的调控，国家对经济活动的调节已成为当代资本主义在经济运行方面的一个基本特征。这一事实验证了马克思主义关于国家必须从社会利益出发对经济进行调节，才能保证经济社会顺利发展的预见。

（作者单位：复旦大学马克思主义研究院）
（原载《中国社会科学报》2012年12月21日）

金融资本主义：新特征与新影响

周　宏　李国平

金融业的发展是经济发展的重要条件，金融对经济增长的促进作用已经被大量的研究所证实。[①] 过去30年中，在新自由主义思想的影响下，西方发达国家进行了全面性的金融自由化，金融业迅速膨胀，发达国家出现了经济与资本高度金融化的趋势。[②] 金融业在经济中取得了主导地位，资本主义也从工业资本主义演变为金融资本主义（Financial Capitalism）。

作为资本主义的一种形式，金融资本主义是金融资本主导社会政治经济，通过金融系统进行的货币财富的积累凌驾于产品生产过程之上的一种经济制度。[③] 在这一制度中，从储蓄到投资的金融中介活动成为整个经济的主宰，并因此对政治与社会发展产生深刻影响。[④] 自20世纪后半期开始，金融资本主义成为全球经济的主宰力量。

一　新自由主义与金融资本主义

"金融资本"这一概念是由拉法格在1903年发表的文章《美国托拉斯

[①] Edward Shaw, *Financial Deepening in Economic Development*, New York: Oxford University Press, 1973.
[②] Greta Krippner, "The financialization of the American Economy", *Socio-Economic Review*, Vol. 3, 2005, pp. 173–208.
[③] John Scott and Gordon Marshall, *A Dictionary of Sociology*, Oxford University Press, 2005.
[④] Simon Johnson, "The Quiet Coup", *The Atlantic*, May 2009.

及其经济、社会和政治意义》中最早提出的。拉法格指出,随着工业资本的扩张,产业部门的资本日趋集中,进而推动了银行资本的集中,两类资本相互渗透,相互结合便形成了金融资本。① 真正对"金融资本"理论进行了系统阐释的则是马克思主义理论家鲁道夫·希法亭(Rudolf Hilferding)。希法亭研究了第一次世界大战前德国托拉斯、银行与垄断之间的关系,并且认为,信用的发展把资本家的资本以及非生产阶级的储蓄都提供给了产业资本支配,而这些资本的所有权却归银行所有,这样就产生了金融资本,也就是说,"金融资本"是归银行支配,并由产业资本家使用的资本。②

(一) 金融资本主义是金融资本处主导地位的一种社会形态

马克思主义认为,金融资本主义是从工业资本主义发展起来的,它是资本主义的高级阶段,也是资本主义最终走向灭亡过程中的一个阶段。③

与马克思主义学者不同,有西方学者认为,金融资本主义并非20世纪才出现的新现象,在16世纪意大利的热拉亚与17—18世纪的荷兰等商业发达的地区,金融资本主义就已经从商业资本主义中发展出来,并存在过一段时间④;还有西方学者认为,金融资本主义是一个长期存在,并一再出现的现象,只要商业资本主义或者工业资本主义扩张到一定程度,就会演变成为金融资本主义。⑤ 因此,一些西方学者认为,20世纪20年代,以J. P. 摩根为代表的"货币托拉斯(Money Trust)"就是金融资本主义。⑥ 随

---

① 《拉法格文集》(下),人民出版社1985年版,第269—273页。
② Rudolf Hilferding, *Finance Capital: A Study of the Latest Phase of Capitalist Development*, London: Routledge & Kegan Paul, 1901 (1981).
③ 列宁:《帝国主义是资本主义的最高阶段》,中共中央马克思恩格斯列宁斯大林著作编译局译,人民出版社2004年版。
④ Craig Calhoun and Georgi Derluguian, *Business as Usual: The Roots of the Global Financial Meltdown (Possible Future)*, New York: New York University Press, 2011.
⑤ Giovanni Arrighi, *The Long Twentieth Century: Monry, Power, and the Origins of Our Times*, London: Verso, 1994.
⑥ Alfred Chandler, *The Visible Hand: The Managerial Revolution in American Business*. Cambridge, MA: Belknap, 1977.

着"大萧条"的爆发与随后政府对金融业的严格监管,"货币托拉斯"代表的金融资本主义受到抑制,而 2008 年金融危机前 30 年金融业的膨胀不过是金融资本主义的再次崛起。

更多的西方学者认为,金融资本主义是 20 世纪 40 年代——特别是 70 年代——以来,随着资本主义国家经济的高度金融化而发展起来的。① 第二次世界大战之后,尤其是从 20 世纪 70 年代以来,资本主义经济发生了深刻的变革。其中最主要的是,在新自由主义与新古典经济学理论的影响下,资本主义国家开始全面推行经济金融的自由化与市场化,利率管制、银行业兼并收购管制等对金融业的各种管制相继被取消,20 世纪 30 年代"大萧条"之后受到严格遏制的金融业与金融资本开始摆脱束缚,获得迅猛发展。② 这些新的发展,很多源于美国,但随后迅速全球化,成为资本主义国家的普遍现象。从 1990 年到 2011 年,全球金融总资产从 56 万亿美元增长到了 218 万亿美元,增长了 289%,而同期全球 GDP 总量从 22 万亿美元增长到 70 万亿美元,只增长了 218%,金融资产的增长率远远超过 GDP 增长率。③

如果 20 世纪 40 年代以前出现过金融资本主义的话,那么,20 世纪 40 年代以来的金融资本主义具有不同于以往的特点。首先,20 世纪 40 年代以来的金融资本主义是以新自由主义为思想基础的。其次,20 世纪 40 年代以来,伴随金融资本主义的不仅有新的经济活动和新财富,还有新的社会和政治现象。随着经济的金融化和金融资本的迅猛发展,金融资本的统治地位不断得到加强,出现了全球对地方、投机者对管理者、金融家对制造商的控制,工业资本主义演变成为金融资本主义。④

---

① Bradford De Long and Carlos Ramirez, "Understanding America's Hesitant Steps toward Financial Capitalism", UC Berkeley, Working Paper, 1996.
② Luiz Carlos Bresser-Pereira, "The Global Financial Crisis and a New Capitalism?", *Journal of Post Keynesian Economics*, Vol. 32, No. 4, 2010, pp. 499 – 534.
③ Susan Lund, Toos Daruvala, Richard Dobbs, Philipp Härle, Ju-Hon Kwek and Ricardo Falcón, "Financial Globalization: Retreat or Reset?", *McKinsey Global Capital Markets* 2013, March 2013.
④ Martin Wolf, "Unfettered Finance is Fast Reshaping the Global Economy", Financial Times, June 18, 2007.

(二) 新自由主义是金融资本主义的理论基础

与金融资本主义相适应的是自由主义思潮。20世纪四五十年代,欧美各国政府奉行凯恩斯经济学说,对经济进行了较多的干预。20世纪70年代,美国经济陷入"滞胀"。美国经济的"滞胀"被视为凯恩斯经济学的失败。[1] 自20世纪70年代以来,对新旧凯恩斯学说的批判导致了新自由主义在英国、美国与其他"经合组织"国家中迅速占据了统治地位,并成为影响全球的经济学理论。有经济学家将新自由主义的这种支配地位称为"新自由主义霸权"[2]。

新自由主义作为一种社会思潮,其理论体系包括经济、政治、法律、伦理、文化等方面。经济上,新自由主义的核心主张是"三化",即私有化、市场化与自由化。具体来说,第一,全面私有化的所有制改革理论,即主张迅速把公有资产低价卖(或送)给私人。第二,效率就是一切的效率与公平观。新自由主义认为,贫富分化是高效率的前提和正常现象,经济发展要让一部分人先富起来。新自由主义代表人物之一的奥地利派经济学家、诺贝尔经济学奖得主弗里德里西·哈耶克(Friedrich Hayek)认为,"我们所期望的经济的迅速发展,在很大程度上讲,似乎都是上述那种不平等现象的结果,而且如果没有这种不平等,似乎也不可能实现经济的迅速发展。以这样一种高速推进的进步,不可能以一种齐头并进的平均发展的方式加以实现,而必须以一些人先发展,另一些人继而跟进的梯队发展方式"[3]。第三,绝对市场化的市场经济理论。新自由主义相信市场能够解决一切问题,也只有市场能够解决问题,完全否定国家干预经济的作用与必要,反对任何形式的政府监管。新自由主义对自由市场的极端推崇被称

---

[1] Gordon Fletcher, *The Keynesian Revolution and its Crisis: Issues of Theory and Policy for the Monetary Production Economy*, Palgrave MacMillan, 1989.

[2] Luiz Carlos Bresser-Pereira, "The Global Financial Crisis and a New Capitalism?", *Journal of Post Keynesian Economics*, Vol. 32, No. 4, 2010, pp. 499 – 534.

[3] Friedrich Hayek, *The Constitution of Libery*, Chicago: University of Chicago Press, 1960, p. 42.

为"市场原教旨主义"①。2008年获得诺贝尔经济学奖的美国经济学家保罗·克鲁格曼（Paul Krugman）批评新自由主义代表人物之一的诺贝尔经济学奖得主密尔顿·弗里德曼（Milton Friedman）时说，虽然弗里德曼是一个伟大的经济学家，但他"太轻易地相信不仅市场永远能解决问题，而且只有市场能够解决问题；要找到密尔顿·弗里德曼承认市场可能出问题或者政府干预可能有积极作用的表态，极端困难"②。在国际经济领域，新自由主义主张完全的对外开放与自由贸易，主张以全球化来运用全世界的资源，廉价的劳工、原料、市场都应该尽可能以最有效率的方式来运作，以实现全球范围内的分工。

与古典自由主义相比，新自由主义在主张"三化"的同时，更强调金融资本的作用，更强调金融与银行自由的重要性，几乎反对对金融市场任何形式的政府干预，反对对金融资本施加严格监管。

几乎在同时，美国的里根政府与英国的撒切尔夫人政府于20世纪80年代迅速将新自由主义从经济学理论转化为经济政策。③ 随后，在国际货币基金组织（IMF）等国际组织的帮助下，新自由主义以"华盛顿共识（Washington Consensus）"的形式在全球推广。

二 金融资本主义的新特征

20世纪40年代以来的金融资本主义的基本特点是，在这一经济制度下，通过各种金融活动（买卖或者投资于货币、债券、股票、期货与其他衍生金融工具等金融产品）而获取利润成为最主要的获利方式，而从银行到投资银行、投资公司等各类金融中介机构成为经济活动的中心，并各自扮演不同的角色。④ 具体而言，金融资本主义具有以下经济特征。

---

① George Soros, *The Crisis of Global Capitalism*, New York: Public Affairs, 1998.
② Paul Krugman, "Who was Milton Friedman?", *The New York Review of Books*, February 15, 2007.
③ Martin Anderson, *Revolution*, New York: Harcourt Brace Jovanovich, 1988.
④ Bradford De Long and Carlos Ramirez, "Understanding America's Hesitant Steps toward Financial Capitalism", UC Berkeley, Working Paper, 1996.

(一) 资本的金融化

资本的金融化即经济活动的重心从产业部门转移至金融部门[①],而资本金融化的结果就是金融业在经济中占据了主导地位。

首先,社会资本创造的利润越来越多地被金融资本所占有,这推动了金融部门相对于实体经济部门的不断膨胀,金融业产值在国内生产总值中所占的比重不断上升。1947—2012 年,制造业增加值占美国 GDP 的比重从 1947 年的 25.6%(1953 年,这一比例高达 28.3%)持续下降,到 2012 年,这一比重只有 11.9%。相反,金融业增加值占 GDP 的比重则从 2.4% 上升到了 7.92%。从 1947 年到 2012 年,美国 GDP 增长了 63 倍,制造业增加值增长了 30 倍,而金融业增加值却增长了 212 倍。

其次,在非金融企业拥有的总资产中,同产业资产相比,金融资产所占的比重不断上升,而产业资产的比重不断下降。1945—2012 年,美国非金融企业的总资产中,金融资产所占的比重从 25.56% 上升到 2012 年的 49.85%。其中,2009 年,该比重高达 51%。

最后,金融部门在国内利润中所占比重、产生自金融业的利润在企业利润中所占的比重都在不断上升。从 1973 年到 1985 年,美国国内公司的总利润中,金融业所占的比重不到 16%,1986 年,这一比重上升到 19%;20 世纪 90 年代,这一比重在 21%—30%;到 2008 年金融危机爆发前,已进一步上升到超过 40%。[②]

(二) 金融资本的支配地位

从 1978 年到 2007 年的 30 年中,金融资本在美国经济中的支配地位更为强大。[③] 在此期间,美国金融部门持有的对个人与其他经济部门的债权从 3 万亿增长到了 30 万亿。华尔街的金融机构也从原来小规模的合伙制企

---

① John Foster, "The Financialization of Fapitalism", *Money Review*, Vol. 58, No. 11, 2007, pp. 1 – 8.
② Simon Johnson, "The Quiet Coup", *The Atlantic*, May 2009.
③ Financial Crisis Inquiry Commission (FCIC), *The Financial Crisis Inquiry Report*, 2011, p. xvii.

业演变成为跨国经营的上市公司。到 2005 年，美国 10 家最大的商业银行的总资产占美国整个商业银行总资产的 55%，而 1990 年这一比例不到 25%。[①]

金融资本在美国经济中占支配地位的一个重要表现就是金融机构的"大到不能倒（Too big to fail）"问题，即金融机构规模过大，且彼此之间密切相连，它们的倒闭会给整个国家甚至全球经济造成灾难，因此，在这些金融机构陷入困境时，政府必须进行救援，以防止它们倒闭。1984 年，美国第六大商业银行大陆伊利诺依银行（Continental Illinois）倒闭。在随后美国国会对此进行的调查中，美国联邦财政部首次承认，联邦政府不会让最大的 11 家银行倒闭，因为这些银行的规模过大，如果任其倒闭，将可能危及整个金融系统。[②] 此后，金融机构"大到不能倒"的问题一再发生。例如，1998 年，对冲基金"美国长期资本管理公司（LTCM）"面临倒闭。LTCM 倒闭将导致华尔街遭受 1.25 万亿美元的损失，从而给华尔街甚至全球金融市场造成巨大冲击。最终，美联储出面组织华尔街金融机构进行了救援。[③]

2011 年 11 月 4 日，金融稳定理事会（Financial Stability Board）确定了全球 29 个"系统性重要银行"。金融稳定理事会认为，因为其规模之大，作用之重要，这些银行的倒闭可能引发金融危机。29 个"系统性重要银行"中，除了中国的中国银行外，其他全部来自欧美日等发达国家。2013 年 4 月 10 日，国际货币基金组织执行总裁拉吉德（Christine Lagarde）说，"大到不能倒"的银行已经比以往任何时候都危险。[④] 2008 年金融危机爆发后，美联储前主席格林斯潘、美联储达拉斯银行现任行长理查德·费雪尔

[①] Financial Crisis Inquiry Commission (FCIC), *The Financial Crisis Inquiry Report*, 2011, p. 52.
[②] Conover, Charles, "Testimony", Inquiry Into the Continental Illinois Corp. and Continental National Bank: Hearing Before the Subcommittee on Financial Institutions Supervision, Regulaion, and Insurance of the Committee on Banking, Finance, and Urban Affairs. U. S. House of Representatives, 98th Congress, 2nd Session, September 18 – 19, and October 4, 1984, pp. 98 – 111.
[③] Public Broadcasitng Service (PBS), "Thillion Dollar Bet", Februray 8, 2000.
[④] United Press International, "Lagarde: 'Too Big to Fail' Banks 'Dangerous'", April 13, 2013.

(Richard Fisher)都认为,应该拆散大银行,以解决"大到不能倒"问题。① 包括哥伦比亚大学商学院院长格伦·哈伯德(Glenn Hubbard)等在内数十名曾经不遗余力推动美国金融自由化的经济学家也认为,金融机构"大到不能倒"对美国经济金融构成了严重危险,应该将规模过大的金融机构拆散,以解决"大到不能倒"问题。②

(三)"影子银行"的巨大发展

在商业资本主义与产业资本主义时代,金融业主要就是银行业,而在金融资本主义时代,在传统的商业银行业之外,证券、保险、信托等其他金融部门不仅得到了巨大发展,而且越来越扮演传统商业银行的金融中介作用,导致商业银行在金融业中的重要性大幅度下降。

图1是1947—2011年美国历年信贷总量中,储蓄类金融机构(包括商业银行、信用合作社与储蓄银行)提供的信贷所占的比重。在20世纪80年代以前,储蓄类金融机构的信贷所占比重在40%以上,而80年代以后,再下降到20%左右。20世纪80年代以来,美国的信贷绝大部分来自非储蓄类金融机构,而这些从事信贷业务的非储蓄类金融机构被称为"影子银行"③。据金融稳定理事会估计,2012年年末,全球影子银行的规模达到67万亿美元。④

(四)金融资本的交易性特征

过去30年中,金融机构(特别是商业银行与投资银行)的业务从传统的中介业务转向交易业务。传统的中介服务业务不需要金融机构投入自有资金或者只需要投入少量资金,因此风险低,但回报也相对较低,而市场

---

① Michael McKee and Scott Lanman, "Greenspan says U. S. should consider breaking up large banks", *Bloomberg*, October 15, 2009.
② David Dayen, "Banks are too big to fail say... conservatives?", *The American Prospect*, March 21, 2013.
③ Robert Schiller, *Finance and the Good Society*, Princeton: Princeton University Press, 2012.
④ Jim Brunsden and Ben Moshinsky, "Shadow banking grows $67 trillion industry, regulators say", *Bloomberg*, November 19, 2012.

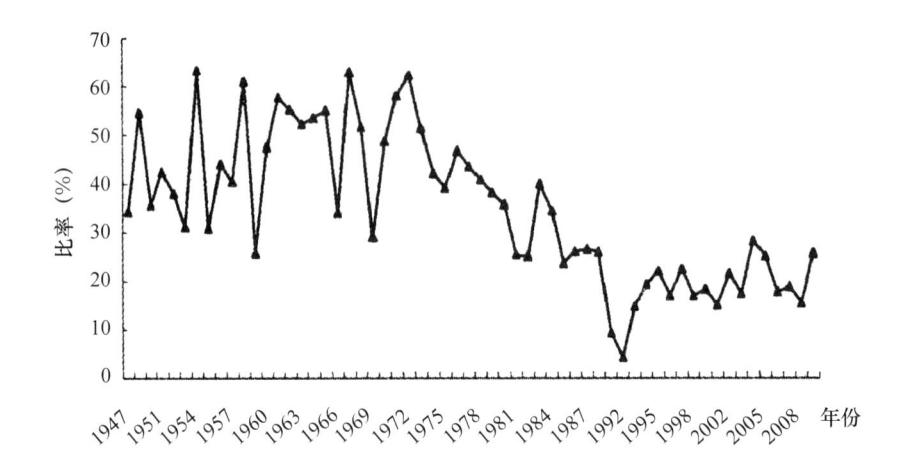

图1 美国储蓄类金融机构信贷占信贷总额比重，1947—2011年

数据来源：美国联邦储备委员会历年资金流量表。

交易业务则要求金融机构以自有资本参与交易，盈亏自负，风险高，回报也高。

这种转变首先表现在传统商业银行业中，即商业银行的业务越来越具有投资银行的特征。1980年，银行存款占全部金融资产的42%，而到2005年前，这一比例已降至27%。商业银行的业务越来越非信贷化，非利息收入在银行业收入中所占比重大幅度增长。在美国，1945—2011年，整个商业银行业的非利息收入所占比重从1945年的22%下降到1981年的7%，但随后迅速上升。到2011年，非利息收入所占比重达到了32%。

其次，投资银行的业务也发生重大变化。投资银行的传统业务是低风险的证券承销与财务顾问业务。但从20世纪80年代开始，在追求更高回报动机的驱动下，华尔街的投资银行迅速地向交易与投资业务转变，而在交易与投资业务中，以自有资本进行证券与商品买卖并风险自负的自营交易业务占据很大比例。2008年金融危机前，华尔街各主要投资银行的利润中，来自交易与投资业务所占的比重都大幅度增长，高盛从1997年的39%上升到2007年的68%，美林从1997年的42%上升到2006年的55%，雷曼兄弟从1997年的32%上升到2006年的80%,而贝尔斯登则因为其他业务亏损导致2002年以来的部分年份中,交易与投资业务的利润占总利润的比例达到100%[①]。

(五) 衍生金融工具的爆炸式增长

随着金融的自由化,大量新的金融产品与金融工具被开发出来。衍生金融工具不仅数量繁多,而且交易量出现爆炸式增长。国际清算银行(BIS)的统计数据显示,全球柜台交易(OTC)未结清衍生金融工具的名义价值从1998年的80万亿美元增长到了2012年的633万亿美元,而同期全球GDP总量只从30万亿美元增长到72万亿美元(见图2)。

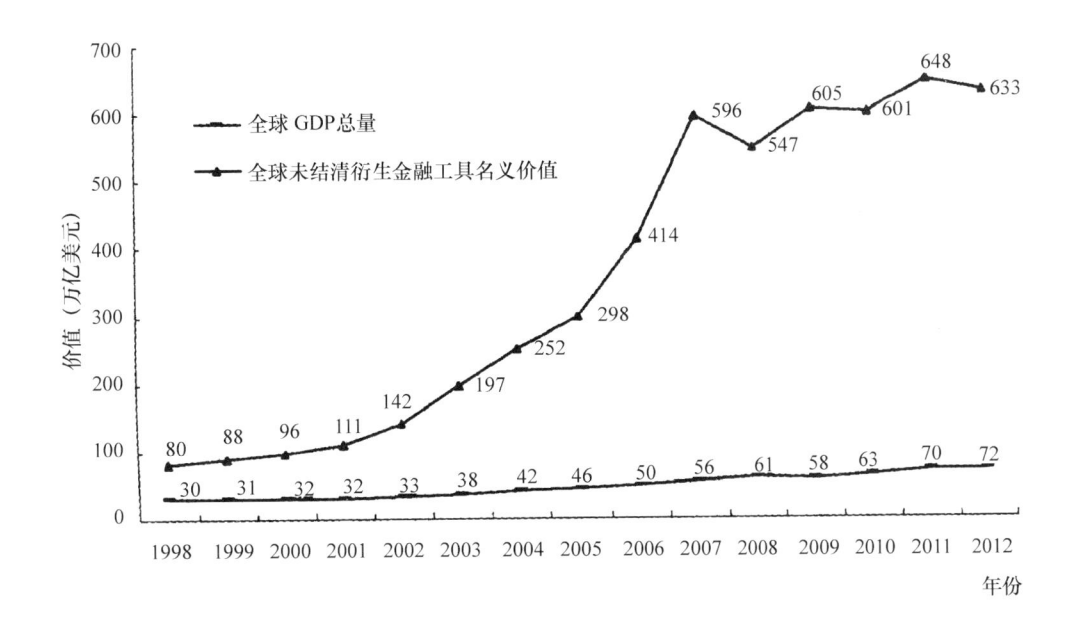

图2 全球未结清衍生金融工具名义价值 VS 全球GDP总量

数据来源:国际清算银行网站。

---

① Financial Crisis Inquiry Commission, *The Financial Crisis Inquiry Report*, 2011, p. 66.

三 金融资本主义的新影响

20世纪40年代以来金融资本的主导地位对资本主义各国的政治经济与社会产生了巨大的影响。美国麻省理工学院经济学家、IMF前首席经济学家西蒙·约翰逊（Simon Johnson）认为，2008年金融危机的爆发暴露了很多关于金融资本主义的现实问题。对于美国来说，最值得警惕的事实是，金融业俘获了美国政府。不打破金融业的寡头垄断，美国经济就很难从金融危机中复苏过来。[①] 金融资本主义的影响体现在以下几个方面。

（一）金融资本主义对政治的影响

金融部门的巨额财富让华尔街的金融家们拥有了巨大的政治影响力。在美国，金融家们的政治影响力是J. P. 摩根之后所从未见过的。传统上，人们通过贿赂、游说或者政治捐款等方式获得政治力量，而美国的金融业则通过积累文化资本——信仰——而获得政治力量。[②] 以前，在美国，华盛顿的观念是对通用汽车公司有益的，就对美国有益，而在过去的10年中，华盛顿的观点是，对华尔街有益的，就对美国有益。金融成为美国政治选举中最大的捐助者之一，但是在2008年金融危机爆发前，美国的金融业不需要向政治候选人捐款，以获得有利于金融业的法律与政策，因为华盛顿已经深信，庞大的金融机构与资本的自由流动对维护美国在全球的地位至关重要。

金融资本对美国政治的巨大影响的一个体现就是华盛顿（美国政府、金融监管部门）与华尔街金融机构之间的"旋转门"，即华尔街金融机构的高管们进入美国政府与金融监管机构担任官员，卸任后返回华尔街担任高管。这一"旋转门"现象在高盛体现尤其突出，甚至英国《金融时报》

[①] Simon Johnson, "The Quiet Coup", *The Atlantic*, May 2009.
[②] Ibid..

这样的主流媒体也公开承认高盛对美国政治经济的巨大影响力。[1] 在出任财政部长前,克林顿政府的财政部长罗伯特·鲁宾(Robert Rubin)与小布什政府的财政部长亨利·保尔森(Henry Paulson)都是高盛的首席执行官。IMF 前首席经济学家、美国芝加哥大学经济学教授雷简(Rajan)认为,即便华尔街投资银行们以最良好的意愿出任政府要职,他们也很可能继续以投资银行家的思维思考问题,从而导致"认知俘获"问题。[2] 诺贝尔经济学奖得主约瑟夫·斯蒂格利茨(Joseph Stiglitz)也认为,华盛顿与华尔街之间的"旋转门"会导致联邦政府决策者与监管官员以"对华尔街有益,就对美国有益"的思维方式作出决策。[3]

(二) 金融资本主义对法律的影响

2008 年金融危机爆发后,美国政府组建了"金融危机调查委员会"(Financial Crisis Inquiry Commission,FCIC),对金融危机爆发的原因展开调查。FCIC 于 2011 年发表的调查报告认为,金融监管的缺失是 2008 年金融危机的原因之一,而监管缺失又是金融危机爆发前 30 年间,美国过度放松监管造成的。然而,在很大程度上,监管法律的废除导致金融监管缺失却是美国金融业推动的结果。[4] 例如,从 1974 年到 1999 年,进行了 12 次努力并投入了 3 亿美元的游说费后,华尔街成功地说服美国国会在 1999 年废除了《1933 年银行法》[5]。

金融资本主义的发展还影响了司法。最近数十年,随着金融资本的日益强大,美国司法部门对大型金融机构涉嫌犯罪的立案调查的数量越来越少,目前已经降低到近 20 年来的最低点。[6] 2013 年 3 月 6 日,在美国国会

---

[1] John Gapper, "Whatever is Good for Goldman...", *Financial Times*, September 24, 2008.
[2] Raghuram Rajan, *Fault Lines: How Hidden Fractures Still Threaten the World Economy*. Princeton: Princeton University Press, 2010.
[3] Jo Becker and Gretchen Morgenson, "Geithner: Member and Overseer of Finance Club", *The New York Times*, April 26, 2009.
[4] Financial Crisis Inquiry Commission, *The Financial Crisis Inquiry Report*, 2011, p. xvii.
[5] Public Broadcasitng Service (PBS), "The Long Demise of Glass-Steagall", May 8, 2003.
[6] Peter Boyer, "Why can't Obama Bring Wall Street to Justice?", *The Daily Beast*, May 6, 2012.

参议院司法委员会作证时，美国联邦司法部部长埃里克·霍尔德（Eric Holder）说，一些金融机构规模过大，在它们涉嫌犯罪时，联邦司法部难以对它们展开立案调查，也难以对它们采取更合适更有力的措施，因为对它们的立案调查可能威胁其生存，进而威胁到整个国家甚至全球经济的稳定。[1]

甚至主流媒体也认为，应该对投资银行等金融机构进行更多的司法调查。20世纪80年代，美国爆发"储蓄和贷款协会"（Savings & Loans Association）危机，随后司法部门展开调查，到1991年，曾有超过300多位银行家与房地产开发商被判定有罪并入狱。[2] 然而，2008年金融危机中，全球数以百万的公众成为受害人，却没有犯罪嫌疑人，因为司法部门对金融机构涉嫌犯罪的民事调查少之又少，而刑事调查则几乎没有。[3]

（三）金融资本主义对社会与经济观念的影响

随着越来越多的人通过金融业成为巨富，对金融的崇拜成为美国文化的一部分。《门口的野蛮人》（Barbarians at the Gate），《华尔街》（Wall Street）与《夜都迷情》（Bonfire of the Vanities）这些本来是为了告诫人们不要被华尔街所诱惑的电影，反而增加华尔街的神秘感。[4] 迈克尔·刘易斯（Michael Lewis）本来认为，他于1989年出版的关于华尔街内幕的畅销书《说谎者的扑克牌》可能激起人们对华尔街的自大与过度行为的愤怒，从而远离华尔街，结果恰好相反，人们把他的这本书当作如何进入华尔街的指南。[5]

金融资本通过观念来施加它们的影响。[6] 在经济与金融领域一些极有影

---

[1] Phil Mattingly, "Too-Big-to-Fail banks limit prosecutor options, Holder says", *Bloomberg*, March 6, 2013.
[2] Niall Ferguson, *The Ascent of Money: A Financial History of the World*, London: Penguin, 2009.
[3] Francesco Guerrera, "Crisis with Victims but No Perpetrators", *Financial Times*, November 15, 2010.
[4] Simon Johnson, "The Quiet Coup", *The Atlantic*, May 2009.
[5] Micheal Lewis, "The End", *Portfolio Magazine*, December 2008, pp. 1 – 11.
[6] Dariusz Wójcik, "The End of Investment Bank Capitalism? Financial Jobs and Power in the Securities Industry", *Economic Geography*, Vol. 88, No. 4, 2012, pp. 345 – 368.

响力的概念与方法就是华尔街的投资银行发明创造出来的。例如，"在险价值"（Value at Risk，VaR）衡量一个资产组合在一段时间内可能遭受的最大损失。"在险价值"已经成为金融机构进行风险管理的常用方法，而它正是摩根大通（J. P. Morgan）开发出来的。2004 年，《巴塞尔资本协议Ⅱ》要求各金融机构使用"在险价值"衡量市场风险。[1] 流行全球的"BRIC（金砖四国）"一词是由高盛公司资产管理部前总裁吉姆·奥尼尔（Jim O'Neill）创造的。[2] 虽然"Emerging Markets（新兴市场）"一词是世界银行的研究报告中提出的[3]，但在用来判定新兴市场并对之进行分类的方法中，最有影响的却是华尔街投资银行摩根士丹利创造的一系列 MSCI 指数。[4]

（四）金融资本主义与 2008 年金融危机

FCIC 的调查报告指出，为了追求高额利润，金融机构过度使用财务杠杆、进行高风险投资与过度使用衍生金融工具是 2008 年金融危机爆发的原因之一。[5] 金融危机前，华尔街五大投资银行的杠杆率高达 40∶1，即五大投资银行每 40 美元资本中，只有 1 美元是它们的自有资本。资产市值只要下跌 3%，就足以让这些投资银行因为自有资本全部亏损而倒闭。

四 结 论

过去 30 年中，在新自由主义思想的影响下，金融对经济发展的促进作用被放大，导致了经济与资本的高度金融化，以及资本主义从工业资本主义演变为金融资本主义。在金融资本主义模式下，经济的稳定性与发展取

---

[1] Francesco Guerrera, "Crisis with Victims but No Perpetrators", *Financial Times*, November 15, 2010.
[2] "BRIC"一词由 Jim O'Neill 在 2001 年 11 月 30 日发表的 "Building Better Global Economic BRICs"（Global Economic paper No. 66）中提出的。
[3] "Emerging Markets"一词因世界银行经济学家 Antoine van Agtmael 的使用而被广泛采用。
[4] Dariusz Wójcik, "The End of Investment Bank Capitalism? Financial Jobs and Power in the Securities Industry", *Economic Geography*, Vol. 88, No. 4, 2012, pp. 345 – 368.
[5] Financial Crisis Inquiry Commission, *The Financial Crisis Inquiry Report*, 2011, p. xxv.

决于金融业的自律与公共监管。一旦金融业为追逐利益而放弃自律,背弃维护金融与经济稳定的公共责任,而公共监管又严重缺失时,金融资本的过度膨胀就可能导致金融危机。FCIC 的调查报告指出,2008 年金融危机并非不可避免的,但公共监管的缺失与金融业为追求利润而放弃自律导致了金融危机的爆发。[①]

在金融资本主义发展过程中,资本的"金融化"对全球生产方式、财富积累、金融市场都产生了巨大的影响。金融资本的全球化与金融资本主义在全球范围内的发展则影响着国际政治经济格局形成以及发展中国家的经济与金融主权。金融资本主义的全球化如何影响发展中国家的金融主权,以及发展中国家应该如何保护金融主权这一问题,将在以后的研究中进行探讨。

(作者单位:中央财经大学会计学院;中央财经大学管理科学与工程学院)

(原载《马克思主义研究》2013 年第 10 期)

[①] Financial Crisis Inquiry Commission, *The Financial Crisis Inquiry Report*, 2011, p. xxv.

金融资本逻辑与帝国的本质

户晓坤

20世纪70年代，资本主义发生了深刻的变化，一方面，资本主义政治—经济结构调整导致了资本灵活积累方式的转变，晚期资本主义、消费社会莅临；另一方面，金融资本相对于产业资本、商业资本的分离和独立，使国际垄断金融资本成为资本主义发展的主导性力量，金融垄断资本主义，或者说政治经济领域的全面金融化迅速发展，呈现出完全不同于传统资本主义的新特征。

当代资本主义对于世界以及人心的巨大渗透能力，迫使对人类未来负有责任感的知识分子们，在新时代的语境下重新召唤"列宁"以及"列宁主义"幽灵的在场。正是列宁将帝国主义界定为垄断资本主义的本质，而不同于希法亭、熊彼特等经济学家，仅仅将帝国主义视为政策性的扩张手段。列宁尤其强调垄断金融资本瓜分世界的本质，即帝国的本质："帝国主义是发展到垄断组织和金融资本的统治已经确立、资本输出具有突出意义、国际托拉斯开始瓜分世界、一些最大的资本主义国家已把世界全部领土瓜分完毕这一阶段的资本主义。"

一　当代金融垄断资本主义

20世纪80年代，资本主义进入了金融垄断资本主义，这一方面是国家垄断资本主义克服自身危机的必然结果;而另一方面,作为资本垄断和扩张本性的当代表现,"信息革命为金融垄断资本主义提供了技术和生产力基础,而经济全球化和金融化则是金融垄断资本主义形成的必然条件"。在马克思所生活的工业资本主义时代,货币资本或者生息资本是资本价值的主要形态,经过了垄断资本主义的过渡,当代金融垄断资本主义实现了历史性的转型:在垄断资本主义规模化扩张过程中,导致了过剩生产能力的不断积累,压缩了新增投机的盈利空间,"因而,资本所有者所面临的困境是,在盈利性投资机会日渐稀缺的情形下,如何营运巨额可支配盈余? 20 世纪 70 年代以来,他们采取的主要应对措施是扩大金融产品需求,将金融产品作为货币资本保值、增值的方式之一。这一进程的供给方,即金融机构则推出了期货、期权、衍生产品、对冲基金等一系列新的金融工具。结果,金融投机甚嚣尘上,并持续至今"。

由于金融技术性服务手段的不断创新,金融及其衍生产品作为没有价值只有价格的最为抽象的商品,催生了虚拟资本和虚拟经济,形成了货币资本和金融资本的二元结构资本价值形态:一方面是体现在股息、利息等收入之中,依靠对于货币的占有权而分割剩余价值的货币资本(马克思所讨论的食利资本或生息资本),通过现代金融技术手段的创新所产生的结构性金融衍生工具(包括房地产抵押贷款所支持的债券等),成为食利资本的新载体,在投资盈利的驱动下,金融衍生产品市场成为脱离实体经济获得风险性投资利润的又一领域;另一方面,金融资本与产业资本融合以及对整个实体经济的控制,在新的经济结构中,急剧膨胀的金融部门凌驾于实体生产体系之上,获得了高度的独立性,从而使当代发达资本主义国家的政治—经济活动越来越依赖于虚拟经济的运作。与金融垄断资本主义相适应,政府的职能和角色也进行了调整,为了以公共投资刺激社会经济的繁荣,政府作为贷款人被带入了新的经济体系中,"金融化已经成为停滞趋向的经济的永久性的、结构性的必然要求"。

二 新自由主义与帝国

如果说凯恩斯主义是国家垄断资本主义的意识形态，那么新自由主义作为垄断金融资本的意识形态表达，背后隐含着一个全球化策略。福斯特指出："新自由主义是从撒切尔夫人和里根时期以来的霸权经济意识形态，这一思潮的泛滥一定程度上反映金融全球化带来的资本的新要求。全球经济日益金融化增大了垄断金融资本对欠发达经济体的强制性渗透，强化了它们的金融依赖。"在上述意义上，当代左翼知识分子试图在一个更广阔的视域下，以"帝国"概念来阐释当代垄断金融资本全球化扩张的内在逻辑和特征，并力图在资本逻辑的背后寻找新的全球计划的可能性。

迈克尔·哈特和安东尼奥·奈格里将帝国视为新自由主义全球体制的政治形态维持其全球秩序的唯一形式。在他们看来，欧洲大国、美国和日本等发达资本主义国家所推行的现代帝国主义是建立在民族国家主权基础上的，并向附属国疆域延伸其权力，从而导致了世界战争和冲突。然而，在垄断金融资本时代，帝国的结构和表现形式发生了改变，使帝国内部和外部的界限变得模糊，去中心化的"混合构造""网络权力"成为帝国主权的表现形式，"支配性的民族国家、主要的资本主义公司、超国家的机构以及其他的全球权力都是这个帝国主权网络中的结点，它们在不同的时刻以不同的方式来一起运作"。

帝国的本质，是取代工业生产的霸权而建立在世界范围内权力、财富等级差异基础上的"非物质性劳动"的霸权，即创造非物质性的产品的劳动，其中包括"脑力或语言的劳动"（符号产品，形象工业）以及"情感型的劳动"（建立在幸福、满足、兴奋基础上），金融及其衍生工具等虚拟经济部门的产品不过是"非物质性劳动"范畴的一部分。非物质性劳动产品在社会生活中的主导性作用越来越清晰，鲍德里亚直接将符号学的方法引入商品逻辑中，充斥在流通、消费领域中的符号产品更加符合马克思所谓"资本零度流通"的理想，在根本上加快了资本流通和周转的速度。

"非物质性劳动"决定了全球范围的劳动分工,并创造了错综复杂的社会交往和合作关系,世界上的每个角落都被资本这张巨网的节点如此紧密地互锁在一起。资本支配权力的触角已经走出传统的工业生产领域,对社会关系全面渗透和控制,这一方面加强了资本的权力,另一方面也在制造着其对立面。奈格里的《帝国》似乎回应了马克思《共产党宣言》的辩证逻辑:"资产阶级作为自己的掘墓人",在其发展的最高阶段也达到了自我崩溃的边缘,而金融垄断资本主义所推进的高度社会化网络,正是迫使其解体的爆破点,孕育着新的历史主体。

(作者单位:中山大学社会科学教育学院)

(原载《中国社会科学报》2013年8月28日)

积累的社会结构理论视野中的新自由主义时代和金融危机[*]

[美] 维克托·D. 利皮特　付小红译

2007年9月，美国遭受了自大萧条以来最大的经济衰退，由此导致的危机迅速扩展到全球。因危机引起的美国一系列的政策及制度变革标志着新自由主义时代的结束。虽然美国还需用很多年的时间来明确其经济发展的新方向，但现在找出导致危机产生的各种因素以及找出能指明未来经济方向的各种因素是可能的，这正是本文的目的所在。商业周期是资本主义经济的正常特征。也就是说，周期性衰退是可以预期的。而系统性危机是另一回事。我们可以说，当边际调整（如降低利率或适度提高政府支出）不再足以使系统恢复顺利运作时，当制度变革成为系统得以继续存在的必要条件时，资本主义体系就进入了危机阶段。如美国在20世纪30年代的大萧条以及20世纪70年代的滞胀中遭遇的危机。在这两次危机中，为恢复经济长期的强劲扩张，都需要进行深刻而广泛的制度变革，这些变革使随后阶段的资本主义制度与前一时期大不相同。在这个意义上，我们可以说资本主义作为一种制度必须通过反复的自我更新才能生存。

---

[*] 原文发表于《激进政治经济学评论》第46卷第2期，http://rrp.sagepub.com/content/early/2013/-09/03/04-86613413497908.full.pdf+html，略有删减。

一 积累的社会结构(SSAs)

积累的社会结构是能使资本主义国家得以强劲发展的一套制度。虽然"积累"是一个经典的经济学术语,包括储蓄和投资,但在大多数情况下,它是可以与投资或增加资本存量互换使用的。当资本家或企业进行投资时,他们当然要考虑到预期收益率。但如果制度环境不完善,即使是非常高的预期利润也是不够的。企业希望有一个能使合同得以执行的法律制度,他们需要一个能为工人提供必要技能的教育制度,他们需要保护专利或其他知识产权的制度,需要一个保证国家不会轻易没收其财产的制度。这一套制度就是积累的社会结构(SSA)。

当资本主义经济建立一个SSA时,通常他们将迎来长期的相对强劲的由高水平投资推动的经济扩张期,与之相伴的是技术创新和新的投资。一旦一个SSA建立起来,它往往会持续很长一段时期,通常为数十年。但是,所有的SSAs最终都会因其内部矛盾与外部环境的相互作用而坍塌。当SSA坍塌时,经济增长变得缓慢或停滞,随之而来的便是一段充满激烈的社会冲突的时期:企业尝试重新建立有利于积累的条件,旧SSA的受益者试图阻止改革,社会的不同利益集团不断斗争以达到各自的目的。这一充满矛盾和斗争的时期将一直持续,直到一个新的SSA形成。这正是美国经济在金融危机余波中所处的情形。

如果我们从积累的社会结构理论来看美国的经济史,我们可以看到,第二次世界大战后美国经济大致经历了25年的强劲扩张,一直到20世纪70年代的滞胀;1980年一个新的SSA又形成了,直到在2008—2009年的经济危机中才坍塌。每个SSA都有一个主导思想。新自由主义(对市场解决经济社会问题的能力的过度信仰)是1980—2008年的SSA的主要特征,因此它被称为"新自由主义SSA"。到世纪之交,新自由主义SSA造就的资本主义形式显著不同于20世纪50年代到20世纪60年代的(战后SSA下的)资本主义,那时占主导地位的思想是在很大程度上已被人们接受并为扩大政府在经济事务中的作用而辩护的凯恩斯主义。在新自由主义SSA下，美国资本主义再一次改造了自己。但是，金融危机的来临标志着新自由主义SSA的坍塌；它意味着广泛的社会斗争的重新开始，只有当一套新的制度建立起来时，这些斗争才会被解决。为了更好地了解此次危机的性质及其导致的斗争，有必要更仔细地审查新自由主义SSA的具体制度。

二 新自由主义时代的主要制度及其内部矛盾

要考察一个长期的相对强劲的经济增长期的相关制度，很重要的一点是要记住：有些制度可能在前一个阶段已有基础，而另一些则可能是在后来才形成的，制度总是处在形成和削弱的动态过程中。新自由主义SSA主要有如下七个明显的制度特征：（1）资本势力相对于劳动的增强；（2）金融创新以及有利于投资的金融制度的变革；（3）放宽管制；（4）有关公司性质的制度变革；（5）有限的政府；（6）伴随有利于国际贸易和投资的协定的全球化；（7）对小型创业公司有利的资本市场。

考察这些制度特征将有助于看清新自由主义SSA的性质。

（1）资本势力相对于劳动的增强，是当代美国资本主义最显著的特点。在20世纪中叶，在主要的产业中，高比例的工会会员和高工资是常见的。但是，1980年里根总统的获选标志着劳动力命运的急剧变化。1981年，里根总统开除了数千名参加罢工的空中交通管制员，这表明国家权力可被用来对付有组织的工人。在此之前，当大企业危在旦夕时，仅仅为了提高利润而解雇工人的现象是不可想象的，但此次事件改变了公众的观念。从1980年到2007年，工会成员和罢工活动急剧下降，实际工资减少了，且收入分配的不平等急剧上升。

在新自由主义SSA期间，公共部门中工会成员比例大致保持稳定，但该比例在私人部门中却急剧下降。随着私营部门工会力量的削弱，甚至进一步随着金融危机所带来的失业率的升高，这些趋势一直持续到了现在。

在新自由主义时期，劳动力相对于资本的减弱清楚地反映在作为这个时代特征的工资停滞上。从1979年到2007年，非管理人员工人的劳动生产率（每小时劳动产出）平均增长了1.91%，但其实际小时工资按年率计算却下降了0.04%。这是新自由主义时代的一个核心矛盾。资本家或公司很高兴能限制工资的增长，因为这可以直接转化为更高的盈利率。但如果工人赚的钱不足以购买其所生产的产品，企业可能无法出售全部产品，结果便是经济衰退（或萧条）。作为新自由主义时代特征的收入缓慢增长和不平等的扩大往往会因其对消费的负面影响而抑制经济增长。

尽管存在这样的矛盾，但资本主义有许多办法可以推迟经济低迷的到来，因为增加出口、进行基础设施投资以及双职工家庭的增多可以使总需求维持一段时间。但对总需求产生的影响最大的也许是信用卡使用的增加，而这恰恰是新自由主义SSA的特征。特别是家庭债务出现了惊人的上涨，占可支配收入的比重从1982年的59%增加到了2007年的128.8%。

（2）金融创新以及有利于投资的金融制度的变革。在这一领域有几个方面的制度变革对于新自由主义SSA的形成发挥了重大作用。首先我们可能会注意到的改变是美联储将注意力主要集中在了降低通胀方面。虽然美联储形式上承担着促进充分就业和降低通货膨胀的责任，但从沃克尔时代开始（1979—1987年），美联储的注意力几乎全部转向了与通胀的斗争；在格林斯潘任期内仍是这样，直到伯南克时期，当2008年金融危机的全部力量冲击美国时，对通胀和失业的平衡考虑才得以恢复。

在新自由主义时代初期，即20世纪80年代早期，沃克尔时期的美联储大幅上调利率以抑制通胀，此举是因为20世纪70年代的通胀已达到两位数水平。这导致了1980年和1982年的连续衰退。但此后通货膨胀率和利率便开始了为期十多年的下降，联邦基金利率从1976—1980年的8.9%的平均水平下降到了1996—2000年的2.5%的平均水平，这为金融经济扩张创造了极为有利的条件。尽管美联储不是一个重新建立的机构，但其功能的变化使其相当于是一个新建的机构。

在金融领域的第二个重要变化是新自由主义时代金融创新的爆炸。债务抵押债券（CDOs）、结构性投资工具（SIVs）、信用违约掉期（CDS）以及其他一些金融产品大大拓展了信贷的获取途径，有利于金融经济活动的开展。但是，同样，对矛盾的理解有助于解释金融部门制度创新的潜在危险。首先，不断下降的低利率鼓励了投资和经济增长，但同时也助长股市泡沫和房地产泡沫的形成，而房地产泡沫的最终破灭极大地促使了整个 SSA 的坍塌。其次，新的金融产品在整个金融体系中广泛传播，而且因为贷款发行者并不是风险的承担者，他们使贷款标准急剧降低，这最终对宣告新自由主义时代结束的金融崩溃起了决定性作用。

（3）放松监管。美国政府一直反对管制企业，提倡减少政府干预。里根总统经常提到"越来越不受政府干预"的可取之处，美联储前主席格林斯潘解释说，放松管制使金融机构从监管约束中解脱出来，从而使这些金融机构所采取的行动更加符合他们的长远利益。

格林斯潘承认，他过于相信自由市场的自我纠正能力，并且没有预料到肆意的按揭贷款的自我毁灭性力量。"我们这些认为贷款机构出于自身利益能够很好地保护股东利益的人，包括我自己在内，都处于极度的震撼中"，他在就监管和政府改革的内务委员会上这样说道。来自加利福尼亚州的代表、委员会主席亨利·韦克斯曼问道："你认为你的错误认识促使你做出了错误的决定吗？"格林斯潘先生承认："是的，我已经发现了我的错误……对于这个事实我深感遗憾。"

新自由主义认为，一个经济体只有从监管约束中解脱出来才最具活力和最能创新。事实上，在新自由主义时代经济确实有过强劲的扩张，但其内部矛盾也再次激化了。在一个较短的时间跨度内，不受监管的市场有可能使 SSA 的扩张阶段走向毁灭性尽头，当下发生的一切就是明证。新金融产品的开发和销售没有受到监管机构的审查。由 CDO 的发行者付费的评级机构给予金融产品（如 CDO）过高的评定级别，使投资机构和养老基金错误地认为这些产品是安全的。债务保险（信用违约掉期）也不受监管机构的审查，导致了巨大的损失。同时，名义上的监管机构，如美国证券交易委员会（SEC），也是由不信奉政府调控的人操控的。因此，尽管有很多投诉，且进行了五次正式调查，美国证券交易委员会也未能发现 500 亿美元的麦道夫欺诈。

对按揭经纪人和整个按揭包销过程的缺乏监管，使那些缺乏偿还能力的人也能获得贷款，是金融崩溃最直接的原因。放松管制助长了经济热潮，但也在促使经济崩溃中起到了核心作用。

（4）有关公司性质的制度变革。这里，我们可以重点关注企业重组、公司裁员和改建。这些都涉及企业经营活动的合理化，并且其本身似乎也能提高企业的生产力和盈利能力。当金融部门在企业重组或其他改变中发挥核心作用时，问题就会产生。特别是当私募股权公司发现通过公司重组可能增加利润时，他们便开始买断现有的公司。而作为金融机构，他们则通过杠杆作用增加利润。因此，私募股权公司通常会买断企业并使企业大量借款以支付给他们（私募股权投资公司）大量的股息，他们甚至以这种方式连本带利收回其全部投资。私募股权公司可能在短时间内继续经营负债累累的企业，并在这段时间内通过重组后出售公司以获得利润。

许多企业都因这种方式经历了众多的私募股权所有者。这会产生两个重要的后果。首先，作为合理化进程的一部分，许多员工会被解雇。其次，当经济或产业运行面临着不可避免的衰退时，企业将无力支付其债务。因此，当此次危机爆发时，私募股权投资与公司重组的结合在很多情况下被证明是有害的。

（5）有限的政府。新自由主义的核心主张就是限制政府活动，减少政府税收。小政府、自由市场、低税率通常被认为是对资本和追求最大化利润有利的。然而，随着时间的推移，严重的矛盾便会出现。私人资本需要公共部门的补充投资，特别是在教育和基础设施（公路、铁路、港口、机场以及电力的生产和传输）中的投资。缺乏这些投资和先行资本，最终将导致生产力增长的放缓以及资本回报率的降低。新自由主义时代的小政府信条最终使整个扩张期的基础越来越脆弱，从某种意义上来说，新自由主义 SSA 靠的就是过去的这些公共投资。

（6）伴随着有利于国际贸易和投资的协议的全球化。随着世界贸易组织（WTO）和北美自由贸易协定发挥越来越重要的作用，国际贸易和投资的规模都有了巨大扩张。在新自由主义时代，全球化达到了一个新的阶段，很多因素都有利于资本积累和经济增长。更大的市场降低了单位生产成本，提高了盈利能力。企业通过在国外建立生产基地、使用廉价劳动力并向发展更快的国外市场提供产品而获利。更重要的是，无论产品是为国内市场生产还是为国外市场生产，外包和离岸外包都降低了劳动力成本，使美国的劳动力受到了失去工作、工资削减等威胁。

随着全球化的蔓延，有三大矛盾尤其突出。首先，全球体系的任何地方出现问题都将产生全球性的后果。例如，1997—1998年的亚洲金融危机蔓延至世界各地，扰乱了全球业务。同样，美国的金融危机也对全球经济产生了影响。其次，离岸外包对美国工资造成的负面影响使靠消费支撑的美国经济更依赖于信贷，因此更容易受到金融危机的重创。最后，全球化格局中，中国和其他亚洲国家的消费品主要是出口到美国，不断增持的美元造成全球贸易的不平衡，这使整个系统更加脆弱。这种失衡不可能无限期地忍受下去，校正的方式之一将是美国经济长期以远低于往常水平的速度增长，以减少其对外国产品和服务的需求。这三大矛盾都有促使新自由主义SSA终结的可能性。

（7）对小型创业公司有利的资本市场。小型创业公司在美国比在世界上任何地方都容易创立和发展。美国是第一个发展创投行业的国家，在这个行业中，风险资本家将为刚起步的公司提供初始资金，以期使其最终上市并收回多倍的投资。这是引进新产品和新技术的重要手段，从而可以提高生产力和盈利能力，促进经济增长。

新自由主义SSA促进了1980—2007年的经济扩张，但是，体现在其关键制度中的各种矛盾与外部环境间的相互作用，最终对新自由主义SSA的坍塌起了决定性作用。在讨论过的这些矛盾中，也许重点应当放在：①资本势力相对于劳动的增强，这大大降低了实际工资的增长，使新自由主义的扩张依赖于家庭债务的急剧扩张；②金融制度的变化，包括金融创新，使企业变得同样脆弱；③放松管制，助长了金融体系的滥用行为；④有限政府，使得没有足够资金的金融公司可以不断扩张，使得没有受到监管的新的金融产品可以不断推出，增加了私人部门的脆弱性；⑤资本主义制度的全球性扩张，使金融监管变得更加困难，并造就了全球性的金融失衡。

三 新自由主义 SSA 下的金融危机

当 SSA 的内部矛盾之间、内部矛盾与外部环境的变化之间发生相互作用时，SSA 就达到了危机状态并面临崩溃。全球金融失衡一定程度上是新自由主义 SSA 的内部问题（如美国欣然接受全球化），在一定程度上也是新自由主义 SSA 的外部问题（依赖于美国以外的地方发展）。在这些不平衡中，最有影响的也许是美国和中国的不平衡。随着美国消费者不断购买中国制造的消费品，美国产生了巨大的贸易赤字，而中国则拥有约 3 万亿美元的外汇储备（其中主要是美元资产）。在这种不平衡中，中国主要是享有就业增长，美国则从中国便宜的消费品中获益（这可以抑制通货膨胀并能提高生活水平）。另外，中国购买美国政府债券有助于为美国的赤字融资并使美国的利率保持低水平，这反过来也意味着低的抵押贷款利率能得以维持（当然，这也助长了房地产泡沫）。

金融危机的直接来源是房地产泡沫，而与房地产泡沫相伴的是金融创新，金融创新增加了次级抵押贷款的资金供给，造就了各种由评级机构高估（这与其自身利益有关）的非常诱人的证券，但这些证券却不受监管。

源于资本势力相对于劳动的增强和全球化的两个矛盾，也加深了危机的严重程度。如前所述，因为在新自由主义时代的大多数时期内实际工资是停滞的，因此人们越来越多地依靠债务来维持生活。债务中来自缺乏资本的再融资的比例越来越高。例如，某人花 10 万美元（按揭贷款 8 万美元）买了一处房屋，当该处房屋的价格上涨到 20 万美元时，他可以重新获得 16 万美元的按揭贷款。在还了第一次的按揭贷款后，该借款者还能余下 8 万美元的现金，这笔钱可以用于任何目的，如买新车或其他消费品，或支付信用卡债务。但是，当 2006 年房价开始下降时，越来越多的按揭贷款"缩水"，结果抵押贷款债务大于房屋的市场价值。到 2009 年 11 月，近

25%的有按揭贷款的房子价值缩水。由债务支撑的消费者购买将近占了美国GDP的70%，而房屋在为这些债务提供安全担保中发挥了重要作用，因此，房地产市场的崩溃破坏了整个经济。同时，不断增强的金融机构的国际性质意味着新自由主义时代创造的有毒证券扩散到了整个工业化世界的金融体系中。

四 危机后美国的政策回应

西方最大的金融机构之间有着紧密联系，他们与全球经济深深地交织在一起。这意味着交易风险会很快蔓延至全球，增加了全球金融的脆弱性。出于这个原因，有相当多的全球性公司确实是"太大而不能倒闭"。也就是说，如果政府允许他们倒闭，不仅是股东和员工，而且全球的金融机构和普通民众都会受到严重影响，他们的崩溃有可能预示着全球性衰退的到来。作为"太大不能倒"的企业之一，雷曼公司或许倒闭了，这确实也标志着金融危机的到来。像其他投资银行一样，雷曼公司用极少的自有资本维持运营，对于雷曼公司来说，其自有资本不足其总资产的3%。换句话说，如果雷曼公司的损失达到其资产总值的3%，它将面临无力偿债的风险。尽管其资金状况十分脆弱，该公司将次级抵押贷款打包成证券，出售信用违约掉期，并从事范围广泛的高风险活动。这些活动都是触发其破产的主要因素。

像许多金融公司一样，雷曼公司寻求从"套利交易中获益"，包括低利率借入短期证券以支撑高利率时的长期证券购买（利率差通常反映出新增的风险——包括长期证券通常会涉及的通胀风险）。但是，在雷曼公司事件中，当其他金融公司开始注意到雷曼公司面临的困难时，他们便停止购买其短期债券。因为雷曼公司只能以巨大的折扣才能出售其长期债券，因而承担了巨大的损失，所以它很快便面临破产。所有与雷曼公司进行交易的金融公司都因为交易对手风险而蒙受损失（或是潜在损失，这取决于该公司破产程序的结果）。这反过来又导致美国金融体系的冻结,甚至各大主要银行也停止借钱给彼此,因为他们无法评估其他银行所持股份的价值,怕对手出现类似雷曼公司遭遇时自己无法得到偿还。这反过来又影响到全球的金融经济。前所未有的政府干预的必要性变得十分明显。

对于雷曼公司破产后引发的危机,美国作出的政策反应包括在金融政策和货币政策方面所采取的一些前所未有的行动。美联储将联邦基金目标利率(商业银行间隔夜拆借利率)区间下调至 0—0.25%,这是历史的最低水平;2012 年年初,美联储宣称它计划将利率维持在非常低的水平,至少一直到 2014 年年底。另外,它开始为其他很多的债务做担保,包括抵押贷款支持债券,并开始购买长期政府债券。美联储还同意将其他公司(如摩根士丹利和高盛)视为商业银行对待,借钱给它们。美国联邦存款保险公司对其所提供担保的银行的每个存款账户的保险金额从 10 万美元增加到 25 万美元。在布什总统的领导下,国会同意实行 7000 亿美元不良资产救助计划(TARP),然后是奥巴马总统下的 7870 亿美元的经济刺激计划。两个计划向美国经济注入了足够的金融和财政刺激以使美国经济逐步走上复苏之路,虽然到 2012 年 5 月,美国的失业率仍维持在 8.1% 的高水平,因为经济增长可能持续低迷多年,但失业率有可能慢慢回落。[1] 此外,茶叶党和其他集团对政府干预经济的强烈反对将使对经济的进一步刺激变得更难,从而产生比其他情况下更长时间的经济低迷。[2]

五 危机后美国经济的复苏之路

在美国,商业周期自南北战争以来平均持续时间约六年。通常情况下,在经济衰退期间,利率会因美联储的政策和信贷需求的缺乏(如消费者和

---

[1] 美国国家经济调查统计局商业周期测定委员会宣布,至 2009 年 6 月衰退结束。这仅意味着美国经济扩张的开始,而非意味着经济扩张已经十分强劲或足以使失业率显著降低。

[2] 茶叶党的崛起和对政府干预经济的反对是 SSA 已经崩溃时美国经济所经历的斗争的特点。在这种情况下,旧有的新自由主义思想的狂热粉丝迫切要求一些只会适得其反地减少总需求的公共政策(如立即大幅度削减公共支出),这将延长在新的 SSA 形成之前的经济停滞期。

企业削减了他们的支出）而降低。当经济开始复苏时，在仍然较低的利率的刺激下，之前推迟的大宗商品（如房屋和汽车）的购买会带动需求上升。就业相应增加，且伴随着收入的增加，经济往往在一段时间内会以高于平均水平的速度增长。但在金融危机之后，尽管美联储承诺使利率长时间维持在低水平，美国经济的前景却显著不同。

由于2000—2007年实际工资每年仅上升微乎其微的0.49%，这样的停滞至少持续到了2011年，消费者只有通过削减他们的储蓄水平（如表1所示，在2005年，居民储蓄下降到只占可支配收入的1.5%）和越来越依赖于住房和消费者债务来支撑购买才能维持消费。作为金融危机和房地产价值崩溃的结果，消费者的储蓄率从2005年第二季度至2007年第三季度的2%的平均水平提高到了2007年第四季度至2010年第一季度的4.8%的平均水平；到2010年7月，储蓄率进一步上升至5.9%。表1显示了个人储蓄率在新自由主义SSA期间的下降情况以及在金融危机后的增长情况。

表1　　　美国个人储蓄占可支配收入的百分比　　　（%）

年份	个人储蓄率
1980	9.8
1985	8.2
1990	6.5
1995	5.2
2000	2.9
2005	1.5
2010	5.3

资料来源：美国商务部，经济调查统计局，www.bea.gov/nipaweb/Nipa-Frb.csp。

随着时间的推移，随着消费者努力限制其支出和债务，储蓄率有可能进一步提高。结果有可能是，消费增长率在经过很多年之后都不能恢复到先前的水平。由于消费缩减，商业企业将面临销售增长放缓，从而减少投资需求和商业房地产需求，减少库存。由于许多幸存的企业有过濒临死亡的经历或见过同行企业的倒闭，他们很可能会在相当长的一段时期内继续保有现金，并对其投资行为表现出极度的谨慎。① 鉴于可预见的未来的消费者行为和商业企业行为，美国面临的将是长时间的经济增长缓慢，这正是我们用 SSA 理论可以预见到的。②

用 SSA 理论我们还能预见，被激化的社会冲突会持续很长一段时期，在相当大的程度上，只有当一个新的 SSA 形成、美国资本主义发展到一个新的阶段时，这些冲突才能被解决。这些冲突通常因牵涉众多的骚乱和多个政党而显得非常混乱。且旧思想的一些顽固力量（这里指的是新自由主义和反税情绪）会使冲突加剧。主要的冲突包括：关于医疗保险、经济复苏以及国家在经济中的作用等问题上的斗争；公民与企业利益之间，包括与金融部门利益之间的冲突；退休人员与在职工人、儿童间的冲突③；环保主义者和生产者利益之间，特别包括与那些化石燃料生产国的劳动和资本利益之间的冲突；农业/农村利益与城市/工业利益间的冲突；劳资冲突，特别是有关自由贸易和移民的冲突。这些冲突往往还会因一些外来情绪如本土的反移民情绪而变得非常复杂。

当冲突的解决足以使一个新的 SSA 形成、使美国资本主义发展到一个新阶段时，经济才能再次进入一个长期的快速增长期。之前，随着战后 SSA 和新自由主义 SSA 的形成而出现的长期的经济快速增长期就是例子。受多种因素的影响，各种社会冲突和斗争变得十分复杂，如新自由主义 SSA 的受益者试图阻止变革的发生；旧有的新自由主义的反税思想继续在

---

① 根据《华尔街日报》的一份报道，2010 年 6 月，美国公司持有的现金总量是 1.84 万亿美元，较上年同期增加 26%，涨幅最大的记录可追溯到 1952 年。

② 缓慢增长并不意味着零增长。很多因素都影响着近期美国经济的增长，其中有些因素是积极的。例如，美元价值在过去 7 年的下跌以及中国工资的两位数增长有助于使美国的出口更具竞争力。这些，以及以极大降低天然气价格的液压破碎法（水力压裂法）为代表的技术创新都有助于制造业的快速复兴。但是，尽管有这些方面的有利发展，自 2009 年 6 月正式结束的大萧条以来，美国的复苏一直远低于其平均恢复速度。

③ 随着社会保障和老年人医疗保险负担的加重，工作者将面临更高的税负；同时，随着用于老年人的政府支出比例的增加，用于教育和儿童福利的支出将变得紧张。

全社会产生重大影响，使变革变得更为困难；而且外部环境不断提出重大挑战，如阿富汗和巴基斯坦的冲突、与伊朗的紧张关系、在俄罗斯和以色列的问题、持续的欧洲债务危机以及全球变暖背景下的极端天气事件日益频繁等。同时我们必须记住，资本和劳动最终都对新的经济扩张期极感兴趣。通常，新的SSA都会在经历了一个或长或短的社会斗争期之后才能形成，但这个间隔期的长短不是固定的，而且也不能保证新的SSA一定会形成，例如海地的不幸遭遇就是一个极端的反面例子。

政府的医疗保险制度受到其当前主要受助人的广泛欢迎，即老年人医疗保险制度的覆盖人口，这个群体中的大部分人因害怕其现有医疗资源受到影响而反对新的政府计划。反税群体，包括几乎所有的共和党人也同样反对新的政府计划。同时，美国是唯一的不对所有公民提供医疗保障的工业化国家（医疗保险法的主要条文在2014年之前不会生效）。进一步，政府提供的医疗保险的缺乏是美国汽车产业和其他主要产业破产的核心因素，过多的医疗保险费用使他们无法在日益全球化的经济中竞争立足。最后，医疗保险改革（超越医疗保险法案）的缺乏将给整个经济带来惊人的未来成本，为维持当前的受益水平，到2017年，医疗保险可能花光所有资金，在未来的几十年内医疗成本将吃空美国的整个预算，这显然是一个无法再维持的局面。改革医疗保险体系对美国经济的健康来说是必不可少的，但是，虽然医疗保险法在2010年年初就通过了，但是要到2014年才正式生效。有关其资金问题及其最终形式的问题的斗争还将持续多年。此外，医疗保险法案被写进法律仅仅是第一步，要削减当前仍不受控制的医疗保险成本的扩张，需要做的还有很多。

正在进行的另一个领域的斗争是公民和企业之间的斗争。很多人都对金融危机期间政府向金融公司提供救助感到愤怒。一般情况下，个人和小企业都没能从金融逆境中得到财政救助，但一些最大的金融机构却得到了，而且汽车产业中其他一些主要企业也得到了援助。出于已经提及的种种原因，各大银行和保险公司的确是"太大不能倒"，但在这样一种制度中有些东西是极不合理的，也就是说，这个制度在支付高额红利给那些投机成功的人的同时，还给予一些公司特权并允许他们将其损失转移到纳税人身上。这个问题已经在2010年通过的金融改革法案中部分解决了，但很多具体的金融法规仍需拟定，而且，在新自由主义残余思想的支持下，相关利益集团还在不断试图限制政府对金融产业的干预。

社会保障和医疗保险制度为老年人提供了财政保障，但这依靠的不是他们自己支付到该系统中的钱，而是每代人在工作时纳的税。但是，随着美国人口的老龄化，退休人员相对于仍在工作的人的比例不断上升，必要的税收负担对于未来的工作者来说可能会变得无法承受。此外，除非进行改革，迅速增加的税收负担将排挤所有其他的政府福利项目计划，如从学前到小学再到大学的教育。从这种意义上说，冲突不仅存在于老年人口和劳动人口之间，还存在于老人和儿童之间。

在环境方面也有很多冲突。如果通过碳税或总量管制与交易制度来控制全球变暖，随着化石燃料能源部门的就业和企业利润的消失，很多其企业和居民严重依赖于化石燃料生产的州，包括中西部地区的产煤州，将被置于经济上的劣势地位。在这些州中从化石燃料产业获益或是从低廉的能源获益的企业会试图阻止环境保护。就在该文写作的时候，来自这些群体的反对声音已经使气候变化立法停顿了。随着农业和城市为获得低成本的水资源而竞争，水资源保护成为有关环境冲突的另一个重要领域。愈演愈烈的干旱和缺水问题以及西南地区的人口增长更是加剧了这种冲突。

最后讨论的是劳动和资本间的冲突，这个冲突是在新的SSA形成之前就需要在一定程度上得以解决的主要社会冲突之一，作此讨论是为了提出问题而不是要进行详细叙述。当前主要争论的领域是有关自由贸易与国际劳工运动的问题。有组织的劳工运动对其成员而言既是竞争的源泉，也是维持其工资和福利的源泉。另外，资本希望能通过外包和离岸外包自由地控制劳动成本，自由地吸收工资更低的外来劳动力或是具备国内劳动力所不具备的技能的劳动力。在一个不断全球化的世界，有组织的劳工的贸易保护主义情绪能阻止新贸易协定的形成，使企业竞争力降低。有些人认为，因离岸外包而失去工作的工人可以得到补偿，但是，确定工人失去工作的原因往往是很困难的。还有人指出，对待那些因国内竞争而丢失工作的工人比对待那些因国外竞争而丢失工作的人更寒酸是不合理的。在这方面寻求折中的方式之一，就是使美国的失业福利更接近于欧洲福利国家的失业福利。但这需要更高的税收，会激发在另一领域中的反税情绪。

  回顾这些领域冲突的不是为了表明其他重要的领域没有冲突，而是为了证明，当一套制度使一个具体的 SSA 坍塌时，其所涉及的问题是很多的；还为了指出，在新的 SSA 建立之前就必须为找到解决的方法而斗争。美国金融危机标志着一个时代的结束和一段充满激烈社会斗争的时期的开始。经济增长放缓是这段时期的特点，因为新自由主义时代由消费者驱动的、由债务支撑的经济已经一去不复返了。取而代之的经济取决于正在进行的各种斗争的结果。虽然在旧 SSA 坍塌到新的 SSA 建立之间经历的时间长短是不确定的，但如 20 世纪 30 年代的大萧条和 20 世纪 70 年代的滞胀所揭示的一样，此期间往往是很长的。建立一个新的 SSA 的关键将是建立一套新的制度，这套制度就产生于当前这些有利于制度生长的混乱状态；这套新的制度可能包含旧 SSA 中的个别制度因素。最终形成的 SSA 将标志靠不断自我更新而维持的美国资本主义发展到了一个新的阶段。

（作者单位：加利福尼亚州立大学河滨分校；中国社会科学院研究生院）

（原载《马克思主义研究》2014 年第 2 期）

从近百年美国的三次金融立法看"金融自由化"的历史命运

何秉孟

自20世纪30年代至今的80余年中,美国国会曾经通过了三部重要的金融法。剖析这三次金融立法的不同背景、三部重要金融法律的内涵差别以及实施这三部金融法律的不同后果,对于我们认识新自由主义学派长期鼓吹的"金融自由化"的本质及其历史命运,可能非常有益。

一 《格拉斯—斯蒂格尔法》:加强监管,禁止混业经营

1914年,为争夺世界市场和殖民地,以德、意、奥匈帝国为一方的同盟国,同以英、法、沙俄为另一方的协约国两大帝国主义集团间爆发战争,史称"第一次世界大战"。战争期间,为保障军火等物资供应,各国政府对经济实行统制和监管,推行国家垄断资本主义。垄断资本同国家政权联姻并利用国家权力为垄断资本谋取超额利润,加速了资本主义由企业垄断阶段向国家垄断阶段过渡的步伐,进一步激化了生产社会化同生产资料私人占有之间的矛盾;然而,主导资本主义经济运作的基本理念仍然是主张自由竞争、自主经营、自由贸易的古典自由主义经济学,这就好像躯体进入了20世纪而思想仍停留在18、19世纪一样,不可避免地使20世纪20年代的资本主义经济一直处于混乱状态,经济大地震不可避免。

1929年,噩梦降临——史称"经济大萧条"的经济危机于是年10月

在美国爆发,很快席卷各主要资本主义国家。此次危机由 10 月 24 日纽约证券交易所出现的空前的抛售股票狂潮和股市价格暴跌引起;股市证券市场暴跌,则必然使参与股市证券交易的商业银行和各类投资银行破产,企业成批倒闭。以美国为例:至 1933 年,工业生产下降 55.5%,倒退回 1905 年的水平;由于大批企业破产,失业人数激剧增长,全失业人数从危机前的 150 万猛升至 1320 万,如果加上半失业者,则达 1700 万,比危机前增加 10 倍;股票价格直线下跌,幅度达 84.3%;破产银行达 10500 家,占全国银行总数的 49%,整个银行信贷体系和资本市场濒于瘫痪。1933 年初,民主党人罗斯福就是在这种严峻形势下接任美国总统的。

奉行凯恩斯主义的罗斯福上任后,推行包括加强金融监管的"新政",于 1933 年颁布了《格拉斯—斯蒂格尔法》。罗斯福上任后之所以立即推动这一金融立法,同当时美国的金融指导理念混乱和金融资本市场运作乱象密切相关。20 世纪初,特别是 20 年代前后,随着国家垄断资本的发展,美国的金融垄断资本也已形成相当气候。1914 年,当第一次世界大战在欧洲激战正酣之际,美联储成立,标志一个以美联储为中央银行、由商业银行和各类投资金融机构组成的现代金融体系已经形成。但由于主导理念仍是自由竞争、自主经营那一套,美联储根本就没有想到过要去认真履行应有的监管职能,这就为极端贪婪的金融资本在金融资本市场违规"圈钱"提供了机遇。在这种背景下,众多商业银行和投资金融机构为获得高额回报,纷纷突破业务经营范围乃至行规,涌向金融资本市场特别是股票证券市场,进行高杠杆操作、博弈。正是各类金融机构的这种违规操作、投机谋利,营造了 20 年代美国虚假的"股市繁荣"和股市泡沫。以危机爆发前的最后 5 年为例,据有关论著记载,1925 年 1 月 25 日至 1929 年 10 月,其"上市股票"从 44344.9 万股增加到 10 亿股以上,股票买价比票面价格高出 3—20 倍,成千上万人无心正业,日夜想着股市投机,股市证券泡沫越吹越大……正当人们为黄金梦如醉如痴时,晴天霹雳从天而降:1929 年 10 月 24 日,纽约证券交易所出现空前的抛售股票大风潮,5 天之后,人们惊魂未定,一场更大灾难发生,大量股票被抛售到市场上,而买者寥寥……一天之中，股市下跌12.82%。这就是至今都让"股迷"们闻之色变的"黑色星期二"！由此拉开了震动世界的包括金融货币危机在内的"经济大萧条"的序幕！

针对当年美国金融资本市场的这种混乱局面，1933年罗斯福政府颁布的由民主党参议员卡特·格拉斯和众议员亨利·B. 斯蒂格尔提出的《格拉斯—斯蒂格尔法》规定，商业银行除了可以经营由美联储批准的债券外，不能包销和经营公司证券、债券、股票等业务，避免给商业银行带来风险；禁止投资金融机构（即从事股票和其他公司有价证券发行、出售等业务的金融机构）收受存款等业务，以抑制其利用吸纳的存款进行股票及其他有价证券投机活动。《格拉斯—斯蒂格尔法》将商业银行和投资金融机构的业务严格划分开，使美国濒临崩溃的金融资本市场逐步稳定下来，成为治理"经济大萧条"的罗斯福"新政"的"撒手锏"。不仅如此，正是因为有了这一金融立法，在此后的近70年间，特别是在20世纪六七十年代，尽管由于美国政府在货币政策上犯了一系列错误，在短短十多年间酿成了达10次之多的美元危机和两次美元大幅度贬值，但仍避免了商业银行和其他投资金融机构的系统性危机，使整个货币金融资本体系在长达六七十年的时间内维持住了相对平稳的运作，避免了类似30年代的金融灾难的发生。可以说，美国二战后几十年的所谓"黄金发展期"，与《格拉斯—斯蒂格尔法》这一金融立法不无关系。

二 《格雷姆—里奇—布利雷法》：认可"金融自由化"，成为金融危机的直接推手

1944年7月，美国凭借其在第二次世界大战中急剧膨胀的政治、经济和军事实力，力压昔日世界金融霸主英国，在美国新罕布什尔州的布雷顿森林主持召开了有44个国家参加的联合国与联盟国家国际货币金融会议。会议通过了以美国财政部官员怀特拟订的"怀特计划"为基础的"布雷顿森林协定"。"布雷顿森林协定"的核心精神是，确定美元与黄金挂钩，各

国货币与美元挂钩。这实际上赋予了美元取代英镑在国际金融货币体系中的中心地位,美国也就因此取代英国登上了世界金融霸主的宝座。

本来,"怀特计划"的初衷主要有两个:首要目的当然是由美国取代英国而登上世界金融霸主的宝座,另一个目的是取消外汇管制和各国对国际资本转移的限制。美国利用布雷顿森林会议实现了其具有战略意义的首要目的,然而对于美国金融资本集团而言,也有不尽如人意的地方,就是由于会议通过的文件明确规定美元与黄金(储备)挂钩,这实际上是一种"金汇兑本位"或"美元—黄金本位制";而黄金的价格及流动又受到各国政府严格控制,这就不可能彻底取消外汇管制和对国际资本转移的限制;此外,美元与黄金挂钩还极大制约了美国国际金融垄断资本集团及其看门人滥印美钞、牟取巨额"铸币收益"。所以,从20世纪60年代末开始,美国就有经济学家再次鼓吹"金融自由化",如雷蒙德·戈德史密斯、罗纳德·麦金农和爱德华·肖等就借口所谓发展中国家政府对金融的"综合干预症"导致资金短缺这一现象,主张这些国家改革金融制度,放松乃至取消对金融机构和金融资本市场的监管、限制,使之市场化、自由化。但此论一出,即遭到质疑。1981年诺贝尔经济学奖获得者詹姆斯·托宾认为,实行金融自由化势必导致金融资本市场剧烈动荡,并提出了著名的征收以其名字命名的"托宾税"的主张,意在通过征税提高金融资本市场交易成本来降低资本的流动性以缓冲汇率的波动性。这实际上还是强调政府应对金融资本市场进行干预和监管。这也表明,直到70年代初,新自由主义的影响力在美国依然有限。当然,历史并未因此止步。

随着国家垄断资本主义的发展,生产社会化和生产资料私人占有的矛盾日趋尖锐,再加上资本主义生产利润率下降规律等诸多因素的作用,20世纪70年代,资本主义世界陷入长达10年的经济低增长、高通胀、高失业的"经济滞胀"。10年的"滞胀"催生了三件大事:其一是由于"滞胀"期间传统实体产业不景气,信息技术和网络技术作为新的经济增长点悄然兴起;其二是哈耶克等新自由主义骨干分子,借"滞胀"对凯恩斯主义大张挞伐,并极力鼓吹私有化、市场化、自由化的理论主张,深得美英国际金融垄断资本集团青睐，取代凯恩斯主义而先后成为英国和美国的主流经济学；其三，为突破美国自己构建的布雷顿森林金融货币体系关于"美元与黄金挂钩"的规定，美国国际金融垄断资本集团选择了制造"美元（过剩）灾"的损招，以既实现其掠夺世界财富的最大化，同时冲击美钞发行受黄金储备制约的原则，致使1960—1973年的短短14年间，发生了10次"美元危机"、两次美元大幅度贬值，导致世界金融货币市场处于持续的波动状态。为稳定世界金融资本市场，1976年1月在牙买加首都金斯敦召开了"20国委员会"会议。会议通过的"牙买加协定"确认美元同黄金储备脱钩、承认浮动汇率合法化等。这表明，"布雷顿森林货币体系"走到了历史尽头，而汇率形成机制市场化、资本流动及资本运作自由化，加上美元霸权为主要内容的当代国际金融货币体系基本形成。以上三件大事的媾和，成为拉动以美国为代表的发达资本主义由国家垄断阶段向国际金融资本垄断阶段过渡的"三驾马车"。

在这"三驾马车"的拉动下，自20世纪70年代的"滞胀"始，美国金融资本的经济角色及其运行环境急剧变化：首先，由于实体产业利润率下降，驱使资本向通过高杠杆操作有可能获取高额回报的金融领域、资本市场集中，使金融垄断资本迅速扩张、恶性膨胀。其次，迅速膨胀的金融资本，再也不满足于为实体产业服务的"从属""配角"地位，它们抓住"滞胀"期间实体企业风雨飘摇之机，通过借贷、并购、重组等手段，逐步实现了对实体产业的控制，并最终成为整个经济社会乃至政治的主宰。最后，推动颠覆性金融立法。80年代初，代表金融垄断资本利益的共和党人里根执掌白宫并将新自由主义捧上主流经济学宝座后，加快了修改《格拉斯—斯蒂格尔法》的相关规定、推动"金融自由化"立法的步伐。1987年8月，前J.P.摩根公司主管、新自由主义狂热分子格林斯潘被任命为美联储主席。1998年4月，在格林斯潘等的操盘下，商业银行性质的花旗银行与从事保险业的旅行者集团合并，意味着《格拉斯—斯蒂格尔法》禁止混业经营的规定被突破。1999年11月4日，美国国会参众两院最终分别以90票对8票和362票对57票的结果，通过了认可金融混业经营、标榜为"金融服务现代化法"的《格雷姆—里奇—布利雷法》，禁止混业经营的《格拉斯—斯蒂格尔法》被废止。2004年，美国政府又进一步推行投资银行实行自我监管。至此，美国金融界花了近30年时间、3亿美元的巨额游说费用后，终于完成了新自由主义主张、国际金融垄断资本集团梦寐以求的"金融自由化"立法——包括解除政府对金融资本市场的监管和干预，金融机构混业经营自由化，汇率与利率形成机制完全市场化，金融资本流动、准入自由化也即资本项目自由化、金融产品"创新"自由化等。正是这一颠覆性的金融立法，使得华尔街的麦道夫、斯坦福之流的"老千"高手们获得空前"解放"，可以举借高于自身资产数十倍、成百倍的贷款和债务，在"自由化"的金融资本市场进行豪赌；包括商业银行在内的各类金融机构也纷纷入场，"举债"买卖形形色色的金融衍生品，使美国的金融资本证券市场充斥着由政府债务、各类公司债务以至普通百姓购房、买车等根本无法偿还的消费抵押债务包装而成的"有毒"的金融衍生品。据国际货币基金组织报告，至2007年，全球的金融衍生品总值达596万亿美元，是全球股市总值65万亿美元的9倍，是全球GDP总量54.5万亿美元的11倍；其中美国的金融衍生品总值占全球的50%以上，达300多万亿美元之巨，是美国号称的13万亿美元GDP的23倍。美国的众多金融机构，包括商业银行、投资金融机构，都是由这种虚拟的、泡沫化的、有毒的金融衍生品支撑起来的。以美国最大，也是在此次金融危机中最早濒临破产而于2008年9月7日被迫由美国政府注资1900亿美元并接管的房产抵押金融机构房利美和房地美为例，其核心资产共750亿美元，但它们推出的衍生金融债券、证券竟高达52000亿美元，是其核心资产的近70倍，相当于整个美国一年GDP的40%！随着2007年、2008年金融衍生品泡沫的破灭，"两房"当然难逃厄运。除"两房"外，摩根大通银行、贝尔斯登、雷曼兄弟、高盛、摩根士丹利、美国国际集团（AIG）等一大批华尔街的金融大鳄在随后的几年中，也先后因诈骗、豪赌而出现巨亏等丑闻，或者倒闭，或者被并购重组，或者被罚款，或者仅仅因"大而不能倒"由政府用纳税人的钱去"输血"才得以苟延残喘！问题还远不止如此:"两房"、贝尔斯登、雷曼兄弟等金融机构先后陷入困境,相对于2008年前后美国整个金融系统的膏肓之疾来说,只不过是冰山一角而已!

在如此"冰山"之下,美国如果不发生严重金融危机,倒是令人不可思议的!由此也就不难看出:2007年美国爆发金融危机,美国国会1999年通过的认可"金融自由化"的《格雷姆—里奇—布利雷法》是直接推手!

三 以"沃尔克规则"为基础的《多德—弗兰克法》: 将"金融自由化"请下了神坛

2007年美国爆发金融危机,对西方特别是美国学术理论界和政界来说,是始料未及的。危机发生后,新自由主义的狂热鼓吹者们均目瞪口呆、束手无策:若要政府出手救援,这无异于打自己的耳光,因为他们向来是主张市场自由、反对任何行政干预的,于是只好选择全体噤声!至于以小布什为首的国际金融垄断资本集团的"看门人",面对危机,更是一筹莫展,眼睁睁地看着危机不断恶化、发展:2007年仅仅是次级贷款危机,到2008年,迅速波及众多投资银行乃至商业银行等金融机构,华尔街的金融大亨们一个接一个轰然倒地,幸存者也大多深陷危机,奄奄一息;更糟糕的是,由于美国是世界金融霸主,金融危机很快蔓延至全世界,酿成近百年来最严重的国际性金融危机,将整个人类推入经济灾难之中。美国也因此堕落为不仅是当今人类政治动乱、人道灾难的制造者,而且是人类经济灾难的制造者!

2009年1月,面对金融危机手足无措的共和党政府下台,民主党的奥巴马入主白宫。奥巴马上任后,效法其前辈罗斯福,推出了一系列同新自由主义拉开距离甚至抵制新自由主义的治理危机措施,如实施"再工业化",增加社会建设投资,推行医保改革,提高最低工资标准,遏制贫富差距两极分化加剧势头,等等。从治理金融危机的角度看,特别值得一提的措施,是奥巴马就任半年,即于2009年6月17日公布了全面的"金融监管改革方案";"金融监管改革方案"公布后,美联储前主席、82 岁的民主党老将保罗·沃尔克提出了一份有关美国金融监管改革的草案,即"沃尔克规则",2010 年 1 月,奥巴马发表讲话,公开支持"沃尔克规则",呼吁国会将其纳入"金融监管改革法案",推动金融监管改革立法。

所谓"沃尔克规则",其核心内容主要有以下三点:(1)限制商业银行的规模。规定单一金融机构在储蓄存款市场上所占份额不得超过 10%,以限制金融机构规模的过分扩张、合并和银行过度举债进行投资的能力。(2)禁止银行利用自身资本进行自营交易,不能从事与自己利润有关而与服务客户无关的自营交易业务。(3)禁止银行拥有或资助对私募基金和对冲基金的投资,也就是不允许商业银行拥有、投资或发起对冲基金,也不能拥有私募股权投资基金。

由以上可见,"沃尔克规则"的基本精神,就是改进、加强金融监管,再次明确规定商业银行和投资金融机构的业务范围,禁止混业经营,禁止商业银行自营交易,限制商业银行的业务规模,减少银行系统性风险,防止"大而不倒"的风险再度发生,归根结底就是去"金融自由化"。

保罗·沃尔克提出这一改革美国金融监管的草案后,遭遇到华尔街的国际金融资本垄断集团及其代理人共和党和新自由主义学派的顽强抵制,将其融入金融法律更是经历了一个漫长的、艰苦的谈判与讨价还价、相互妥协的过程。根据奥巴马的呼吁,2009 年 12 月 11 日,美国众议院以 223 票赞成、202 票反对的投票结果通过了以"沃尔克规则"为核心的"金融监管改革议案"——由民主党参议员克里斯·J. 多德和众议员巴尼·弗兰克联合提出的《多德—弗兰克法》;但这一议案在 2010 年 4 月 26 日的参议院却以 57 票赞成、41 票反对的投票结果未获通过,只得进一步进行协商、谈判;2010 年 5 月 5 日,多德和共和党参议员谢尔比就"金融监管改革议案"中的分拆金融机构等问题达成一致;2010 年 5 月 20 日参议院以 59 票赞成、39 票反对的投票结果通过"金融监管改革议案";2010 年 6 月 25 日美国参众两院就议案的最终版本达成协议;2010 年 6 月 30 日美国众议院以 237 票赞成、192 票反对通过两院统一后的议案;2010 年 7 月 15 日美国参议院以60票赞成、39票反对通过最终版本的法案；2010年7月21日奥巴马正式签署《多德—弗兰克法》，以取代1999年颁布的认可"金融自由化"的《格雷姆—里奇—布利雷法》。

美国参众两院在通过《多德—弗兰克法》时要求，美国联邦监管机构应当制定实施细则，以便此法的基本规则在2012年7月1日起实施。是年11月，美联储、美国货币监理署、联邦存款保险公司和美国证监会等金融监管机构，联合发布了《〈多德—弗兰克法〉实施细则》（征求意见稿）。但在征求意见过程中，由于各方意见分歧巨大，《多德—弗兰克法》的实施时间表一再延迟。直至2013年12月10日，美国金融监管机构才最终发布《实施细则》，规定自2014年4月1日起《多德—弗兰克法》生效实施。自2009年6月17日奥巴马政府首次发布"金融监管改革方案"、紧接着沃尔克提出"沃尔克规则"，至2013年12月10日美国金融监管机构发布《多德—弗兰克法》的《实施细则》，美国近百年来的第三部金融法也就是"金融监管改革案"——《多德—弗兰克法》立法程序的最终完成，历时达4年半。这表明，尽管因爆发严重金融危机，不仅将美国，而且将全人类推入灾难深渊之后，美国国际金融垄断资本集团自己把自己送上了道德、道义的被告席，使新自由主义成了过街老鼠，但美国国际金融资本垄断集团在美国的根基仍是相当深厚的，新自由主义在美国的影响也不可小觑！也正因为如此，《多德—弗兰克法》的最终文本是一个妥协的文本。比如，"沃尔克规则"中有一条是"禁止银行拥有或资助对私募基金和对冲基金的投资"，而最终文本则在这里开了一个"小口子"：允许银行在对冲基金和私募股权上的投资不高于核心资本的3%。尽管如此，"沃尔克规则"的基本精神在《多德—弗兰克法》中还是得到了体现的。这一立法富有特色的内容有以下三个方面。

（1）强化、协调金融监管，防范系统性风险。在联邦监管机构系统内，增设金融稳定监管委员会、消费者金融保护局、联邦保险办公室等机构强化监管，设立由财政部牵头的金融稳定监督委员会，协调金融监管，将所有具有系统重要性的银行和非银行金融机构纳入美联储的监管之下，实施更为严格的资本充足率和其他审慎性监管标准，并对证券化及场外衍生品金融市场进行规范和约束，以破解"大而不能倒"难题，防范和识别系统性金融风险。

（2）将对冲基金、私募基金、信用评级公司等的监管，纳入美联储等监管系统的监管范围。

（3）增设消费者保护局，加强对消费者权益的保护。《多德—弗兰克法》的全名是《多德—弗兰克华尔街改革和消费者保护法》，这显示法案的宗旨是保护消费者利益。法案规定在美联储等监管框架内增设消费者金融保护局（CFPA）并赋予该机构独立监管权，署长由总统直接任命。该机构可以监管美国各类银行和非银行金融机构，以及所有资产规模在100亿美元以上的信贷机构、支票兑换机构和其他类似的非银行金融机构。

以"沃尔克规则"为核心的"金融监管改革法案"——《多德—弗兰克法》由美国国会通过后，美国国内即有评论对此作出正面评价，认为这一立法是80年前罗斯福时代的《格拉斯—斯蒂格尔法》的回归。欧洲诸国也对此表示欢迎，法国财长拉加德表示，奥巴马的银行业改革计划与法国政府的立场完全一致，认为美国政府在金融监管问题上的立场转变令人印象深刻。英国央行行长默文·金也认为，必须分拆银行——将银行分拆为零售银行和投资银行，从事高风险、高杠杆金融活动的投资银行不应得到政府救助。2012年8月，法国开征金融交易税（即所谓"托宾税"），以缓冲或制约金融投机；2013年3月，欧盟推出银行高管"限薪令"，限制金融高管奖金，规定奖金与工资的比例上限为1∶1，以遏制银行从业人员为获得高额奖金从事高风险的行为；2014年1月29日，欧盟公布"大银行改革计划"，禁止银行自营交易，赋予监管当局相应权力，并将银行具有风险的交易活动与相对安全的放贷活动隔离开来，也就是禁止金融机构混业经营。美国金融危机发生后，国际货币基金组织也逐渐把注意力放在如何防范金融风险上，其官方立场从主张"金融自由化"、资本项目自由化转变为在某些情况下资本金融管制可能是必要的。

以上表明，美国爆发金融危机并酿成国际性金融危机后，不论是在民主党的奥巴马当政的美国,还是在欧洲诸国,抑或国际货币基金组织,"金融自由化"、资本项目自由化均被先后请下了神坛。这就是新自由主义学派所长期鼓吹的"金融自由化"的历史命运!

(作者单位:中国社会科学院)
(原载《国外社会科学》2016年第1期)

四

对新自由主义"完全市场化"观点的批判

全面准确理解市场与政府的关系

刘国光　程恩富

党的十八届三中全会是在我国进入全面建成小康社会决定性阶段召开的一次十分重要的会议，对全面深化改革进行了全面部署，突出体现了改革的系统性、整体性、协同性，是全面深化改革的又一次总部署、总动员，在我国现代化建设进程中具有里程碑意义，是新的历史起点上全面推进中国特色社会主义伟大事业的行动纲领。全会通过的《中共中央关于全面深化改革若干重大问题的决定》（以下简称《决定》）指出："经济体制改革是全面深化改革的重点，核心问题是处理好政府和市场的关系，使市场在资源配置中起决定性作用和更好发挥政府的作用。"[①] 对此，要进行全面准确理解。

一　如何理解"使市场在资源配置中起决定性作用"

党的十四大报告指出："我国经济体制改革的目标是建立社会主义市场经济体制"，并强调"我们要建立的社会主义市场经济体制，就是要使市场在社会主义国家宏观调控下对资源配置起基础性作用"[②]。随后党的文献

[①]《中共中央关于全面深化改革若干重大问题的决定》，《人民日报》2013年11月16日。
[②]《十四大以来重要文献选编》（上），人民出版社1996年版，第19页。

中一直强调市场在资源配置中起"基础性作用",而在党的十八届三中全会《决定》中将"基础性作用"改为"决定性作用",强调"使市场在资源配置中起决定性作用和更好发挥政府的作用",对于这一提法我们应当如何理解?

刘国光:《决定》说得不错:"市场决定资源配置是市场经济的一般规律",这也就是市场价值规律。但是社会主义经济决定资源配置的就不是市场价值规律,而是有计划按比例发展规律。马克思主义认为,在共同的社会生产中,国民经济要实行有计划按比例的发展。马克思说过:"时间的节约,以及劳动时间在不同的生产部门之间有计划的分配,在共同生产的基础上仍然是首要的经济规律。这甚至在更加高得多的程度上成为规律。然而,这同用劳动时间计量交换价值(劳动或劳动产品)有本质区别。"① 这说明,劳动时间按比例在各生产部门之间的分配,和劳动时间在利用中的节约,是集体化经济的第一经济规律。劳动时间包括活劳动时间和物化劳动时间,意味着人力资源和物质资源,其意思就是有计划按比例地分配和节约资源,是社会化生产要遵循的首要经济规律。有计划按比例发展就是人们自觉安排的持续、稳定、协调发展,它不等同于传统的行政指令性的计划经济,更不是某些人贬称的"命令经济"。改革后,我们革除传统计划经济的弊病,适应初级阶段的国情,建立了社会主义市场经济体制,尊重市场价值规律,但是不能丢掉公有制下有计划按比例发展的经济规律。

在社会主义初级阶段,社会主义经济容纳市场经济,成为社会主义的市场经济,而不是什么纯粹的市场经济,或者其他性质的市场经济。这样的社会主义市场经济就不能只受一个市场价值规律的支配,而必须在市场价值规律起作用的同时,受"有计划按比例发展规律"的支配。所以,《决定》所说的"市场决定资源配置是市场经济的一般规律",单就市场经济来说,是绝对正确的;下面接着说"健全社会主义市场经济体制必须遵

---

① 《马克思恩格斯文集》第 8 卷,人民出版社 2009 年版,第 67 页。

循这条规律"①，也是对的，但是说得不够完整，因为社会主义市场经济要遵守的不仅是市场价值规律，这不是社会主义市场经济唯一的规律。社会主义市场经济还要首先遵守有计划按比例发展规律。这就是在社会主义市场经济中，计划和市场、自觉的调节和自发的调节、"看得见的手"和"看不见的手"都要用的理论根据。

程恩富： 2013年，习近平在"两会"的讲话中强调"两个更"：更加尊重市场规律，更好发挥政府作用。在党的十八届三中全会上，他强调使市场在资源配置中起决定性作用和更好发挥政府作用，并明确指出："我国实行的是社会主义市场经济体制，我们仍然要坚持发挥我国社会主义制度的优越性、发挥党和政府的积极作用。市场在资源配置中起决定性作用，并不是起全部作用。"② 为了实现两个百年目标，我国的经济发展既要着眼于进一步激发改革活力，增强人民群众对于改革的参与性；也要着眼于进一步提高宏观调控水平，提高政府效率和效能。发挥"两个作用"，不仅直接关系到促发展、转方式、调结构（产能过剩）、稳速度、增效益，也直接关系到完全的竞争性市场机制能否真正解决高房价、高药价、乱涨价、低福利、贫富分化、就业困难、食药品安全、行贿受贿严重、劳资冲突频发、教育和城镇化的质量不高等民生领域的迫切问题。提出双重调节思想的重要意义在于，今后需要将市场决定性作用和更好发挥政府作用看作一个有机的整体。既要用市场调节的优良功能去抑制"国家调节失灵"，又要用国家调节的优良功能来纠正"市场调节失灵"，从而形成高效市场即强市场和高效政府即强政府的"双高"或"双强"格局。这样，既有利于发挥社会主义国家的良性调节功能，同时在顶层设计层面避免踏入新自由主义陷阱和金融经济危机风险。

---

① 《中共中央关于全面深化改革若干重大问题的决定》，《人民日报》2013年11月16日。
② 习近平：《关于〈中共中央关于全面深化改革若干重大问题的决定〉的说明》，《人民日报》2013年11月16日。

二　如何理解"更好地发挥政府的作用"

决定提出"使市场在资源配置中起决定性作用和更好发挥政府的作用",并要求"健全宏观调控体系"。如何理解?

刘国光：社会主义市场经济的改革方向,本身就是经济和政治的统一。我们的改革要建立的"社会主义市场经济",不是单纯的市场经济,而是"社会主义＋或×市场经济"。"社会主义市场经济"是一个完整的概念,是不容割裂的有机统一体。党的十四大报告第一次提出社会主义市场经济的改革目标时,就明确在"市场经济"一词的前面加上一个前置词"社会主义",还有一个前提条件,就是"在国家宏观调控下",让市场在资源配置中发挥重要作用。资源配置有宏观、微观不同层次,还有许多不同领域的资源配置。在资源配置的微观层次,即多种资源在各个市场主体之间的配置,市场价值规律可以通过供求变动和竞争机制促进效率,发挥非常重要的作用,也可以说是"决定性"的作用。但是在资源配置的宏观层次,如供需总量的综合平衡、部门和地区的比例结构、自然资源和环境的保护、社会分配公平等方面,以及涉及国家社会安全、民生福利（住房、教育、医疗）等领域的资源配置,就不能主要依靠市场来调节,更不用说"决定"了。市场机制会在这些宏观领域存在很多缺陷和不足,需要国家干预、政府管理、计划调节来矫正、约束和补充市场的行为,用"看得见的手"来弥补"看不见的手"的缺陷。

邓小平在提出社会主义也可以搞市场经济的时候,从来没有否定计划,一再说计划和市场都是手段、都可以用。党的十四大报告在说到"市场在社会主义国家宏观调控下对资源配置起基础性作用"的时候,特别指出"国家计划是宏观调控的重要手段之一"。[①] 党的十四大召开前,当时江泽民就提醒我们："有计划的商品经济,就是有计划的市场经济。社会主

---

① 《十四大以来重要文献选编》（上）,人民出版社1996年版,第19页。

经济从一开始就是有计划的，这在人们的脑子里和认识上，一直是很清楚的，不会因为提法中不出现'有计划'三个字，就发生是不是取消了计划性的疑问。"[1] 这些都是肯定在社会主义市场经济体制下计划和市场两种资源配置的手段都要用。但是以后，由于新自由主义经济思想的影响，逐渐出现了突出市场、淡化计划的倾向。有人认为，我们现在搞市场化改革，"计划"不值得一提。"'十一五'计划"改成"'十一五'规划"，一字之差，就大做文章，欢呼离计划经济更远了，离市场经济更近了，"计划"好像成了一个禁区。但是，党的十七大报告还提出"发挥国家发展规划、计划、产业政策在宏观调控中的导向作用"[2]。十八届三中全会通过的《决定》在"使市场在资源配置中起决定性作用"的后面，跟着"更好发挥政府的作用"。虽然没有提"国家计划的导向"的字样，但保留了"健全以国家发展战略和规划为导向、以财政政策和货币政策为主要手段的宏观调控体系"[3]，其实也表达了"计划导向"的意思，只是回避了"计划"二字。这是颇值得玩味的。我以为，应当切实做到如《决定》所言的"宏观调控体系"要"以国家发展战略和规划为导向"。

值得注意的是，习近平总书记在《关于〈中共中央关于全面深化改革若干重大问题的决定〉的说明》中指出："市场在资源配置中起决定性作用，并不是起全部作用。"[4] 可见，市场的"决定性作用"是有限制的。根据这个精神，《决定》在提出市场的决定性作用的同时，也强调了政府和国家计划的作用。就是说政府和国家计划要在资源配置中起导向性作用。这样，市场与政府、市场与计划的"双重调节作用"的思想就凸显出来了。"双重调节作用"是程恩富最近对《决定》中有关市场与政府关系问题的一个提法[5]，颇有道理。

---

[1] 《江泽民文选》第1卷，人民出版社2006年版，第202页。
[2] 胡锦涛：《高举中国特色社会主义伟大旗帜　为夺取全面建设小康社会新胜利而奋斗》，人民出版社2007年版，第27页。
[3] 《中共中央关于全面深化改革若干重大问题的决定》，《人民日报》2013年11月16日。
[4] 习近平：《关于〈中共中央关于全面深化改革若干重大问题的决定〉的说明》，《人民日报》2013年11月16日。
[5] 程恩富：《习近平的十大经济战略思想》，《人民论坛》2013年12月（上）。

那么，在资源配置的调节中，市场和政府或计划，怎么分工？依我看，可按照资源配置的微观层次和宏观层次划分市场与政府或计划的功能。市场在资源配置中起决定性作用，应该限制在微观层次。而政府职能如行政审批等的缩减，也主要在微观领域。至于宏观层次上的资源配置问题，政府要加强调控和管理，不能让市场这只"看不见的手"盲目操纵，自发"决定"。当然，对市场提供服务、实施监管、做"守夜人"的责任，政府责无旁贷的。

程恩富： 的确如此。早在1991年，我就提出构建"以市场调节为基础、以国家调节为主导"的新型调节机制。[①] 当时我指出，市场调节的优势功能确立了它在社会主义经济调节体系中的基础性地位，同时其固有的功能欠缺又导致国家调节的必然出现；国家调节的良性功能确立了它在社会主义经济调节体系中的主导性地位。同时，其不可完全避免的功能弱点，又决定了必然要以市场调节为基础。从理论上搞清楚市场调节与国家调节结合的特性，目的在具体构造二者结合的状态时，防止调节系统的功能性错位，加强功能性互补；减少调节系统的负熵值，增强协同正效应；缩小调节系统的机制背反性，扩展机制一致性。

例如，关于住房问题，在几年前有一种错误的舆论只说住房商品化或市场化，而不提社会保障房。住房问题走向市场应该是市场的主体说了算。但作为市场主体重要部分的购买方或消费者，能说了算吗？如果开发商大都是私营企业主的话，实际上是私有的大开发商说了算。在国外是私人垄断资本家说了算。为什么新自由主义都说管得最少的政府是最好的政府呢？因为如果政府不管，就是垄断资本家来管。一般的消费者能管住房价和物价吗？那谁管？如果国有企业不管，国家政府不管，实际上是少数非公大企业及其投资者说了算。就像新自由主义渲染的"国家不要与民争利"一样，这个"民"是指私人、大私有者，难道真的还会是指广大劳动人民？

[①] 程恩富：《构建"以市场调节为基础、以国家调节为主导"的新型调节机制》，《财经研究》1991年第5期。

就财富和收入分配来讲，如果国家不管，那当然主要是非公企业家说了算。

五六年前，珠三角地区出现民工荒，民工荒的实质是什么？有人说这说明中国劳动力总量供不应求，这个研判可能和事实不符。中国将近14亿人，劳动力总和相当于欧盟国家的总和，它们的GDP加起来比我国多得多，我国的劳动力总量难道会供不应求吗？事实上，是珠三角地区农民工和一般职工的收入和福利长期得不到正常的增长，以及劳动时间较长和劳动环境不佳等因素造成的。在劳动强度大，劳动条件改进不大，而收入和福利增长不快的状况下，这些新生代农民工和某些技工就不愿意在珠三角地区工作，自然就出现了民工荒。当然，其他个别现象也有，像技术不配套、需要的技工找不到等，这些可以通过培训和教育来解决。所以，出现民工荒现象的主次原因要分清。而改变这个格局，就需要政府进行调节。

事实上，没有一个国家是没有调控的，只是力度大小和方式不完全相同而已。作为一个发展中的社会主义大国，中国如果要想实现跨越式发展和发挥后发优势，国家调节的力度自然要比西方国家大一些。当然，国家应该在廉洁、廉价、民主、依法、高效的基础上加以调节。应该建立一个小而强的政府，机构和人数是少的、小的，功能是强的，实现"强市场、强政府"的双强功能。其中，政府的很多决策必须经过民主程序，要广泛听取不同的意见。比如，华北地区的雾霾问题，就需要政府强有力的调节。2013年2月，中国工程院院士石元春在《科技日报》发表文章，用数据分析出关于北京等周边地区为什么会出现雾霾问题，明确指出雾霾问题的解决障碍就在于决策层，当时政府没有落实有关生物能源的立法，大力发展生物能源，而是继续大规模地生产和使用煤炭，加之汽车工业的大规模发展等因素，才导致如今非常严重的雾霾问题。这表明，并不是要不要国家调节，而是应该要什么样的国家调节。如果政府没有依法行政，又不发扬民主，不听取各种不同意见，政府的调控肯定会出现问题。因此，要具体情况具体分析，建立一个"以市场调节为基础、国家调节为主导"的双重功能性调节机制。

三 如何看待市场与政府关系的种种误读

有些学者在解读市场与政府的关系时,只提出更加尊重市场规律,要实行市场化改革,要建立竞争性市场机制和体制,而不提改进和加强宏观调控,不提要建立一个有国家调控体系的竞争性市场机制;有的学者虽然也提发挥政府的作用,但仅仅将政府的作用局限于"为市场主体服务、创造良好的环境"上面。我们如何看待这种现象?

刘国光: 这涉及经济建设与意识形态工作的辩证关系。从经济建设与意识形态工作的辩证关系谈起。2013年8月19日,习近平在全国宣传思想工作会议上指出:"经济建设是党的中心工作,意识形态工作是党的一项极端重要的工作。"[①] 这句话高屋建瓴地阐释了经济建设与意识形态工作的辩证关系。简言之,经济建设工作为意识形态工作创造物质基础,只有经济建设这个中心工作做好了,意识形态工作才会有坚实的物质基础;反过来,意识形态工作做好了,可以为经济建设这个中心工作保驾护航,保证经济建设持续、快速、健康发展。

按照历史唯物主义基本原理,经济基础决定上层建筑,上层建筑是指建立在一定社会经济基础上的社会意识形态以及与它相适应的政治、法律制度和设施,而上层建筑也会反作用于经济基础。当然,这也包括意识形态会反作用于经济基础。

在阶级社会,包括在社会主义初级阶段,意识形态具有鲜明的阶级性。资本主义经济基础决定资本主义的意识形态,社会主义经济基础决定社会主义的意识形态。代表先进阶级利益的意识形态对社会的经济发展起促进作用,代表反动阶级利益的意识形态对社会的经济发展起阻碍作用。毛泽东曾指出:"凡是要推翻一个政权,总要先造成舆论,总要先做意识形

---

① 习近平:《胸怀大局把握大势着眼大事 努力把宣传思想工作做得更好》,《人民日报》2013年8月21日。

方面的工作，革命的阶级是这样，反革命的阶级也会是这样。"① 龚自珍说过："灭人之国，必先去其史。"② 苏联的解体就是鲜明的事例。当今一些丑化革命领袖、否定改革开放前 30 年、抹黑公有制经济和国有企业的言论，其终极意图在于颠覆共产党的领导、改变社会主义经济制度，是十分明显的。对此我们应当提高警惕，深刻认识到意识形态工作的重要性、长期性、复杂性，巩固马克思主义在意识形态领域的指导地位。

经济建设与意识形态工作不都是两种完全平行领域，某些意识形态与经济工作有着密切的交叉关系。意识形态深入到经济工作之中，经济工作本身也蕴含着意识形态因素，如经济建设的指导思想本身就属于意识形态的范畴。

当前，在意识形态领域流行的错误思潮与观点中，西方宪政民主、普世价值、历史虚无主义、公民社会等，属于政治、文化、社会领域，与经济领域的关系不是直接的。而新自由主义则属于经济领域中的思潮，在各种思潮中居于很重要的地位。新自由主义经济理论的核心观点，如"经济人"假设、追逐私利的人性论、私有制永恒论、市场原教旨主义、政府职能最小化（"守夜人"）等，在我国经济界、理论界广泛传播，对我国经济改革和经济发展施加相当大的影响。可以说，当前我国经济领域存在着中国特色社会主义和新自由主义思想的斗争，这个斗争是经济领域中的意识形态斗争。这个斗争直接关系到经济建设的成败得失和中国特色社会主义的前途命运，关系到改革向何处去的问题，即是走完全自由化的市场经济道路，还是走中国特色的社会主义市场经济道路？对此，党的十八大明确作出了回答："既不走封闭僵化的老路、也不走改旗易帜的邪路。中国特色社会主义道路，中国特色社会主义理论体系，中国特色社会主义制度，是党和人民九十多年奋斗、创造、积累的根本成就，必须倍加珍惜、始终

---

① 《建国以来毛泽东文稿》第 10 册，中央文献出版社 1996 年版，第 194 页。
② 龚自珍：《古史钩沉论》，《龚自珍全集》，上海人民出版社 1975 年版，第 23 页。

坚持、不断发展。"①

程恩富：新自由主义的经济模式，其理论和政策上主张经济的非调控化、私有、经济完全自由化、福利个人化，是国际大垄断资产阶级的一种经济意识形态。当前，新自由主义深陷危机之中，在世界上已经臭名昭著。但是，由于中国社会主义初级阶段的基本经济制度具有巨大优势，我国受西方危机的影响还不很严重，因而有不少人对于新自由主义的危害还认识得不够。他们在研究中国经济问题、改革问题的时候，总是把新自由主义的流派当作分析的框架来解决中国经济社会发展中的问题，于是，私有化、市场经济万能、反对宏观调控等主张蔓延开来。新自由主义对所有制等经济方面的改革造成思想混乱，中国经济领域中出现的某些问题，是与这种思潮的影响密切相关的。例如，有人公开大讲特讲，说中国的国家宏观调控太多，国有企业太多，要像美国那样才对。还说，国企不要与民企竞争，国有企业只是拾遗补缺的。这是垄断资产阶级典型的口号，这种观点所说的那个"民"不是人民，是私营业主和大资本家，尤其是大的垄断寡头。西方资产阶级执政党以及他们的理论家就持这样的观点。这些国家是私有制为主体，国有经济是为私有经济服务的。平时如果某个行业是亏损的，或者投资收益比较低，私人不能干，国家就去干。干了盈利了，再卖给私人。什么叫资产阶级政府？什么叫人民政府？在国企问题上就是最典型的区别。人民政府允许私有制部分发展，按照邓小平的讲法是为了巩固公有制，而资产阶级政府是为了巩固私有制才发展一点国有制，两者性质是根本不一样的。

以"市场决定作用论"为例，中国特色社会主义的"市场决定作用论"与中外新自由主义的"市场决定作用论"有着天壤之别。前者有下列五个特点：一是与国家宏观调控和微观规制并存；二是限于一般资源的短期配置，而非地下资源等特殊资源和一般资源的长期配置；三是文化、教

---

① 胡锦涛：《坚定不移沿着中国特色社会主义道路前进　为全面建成小康社会而奋斗》，人民出版社2012年版，第12页。

育等某些非物质资源配置，只是引进适合本领域的市场机制，而非市场决定；四是公有制为主体、国有经济为主导，并体现在市场经济体系和市场活动中；五是在财富和收入分配领域由市场和政府各自发挥应有的调节作用，国民收入初次分配中市场作用大些，再分配中政府作用大些。这根本不是某些中外新自由主义的市场决定作用论者所说的中国仍在搞"半统制经济""权贵资本主义"和"国家资本主义"，也不是宣扬不要国家调控的竞争性市场机制的所谓"现代市场经济体制"，更不是搞市场原教旨主义和"唯市场化"改革，规避必要的政府宏观调控和微观规制。改革以来，在稀土、煤炭和住房等某些领域，其开放和国内外交易问题上，都曾经实行过不同程度的新自由主义的市场决定论政策，结果损国损民，近几年正在积极纠正。

四　如何看待海内外对中国政治经济形势的评价

现在海内外对中国政治经济形势有一种流行的说法，叫"经右政左"，即经济上更加趋于自由化、市场化，放开更多管制领域；同时政治上更加趋于威权化，高举马克思列宁主义、毛泽东思想的旗帜，收紧对意识形态的控制。我们应当如何看待海内外对中国政治经济形势的评价？

刘国光："经右政左"的论调，似乎认为我国在经济领域上偏"右"，而在政治和意识形态领域偏左。好像左右双方对此都有议论，角度不同，好恶各异。

姑且不论"经右政左"说法的是非，从理论上讲，这是一对矛盾的概念。按照历史唯物主义的基本原理，政治、意识形态与上层建筑是由经济基础决定的。如果上层建筑与经济基础的方向一致，就可以巩固经济基础；如果上层建筑与经济基础偏离，那么就会使经济基础发生变异，原来的上层建筑也会有坍塌之虞。

"经右政左"的风险，可能会导致社会分裂，所以这种局面难以长久持续。社会主义经济如果长期受到西方新自由主义经济思想的侵蚀，使自由化、私有化倾向不断上升，计划化、公有经济为主体的倾向不断下降，社会主义经济基础最终就要变质，变成与社会主义意识形态和上层建筑不相容的东西。而随着私有经济的发展，资产阶级力量壮大，其思想影响也扩大，他们迟早会提出分权甚至掌权的要求，那时即使在政治思想上坚持科学社会主义，恐怕终究难以为继。这是经济基础决定上层建筑所决定的，不以人的意志为转移。

改革开放以来，我们逐步建立社会主义市场经济体制。按照党的十八届三中全会的说法，政治上"必须高举中国特色社会主义伟大旗帜，以马克思列宁主义、毛泽东思想、邓小平理论、'三个代表'重要思想、科学发展观为指导"[1]，在经济上"坚持社会主义市场经济改革方向"[2]。这就是说，政治上要高举马克思列宁主义、毛泽东思想、邓小平理论、"三个代表"重要思想、科学发展观；经济上既要"市场经济"，又要"社会主义"。政治上、经济上两边都摆正了，这就与所谓的"经右政左"的说法划清了界限。

我们必须以马克思主义的理论观点，而不能以哈耶克之流的自由主义观点来理解社会主义市场经济中市场与政府、市场与计划的关系，这样我们就能掌握好中国改革航船的舵盘，驶向实现中国梦的美好未来。

（作者单位：中国社会科学院）

（原载《毛泽东邓小平理论研究》2014年第2期）

---

[1] 《中共中央关于全面深化改革若干重大问题的决定》，《人民日报》2013年11月16日。
[2] 同上。

评析新自由主义倡导的政策实施问题

胡代光

一 什么是新自由主义

什么是新自由主义？它涉及哲学、社会学、政治学、经济学乃至法学、伦理学、教育学、心理学等研究领域。就经济学而论，新自由主义的"新"意味着不同于亚当·斯密创始的古典的或20世纪30年代以前的经济自由主义。实质上，新自由主义是"古典自由主义"经济学说的更新，是它的更为极端的翻版。自20世纪70年代以后，特别是当今经济全球化的进程迅速加快，新自由主义正在世界范围内扩展。

简而言之，新自由主义积极主张并推行一套经济政策，大声疾呼"五个更少"的要求：更少的政府支出，更少的税收，更少的财政赤字，更少的货币扩张，更少的政府干预。

现在，国外许多学者都明确指出，新自由主义的要点包括以下几个方面。[①]

（1）市场统治。将"自由"企业或私有企业从政府或国家的任何束缚下解放出来，不论这将造成多少社会损失；对国际贸易和投资更加开放；

[①] 《国外理论动态》2002年第11期，第8页。

放弃对物价的控制。总之，要实现资本、货物和服务的自由流动。

（2）削减教育、医疗等社会服务的公共开支。削弱穷人的"安全网"，甚至以弱化政府作用为名放弃对道路、桥梁、供水系统的维护。

（3）放松管制。减少任何可能影响利润的政府管制，包括放松对工作环境安全的规定。

（4）私有化。将国有企业出售给私人投资者。这包括银行、主要产业、铁路、征税公路、电力、学校、医院甚至供水。

（5）抛弃"公共物品"或"共同体"的概念，代之以"个人责任"。这意味着向社会中最贫困的人群施加压力，迫使他们自己找到医疗保健、教育机会和社会保障的解决办法。一旦这些人无计可施，新自由主义者就将之归咎于他们的"懒惰"。

由上所述，似乎新自由主义显示的新颖性是大有助于促进社会经济发展的，然而这却是一种虚幻的乐观。英国学者鲍尔·库格曼对此提出了如下五个重要评论观点。①

（1）有关经济发展方面的知识十分有限。比如说，美国无法解释其每个资本收入增长2/3的原因。同样，亚洲经济成功的原因并不符合"目前的正统观念所认为的是经济增长的关键"这一说。据此，鲍尔·库格曼建议在制定政策的过程中采取"谦恭的态度"，提防"缺乏分析的归纳"。

（2）总有人不断提出缺乏根据的结论并为有关政策提供理论支持。"华盛顿共识"（即美国推行的新自由主义的政策的另一名称）就是一个鲜明例证。

（3）"传统的智慧"并不稳定，时刻在有规律地向其他事物转变，有时甚至走向对立面——尽管它的支持者在兜售其新的正统观念时仍然充满自信。

（4）回顾历史，大家普遍认为，经济发展政策并没有"达到它们的预定目的"，而且是建立在"坏主意"基础之上的。

---

① [美]诺姆·乔姆斯基：《新自由主义和全球秩序》，江苏人民出版社2000年版，第4—10页。

（5）人们经常认为"坏主意之所以盛行，是因为它们符合权力集团的利益。毫无疑问，事实的确如此"。

鲍尔·库格曼的以上评论，对我们如何看待新自由主义很有启示。众所周知，经济自由主义的核心宗旨是：让社会上人人都有平等权利进入和参与市场，自由行动，结果通过市场价格体系的调节作用，就能使各个市场的供给和需求正好相等，资源得到充分利用和合理配置，人们各自满意，整个社会经济将会沿着均衡的轨道稳健地、持续地向前发展。然而，历史再三证实，"市场制度不管多么具有创造力，却不能自我调节"；"市场往往排斥社会价值"[①]；"自由市场的本质是变化无常，往往充满冒险性的繁荣和破产"[②]。因此，市场的运行和效益的发挥必须借助于国家的参与和干预。

我们需要强调：市场经济不是倾向于在宏观上"自由放任"，不是必须要求减少行政管理，而是应该要求实行不同的行政管理。当今世界上许多经济学家都指出：国家与市场之间的关系应是协调而非对立，特别是发展中国家或新兴市场经济中，更应处理好国家与市场之间的相互依赖关系，要明确国家的作用对于市场的发展至关重要，那种过分依赖竞争的市场导向的改革可能会瓦解社会主要成员的信任。他们特别指出："简单地下赌注于私营部门以替代国家的作用是不能解决问题的。建立效率高的国家是必要的，无论在发展中赞成很有限的或更广阔的国家作用"；对"发达的国家的需要则是，国家机构应把其资源贡献于社会的和经济的发展，而不是奉献于战争和扩张主义、国家高层官位者的更大荣华富贵或他们的纯粹物质私利"[③]。因此，他们断言："市场，特别是竞争的市场，都不是未受国家干预的文明社会中自然成长起来的。事实上，恰恰相反，更多地需要这种真理：高功效的市场需要坚强的国家行为。"[④]

[①]《参考消息》1991年5月12日。
[②] [英] 约翰·格雷：《伪黎明：全球资本主义的幻象》，张敦敏译，中国社会科学出版社2002年版，第236页。
[③] 路易斯·惠特曼等：《发展中的国家与市场：协调还是对立?》，1994年英文版，第255页。
[④] 同上书，第258页。

他们的上述论点，对于中国切实完善社会主义市场经济体制，从而促进全面小康社会的如期实现，也是颇有启示的。

二　关于国际贸易自由化问题

随着经济全球化浪潮翻腾，新自由主义者更竭尽全力在国际政策上鼓吹推行三大自由化：商品和服务的自由贸易；资本的自由流动；投资的自由化。本节先评介关于国际贸易自由化问题。

新自由主义者提倡在国际上推行商品和服务的自由贸易，他们按照"华盛顿共识"力图实现一个全球自由市场，其最终目标就是要把世界上多样化的经济体合并成一个单一的、普世的自由市场。然而，正如英国学者约翰·格雷明确指出的："这是一个绝对不能实现的乌托邦；这种追求已经产生了大范围的社会混乱和经济与政治的不稳定。"[①]

现任联合国全球化特别顾问和世界贸易组织总干事组织处顾问贾格迪什·巴格瓦蒂强调指出，现今世界范围内的自由贸易有四种不同的形式：（1）侵略性的单边主义，这种模式通常以威胁的方式（包括贸易报复、战争威胁或其他一些方式）要求对方削减其贸易壁垒。（2）传统的单边主义，即单边行动来削减自己的贸易壁垒。（3）在世界贸易组织的框架下进行的多边贸易谈判中互惠。（4）特惠贸易协定中的互惠。通过对这四种不同方式各自利弊的详细分析，贾格迪什·巴格瓦蒂得出这样的结论："传统的单边主义和多边贸易谈判中的互惠都在自由贸易中扮演有益的角色，而侵略性单边主义和最惠国协定则是世界自由贸易体系中的毒瘤。"[②] 此外，国外舆论也指出："当前的WTO贸易体系听命于大规模经济自由化的要求，已经把贸易和投资转变为造成贫困和公司主宰

[①] ［英］约翰·格雷：《伪黎明：全球资本主义的幻象》，张敦敏译，中国社会科学出版社2002年版，第2页。

[②] 贾格迪什·巴格瓦蒂：《现代自由贸易》第3章，雷薇译，中信出版社2003年版，第67—92页。

市场的手段。现在应该是各国公民和有关政府改变 WTO 不成功的贸易日程的时候了。"①

由此可见，我国加入世界贸易组织对更好地深化改革、扩大开放，从而促进我国经济全面、协调、可持续发展，确实既是新的机遇，也是严峻挑战。要知道，世界贸易组织的诸种规则都是在几个发达国家特别是美国的主导下制定的，因而世界贸易组织内各项规则的解释权、争议裁判权实际上都由发达国家掌握，甚至，如果美国表示强烈反对，那就将一事无成。而且，发达国家还随意采用非关税壁垒、绿色壁垒以及滥用反倾销措施和特殊保障措施等，以抵制国外贸易进口。例如，美国对进口汽车、纺织品和钢材所设置的贸易壁垒相当于对这些产品征收 25% 的关税；美国在 20 世纪 80 年代末，全部进口品受到保护主义影响的达到 1/4。美国还将在未来数年大幅度提高对农业的保护措施。所以，美国著名经济学家斯蒂格利茨一针见血地指出："很显然，美国没有自由贸易女神；它拥有的是大量把来自于其他国家的产品拒之门外的贸易壁垒。"②

当前，国际贸易保护主义日益严重。据世界贸易组织统计，2002 年世界贸易组织成员反倾销立案 276 起，其中涉及我国的 47 起，直接涉案金额约 4.5 亿美元。截至 2003 年 9 月，已有 33 个国家和地区对我国出口产品发起反倾销和保障措施调查 590 起。③ 我国加入世界贸易组织后，遭受反倾销案件每年排在世界第一位。还有所谓"特殊保障措施"，这是主要针对中国的，现在我们必须打掉它。

我国商务部副部长 2003 年 12 月 25 日在向全国人大常委会报告我国加入世界贸易组织以来的情况时明确指出，加入世界贸易组织后面临着四个主要问题：（1）政府管理经济的方式还不完全适应新的形势，不同地区和行业的应对工作仍不平衡；（2）国际贸易保护主义加剧，对我国

---

① 《参考消息》2003 年 9 月 29 日，第 4 版。
② 约瑟夫·斯蒂格利茨：《经济学》（下），中国人民大学出版社 1997 年版，第 141 页。
③ 《光明日报》2003 年 12 月 26 日，第 4 版。

扩大出口构成威胁；（3）加入世界贸易组织的深层影响逐渐显现；（4）新一轮多边贸易谈判中面临新的市场开放压力。这些问题被指出，确是实事求是的。

知己知彼，百战不殆。我国加入世界贸易组织后，既要遵守世贸组织规则，履行"入世"承诺，承担应有义务，也要充分享受世贸组织成员国的权利，善于利用世贸组织规则保护自己、发展自己。因此，我们一定要重视、研究世贸组织规则，并积极要求制定真正完善的世贸组织框架下的开放、公平、统一的世界贸易规则；坚决抵制当前发展中国家或地区与发达国家在履行世贸组织规则的义务和手段方面出现的不公平、不对称现象，特别是急需破除发达国家随心所欲地抛出非关税壁垒和特殊保障措施（例如，美国政府最近针对从中国进口的某些纺织品和服装类商品以及电视机采取了直接措施）；无论如何，应揭穿新自由主义者鼓吹自由贸易政策的虚伪性和非现实性。我们应响应和支持前联合国秘书长安南的呼吁："发达国家取消对农产品出口的补贴和所有的贸易壁垒。"[①]

三 破除资本完全自由流动好处大的神话

新自由主义者宣扬，资本在世界各国和地区之间完全自由流动，正像商品和服务的自由贸易一样，可以互惠互利。然而，事实证明，"无论是现在还是过去，资本自由流动条件下的短期借款都可能使经济面临严重困难"；"每次一国由于资本流入而遭到危机打击，都会付出沉重代价"。诚如美国麻省理工学院的经济史学家查理斯·金德尔伯格所提出的这一论断："资本流动的特征就是恐慌和狂热。"[②]

目前，国际金融市场上流动的短期银行存款和其他短期证券已超过

[①] 《人民日报》2004年1月24日，第3版。
[②] 贾格迪什·巴格瓦蒂：《现代自由贸易》，雷薇译，中信出版社2003年版，第96页。

7.2万亿—10万亿美元，每天在国际金融市场上的国际游资多达1万亿美元。而且，金融炒家们还可以通过突然巨额贷款和其他投机手段，将投机资本放大5—10倍。在全球外汇市场上，每天有1万亿美元以上交易额，但其中只有15%代表着实际的资本流通和商品贸易，其余85%都用于短期套利。因此，我们需要为全球金融体系建立一种公平、公正、公开并真正起着稳定性作用的制度，以便遏制全世界范围内以极快速度进行的投机。

须知，当今国际货币基金组织（IMF）一直受到七个方面的批评：（1）该组织仅仅是负责管理市场的自由运作，而在它考虑发展问题时，它发挥的是与世界银行同样的作用，因此，它应该与世界银行合并。（2）该组织就像国际投资者一样，可能人为鼓动有些国家采取一些冒险举动。（3）当一些国家遇到难题要求国际货币基金组织帮助的时候，该组织总是不加区分地在世界各地把同样的一些解决办法强加于人，而且它提供的帮助始终是有"附加条件"的。（4）在金融危机爆发的情况下，最先受到国际货币基金组织要求采取的紧缩疗法之害的是最贫困的那些国家和居民，因为对账目的整顿往往意味着将不再对生活必需品予以补贴，而且几乎总会（在最初的一段时间内）导致物价大幅度上涨。（5）事实上，国际货币基金组织提供干预的条件是强加于人的，而不是与受干预国协商来进行的。（6）在国际货币基金组织内，"谁出了钱，谁就有权决定游戏的规则"。例如，美国在国际货币基金组织中提供的资金占18%，因此，它就拥有1/5的否决权，而在该组织采取每一个重要措施时，美国几乎还拥有完全的否决权。（7）国际货币基金组织是在危机爆发后才进行干预的，因而为时已晚，其时采取的任何疗法都会给这些国家带来痛苦。①

2000年刚上任的国际货币基金组织总裁霍斯特·克勒也承认：虽然没有必要彻底地改造这个组织，但是想维持其影响力，改革是必要的。他表

---

① 《参考消息》2000年5月24日，第4版。

示，他愿意考虑对资本流入采取一些限制措施，因为这种流动可能会引起破坏作用。他说："在对短期资本流入实行管制以使之符合一国对资本的吸收潜力问题上，我会当机立断的。"他提出，另外一项重要的改革将是在国际货币基金组织的管理方面给予亚洲更大的发言权。[①] 2002 年 2 月在美国纽约举行的世界经济论坛第三十二届年会上，克勒又在会议发言中说：发达国家过于"自私"，不愿意放弃自己的"特权"，而发展中国家的经济发展需要富国做出努力。他还批评美国和欧洲在终止对本国农民的保护，向发展中国家开放农业市场方面缺乏政治意向。[②]

由上所述可见，国际货币基金组织的改革已是势在必行了。甚至乔治·索罗斯也认为："国际货币基金组织和操纵国际货币基金组织的美国财政部都千方百计安抚美国国会里市场原教旨主义的倾向。这预示着国际货币基金组织缺乏能力对个别国家采取矫正性的政策指导。国际货币基金组织在 1997—1999 年的危机中的业绩糟糕，再加上目前备受攻击，它似乎已迷失了方向。"[③] 所以，当今世界舆论正不断呼吁：国际货币基金组织需要根本改革，否则就取消他。这是言之有据，评判成理的。

我国早在 1996 年 12 月就实现了人民币在经常项目下可兑换。加入世界贸易组织并不要求我国承诺开放资本市场。目前只能实行经常项目完全开放，并随着国际资本流入我国的渠道不断扩大，逐步开放资本市场，即长期资本开放、短期资本不开放。对资本市场完全开放，我们不设立时间表。这是我国谨慎从事金融开放，提高警惕性，增强资本市场监管，防范金融风险所必需的对策措施。

我们很赞同贾格迪什·巴格瓦蒂的如下结论："尽管种种证据表明资本自由流动天然就有风险，但华尔街—华盛顿集团（大多数来自华尔街、财政部、国务院、IMF 以及世界银行等最著名的机构，它们形成势力最大的小集团）仍在打着自己的小算盘，积极鼓吹资本自由流动的世界确实最理想。其

[①] 《参考消息》2000 年 4 月 1 日，第 4 版。
[②] 《人民日报》2002 年 2 月 4 日，第 3 版。
[③] 乔治·索罗斯：《开放社会：改革全球资本主义》，商务印书馆 2001 年版，第 297 页。

中，IMF及其救援行动发挥最重要的作用，以保证其生存并使自身的地位更加稳固。然而，越来越多的证据和逻辑推理都指向相反的方向，即应该限制资本流动。是让资本流动自由化的支持者拿出更多例证的时候了。"①

四 结束语

从以上评析新自由主义倡导的政策实施问题可见，我们确实需要清醒头脑，明辨是非，切忌被新自由主义思潮导入误区。

例如，国内有些报刊一再宣称：我国深化改革一定要真正实现"小政府、大市场（或大社会）"。其实，这种论调恰是新自由主义经济学重要代表弗里德里希·冯·哈耶克最先提出的自由市场经济准则，并非我们中国什么人与时俱进地发展了马克思主义政治经济学而创新的命题。

再如，新自由主义经济学另一位重要代表米尔顿·弗里德曼，在西方经济学界纪念亚当·斯密的《国富论》出版200周年的宣传活动中（1976年）宣称：亚当·斯密的"看不见的手"学说，"就今天而论，是非常重要和切合的"；"1776年，亚当·斯密关于因干涉市场而妨碍看不见的手的作用的告诫今天被政府这种干涉的灾难性后果证实了"。② 这正是弗里德曼发"思古之幽情"，以"新自由主义"为号召，宣扬回复到"自由放任市场经济"。

又如，弗里德曼访问中国时，更进一步宣扬"自由的私有市场经济"的"优越性"。他在北京作报告时（1988年9月19日），提出关于通过股份化将我国公有制企业全部或绝大部分转变为自由的私有企业的主张。当场曾受到一位听众的质疑，但他居然回答说："公有和私有的界限分不清，不必管它什么是社会主义还是资本主义！" 2002年7月，弗里德曼在接受德国记者访谈时，更明白回答道："今天人们已经公认集体主义死亡，而

---

① 贾格迪什·巴格瓦蒂：《现代自由贸易》，雷薇译，中信出版社2003年版，第101页。
② ［美］米尔顿·弗里德曼：《亚当·斯密学说切合今天》，《挑战》1977年3—4月号，译文见《现代国外经济学论文选》第4辑，商务印书馆1982年版，第130、120页。

资本主义是通往未来之路。"① 由此可见，我国改革开放始终坚持社会主义方向多么具有必要性、重要性和关键性。正如有的国外经济学家指出的，如果中国搞私有化，搞资本主义，搞出来的必然是18、19世纪那种落后的资本主义，经济会发生混乱，人民会起来反对，当然会天下大乱。② 斯言甚是！

另外，还须注意新自由主义经济学中货币学派和理性预期学派关于财政金融政策问题的解说和主张。首先，简介货币学派首领弗里德曼的论点。

众所周知，第二次世界大战后，各主要资本主义国家积极推行了凯恩斯主义所倡导的以赤字财政扩大政府支出为重心，以膨胀通货为特点，并辅之以低利息率、放松银根的财政金融政策来刺激经济增长，提高就业水平，应付周期性经济危机。但实际情况表明，凯恩斯主义的这套办法到了20世纪60年代以后反而给西方资本主义国家带来了严重的滞胀局面。因此，坚持要"对抗凯恩斯革命"的弗里德曼便针锋相对地提出应以货币政策为重心，实行"单一规则"的货币政策来处理和解决资本主义经济所面临的问题。

所谓"单一规则"的货币政策，据弗里德曼的意见，就是排除利息率、信贷流量、自由准备金等因素，而以一定的货币存量作为唯一因素支配的货币政策。弗里德曼说："我始终强调一个不变的、既定的货币数量增长率比之微调变化的增长率数值更为重要。"③ 弗里德曼提出，美国货币供应总量（银行以外的通货加上所有商业银行的活期与定期存款）即M2每年增加4%—5%应是"现行措施的最适当规则"。因为据他的估计，在美国，每年需要增加货币1%或2%以配合人口和劳动力的增长，并且长期内货币流通速度随着真实收入的增长而降低，而美国产量平均每年约增长3%，所以货币供应每年增加4%—5%，就可以使物价水平趋于稳定。

---

① 《参考消息》2002年8月2日，第4版。
② 新华社编《内部参考资料》1989年5月。
③ ［美］米尔顿·弗里德曼：《货币最优量和其他论文》，1969年英文版，第48页。

弗里德曼竭力反对传统的货币政策（即贴现率调整，公开市场买卖政府债券，银行法定准备金比率变动，以及对股票市场、分期付款销售、不动产、贮存的货币和信贷供给可得性等加以管制）。他认为，传统的"相机抉择"的货币政策只能在很有限的时期内限定利息率和失业率，而实际上这种政策却是弊大于利，很难得到预期效果。总之，以弗里德曼为首的货币主义者认为，资本主义市场经济在动态上是稳定的；如果这种经济体系受到外在扰乱，则为恢复均衡所需要的价格和产量的变动将顺利而迅速地进行。因此，在货币主义者看来，经济稳定政策实在是不必要的，稳定政策必然会造成不稳定。虽然货币主义者认识到适应新情况的迟延调整可能引起市场经济的不稳定，但他们坚持认为，调整时期将短于凯恩斯主义者的假定。他们断定，至少在短期内，唯有货币政策才对经济活动的步调具有明显效果。

其次，沿着货币主义的思路，特别是依据弗里德曼关于资本主义经济本身具有强有力的自动稳定趋势这一命题。20世纪70年代中期以来，在美国出现了理性预期学派，或称为"新古典宏观经济学"，又叫作新货币主义，它的首领是罗伯特·卢卡斯。

原来，货币主义者还承认总需求政策可以被用来影响短期的产量和就业水平（他们只对凯恩斯主义者关于需求管理的长期影响的论点表示怀疑）；可是，理性预期学派却断定，即使在短期内，总需求政策变化也不可能影响到产量和就业。构成这个"现代古典派学说"的有三个基本原则：（1）经济行为者的现实经济决策（例如，关于储蓄、消费或投资）唯一地根据真实的而非名义的或货币的因素；（2）经济行为者在他们的信息范围内，是坚定的、成功的最大效益实现者，即他们持续处于均衡状态；（3）经济行为者在评价经济环境方面未犯系统错误，即他们持有理性预期。[①] 所谓"理性预期"意指，经济行为者确实预期的真实模型所表明的事态。所以，新货币主义者在他们的理论中，以"理性预期"逻辑为依

---

① 胡佛：《两种类型的货币主义》，《经济学文献杂志》1984年3月号，第59页。

据，断定货币政策即使在短期内也无能力影响产量和就业——除了中央银行的突然袭击行动和迷惑公众这一暂时情况外。一旦任何货币政策普遍地被理解和预期，这种政策就将完全没有真实影响，即货币的超级中性。这就是理性预期学派强调指出的"政府有政策，人们有对策"；或者，有效的宏观经济政策必须要带有欺骗性，可是"你在一段时期内可以欺骗所有的人，或在长期中欺骗一部分人，但绝不能在长时期中欺骗所有的人"。因此，理性预期学派积极宣扬"政策无效论"。它的出现，表明了保守主义思潮的进一步"复活"。可见，理性预期学派实质上是没有弗里德曼的弗里德曼主义，它比弗里德曼还弗里德曼！

事实胜于雄辩，历史岂能逆转。即使最崇拜新自由主义的英国首相玛格丽特·撒切尔和美国总统罗纳德·里根在20世纪70—80年代执政时，也未完全执行弗里德曼倡导的"单一规则"的货币政策。至于卢卡斯积极宣扬的"政府政策无效论"，似未能打动当时英国首相撒切尔夫人和美国总统里根的心灵，促使她和他真正做到"边学边干"。里根还搞出"三合一"：根据供给学派主张，大幅度减税；根据货币学派，抑制通货膨胀；根据凯恩斯学派主张，扩大财政赤字。美国经济学者布林德指出："有利于理性预期假说的经验证据，说起来，说得最好也不过是虚弱无力，说得最差就只是胡扯。"[①] 他的评论是否中肯，很可深入探究。

最后，引用一段稍长的论述，不过倒是值得细读。"我们的结论是，自由市场这只看不见的手，尽管它有不可怀疑的力量，但是它仍不足以确保许多牵涉到人类幸福以及能让人们对人类进步抱乐观态度的社会目标的实现。因此，如果我们想保护环境，减少贫困和失业，避免恶性竞争的后果，那么自由市场就很有必要由强有力的道德框架、社会凝聚力和有理性的政府干预来支撑。这种支撑性的框架不应为铺天盖地的对个人利益的赞美或片面地对最大限度的放开和贸易自由化的热衷所动摇，因为假如个人对自身利益的自由追求与社会的合作和强有力的政府之间必要的平衡被打破而

---

① 斯诺登：《宏观经济学现代指南》，1994年英文版，第330页。

无法修补的话,那么持续的人类进步就不太可能了。到那时,人类就会完全乞怜于自由市场——沦为它的奴隶,而不是成为它的主人。"①

(作者单位:北京大学经济学院)
(摘选自何秉孟主编《新自由主义评析》,社会科学文献出版社2004年版)

---

① [美]理查德·布隆克:《质疑自由市场经济》,江苏人民出版社2000年版,第5—6页。

论资源配置中的市场调节作用与国家调节作用

——两种不同的"市场决定性作用论"

程恩富　孙秋鹏

党的十八大报告中指出："经济体制改革的核心问题是处理好政府和市场的关系，必须更加尊重市场规律，更好发挥政府作用。"党的十八届三中全会审议通过的《中共中央关于全面深化改革若干重大问题的决定》又指出："经济体制改革是全面深化改革的重点，核心问题是处理好政府和市场的关系，使市场在资源配置中起决定性作用和更好发挥政府作用。"对于中央关于"使市场在资源配置中起决定性作用和更好发挥政府作用"的理解，既不能认为所有资源配置都由市场来决定，也不能理解为简单的政府放权，而是要在市场起一定决定性作用的同时，更好地让国家调节与市场调节结合，以便促进我国经济又好又快发展，让人民群众能够更多地分享经济社会发展成果。因此，从理论上全面辩证地研究和细析市场在资源配置中起决定性作用和更好发挥国家作用两者之间的关系，具有重要的理论和现实意义。

一　西方市场决定理论的发展与反思

（一）古典经济学的市场决定理论

西方市场决定理论发源于古典学派，古典学派的核心思想是强调经济自由，反对一切对经济自由的限制，强调自由放任主义，崇尚通过自由市场竞争的方式来配置资源，政府只充当"守夜人"的角色。古典学派的市场决定理论发源于亚当·斯密。斯密的自由主义思想和市场决定理论主要集中在《国富论》，他认为："各个人都不断地努力为他自己所能支配的资本找到最有利的用途。固然，他所考虑的不是社会的利益，而是他自身的利益，但他对自身利益的研究自然会或者毋宁说必然会引导他选定最有利于社会的用途"①，"像在其他许多场合一样，他受着一只看不见的手的指导，去尽力达到一个并非他本意想要达到的目的。也并不因为事非出于本意，就对社会有害。他追求自己的利益，往往使他能比在真正出于本意的情况下更有效地促进社会的利益"②。亚当·斯密市场决定理论的核心思想是通过市场交易行为，每个人自利的行为客观上都能够导致社会利益最大化。

李嘉图继承和发展了斯密的理论，主要贡献集中在劳动价值论和分配理论。李嘉图认为，工人以工资的形式参与分配，利润是商品价值中扣除工资后的余额，地租是为使用土地原有的不可摧毁的生产力而付给地主的那一部分土地产品。但是他认为，工人的工资水平应当由市场来决定，政府不能干预和控制，不应当对经济自身造成的分配结果进行干预，应当让市场决定收入分配。

萨伊关于市场决定理论的思想主要体现在"萨伊定律"，即"供给创造其自身的需求"。其核心就是资本主义市场经济体系能够使产品的生产和需求自动达到平衡，市场不会出现普遍性过剩，也不会出现严重经济危机。虽然个别部门可能会出现供求失衡的情况，但这只是暂时情况，市场供求的自发作用能够很快使失衡转变为平衡。"萨伊定律"也就演化为资本主义经济学家们普遍信奉的"萨伊教条"。

约翰·穆勒也依然持有市场决定的观点，他认为"一国的生产物总是按照该国的全部输出品适足抵偿该国的全部输入品所必需的价值，与其他

---

① 亚当·斯密：《国富论》（下卷），郭大力、王亚南译，商务印书馆1974年版，第25页。
② 同上书，第27页。

国家的生产物相交换。这一国际价值法则只是更为一般的价值法则，即我们称之为供给和需求方程式的延伸"①。穆勒认为的国际价值也就是通过市场供求决定的均衡价格，在国际贸易领域依然延续市场决定的思想。他认为工资是由劳动的供给和需求决定。穆勒比斯密和李嘉图拓宽了政府的经济管理职能，但仍然持有政府应当扮演"守夜人"职能的思想，并且还批判了保护本国工业、对自由订立实业合同契约的干预、对商品价格管制、垄断、禁止工人联合等限制市场的政府干预，强调其不应当成为政府的职能。

（二）凯恩斯主义对完全自由市场决定的反思

在古典经济学理论中，市场是决定社会资源配置的唯一和最优方式，任何破坏市场机制的干预都不会起到预想的效果，因为市场的自发作用能够使供求自动达到平衡，自动地完成资源合理配置。但是1929—1933年席卷资本主义世界的大萧条彻底动摇了古典经济学的市场决定理论，此次资本主义世界严重的大危机，不仅幅度深，并且持续时间长，古典经济学的市场决定理论无法给出合理解释，凯恩斯主义关于政府适度干预市场的理论应运而生。

1936年出版的《就业、利息和货币通论》一书，标志着凯恩斯主义诞生。凯恩斯认为，资本主义市场之所以失灵，主要是因为市场有效需求不足，市场的自发力量已经不能够使供给和需求自动平衡。凯恩斯认为有三大心理因素导致有效需求不足，分别为边际消费倾向递减、资本边际效率递减和流动性偏好。人们的消费会随着收入的增加而增加，但是消费增长的速度赶不上收入增长的速度，就会有比重越来越高的收入不能转化为消费。资本边际效率递减又使得收入中不能用于消费的部分并不能顺利地转化为投资。两者共同作用使得全社会的有效需求不足，也就造成长期存在非自愿性失业。利息率下降可以缓解资本边际效率递减，使得资本成本下

---

① 程恩富：《新自由主义的起源、发展及其影响》，《求是》2005年第3期。

降，提高收益率，但是由于存在流动性偏好，利息率下降到一定程度之后，会出现流动性陷阱。凯恩斯认为，为了解决有效需求不足，拯救资本主义经济，就需要政府对经济总量进行干预，主要是采取财政政策、货币政策和收入分配政策。通过政府购买或直接投资等财政政策来弥补有效需求不足，并且可以通过适当的收入分配政策来改变全社会的消费率水平。

凯恩斯主义的政府干预观点，并不是完全否定市场在资源配置中的决定性作用，而是通过政府为资本主义经济中的"过剩"来"埋单"的方式缓解经济危机，核心思想仍然没有脱离西方经济学说的传统范式。但是凯恩斯主义对于传统古典经济学的市场决定理论还是有重要突破：首先，突破了"供给创造其自身的需求"的萨伊定律，存在非自愿失业；其次，突破了政府"守夜人"观念，认为政府应当以宏观调控的方式介入经济。凯恩斯主义关于古典经济的市场决定理论的突破非常有限：市场决定性作用的失效只是在短期内，在长期内仍然完全由市场来发挥自动平衡供求的作用；政府干预只限制于弥补总需求不足，不能直接干预经济的其他方面，更不能直接介入微观经济影响经济主体的行为。在凯恩斯之后，又发展出多种凯恩斯主义，继续对关于市场和政府在资源配置中的作用边界等方面进行创新和探讨，并批判古典新老自由主义的市场决定论为"市场原教旨主义""市场万能论"和"唯市场化"。

（三）新自由主义：古典市场决定理论的回流

新自由主义经济学是指当代西方经济理论中强调自由放任理论与反对政府干预市场的经济学体系和流派，其主要思想与古典主义经济学并没有不同，也没有超越古典经济学的市场决定理论。新自由主义的市场决定理论的基本原则可以简要概括为：主张非调控化，推崇"市场原教旨主义"，反对政府干预；主张私有化，宣扬"私有产权神话"的永恒作用，反对公有制；主张全球自由化，维护美国主导下的自由经济，反对建立国际经济新秩序；主张福利个人化，强调保障的责任由政府向个人转移，反对福利提升。新自由主义具体实施的经济政策主要包括紧缩货币供给、压低工资、抑制通货膨胀、解除政府部门对私人企业的管制、减税刺激投资、削减社会福利支出和打击工会。在拉美、亚非发展中国家和苏联、东欧等社会主义国家，新自由主义推行的经济政策主要是私有化、自由化和非调控化。在国际贸易和国际金融领域，新自由主义最主要的观点是主张解除对国际商品贸易、服务和资本流动的一切障碍，实现国际垄断资本控制下的全球自由贸易和自由资本流动，以便实现与商品、资本和一般服务等输出并存的知识产权输出（作为当代国家垄断资本主义的新特征之一）。①

新自由主义经济学的重新兴起开始于20世纪70年代末期，主要是凯恩斯主义经济理论对当时资本主义经济出现的滞涨不能给出合理解释和有效的解决措施。西方经济学者和资本主义政府不得不再一次求救于传统经济理论，希望通过古典经济学的复活来拯救资本主义经济制度。与古典经济学的市场决定理论相比，新自由主义市场决定理论走得更远，完全否定政府干预经济的合理性，大肆宣扬自由化、私有化和市场化，并将自由主义思想推广到世界经济领域。

新自由主义市场决定理论的完成形态为"华盛顿共识"。"华盛顿共识"给出的政策有：对国有企业实施私有化；放松政府的管制；保护私有产权；压缩财政赤字，降低通货膨胀率，稳定宏观经济形势；政府开支的重点转向经济效益高的领域和有利于改善收入分配的领域；税制改革，降低边际税率；利率市场化；自由汇率制度；贸易自由化；放松对外资的限制。②

西方资本主义国家也开始采取新自由主义给出的政策建议，如20世纪80年代英国撒切尔夫人主动推行的国有经济大规模退出和美国里根总统采纳供给学派的建议实行大规模减税政策等。但是实行新自由主义政策的资本主义国家并没有取得预想的结果，而是在实行新自由主义政策的时期都出现了经济衰退或增长缓慢。20世纪80年代，新自由主义开始占据西方

---

① ［英］约翰·穆勒：《政治经济学原理》下卷，商务印书馆1991年版，第137页。
② 中国社会科学院课题组：《新自由主义研究》，《经济学家》2004年第2期。

国家经济政策取向的主流地位，公共部门企业和服务的私有化、削减税率、减少公共开支和社会福利支出、放松市场管制等一系列自由化改革相继进行。然而，从1973年到1990年代初，美国和英国领导的新自由主义经济调整并没有表现出良好的业绩。1973—1992年，人均真实国内生产总值年增长率，西欧为1.8%，美国为1.4%，均分别低于1950—1973年的3.9%、2.4%。[1]

（四）2007年底以来西方金融和经济危机证伪了新自由主义市场决定理论

2007年年底，发端于美国的次贷危机开始向全球资本主义国家蔓延，危机并没有因为美国等西方国家采取降息和量化宽松货币政策、直接参股和注资濒临破产的金融机构、出台大规模经济刺激方案而得到缓解。美国经济回升乏力，欧洲经济增长率一直没有扭转负增长的局面，日本更是依然延续低迷的经济态势。很多西方学者将本次金融危机引发的全球经济危机与"大萧条"相比，并承认本次危机是"大萧条"以来最为严重的一次危机。

资本主义国家采取的应对本次危机的措施，仍然没有突破原有西方经济理论和政策的大框架，但是对新自由主义是一次致命的打击。"面对不断蔓延和深化的金融危机和经济危机，美英等西方主要国家被迫逐步放弃了奉行了30年之久的新自由主义经济政策，转而采取了加大政府开支、扩大基础建设投入等政府干预政策。因此，此次危机绝不是'复活奥地利学派经济学、彻底埋葬凯恩斯主义经济学的机会'，而是正式宣告了新自由主义经济理论和政策主张的彻底破产。"[2] "全球资产阶级正设法利用经济危机的形势更加全面地执行如今声名狼藉的新自由主义行为。他们突然发现政府预算平衡的优点，并借此来掩盖他们的行动：收回工人阶级在过去

---

[1] 程恩富：《新自由主义的起源、发展及其影响》，《求是》2005年第3期。
[2] 王伟光、程恩富、胡乐明等：《西方国家金融和经济危机与中国对策研究》（上），《马克思主义研究》2010年第7期。

政治斗争中所赢得的一切社会利益,暗中破坏公共部门的工会运动。"[①] 本次金融经济危机宣告新自由主义市场决定理论彻底失败,但是资本主义政府和主流经济学者并不承认是由于资本主义固有矛盾导致了资本主义市场经济的失效,而是部分地又回到了凯恩斯主义,通过增加政府支出,实行全球范围超宽松货币政策和采取对金融机构等陷入破产边缘的私有垄断企业进行直接救助的方式,来削弱危机的破坏程度,暂时缓解资本主义矛盾的进一步激化。资本主义国家已经不可能完全采取新自由主义市场决定理论给出的政策建议,也不能完全回到新老凯恩斯主义。历史和实践进一步证明,西方主流的市场决定理论只能将私有经济(民营经济)为主体的混合所有制和市场经济经常引向程度不同的危机和深渊之中。

二 市场调节与国家调节的功能性互补

关于市争调节与国家调节各自作用和相互关系的问题上,国内一直存在激烈的争论,其中大致可分为三种观点:一是新自由主义者认为中国应当像资本主义国家一样实行产权私有化和唯市场化,主张建立小而弱的政府,即管得最少的政府,否则,就是"半统制经济""权贵资本主义""国家资本主义"或"专制社会主义";二是凯恩斯主义者认为政府应当调控经济,但调控仅限于几个宏观经济变量,不赞成对涉及国计民生一些重要领域的问题进行必要的调控,使用的调控手段主要限于财政政策和货币政策;三是国家调节要与市场调节相结合,国家调节要克服市场经济的自发性、盲目性和滞后性,国家调节不仅限于宏观经济领域,还应当包括公共服务、市场监管、社会管理、环境保护、发展战略、产业规划和微观管制等。我们认为,为了发挥比资本主义市场经济体制更优越的制度和政策效应,我国在完善社会主义市场经济体制改革中,应采取市场调节和国家调节功能性结合的第三种思路。

---

① 程恩富:《应对资本主义危机要超越新自由主义和凯恩斯主义》,《红旗文稿》2011年第18期。

(一) 市场配置资源

马克思、恩格斯等经典作家在研究市场配置资源作用时，主要是以资本主义市场经济为研究对象。市场配置资源的核心是通过价值规律的作用，使得各类资源充分流动和运用。市场通过价格、供求、竞争等机制来协调经济主体的行为，从而实现资源配置。从自由放任的市场经济观点来看，这种市场作用是微观的、基础性的或决定性的。但是，从近 200 年的资本主义市场经济体系周期性地频繁爆发的危机可以得出，这种市场决定配置资源的方式存在多种制度性和功能性缺陷。

1. 市场调节目标和效果与全社会要求有较大反差。西方经济理论承认市场会出现失灵，市场失灵的原因主要是由于存在外部性、垄断、信息不对称、公共产品、盲目性、过度趋利性等，使得市场并不能做到有效配置资源。如投资者过高的预期或冲动情绪致使资源过度投放到某些行业或领域，造成资源错配；某些信息或者心理因素引发市场价格，尤其是资本市场领域价格的剧烈波动等。这样市场调节的目标和结果并不是全体人民和国家整体所需要的。

2. 市场调节领域有限度。市场在资源配置中发挥决定性作用，但并不是所有领域都适合采用市场调节方式，有些领域不能采取市场调节，有些领域只能部分采取市场调节。在某些因规模经济导致自然垄断的领域，如交通运输等基础设施、供水、供电等领域就不适合完全采用市场调节。非营利性的教育、卫生、基础研究、国防等领域，接受市场调节的可能性更微弱。简言之，在微观领域，完全由市场单独决定的资源配置只限于一般物质资源和部分服务资源，而多数重要物质资源和部分服务资源是先由国家规划和政策决定，然后再采取市场化操作措施，从而呈现市场和国家双重决定或双重调节的多种状态。

3. 市场调节会出现对信息的反应偏差。市场信息会对市场价格产生影响，市场主体会对价格等的变动作出反应。有些信息会直接体现到价格变动，但是有些信息在经过一段时期后才能在价格上得到反映。经济主体对信息的反应并不相同,如果出现反应过度和反应不足,平均的反应程度大致与信息应当体现出的反应相同或接近,不会带来严重的资源错配。但是,由于经济主体对信息的解读差异、心理和情绪因素等造成对信息反应总体严重偏差,就会导致严重的后果。在市场作为唯一资源配置方式的情况下,这种现象往往会反复出现。市场信息的不透明、不准确,均会导致市场调节的失效。

4. **市场调节有时需较长时间。**市场调节是典型的预期结果决定最初行动,作用机制是经济主体预期到采取某种经济行为能够带来收益,通过经济主体的自利行为推动经济运行,即依赖于"看不见的手"来调节经济。市场主体预期的有限性和未来经济的不确定性,并不能保证投资等交易行为一定能够带来收益,当盲目性导致严重的宏观经济后果时,经济代价已经付出,只能是通过事后的强制性平衡来缓解,这就需要较长时间才能实现有效的市场均衡和利益目标。

5. **市场调节存在成本,有时会很高昂。**任何一种经济调节方式都会存在成本,比较某种调节方式的成本应采取两种思路:成本与由此带来的收益相比较;获得相同收益,不同方式成本比较。在多数领域中,市场供需、市场价格等近远期的状态变化多端,市场主体的搜寻成本、适应成本、变动成本、决策成本和纠错成本等均不小,国家校正市场调节失灵的跟进成本也会不小。由于市场调节主要是一种事后调节方式,不少情况下只有在资源错配之后,才会通过强制性的纠错机制发挥作用,从而微观个体和社会整体要支付较高的成本。

(二) 国家调节

在资本主义国家中,政府调节主要是指政府的宏观调控:市场失灵领域,如存在外部性、垄断、公共产品、信息不对称领域,以及当经济增速下滑或经济过热时,通过财政、货币等宏观调控政策来熨平经济波动。我国社会主义市场经济也需要国家调节,但是调控的范围和使用的手段需要超过资本主义市场经济。社会主义市场经济的国家调节,还应包括重要经济结构、财富和收入分配、人口、资源和环境的可持续发展等。社会主义市场经济的国家调节有利于保证市场稳定和经济增长，有利于保证经济社会重大结构或比例关系协调，有利于实现国家经济社会发展战略，有利于提高国家整体竞争力，有利于劳动者分享经济社会发展的成果。但是，国家调节也存在自身的缺陷。

1. 国家调节存在主观偏好。国家调节目标显示了国家的偏好，显示了对各种经济、社会目标的国家排序情况。如果国家能够按照全社会的要求确定自己的调控目标，国家调节目标与全社会的要求就会是一致的，但在多数情况下，国家有自身的偏好，国家要考虑设定的调控目标为自己带来的利益，既包括经济利益，也包括获得民众支持和良好声誉等非直接经济利益，此时国家的调控目标并不一定与全社会的要求相一致。国家调节的目标还会受到具体执行部门利益和地方利益的影响，这就会直接影响到调控的最终目标和结果。

2. 国家调节存在动力不足。国家调节要通过国家工作人员积极主动地制定和组织实施各种调节目标、步骤及具体方法来实现，可是有关工作人员经常出于个人、本地、本部门或本阶层的狭隘利益考虑，不愿意自觉适时地调解经济发展中已暴露出来的矛盾和问题。尤其是在众多企业和个人的"下有对策"面前，国家调节的"反对策"往往显得苍白无力。其结果，要么是集权僵化，要么是分权紊乱，使国家调节常常陷于官僚式的动力机制不足的局面。

3. 国家调节存在转换迟钝。由于国家调节决策可能缺乏可靠的信息、决策的程序可能过于复杂、决策的时间可能较长、决策的成本可能太大等若干因素的存在，即使发现国家调节有误，或根据新情况需要转换调节形式和内容，也常常陷于呆滞状态，不能及时灵活地进行调节变换，造成一种与"市场调节失灵"相对应的"国家调节失灵"现象。

4. 国家调节存在政策内耗。当国家运用财政、金融、价格、收入、税收、汇率、消费等各种经济政策调节市场体系和企业行为时，倘若国家政策体系内部不能配组协调，甚至作用相反，那就会导致"政策内耗"，即各项政策功能抵消。当然，在国家决策机制较为健全的条件下，政策功能内耗的现象会少些，但也不会完全消失。[1]

（三）市场调节与国家调节的功能性结合

市场调节与国家调节各自均有功能性优势和劣势，在全面深化改革中应当充分发挥它们的功能互补性。这种优势功能互补至少可以概括为：在层次均衡上微宏观互补；在资源配置上短长期互补；在利益调整上个整体互补；在效益变动上内外部互补；在收入分配上高低性互补；等等。市场调节和国家调节的功能互补，既有侧重点，又有渗透性。一般市场主体的活动、普通资源的短期配置、收入和利益的日常调整以及一般的经济行为方面，市场调节的功能明显强于国家调节，但也要求注入国家调节机制因素，实行国家引导，而在产业结构、国民经济总量、社会所有制结构、重大工程、最主要的产品、重要资源的长期配置以及财富收入和利益的较大调整方面，国家调节的功能又明显强于市场调节，但要求市场在资源配置中起决定性作用，发挥市场对国家调节的反馈和制约作用。可见，市场调节和国家调节的功能性结合与互补，深刻地表明现阶段双重调节的新机制有着本质上的统一面，而非单纯的此消彼长。[2]

三 两种"市场决定性作用论"的比较

习近平在《关于〈中共中央关于全面深化改革若干重大问题的决定〉的说明》中指出："市场决定资源配置是市场经济的一般规律，市场经济本质上就是市场决定资源配置的经济……作出'使市场在资源配置中起决定性作用'的定位，有利于在全党全社会树立关于政府和市场关系的正确观念，有利于转变经济发展方式，有利于转变政府职能，有利于抑制消极

---

[1] 程恩富：《构建以"市场调节为基础、以国家调节为主导"的新型调节机制》，《财经研究》1990年第12期。
[2] 同上。

腐败现象。当然，我国实行的是社会主义市场经济体制，我们仍然要坚持发挥我国社会主义制度的优越性、发挥党和政府的积极作用。市场在资源配置中起决定性作用，并不是起全部作用。发展社会主义市场经济，既要发挥市场作用，也要发挥政府作用，但市场作用和政府作用的职能是不同的。全会决定对更好发挥政府作用提出了明确要求，强调科学的宏观调控，有效的政府治理，是发挥社会主义市场经济体制优势的内在要求。全会决定对健全宏观调控体系、全面正确履行政府职能、优化政府组织结构进行了部署，强调政府的职责和作用主要是保持宏观经济稳定，加强和优化公共服务，保障公平竞争，加强市场监管，维护市场秩序，推动可持续发展，促进共同富裕，弥补市场失灵。"[①] 可见，中国特色社会主义的"市场决定作用论"与中外新自由主义的"市场决定作用论"有本质差别。详细分析有以下五点。

第一，新自由主义"市场决定性作用论"主张市场原教旨主义和唯市场化，否定必要的政府干预，而中国特色社会主义"市场决定性作用论"应在保证市场在资源配置中应有的决定性作用的同时，也强调国家宏观调控和微观规制。

新自由主义的"市场决定性作用论"主观臆断市场能够自发地完成一切资源的合理配置，当出现供求不平衡时，市场的自发力量能很快使供求趋于平衡，任何形式的政府干预都不能起到预想的效果，只能使经济变得更糟糕。这种"市场决定性作用论"通过否定总需求不足、不会出现长期的就业不足、失业率与通货膨胀之间不存在替代关系、理性预期使得宏观调控政策失效等方式来否定政府干预经济的合理性。这种"市场决定性作用论"认为政府的宏观调控并不能起到平滑经济波动效果，相反，正是因为政府频繁干预经济，影响了经济自身的调节功能，增加了经济的不稳定性，使得宏观经济波动更为剧烈。各国和全球经济实践表明，宏观经济运

---

① 习近平：《关于〈中共中央关于全面深化改革若干重大问题的决定〉的说明》，《求是》2013 年第 22 期。

行并不是像新自由主义认为的那样，是无摩擦、无成本和参与主体完全理性或者具有理性预期的，而是具有较高成本并且充斥着大量非理性行为。所以，迄今为止，凡是采用新自由主义市场决定论的国家，没有一个不产生严重的经济社会问题。正如"首届世界马克思经济学奖"获得者刘国光所说的，"市场调节具有自发性、盲目性和事后性等特点，它对于保证经济总量平衡，防止经济剧烈波动，对于合理调整重大经济结构，对于防止贫富悬殊、两极分化，以及对于生态环境和自然资源的保护等等，所有这些，市场调节或者是勉为其难的，或者是无能为力的"[①]。

中国特色社会主义"市场决定性作用论"，首先要求是市场在资源配置中起决定性作用，但同时也强调国家宏观调控和微观规制并存。"公有制经济为主体的社会主义大国，有必要也有可能在宏观调控中运用计划手段，指导国民经济有计划按比例发展。"[②] 在社会主义市场经济中国家宏观调控与市场调节之间的关系是，"国家的宏观调控和市场机制是社会主义市场经济体制条件下配置资源的两种手段，是相辅相成的，即国家宏观调控建立在市场机制基础之上，而市场则在国家宏观调控之下运行"[③]。例如，虽然市场可以通过经济主体的自利行为达到资源一定程度的优化配置，但是有时市场配置资源的结果，并不是全社会福利最大化要求的结果，因为企业和市场可能只着眼于当前和本位的经济效益，而缺乏对长期和全局的综合经济社会利益的谋划和行为；单纯依赖市场配置，便会出现凯恩斯所指出的"有效需求不足"和就业不充分的严重状态；市场经济自身缺乏稳定性，不论资本主义市场经济还是社会主义市场经济，只要市场发挥资源配置的基础性或决定性作用，就需要克服市场自身具有的盲目性；社会所有制结构以及由此决定的国民收入初次分配的合理性需要国家来适度调节，因为财富和收入分配调整是国家调节的重要目标之一。

---

① 刘国光：《关于社会主义市场经济理论的几个问题》，《经济研究》1992年第10期。
② 刘国光：《社会主义市场经济与资本主义市场经济的两个根本性区别》，《红旗文稿》2010年第21期。
③ 卫兴华、王元龙：《论社会主义市场经济中的宏观调控》，《求是》1994年第11期。

中国特色社会主义"市场决定性作用论"主张微观调节或微观规制，不是采取计划经济体制中的微观管制，而是为了保证市场健康发展，保证微观经济主体能够采取符合国家经济发展战略和全社会福利的经济行为。国家的宏观调控不能取代微观规制，因为宏观调控"不是为了解决微观层次上的市场失灵问题，而是为了解决宏观层次上的市场不稳定性问题……至于微观层次上的市场失灵，则要求政府采取相应的微观经济政策"[1]。微观规制存在的必要性在于：单纯依赖宏观经济调控能够起到指挥市场配置资源方向的作用，但是在某些领域并不能保证市场更为合理的配置；为了鼓励或限制某些经济行为或者引导资源配置需要微观规制，某些战略性领域的目前投入不会产生经济效益，但能够提升我国相关产业的未来竞争力；为了保证国家经济安全或者产业安全，对某些金融行业的微观管制等；为了保证市场经济主体地位相对平等，对某些垄断行业和外部性较强的行业实行微观管制，对劳动者基本权益进行保护，包括基本生产条件、基本社会保障待遇、最低工资和维护劳动者集体谈判的权利等。

第二，新自由主义"市场决定性作用论"主张一切资源的长短期配置均由市场决定，而中国特色社会主义"市场决定性作用论"应限于一般物质资源和部分服务资源的短期配置为主，而非指地下资源等重要物质资源配置和许多一般资源的长期配置。

市场配置资源的机制是通过市场主体的自利行为，即在"看不见的手"的作用下完成的，这容易导致市场主体着眼于短期利益和自身利益，不易将长期利益和公共利益纳入决策考虑因素之中，因而不宜把市场决定资源配置的范围无限化。譬如，某些高新技术领域，由于研发成功的不确定性、未来市场的不确定性以及投资的长期性，会出现资源配置不足的情况；在国防、金融和信息安全等领域，如果单独依赖市场，也会出现各种

---

[1] 吴易风：《宏观调控的理论和实践问题——学习党的十四届五中全会文件的几点体会》，《经济改革与发展》1995年第11期。

资源配置不足的情况；市场的趋利性会导致某些违反法律、法规和具有负外部性的领域出现过度配置资源的情况。因此，新自由主义的"市场决定性作用论"单纯强调依赖市场调节，是不利于各种资源的高效配置效应的。

中国特色社会主义"市场决定性作用论"指出：只有"除关系国家安全和生态安全、涉及全国重大生产力布局、战略性资源开发和重大公共利益等项目外"，才能由企业依法依规自主决策，即通常说的由市场决定资源配置。[①] 尤其是我国还处于社会主义初级阶段，生产能力和技术水平与世界发达水平还有一定的差距，要尽快走完资本主义国家几百年的发展历程，达到世界中等发达国家水平，必须积极发挥国家的作用。在一些具有战略重要性，但短期内并不带来经济价值和对国家经济、社会安全起到关键作用的领域优先配置资源。对我国长期经济发展和经济安全发挥关键性作用的石油、煤炭和矿产等地下资源和土地资源，也需要从国家战略角度进行整体、统一的规划和调控。我国既是社会主义国家，同时又是发展中国家，要想保持经济数十年的持续快速发展，要实现跨越式发展目标，国家必须要在某些高新技术领域进行提前投资，投资的高风险性、收益的长期性导致只能由国家来承担。我国经济快速发展也需要基础设施投入先行，并且要保证基础设施公益性的特点，也只能采取主要依赖于国家投入的方式。诚然，在国家调节的同时，不仅要充分发挥市场在微观经济领域的重要作用，而且要发挥市场在宏观经济领域的必要作用，因为宏观经济领域也不只是单纯的国家调节。

第三，新自由主义"市场决定性作用论"主张市场在文化、教育、医疗等某些非物质资源配置领域也起决定作用，而中国特色社会主义"市场决定性作用论"只主张需要引进适合这些领域的市场机制，而非大都由市场决定。

新自由主义的"市场决定性作用论"，要求政府只承担"守夜人"的

---

① 习近平：《关于〈中共中央关于全面深化改革若干重大问题的决定〉的说明》，《求是》2013年第22期。

职能，对于众多关乎社会发展、人民福利的文化、教育、医疗领域，也坚持主要依赖市场配置资源的方式。如果上述三个方面主要依赖于市场来配置资源，便不会符合广大人民群众的利益，也会引发严重的经济社会问题。如果完全依赖于市场配置资源，文化领域就会被拜金主义、享乐主义、唯利是图和低级趣味等资本主义腐朽思想所占领；如果完全依赖于市场配置资源，教育领域就会成为只有富人阶层和权力阶层的子女才能享受到的特权，普通百姓的子女将很难有接受优质教育的机会，教育机会的不均等将会加剧其他方面的不平等，并且如果完全依赖于市场配置教育资源，也会导致全社会教育资源供给不足；如果完全依赖市场配置医疗资源，必然只会配置给富人阶层和权力阶层，普通民众将很难负担高昂的医疗费用，会被排斥在享受合理的医疗卫生服务之外。

文化、教育、医疗等领域不能完全依赖于市场配置资源或市场决定的方式，而只能引进适合本领域的市场机制。在社会主义市场经济中，文化领域要实行国家引导下的市场取向的改革，要保证文化领域中主旋律是宣传和弘扬社会主义核心价值体系和核心价值观，抵制各种不良文化思想的腐蚀，同时也要对广大人民群众喜爱的文艺产品采取市场化的运营方式，以便获得合理的经济效益。正如《国家"十二五"时期文化改革发展规划纲要》中所明确指出的：文化领域要"坚持把社会效益放在首位，坚持社会效益和经济效益有机统一，遵循文化发展规律，适应社会主义市场经济发展要求，加强文化法制建设，一手抓繁荣、一手抓管理，推动文化事业和文化产业全面协调可持续发展"。

在社会主义市场经济中，教育资源配置应当引入市场机制，但要坚持国家主导、公益性和普惠性原则。在《国家中长期教育改革和发展规划纲要（2010—2020年）》中明确指出："形成惠及全民的公平教育。坚持教育的公益性和普惠性，保障公民依法享有接受良好教育的机会。建成覆盖城乡的基本公共教育服务体系，逐步实现基本公共教育服务均等化，缩小区域差距。努力办好每一所学校，教好每一个学生，不让一个学生因家庭经济困难而失学。"《纲要》进一步指出："坚持教育公益性原则，健全政府主导、社会参与、办学主体多元、办学形式多样、充满生机活力的办学体制，形成以政府办学为主体、全社会积极参与、公办教育和民办教育共同发展的格局。"

医疗领域资源配置也应当主要以政府支出和公益性为主，要坚持把基本医疗卫生制度作为公共产品向全民提供的核心理念。建立公平合理、覆盖全民的公共性和公益性医疗体系，是关系到我国保障和改善民生、促进社会公平正义的重要举措。医疗领域并不是要排斥市场，而是要引入适合本行业和本领域的市场机制。如医药、医疗器械领域，在加强国家监管条件下，可以让市场承担资源配置的决定性作用，而在医疗服务领域则需要适当引入市场机制，作为公立医院和公益性医院的合理补充。虽然目前我国作为医疗主体的公立医院还存在着逐利性的特征，但是医疗服务领域如果完全由市场来配置资源，就会加剧医疗服务的严重不均等。由于医疗行业中医生和医院具有更强的信息优势，如果主要依赖于市场配置资源，将会导致诱导性医疗服务的过度使用和医疗服务不足情况并存。《"十二五"期间深化医药卫生体制改革规划暨实施方案》中明确指出："坚持公立医院公益性质……逐步建立维护公益性、调动积极性、保障可持续的公立医院运行新机制"，并且指出要引入市场机制，鼓励社会各方面力量参与医疗服务的建设。

第四，新自由主义"市场决定性作用论"与私有制为主体的混合经济相联系，而中国特色社会主义"市场决定性作用论"与公有制为主体的混合经济相联系，并体现在不同类型的市场经济体系和市场活动之中。

新自由主义的"市场决定性作用论"，不认可公有制存在的合理性，政府原则上不能以生产资料所有者的身份来参与经济活动，政府的职能仅限于维持经济运行的最低规模。该理论以公有制存在着资源浪费、效率低下和内部人控制等为借口，认为公有制不能成为市场经济中的主体所有制形式。新自由主义不仅认为竞争性领域不能采取公有制，就是在存在严重垄断、外部性、信息不对称和提供公共产品的领域，甚至在国防等领域，也不能实行公有制。新自由主义的"市场决定性作用论"没有认识到政府在经济中的重要作用,也没有认识到公有制作为国家调节经济的重要经济基础的重要性,其对待公有制的观点不仅不符合市场经济的实际,更不符合社会主义国家和人民对市场经济的更高要求。

中国特色社会主义的"市场决定性作用论",十分强调公有制在社会主义经济中的主体地位。以在质上和量上占优势的公有制为主体,是中国特色社会主义市场经济的内在要求,也是其本质特征。社会主义基本经济制度和市场经济体制对公有制有特殊的要求。"在社会主义经济中,国有经济的作用不是像在资本主义制度中那样,主要从事私有企业不愿意经营的部门,补充私人企业和市场机制的不足,而是为了实现国民经济的持续稳定协调发展,巩固和完善社会主义制度。"[①] 十八大报告明确指出,中国特色社会主义的基本经济制度为,公有制为主体、多种所有制经济共同发展,要毫不动摇巩固和发展公有制经济,推行公有制多种实现形式。《中共中央关于全面深化改革若干重大问题的决定》也明确指出:"必须毫不动摇巩固和发展公有制经济,坚持公有制主体地位,发挥国有经济主导作用,不断增强国有经济活力、控制力、影响力。"公有制是国家引导,推动经济和社会发展的基本力量,是实现最广大人民群众根本利益和共同富裕的重要保证。如果公有制在社会主义经济中不再具有主体地位,那么国家调控能力和效果便会大大削弱,便会严重影响国家经济、社会发展战略的实施,便会使国家缺乏保证人民群众根本利益和共同富裕的经济基础。

因此,当前在全面深化改革中,必须强调发展公有资本控股的混合所有制。[②]

[①] 刘国光:《社会主义市场经济与资本主义市场经济的两个根本性区别》,《红旗文稿》2010年第21期。

[②] 2014年3月5日,习近平主席在十二届全国人大二次会议上海代表团讲话时强调,国有企业不仅不能削弱,而且还要加强;3月9日,习近平主席在参加安徽代表团审议时又指出,要吸取过去国企改革经验和教训,不能在一片改革声浪中把国有资产变成牟取暴利的机会。"在不到一周的时间内,习近平两次对国企改革作出重要指示,不仅纠正了当前社会上对于国企改革的一些错误论调,更为进一步沿着正确道路推进国企改革划定了红线、明确了底线,指明了方向。"(朱继东:《为国企改革划定红线》,《环球时报》2014年3月17日。)

第五，新自由主义"市场决定性作用论"主张财富和国民收入初次分配完全由市场决定，再分配的力度越小越好，而中国特色社会主义"市场决定性作用论"强调在财富和国民收入初次分配中市场作用大些，在再分配中国家作用大些。

新自由主义的"市场决定性作用论"认为，完全依赖于市场进行的财富和收入分配是最符合经济效率和人的自私本性要求的，也是最为公平、最为符合经济主体利益的分配方式。通过市场竞争，资本、土地和劳动者分别获得利润、地租和工资，分配的多寡取决于所谓的各生产要素的边际生产力或边际产品价值。如果国家介入到市场分配中，即一次分配之中，就会导致要素价格扭曲，直接破坏市场配置资源的效果。该理论认为，失业救济和各种补助使得工人工作的动力下降，致使劳动供给不足、劳动成本上升，政府旨在增加社会福利和社会保障的措施，只会起到降低全社会生产能力的作用。因此，中外新自由主义者反对最低工资法、劳动合同法、较高收入累进税和移民税，反对不断提高劳动报酬和缩短劳动时间，只主张重点减少私有企业的税收、越低越好的收入累进税和无利息的银行存款政策等。

中国特色社会主义的"市场决定作用论"强调，在广义的财富和收入分配领域，市场和国家都应当发挥积极作用，在财富和国民收入初次分配中市场发挥主要作用，在再分配中国家发挥主要作用。市场配置经济资源的机制之一是通过分配收益的方式完成的，要保证市场在资源配置中起决定性作用，首先就要保证市场在财富和收入分配中发挥一定的决定性作用，但是，这不等于国家不参与到市场的初次分配之中。市场决定的收入分配结果合理和有效率的前提条件，是各要素所有者处于大致对等的市场地位，但与私人资本所有者相比，劳动者明显处于劣势地位，因而需要国家主导下的多方协调制度来确保劳动者的合法权益和提高劳动者的市场谈判地位，尤其是要通过国家立法来实行职工收入与企业高管、劳动生产率、利润率和当地物价房价的变动挂钩，即"同步四挂钩"。在某些领域如垄断领域、严重信息不对称领域、生产公共产品和服务的领域，需要国家介入调整各要素的总收入和内部份额。在再分配中，国家通过收入税、财产税和社会缴款的方式参与社会初次分配获得收入，再将此部分收入以社会福利和转移支付的方式支付给需要救助的群体。在市场调节和国家调节的多层次多种类双重调节下，我国以按劳分配为主体、按资分配为辅体的多要素分配结构，是社会主义初级阶段的基本分配制度，能够使社会主义市场经济比资本主义市场经济产生更高的公平与更高的效率。

四　简要结论

无论古典经济学、凯恩斯主义经济学还是新自由主义经济学的市场决定理论都存在致命缺陷，理论和实践都证明完全依赖于市场并不是有效的资源配置方式。国家调节和市场调节都有各自的优势和缺陷，需要将两者结合。中国特色社会主义的"市场决定性作用论"与新自由主义的"市场决定性作用论"有显著区别。中国特色社会主义的"市场决定性作用论"更符合我国社会主义市场发展的内在要求，也能更好地发挥市场和国家两方面的积极作用，实现二者的功能性作用的强强互补和结合。

党的十八届三中全会强调双重调节或双重作用的重要意义在于，今后需要将市场决定性作用和更好发挥国家作用看作一个有机的整体。市场调节和国家调节均有内在规律。既要用市场调节的优良功能去抑制"国家调节失灵"，又要用国家调节的优良功能来纠正"市场调节失灵"，从而形成高效市场、强能市场与高效国家、强能国家有机结合的"双高"和"双强"格局。这样，既有利于发挥社会主义国家的良性调节功能，同时又在顶层设计层面避免了踏入新自由主义陷阱，产生金融经济危机风险和贫富两极分化境况。这根本不是某些中外新自由主义的"市场决定作用论"者所说的，中国仍在搞"半统制经济""权贵资本主义"和"国家资本主义"，也不是宣扬不要国家调节的"竞争性市场机制"或所谓现代市场经济体制，更不是搞各种凯恩斯主义者猛烈抨击的"市场原教旨主义"和

"市场万能论"的"唯市场化"改革,反对和规避必要的国家宏观调控和微观规制,犯各种颠覆性错误。

(作者单位:中国社会科学院马克思主义研究院)
(原载《学术研究》2014 年第 4 期)

准确理解"使市场在资源配置中起决定性作用"

何秉孟

党的十八届三中全会闭幕后，国内外新自由主义者纷纷粉墨登场，用新自由主义的"市场原教旨主义"理论对三中全会《决定》进行解读，说什么《决定》用"市场起决定性作用"取代原来的"基础性作用"，就是主张"市场说了算"，就意味着"大型国有企业的权力垄断要打破"，是要建立一个"消除了垄断和行政干预的市场"，这"符合私有资本和西方投资人利益"。这明显是在用新自由主义的那一套曲解三中全会的《决定》，企图用新自由主义的"市场原教旨主义"误导我国下一步的改革开放。所以，准确理解并阐释十八届三中全会《决定》关于经济体制改革的"核心问题是处理好政府和市场的关系，使市场在资源配置中起决定性作用和更好发挥政府作用"的论述，是当前我国经济理论界面临的一项重要任务。

十八届三中全会提出的"使市场在资源配置中起决定性作用"同新自由主义的"市场原教旨主义"是具有本质区别的。这种区别，至少体现在以下四个方面。

第一，新自由主义的"市场原教旨主义"根本排斥、反对政府对市场、对经济活动的任何干预和宏观调控。从哈耶克到科斯、弗里德曼，无一不认为政府对经济活动、对市场的任何干预和调控举动都是无效率的、不必要的；他们主张绝对的自由市场、自由经营。而《决定》提出的"市场的决定性作用"的出发点是为了处理好"市场调节"与"政府宏观调控"这两者间的关系。就是说，其前提是"市场调节"与"政府宏观调控"两者并存，既要发挥市场在调节方面的灵活性、灵敏性，以解决行政干预过多的问题；又要发挥政府"事前"的规划或计划的指导、"事中"的监督和"事后"或在"市场失灵"时的宏观调控功能，以解决监管不到位的问题，确保国民经济协调平稳运行，减少波动、杜绝危机发生，这也就是《决定》明确的"更好发挥政府作用"。

第二，新自由主义的"市场原教旨主义"主张市场调节支配经济活动的一切领域，也就是在经济活动的所有领域都是"市场说了算"。而《决定》提出的"市场的决定性作用"仅仅限于资源配置，而且，这里的"资源"，仅指一般性资源，并不包括地下资源及其他关系国计民生的必须由国家控制的战略性资源、特殊资源；尤其重要的是，在马克思主义看来，资源配置问题绝不是经济活动的全部，它仅仅是经济活动的一个方面。比如，文化、教育、医疗甚至金融领域等提供服务性及其他公共产品的经营活动，可以引入市场的竞争性机制，但不能让"市场起决定性作用"，不能由"市场说了算"。否则，如果在这些领域让"市场起决定性作用"，由"市场说了算"，将必然导致文化低俗、媚俗，教育偏离党的"德智体全面发展"的方针，以及中低收入群体就医难等社会问题，这是有前车之鉴的。

第三，新自由主义的"市场原教旨主义"以彻底私有化为前提或基础。按照新自由主义的理论逻辑，公有、国有必然导致垄断，不可能由"市场说了算"；经济活动也不可能有效率。因此，所有的新自由主义者都反对任何形式的公有经济、仇视国有经济。十八届三中全会通过的《决定》强调，"必须毫不动摇巩固和发展公有制经济，坚持公有制主体地位，发挥国有经济主导作用，不断增强国有经济活力、控制力、影响力"。这就清楚地表明，"使市场在资源配置中起决定性作用"，不仅不是要削弱公有制的主体地位，削弱国有经济的主导作用，而是要进一步巩固和发展公有制经济，强化国有经济的主导作用。换句话说，"使市场在资源配置中起决定性作用"，是在以公有制为主体、多种所有制经济共同发展的基本经济制度为前提下进行的，而不是以私有化为前提的。可见，国内外新自由主义者借口解读《决定》，攻击国有经济的主导地位，攻击国有经济的控制力、影响力为垄断，主张消除这种"垄断"，搞垮国有经济，居心不良，值得各界高度警惕。

第四，《决定》的"使市场在资源配置中起决定性作用"同新自由主义的"市场原教旨主义"的本质区别表现在分配领域，即坚持"劳动者优先"还是坚持"资本优先"。"市场原教旨主义"者主张，收入分配也应由劳动力这种特殊商品的供求关系也即"市场说了算"。新自由主义者深知，在市场经济体制下，特别是在私有化为基础的市场经济体制下，资本与劳动这一组关系，资本总是处于强势、支配地位，资本为了攫取尽可能多的剩余价值，总是有意识地保留一支失业大军，以便造成在劳动力这种特殊商品的供求关系中有利于资本的"市场决定"格局，这也就是为什么所有的新自由主义流派均反对、批判国家运用财政手段解决社会保险、社会福利等以刺激需求和增加就业机会的原因所在。比如，美国总统里根自我标榜的所谓"里根经济学"，实际上是采纳以拉弗、费尔德斯坦等为代表的新自由主义供给学派的理论主张。供给学派认为，在供给与需求这一组关系中，供给决定需求，而在决定供给的诸要素中，又是资本最重要，因此，国家的收入分配、国家财政要坚持资本优先，向资本倾斜，通过降低资本所得的边际税率以刺激投资，也就是所谓的"效率优先"。其后果是导致美国严重的贫富不均，30多年来两极分化越来越严重，造成了美国社会99%与1%严重对立的社会格局。我国实行的公有制为主体、多种所有制经济共同发展的基本经济制度，其根本目的之一，是要实现共同富裕。所以，《决定》的"使市场在资源配置中起决定性作用"，并不完全适用于分配领域。虽然在社会主义市场经济的分配领域，也要引入市场竞争激励机制，但拒绝单纯由"市场说了算"，而应由市场和政府各自发挥应有的调节作用：初次分配中市场的作用大一些，但政府也不是置身事外，必须注重宏观指导，如"完善最低工资和工资支付保障制度，完善企业工资集体协商制度"，要求提高劳动报酬在初次分配中的比重等；再分配则主要发挥政府的调控作用；在收入分配的全过程中，都要加强政府的监督作用，注重落实各项法律、政策的规定，以确保公平，实现共同富裕。

十八届三中全会《决定》用"使市场在资源配置中起决定性作用"取代此前的"基础性作用"，是中国特色社会主义市场经济理论的一个重大创新，对这一理论创新必须准确解读。真理再多迈出一步，就成谬误。这一点用在理解"使市场在资源配置中起决定性作用"问题上十分恰当。"使市场在资源配置中起决定性作用"同新自由主义的"市场原教旨主义"之间是有边界的。如果我们不注意划清边界，准确地拿捏好、掌握好分寸，多迈出一步，就会堕入新自由主义的万丈深渊，就有可能犯颠覆性的历史性错误。

（作者单位：中国社会科学院）

（原载《中国社会科学报》2014年1月10日）

试论市场与政府在资源配置中的关系

许 敏

党的十八届三中全会明确指出:"我国实行的是社会主义市场经济体制,我们仍然要坚持发挥我国社会主义制度的优越性、发挥党和政府的积极作用。市场在资源配置中起决定性作用,并不是起全部作用。"习近平在《切实把思想统一到党的十八届三中全会精神上来》的讲话中指出,使市场资源配置中更好地发挥决定性作用,又使政府能够有效合理地加以治理,就是从推进国家治理体系和治理能力现代化这个总体角度去考虑,以达到发展和完善中国特色社会主义制度,实现社会主义现代化。由此可见,十八届三中全会的"市场决定论"是中国特色社会主义的"市场决定论",绝非中外新自由主义的"市场决定论"。

一 两种"市场决定论"观点对比

十八届三中全会提出"市场决定论"以后,中外不少新自由主义者、马克思主义经济学家都对其进行了解读,由于所处立场不同,他们对"市场决定论"的解读也存在天壤之别。

新自由主义的"市场决定论"。新自由主义的"市场决定论"即"市场原教旨主义""唯市场论"。对"市场决定论"的解读主要包含以下四个方面:一是根本排斥、反对政府对市场、对经济活动的任何干预和宏观调控。从哈耶克到科斯、弗里德曼，无一不认为政府对经济活动、对市场的任何干预和调控举动都是无效率的、不必要的。他们主张绝对的自由市场、自由经营。二是主张市场调节支配经济活动的一切领域，也就是在经济活动中所有领域都是"市场说了算"。三是以彻底的私有化为前提或基础。他们认为公有、国有必然导致垄断，不可能由"市场说了算"；经济活动也不可能有效率。他们反对任何形式的公有经济、仇视国有经济。四是收入分配也应由劳动力这种特殊商品的供求关系亦即"市场说了算"。[①]

中国特色社会主义的"市场决定论"。马克思主义经济学家紧紧围绕习近平的讲话，对市场与政府的关系进行了一个客观、准确的评析。市场在资源配置中发挥决定性作用，但不是全部作用，同时要更好地发挥政府的作用，达到一个"强市场"和"强政府"双强的局面。

刘国光教授在中国经济社会发展智库第七届高层论坛上就政府和市场在资源配置中的作用进行了精彩阐述。他指出，"社会主义市场经济"是一个完整的概念，一个有机的不可分割的整体。党的十四大报告在第一次提出社会主义市场经济改革目标时，就指出让市场在资源配置中发挥重要作用的前提是国家宏观调控。资源配置有宏观、微观不同层次，还有许多不同领域的资源配置。在资源配置的微观层次，即多种资源在各个市场主体之间的配置，市场价值规律可以通过供求变动和竞争机制促进效率，发挥非常重要的作用，也可以说是"决定性"的作用。但是在资源配置的宏观层次，如供需总量的综合平衡、部门分配的比例结构、自然资源和环境的保护、社会分配公平等方面，以及涉及国家社会安全、民生福利（教育、住房、医疗）等领域的资源配置，就不能完全依靠市场来调节，更不用说"决定"了。程恩富教授指出，中国特色社会主义的"市场决定论"有下述五个特点：一是与国家宏观调控和微观规制并存；二是限于一般资源的短期配置，而非地下资源等特殊资源和一般资源的长期配置；三是文

[①] 何秉孟：《准确理解"使市场在资源配置中起决定性作用"》，《中国社会科学报》2014年1月10日。

化、教育等某些非物质资源配置，只是引进本领域的市场机制，而非市场决定；四是公有制为主体、国有经济为主导，并体现在市场经济体系和市场活动中；五是在财富和收入分配领域由市场和政府各自发挥应有的调节作用，国民收入初次分配中市场作用大些，再分配中政府作用大些。[①]

两种"市场决定论"的对比。从持新自由主义"市场决定论"作者的观点中可看出，他们基本强调的是要建立一个没有约束的市场经济体制，政府在资源配置中充当资本的"守夜人"角色，政府只应在宏观经济领域起作用。而从持中国特色社会主义"市场决定论"作者的观点中可看出，首先，市场"决定"作用发挥的前提是要坚持社会主义经济发展方向，"市场决定论"也是具有意识形态基础的。中国特色社会主义的"市场决定论"是具有社会主义性质的。其次，市场在资源配置中发挥决定性作用，并不是全部作用，是有限制性作用，政府的作用同样不可忽视，二者是相辅相成、缺一不可的。两种"市场决定论"的分歧根本反映了双方代表不同的阶级利益，不同的意识形态。具体而言，双方在市场发挥决定性作用的区域、范围、程度有所区别，在政府发挥调节作用的程度上有所区别。

二 有关市场与政府的理论与实践评析

为了能够更好地发挥市场在资源配置中的决定性作用，同时更好地实现政府的合理有效治理，我们还须考察西方经济学不同学派对市场与政府作用的不同看法，然后考察作为社会主义的中国在改革开放30多年对市场与政府的实践角度，运用马克思主义基本原理，分析更好发挥政府作用的必要性。

不同西方经济学流派对市场与政府的不同解读。新古典综合学派的汉森是较早运用"混合经济"说明当代资本主义社会的经济学家。他认为，

[①] 程恩富：《要分清两种市场决定性作用论》，《环球时报》2013年12月10日。

19 世纪以来的资本主义社会已不是纯粹的私人资本主义经济,而是私人经济与社会公共经济并存的混合经济,生产领域中除私人企业外,还有政府企业与政府投资,在消费领域中除私人消费外,还有社会保险和社会福利等由政府支出的部分。他认为,从 20 世纪 20 年代以后,由于资本边际效率递减、人口增长缓慢等多种原因,资本主义经济进入长期停滞阶段,要打破这种停滞就要由政府干预经济。[①]

杰弗里·M. 霍奇逊指出:"一个纯粹的市场体系是行不通的,一个市场系统必定渗透着国家的规章条例和干预,干预本质上一定是制度性的,市场通过一张'制度网'发挥作用,这些制度不可避免地与国家和政府纠缠在一起。"[②] 约瑟夫·斯蒂格利茨在 2001 年获得诺贝尔奖经济学奖颁奖典礼上指出:"传统经济学认为,在自由的不受管制的市场中,个人追求各自的利益会使整个社会的福利的最大化。而现实世界并不是那么回事。因为市场参与者不能得到充分的信息,市场的功能是不完善的,常常对人们的利益造成损害。所以政府其他机构必须巧妙地对市场进行干预,以使市场正常运行。"

上述几位学者对西方主流经济学的发展都作出了巨大的贡献,在西方主流经济学界都占有一席重要地位。他们的观点也并非完全排斥政府,同时肯定了政府在资本主义国家发展中所发挥了必不可少的作用。

改革开放以来我国对社会主义市场经济的实践。自十一届三中全会开始,我国开始了改革开放的全面进程,开始了历史性的体制改革,总的方向是由社会主义计划经济向社会主义市场经济过渡。1981 年,中共十一届六中全会通过的《关于建国以来党的若干历史问题的决议》中,确认了社会主义社会存在商品生产和商品交换。1982 年中共十二大明确提出了"计划经济为主、市场调节为辅"的原则。1984 年中共十二届三中全会通过的《中共中央关于经济体制改革的决定》,第一次提出了"社会主义是公有制

[①] 姚开建:《经济学说史》,中国人民大学出版社 2011 年版,第 359—360 页。
[②] [英] 杰弗里·M. 霍奇逊:《现代制度主义经济学宣言》,北京大学出版社 1993 年版,第 298—302 页。

基础上的有计划的商品经济"。中共十三大提出了"社会主义有计划的商品经济体制应该是计划与市场内在统一的体制",还提出"国家调控市场,市场引导企业"的机制模式。随着改革的逐步深入,从以计划经济为主、市场经济为辅向以计划与市场平起平坐转变,政策重点逐步向商品经济、市场经济倾斜。经济发展的活力不断增强,但是由于计划控制的减弱,造成了基建规模过大、物价上涨、通货膨胀等宏观失控现象。从这之后到中共十四大,我国的经济工作基本上更多地用中央行政权力管理经济,市场调节能力显弱。1992 年中共十四大明确提出,我国的经济体制改革的目标是建立社会主义市场经济体制。这是我国计划与市场关系演变过程中的一个里程碑。十四大以来,在短期宏观调控上先后取得了治理通胀和通缩的成功经验,但国家计划的宏观经济导向作用日益减弱,甚至变成可有可无的东西。

改革开放的 30 多年,社会主义的市场经济体制初步建立,市场运行机制日渐成熟,推动了中国经济的蓬勃发展,取得了举世瞩目的伟大成就。但是,改革开放以来发展过快,计划减弱导致一味追求 GDP,经济总量综合失衡,资源浪费、环境污染严重,社会有失公正、公平。现实国情要求我们国家在使得市场在资源配置中发挥重要作用时,同时强调国家计划在宏观调控中发挥主导作用。中共十七大重新提出了"发挥国家发展规划、计划、产业政策在宏观调控中的导向作用,综合运用财政、货币政策,提高宏观调控水平"。这表明,社会主义市场经济应该是国家宏观调控与市场机制两者的结合。党的十八大报告指出,经济体制改革的核心问题是处理好政府和市场的关系。充分发挥市场调节的作用,才能保持经济发展的活力;合理定位并履行好政府职能,才能维护宏观经济的稳定,两者有机结合、相辅相成,是国民经济持续健康发展的根本保障。党的十八届三中全会进一步强调,使市场在资源配置中发挥决定性作用和更好发挥政府作用。进一步强化了市场与政府的关系,也为我国以后的改革奠定了方向。

三 政府失灵理论评析

新自由主义者反对政府干预市场的另一个重要依据是所谓的政府失灵理论。但是，这一理论本身是有缺陷的。

政府失灵理论。公共选择学派认为，市场失灵虽然构成政府干预的一个理由，但这并不是把问题交给政府来解决的充分理由。现实的复杂性恰恰在于，在市场失灵存在的同时，也存在政府失灵。政府不仅无助于问题的解决，可能反而会使问题变得更糟糕。政府失灵主要表现为以下三个方面：政府行为并非永远代表公共利益。它们有可能不代表公共利益，而只代表自己或自己集团的利益，因此没有必要把政府的行为理想化；政府行为造成资源配置的低效率；政府规模的扩张。[1] 然而，公共选择学派研究的背景是西方资本主义国家，既然资本主义国家市场失灵是天生的缺陷，而政府干预同样又会产生政府失灵，那只不过说明资本主义国家的制度应该被推翻，应该用更好的、更完善的制度取而代之。作为社会主义的中国，市场调节资源配置失灵时，更需要国家合理调控。

有效合理地发挥政府作用。市场绝不是自然生成的，它是国家支持的原始积累的产物。一旦产生，它仍需要政府力量的维护。[2] 这句话已经深刻地表明了政府的重要性。而恩格斯早就指出："自由竞争不能忍受任何限制，不能忍受任何国家监督，整个国家对自由竞争是一种累赘，对它来说，最好是没有任何国家制度存在，使每个人都可以随心所欲地剥削他人，譬如说，就像在可爱的斯蒂纳所鼓吹的'联合会'那里。但是，资产阶级为了使自己必不可少的无产者就范，就不能不要国家，所以他们利用国家来对付无产者，同时尽量使国家离自己远些。"[3] 这表明，资本家也并非完

---

[1] 杨龙：《新政治经济学导论》，中国人民大学出版社2010年版，第283—286页。
[2] ［美］迈克尔·皮瑞曼：《知识产权与马克思的价值理论》，靳立新摘译，《国外理论动态》2004年第8期。
[3] 《马克思恩格斯全集》第2卷，人民出版社1957年版，第566页。

全排斥政府、国家的,他们要求建立的是"小政府、大市场",国家是他们用来剥削雇佣工人、维护资产阶级统治的工具。不要政府干预的市场经济体系是支撑不下去的,市场在资源配置中发挥全部作用最终要阻碍资本主义经济的发展。对于社会主义国家而言,政府在市场经济中所发挥的作用与在资本主义国家截然不同,政府通过宏观调控可以弥补市场失灵,使得资源配置更加优化,同时能够缩小收入、贫富差距,减少资源浪费行为,降低交易成本,增加就业等。

四 正确处理好市场与政府关系

正确发挥市场与政府作用,让市场在资源配置中更好地发挥决定性作用,同时又实现政府的有效合理治理,还应做到以下几点。

首先,社会主义国家中市场在资源配置中发挥决定性作用应是在坚持公有制为主体、国有企业发挥主导作用的基础上发挥作用;其前提应是公有经济为主、按劳分配为主体;还得符合社会主义市场经济改革方向;还得以实现共同富裕为目标;这样才能保证通过市场机制所创造的社会财富的分配合理,保证改革发展的成果能够全民共享,保证社会公平正义。

其次,市场与政府在资源配置中的关系是密不可分的,二者是有机结合的统一整体,两者是相互协调、缺一不可的。在我国社会主义市场经济中,市场通过发挥其三大机制(供求机制、竞争机制、价格机制),能够促进生产力的迅速发展,提高生产效率,保证社会主义市场经济充满活力,但市场经济运行的同时会产生市场失灵,通过市场机制创造的巨大财富容易流入少数私人资本家手里,造成贫富差距扩大,同时为了形成一个统一、竞争、有序、公平的市场环境,这就需要政府发挥宏观调控作用,政府应积极完善社会主义市场体系,保证社会化大生产供需总量的基本平衡,加强环境保护和生态文明建设,形成以共同富裕为目标的收入分配机制,最终形成可持续的社会发展环境。

再次,要使得市场在资源配置中发挥决定性作用,前提必须是国有企业发挥积极主导作用。政府要放开国有企业，将国有企业交给各级人大常委会去管，从而使国有企业真正成为市场的主体，同私有企业尤其是同外资企业进行自由、平等的竞争。政府的作用主要是维护它们之间的公平竞争。私有企业如果存在不正当竞争，没有严格遵循劳动法甚至违反劳动法，如拖欠农民工工资等行为，政府需要对其采取相应的措施，让私有企业在确保公平参与竞争的情况下再与国企竞争。政府也可以做一些适当的干预，让国有企业多吸纳一些工人，解决当今的大学生就业难问题。

最后，在考虑市场与政府在资源配置中的关系时，除了要防止资本主义意识形态的渗透、防止资本主义颠覆我们社会主义国家外，我们还要关注一个最关键的基础问题即群众基础问题，在处理市场与政府关系时，工人阶级在其中要处于什么样的位置，应当如何保障工人阶级的利益，他们能够在其中发挥什么样的作用？这值得我们每一个人思考。

（作者单位：中国社会科学院马克思主义研究院）

（原载《人民论坛》2014年第20期）

新自由主义"市场失灵"理论的双重悖论及其批判

——兼对更好发挥政府作用的思考

杨 静

处理好政府和市场的关系是当前全面深化经济体制改革的核心问题。回顾改革开放以来有关社会主义市场经济中政府和市场关系演变发展的历程,可以看到自十四大报告提出"要使市场在社会主义国家宏观调控下对资源配置起基础性作用"①,到党的十八届三中全会《中共中央关于全面深化改革若干重大问题的决定》(以下简称《决定》)中提出"使市场在资源配置中起决定性作用和更好发挥政府作用"②,市场在资源配置中的作用发生了由"基础性"到"决定性"这一表述上的变化,由此,引发了学术界对这一重大理论创新认识的争论。

其中,主张全面私有化、市场化和去政府干预的学者强调"市场决定资源配置是市场经济的一般规律",而目前进一步完善社会主义市场经济面临一些深层次的矛盾,由此开出的药方就是政府的作用应严格受到限制甚至取消,如仅限于"撬动市场力量",短期不得不直接介入市场时要注意不能"过度",长期则应完全"淡出"。③ 这种观点的主要理论依据是西

---

① 《十四大以来重要文献选编》(上),人民出版社1996年版,第19页。
② 《中共中央关于全面深化改革若干重大问题的决定》,《人民日报》2013年11月16日。
③ 高尚全:《从"基础性"到"决定性"——社会主义市场经济完善的新进程》,《北京日报》2013年11月25日。

方经济学的所谓"市场失灵"理论,尤其是 20 世纪 80 年代以来兴起的新自由主义"市场失灵"理论。新自由主义"市场失灵"理论不仅认为政府的作用仅限于弥补"市场失灵",政府应从属于市场,还主张以进一步市场化的手段来弥补"市场失灵",市场可以取代政府。这种理论遵循了资本利益至上的资本主义市场经济逻辑,如果以此来指导我国社会主义市场经济建设中政府和市场关系,不仅会对政府"更好发挥作用"产生严重的思想钳制,还会导致社会主义市场经济建设的方向性偏差。

因此,必须深入认识新自由主义"市场失灵"理论的实质及其在理论中和实践中存在的问题、局限,深刻理解"更好发挥政府作用"是社会主义基本制度的内在要求,才能保证我国市场经济体制改革的社会主义方向。

一 西方"市场失灵"理论的新自由主义转向

西方有关"市场失灵"思想的提出已有 200 多年的历史,纵观其思想与理论的演变,可以看到存在一个明显的转向,即 20 世纪 80 年代以来的"市场失灵"理论的新自由主义转向。

虽然"市场失灵"(Market Failure)作为经济学术语首次出现于 1958 年[1],但是有关"市场失灵"的思想早在 19 世纪就已存在了。英国古典经济学家约翰·斯图亚特·密尔在 19 世纪中期提出的关于公共物品、外部性等问题的观点标志着对"市场失灵"认识的开始。[2] 其后,经过剑桥学派和福利经济学的发展,"市场失灵"理论成为新古典经济学中微观经济学的重要组成部分。新古典"市场失灵"理论认为,市场机制总体上是完美的,但必须满足一些条件,如完全竞争、信息充分、不存在外部性等,当满足这些条件时资源配置就能够达到帕累托最优,叫作"市场成功",当

---

[1] Francis Bator, "The Anatomy of Market Failure", *The Quarterly Journal of Economics*, Vol. 72, 1958.
[2] [美] 斯蒂夫·G. 梅德玛:《困住市场的手:如何驯服利己主义》,启蒙编译所译,中央编译出版社 2014 年版,第 41 页。

条件不具备时，就会出现市场配置资源的低效率，即出现"市场失灵"。[①]由于实践中很难全部满足市场成功所必备的条件，市场会在某些领域出现失灵，需要政府予以弥补。

但是自20世纪80年代以来，伴随新自由主义经济学的兴起，"市场失灵"理论发生了重大转向。与传统"市场失灵"理论相比，一方面，传统上被认为存在"市场失灵"的领域被大大缩减；另一方面，"市场失灵"的原因不再被认为是市场机制的固有缺陷，反而被解释为市场机制未能充分发挥作用。于是，不仅政府干预经济的范围大大缩小，而且弥补"市场失灵"的主要方式也由政府干预转变为进一步的市场化。这一重要理论转向不仅否定了政府干预经济活动的正当性、合法性，还主张以市场取代政府。

（一）传统"市场失灵"理论

20世纪30年代资本主义"大萧条"使得古典经济学"看不见的手"以及"萨伊定律"受到了质疑，人们开始反思市场机制本身存在的重大缺陷，并且开始逐渐认识到政府不但可以干预经济，而且能够弥补市场失灵。凯恩斯颠覆了市场机制宏观有效的固有看法，他提出市场自发活动将导致有效需求不足从而导致失业和萧条，必须通过政府干预加以纠正。与此相应，"市场失灵"理论则从微观层面，揭示了市场机制的固有缺陷，由于不完全竞争、信息不对称以及外部性普遍存在于现实经济活动之中，因此市场机制难以自发实现均衡和帕累托最优，应由政府实行产业管制和反垄断政策，提供信息公开机制，供给公共物品，也就是说，即使微观领域也必须由政府加以干预。这些内容，不仅构成了新古典综合派的理论框架，也成为凯恩斯主义理论及政策实践的基础。新古典综合派的代表人物保罗·萨缪尔森曾明确指出市场存在的缺陷，政府应当使用"看得见的手"干预经济，以主导科学研究、调节收入分配、广泛运用财政金融政策等措

---

① ［英］约翰·伊特韦尔等编：《新帕尔格雷夫经济学大辞典》，陈岱孙主编译，经济科学出版社1992年版，第351页。

施来调控经济周期,促进经济增长。在那个时代,市场存在失灵因而需要政府干预经济的思想深入人心,成为西方资本主义国家奉为圭臬的主流经济理论。

(二)"市场失灵"理论的新自由主义转向及其实质

以凯恩斯主义理论为指导,西方资本主义国家在不同领域不同程度地加强了政府对经济的干预,迎来了第二次世界大战后资本主义20—30年的持续"繁荣"。但是从20世纪70年代开始,西方资本主义国家出现了低增长、高通胀的"滞胀"现象,凯恩斯的经济理论受到了人们的质疑,凯恩斯主义也面临着前所未有的挑战。在此种背景下,货币主义、公共选择、理性预期等新自由主义经济学流派涌现出来,揭示了"政府失灵",同时反向论证了"市场失灵"的原因不是市场机制的固有缺陷,而是因为市场机制未能充分发挥;即使市场存在一定程度的缺陷,由于政府失灵的存在,将导致政府的干预适得其反。通过"市场失灵"理论研究的转向,新自由主义经济学彻底否定了新古典经济学赋予政府弥补市场失灵的从属地位,由此得出的必然结论是资本主义国家应该反对政府干预,用更市场化的手段来弥补市场失灵。

第一,"外部性"问题可以通过市场交易"内部化"来解决。传统"市场失灵"理论认为,由于私人成本和社会成本不一致,即存在外部性,市场机制难以有效配置资源,因此政府应当通过补贴和征税等方式来调节外部性带来的影响。然而,经由新自由主义者改造的著名"科斯定理",成为解构传统"外部性导致市场失灵"理论的工具。根据他们的解释,外部性的存在,通常不是"市场失灵",而是因为政府并未实现对产权的清晰界定,从而市场机制难以发挥作用。因此,只要产权界定清晰并可交易,外部性就能实现内部化。[1] 这就是说,解决外部性问题并不意味着需要政府干预,而是要创造市场条件,通过市场自发交易对"市场失灵"进行自

---

[1] Coase, R. H., "The Problem of Social Cost", *Journal of Law and Economics*, Vol. 3, 1960.

我修复。

第二，"公共物品"领域引入市场竞争更有效率。传统的"市场失灵"理论认为，由于存在非排他性和非竞争性，公共物品不能由市场机制有效供应，从而影响社会资源的有效利用和社会福利水平。因此，公共物品应由政府提供，并由政治决策机制决定其供给量及价格。然而，新自由主义经济学围绕公共物品问题进行了一系列的反论证。他们提出，"公地悲剧"理论暗喻公共资源会被破坏，应当实行私有化；他们提出"特许经营"模式，认为公共物品也应由私人部门提供以提高效率；他们提出，随着技术进步和产权的清晰界定，公共物品能够变成私人物品，完全可以由市场有效提供。他们主张对大量的公共物品部门进行私有化和市场化的改革，不断削弱政府在公共物品提供领域的功能。

第三，"垄断"并不会阻碍市场竞争。传统的"市场失灵"理论认为，结构决定行为，行为决定绩效，垄断的市场结构将造成垄断企业滥用垄断权力，从而使市场机制无法实现最优，造成"市场失灵"，政府应该通过执行反垄断法规，破除垄断，维护竞争，这就是所谓的哈佛学派的 S-C-P 模型。但是新自由主义经济学并不支持政府的反垄断行为，芝加哥学派的垄断理论认为垄断地位不仅是企业高效率的表现，而且也将促进经济效率的提高，而反垄断则是对高效率企业的限制；鲍莫尔的"可竞争市场"理论甚至认为，只要不存在进入市场的行政壁垒，这一市场就是可竞争的，在可竞争市场中，即便只存在一家企业，这一企业的行为也会像完全竞争企业一样。[①] 在这些理论的影响下，美国的反垄断法也进行了修改，从原有以市场结构认定垄断改为以垄断行为认定垄断，实际大大降低了政府干预垄断的力度。

此外，即使在自然垄断领域，新自由主义"市场失灵"认为引入市场竞争也要强于政府管制。传统的"市场失灵"理论把由于自然条件而产生

[①] Bailey E. E., Baumol W. J., "Deregulation and the Theory of Contestable Markets", *Yale Journal on Regulation*, Vol. 1, 1984.

的自然垄断看作市场竞争的盲区，认为竞争的结果将导致社会资源的浪费甚至引起市场秩序的混乱，因此应由政府实行管制。然而，新自由主义经济学却坚持认为市场能解决一切问题，包括自然垄断在内。他们提出，技术进步和市场扩大等条件的出现将导致自然垄断边界的收缩，原来被认为具有自然垄断特征的行业事实上是可竞争的，至少是部分可竞争的。例如，虽然铁路网具有自然垄断特征，但铁路运输业务并非不可竞争，完全可以引入市场机制，从而实现更高运营效率，他们甚至提出"管制无效论"并要求放松管制。[1]

第四，即使存在市场失灵，"政府失灵"比"市场失灵"危害更甚。新自由主义经济学认为，即使存在市场失灵，政府干预也往往是无效的，甚至可能导致经济环境更加恶化。货币主义学派代表人物弗里德曼提出，社会的自然失业率由经济体系内在决定，菲利普斯曲线不成立，政府行为根本不会起作用，因此他几乎反对所有领域的市场干预，即使对于传统上被认为政府大有作为的公共领域，弗里德曼也对政府干预持否定态度。理性预期学派则强调，公众无偏预期下的政府行为只会带来经济波动。此外，公共选择理论认为，政府也是由"经济人"组成，政府追求的也是某种特殊利益而不是所谓的公共利益。因此，政府决策将出现腐败或以权谋私，并导致低效率，由此提出了"规制俘获理论""寻租理论"等，全面否定了政府经济功能的正当性。[2] 产权学派更是认为，外部性导致的市场失灵之所以存在，其根本原因还是在于市场机制不够强，或是客观因素影响了市场机制作用的发挥，只要让市场机制顺畅运作起来，市场失灵自然会消除。

由此可以看出，通过新自由主义经济学对传统"市场失灵"理论的全面改造，"市场失灵"理论已经发生了重大转向。一方面，"市场失灵"的范围被大大缩减，"市场失灵"的原因不再被认为是市场机制的固有缺陷，

---

[1] 张晨、张宇：《"市场失灵"不是国有经济存在的依据——兼论国有经济在社会主义市场经济中的地位和作用》，《中国人民大学学报》2010年第5期。

[2] 方福前：《公共选择理论——政治的经济学》，中国人民大学出版社2000年版，第197页。

而被认为是某些可以改变的外在条件,这样一来,政府事实上基本丧失了经济干预活动的空间;另一方面,即使仍然存在某些"市场失灵",由于存在"政府失灵",政府也不具备干预经济的正当性。在传统的"市场失灵"理论中,虽然政府被置于从属地位、只是弥补市场缺陷,但其地位和作用都是被充分肯定的,即政府确实能够起到弥补"市场失灵"的作用。但是,"市场失灵"理论新自由主义转向之后,本为政府经济职能划定范围的"市场失灵"理论,演变为"市场万能"理论,宣告了政府应完全退出经济活动的干预。这一重大理论转向,反映了资本主义在20世纪70年代危机后的调整方案和思路,即希望通过恢复资本力量、限制政府权力的方式摆脱危机,是在资本主义生产关系矛盾深化的前提下,资产阶级经济学家为资本利益寻求出路的一种尝试。伴随这一理论转向的同时,资本主义国家的政府与市场关系发生了重大变化,政府在经济中的作用被普遍削弱,从战后"有管理的资本主义"转变为"新自由主义式的资本主义"。

二 新自由主义"市场失灵"理论的双重悖论

经过新自由主义的改造,"市场失灵"理论已从论证扩大政府经济职能转向为限制和否定政府经济职能的理论。这一转向看似发展了"市场失灵"理论,但实际上是正确理解市场机制的重大理论倒退。无论是从唯物史观出发抑或从政府—市场关系的实践去剖析,都可以看到新自由主义"市场失灵"理论存在的理论与实践上的双重悖论。

(一)理论悖论

"市场失灵"理论隐含着一个重要理论假定,即政府的地位与作用有赖于其能否弥补"市场失灵",因此政府是依附于市场而存在的。在传统"市场失灵"理论中,政府能够弥补"市场失灵",政府具有存在意义并可以发挥作用。而在新自由主义"市场失灵"理论中,政府发挥作用的"市场失灵"领域不仅被大大缩减,而且有些"市场失灵"可以通过更市场化的手段得到弥补,不再需要政府弥补,进而否定了政府的地位和作用,政府失去了存在的意义。但是从唯物史观考察,不仅可以发现政府的存在及其作用的发挥与市场的发展并无直接联系,而且在市场经济形成之前政府就已开始发挥重要作用,更有大量证据表明,在资本主义及其市场经济的发端中,政府起了关键作用。马克思在对资本原始积累的考察中,就提出资本主义市场经济不是自然演化的结果,而是通过政府的强制力形成的,例如英国政府不仅支持了大规模的圈占土地行为,从而"为资本主义农业夺得了地盘,使土地与资本合并,为城市工业造成了不受法律保护的无产阶级的必要供给"[1];而且通过严酷的血腥立法,将被剥夺土地的无产阶级强行赶入资本主义工厂,帮助资本主义形成了"劳动力市场"。对此,马克思指出:"新兴的资产阶级为了'规定'工资,即把工资强制地限制在有利于赚钱的界限内,为了延长工作日并使工人本身处于正常程度的从属状态,就需要并运用了国家权力。这是所谓原始积累的一个重要因素。"[2]事实上,政府并不依附于市场而存在,更不是为了弥补市场失灵而存在。

此外,虽然新自由主义"市场失灵"理论自 20 世纪 80 年代以来对市场和政府关系的调整产生了广泛影响,但是其所受到的批评之声从未停止过,一些著名的西方经济学者认为,即使在理论上也无法否定政府干预经济的作用。例如,格林伍德和斯蒂格利茨的论文强调,由于信息不对称的普遍存在,市场失灵不可能消除,因此需要国家进行干预。[3]此外,外部性问题无处不在,远非市场机制能够内部化。根据阿罗的"干中学"模型,新产业中企业的盈利能力取决于该产业的经验积累,而由于存在知识和技术的外溢效应,企业将不愿率先投资,从而导致产业无法发展,这就要求政府给予扶助或补贴,甚至直接投资于研发活动,解决知识和技术研发投入不足的问题。[4] 显然,这种方式仍是目前各国普遍采用研发投入的

---

[1] 马克思:《资本论》第 1 卷,人民出版社 2004 年版,第 842 页。
[2] 同上书,第 847 页。
[3] Greenwald, B. and Stiglitz, J. E., "Externalities with Imperfect Information and Incomplete Markets", *Quarterly Journal of Economics*, Vol. 101, 1986.
[4] Arrow, K. J., "The Implications of Learning by Doing", *Review of Economic Studies*, Vol. 29, 1962.

方式。还有学者从文本上对亚当·斯密"看不见的手"的原理进行了考证,指出斯密的原意是市场是政府的"看不见的手",即将市场机制看作政府的工具,而非将政府与市场的关系对立起来。①

上述理论悖论表明,西方"市场失灵"理论的根本立足点是错误的,政府并不依附于市场而存在,也不依附于市场而发挥作用。传统"市场失灵"理论面对自身无法解决的市场缺陷,不得不借助政府予以弥补。而新自由主义"市场失灵"理论则在错误的道路上走得更远,论证了市场自身就能够解决"市场失灵",进而顺理成章地把政府抛开。

(二)实践悖论

新自由主义"市场失灵"理论认为,市场机制可以不用借助政府干预就能实现资源最优配置,从而熨平经济周期、消除经济危机并实现经济的快速增长。但是从一些推行新自由主义的宏观、微观经济政策国家的实践效果来看,这种所谓的"理想"状况并未出现,反而出现了严重的经济衰退、危机,甚至崩溃。与此相反,一些推行政府主导发展战略的发展中国家却实现了快速的经济增长。

从宏观层面看,新自由主义"市场失灵"理论主张的政策实践,如通过私有化、削减社会福利、减税和金融自由化等政策将政府对经济的直接干预最小化,非但没有实现政策的预期效果,反而加剧了社会的两极分化、导致了泡沫经济并引起了生产的相对过剩。美国经济学家大卫·科茨指出,由于新自由主义主导的放松金融管制、放任市场竞争、弱化财政政策等一系列举措,导致了资本投机加剧、公司短期行为、工人工资与企业利润比下降、分配两极分化等一系列后果。2000 年后房地产泡沫意外地解决了剩余价值实现的难题,本早该出现消费需求不足导致的经济危机表面上被抚平,却在内部积聚,在 2008 年房地产崩盘后剧烈爆发,破坏程度远远超过

---

① [意]乔万尼·阿里吉:《亚当·斯密在北京:21 世纪的谱系》,路爱国、黄平、许安结译,社会科学文献出版社 2009 年版,第 33—36 页。

一般的危机。① 欧债危机在某种程度上也根源于新自由主义经济政策。欧洲一体化的启动在很大程度上受到哈耶克自由主义思想的启示②，这反映在一些重要的经济政策中，例如欧盟一方面鼓励自由竞争，减少政府对市场的干预，完善内部统一大市场；另一方面通过社会政策强化福利保障，试图缓解自由竞争的负面影响，寻求社会共识，试图建立一种"内嵌的自由主义"。但这种"新自由主义"实际上加剧了权力割据，最终致使多重矛盾无法平衡，结果恶化了欧盟内部各国的经济不平衡，一些债务国负担沉重，经济下滑，失业率居高不下。欧债危机的实质是新自由主义金融化的资本主义危机。③

面对严重的经济危机，发达国家不得不再度加强政府干预。2008年金融危机以后，美国政府推出了7000亿美元的救市计划，通过宽松货币政策为市场注入流动性，通过财政政策直接刺激经济，通过贷款担保和债务担保维持市场信心。2012年欧盟委员会发布《强大的欧盟工业有利于增长和经济复苏》的报告，对新技术与创新的投入力度超过以往，试图建立完善的工业研发与创新体系，其中包括资金投入、基础设施建设、立法与监管等一系列的配套措施。④

从微观层面看，20世纪80年代以来，虽然很多市场经济国家部分采纳了新自由主义"市场失灵"理论的政策主张，政府在微观经济层面的规制弱化，更多时候以市场化手段解决市场失灵问题，但是无论各国市场经济的模式怎么千差万别，各国政府都在不同程度上实行了国家规制，从未有过一个完全没有政府规制的市场经济国家。美国通过制定各种各样的法律，并依据相应法律来规制相关行业，近年来几个引发世界关注的反垄断

---

① Kotz, David M., "The Financial and Economic Crisis of 2008: A Systemic Crisis of Neoliberal Capitalism", *Review of Radical Political Economics*, Vol. 41, 2009.
② John Gillingham, *European Integration 1950–2003: Superstate or New Market Economy?* New York: Cambridge University Press, 2003, p. 45.
③ 崔宏伟:《欧盟"内嵌的自由主义"为什么失败？——对欧债危机的解读》，《马克思主义研究》2012年第12期。
④ 沈尤佳:《欧美国家企图通过"经济计划"抢占第四次工业革命高地》，《红旗文稿》2015年第1期。

案例都发生在美国，说明美国这个最崇尚自由竞争、厌恶国家干预的市场经济国家也离不开政府规制。在英国，政府交替采用微观规制和国有化两种形式克服市场失灵。20世纪80年代"非国有化"运动后，政府微观规制的作用实际上得到了加强。

另外，一些新兴工业化国家（地区）通过政府主导的发展战略实现了快速增长。亚洲四小龙等原来经济落后的国家和地区在经济起飞的过程中贯穿着政府对经济的干预。例如，新加坡在建国初期制订了经济发展计划和相应的一系列法令、政策，依靠国有企业通过直接投资或间接投资设立了一批公共企业，迅速投资兴建大型公共工程和基础设施，发展军事工业、风险性工业，对此由专门设立的政府部门或具有法人地位的半官方机构进行干预。我国台湾地区的经济起飞更是大大得益于政府的直接干预，其范围与强度都超出了一般资本主义政府的水平。政府明确的经济计划和实力雄厚的官办企业迅速提升了地区经济竞争力。韩国政府对经济实行严格控制，通过强化经济领导机构、采用坚决的行政手段、加强计划指导、重视经济立法等措施，经济实现了快速起飞。[①] 但是在实现经济起飞后，这些国家和地区也受到新自由主义经济学的影响，逐渐削弱政府作用，结果在1997年东南亚金融危机中遭受了巨大损失。

从新自由主义宏微观政策实践中可以看到，对于市场与政府关系的调整，新自由主义的"市场失灵"理论是经不起实践检验的。而西方"市场失灵"理论之所以变成"任人打扮的小姑娘"，随意解释，肆意使用，其根本原因是站在资本至上的立场上，按照资本的偏好去定位政府与市场关系，其目的是维护资产阶级利益，巩固和发展资本主义市场经济。历史上从来都不存在只有市场活动、没有政府干预的经济体制。对于资本主义经济制度而言，政府干预经济到什么程度，取决于资本主义生产关系矛盾的激化程度，服从于资本积累的现实需求。但是西方国家强调政府对经济的

[①] 卜东新：《"政府主导"与"市场主导"：亚洲"四小龙"经济政策个案分析》，《南方经济》1993年第3期。

干预只是为了弥补市场失灵，绝不会超过这个限度，否则就会危及资本主义生产关系，损害资产阶级的整体利益。

三 新自由主义"市场失灵"理论对政府发挥作用的思想钳制

通过以上分析，可以看到新自由主义"市场失灵"理论无论在理论上还是实践中都存在严重缺陷，以此指导我国社会主义市场经济改革实践具有很大危害性，势必钳制我国全面深化改革进程中政府积极作用的发挥，因此必须深刻认识并揭示其所具有的危害性，破除对社会主义市场经济条件下"更好发挥政府作用"的思想钳制。

（一）新自由主义"市场失灵"理论的迷惑性

新自由主义"市场失灵"理论强调从解决具体问题入手，而无视资本主义基本制度，从而掩盖了其资本至上、政府要为资本服务的根本立场，从而对政府发挥作用的立场产生迷惑性。针对处于一定阶段的资本主义市场经济中存在的政府与市场矛盾，新自由主义"市场失灵"理论提出了一些具体解决方案。按照资产阶级经济学的逻辑，这些理论与方案有一定的道理，有些理论观点甚至提升了对市场经济的一般性认识，即使对我国社会主义市场经济改革的理论与实践也具有一定的借鉴意义。但是也正因为如此，使得新自由主义经济学思想产生了极大的迷惑性。许多人认为这种理论是普世的、唯一的市场经济理论，社会主义市场经济也是市场经济，"市场经济是一般，社会主义条件是特殊"[①]，必须遵循这种"普世"的标准，由此对于政府地位与作用的定位，也要完全遵照资本逻辑的标准。如果不深刻揭示新自由主义"市场失灵"理论的根本立场，以此来指导我国的改革实践，将会出现严重的方向性偏差。

---

① 高尚全：《市场决定资源配置是市场经济的本质》，《社会科学报》2013年12月5日。

此外，新自由主义"市场失灵"理论看似更彻底地贯彻了市场原教旨主义，使自由、平等更进一步，但事实上这只是表面的、抽象的、形式的自由，而真正掩饰的是资本家对劳动者的剥削，其实质永远限于资产阶级对劳动人民剥削的自由，进而在剥削阶级内部打着"平等"的幌子以平均利润等形态的经济形式瓜分、分享剩余价值。马克思曾深刻地揭示出资产阶级平等观的实质，即"平等地剥削劳动力，是资本的首要的人权"[①]。站在这种立场上定位的政府与市场关系，必然是以资本的需要为标准，以资本更多更方便地榨取剩余价值为目标，而使政府成为服务于资本的工具，其能否发挥作用、发挥多大作用，甚至有没有存在的意义，都是被动地从属于资本或者市场。而在社会主义制度中，政府的经济职能与资本主义社会截然不同。社会主义市场经济要"以人为本"，其根本立场是为人民服务，这就要求政府积极发挥对市场经济的调节和控制功能，从社会全局和长远的利益出发，克服单纯市场调节的局限，实现国民经济持续协调发展。

（二）新自由主义"市场失灵"理论的局限性

无论是从政府发挥作用领域的层次、过程以及时间来看，新自由主义"市场失灵"理论都将会限制政府作用的发挥。

从领域层次看，新自由主义"市场失灵"理论虽然主要是关于微观领域市场机制的有效性和政府干预的无效性的论证，但是却主张从微观到宏观的一切资源配置领域，政府作用都是可以被削弱甚至被取代的，从而限制了政府在宏观领域资源配置功能作用的发挥。而事实上，"在资源配置的宏观层次，如供需总量的综合平衡、部门和地区的比例结构、自然资源和环境的保护、社会分配公平等方面，以及涉及国家社会安全、民生福利等领域的资源配置，就不能完全依靠市场来调节，更不用说'决定'了。市场机制会在这些宏观领域存在很多缺陷和不足，需要国家干预、政府管理、计划调节来矫正、约束和补充市场的行为，用'看得见的手'来弥补

---

① 马克思：《资本论》第 1 卷，人民出版社 2004 年版，第 338 页。

'看不见的手'的缺陷"①。

从领域过程看，新自由主义"市场失灵"理论否定政府的事前、事中调节，一旦经济出现问题才不得不依靠政府进行事后弥补，从而导致政府错失干预经济的主动性与最佳时机。2008年金融危机后美国政府的7000亿救市计划以及一系列措施说明了这种事后调节的被动性与局限性。市场机制的确有很强的自发调节功能，如短期配置功能、微观均衡功能、信号传递功能、技术创新功能和利益驱动功能等，但由于市场自身存在的缺陷，不可避免会发生市场调节目标偏差、程度有限、速度缓慢、成本高昂等问题②。忽视政府在事前、事中阶段采取的法律、行政、经济等调控，在经济出现问题后再事后弥补是事倍功半、得不偿失的。

从时间跨度看，新自由主义"市场失灵"理论面对无法克服的"市场失灵"也只认同短期调节，排斥长期干预，这将促使政府放弃发挥对国民经济长期发展的主导作用。新自由主义经济学认为，市场失灵只是暂时现象，从长期看，市场必然恢复有效性，无须政府干预。但是从收入分配角度看，资本主义市场经济在长期必然会导致收入分配的两极分化，这是市场失灵的重要表现。对此，法国经济学家皮凯蒂在《21世纪资本论》中，通过20多个国家纵贯300余年的大数据研究得出的结论认为：市场机制必然造成财富分配的两极分化，而财富分配不平等状况的缓和则是政府对市场进行有效干预的结果。

此外，市场调节具有明显的短期性，与此相对的是，国家经济规划或计划具有明确的长期导向作用，因此需要国家根据经济发展的长远目标制定有关经济发展结构、方向和比例关系的规划，从而超越市场调节的短期性质，"国家的计划调节和宏观调控的作用在许多方面必然具有超越市场的性质，具有明确的长期导向的作用，因而不能仅仅使用财政政策和货币政策等短期的需求政策来加以实现，而更多需要依靠长期的供给性政策、

---

① 刘国光、程恩富：《全面准确理解市场与政府的关系》，《毛泽东邓小平理论研究》2014年第2期。
② 程恩富、杨承训、徐则荣、张建刚：《中国特色社会主义经济制度研究》，经济科学出版社2013年版，第154页。

结构性政策和政府的直接调节"①。

(三) 新自由主义"市场失灵"理论的误导性

新自由主义"市场失灵"理论主张对政府干预经济的功能进行限制甚至取消,这将严重束缚政府干预经济的手脚,误导政府无论是从深度还是广度上都不能达到应有的干预力度。新自由主义经济学将政府与市场理解为二元对立,但经济史研究表明,资本主义市场经济的建立事实上有赖于政府的强力推动。对此,罗森斯坦·罗丹认为,大规模投资的协作失灵是导致落后经济不发达的重要原因,由于大规模投资是经济起飞的直接推动力量,不发达经济没有出现投资爆发的原因是缺乏投资机会,这是因为各种投资之间具有互补性,某项投资无法进行可能正是因为其他互补性的投资尚未进行。由此,他提出"协作失灵"(Coordination Failure)的概念以解释缘何众多落后国家的经济难以发展,并且这样的经济会陷入"低水平均衡陷阱"之中,而要走出陷阱必须通过"大推进"(Big Push)的办法,即将巨大的公共投资合理地分配于经济中的不同部门,而"大推进"的有效主体显然应是政府。② 赫希曼的产业政策思想即来源于此,他进一步强调政府可以通过产业政策的方式,有选择地促进某些关键部门的发展,从而带动其他产业的投资。③ 因此,市场失灵在发展中国家更为严重,在经济落后、私人资本薄弱的条件下,必要的能源、交通、基础设施等产业往往缺乏私人投资,必须由政府利用国家的力量集中和动员资源,为工业化提供初始条件,帮助国民经济摆脱"低水平均衡陷阱"。

因此,在发展中国家中,政府在实现国民经济赶超式发展的过程中所处的地位非常重要,无论是在干预经济的深度上还是在广度上都要达到应

---

① 张宇:《正确认识国有经济在社会主义市场经济中的地位和作用——兼评否定国有经济主导作用的若干片面认识》,《毛泽东邓小平理论研究》2010 年第 1 期。
② Rosenstein-Rodan, Paul, "Problems of Industrialization of Eastern and Southeastern Europe", *Economic Journal*, Vol. 53, 1943.
③ Hirschman, A. O., *The Strategy of Economic Development*, New Haven: Yale University Press, 1958, pp. 1331 – 1424.

有的力度。

由以上分析可以看出，我国如果按照新自由主义"市场失灵"理论的主张，限制、削弱甚至取消政府干预经济的功能，国民经济不但不能实现均衡，还可能出现长期的衰退和停滞，贫富分化更加严重、社会矛盾更加激化，从而偏离社会主义"以人为本"和"共同富裕"的主旨。因此，必须破除新自由主义"市场失灵"理论对"更好发挥市场作用"的思想钳制，积极探索更好发挥政府这只"看得见的手"的作用，发挥我国作为发展中大国的后发优势，实现跨越式发展。

四 构建"双强、双优"型社会主义政府和市场关系

在社会主义市场经济条件下，政府与市场的关系不是二元对立的，而是互为补充的，政府调控经济的作用不应当被削弱，而是必须要加强。这就要求，必须从人民群众根本利益的原则立场出发，深刻认识社会主义政府与市场的辩证统一关系，努力构建"双强、双优"的政府和市场关系，维护广大人民的根本利益。

（一）明确"从人民群众根本利益出发"的原则立场

社会主义市场经济改革的出发点和落脚点应当是维护最广大人民群众的根本利益，实现共同富裕。而市场自身不仅无法实现共同富裕，还会不断加剧贫富两极分化。市场在通过竞争实现优胜劣汰、促进创新、提高社会创造财富效率的同时，也容易出现经济发展成果由私人资本垄断、贫富差距不断拉大等问题。但在新自由主义者看来，这些问题都不属于"市场失灵"的范畴，即使由于市场的缺陷导致出现严重的经济问题，也仅仅需要政府做出一些事后调节或者依赖市场自行恢复解决，这些问题都不属于根本性问题。但是，如果由于政府干预导致资本利益受限、受损，这便成为根本问题，必须从理论到政策对政府和市场关系做出改变。新自由主义经济学的根本立场是资本利益至上，这是我们必须看到并保持清醒认识的

原则问题。

破除新自由主义"市场失灵"理论对"更好发挥政府作用"的思想钳制，必须明确"从人民群众根本利益出发"的原则立场。社会主义的"政府"不同于资本主义的"政府"。资本主义的政府是资本统治的工具，新自由主义"市场失灵"理论中的政府角色仅仅被赋予有限的弥补市场失灵的功能，即使这种政府能够部分地为其人民服务，所涉及的领域与发挥的力度也是非常有限的，甚至还时时面临着作用、地位被取消的窘境。因此，在资本主义经济体系中，"小政府、大市场""弱政府、强市场"是一贯的制度安排。与此相对的是，社会主义的政府必须代表人民的利益，这就要求政府能够从事前、事中、事后对宏观和微观领域的"市场失灵"进行调节，主导国家的长期发展战略，以克服市场调节的自发性、盲目性、滞后性。这更要求社会主义市场经济必须要有一个强政府，必须要发挥积极作用而且更好地发挥作用。正如习近平总书记所指出的，要"不断实现好、维护好、发展好最广大人民根本利益，使发展成果更多更公平惠及全体人民，在经济社会不断发展的基础上，朝着共同富裕方向稳步前进"①。

（二）树立政府与市场"协调互补"的观念

破除新自由主义"市场失灵"理论对"更好发挥政府作用"的思想钳制，要破除新自由主义"市场失灵"理论把政府与市场看作二元对立的观念，树立社会主义市场经济中政府与市场辩证统一、功能互补的观念。新自由主义经济学之所以把市场和政府对立起来，是因为资本主义私有制条件下的市场主体几乎全部是私有制企业，企业经营的唯一目的是最大限度地盈利，他们视政府干预为一种限制与干涉。但是，社会主义市场经济是以公有制主体的，公有制企业经营的目的是满足最广大人民群众的物质文化需要，这与"以人为本"的政府目的是一致的，而不是对立的。在《决定》中定位政府和市场两者关系时，用的是"和"字而非其他字来连接、

---

① 习近平：《实现中国梦必须走中国道路》，《党建》2013 年第 4 期。

表述两者关系,即"使市场在资源配置中起决定性作用和更好发挥政府作用"。以"和"字连接并表述的政府和市场关系,表明在社会主义市场经济体制改革中政府、市场两者的作用要共同发挥,两者的地位同等重要,政府和市场的关系辩证统一,是一个系统的、协同的有机整体,而绝不能割裂两者关系,断章取义地理解和推进改革。在社会主义市场经济条件下推进的政府和市场的相关改革,"必须更加注重改革的系统性、整体性、协同性","既不能以局部代替整体、又不能以整体代替局部,既不能以灵活性损害原则性、又不能以原则性束缚灵活性"。①

(三) 构建"双强、双优"型政府市场关系

正确处理市场与政府在资源配置中的关系,既不是回到改革开放前,实行高度集中的计划经济体制,严重阻碍经济发展活力;也不是在全部资源配置领域发挥市场的决定性作用,给我们国家经济发展带来一系列消极后果。通过改革开放30多年的实践以及西方资本主义国家市场经济发展启示可以看到,我们要不断完善社会主义市场经济体制,加快社会主义市场经济建设,让人民共享社会主义发展成果,加强政府的调节作用。政府与市场二者要"强强""优优"联合。只有这样,社会主义市场经济体制才能不断健全和完善,社会主义的优越性才能充分展现!

构建"双强、双优"型政府市场关系,要把握好三个原则:第一,社会主义与市场经济有机结合。与资本主义生产方式不同,社会主义与市场经济并不能自然结合。社会主义生产方式要求有计划、按比例协调发展,目的是满足人民的物质文化需要,与资本主义以利益最大化为目的的生产方式有本质区别。社会主义运用市场经济作为资源配置手段,并不改变社会主义生产的本质和目的。要实现市场经济与社会主义的结合,必须对市场经济进行改造,使之成为为社会主义服务的市场经济。第二,"双强、双

---

① 习近平总书记在省部级主要领导干部学习十八届三中全会精神全面深化改革专题研讨班开班式上的讲话,http://polities.people.com.cn/GB/n/2014。

优"同时推进，协调发展。市场的"强"体现在市场真正实现配置资源的决定性作用，市场的"优"主要体现为市场机制的高效运转。政府的"强"不仅体现在政府掌控的经济资源数量与质量，而且体现在调控经济的政策与措施力度大、时效长，政府的"优"则体现为方向正确、判断准确、方案明确、调控精确。"强"是"优"的基础，"优"是"强"的保证。无论政府还是市场，都要实现各自的"强"与"优"，但一定要做到均衡推进、协调发展。过分强调市场的发展，可能导致部门发展比例失调，引发收入分配两极分化等社会、经济问题；过分强调政府力量，则可能导致计划、命令过多，束缚市场功能，使经济陷入僵化与停滞。只有实现市场与政府均衡推进，国民经济才能健康发展。第三，"双强、双优"相互促进，有机互补。市场具有很大程度的自发性、创新性、不确定性，既是市场活力的体现，又是危机产生的根源和隐患。如果放任市场盲目发展，很可能导致市场失灵，甚至经济危机。政府能够有效弥补市场失灵，培养市场经济的自觉性，同时市场的发展对政府功能提出了新的要求，可以倒逼政府职能转变。政府与市场二者"强强""优优"联合就是使市场这只"看不见的手"和政府这只"看得见的手"实现有机结合、扬长避短，使两者的优势都能够得到充分有效发挥。

社会主义市场经济条件下的政府和市场关系，是两者优势互补、有机结合、相辅相成、相得益彰的关系，我们不能按照西方主要发达资本主义国家所鼓吹的"小政府、大市场"或"弱政府、强市场"的模式发展，政府和市场两者的职能各有不同，作用不可互相替代。只有以这样的思想来指导政府和市场的改革实践，我们才能在发展社会生产力、提高经济发展水平的同时，维护好、发展好、实现好最广大人民的根本利益，实现社会公平正义，使我们的国家沿着更加有效率、更加公平、更可持续的发展道路前进。

（作者单位：中国社会科学院马克思主义研究院）

（原载《马克思主义研究》2015年第8期）

五
通往灾难之路的新自由主义

美国新自由主义模式：通往灾难之路

何秉孟

新自由主义代表人物弗里德里希·哈耶克，在20世纪40年代出版了一本著作叫《通往奴役之路》，他声称要将此书献给"所有党派的社会主义者"，其矛头所指昭然若揭。在接下来的几十年中，新自由主义学派凭借极端的"市场化、私有化、自由化和全球一体化"主张，充分迎合美英国际金融垄断资本的需要，逐渐成为美英资产阶级主流经济学，并在美英两国构建了一种最野蛮的资本主义实践模式——新自由主义模式。不仅如此，美国的国际金融垄断资本集团及其守门人美国当局，还伙同世界银行、国际货币基金组织强制向全球推行1990年出笼的"华盛顿共识"，企图用美国的新自由主义模式改造全世界。在这个过程中，美国当局抓了几个典型，树了几个样板。效果如何呢？今天我们可以一一检视。

曾是准发达国家的阿根廷，推行新自由主义改革，陷入经济崩溃和社会动乱深渊，沦落为拉美地区最贫穷的国家之一。

第二次世界大战后，阿根廷在庇隆执政时期，强调政治独立、经济主权和民族利益，实行企业国有化、进口替代和政府调控，注重社会公正、维护劳工利益、加强社会福利建设，经济建设和社会事业获得长足进步，生活水平接近于西方国家中的西班牙，被人们称为"准发达国家"。然而，阿根廷在20世纪80年代开始新自由主义改革，推行国企私有化、贸易自由化、投资自由化和金融自由化，几乎卖光了关系到国家经济命脉的所有国有企业，连金融银行领域的国有企业也未能幸免。国际金融投机超级大庄家乘机蜂拥而入，最终致使阿根廷政府失去了对金融的调控能力，而金融自由化还引发外债迅速增长，使整个国家的金融活动日益处于严重失控状态，国际金融垄断资本则成功地实现了对该国经济的控制，遂使阿根廷金融动荡、经济衰退，险象环生。

更为悲哀的是，在2001年阿根廷爆发金融危机、急需国际金融机构贷款，以解燃眉之急的时候，世界银行、国际货币基金组织等金融机构和美国等西方国家，不仅不兑现此前关于友谊援助的承诺，反而坚持阿根廷如果拿不出可抵押的国有资产就不向其贷款。但是阿根廷经过十多年的新自由主义改革，几乎卖光了所有国有财产和国家经济资源，自然拿不出可供抵押的国有资产，因而导致金融危机愈演愈烈，经济状况迅速恶化，贫困和饥饿现象遍及全国。这个20世纪90年代被美国当局誉为新自由主义"改革楷模"的国家，仅仅十几年时间，便沦落为拉美地区最贫穷的国家之一。

俄罗斯推行新自由主义的"休克疗法"，使俄罗斯经济、社会几近崩溃。

20世纪90年代初，苏联剧变不久，以盖达尔为代表的一部分"食洋不化"的俄罗斯青年精英，对美国的新自由主义模式十分痴迷，于是，推行了他们所谓的"休克疗法"式经济转轨方案。其基本依据就是"华盛顿共识"，内容具体包括：第一，自由化：全面放开对商品、物价、货币、汇率、外贸进出口等的调控和管制，大大削减乃至取消政府调控经济的行政管理部门；第二，国有企业私有化：大规模出售和转让国有企业资产，培植有产者和私营企业主阶层；第三，实行严格的紧缩货币和财政政策，实际上是迫使国有企业资金周转困难，陷入负债经营绝境，甚至破产倒闭，以利于外资和私人资本廉价并购；第四，把"西方化或全盘西化"作为战略和政策的主导思想，引入和效法美国模式，向西方国家全面开放国内市场。

俄罗斯推行"休克疗法"，在实行经济转型的不到十年里，陷入了前所未有的经济社会危机：经济大幅下滑，少数人暴富，广大民众普遍贫困化，社会动荡，政局混乱。这表明，俄罗斯推行的新自由主义"休克疗法"以失败告终。但对于美国国际金融垄断资本来说，摧毁苏联遗留下来的以公有制为基础的经济体系，就是胜利。

新自由主义在印度尼西亚、泰国等亚洲国家推行，给这些国家和人民带来了挥之不去的噩梦。

1991年，由美国国会议员和知名学者组成的一个代表团到东亚国家游说，称该地区加快实行金融自由化、贸易自由化和投资自由化，将每年为该地区国家创造数千亿美元的巨大实惠。在美国的"忽悠"下，一些国家开始推行新自由主义"改革"。其中，尤以泰国、印度尼西亚等国最为积极，结果，酿制了1997年的亚洲金融危机，损失极为惨重。对此，美国政府不但无丝毫愧疚之意，反而公开宣称：亚洲发生金融危机的原因在于，这些国家政府缺乏经济管理能力；甚至指称是这些国家政府官员的裙带关系和腐败使然；等等。更令人发指的是，亚洲金融危机爆发以后，美国政府袒护和纵容美国的国际金融投机大鳄乘人之危，在东亚地区的金融货币市场上疯狂套利套汇，蓄意加剧危机。美国还操纵国际货币基金组织，先是迟迟不向亚洲有关国家提供贷款，继而不顾有关国家反对，提出必须进一步推行新自由主义"改革"才能贷款等苛刻的先决条件。在整个亚洲金融危机期间，美国当局的表演，将其企图控制东亚地区金融、资本市场的险恶用心，暴露得淋漓尽致。短短几年，东亚在20世纪90年代前曾被广为称誉的"东亚经济模式"很快蜕变为灾难型经济模式，在亚洲金融危机中蒙受了几千亿美元的重大损失，有的国家的经济甚至倒退了10—20年。

埃及的情况同印度尼西亚及阿根廷等国一样，也是美国在20世纪80年代中期抓的新自由主义改革的样板。经过20余年的新自由主义改革，经济不仅没有发展，反而陷入混乱：国家经济命脉被美英国际金融垄断资本集团把持；国家财富落入国际金融垄断资本和国内一小部分私人手中，社会两极分化严重；2008年国际金融危机更使埃及人民雪上加霜，最终酿成了人民起义和社会动荡。

美国在全球推行新自由主义改革所树的几个典型或样板国家所蒙受的灾难性后果证明，美国强制向全球推行的新自由主义，对于世界各国人民来说，是一股祸水；这股祸水流到哪里，哪里的人民就会遭殃。极具讽刺意味的是，美国国际金融资本垄断集团在全球推行美国的新自由主义模式，本意在于不仅盘剥本国人民，而且要控制全球经济，掠夺全世界人民。但他们未曾料到，他们酿制的毒酒，最后也毒害了自己。美国的新自由主义——资本主义模式，是资本主义由国家垄断阶段过渡到国际金融资本垄断阶段的一种变异的、野蛮的资本主义模式。这种制度模式，不仅没有缓解马克思揭示的生产社会化同生产资料私人占有这一基本矛盾，而且由于它进一步提高了生产社会化的程度，并在更广大的范围内实现了生产资料的私人占有，也就大大加剧了资本主义制度所固有的生产社会化同生产资料私人占有的基本矛盾及其他主要矛盾。2007年的金融危机就是这个矛盾的集中爆发，不仅使美国自身遭受了巨大的灾难，而且蔓延至全世界，将全人类拖入了近百年最为严重的金融危机、经济危机以至社会危机的深渊，并使美国最终沦落为人类灾难的制造者。

因此，我们可以毫不夸张地说，新自由主义模式是一条通往灾难之路！

（作者单位：中国社会科学院）

（原载《中国社会科学报》2014年4月14日）

两种道路　两种前景

汝　信

一　两种制度、两种道路的博弈决定世界未来的前途

当今世界正在发生深刻复杂的变化，处于大发展、大变革、大调整的时期，新的世界政治经济格局正在形成。2008年由美国次贷危机引发的金融危机沉重打击了以美国为首的西方发达资本主义国家，削弱了国际垄断资本主宰世界经济发展的能力，社会主义中国和新兴市场国家以及发展中国家的整体实力增强，国际力量对比进一步发生积极变化，朝着世界多极化的方向发展。根据国际货币基金组织的统计数据，新兴和发展中经济体的总体经济实力占世界经济总量的比重越来越大，2010年对世界经济增长的贡献达60%左右，成为拉动全球经济增长的主要力量。美国虽然仍是最强大的资本主义堡垒和"唯一超级大国"，但其霸主地位明显衰落，它在世界经济中所占比重不断下降，2008年已降至23%，呈现走下坡路的趋势。目前，西方许多人都在谈论和预测什么时候社会主义中国将取代美国成为世界最大经济体，以及某些新兴国家何时将赶超发达资本主义国家，这从一个侧面说明他们已经对美国引领世界发展的能力和资本主义制度的优越性产生怀疑，失去了对资本主义制度的自信。

如果我们回顾前一二十年的情况，当时由于苏东剧变而发生的世界局

势突如其来的变化，西方资产阶级代表人物欣喜若狂，趾高气扬。福山抛出的"历史终结论"是具有典型的，他宣称，历史已告终结，资本主义最终战胜共产主义，走西方资本主义道路已成为人类历史发展的"必由之路"。历史已无情地驳斥了这种谬论，现在连他本人也不得不对此作出修改。此外，有些西方学者（其中也有左翼学者）鉴于全球化语境下西方垄断资本势力的扩张和加强，提出关于全球化时代世界新秩序的理论，即"新帝国论"。他们认为，世界历史经历了一次"后现代转型"，帝国主义时代业已过去，民族国家行将消亡，新的世界政治经济秩序已经形成，其重要标志就是新型"帝国"的出现，实质上是断言资本帝国已确立对世界的全面统治。历史的发展证明这种理论是站不住脚的。帝国主义并未退出历史舞台，仍在世界各地兴风作浪，但资本帝国的全球统治只是某些人的幻想，无论是他们心目中美国主导的"美利坚帝国"，或是以欧盟为蓝图的"欧洲帝国"，都是无法实现的反动的乌托邦。铁的事实是，当今世界上存在着两种不同的基本社会制度，即资本主义和社会主义。这两种制度、两条道路的矛盾是当今世界的主要矛盾之一，它们之间的较量和博弈将决定世界未来的前途。

二 金融危机沉重打击了资本主义制度，可能成为垄断资本统治由盛而衰的转折点

2008年爆发的震撼整个资本主义世界的金融危机，至今尚未结束，经济发展的前景中充满着不确定性风险。这次金融危机延续的时间长，影响范围广，几乎遍及主要发达资本主义国家，包括美国、欧盟和日本，其严重的影响和后果，可以说已成为危及整个资本主义制度的经济社会危机。以前面提到的妄图以金融资本统治世界的新帝国（美国和欧盟）的情况来说，都仍在经济危机的泥沼中苦苦挣扎。美国奥巴马连任总统后首先面对的是"财政悬崖"这个难题，美国政府连续多年靠赤字财政多印美钞吃饭，每年赤字超10000亿美元，国债累计高达天文数字，以此来维持美国的世界霸权，显然是难以为继的。美

国虽自称已走出金融危机,但经济复苏乏力,特别是失业率居高不下,一直在8%左右徘徊,造成社会动荡不安,引发"占领华尔街"那样的群众抗议活动。欧盟的形势更差,主权债务危机凸显,有些国家深陷其中难以自拔,甚至危及欧元和欧盟的存亡。失业问题尤其严重,欧元区失业率已达创纪录的11.6%,有的国家甚至超过25%,特别是适龄劳动青年失业率竟高达50%。在那些国家,大规模罢工和群众抗议活动已成常态。现在许多著名经济学家都对资本主义世界今后的经济发展抱悲观估计,同时进行反思,探讨造成这场危机的原因。有的反思针对政策和管理技术(如加强金融监管之类)的层面,有的则深入探究其制度根源。现在大家把新自由主义作为造成金融危机的罪魁祸首而加以批判,这是完全正确和必要的。对新自由主义的批判应提高到对资本主义制度本身的批判,必须深刻揭露它和现代垄断资本主义的内在必然联系,在经济全球化加速进行的条件下,新自由主义成为主流并非偶然,因它最有利于国际垄断资本的全球扩张,利用优势力量到世界各地剥削剩余价值,攫取最大利润。因此,新自由主义代表着现代垄断资本主义的本质要求,新自由主义的破产也是当代资本主义危机的表现之一。此次金融危机很可能成为垄断资本主义的统治开始走向衰落的转折点。在世界历史上,资本主义制度曾起过巨大进步作用,目前也仍掌握着发达的生产力和先进的科技,可是它已丧失了推动社会发展前进的原动力,而日益沦为阻挠社会进步的障碍。从长远看,它必将让位于更高级的社会主义制度,这是社会历史发展的必然规律。当然,我们不应低估资本主义为了克服危机而进行自身调整,从而在一定程度上得到复苏和发展的可能,迄今为止,它在经济、政治、文化、军事等方面在全球仍然占优势,但是,现代资本主义已走上盛极而衰的道路,它的黄金时代已经过去了,美好时光已一去不复返了。

三 社会主义代表历史前进的方向,但仍需经过长期、艰苦和复杂的斗争

金融帝国的衰落已显端倪,但这并不意味着它会很快瓦解,现代资本

主义被更先进的社会主义制度所代替更非一朝一夕之功。从世界历史上看，一种新的社会制度取代业已过时的旧制度往往要经过一个漫长的过程，其中有曲折、反复甚至倒退，经历痛苦、挫折才能完成。古代奴隶制度退出历史舞台和罗马帝国的衰亡，近代新兴资产阶级推翻封建制的斗争，前后都经历了好几个世纪，而作为一种新的社会制度的社会主义的出现还不足百年，这说明在世界范围内社会主义取代资本主义尚需进行长期、艰苦和复杂的斗争。

一国人民选择走什么样的道路，并不取决于个人的主观愿望，也不是仅仅由单纯的经济因素决定的自然发生的过程，而是国际与国内、客观与主观、阶级力量对比、社会矛盾性质以及经济、政治、社会、文化等各种因素错综复杂地相互作用的结果。马克思主义者不是算命先生，在展望21世纪世界社会主义发展的前景时，不可能去具体预测社会主义何时将有怎样的发展，而只能从当代世界的现实出发，客观地分析社会发展趋势，提出一个在现实条件下可能实现的目标作为全力争取完成的任务罢了。纵观当代世界形势，垄断资本主义正陷于深刻的危机，呈衰落趋势，证明资本主义并非天然合理、永世长存的好制度；中国特色社会主义取得的举世瞩目的伟大成就，向全世界充分展示了新兴的社会主义制度对资本主义制度的优越性。从世界形势来说，这将为社会主义运动的进展提供新机遇，展示新可能，开辟新视野。

在展望世界社会主义的未来时，有必要重温列宁的一系列有关重大战略思想和理论观点，世界虽然已经发生了巨变，但列宁的这些思想观点在今天仍有发人深思的指导意义。

列宁认为，由于资本主义经济政治发展不平衡的规律，社会主义变革将首先在帝国主义体系的薄弱环节取得成功，这薄弱环节并非作为体系核心的资产阶级统治强大的发达资本主义国家，而是处于体系边缘的资本统治较弱而又阶级矛盾尖锐、经济文化相对落后但革命主观力量又相对强大的国家。因此，未来社会主义的新进展最可能发生在广大发展中国家和地区。

列宁指出，一切民族都将走向社会主义，但走法却不完全一样，要承认多样性。究竟具体怎样走，要由千百万群众在实践中用实际经验来表明。因此，走社会主义道路必须根据各国不同的具体条件，马克思主义必须与各国实际相结合，并无统一模式。

世界范围内资本主义与社会主义斗争的结局归根结底取决于构成世界人口的绝大多数，有赖于他们争取自身解放的斗争。因此，列宁认为社会主义的最终胜利是完全有保证的。

历史将证明列宁的正确，我对此深信不疑。

（作者系中国社会科学院原副院长）

（原载《红旗文稿》2013年第1期）

走中国特色社会主义道路要警惕新自由主义、民主社会主义、历史虚无主义三股思潮

郑科扬

中国怎样发展，无论过去、现在还是将来，都需要认真研究世界社会主义这个大课题。现在，尤其需要研究当代社会主义的新发展和当代资本主义的新变化。社会主义在中国的新发展，如果从 20 世纪 80 年代初实行改革开放算起，到现在已有近 30 年。这一段也可以说是历史，但邓小平同志所设想和开创的、以江泽民同志为核心的中央领导集体和以胡锦涛同志为总书记的中央领导集体一直坚持的中国特色社会主义建设目标还没有实现，党在社会主义初级阶段的历史任务还没有完成，我们正在新的情况下继续奋斗，所以还要进行深入的研究。

一 坚持用马克思主义研究社会主义的发展问题

在以和平与发展或者说以求和平、谋发展为主题的这个时代。要不要用马克思主义的立场、观点、方法来研究社会主义发展问题。研究社会主义在中国和世界的发展问题；要不要用一种比较的方法对当今社会主义和资本主义新的发展变化，借助一些历史特别是现实的经验教训来进行这种研究？我看十分需要，非常重要。解决和平问题要靠这种研究，解决发展

问题也要靠这种研究，我们要在新的国际合作与竞争中始终取得主动地位也需要这种研究。在这个世界上，确实存在着社会主义、资本主义不同制度的国家。即使在实行基本制度相同的国家，各国也在根据国情选择自己的发展道路。所以，要研究共性，但也不能忽视特性。

我们党领导全国各族人民选择并坚持走中国特色社会主义的道路。坚持社会主义是我们所走的道路的主基调，从本国国情出发谋求社会主义的发展是我们的特色。近30年来的实践，中国经济社会发展取得举世瞩目的成就，而且至今持续、较快、健康发展的势头不减，这向世界展示了社会主义可以经过改革和自我完善创造出比资本主义发展得更快更好的奇迹。中国人民对自己所走的这条道路的未来，更加充满信心。中国人民选择的这条国家富强、人民幸福、民族振兴之路，是在马克思主义中国化的创新理论指导下探索出来的。这个伟大理论的名字就叫中国特色社会主义理论。邓小平同志是中国特色社会主义新道路的总设计师和先导开拓者，也是中国特色社会主义理论的主要创立者。江泽民同志集中全党智慧提出和阐述的"三个代表"重要思想，胡锦涛同志提出和论证的"科学发展观""构建社会主义和谐社会"等战略思想和任务要求，都大大丰富和发展了邓小平理论，深化了对中国特色社会主义发展规律的认识，从根本上讲都是在解决"什么是社会主义，怎样建设社会主义"问题，是对这个根本问题认识上的深化，理论上的提升，政策上的完善，战略思想上的充实问题。

在我们党和人民更加充满信心地推进中国特色社会主义事业的时候，确实存在着各种各样的思想，企图影响我们选择的正确道路。一段时间以来，主要有三种错误思潮值得我们重视。一是新自由主义思潮。其核心是主张经济领域全盘推行私有化，崇拜否定国家宏观调控的自由竞争。二是民主社会主义或者社会民主主义思潮。其核心是照搬西方资本主义的民主观和政治上层建筑模式。三是历史虚无主义思潮。其核心是歪曲中国共产党、中国人民和中华民族英勇奋斗的历史，为现在推销新自由主义和民主社会主义服务。这三股思潮，从内容看，20世纪70年代末80年代初在北京出现的"西单民主墙"就已表现出来，到后来特别是1989年"资产阶级自由化"思潮泛滥时期和苏东发生剧变后反映得十分突出。因此，我感到，我们要坚持走中国特色社会主义道路，当然要高度注意防止和克服把马克思主义当成教条，不实事求是、与时俱进，不重视研究新情况、解决新问题的倾向，同时，要警惕刚才讲的三种思潮及其伪装和变种。我们坚持中国特色社会主义道路，是因为这条道路符合广大人民群众的根本利益，符合社会主义在中国发展的客观规律，中国近30年创造出经济社会发展的奇迹有力地证明了它的正确。正因为建设中国特色社会主义是一项史无前例的创新和一场深刻的变革，必然会有困难、有阻力、有干扰而且在前进道路上遇到风浪和困难时，阻力和干扰也往往越多。所以，我们必须时刻保持头脑清醒，提高政治上的敏锐性和鉴别力。

二　怎样研究社会主义

我感到，研究当代社会主义发展问题，研究世界社会主义运动发展问题，最终是要解决我们自己的问题。推进中国特色社会主义建设必须继续改革开放。在新时期新阶段，我们自己工作中面临的问题，社会上部分人群对当前新情况新问题的某些困惑，大都是经济社会活动中存在的矛盾的反映。要正确回答、说明这些问题，我们自己首先要弄清楚，为此一定要坚持理论联系实际的方针，具有求真务实的态度。中国近30年改革开放以来的丰富实践和创造的奇迹，世界社会主义发生的挫折，为我们运用马克思主义基本原理及其在实践中的创新理论成果去认识和阐述新问题，提供了增强说服力的强大思想理论武器和非常丰富的材料。大家对中宣部编的《理论热点面对面》反映很好，这是一个重要原因。

任何一个国家都必须发展，人民都渴望发展，发展是硬道理。这一点，无论是社会主义国家还是资本主义国家没有什么区别。任何一个国家执政的党，都必须领导好经济社会发展，否则，它是根本站不住脚的。关键问题在于怎样才能实现又好又快、持续健康的发展，保证发展的成果惠及全体人民。这就不能就发展看发展、谈发展、抓发展，而要从国情和民意出发，建立并不断完善能够保证这种发展的基本社会经济制度、国家政治制度，确定并坚持能够促进经济基础与上层建筑相互适应的基本路线和一系列方针政策。这才不至于使关于发展的许诺变成空谈，甚至变成一种欺骗。

近30年来，我国在探索中不断开创中国特色社会主义建设新局面，经济社会总体实现了又好又快的发展，创造了比资本主义制度下发展得更好的成绩，人民生活水平、民族素质提高都创造了历史上的高峰。这说明我们的基本经济制度、政治制度是好的，所走的中国特色社会主义道路是好的。在所有制方面，因为脱离了社会主义初级阶段生产力水平不高的实际，我们曾经犯过"兴公灭私"等错误，所以党的十一届三中全会调整了发展思路和政策，确立了以公有制为主体多种经济共同发展的基本经济制度。这个基本经济制度要长期坚持，不能走回头路。同时也绝不能走"兴私灭公"的路，这也是回头路。在整个社会主义初级阶段，都要坚持以公有制为主体，多种经济成分各得其所、相互补充、共同发展，都要面对市场经济中的竞争和考验，都要有多种实现形式、改进增长方式、提高发展的实力。再搞"公""私"之间的水火不容，是有害的、行不通的。社会主义初级阶段的基本经济制度不动摇，就是坚持中国特色社会主义道路不动摇的一个必然要求。

中国经济社会发展要走自己的路，中国民主政治发展也必须走自己的路，这是密不可分的。任何一个国家，民主都是作为一种政治上层建筑而存在的。判断一种民主制度好不好，最根本的检验标准，是看它对经济社会发展起了什么作用，是促进的作用还是破坏的作用；要看发展成果为谁所占有和享用，是为少数人，还是为广大人民群众。发展民主政治，方式、程序当然重要，但具体运行不可能有世界一律的规则，最终要看保证了谁的权益。如果民主政治建设只限于模式本身的选择，或者照搬别国的做法，离开本国国情，离开生产力发展要求，离开对经济基础的巩固和社会进步的作用，就离开了民主政治最根本的东西，那什么问题都说不清楚，也难以使问题得到有利于国家和人民的解决。

中国社会主义民主政治建设取得了巨大成绩和进步，也确实还有不少同经济基础完善发展不适应的问题,所以正在继续深化改革。但是,我国经济社会发展的奇迹,说明我们的民主政治上层建筑,基本的政治制度,总体上是好的。如果政治上层建筑、基本政治制度不好,何来经济社会发展的奇迹呢?西方国家一些人说西方的民主好,那你们尽可以自己搞去,接受实践的检验,最终由人民来决定嘛!强迫向别国人民推销自己的制度,这本身就违反民主原则。别国民主发展的有些运行制度,甚至某些思略,我们可以借鉴,但是,我们不能简单照搬。苏联解体,国家和人民受到巨大而沉重的损失,同苏联领导层一些人照搬西方发达国家的指导思想和经济制度、政治制度,是密不可分的。不少人现在反思,头脑清醒些了,但损失已难以挽回!我们要在推进经济建设的同时,坚定地大力发展社会主义民主,通过政治体制改革完善党的领导和人民民主制度,但一定要走自己的路。

实践出真知。历史是我们走向未来、创造新生活的一面镜子。为了人民彻底解放、国家繁荣富强、民族全面振兴,中国共产党带领人民坚持不懈地顽强探索,成就斐然,永载史册。在新探索中也曾犯过错误,但经过曲折前进,我们终于找到了今天这条建设中国特色社会主义的伟大道路。其中的宝贵经验教训很多。帮助今天的年轻人客观、全面、真实地了解历史,我们就会在走向未来的征途上变得更聪明。但是,如果陷入片面性,上了历史虚无主义鼓吹者的当,那就达不到目的。对待历史上的人和事,我们只能放在当时的历史环境、条件和面临的社会矛盾中去认识,不能用几十年以后经过实践探索获得的认识,去要求二三十年前的历史伟人。我们可以要求历史上的伟人超过他们的前人,但不能要求他们早就应该具有今天我们的认识。他们遗留下来的正确东西我们要继承,他们犯过的错误我们要引以为戒。这是实事求是对待历史和历史人物的态度,这样也才能正确理解今天。因此,我建议,我们对那些歪曲历史、抹黑历史伟人的宣传,对由此动摇人们信仰马克思主义和社会主义道路的错误东西,要摆事实、讲道理,消除误解与困惑。在说明问题时,不是只说明历史真实,还要告诉一些年轻的同志把立场、世界观、方法论搞正确。胡锦涛同志指出,科学发展观也是世界观的集中体现。马克思主义真理既包括它反映事物发展变化客观规律的基本原理，也包括反映人们认识事物的客观规律，即辩证唯物主义、历史唯物主义世界观、方法论。只有学懂了、掌握了马克思主义哲学的真谛，我们才能取得思想上、政治上和事业上的发展、人生道路上的自由和主动，而不至于轻易上当受骗。

（本文是郑科扬同志应中国社会科学院世界社会主义研究中心之约，于2007年6月8日出席《且听低谷新潮声（之三）》首发式时的讲话摘要。原载于《世界社会主义研究动态》2007年第36期。）

（作者单位：中央政策研究室）
（原载《政治学研究》2008年第1期）

新自由主义：救世良方还是经济毒药

朱安东　王佳菲　蔡万焕

自 20 世纪 70 年代末 80 年代初开始，新自由主义正式走到台前，由经济思潮逐步转化为一系列的政策主张，进而被作为主导性的治理范式推向全球。如今 30 多年过去了，新自由主义在各国付诸实践的效果究竟如何，它向历史交出了一份怎样的经济成绩单，这个问题值得认真探究和思索。

一　新自由主义的兴起及其基本政策主张

新自由主义（neo-liberalism）作为一种经济学说起源于 20 世纪 30 年代，但由于其保守的立场及其不合时宜的政策主张，在相当时期里不为学界和社会所接受，一直处于边缘地位。直至 60 年代后期，西方国家出现经济增长停滞和通货膨胀并存的"滞胀"局面，战后一直处于主流地位的凯恩斯主义宏观经济政策失效。为了解决通货膨胀以及更为根本的劳资力量对比不利于资本积累的问题，以金融资本为首的国际垄断资本选择了新自由主义，并推动了其兴起和向全球的传播。

20 世纪 70 年代末 80 年代初，撒切尔夫人和里根先后在英美两国胜选后，开始实施自由化改革，措施包括公共部门企业和服务的私有化，政府放松市场管制，特别是"金融去监管化"，削减税率、刺激供给，实行货币紧缩、抑制通货膨胀，减少公共开支和社会福利支出，压低工资、打击工会，等等。英美国家进而在西欧推行其治理模式，掀起了20世纪80年代的私有化浪潮，直到90年代中期以后仍盛行一时。后来西欧诸国借由"第三条道路"与新自由主义拉开距离，英国也在陷入衰退后疏远了这一模式。

20世纪90年代初开始，随着体现国际垄断资本集团利益的"华盛顿共识"①出笼，新自由主义的理论主张具体转化为以市场化、自由化、私有化为核心的政策纲领，迅速向拉美、亚非发展中国家和苏联、东欧等社会主义国家广泛蔓延。

在拉丁美洲，新自由主义政策最早在20世纪70年代初即被智利采纳，在美国培养的一批经济学者"芝加哥弟子"影响下，皮诺切特实施了以开放市场和减少国家干预等为主要内容的经济改革。1985年美国趁拉美爆发债务危机，强制拉美国家接受以新自由主义为基础的"贝克计划"，要求这些国家对国有企业进行私有化，进一步开放国内市场，放松对外资的限制，实现价格自由化等。到90年代初，美国政府及其主导下的国际金融机构还更多地利用贷款的附加条件，推销"华盛顿共识"，强制拉美国家进行新自由主义的经济改革。从20世纪末到21世纪以来，拉美国家汲取了教训，出现了政坛集体"左倾"化的趋势，开始疏远新自由主义。

在苏联、东欧地区，苏联解体之后，叶利钦、盖达尔等一批政府领导人主张采用新自由主义学说来指导俄罗斯的经济转轨，美国经济学家萨克斯向俄罗斯政府推荐了以"华盛顿共识"为基本依据、推行激进的"休克疗法"改革模式，其内容包括全面放开物价、汇率、外贸进出口等管制，

---

① 1990年，在美国政府的授意下，由美国国际经济研究所发起，在华盛顿召开了一个讨论20世纪80年代中后期以来拉美经济调整和改革的会议。会议形成的共识包括十个方面内容：（1）加强财政纪律，压缩财政赤字，降低通货膨胀率，稳定宏观经济形势；（2）把政府支出的重点转向经济效益高的领域和有利于改善收入分配的领域（如文教卫生和基础设施）；（3）开展税制改革，降低边际税率，扩大税基；（4）实施利率市场化；（5）采用一种具有竞争力的汇率制度；（6）实施贸易自由化，开放市场；（7）放松对外资的限制；（8）对国有企业实施私有化；（9）放松政府的管制；（10）保护私人财产权。这只是最初意义上的"华盛顿共识"，在实际执行过程中真正向发展中国家推行的，也就是人们通常意义上的"华盛顿共识"所包含的内容更加宽泛并且更加具有新自由主义色彩，往往还会包括资本账户自由化、金融自由化和打击工人力量的内容。

大规模推行国有企业私有化，财政、货币双紧缩政策等。后来东欧国家也大部分采用了类似的经济政策。随着1998年俄罗斯金融危机的爆发和普京的上台，"休克疗法"宣告破产。

在亚洲，印度尼西亚早在20世纪60年代即由美国培养扶植的所谓"伯克利黑帮"执掌经济战略和政策制定大权，推行新自由主义政策。1991年，美国国会议员和知名学者组成代表团到东亚国家游说，宣称该地区加快实行金融自由化、贸易自由化和投资自由化，将为该地区创造数千亿美元的巨大利益。在其直接推行下，一些亚洲国家开始推行新自由主义改革，其中尤以泰国、韩国、印度尼西亚、菲律宾等国最为积极。直到1997年亚洲金融危机爆发后，这些国家才有所警醒并开始调整经济政策。

在北非，1991年埃及总统穆巴拉克为了免除债务，与国际货币基金组织签订了一项关于经济结构改革的协议，开始实行自由化、私有化改革。到20世纪90年代中期，又按照国际货币基金组织设计的新自由主义改革规划，着重实施私有化、贸易自由化和金融自由化。

以"华盛顿共识"为典型形态的新自由主义政策主张可以概括为"三化"，即"市场化""自由化"和"私有化"，以及在此基础上推行的"经济全球化"。所谓"市场化"是基于对市场的盲目崇信，主张把生产要素、产品和服务都交给市场去自发调节。所谓"自由化"是指反对政府干预和宏观调控，不仅在国内让市场自由配置各种资源，还要求实现国际贸易、投资和金融的自由化。所谓"私有化"是基于对公有制天生效率低下的偏见，主张国有企业的私有化以及公共服务的私有化。新自由主义所推行的"经济全球化"，是以超级大国为主导的全球经济一体化，旨在清除其他地区对国际商品贸易、服务贸易和资本流动设置的壁垒，使发达国家的垄断资本能够占据更多的资源、市场和廉价劳动力，获取超额利润。

二 新自由主义泛滥的经济后果

在新自由主义政策推行时期，发达国家的资本利润率有了一定回升，拉美国家一度恢复了短暂的低速经济增长,世界经济一体化在不断加强。然而,这些有限的成绩是以加剧资本主义的各种矛盾为代价的,也是不可持续的。总的来看,新自由主义的施行不仅延缓了世界经济增长的步速,而且造成了全面的经济困境。

(一) 经济增长显著减速甚至陷入衰退

新自由主义在全球泛滥以来,世界经济增长不仅没有提速,反而明显减缓,一些国家甚至陷入严重经济倒退,这已成为公认的事实。在新自由主义政策施行于欧美、拉美、苏东及俄罗斯、亚洲等国家和地区的重要时期(1981—1998年),世界经济的年均增长率与前一个时期(1951—1980年)相比,从4.5%下降到了2.9%,人均国内生产总值平均增长率则下降了一半(从2.6%下降到1.3%)。[1]

拉美新自由主义改革的首要目标是恢复经济增长,而结果令人失望。20世纪90年代以来,拉美经济增长呈现一种明显的前高后低、逐步衰退的态势:1991—1994年经济增长率不足4%,1998年后,拉美由于接连发生经济危机或金融动荡,1999年和2001年的经济增长率仅为0.5%和0.3%,2002年又下降了0.5个百分点。这远远低于国际金融机构1997年的估计,基本上重新陷入80年代债务危机后的那种停滞和衰退状态。[2] 据联合国拉美经济委员会公布的数字,拉美经济在世界经济总量中所占比例,1960年为8%,到21世纪初仅为4%。

在俄罗斯,实行转型的10年里经济大幅下滑。1989年,俄罗斯的GDP是中国的2倍多,而10年后仅为中国的1/3。苏东地区的其他国家也基本采纳了新自由主义的政策,都没能取得预想成效,而是迎来了令人沮丧的"转型萧条"。到2003年,在26个苏东国家中,只有7个国家的国内生产总值超过了其1990年的水平,其中格鲁吉亚和摩尔多瓦2003年的国

---

[1] 资料来源:Pollin, Contours of Descent: U. S. Economic Fractures and the Landscape of Global Austerity. 2003。

[2] 陈平、王军:《拉美新自由主义改革:为什么必然失败?》,《拉丁美洲研究》2004年第4期。

内生产总值只有其1990年的40%左右。直到2007年，仍然有5个国家经济总量没有恢复到其1990年的水平。① 世界银行的一份报告也不得不承认这次的"转型萧条"要比20世纪30年代的大萧条造成的后果更为严重，大约是相当于发生了一次大规模战争。②

印度尼西亚在亚洲国家中实行新自由主义政策的时间最长，所受伤害也最深重，经济表现远不及东亚以及东南亚的其他国家。印尼1985—2007年的年平均增长速度为4.2%，在亚洲非社会主义国家中处于最下游水平。③ 1997年金融危机时印尼曾邀请国际货币基金组织来进行干预，而在这一年它经历了历史上最严重的衰退，负增长高达12.8%。④ 泰国、韩国、菲律宾等国家在美国的游说下推行新自由主义政策之后，短短几年后就在亚洲金融危机中蒙受了几千亿美元的重大损失，有些国家的经济甚至倒退了十多年。1998年，泰国、印尼和韩国都出现了严重的负增长——印尼 -13.1%，泰国 -10.5%/10.8%，韩国 -6.7%。⑤

事实上，不仅是发展中国家，即使是日本这样的发达国家，在其政策转向新自由主义之后也遭遇了严重打击。20世纪90年代初投机泡沫的破灭，使得日本到90年代中期资产价值损失达1000万亿日元，为GDP的2.4倍，和1929年后美国大危机造成的资本损失是其GDP的1.9倍相比，损失更为巨大。⑥

作为发达国家新自由主义政策实践的始作俑者，英美两国的经济也在世纪之交走向衰退。互联网泡沫破裂不久，美国走出了经济低谷，一度被视为新自由主义的最佳范例。然而，美国经济增长凭借的是对外推行美元

---

① Trans Monee 2011 Database, Unicef Regional Office for Ceecls, Geneva.
② World Bank, "Transition: the First Ten Years—Analysis and Lessons for Eastern Europe and the Former Soviet Union", 2002.
③ 何秉孟、李千：《新自由主义评析》，社会科学文献出版社2012年版，第84页。
④ 朱安东：《"伯克利黑帮"与印度尼西亚40年来的经济发展》，《国外理论动态》2007年第11期。
⑤ [俄] 坦基扬：《新自由主义全球化——资本主义危机抑或全球美国化?》，教育科学出版社2008年版，第44页。
⑥ [日] 伊藤诚：《日本新自由主义评价》，见 [英] 阿尔弗雷多·萨德—费洛等《新自由主义批判读本》，江苏人民出版社2006年版，第334页。

霸权和经济全球化,为了控制资源和市场甚至不惜发动战争,对内则依靠推行金融衍生新工具,这是以严重的经济结构失衡和财政恶化为条件的,特别是它给发展中国家带来的巨大风险和灾难,使得这种范例不可重复、不可分享。2008年以来美国金融危机的爆发不断深化,标志着美国新自由主义模式遭到致命性重创。

(二) 私有化造成国有资产流失和经济主权削弱

在拉美国家和苏东社会主义国家推行的大规模私有化运动,国家因此遭受巨大社会和经济损失。[①] 俄罗斯500家最大的企业在私有化时,有324家的平均出售价格还不到400万美元,1993—1996年为俄罗斯私有化的高潮时期,这期间国家私有化的收入,只占GDP的0.02%—0.04%,占预算收入的0.13%—0.16%。俄罗斯在私有化期间的损失总计为9500万亿卢布,约合1.7万亿美元,其中经济损失为1万亿美元,社会损失为0.7万亿美元。这相当于1996年其国内生产总值的4.2倍,相当于第二次世界大战期间损失的2.5倍。[②]

更为重要的是,大规模的私有化再加上迅速的自由化、市场化,使这些国家的产业迅速向私人资本特别是外国资本集中,为国有资产流失以及外资控制这些国家的经济命脉大开方便之门,结果并没有形成原来预想的企业家阶层和私有经济的效率,而是令本国的经济安全大为削弱,政府应对危机的能力大大降低。

1992年,阿根廷由外资控制的银行资产仅占12%,到1997年上升到52%,2001年进一步上升到67%,在阿根廷最大的10家银行中,被外国资本控股的银行达到8家。伴随着金融私有化和自由化,阿根廷货币的美元化趋势日益加深,外债迅速增长,金融主权受到削弱,金融动荡不断,以致2001年爆发了金融危机。由于货币贬值、银行瘫痪和存款冻结,阿根

---

① 唐棠:《新自由主义全球化别名考》,中央民族大学出版社2007年版,第102页。
② 褚鸣:《批判的新自由主义与新自由主义批判》,《国外社会科学》2005年第4期。

廷发生了波及全国的社会动乱，大批民众走上街头游行抗议，仅在一个月内就更换了5位总统。在外资的控制以及进口商品的冲击下，拉美国家的民族工业遭到严重损害，在阿根廷、巴西和墨西哥，20世纪80年代的制造业产值分别占GDP的31%（1989年）、35%（1982年）和26%，2001年这个比率已经下降到了17%、21%和19%。[1]

在中东和北非地区，埃及曾被标榜为推行新自由主义的典范，政府在几年之内将利润丰厚的国有企业拍卖给了国外跨国公司或本国少数私人资本，2004年之后又开始出售国有银行，其中埃及最大的国有银行之一亚历山大银行出售给了外国资本。与此同时，埃及放松了对国际资本流动的监管，并先后取消了红利税、资本收益税、债券投资利息税，助长了房地产和证券投机。而曾经作为埃及经济支柱的民族工业日益衰退，埃及经济成为名副其实的"依附经济"，贫困化和两极分化现象日益严重。埃及著名政治经济学家、第三世界论坛主席萨米尔·阿明，干脆以"自由主义病毒"来称呼新自由主义。

东欧大部分国家的经济，尤其是工业和银行业为外国资本所控制，丧失了主导权。在匈牙利、波兰、克罗地亚、捷克共和国、爱沙尼亚、斯洛伐克、斯洛文尼亚这7个国家中，有4个国家外国资本占银行业的65%以上，在爱沙尼亚居然达到了80%；外资对这些国家的工业的控制程度也很高，有3个国家超过了50%，其中克罗地亚甚至达到了85%。外资的涌入并没有为东欧带来经济繁荣，在这方面，匈牙利的例子十分典型。由于国内的新兴阶级没有能力购买大中型国有企业，导致最终收购者多是外国资本。在1998年私有化运动结束的时候，原来属于国有的生产资料80%以上成为私人财产或外国资本的囊中之物，国家保留的国有资产减到社会总资产20%以下。在此期间，经济不进反退，尤其是在1990—1993年间，经济连年衰退，国内生产总值总共下降了近20%。即便到了2006年，也

---

[1] ［英］阿尔弗雷多·萨德—费洛：《拉丁美洲新自由主义的政治经济》，见［英］阿尔弗雷多·萨德—费洛等《新自由主义批判读本》，江苏人民出版社2006年版，第304页。

只有 1989 年水平的 126%。[①]

(三) 失业问题和贫富分化急剧尖锐

实行新自由主义政策措施后,许多国家的政府以降低通货膨胀率、稳定经济和市场化为由,限制工会权利,解除对劳动力市场的管制,有意识地提高失业率,迫使工人阶级接受低工资。

事实上,在许多国家都出现了失业率居高不下的情况。图 1 反映的是欧盟委员会提供的欧洲核心 15 国和美国的平均失业率的情况。从图中我们可以看到,从 20 世纪 60 年代末到 80 年代中期,这些总体的失业率水平是快速上升的,从 4% 左右上升到了 9% 左右,之后虽有波动,但总体保持在高位。尽管在 2002 年之后出现了下降的趋势,但 2008 年危机之后这个数据又开始上升(见图 1)。

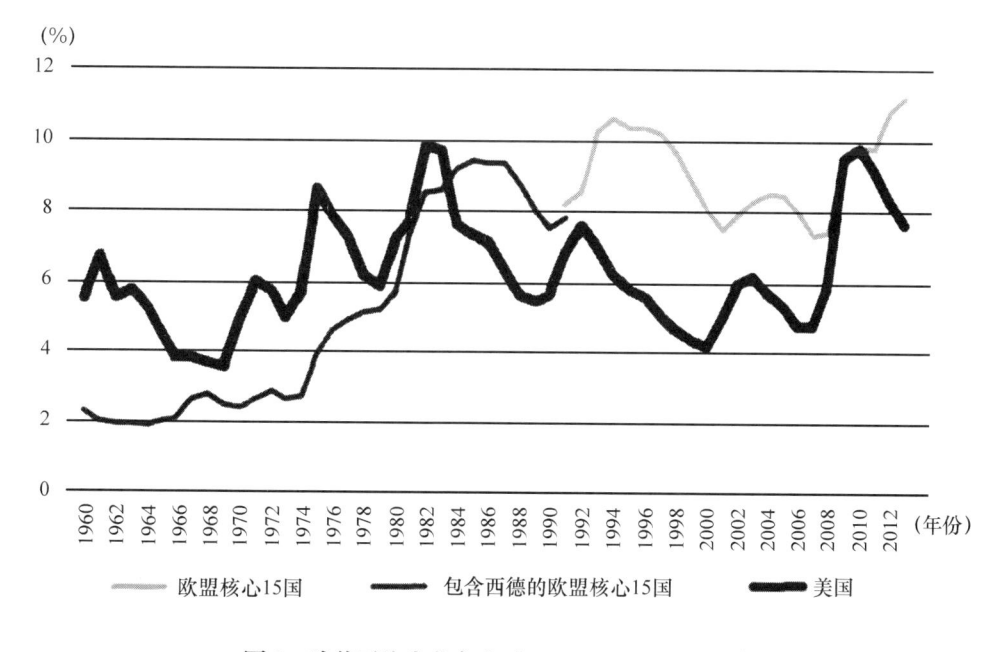

图 1 欧美平均失业率水平 (%):1960—2012 年

数据来源:欧盟委员会年度宏观经济数据库(MMECO)。

---

① 朱安东:《匈牙利的"通往奴役之路"》,《中国财富》2007 年第 11 期。

五 通往灾难之路的新自由主义

由于失业率较高而且工人斗争性减弱，加之新自由主义推行的资本自由流动将广大发展中国家的廉价劳动力纳入国际垄断资本的雇佣范围内，大大加强了资方在工人和政府面前的谈判地位，因而，在资本利润率有所提高的同时，工人的实际工资出现了下降趋势。以拉美国家为例，1980—1991年，玻利维亚工人的实际工资下降了73%；1980—1992年，厄瓜多尔、萨尔瓦多、委内瑞拉工人的实际工资分别下降了68%、65%和53%；1980—1994年，阿根廷、乌拉圭工人的实际工资分别下降了14%和21%。[1]

在新自由主义政策的推动下，各国内部出现了越来越深的贫富鸿沟。在英国，社会不平等的扩大成了保守党政府下台的重要原因；而俄罗斯的经济转轨也在短期内把俄罗斯变成了一个极少数人暴富（多为非生产性手段），绝大多数人赤贫的畸形社会，1997年俄罗斯的基尼系数达到0.5，贫困人口由1988年的2%上升到1995年的50%[2]；阿根廷则出现了一个新的、被社会学家称为"新穷人"的群体。一些苏东国家由转型之前处于世界上收入分配最平等的国家阵营，跌入最不平等的国家行列，最为突出的是亚美尼亚，1996—1998年的收入分配基尼系数高达0.61。美国的收入不平等多年来持续扩大，1979—2007年，美国家庭的平均收入增长了51%，而最富的10%家庭收入增长了116%，最富的1%家庭收入增长了241%。加利福尼亚大学伯克利分校近期一项研究显示，2009—2012年，美国最富的1%人群攫取了美国新增财富的95%。[3]

国与国之间发展的不平衡也在加剧，据世界银行统计，在新自由主义刚有所抬头的1973年，世界最富有国家人均收入是最贫穷国家人均收入的44倍，到2009年则达到330多倍；高收入国家的10亿人口拥有全球财富的60%，中收入国家的15亿人口和低收入国家的35亿人口各拥有20%。[4]

---

[1] Duncan Green, Silent Revolution, Monthly Review Press (1995), Appendix A.
[2] ISCCIS（独联体国家间统计委员会），The Main Macroeconomic Indicators of the Commonwealth of Independent States 1991-1999, Moscow, 1999.
[3] http://eml.berkeley.edu/~saez/saez-UStopincomes-2012.pdf.
[4]《新自由主义与国际金融危机》，《人民日报》2012年6月7日。

由于国与国之间以及各国内部收入差距都在拉大，全球的贫富分化极其严重。根据联合国大学世界发展经济学研究所发布的《全球家庭财富分布情况》，在2000年，世界上1%最富有的成年人口拥有高达40%的全球家庭财富；世界上2%最富有的成年人口则拥有一半以上的全球家庭财富；世界上10%最富有的成年人口拥有85%全球家庭财富。全球家庭财富分配的基尼系数为0.892，相当于如果全球总共只有100个人和1000美元的话，其中一个人拥有900美元，而其余的每个人拥有1美元。

全球性两极分化，经济增长缓慢，导致了世界贫困问题日趋严峻，也成为世界动荡不安、冲突频繁、恐怖主义泛滥的重要根源。

三　全球范围的生产能力过剩和结构失衡

新自由主义政策的实施，使得许多国家的实际工资水平下降、大量民众相对和绝对贫困化，导致世界范围的有效需求增长缓慢甚至减少，从而出现了严重的生产能力相对过剩的现象。1999年2月，英国的《经济学家》杂志曾警告说，世界范围内出现了计算机芯片、钢铁、汽车、纺织以及化工等行业的生产能力过剩，并指出当时世界工业生产能力的实际利用率水平接近于1930年以来的最差水平。[1] 在过去的十多年里，情况更加恶化。以美国为例（见图2），其制造业的产能利用率在1948—1980年平均为82.9%，而在新自由主义时期平均只有78.1%。[2] 欧洲的情况和美国比较类似，而拉美的产能利用率在20世纪最后20年也在低处徘徊。由于相对过剩的资本在生产领域不能获利，转而进入资本市场、金融衍生品市场、房地产市场等投机领域，吹起了大量资产泡沫。

在新自由主义时期推行的经济全球化和美元霸权，使世界经济积累了

---

[1] "Could It Happen Again?", Economist, 22 February 1999.
[2] 从图2中我们也可以看到，美国制造业的产能利用率在20世纪60年代是最高的，平均达到了84.9%，70年代下降到81.5%，80年代进一步下降到78.7%，90年代略有回升，达到81.2%，但在过去的10年里下降到了有统计以来最低的74.5%，在本次危机中的2009年更是下降到了66.2%。

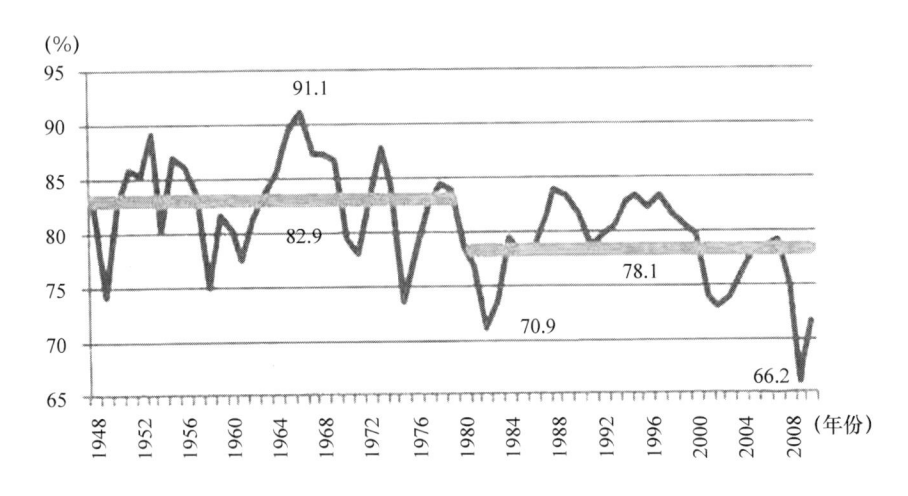

图2 美国制造业产能利用率（%）：1948—2010年

越来越严重的结构性矛盾。在过去的几十年里，美国从日本、欧洲以及近年来从中国大量进口，从20世纪80年代初以来（除了1991年外）其出口一直小于进口，出现了愈演愈烈的贸易逆差。从2003年开始，其经常账户赤字超过了5000亿美元，并在2006年达到了8000亿美元，即便是在危机之后的2010年仍然高达4700亿美元。目前，美国已经形成巨额外债，到2011年9月，美国的外债总额已经达到近15万亿美元[①]，超过了其当年的国内生产总值。另外，发展中国家特别是新兴市场国家出现高额顺差，积累大量以美元为主的外汇储备，这些外汇资金为保值和增值又回投到美国金融市场，推动美国资产价格上涨。

随着全球资本过剩和经济失衡不断加剧，金融泡沫也在加速膨胀。新自由主义推行的金融自由化，解除对金融部门的管制，更为各种金融欺诈、投机泡沫铺平了道路。在新自由主义时期，几乎所有的市场经济国家都出现了经济金融化的现象。以美国为例，美国金融业在国内总利润当中所分割的比重越来越大，从20世纪80年代初的不足20%上升到30%左右，并在21世纪初一度达到45%，而同期制造业的比重则大幅度下降，一度降

---

① 见美国财政部网站，http://www.treasury.gov/resource-center/data-chart-center/tic/Documents/debta2011q3.html。

到10%以下，目前也低于20%。尽管在一段时间内，金融资本可能依靠吸纳更多的资金进入金融部门而获利，但金融领域利润毕竟最终来源于实体经济部门，因此，这一过程是不可能持久的。

金融危机和经济危机频发。新自由主义在发展中国家和新兴市场国家推行的后果之一，是使这些国家发生一连串的经济和金融危机，经济增长和人民生活水平大幅下降。以拉美为例，继20世纪80年代爆发债务危机，在90年代初接受新自由主义方案之后的短短10年时间里，又接连出现多次较大危机：1994年墨西哥爆发金融危机；1998—1999年，巴西在亚洲和俄罗斯金融危机的冲击下，出现严重金融危机；2001年年底，经济发展百年不衰、人均年收入曾达到8000美元，又成为拉美新自由主义改革明星的阿根廷，由于连续数年负增长，经济衰退达到创纪录的11%，接近崩溃边缘；2002年，巴西和乌拉圭又陷入金融动荡。

在第二次世界大战结束以后的近30年时间里，美国等西方国家没有出现过一次严重的金融危机，没有一个重要的金融机构破产。而自20世纪80年代以来，每隔10年左右就会发生一次较大的金融危机，大型金融机构破产也不时发生。导致这种差异的一个重要原因，就是在新自由主义指导下的金融自由化政策。此次由美国次贷危机引发的国际金融危机，及其以欧洲主权债务危机为标志的深化，可以说是长期推行新自由主义的恶果。危机爆发后，世界经济急转直下，全球GDP在2009年下降了2.2%，失业人口总数近2.12亿人，失业率为6.6%，比危机爆发前的2007年增加了3400万人。

在危机的发源地美国，美国股市大量财富蒸发，其标准普尔500指数从危机前最高的1562点，之后一度下跌到677点，跌幅高达57%。同时，其经济总量跌幅也达到了4.2%，失业率从4.4%上升到了10%，失业人口从673万上升到了1535万。危机中，大量家庭失去住房，据估计，从危机爆发到2014年3月，已经有500万套住房被银行收回，而且这个数据还在不断增长。① 按照美国官方统计，美国贫困人口在2010年达到了史无前例

---

① http：//www.corelogic.com/research/foreclosure-report/national-foreclosure-report-march-2014.pdf.

的 4618 万，大约每 7 个美国人中就有一个人处于贫困之中。[①] 危机迅速向其他发达国家蔓延，金融市场风雨飘摇，经济迅速陷入衰退，欧洲相当一批国家到现在尚未完全走出经济衰退的泥潭，并深陷主权债务危机。

很多推行金融自由化和利用金融业的发展推动经济繁荣的国家都受到沉重打击。欧洲小国冰岛十多年来由于金融业的超常发展，使经济迅速增长，人均收入曾排世界首位。但随着国际金融危机的爆发，冰岛的金融体系遭受沉重打击，货币大幅贬值，外债高筑，国家濒临破产。

危机还广泛波及亚洲、东欧、拉美、非洲，尤其是实行了新自由主义政策之后，对外资依赖程度过高、经济主权受到削弱的国家和地区，受冲击更为严重，例如苏东地区，2009 年整个地区产出下降近 6%，拉脱维亚、乌克兰、立陶宛、亚美尼亚甚至出现了高于 14% 的大幅倒退。

四 对新自由主义风潮的反思和矫正

随着新自由主义政策经济在改革中暴露出重大问题，产生的后果招致批评始终如影随形，一些曾经将其奉为救世良方的政府，不同程度地改变和纠正了原有的一些政策做法，新自由主义的原则在实践中遭遇了批判、抵制和抛弃。

在率先启动发达国家新自由主义变革的英国，撒切尔主义早已衰落。进入 21 世纪以来，英国的两大党派对新自由主义的热衷态度明显发生变化。保守党领袖邓肯·史密斯在一次讲话中承诺，他的党不会再继续撒切尔内阁的"物质主义"的模式，而工党也同样急于与新自由主义的政策划清界限。[②] 2013 年撒切尔夫人去世后，英国《卫报》刊文称："她留下的遗产是一个分裂的社会、个体的自私和贪婪的物质崇拜。这些东西加起来对人类精神的禁锢，远多于他们所释放的自由。"

---

① 根据美国人口普查局提供数据计算，数据来自 http://www.census.gov/hhes/www/poverty/data/historical/people.html。

② 何秉孟主编：《新自由主义评析》，社会科学出版社 2004 年版，第 17 页。

巴西著名理论家多斯桑托斯将里根经济学称为"灾难政治经济学"，认为巴西等拉美国家"落入了新自由主义陷阱"①。在饱尝新自由主义的苦果之后，拉美人呼吁探索一条适合拉丁美洲和本国国情的新发展道路的呼声不断高涨，查韦斯提出的"21世纪社会主义"就是其中较为激进的选择。不仅拉美民众对新自由主义改革存在一种普遍的不满，一贯支持新自由主义改革的美洲开发银行也承认，拉美结构改革的效果"不甚理想"，许多国家"遭受结构性改革之苦"。②

正是由于20世纪90年代拉美改革效果不佳，1998年在智利首都圣地亚哥举行的美洲国家首脑会议，明确提出了以强调国家在社会发展进程中的作用、减少经济改革的"社会成本"、大力发展教育事业和卫生事业等为核心内容的"圣地亚哥共识"③替代"华盛顿共识"的主张。从厄瓜多尔（1997年）、秘鲁（2000年）、阿根廷（2001年）到玻利维亚（2003年），大选中获胜的各国领导人，在竞选演说中无一例外地主张反对新自由主义，因为只有这样才可能获得人民支持。经过对新自由主义政策的抵制和纠正，拉美正在逐步走向经济自主和成长复苏。

对于"华盛顿共识"，斯蒂格利茨曾评价道，"说得好一些，'华盛顿共识'是不完整的；说得坏一点，'华盛顿共识'具有误导性"。从事转型经济学研究的著名经济学家热若尔·罗兰指出，"俄罗斯的经验基本上可以看作'华盛顿共识'缺点的证明"。甚至连当年参与主持"休克疗法"改革的盖达尔，后来也不得不承认"改革是失败的"。普京任总统后，1999年至今，采取了一系列措施，加强国家对经济的干预，反击寡头对经济的控制。

2008年以来，被称为"百年一遇"的源于美国的国际金融危机在世界范围的蔓延，进一步暴露出新自由主义给人类社会带来的灾难性后果。当

---

① ［巴西］多斯桑托斯：《新自由主义的兴衰》，社会科学文献出版社2012年版。
② 美洲开发银行：《拉美改革的得与失》，社会科学文献出版社1999年版，第2页。
③ "圣地亚哥共识"的含义是：a. 必须减少经济改革的"社会成本"，使每一个人都能从改革中受益；b. 大力发展教育事业和卫生事业；c. 不应该降低国家在社会发展进程中的作用；d. 健全法制，实现社会稳定；e. 提高妇女和少数民族群体的社会地位和经济地位；f. 完善和巩固民主制度。

然，以金融资本为代表的国际垄断资本仍然垄断了发达国家的政治经济文化大权，新自由主义势力不会轻易退出历史舞台。例如，美国在利用巨额财政资金挽救大金融资本的同时，又不断削减中下阶层的各种福利以减少赤字。这种挽救新自由主义危机的做法，只能使经济危机进一步恶化并逐渐演变成为社会和政治危机。经历了这场危机之后，新自由主义可能在全球失去其主流地位。

诺贝尔经济学奖得主斯蒂格利茨在内的一批主流经济学家站出来公开反对新自由主义经济学，他直接以"新自由主义的终结"为题撰文指出，新自由主义一直是为某些利益集团服务的政治信条，从来没有得到经济学理论的支撑。曾以提出"历史终结论"名噪一时的斯坦福大学日裔美籍学者弗朗西斯·福山，也在与美国全球发展中心主席南希·伯索尔合写的《后"华盛顿共识"——危机之后的发展》一文中明确宣布，"如果说这场全球金融危机让一些发展模式受到审判的话，那就是自由市场或新自由主义模式"。

日本著名经济学家中谷岩过去是在日本鼓吹和推广新自由主义的急先锋，在本轮危机爆发不久就出版了名为《资本主义为什么会自我崩溃：新自由主义者的忏悔》的著作，并在日本社会引起强烈反响。他在书中指出新自由主义让世界蒙受了巨大灾难，并宣布"我们终于要与主张越不限制越好的'市场原教旨主义'诀别了"①。

西方媒体和社会各界人士在金融危机后，纷纷要求转变原有的主流经济治理范式。2008年1月，美国《国际先驱论坛》刊发题为《经济史拐点》的文章，指出世界经济正在步入一个拐点，即全球主流经济政策正在由自由放任转向政府干预。日本《每日新闻》指出，"危机的元凶"是"里根与撒切尔夫人推行的新自由主义的经济政策，即市场至上主义"，是"数十年的自由放任这一过度自由主义"。金融巨鳄索罗斯在接受法国《世界报》采访时表示，"（华尔街危机）是我所说的市场原教旨主义这一放任

---

① ［日］中谷岩：《资本主义为什么会自我崩溃：新自由主义者的忏悔》，郑萍译，社会科学文献出版社2010年版。

市场和让其自动调节理论的结果。危机并非因为一些外来因素，也不是自然灾害造成的，是体制给自己造成了损失"。世界经济论坛创始人克劳斯·施瓦布在2012年达沃斯论坛上提出："我们必须改造资本主义，使之在市场经济的基础上更加负责任，对于社会的需要负责任。"

一些西方政要也在反思新自由主义的错误和危害。在2009年的20国峰会闭幕新闻发布会上，英国首相戈登·布朗公开宣布了"华盛顿共识"的终结。[①] 2009年2月，时任澳大利亚总理的陆克文专门撰文批判新自由主义，指出"本次危机正是过去30年来自由市场理论主宰经济政策的最终恶果。这种理论有时也被称为新自由主义、经济自由主义、经济原教旨主义、撒切尔新政或华盛顿共识，其理论核心是应限制政府活动，最终由市场力量全面取而代之"[②]。

(作者单位：清华大学马克思主义学院；中国社会科学院马克思主义研究院)

(原载《经济导刊》2014年第11期)

[①] 程瑞华：《盘点各国政要观点解析G20峰会成果》，《金融时报》2009年4月4日，见http://business.sohu.com/20090404/n263201156.shtml。

[②] 陆克文：《全球金融危机的根源与变革》，见http://news.xinhuanet.com/fortune/2009-03/18/content_11030473_1.htm，原文标题为"The Global Financial Crisis"，载The Monthly杂志（http://www.themonthly.com.au/monthly-essays-kevin-rudd-global-financial-crisis-1421）。

新自由主义的资本积累主张及其危害

陈承财

新自由主义持资本主义的资本积累立场,但与主张政府积极调控、福利制度和对劳工妥协的凯恩斯主义有明显的区别,主张压低劳工待遇和保持就业压力,以最大限度实现资本的增值。主张按"私有化、市场化、自由化和全球一体化"[①] 的规则布局全球经济秩序,实际上是主张资本积累在私有产权为基础的全球市场秩序中进行,采取自主自愿交易的市场手段而不是武力掠夺手段,让弱肉强食的丛林法则以"投资自由、贸易自由、金融自由"的方式合法地实施,从而为国际垄断资本在全球化、金融化、信息化的和平时代进行全球资本积累提供理论工具。

一 新自由主义关于资本积累的主要观点

新自由主义的资本积累主张散见于其主要代表人物的理论之中,也体现在华盛顿共识、撒切尔主义等新自由主义政策之中,主要观点包括以下几个方面:

---

① 何秉孟:《美国金融危机与国际金融垄断资本主义》,《中国社会科学》2010年第2期。

（一）持资本主义的资本积累立场，认同天赋人权和贫富分化，主张压低劳工待遇和保持就业压力，以提高资本的增值效率

新自由主义支持资本主义反对社会主义，被称为新自由主义之父的哈耶克认为，社会主义、集体主义与法西斯主义一样是极权主义的代表，是乌托邦和"通往奴役之路"，弗里德曼将竞争性的资本主义视为一种最有利于个人自由、创造和发展的经济制度。

对资本原始积累的来源，新自由主义继承古典自由主义"天赋人权"的主张，认为人人生而不同，"有些生命显然更重要，因为他们能够创造或维持其他生命"，任何人具有的先天或后天的优势都会使整个社会获益，"正是为了能够把那些道德的、知识的和物质的财富流传给后人，父母们才会去获取、创造并且保有那些财富"①，因此没有必要消除出生和继承所带来的不平等。

对资本积累导致贫富分化的结果，新自由主义认为是合理的。哈耶克认为"只要所有人都遵循相同的规则并且不施以欺诈，那么我们就必须把期间所产生的结果视作是公平的"②，自然的不平等是无法避免的，只要程序公正（机会公平）即可，"自由主义只关注交换正义（commutative justice），而不关注所谓的分配正义（distributive justice）或现在更为盛行的'社会'正义（social justice）"③。社会发展是一个自生自发的进化过程，进化不可能是公正的，过分强调社会正义（结果公平）反而会混淆个人责任、扼杀个人自由、限制个人的创新力和进取心。主张贫富分化是保持社会活力、实现利润增长、使穷人受益的最佳方式，哈耶克提出"梯队递进"或"滴流下降"的经济增长理论，认为社会不可能齐头并进地平均发展，只有社会存在贫富分化，富人先消费价格昂贵的先期开发产品，为产品创新支付成本，然后穷人才能享受到降价的创新成果，"在进步的任一阶段，富有者都是通过尝试贫困者尚无力企及的新的生活方式而为一个社

---

① ［英］哈耶克：《哈耶克论文集》，冯克利等译，首都经济贸易大学出版社2001年版，第188页。
② 同上。
③ 同上书，第81—82页。

会的进步做出其不可或缺的贡献的"①。同样道理，在国与国之间，只有富国承担创新的成本，然后穷国才能逐渐引进和享受创新成果，从而得到比自己努力更快的发展速度。站在维护少数富人或富国的立场，新自由主义主张优待高收入者，认为高收入会激励他们对社会总资产做出最大的贡献，因此应反对对他们征收累进所得税，认为"普遍累进的税收制度似乎是与法律面前人人平等的原则相冲突的"②。

新自由主义对劳工的态度比凯恩斯主义更严厉，他们主张减缩福利，认为福利国家的政策会损害效率、培养懒汉，福利计划降低人们对工作、储蓄和革新的兴趣，限制个人的自由，与此相反，逐步减少社会保障能"导致更高的资本形成率和更快的收入增长率"③；新自由主义主张的效率优先，股东利益最大化，实际上是资本增值效率优先，是一种"劫贫济富"。

（二）主张私有产权为基础的全球一体化的市场秩序和自主自愿交换的资本积累方式

首先，捍卫私有制，主张私有化。新自由主义的经济学家都是极力主张私有制的，认为私有制保证个人自由，保证每个人的致富机会均等。哈耶克认为："正是由于生产资料掌握在许多个独立行动的人的手里，才没有人有控制我们的全权，我们才能够以个人的身份来决定我们要做的事情。"④ 人的本性是自私自利的，只有鼓励个人充分地为自己谋利益，人们才会相互竞争，避免"搭便车"，如果不存在私有制，竞争就失去了赖以产生效率的基础。弗里德曼也一再强调私人经济具有自身的稳定性，市场经济的产权基础就是企业私有，1998 年他作了题为"中国的改革向何处去"的报告，认为中国最重要的问题是"私有产权，私有产权，第三个还是私有产权"。张五常用科斯定理的产权清晰论反对公有制，认为"私有

---

① ［英］哈耶克：《自由秩序原理》，邓正来译，三联书店 1997 年版，第 50 页。
② ［英］哈耶克：《哈耶克论文集》，冯克利等译，首都经济贸易大学出版社 2001 年版，第 86 页。
③ ［美］米尔顿·弗里德曼：《自由选择》，张琦译，机械工业出版社 2013 年版，第 120 页。
④ ［英］哈耶克：《通往奴役之路》，王明毅等译，中国社会科学出版社 1997 年版，第 101 页。

产权被压制时，经济就会大大地增加交易成本和运行成本。结果是增长受阻"①。总之，在新自由主义者看来，私有制是最合理、最完美的制度。威廉姆逊阐述了"华盛顿共识"对拉美国家经济调整和改革的"处方"，其中第8、10条就是强调保护私人财产权和私有化②，认为国有企业普遍存在效率低下的"顽疾"，因此私有化是其重要而且有效的改革措施。

其次，主张可以"自主自愿交换"的市场经济秩序，反对计划调节，这一主张为资本积累的制度环境和积累方式选择提供了理论支持。新自由主义经济学家都认为市场比计划更具有资源配置效率，市场经济秩序是经过长期的选择和试错之后进化出来的自生自发的经济秩序，计划经济秩序只是按特权设计或意图造成的"人造秩序"，在市场秩序中，分散的市场主体根据价格信息进行的竞争性交易是自主自愿的，在计划经济秩序中却被压制了。市场经济秩序在利用分散的知识和信息方面具有效率优势，"配置资源的权利以可以变化的方式分散在许多能够实际决定这些资源用途的个人手里……才能使分散的知识得到最充分的利用"。只有市场秩序才能产生真实的价格信息，"在一个扩展的经济秩序中，离开由竞争性市场形成的价格的指导，不可能对资源精心地'合理'分配"③。经济决策所需的知识，"从未以集中的或完整的形式存在，而只是以不全面而且是时常矛盾的形式为各自独立的个人所掌握"④。因此哈耶克认为全知全能的计划经济、人造秩序是一种谬误和"致命的自负"。弗里德曼认为，没有中央计划的自由市场不仅是经济发展的有效途径，而且是提高人们生活水平的唯一的有效途径。完全排除了计划调节，他们就要面对市场经济的周期性波动问题，哈耶克认为经济波动和萧条是由货币因素引致的特定价格与其均衡位置的背离，而这种货币利率与自然利率的不一致自动产生于经济发展过程，是信贷经济的自然结果。弗里德曼也将经济不稳定归因于货币，

---

① 张五常：《经济解释——五常经济论文选》，易宪容等译，商务印书馆2000年版，第16页。
② 中国社会科学院"新自由主义研究"课题组：《新自由主义研究》，《马克思主义研究》2003年第6期。
③ [英]哈耶克：《致命的自负》，冯克利等译，中国社会科学出版社2000年版，第152页。
④ 同上书，第86、99页。

主张"单一规则"的货币政策，由市场自动实现均衡。这些主张得到国际垄断资本的大力支持，实践中他们正是在市场秩序中以"自主自愿交换"的方式进行资本积累的，凭借资金技术优势，利用经济危机萧条制造贬值资产吸收剩余资本，经济繁荣时制造泡沫资产兑现利润。

再次，主张全球一体化的市场秩序，把资本积累扩大到全球范围。哈耶克主张国际经济关系是私有制为基础的个人与个人之间的关系，不能成为国家之间的关系，否则就会用国家之间的谈判代替市场竞争，结果必定会发生权力冲突。他反对制订国际性的经济计划，主张全球一体化的国际市场秩序，认为国际市场秩序"必须有一种权力可以制止各个国家有害于邻国的行动，必须有一套规定一个国家可以做什么的规则，以及一个能够执行这些规则的主管机构"[①] 反对大国干预小国，主张由"一个有效地限制国家对个人的权力的国际机构"实行"国际的法治"。[②] 货币主义者最主张全球市场一体化，他们认为，国际经济的联系为所有参与者提供了机遇，市场运作机制从最先进的经济区域扩展到所有的政府放弃了控制权的经济区域，随着这种最为有效的机制的扩散，欠发达的经济区域也会繁荣起来，与发达国家财富的差距也会越来越小。在私有产权为基础全球一体化市场中，民族国家的资产可以在全球范围内交易，国际垄断资本可以在全球范围内直接投资投机，特别是控制石油等战略资源，全球直接投资为美国和欧洲的资本带来可观的收益，大卫·哈维在《新帝国主义》中称为资本的"剥夺式积累"。

（三）主张普通法法治下没有政府干预的全球市场自由，实际上是主张全球资本积累自由化、合法化

首先，主张普通法法治下的市场自由，认为法治是市场秩序中经济自由的保障，市场竞争要将法治原则置于至高无上的统摄地位。但是这种法治依据的不是体现民族国家统治阶级意志的法律，而是社会自生自发进化形成的

[①] ［英］哈耶克：《通往奴役之路》，王明毅等译，中国社会科学出版社1997年版，第219页。
[②] 同上书，第225页。

内部规则的法律化,是全球普遍通行的具有一般性(抽象性)、确定性(公知性)和平等性的"普通法",这种法治的目的是使全球一体化的市场"既要保存竞争,又要使竞争尽可能有利于发挥作用"①。哈耶克主张以"普通法"的确定性限定政府的职权范围,防止其扰乱市场秩序。按照这一主张,全球市场要用发达国家或国际组织制定的"普通法"治理,发展中国家参与全球化就要承认这种"普通法",政府的调控不可避免受到限制,如此一来,国际垄断资本在发展中国家的运作就不仅自由而且具备合法性。

其次,主张没有政府干预的市场自由。个人自由是新自由主义的核心主张,哈耶克以分立的知识论、无知论和有限理性论为理论依据来论证经济自由的必要性,认为在自由经济中,个人利用分立的知识进行分散决策,可以实现效用最大化,市场能自动实现均衡。哈耶克强调市场秩序是一种抗拒强制的经济扩展秩序,"所谓'强制',我们意指一人的环境或情境为他人所控制,以至于为了避免所谓的更大的危害,他被迫不能按自己的一贯的计划行事,而只能服务于强制者的目的。"② "自由意味着对直接控制个人努力之措施的否弃,一个自由社会所能使用的知识才会远较最明智的统治者的心智所能想象者为多。"③ 弗里德曼也认为,把经济和政治权力集中在一个人手中,肯定会给人民带来暴政,因此他主张自由放任、自由竞争,"合适的手段是自由讨论和自愿合作。这也意味着:任何强制的形式都是不合适的。"④ 卢卡斯认为经济本身会自我均衡,在它运行过程中政府应当力戒干预,在他看来,政府的宏观经济干预一无是处。在全球化背景下,这些自由化主张实际上是为国际垄断资本在全球范围内的自由流动清除障碍,是对经济弱势国家的经济主权的弱化,民族企业与国际垄断集团进行自由竞争,无异于小鸡与老虎的竞争,要求政府不做任何保护性干预,其后果不言自明。

---

① [英]哈耶克:《通往奴役之路》,王明毅等译,中国社会科学出版社1997年版,第40页。
② [英]哈耶克:《自由秩序原理》,邓正来译,三联书店1997年版,第17页。
③ 同上书,第30页。
④ [美]米尔顿·弗里德曼:《资本主义与自由》,张瑞玉译,商务印书馆2004年版,第27页。

再次，主张全球市场自由化，实际上是主张全球资本积累自由化。全球市场自由化是"华盛顿共识"的核心内容，提倡开放市场自由贸易和资本在国际间尽可能不受限制地自由流动，主张减少政府的干预和管制（"华盛顿共识"对拉美国家改革的"处方"第5、6、7、9条）。[①] 从全球投资自由化、全球贸易自由化到全球金融自由化，实际上是主张全球资本积累自由化。这些主张在实践中促进了不发达国家实行不做任何保护的全面开放，为了与世界经济接轨，外汇自由化、价格自由化、企业经营自由化、对外经济活动自由化一起出台，从而为国际垄断资本自由进出民族国家进行资本积累铺平了道路，成为加强和扩大国际剥削的手段。

二 新自由主义的资本积累主张在实践中的危害

在新自由主义资本积累主张的主导下，全球大部分资源都进入一体化的全球市场，国际垄断资本可以在其中自由地进行资本积累，主要包括以下方式：一是在"投资自由化、市场化、私有化、全球一体化"的新自由主义理念支持下，建立以发达国家为核心的"核心—外围"国际分工生产体系，在生产领域进行可持续积累。二是"全球贸易、价格自由化"主张与以不平等交换为基础的世贸体系结合，进行掠夺性积累，垄断全球主要资源和销售市场。三是"全球金融自由化"主张与以美元霸权为基础的金融体系结合，进行掠夺性积累。国际金融资本利用在国际金融市场和国际货币体系中的控制权或主动权，操纵国际金融市场交易获取暴利。新自由主义主张的资本积累很具欺骗性，与殖民地时代血腥野蛮的武力掠夺不同，它并不主张占地夺权，而是融入民族国家的社会管理结构，打着"自由市场和自由贸易"的旗帜，国际资本带着资金、技术和先进的企业管理经验来"援助"，符合发展中国家实现现代化的需要，在某阶段确实会给发展中国家带来经济繁荣的经

[①] 中国社会科学院"新自由主义研究"课题组：《新自由主义研究》，《马克思主义研究》2003年第6期。

历，但其背后隐藏的实质是无法掩盖的，那就是资本积累：国际垄断资本利用霸权地位和新自由主义规则无偿占有剩余价值和掠夺资源，其结果是使财产和收入从社会大众手里转移至上层大资产阶级，从全球落后国家转移至少数发达国家。实践中其危害主要表现在以下几个方面：

第一，经常性地制造局部金融危机和社会动荡，导致许多民族国家的财富大量流失，陷入社会危机。市场化资本积累运作必然不断周期性地创造贬值资产和泡沫资产，为了给过剩资本创造购买机会和兑现机会，就必须抓住某些国家隐存的危机或者制造出许多经济社会动荡，引起资产的恐慌性廉价抛售和高价抢购。金融自由化为垄断资本制造局部危机提供合法便利的途径，1994年的墨西哥金融危机、1997年的亚洲金融危机、1999年的巴西货币危机和2001年的阿根廷债务危机等，都与金融自由化有关，这些金融危机是分期爆发的，产生的贬值资产吸收了不同时期的过剩国际垄断资本，但是发生危机的国家付出的代价是巨大的。20世纪90年代，俄罗斯实行"休克疗法"，大量国有资产被廉价收购，成为美国资产；2001年阿根廷危机时期，大量社会财富流失海外，跨国公司不仅廉价收购国有、私营企业和自然资源，而且非法席卷老百姓的存款，金额达数百亿美元。金融危机影响到居民的经济社会生活，如粮食、水等生活必需品的价格失控和失业人口剧增，必然引发社会经济危机，甚至可能导致政局不稳，危机时期阿根廷曾出现一个月更换五个总统的混乱局面。

第二，危及发展中国家的经济政治的自主发展，使之成为国际垄断资本主义的附庸。在私有化浪潮中，阿根廷是典型的例子，国有企业和国有资产几乎都出售完毕，非国有化变成了外国化，经济命脉控制权落入外资之手；在"核心—外围"国际分工生产体系中，发展中国家只掌握二级技术和销售网络，因此会更加依赖国际垄断资本拥有的核心技术、销售网络；根据WTO数量不限、最惠国、国民待遇等自由化贸易原则，资本把巨额补贴后的农产品巨量低价出口到生产成本高的国家，导致某些国家农业生产体系崩溃依赖进口，从而成为其附庸。例如海地等中美国家的粮食严重依赖美国进口，2007年美国因原油涨价拒绝出口玉米使其陷入粮荒。我国的大豆、豆油2003

年以前基本可以自给自足,现在近80%依赖进口,值得警惕。

第三,导致失业增加、贫富两极分化。这是实行新自由主义政策国家的通病,国际垄断资本可以全球自由流动,在发达国家,因资本外流导致的国内就业岗位减少,普通的社会中下层长期处于失业压力之下。在发展中国家,由于没有竞争力的一些企业的破产、外资并购后就业岗位减少等原因,失业群体不断扩大。近二三十年来,随着科学技术的进步、工人素质的提高,劳动生产率也大大提高,但是英美等新自由主义国家的工人工资增长是停滞的,而资本收入的增长却非常快。资本积累一方面导致贫困人群增加,另一方面导致资本集中,社会贫富两极分化,据美国政策研究2011年度的报告,占美国人口1‰的最富有的30万人,其收入与占人口50%的1.5亿最穷的人相当。发展中国家私有化往往会产生严重的寻租腐败和巨额国有资产的流失,财富往往迅速转移到少数暴富阶层,贫富差距迅速拉大。

第四,导致全球金融危机。新自由主义主张优待资本贬损劳工,这种资本与劳动之间对抗性关系的积累必然导致难以调和的矛盾,这种矛盾最典型的特征是资本剩余。马克思说过:"一切真正的危机的最根本原因,总不外乎群众的贫困和他们的有限的消费,资本主义生产却不顾这种情况而力图发展生产力,好像只有社会的绝对的消费能力才是生产力发展的界限。"[①] 一国的资本剩余可以消解到他国,但是,全球一体化市场的资本积累的结果是全球劳工的贫困化,占人口多数的劳工才是"绝对的消费能力",相对于这种消费力的资本过剩是无法消解的,资本主义基本矛盾国际化必然导致世界市场爆发经济危机。

(作者单位:福建水电学院、中国社会科学院马克思主义研究院)

(原载《科学社会主义》2014年第2期)

[①] 《资本论》第1卷,人民出版社2004年版,第548页。

新自由主义的危害与拉美左翼运动的崛起

靳辉明

1983年3月14日，为悼念马克思逝世100周年，我国举办了上千人参加的纪念大会。在这个隆重的大会上，我作了题为《马克思在历史观上的伟大变革》的发言。我发言的开头一段话是："一种思想体系对历史影响的深度和广度，同它所蕴涵的真理性成正比。随着岁月的流逝，不少风行一时的理论学说失去了昔日的光辉，可是，马克思主义却与时俱进，日益显示出它的真理的威力。在马克思长眠于海格特公墓以来的100年中，马克思主义越出欧美，以雷霆万钧之力磅礴于全世界。"[①] 今天，我仍然以这段话来缅怀这位千年伟人。在千年交替之际，马克思被西方学界和媒体评为"人类纪元第二个千年的第一思想家"和"千年伟人"，这是对马克思及其理论价值的肯定。

马克思改变了世界。在他离开人世后，他的学说在继续发展，深深地影响着人类社会历史，推动着世界社会主义运动，曾经一度在世界上出现了一个令资本主义世界胆战心惊的社会主义阵营。尽管20世纪90年代初出现了苏东剧变，国际共产主义运动处于低潮时期，但社会主义并没有消失，而是在继续前进。现有社会主义国家在改革中不断发展，诸多国家的

---

① 靳辉明：《马克思在历史观上的伟大变革》，《红旗》1983年第6期。

共产党从理论到实践在继续进行着探索。这里我要特别讲一讲拉丁美洲的左翼运动,可以说,它是在同新自由主义的斗争中崛起的,是国际共产主义运动低潮中的一个亮点。

一 新自由主义及其对拉美国家造成的危害

新自由主义不仅是一种影响巨大的社会思潮,而且是一种现实的经济、政治政策,它已经给不发达国家和地区造成了很大的危害。新自由主义是相对于以亚当·斯密为代表的古典自由主义而言的,是古典自由主义发展到今天而呈现的一种极端的表现形式。完全放任的自由市场经济,就是自由主义的经济发展模式。20世纪70年代末和80年代初,撒切尔出任英国首相,里根出任美国总统,大力推行新自由主义的经济、政治政策,从此新自由主义便上升为西方占统治地位的意识形态和对内对外的政策原则。

新自由主义的基本原则就是,在经济上主张尽可能最大限度地自由化、尽可能快地私有化,并且在财政和金融方面采取强硬措施保证自由化和私有化的实施。在政治上极力鼓吹政治和文化的一体化,推行美欧式的多党制、民主化,宣扬政治的多元化和文化的美欧化,也就是我们通常所说的"西化"。

拉美国家历来是美国推行霸权主义、强权政治和输出经济社会制度以及价值观、生活方式的试验场。在美国的压力和诱导下,拉美国家开始推行体现新自由主义的"华盛顿共识",大力推动国有企业私有化、金融和利率自由化,放任外来资本的进入,降低公共开支特别是社会福利开支,放弃国家对经济的管理和控制。"华盛顿共识"的实施,加速了国际垄断资本对拉美国家的渗透。拉美国家由此变得更加依赖私营经济和国际市场,更加依附于国际垄断资本。新自由主义给拉美国家造成的危害主要有以下几个方面:

(一)经济发展总体缓慢,失业率不断攀升。拉美国家在实行新自由主义之初,有些国家经济有所增长,但随着新自由主义政策的深入实施,经济很快下滑。阿根廷和巴西可称为拉丁美洲的"发达国家",人均 GDP 曾经达到过 8000 美元。但在新自由主义改革以后,到 2002 年,阿根廷人均 GDP 已经跌到 2665 美元。巴西东北部幅员辽阔的亚马孙州,至今文盲仍占全州人口的一半。与经济萧条相伴随的是高失业率,阿根廷、秘鲁、厄瓜多尔、尼加拉瓜等国的失业和半失业人口占到总劳动人口的 40% 以上。

(二)资金大量外流,外债负担沉重。沉重的外债负担是拉美国家经济社会发展的又一个大障碍。从 1982 年到 1985 年,拉美向外来资本支付了 1500 亿美元的利息,而同时从这些外资中获得的净收益只有 400 亿美元。到 20 世纪末,拉美地区资金净流出仍在逐年增加,2004 年达到了 639 亿美元,2005 年进一步增加到 675 亿美元,其中外国直接投资的利润转移的增加是重要因素之一。在 1982—2000 年间,拉美国家还外债利息总计高达 1.452 万亿美元,是全部外债的 4 倍还多。2004 年,拉美国家的外债达到 7230 亿美元的天文数字。债务成为欧美勒索和控制拉美国家的手段和工具,成为阻碍拉美经济与社会发展的沉重枷锁。

(三)两极分化严重,社会动荡不安。推行新自由主义政策的最大后果,就是产生了严重的社会两极分化。巴西的基尼系数曾高达 0.6,经过几年的调整,到 2004 年仍高达 0.58。阿根廷的基尼系数曾经达到 0.57,到 2006 年仍为 0.48。20 世纪六七十年代,拉美 20% 最富的人和 20% 最穷的人在社会总收入中所占的比重大约相差 6 倍。而实行新自由主义后这一差距迅速拉大,1999 年拉美 10% 最富的人和 10% 最穷的人在社会总收入中所占的比重大约相差 40 倍,2002 年上升到 46.6 倍。据阿根廷学者提供的数字,1960 年拉美国家人口中处于贫困状态的有 1.1 亿,到 1994 年达到了 2.093 亿,2004 年竟高达 2.22 亿。严重的两极分化,使得这些国家秩序混乱,社会动荡,人们缺乏安全感,盗窃和抢劫成为司空见惯的现象。两极分化和严重的贫富差别也成为黑社会势力滋生和猖獗的温床。仅圣保罗市就有七个黑社会集团,它们使用的武器比警察还要先进,黑社会势力甚至敢公开向警察挑战。可以说,严重的社会问题和社会矛盾,是新自由主义政策造成的最大、最直接的后果。

二 新自由主义在拉美的失败与拉美左翼运动的崛起

拉美左翼运动的兴起，是拉美国家存在的尖锐的社会矛盾造成的，也同新自由主义在拉美国家的推行及其失败有着直接的关系。新自由主义得逞，左翼力量必然遭受巨大的压力；反之，新自由主义失败之时，就是左翼运动崛起之日。20世纪末，正在为争取执政地位而奋斗的巴西劳工党领袖、后为巴西总统的卢拉曾经预言：在6—8年内，拉美大多数国家将由左派政党执政。这个预言今天已经变成现实。拉美政治"左转"已是一个不争的事实。

20世纪70—80年代，拉美左派试图通过武装斗争和游击战争夺取政权，变革社会制度，而现在他们通过选举纷纷在一些主要国家上台执政。1999年查韦斯大选获胜，当选为委内瑞拉总统，标志着拉美左派新阶段的开始。接着上台执政的有巴西劳工党领袖卢拉（2003年年初）、乌拉圭进步联盟——广泛阵线主席瓦雷·巴斯克斯（2004年3月初）、玻利维亚争取社会主义运动领导人莫拉莱斯（2005年1月）、智利社会党领导人巴切莱特（2005年）等。此外，2006年是拉美的大选年，又有一批拉美国家左翼领导人或者再次连任或者新当选为国家总统。在2007年的总统选举中，有两点值得注意：一是阿根廷总统夫人费尔南德斯代替她的丈夫基什内尔成为阿根廷第一位女总统。她明确表示她是为广大穷人服务的。二是危地马拉希望联盟党的阿尔瓦罗·科洛姆在选举中获胜，成为该国历史上第一位左派总统。埃菲社报道说："这意味着左派在拉美地区的又一次胜利，也是左派在这个传统的右派掌权国家获得的前所未有的胜利。"[①] 目前，拉美已经有3/4的国家政权掌握在左翼或者倾向左翼的领导人手中。

在拉美左翼领导人中，需要提及的是，科雷亚当选厄瓜多尔总统引起

---

① 埃菲社：《科洛姆当选危地马拉总统　拉美左派再下一城》，《参考消息》2007年11月7日。

了国际社会的特别关注。他被誉为南美的又一个"查韦斯"。他在2005年10月12日的竞选活动中说:"查韦斯是我的朋友","我们总说我们是席卷拉丁美洲潮流的一部分,我们期待一个团结的拉美,反抗非人道、残酷的全球化。"他批评跨国公司使厄瓜多尔沦为南美洲经济最贫穷、政治最不稳定的国家之一。有的媒体把查韦斯、莫拉莱斯和科雷亚视为卡斯特罗以后拉美新的"反美铁三角"。更值得注意的是,科雷亚当选总统时年仅43岁。他曾经留学比利时,最终从美国伊利诺伊大学毕业,获得经济学博士学位。一些年轻的文化素质比较高的领导人当政,势必会提高拉美左翼运动的水平,对拉美左翼运动产生深远的影响。

左翼与右翼、左派与右派的概念诞生于18世纪法国大革命时期,表示在政治上或对现实社会问题的两种对立倾向,一直沿用至今。其内涵随着时间和条件的改变会有所不同,但一般来说,右翼或右派是指保守的、维护现存政治制度和社会秩序的倾向或势力,而与此相对立,左翼或左派则是指政治上激进或革命的倾向和党派,它主张变革现存社会或改革现行的政治制度和社会秩序,推动社会的发展。拉美左派也具有一般左派的基本特征。

拉美的传统左派主要是指社会党或社会民主党,以及一些激进团体和革命武装组织,它们主要是反对资本主义、反对美国霸权主义,具有鲜明的社会主义倾向。而今天的情况是,一方面左翼的势力、队伍和人数在扩大;另一方面其成分又十分复杂,什么是左翼和左派难以准确界定,但它们总体上属于左翼范畴,对世界社会主义运动新的复兴是有利的。究其原因,拉美左翼运动的高涨是全球化、新自由主义和国际垄断资本所造成的复杂的社会问题在政治上的反映。俄共主席久加诺夫称:"这是一块我们正在见证其加速'变红'的大陆。"哥伦比亚学者豪·恩·博特罗认为,"拉美左派的高潮不是暂时的,而是长期的现象"。对新自由主义经济改革持批判态度,主张通过社会变革实现真正的社会公正和政治民主,反对由以美国为代表的国际垄断资本主义主导的全球化,要求建立更为平等和合理的国际秩序,成为当今拉美左派占主导的政治理念和政策主张。

总之，新自由主义政策造成的拉美地区极端的不平等、不公正及其导致的严重的社会问题，是拉美左翼运动产生的土壤。这种状况同拉美的民主政治相结合，必然导致拉美近年来左派纷纷上台执政。这无疑有利于世界社会主义事业的复兴，应当把拉美的左翼运动看成是世界社会主义运动的一个组成部分。

2014年拉美将迎来一个新的选举年，有七个国家将先后举行大选。民调结果初步显示，拉美左派与右派力量继续相持，左派占优势的格局在新的一年里不会发生大的改变。左派的优势地位主要来自广大贫苦群众的支持。这十多年来，由于社会比较稳定，拉美地区经济有较大发展，人们的生活有较明显的改善，贫富差距有所缩小，而且中产阶级势力有所增强。面对这种形势，拉美左派如何应对，如何保持自己的优势地位，是一个新的课题，也是一个新的考验。

三 拉美左翼运动与社会主义的关系

拉美左翼同社会主义的关系可以分两种情况：一种是举起社会主义的旗帜，公开宣称搞社会主义；另一种情况是不讲是在搞社会主义，实际上其实践活动带有社会主义的性质或倾向。

第一种情况，最突出的代表是委内瑞拉的查韦斯、玻利维亚的莫拉莱斯和厄瓜多尔的科雷亚。众所周知，2005年初，查韦斯在第五届世界社会论坛发表讲话，提出了在委内瑞拉建设"21世纪社会主义"的构想，开始将政治、经济和社会发展的目标定向为社会主义。在政治上，主张以参与制民主代替代议会制民主，建立人民的国家政权，建立民主的、公正的国家机制，充分调动广大民众参与国家的管理；在经济上，反对新自由主义经济政策，主张建立国有企业，加强国家对经济的管理和调控，建立国有经济占主体地位的国家所有制、社会所有制和个体所有制的混合所有制体系；在社会方面，主张实现社会公平、正义、自由和互助，注重社会福利，减少社会贫困；在对外政策上，主张世界多极化，维护发展中国家的团结，捍卫国家主权和独立，通过与其他国家的交流与合作实现外交的多元化等。①"21世纪社会主义"构想的提出，实际上是查韦斯试图将他所领导的"玻利瓦尔革命"的性质从民主主义提升为社会主义。

莫拉莱斯本来就是玻利维亚争取社会主义运动的领导人。他说他奉行的是"公有的社会主义"，而查韦斯称莫拉莱斯奉行的是"玻利瓦尔印第安社会主义"。因为在印第安人的社会结构中存在着原始共同体因素和公有制历史传统，所以，马克思所说的跨越资本主义"卡夫丁峡谷"的设想在这里有可能变成现实。莫拉莱斯在玻利维亚也实行了国有化和土地改革。他说："不管人们称之为社会主义者还是共产主义者，至少拉丁美洲已不再像过去那样存在种族主义的或者法西斯主义的总统。资本主义在拉丁美洲所造成的只是损害。"这就是说，在资本主义与社会主义问题上，他选择的是社会主义。

至于科雷亚对社会主义的态度，我们可以看看2007年阿根廷新闻社的一个报道。该报道说：科雷亚正致力于制定一部新宪法，而这个宪法的基础是"21世纪社会主义"。报道引用科雷亚的话说："我们将要开展一场彻底、深刻、迅速地改变政治、社会和经济结构的全民革命。"他斥责过去的政策是"拜美国政府的政策所赐"，并认为"这些政策已成为厄瓜多尔，乃至拉丁美洲的灾难"。他说，"为了推行这场全民革命，我们需要21世纪社会主义。很多人让我们冠之以'人道主义'。我们拒绝了，因为我们不惧怕这个词汇。我们将利用社会主义探寻公平、公正和能够提供巨大生产力和就业机会的经济。""我们的计划之所以如此命名，是因为它同马克思和恩格斯的科学社会主义异曲同工。例如，21世纪社会主义中，人民处于主导地位，而非市场。市场应当是一个良好的服务部门，而非主人。人类不应该继续被当作用于积累资本的生产工具……市场经济强调商品的创造与价值，而忽视人类的需求，生态环境的代价等。""我们重视集体协作，

---

① 刘婷摘译：《委内瑞拉正转向社会主义——查韦斯在世界社会论坛的演讲》，《国外理论动态》2005年第7期。

这也和经典社会主义不谋而合。我们应当克服将个人主义作为社会动力的错误观点：个人主义将利己主义美化为社会的至高美德，把竞争当作生活的方式。"[①] 这里比较鲜明地表达了科雷亚的社会主义思想，而且更带有理论性。

可以看出，不管查韦斯、莫拉莱斯、科雷亚的社会主义思想是否成熟，表述是否准确，对其理论和实践也仍需观察，但从总体上看，他们的主张具有明显的社会主义特征，特别是关于生产资料的公有制和集体所有制的理论与实践，以及对资本主义和新自由主义坚决否定的态度更值得关注。

第二种情况是不公开讲社会主义，以平民主义或民众主义面貌出现，主张社会公平和正义，反对社会不平等和贫富分化，反思新自由主义，主张改变现存社会制度，为广大中下层民众的生存和利益呐喊。多数拉美国家左翼总统都不同程度地持这种观点。他们的思想中也具有明显的社会主义倾向。

关于这种情况，美国《每月评论》2005年7—8月号刊登了安德鲁·布莱克曼题为《什么是社会主义的灵魂》的文章，该文阐明了这个问题，提出了许多关于21世纪社会主义的新的、颇有启发意义的论点。作者认为，这些左翼领导人的思想资源和实践风格多样化，更具本土化色彩，但这恰恰体现了社会主义的灵魂。文章说，他们没有读过马克思和恩格斯的书，也没有读过卢卡奇和葛兰西的著作，但是他们从现实社会生活中捕捉住了社会主义的基本思想，这就是公平、正义、自由、民主等基本人权。拉美的左派把全球化和新自由主义造成的极端的不平等和贫富分化同500年来的殖民统治和剥削联系起来，认为这是新一轮的殖民主义。在他们看来，是否搞社会主义，主要体现在实践中是否关心民众的疾苦，解决社会两极分化和不公正问题。

对拉美的左翼运动，以上只是初步的分析，还应该进行跟踪研究。当前一个值得关注的问题是，拉美国家的领导人比较普遍地存在着缺乏理论

[①] 阿根廷新闻社：《科雷亚总统的21世纪社会主义》，《参考消息》2007年11月5日。

创新和理论指导的现象,因此对新自由主义的反思不够深入,对未来的发展战略和发展思路没有进行明确的理论阐发。这种缺乏理论指导的状况,使得一些拉美国家未来前景扑朔迷离,如果不能从理论上彻底清算新自由主义的影响,找到正确的发展模式,要把已经取得的成果坚持下去也是困难的。但不管怎样,拉美左翼运动的兴起,使人们在国际共产主义低潮时期看到了世界社会主义复兴的希望。

(作者单位:中国社会科学院)

(原载《江汉论坛》2014年第2期)

新自由主义在拉美的失败

——读《厄瓜多尔：香蕉共和国的迷失》

胡乐明

厄瓜多尔共和国总统、经济学家拉斐尔·科雷亚·德尔加多的名作《厄瓜多尔：香蕉共和国的迷失》（当代世界出版社2014年版），汇集了作者在1993年至2005年间的学术论文。该书关注的是厄瓜多尔，却让我们看到了整个拉丁美洲。它集中揭露了新自由主义的"伪客观性"，及其使厄瓜多尔经济社会发展遭受的重大挫折，提出了拉美国家消除贫困和实现社会公正的发展道路和重大举措，并明确宣布：新自由主义在拉美地区已经彻底失败，我们永远不再回到过去！

一 新自由主义不可能"没有色彩"

新自由主义者一直宣称，经济政策只对技术因素做出反应，因而"没有色彩"。科雷亚指出，经济政策从根本上说取决于利益和价值判断，绝不可能"没有色彩"。否则，20世纪80年代末开始实行的立足于开放主义、倡导市场机制和减少政府作用的所谓"华盛顿共识"，为什么根本没有拉丁美洲人参与制定？

"毫无疑问，新自由主义最大的牺牲品之一是劳动阶级。"科雷亚指出，实施新自由主义之后，为了谋求更高的"竞争力"和变着戏法实现

"劳工灵活化",在厄瓜多尔这样连失业保险都没有建立的国家里,通过广泛推广"劳动中介"和"钟点工合同",剥削和解雇工人均被合法化。显然,新自由主义不具劳动阶级"色彩"。

同样,"妖魔化一切公共开支"也不具有劳动阶级"色彩"。科雷亚指出,1992年之后,厄瓜多尔开始深化经济开放、强化市场作用,不断削弱公共部门的职能,"妖魔化一切公共开支",最典型的案例是《财政透明法》。该法规定,无论经常项目还是资本项目开支,无论长期还是临时开支,无论是用于教育的还是用于医疗卫生的开支,一切公共开支的每年实际增长不得超过3.5%。该项法律谋求一切投资均需来源于私人资本,只是一味地取悦私人资本,全然无视国家的发展需要。

与之类似的是中央银行的"自治"和美元化政策。在科雷亚看来,拉美国家中央银行的"自治"只是相对于它们各自人民和各自国家法律的"自治";相对于国际货币基金组织和世界银行这样的美国财政部的延伸机构,它们却俯首帖耳、百依百顺。美元化政策这一取消本国货币的自杀行为,不仅彻底放弃了本国货币政策和汇率调控手段的经济主权,而且由于采用了货币发行国的货币政策,自己更加依赖外国,导致拉美国家可治理性的丧失。

最后,不经深思熟虑地采取自由贸易,准确地说是白痴式的开放主义,显然也有利于发达国家而不利于落后国家。科雷亚指出,以为"自由贸易总是有益并且惠及所有人的观念不过是谎言或极端天真,与其说接近科学,倒不如说更接近宗教"。主权不设防的开放主义在实践层面导致的后果是,由于欠发达经济体只在自然资源领域具有"比较优势",它们只能"专业化"生产以自然资源为基础的产品。于是这些经济体再度初级化,重回农产品出口模式,沦为发达国家的附庸。

总之,在过去漫长的时期内,厄瓜多尔等拉美国家一直推行一种服务于国际资本、有利于发达国家的经济政策。为了使这种政策选择合理化,可以毫不犹豫地扭曲经济稳定这样的基本经济概念,居然仅限于控制通货膨胀;可以毫不犹豫地将经济政策限于制订这样的财政计划,它的盈余只是为了最大限度地偿付外债;可以毫不犹豫地改变诸如"人的劳动高于资本"这样的伦理道德。这就是新自由主义的真正"色彩"。

二 令人失望的新自由主义后果

科雷亚指出,尽管厄瓜多尔从20世纪90年代起听令"华盛顿共识"的指挥棒,进行了深刻的经济变革,经济领域的结果却完全不能令人满意。在1990年到2002年间,经济的平均增长率仅为2.7%。2003年和2004年,由于开通了输送私营跨国公司生产的石油的输油管道,国内生产总值的增长率方有所好转。即便如此,2004年人均收入也才刚刚恢复到20世纪80年代初的水平。

从社会层面来看,结果更是灾难性的。跟拉丁美洲的其他国家一样,破坏就业岗位和国内生产的"愚蠢开放主义",导致厄瓜多尔的失业率上升,2004年达到了经济自立人口的11%,就业不足的人口占劳动力的比重高达46%。与此同时,厄瓜多尔的不平等也更趋严重。2004年,最贫困的20%人口的收入占比仅为2.4%,最富有的20%人口的收入却占了60%;而在90年代初,这个比例分别是4.4%和52%。

最后,科雷亚指出,国际货币基金组织、世界银行和美洲开发银行的官僚们不仅是某些国家的债权人代表和对外政策执行者的左膀右臂,也是新自由主义模式的主要鼓吹者和推动者。其政策药方一度被拉美各国政府全盘接受并强制推行,全然不顾这些政府领导人在竞选时提出的纲领和拉美各国人民在投票箱里表达的意愿。因此,"除了导致经济社会失败外,新自由主义也严重损害了民主制度的合法性"。

三 向着新的发展战略和理念前进

科雷亚指出,在经历了彻底的失败后,拉丁美洲的新自由主义时代已走向穷途末路,拉美各国必须沿着新的发展战略和理念继续前进。

首先,拉美国家不应沉溺于被称为"市场"的美好梦境,国家和集体必须重拾在发展进程中所应扮演的重要角色。自由化的市场本身并不能保证对资源进行有效配置，历史上没有任何一个国家在没有明确的国家自主发展战略的情况下实现了发展。因此，必须摆脱资本的束缚和锁链，摆脱市场的主宰，必须发挥国家至关重要的作用，把社会置于市场之上，让市场为人民服务，而不是成为我们的主人。政府应该通过提供基础设施等公共产品，改善民族经济发展的竞争力，同时发挥政府在支持、"发现"新的生产活动方面的重要作用，发挥政府公共投资对于私人投资的吸入效应。政府采购应优先考虑国内生产厂商，做发达国家过去处于我们现在所处发展水平时期所做的事情。总之，拉美国家尤其是厄瓜多尔绝"不要相信那些既无理论支撑也无经验基础的谎言，如国家的作用越小越等同于现代化和发展；而是要承认国家应该成为经济发展的主角，而不只是被动的裁判员"。

其次，必须摆脱所谓的世界金融组织的控制，努力建立新的地区金融机构。科雷亚指出，国际货币基金组织和世界银行其实就是一种金融体系，是美国治理世界经济的重要手段，是一种新殖民主义的武器。在他看来，若从根本上取消国际货币基金组织和世界银行，拉美国家会在摆脱了它们的控制以后，生活得更好。拉美国家构建新的地区金融机构，是优化利用地区储蓄，并使拉丁美洲在资金利用方面更有效率的重要一步。这种新的地区金融结构的轴心是推进新的一体化进程，目标是创立一家新的地区开发银行、一项共同储备基金、一个支付体系和一个共同的货币体系。这个新的一体化进程可以从发行特别提款权和可计算货币开始。新的地区金融结构能够使拉美国家推行更加自主的货币政策和发展政策，不再需要依赖变幻莫测的国际市场，甚至可以使拉美国家不再向跨地区贸易所用货币的发行国，支付不合法的报酬——铸币税。

最后，必须把保护社会资本（主要包括社会信任和社会凝聚）视为发展的根本，而且把它置于暂时的、很多时候是表面的经济成就之上，努力重建个人价值和社会信任。科雷亚指出，新自由主义在拉美的泛滥如同施了魔法一般，自私这一人类最可恶的缺点一夜之间就被吹捧成个人和社会最高尚的美德。正如诺贝尔经济学奖得主托宾所说,"为自私自利找借口,以此给自私自利者提供保障,视积累物质财富高于一切,用亚当·斯密的方式促进国家财富,为此而自觉得自己就是高贵的爱国人士了"。这种加深自私心理并力图抹杀社会公德的行为,是新自由主义在拉丁美洲打下的最深刻的烙印。成功的国家都是在内生动力推动下、社会成员瞄着全社会共同目标而努力建设的社会。拉美国家的经济政策必须明确地将其成效融入社会资本之中,把重建和保护社会资本视为发展的根本。

令人欣喜的是,在科雷亚总统的领导下,厄瓜多尔政府正在实施宏伟的2013—2017年美好生活(Sumak Kawsay)国民计划,正在努力实现美好生活社会主义的理想。

(作者单位:中国社会科学院马克思主义研究院)

(原载《中国社会科学报》2015年3月2日)

俄罗斯经济私有化的后果及教训

张树华

20世纪70年代末至80年代，苏联出现危机。戈尔巴乔夫上台后开启的改革不但没能复兴苏联社会，反而导致国家解体、苏共下台，国家大权最终落入以激进反对派面目出现的叶利钦等人手中。90年代初开始，在国家解体、政权更迭和制度更替的背景下，在西方世界的推动下，一场以"私有化、自由化、西方化"为标志的激进变革迅速席卷俄罗斯大地。

"私有化"是俄罗斯"自由改革派"上演的一台重头戏，是一场空前的财产"大分割"运动。几年间，大规模、"闪电式"的私有化运动从根本上改变了整个俄罗斯社会的面貌，瓦解了原制度的经济基础，改变了社会的阶层结构，催生了私人资本特别是大资本的形成，导致了"财团、寡头"参政的局面。"私有化"运动激化了社会矛盾，滋长了经济犯罪，贻害无穷，隐患未消。

一 俄罗斯私有化的动因和特点

1991年年底开始的俄罗斯私有化运动被认为是世界历史上规模最大的一次所有制革命。[1] 私有化运动自一开始就带有很强的政治和意识形态色

---

[1] 罗·麦德维杰夫：《俄罗斯向何处去——俄罗斯能搞资本主义吗？》，徐葵等译，新华出版社2000年版，第200页。

彩，是继俄罗斯"政权大革命"之后的一场空前的"社会财产大分割"。

(一) 俄罗斯私有化背景与政治动因

俄罗斯私有化运动开始之初，改革派对私有化给予了极大的期望。他们认为，私有化是改革的关键，是摆脱旧体制的根本。

根据他们对西方教科书的理解，认为"私有制"是市场经济的基础和先决条件。俄罗斯政府中一些年轻的改革派领导人直言，"私有制"的优越性被人类几百年的历史所证明。俄罗斯必须踏上私有化的征程，才能最终融入"世界文明之林"。[①]

年轻的改革派将建立私有制视为转轨的主要目的和内容，为此可以牺牲一切，包括管理效益、收入等。被称为"私有化之父"的丘拜斯在《俄罗斯私有化史》一书中写道："我过去和现在都认为，私人所有制在俄罗斯的建立是绝对的价值。而为实现这个目标，有时候只能放弃某些经济上的有效方案。这是不同度量的范畴。经济效益是以1年、2年、10年的度量衡量的，而私有制则会在百年、千年和更长的时间中发挥作用。"[②]

俄罗斯改革派将建立"私有制"视为通往西方"天堂式"生活的法宝，将私有化看作拯救俄罗斯的"救世灵方"和"灵丹妙药"，建立了私有制，就能融入西方。

丘拜斯认为，私有化是一项政治任务，必须加速进行，甚至可以打破常规，不考虑后果。因为私有化的目的"就是在俄罗斯建成资本主义，并且要在几年中用突击性的方法完成世界上其他地方用数百年才完成的那些工作"[③]。

盖达尔和丘拜斯认定，必须把所有权从国家和官僚手中夺过来。"无论把财产分给谁，哪怕是分给强盗，只要把财产从国家手里夺过来就好。如

[①] 弗·索格林:《当代俄罗斯政治史：1985—1994年》，莫斯科1994年俄文版，第118页。
[②] [俄]《新时代》周刊1997年第48期，第10页。
[③] 1994年6月29日丘拜斯答《详情》电视节目记者问。

果强盗变成自己资本的有效主人,他就不会再做强盗了……"①

俄罗斯年轻的改革派极力在西方自由主义经济学家那里寻找理论依据。他们的幻想与西方自由派谋士的主张不谋而合。盛行一时的所谓"华盛顿共识"推出了经济转轨的模式,制定了一个个模仿的样板。按照美国哈佛大学谋士给东欧诸国开出的药方,经济改革无非是"价格自由化"和"私有化",而私有化又是改革中的重中之"重"。

俄罗斯改革派认为,冷战结束后西方会给俄罗斯大量的经济援助。他们在设计经济改革方案时,对西方的援助和贷款寄予了极大的期望。一些西方国家和国际金融机构,包括国际货币基金组织和世界银行在内纷纷将私有化和经济自由化程度作为提供贷款的先决条件,要求俄罗斯政府必须进行私有化改革。

(二) 俄罗斯私有化的特点

1990年左右,俄罗斯学术界开始讨论私有化的问题。苏联解体为俄罗斯实施私有化提供了条件。1991年11月,丘拜斯出任推进私有化的国家财产委员会主席后,迅速拟定了一份新的私有化纲领。一个月以后,1991年12月29日,这份纲领的主要条款被叶利钦以总统令的形式予以批准并开始实施。由此正式拉开了俄罗斯私有化运动的序幕。②

10年过后,观察俄罗斯国有资产私有化进程,可以发现俄罗斯私有化有以下几个特点:

1. 私有化更多地出于政治动因,而非经济上的考虑

私有化成为新政权摧毁原制度经济基础的工具,必须抓住政治机会,迅速将国有财产分配下去。③ 丘拜斯在电视节目中宣称:"私有化的目的,就是在俄罗斯建成资本主义。"匈牙利著名经济学家科尔奈认为,俄罗斯

---

① [俄]《真理报》1995年1月25日。
② 有关俄罗斯私有化进程和具体情况可参见拙作《私有化是祸?是福?——俄罗斯经济改革透视》,经济科学出版社1998年版,第129—160页。
③ [美]约瑟夫·布拉西、玛娅·克罗莫娃、道格拉斯·克鲁斯:《克里姆林宫经济私有化》,上海远东出版社1999年版,第39页。

私有化操之过急,"只算政治账,不算经济账",是另一种形式的"斯大林主义"。[1]

2. 私有化法律准备严重不足

俄罗斯私有化遵循的一些空泛的理念或概念,依靠的是"总统令"和纲要,而不是靠法律进行。这样可以绕开议会中的抵制。私有化运动实际上加快了旧官僚和新权贵将手中"瓜分的社会财产"合法化的进程。

3. 追求速度和规模,大规模、突击式、闪电式地推进私有化

西方资本主义走过了几百年时间,而俄罗斯改革派期望在短时间内培育出千百万私有者。英国一个大型企业的私有化平均需要 6 年时间,而俄罗斯期望在一两年的时间内突击式完成 15000 家国有企业的私有化。

4. 与其他国家不同,俄罗斯被私有化的是国有资产中较好的甚至是最好的部分

在俄罗斯大型国有企业私有化过程中,一些潜力雄厚的资源、原料型企业首先被私有化,如石油开采、冶炼、有色金属、航空企业等。

5. 权钱交易严重,私有化的社会后果十分严重

私有化既没有解决经济上的收入、效益等问题,也没能解决结构调整的任务。私有化不是结束,而是开始了财产的争夺。私有化运动带来大量消极的社会后果,引发了许多严重犯罪,造成社会财富两极分化,损害了经济和国家安全。

二 俄罗斯私有化的目标和实际结果

按照《俄罗斯私有化纲要》的规定,官方宣称的私有化要实现以下七个重要目标:形成一个私有者阶层;提高企业的经济效益;利用私有化所得的收入建立社会保障资金体系;促进国家财政状况的好转;提高竞争力、经济非垄断化;吸引国外投资;为私有化创造条件、建立良好的组织体系。

---

[1] 崔之元:《逆取而不顺守:掠夺俄国国家资产的新动向》,新加坡《联合早报》2000 年 8 月 25 日。

然而，私有化几年过后，俄罗斯社会普遍认为私有化的实际结果与最初目标相去甚远。私有化既没有实现收入目标，也没有达到效益目的。私有化实际上成为一些国有优势企业的"大拍卖"，为瓜分国有资产提供了机遇和依据，使少数人借机暴富，进而演变成"财团巨富和金融寡头"。下面结合过去几年中俄罗斯议会、政府部门以及科学院等机构的调研报告，整理和列出俄罗斯经济私有化的"初衷与结果"的情况对比。

（一）私有化未能改善财政状况，相反却导致国有资产大量流失

俄罗斯社会中大多数意见认为，俄罗斯国有资产的私有化未能改善财政状况，预算资金收入也微乎其微。实际结果和几年的统计数字也证明了这一点。

在1992—1994年的两年时间里，俄罗斯有共计64829个企业进行了私有化改造，[①] 占4年间私有化企业总数的一半以上。统计资料表明，在1993—1996年的4年中，俄罗斯私有化的收入只占俄罗斯国内生产总值的0.02%—0.04%，占预算收入的0.13%—0.16%。[②]

大量材料显示，俄罗斯私有化过程中，国有资产流失严重，私有化为少数人提供了绝好的敛财机会，无法统计的国有财产被变相转手或侵吞，削弱了国家的总体经济实力。1992年，私有化运动开始之时，俄罗斯全社会70年积累的国有资产总量（不含居民住房）估价为1.5万亿卢布，这个数字是按1991年物价改革前的价格统计的。1992年发放私有化证券时价格上涨已达20倍，然而相应的资产重新评估却未进行。这样一来，一些证券投资公司大量低价收购私有化证券，结果是国有资产几乎被无偿地变卖。

俄罗斯约有500家大型企业被以72亿美元的低价出售，而这些企业的实际资产要达2000多亿美元。[③] 莫斯科"吉尔"汽车制造厂资产总量约合

---

① ［俄］阿·科赫等：《私有化（1996）：结果与结论》，《社会与经济》1997年第1—2期，第206—207页。
② ［俄］《真理报》1996年4月24日。
③ ［俄］《真理报》1995年1月25日。

10亿美元,一家私人财团购得价格仅为400万美元。后经营不利、负债累累,莫斯科市政府不得不又重新收归国有。莫斯科市化工进修学院的房产及设施价值约1亿美元,被某公司仅以800万卢布的价格购买。类似的例证很多,俄罗斯报刊对此经常披露。① 除有形资产外,无形资产和知识产权的流失更难以统计。

(二) 私有化未能达到提高经济效益的目的

几年来的调查结果表明,俄罗斯私有化后的企业与原国有企业的经营状况相差不大,经济效益差别不甚明显。社会学调查结果显示,在经营管理、劳动态度等方面,私有化的企业与原国营企业并没有明显的差异,反倒是一些新出现的私营企业大大区别于私有化的企业和国有企业。②

俄罗斯学者认为,仅仅改变所有制的形式并不能保证经济效益的提高。将"无主的'公有'"变为"少数人的'私有'"只是为增加效益提供了理论上的可能性。改革企业内部管理,加强市场调研,更新设备,改善工艺等都是提高经济效益的有效途径。

实际上,由于企业所属的行业不同、所有制成分及其改造时间的差异,经营状况和效益也相差万千。俄罗斯国家杜马稽查委员会在一次对私有化的专门调查中指出,1992—1994年俄罗斯中央一级所属的1666家机器制造企业中有1389家被股份化,占83.4%。这期间,1992年生产下降幅度为11.5%,1993年下降为14.9%,1994年竟达到43.9%。

(三) 私有化损害了俄罗斯产业部门的竞争力

私有化过程中,由于国外产品特别是西方舶来品的冲击,俄罗斯企业及其商品失去了自己的市场。机械产品生产连年下降,1994年下降幅度达

---

① [俄]《俄罗斯与独联体经济新闻报》1997年第13、19期;《真理报》1995年1月17日,1996年4月18日,1996年4月24日。
② [美]约翰·艾尔、理查德·罗伊斯:《俄罗斯私有化:经济行为与政治激情》,[俄]《经济与管理》1996年第10期,第148页。

45%，日用消费品生产下降了一半以上。90年代中期，俄罗斯80%的食品依靠进口。

在反垄断方面，"反垄断"的旗号被用来当作利益均沾、你争我夺的掩护。由于某些反垄断措施"操之过急"，结果破坏了原有的经济联系，特别是对农工综合体、森林工业和冶金工业等部门的负面影响巨大。一些有利可图的石油工业、航空运输和原料部门等分离出不少公司，例如原统一的"苏联航空"分成420家大小航空公司。① 但俄罗斯一些原料和燃料部门仍为特大型金融—工业集团或私人财团所控制。

（四）以私有化吸引外资，效果微乎其微

与匈牙利等东欧国家不同，在吸引外资方面，俄罗斯私有化的作用亦不甚明显。1994年正值俄罗斯私有化的高潮时期，1994年前9个月的外国投资仅为7.68亿美元，而1993年为－29.2亿美元。而1995年估计仅私有化企业改造所需要的费用就达1500亿—2000亿美元。不少外资特别是金融"游资"投放到证券市场。多数外国投资集中在那些利润丰厚的原料采掘部门。几年来，俄罗斯石油天然气勘探和开发领域的国外投资成倍增长，而机器制造、建筑业的外资增长却大幅度回落。

一些俄罗斯问题专家认为，外资不十分"青睐"俄罗斯的主要原因有两个：一是俄罗斯国内政局不稳；二是外国投资者权益的法律保障问题。治安状况不佳和法律制度不健全，影响了外国企业在俄罗斯的投资。据美国企业家透露，在俄罗斯经营的外国企业，要把总收入的10%—20%拱手交给犯罪集团。②

几年来，西方在俄罗斯的投资平均每人只有47美元，而在波兰为326美元，智利为585美元。截至1995年，根据俄罗斯国家财产管理委员会资料，在私有化过程中，外国投资者购买股票只占总额的10%。

---

① ［俄］《苏维埃俄罗斯报》1997年5月7日。
② ［匈］阿科什·西拉迪：《叶利钦主义的终结》，［俄］《俄罗斯与当代世界》2000年第2期，第57页。

(五) 私有化恶化了社会局势，导致社会两极分化严重

1994年6月底，叶利钦总统宣布俄罗斯已有70%的工业企业实行了私有化，俄罗斯社会4000万人成为股票持有者。然而，社会学调查结果表明，大多数人并不认为私有化使自己成为"真正意义上的所有者"。真正在私有化中分得好处的只有70万—90万人，最后能够分抢到最大蛋糕的只是极少数，这就是说金字塔顶尖上那不足2000人。①

1993年4月俄罗斯居民有15%的被调查者认为"证券私有化"能使自己变为所有者，1993年底这一比例一度增至19%，然而一年之后却降至9.6%。与此同时，俄罗斯64%的居民认为私有化只不过是"政治手腕"，不能解决实际问题。因为大多数股票持有者根本不可能也无法参与企业管理，而取得红利的人数也微乎其微。

1994年只有4%—5%的股民开始收取"分红"，② 实际上由于企业大部分停工或开工不足，"股东"已名不副实。俄罗斯私有化第一阶段的公式为：1张私有化证券＝俄罗斯70年社会资产总量÷全体居民总数＝10000卢布。两年后变为：1张私有化证券＝面值10000卢布＝7美元＝1公斤香肠。

在社会心理方面，大多数人不认为分得的是国有财产，只不过是微不足道的"补助"，或是一张"彩票"。俄罗斯学者指出，这种"平均分配"国家资产的做法实际上是一种"欺骗"，在政治上是有害的，经济上也是徒劳无益的。大多数居民没能也不可能成为"真正意义上的投资者或所有者"。随着"大众私有化"阶段的结束和"货币私有化"的开始，俄罗斯一些"油水"企业纷纷拍卖、招标，绝大部分居民更是无缘，只能做"看客"。

俄罗斯自由派改革者最初提出，私有化的社会政治目的是剥夺官僚机构手中的"国家财产支配权"，造就新的所有者阶层。而私有化的结果却

---

① [俄] 弗·利西奇金：《丘拜斯式的私有化，或俄罗斯经济的黑洞》，《今日俄罗斯联邦》1998年第20期，第27页。
② 《证券私有化的结果，居民的评价及意见》，[俄]《经济与社会变动：公众舆论显示器》1994年第4期，第66页。

是，正是旧官僚、影子经济成分等才是真正的赢家。

在一次讲话中叶利钦也不得不承认，私有化过程中出现了一批"所有者"，却未造就"管理者"。另外，俄罗斯社会所期望的动力阶层——"中产阶级"的形成也有待时日。官僚资本、新兴的垄断、官员的腐败、沉重的税负以及黑社会势力的敲诈都严重阻碍着中小企业、私人经济的顺利发展。①

（六）私有化严重损害了俄罗斯国家安全

俄罗斯有关部门认为，私有化纲领中没有顾及国家的经济安全和国防安全，过急的实施办法激化了社会矛盾，造成了社会局势紧张，严重影响了国家和社会安全。

1. 损害了经济安全

俄罗斯国家杜马稽查委员会的特别调查报告指出，私有化非但没能使转轨政府的预算增加多少，反而使国家失去了对一些大型企业甚至工业部门的控制。俄罗斯几年的实践表明，私有化步伐快的领域，往往正是利润丰厚、前景诱人的部门。② 俄罗斯境内外的灰色经济势力的目标从港口指向陆地，从地下指向天上。石油、有色金属等原料部门，航空和军工企业都成为各种资本势力争夺的对象。俄罗斯安全机构的报告显示，俄罗斯2/3的具有丰富资源和经济潜力的地区已被各种灰色经济势力、黑手党组织所控制，对俄罗斯的经济安全构成严重威胁。③

2. 威胁国防安全

俄罗斯私有化的后期提出，具有战略意义的国防工业企业一般不纳入私有化的范围。重要军工企业私有化的名单由政府和议会审查决定。但俄罗斯安全情报部门的报告指出，在私有化过程中，外国商人直接或通过俄

---

① 张树华：《转型期俄罗斯社会的结构与分层》，《东欧中亚研究》1997年第4期。
② ［俄］弗·麦德维杰夫：《政府是怎样扶持寡头的，国家因此损失多大》，《今日俄罗斯联邦》1998年第8—9期，第12—13页。
③ ［俄］《论据与事实》1996年第30期。

方公司购买军工企业的股票，或采取建立合资企业等形式，窃取尖端技术，达到进入或控制这些企业的目的。类似的现象在航空航天、导弹制造等军工企业尤为普遍。

3. 危害社会稳定

近几年来，俄罗斯社会中贫富差距扩大、两极分化严重。社会最高阶层平均收入是最低阶层平均收入的14—15倍，最高工资与最低工资的差距扩大为27∶1。

俄罗斯学者认为，私有化的推行，使得俄罗斯社会的贫富差别不仅表现在工资收入上，而更多地体现在占有财富和资产的多寡上。随着资本收益几何级数增长，俄罗斯社会的贫富分化将更为严重，势必激起社会大多数的不满情绪，导致社会的紧张状态。社会调查结果显示，90年代中期，俄罗斯社会的紧张程度已接近社会冲突的临界点。[1]

另外，在私有化过程中，企业改组、破产数量增多，使得俄罗斯社会已十分严峻的就业形势更加恶化，特别是在一些工业企业较多的地区和城市失业人口增长。仅1996年俄罗斯失业人数为670万人，约占整个社会有劳动能力人口的9.1%。

（七）私有化引发了严重的社会犯罪

近几年来，俄罗斯社会治安状况急剧恶化，经济领域犯罪猖獗。俄罗斯内务部及总检察院的报告一致认为，私有化是犯罪形势最为严峻的领域。

1997年，当时的政府副总理兼内务部部长阿·库利科夫认为，私有化中损公肥私现象严重，灰色交易盛行。俄官方内部资料显示，俄罗斯私有化过程中，仅1996年共有1746起犯罪案件登记在案，而自私有化运动开展以来，共发案30000余起。[2] 1997年初，俄罗斯联邦内务部将一份题为《俄罗斯联邦反经济犯罪和贪污的情况与措施的报告》提呈叶利钦总统。

---

[1] 俄罗斯科学院社会政治研究所：《俄罗斯社会及其社会政治形势：分析与预测》，莫斯科1995年俄文版，第81—83页。
[2] ［俄］《独立报》1997年1月17日。

该报告援引俄罗斯科学院分析中心的材料指出，在私有化过程中，约有55%的资本和80%的有表决权的股票落入俄境内外犯罪集团手中[①]。

私有化过程中最为普遍的犯罪活动是滥用职权、以权谋私、贪污受贿以及欺诈行为等。更为严重的是私有化的主管部门——国家财产管理委员会"丑闻"不断。仅1996年就有152名该部门官员，6000名负责拍卖、招标的人员被检察机关起诉。[②] 特别是1997年夏天揭露出的涉及俄罗斯几任私有化领导班子的"9万美元稿费丑闻"，导致了副总理、国家财产管理委员会主席等7名"私有化高官"的解职。而稿费事件同俄罗斯私有化历史上最大的一桩拍卖——"电信投资"有直接的关系。俄罗斯舆论称，稿费丑闻可作为窥视私有化的"一面镜子"。近年来，俄罗斯私有化特别是一些特大型石油企业的拍卖已成为政治经济生活中斗争的焦点。

观察俄罗斯私有化的进程，可以得出结论，私有化没有带来经济发展和企业效益迅速提高，相反却引发了财产争夺战，导致国有资产严重流失，一些工业部门衰落，经济衰退。私有化后，俄罗斯航空制造业的生产能力只有原来的12%—15%。以前每年生产400架各种类型的飞机，现在生产大大萎缩，每年不超过20架。俄罗斯的有色金属业基本被外国籍的俄罗斯私人控制。1996年俄罗斯经济的损失相当于苏联在第二次世界大战中的损失的2.5倍。[③]

三　私有化的社会后果与政治结局

私有化给俄罗斯经济和安全带来严重负面影响的同时，还导致了十分严重的政治斗争和社会冲突，引发了大量社会问题。私有化不是结束了，而是开始了社会"财产争夺战"。

---

① [俄]《独立报》1997年1月17日；《消息报》1997年2月6日。
② [俄]《俄罗斯与独联体经济新闻报》1997年第13期。
③ [俄] 弗·利西齐金：《丘拜斯式的私有化或俄罗斯经济的黑洞》，《今日俄罗斯联邦》1998年第20期，第28页。

（一）社会后果

作为一场疾风暴雨式的财产争夺战，私有化触及社会各阶层的切身利益，改变了社会的利益格局，激化了本已十分尖锐的社会矛盾，成为经济主管官员、新旧企业主、外资、私有化主管部门、普通职工之间社会冲突的导火索。

在私有化过程中，甚至爆发了"MMM"公司股票风波这样大案，所幸未出现东欧阿尔巴尼亚那样全国性"金融暴动"和骚乱。俄罗斯全境共有4000多万居民被各类基金会和证券公司欺骗。法院收到这方面的投诉多得根本无法解决。

1993年俄罗斯"社会舆论"调查机构发布的一项社会调查结果表明，有65.7%的国家杜马议员认为"证券私有化是一场大骗局和对百姓的愚弄"。1994年2月，同样是该机构在对莫斯科居民进行调查以后得出结论，78.9%的人认为"证券私有化是对百姓的愚弄和欺骗"。[1]

俄罗斯有2/3的居民对私有化的结果持否定态度。他们认为，私有化是对国有资产的抢劫。伴随私有化的推进，俄罗斯社会政治词汇中冒出了一个新词——"私吞化"，并在报刊中大为流行。"私吞化"与俄语中的"私有化"一词只有一个字母之差，反对派经常用它形容"私有化"。

在许多俄罗斯居民看来，又是"一场改革闹剧"。"公平分配社会财产"的迷雾渐渐散去，俄罗斯老百姓发现，身边的少数人一夜之间暴富。一些资深的社会学家指出，在这场以"私有化券"为赌注的赌局中，大多数百姓是输家，普通人"当家做主"情况更少。真正的赢家是原厂长经理阶层，还有一些暴发的地下经济势力。

（二）政治贻害

俄罗斯私有化一开始就伴随着激烈的政治斗争，每项私有化纲领的出

---

[1] ［俄］弗·利西齐金：《丘拜斯式的私有化或俄罗斯经济的黑洞》，《今日俄罗斯联邦》1998年第20期，第29页。

台都成为各种政治势力争论的焦点。私有化不仅引起左翼反对派的抗议，而且导致自由派内部的分裂。当然，俄罗斯经济私有化最严重的政治后果是催生了一些私人财团，豢养了少数金融寡头，这也是叶利钦不情愿遗留下来的最沉重的政治遗产。

1993年10月，还在私有化运动的初期，为争夺政治权力和对经济改革进程的控制权，叶利钦下令坦克炮打"白宫"，强行解散当时的议会——最高苏维埃。

在国有企业私有化的过程中，为争夺对企业的控制权，常常引发原经济主管部门与地方政府的矛盾。

俄罗斯政府某些强力部门和司法机构如内务部、总检察院、国家安全总局认为，私有化只追求"时间和数量"，导致经济联系中断，管理混乱，经济雪崩式滑坡，造成国有财产的低价流失。

私有化开始以来，俄罗斯国家杜马议员、地方官员、执法部门、学者以及普通居民对私有化的指责不绝于耳。俄罗斯科学院的一份研究报告指出，私有化结果和其他改革措施一样，都未达到预期目的。私有化本应防止国家资产控制权落入官员们手中，但事实上，私有化后许多官员却合法地掌握了这些资产。私有化并未造就广泛的私有者阶层，但却形成了一小撮国家资产继承者。私有化非但没有克服，反而强化了经济的垄断。国家反垄断政策根本没有奏效。一些"横空出世"的私人金融工业集团比原国家性质的集团更缺乏责任感、更具威胁。

俄罗斯私有化的一个严重后果就是"财团控制经济、寡头参与政治"。特别是1996年寡头出资赞助叶利钦连任后，部分寡头变本加厉，向当局要求政治回报，甚至进行要挟。少数财团乘机控制新闻媒体，借机操纵政治，分享权力，成为俄罗斯社会生活中的一个"怪胎"。[①]

俄罗斯私有化暴露出的问题，特别是一些财团寡头的所作所为不仅激

---

① 俄"中心电视台"总裁奥·波普佐夫答《共同报》记者问，转引自http://www/nns/ru/chronicle/center/03 08 2001。

怒了俄罗斯百姓，而且也为西方社会学术界所不齿。诺贝尔经济学奖获得者约瑟夫·斯蒂格里茨、哈佛大学俄罗斯经济问题教授马歇尔·格德曼等多次对误导俄罗斯的改革模式以及私有化运动提出批评。乔治·索罗斯经常对俄罗斯私有化提出批评。索罗斯把俄罗斯经济制度定义为"掠夺式资本主义""强盗式的、野蛮的资本主义"。索罗斯几次在公开的场合直面俄罗斯新生寡头，咒骂他们的暴富靠的是私有化中的"犯罪、盗窃"。他说："我认为，俄罗斯已从苏维埃制度的一个极端走向了一种恣意妄为的、更近于掠夺性的资本主义的另一个极端。"这位美国金融大亨对"俄罗斯寡头这种粗暴野蛮和凶恶贪婪的行为"感到震惊。索罗斯写道："国家瓦解了，而每个人都在千方百计偷窃国家的财产。"索罗斯认为，丘拜斯推动的私有化是为了将"掠夺性的资本主义得以变成合法的资本主义"。①

1998年4月7日，美国前国家安全事务助理兹比格涅夫·布热津斯基在美国《华尔街日报》撰文，描述俄罗斯是"一个由无政府状态和民主政治、个人独裁和政体混乱、垂死的福利经济和寄生的资本主义、政治精英对原超级大国地位恋恋不舍地怀旧情绪和公众对旧的帝国野心的厌倦等组成的'大杂烩'"。

1998年8月21日，《金融时报》驻莫斯科分社社长克里斯蒂亚·弗里兰在英国《新政治家》周刊上发表文章，认为俄罗斯非但没有逐渐演变为成熟的资本主义经济，反而创造了它自己发明的一种奇怪和腐朽的新制度。文章举例说明，在经济生活中，大部分企业已私有化，但是经营活动却没有执行现金纪律、债务或破产制度。与西方社会的资本家不同，俄罗斯社会普遍存在着不纳税、拒付工资和不偿还债务，以及资金和利润经常转移到国外。

1999年8月26日美国《国际先驱论坛报》发表了一篇题为《经济学的至理名言，也许对真正的老百姓却是灾难》的文章，其中援引联合国开发计划署对苏东国家经济转轨的调查报告称："私有化使得1亿多人陷入赤

---

① [俄]《实业界》1997年6月25日。

贫，数百万人失去社会保障。"与此形成强烈对比的却是私人财团"爆炸式"膨胀，约5%的少数人在短时间内聚敛了无数的财产之后暴富。

（三）近期动向

20世纪90年代中后期以来，俄罗斯社会反对私有化的声音越来越强烈。1999年11月，俄罗斯"罗米尔"社会舆论调查机构进行了一次社会学调查，结果显示，65%的被调查者同意重新审查私有化的结果，18%的人表示反对，17%的被调查者没有回答。曾任政府总理的普里马科夫多次表示，如果私有化过程中存在经济犯罪，私有化造成停产、分光资源等现象，就应当审查私有化结果，甚至考虑重新国有化。普里马科夫甚至宣布，已经为那些在私有化中巧取豪夺的"寡头"们准备好了"监狱号子"。

在社会各派对私有化议论纷纷的情况下，私有化问题也成为普京上台后政策走向的一块"试金石"。面对错综复杂的私有化，普京出言审慎。他一方面认为："前些年的私有化出现了种种问题，犯了一些错误"；另一方面又强调："今天根本谈不到、也不应该谈重新分配俄罗斯财产问题。如果我们允许重新分配财产，遇到的问题和造成的损失比过去搞私有化时还大。"[①] 至于在私有化过程中出现"违反法律"的事实，那么检察机关应当予以追究。

2000年，普京上台后不久，便在国情咨文中几次谈到"寡头参政、操纵舆论、瓜分财富"等情况。普京总统强调，国家权力不应被少数寡头收买或私有化。之后，普京巧妙利用机会和矛盾，"稳、准、狠"出击，各个击破，先后查处了传媒大亨古辛斯基、"克里姆林宫教父"别列佐夫斯基和俄罗斯首富霍多尔科夫斯基，杀鸡儆猴、敲山震虎。

为克服私有化的后果，打击寡头势力，不容许部分寡头恣意妄为、操纵媒体、插手政治，普京总统甚至不惜利用安全和强力部门的力量。时至今日，普京总统的经济治理和政治整顿行动得到了社会多数的支持，达到

[①] 普京在全俄国家财产管理系统会议上的讲话，1999年11月22日俄通社—塔斯社电。

了预期的经济目的，取得了良好的社会效果。

当然，普京总统摆脱"政治遗产"和整顿经济秩序的努力在初期也遇到了顽强的抵制和强大的干扰。不仅俄罗斯自由派势力公开表示反对出击寡头，而且以美国为首的西方政界也使用"双重标准"对此说三道四。一些西方媒体指责普京是在推行"警察专制"和"破坏法制"，要挟要停止对俄投资，甚至叫嚷要将俄罗斯开除"八国集团"。现在看来，普京态度坚决，步步为营，巧妙回击，成功地顶住了各方的压力，不仅回收了一些重要部门如电视台和石油公司的控制权，而且以高票蝉联总统。

（作者单位：中国社会科学院政治学研究所）

（原载何秉孟主编《产权理论与国企改革——兼评科斯产权理论》，社会科学文献出版社2005年版）

新自由主义与转轨国家私有化的教训

杨 斌

2008年俄罗斯总统大选期间，普京在回顾俄罗斯的经济改革并阐明政治纲领时，再三表示与戈尔巴乔夫、叶利钦时期的"改革"彻底划清界限。他对叶利钦时期的经济政策进行了严厉抨击，指责当年的政治家打着改革的旗号出卖俄罗斯利益，不顾百姓的疾苦，厚颜无耻、疯狂敛财。普京称，"10年前，政治投机者控制了联邦会议和政府的关键席位，高官们为了迎合寡头而不惜损害俄罗斯的社会和国家的利益，把国家财产挥霍殆尽，腐败是他们进行政治和经济竞争的手段，导致我们负债累累，经济崩溃，人民生活水平成倍地下降"。

俄罗斯改革的悲剧值得中国人引以为戒。当年俄罗斯的许多经济学家和官员，也是怀着满腔热情和美好愿望投身改革的，他们希望抛弃教条主义束缚，借鉴西方经济学的最新成果和美国等发达国家的经验，在国际权威组织推荐的"华盛顿共识"改革方案指导下，进行全面、系统的改革并建立规范化的市场经济，但却由于对西方推荐的改革方案缺乏警惕，没有深入思考并把握好经济改革的方向，结果造成了经济衰败和腐败泛滥，给国家、人民带来了巨大的社会灾难。当年名声显赫的改革家如今声誉扫地，甚至被普京严词指责为"人民的敌人"。

俄罗斯改革的教训充分说明选择改革方向的重要性，说明仅仅有推进改革的决心和勇气是不够的，还必须把握好事关成败的改革方向和道路的选择问题，否则越是不问方向、不计代价地坚持改革，就越是可能给国家、民众带来深重的灾难，最终给改革家带来的不是历史功绩而是历史污点。俄罗斯推行大规模国企私有化改革的初期，就曾因出现严重腐败激起人民的强烈不满，但是，当年的改革家们受掠夺国有资产利益的诱惑，对社会成本代价和民众的不满情绪漠不关心，终于让改革事业变成了历史悲剧，自己也因给国家造成的深重灾难而成为历史罪人。

俄罗斯领导人对叶利钦时期改革政策的反思，可能令某些中国经济学家感到不可思议，他们似乎觉得"改革"无论其方向和性质如何，都是正确的、毋庸置疑的和必须加以坚持的。某学者对质疑俄罗斯改革的观点非常反感，甚至称否定俄罗斯的改革就意味着否定中国的改革。有位经济学家曾在《中国经济时报》撰文，主张借鉴俄罗斯经验，特别是借鉴俄罗斯通过管理层收购推进、规范产权改革的经验，加速中国的国有企业产权改革的步伐。有些经济学家明明知道众多的经济转轨国家在推行国有企业产权改革过程中付出了重大代价，但是他们不愿深入研究这些国家产权改革代价沉重，是否同新自由主义政策和私有化之间存在联系，反而认为国企产权改革的代价是不可避免的，中国也只能追随众多转轨国家走痛苦的改革道路。在引起国有企业产权改革大辩论的"郎旋风"中，这些经济学家表现出的不问方向、不计代价，也不顾前车之鉴，一味地强调坚持改革的观点尤为突出。

"郎旋风"起因于郎咸平撰文指责顾雏军在国企产权改革中侵吞了巨额国有资产，"郎顾之争"后来很快扩大成为一场关于国企产权改革方向和国有资产流失的全国大辩论。郎咸平在争论中将批评的矛头直接指向了新自由主义和私有化，表明他更为关心的是国有企业产权改革的大方向问题，而不仅仅是顾雏军是否涉嫌侵吞国有资产的问题。郎咸平指出，"在这次产权改革中，新自由主义学派的观点就是国有企业、政府全面退出经济舞台，他们所希望的经济是自由经济、民营经济，更可以向美国靠拢的经济体系。政府的角色应该是一个小政府的角色"，"在这一轮新自由主义主导的改革，也就是所谓的国退民进，会再度把生产资料交给资本家……这次产权改革有两大特点,第一是法律缺位下的合法性,第二是买卖双方自定价格的交易"。郎咸平还指出,新自由主义学派认为只要实行自由经济、民营经济,就能像美国一样富强只能是幻想,这种误区将会把中国像苏联那样带入灾难的深渊,形成少数经济寡头控制整个经济的局面。①

在这场辩论中,一位经济学家反驳郎咸平,为各地产权改革的辩护格外引人注意。他承认国企产权改革带来了痛苦的代价,造成了国有资产的流失和大量腐败现象,但是,他认为国企产权改革的痛苦代价是不可避免的,因为,这是适合于世界各国改革的普遍规律,他在会议发言中说,"无论在哪个国家,国企改革都是一个非常痛苦的过程,不仅仅会引来国资贱卖的争议,而且极有可能带来社会动荡。英国在70年代末至80年代由撒切尔夫人主导的国企改革引起了巨大的社会震荡,工会与政府对峙长达数年,罢工浪潮绵延不断,可是撒氏绝不在根本问题上作出让步,从而被称为'铁娘子'。90年代两德合并后,德国对原东德国企进行改革,也引起了严重失业、贫富差距骤然拉大、犯罪增加等严重问题,而且政府不但没有将国资卖出多少钱却反而贴进去很多钱"。国企产权改革虽然会付出这些痛苦的代价,但是,当前国企产权改革绝对不应该停止,为实现建立市场经济的改革目标值得付出这样的代价,因为,当前国有企业的旧体制是难以持续的,即使产权改革最终导致了国有企业的消亡,也并非拍脑袋而是自然而然出现的结果。②

这位经济学家虽然表达了不惜代价坚持改革的强烈决心,但是,他将不同国家的国有企业改革混为一谈,没有区分这些国家的国企改革具有的完全不同的性质,以及它们在改革大方向和最终目标上的根本区别。他显然非常佩服英国的"铁娘子"撒切尔夫人,希望效仿她在坚持改革的"根本问题上"绝不让步,即使这种改革"极有可能带来社会动荡"。但是,

---

① 《国内经济学家集体回应郎咸平——资产流失与国有经济发展研讨会实录》,http://www.tianya.cn/publicforum/Content/develop/1/40022.shtml。

② 同上。

撒切尔夫人代表保守党右翼政治势力，她开宗明义地宣称信奉新自由主义，推行的国有企业改革就是大规模私有化。她公开主张废除第二次世界大战后西方的社会改良，回归亚当·斯密时代的资本主义。由于撒切尔夫人代表的是大垄断财团的利益，她自然不怕改革导致政府与工会的激烈对峙，不惜造成大批工人失业、贫困和罢工抗议浪潮。相比之下，中国推行的是在共产党领导下的改革开放，目的是坚持公有制和搞活大中型国有企业，建立中国特色的社会主义市场经济，两种改革具有完全不同的性质和最终目标，将其混为一谈将会导致改革大方向的迷失，确实"极有可能带来社会动荡"和严重的政治恶果，甚至像苏联那样导致党的垮台和国家分裂。

这位学者虽然知道东德、俄罗斯等国的国有企业产权改革，造成了严重失业、社会两极分化，甚至"极有可能带来社会动荡"，但他认为这种代价对于改革来说是不可避免，而且值得付出的。他似乎并不在意邓小平同志提出的改革应坚持的四项基本原则，以及反复强调的衡量改革的"三个有利于"标准——改革应该有利于发展社会主义社会的生产力，有利于增强社会主义国家的综合国力，有利于提高人民生活水平；倘若改革导致了两极分化和人民贫困，那么就意味着改革"走上了邪路"。当前世界各国正普遍反思新自由主义倡导的产权改革，获诺贝尔奖的著名经济学家斯蒂格利茨曾尖锐指出，美国通过大规模私有化、改变苏联阵营28个经济转轨国家的经济模式，已经使一亿多民众陷入了赤贫境地，人均寿命减少了4年或更多，唯一成功的例外就是走不同改革道路的中国。某些经济学家为支持管理层收购经常引用的一个典型例证，即乌克兰在推行管理层收购等形式的私有化过程中，虽然仅以一个美元的价格就把国有企业廉价出售了，但是这样做的结果却把企业搞活并且盈利了。而事实上，乌克兰虽然有不少私有化企业暴发的例子，但是，它在推行10年私有化改革之后，国民经济整体上倒退了60%，只有10年前的40%，这样的国家不能当成一个成功范例来引证。某些经济学家认为，在市场条件下国有企业无法搞好，只能像俄罗斯、东欧等众多市场转轨国家一样，忍受痛苦代价推行新自由主义的私有化，任由管理层收购导致国有企业蜕变为私人家族企业，其实，这不仅抛弃了被实践证明是成功的中国改革经验，也严重偏离了建立现代企业制度的改革目标，不是继承而是抛弃了前人历尽艰辛开创的社会主义建设和改革开放事业。中国因走自己的改革道路受到举世赞扬，海外学者还将中国的成功经验总结为"北京共识"，作为反对美国倡导的"华盛顿共识"的例证。令人遗憾的是，某些经济学家却无视中国改革的成功经验。

目前，在美国次贷危机和人民币浮动升值的影响下，我国广东珠江三角洲和浙江的许多民营、外商企业正陷入困境。某些经济学家认为，民营企业属于明晰的私有产权，效率高、市场竞争力强，因而是国企改制效仿的对象，不少地方因此对通过改革搞好国有企业丧失了信心，将希望完全寄托于发展私营企业和引进外资企业。但是，这些竞争力强的私营、外资企业也出现停产倒闭风潮，说明私有产权并非万能，也有易受宏观因素影响的脆弱性。在美国次贷危机导致全球经济陷入疲软的情况下，私营、外资企业单纯追求盈利，必然纷纷跟风撤资，各地出台的放宽信贷条件和减免电费等优惠措施，虽能暂时缓和企业资金紧张，却难以根本解决困难，企业即使能够坚持出口也难以收回不断贬值的美元货款（美国拖欠中国出口企业货款已达上千亿美元）。近年来，我国经济增长很大程度上依靠出口和房地产业，这两方面最终需求的疲软正对我国国民经济的增长产生不利的影响。当前我国对外出口贸易依存度已经高达70%，这成为美国要求人民币升值和金融自由化的借口；房地产价格高涨，严重脱离广大民众的收入水平，说明这种增长方式存在局限性，迫切需要调整。在这种情况下，中国迫切需要将振兴和发展大中型国有企业放在战略高度，因为只有国有企业才能密切配合政府的宏观调控政策，进行反周期操作，扩大内需，弥补国际市场需求疲软的损失，防止私营、外资企业大批停产倒闭引起连锁反应，防止国民经济的增速大幅度下降甚至陷入经济危机。新加坡在东南亚金融危机中损失较轻，同房地产业发展主要依靠政府和国有企业，价格合理，不存在泡沫炒作机制有密切关系。房地产业主要依靠私营企业存在许多弊端，房地产价格暴涨容易成为各行业发展的包袱、瓶颈，私营房地产商获得的暴利其实不体现经济效率，还容易诱发泡沫经济和金融危机等宏观负外部效应。20世纪30年代爆发全球金融危机之后，世界各国普遍通过国有化挽救濒临破产的私营企业，罗斯福新政也通过大力发展公共工程摆脱经济危机。俄罗斯、拉美国家在受新自由主义误导推行大规模私有化、最终爆发严重金融危机并蒙受惨痛的损失之后，都重新把振兴和发展国有企业放在战略高度，在能源、电信、金融等战略产业领域重新推行国有化，取得了不同程度的改善经济状况的明显效果。

第二次世界大战后西方盛行国有化和社会改良的潮流，右翼政党迫于"冷战"压力也不得不妥协让步，资本主义才改变了旧自由主义时代的一贯丑陋形象，出现了经济增长和社会分配改善的罕见"黄金时期"。值得指出的是，撒切尔夫人最为推崇的新自由主义鼻祖哈耶克，一贯持极端反共、反社会主义的立场，同时也反对第二次世界大战后西方国家的社会改良，甚至激烈攻击瑞典的社会福利国家制度，即使在西方国家也曾长期被认为是逆历史潮流而动的极右学者。哈耶克自己也承认当年鼓吹新自由主义极为不得人心，他因撰写《通向奴役之路》一书而在西方知识界身败名裂。20世纪80年代，美、英右翼政治势力出于谋求全球霸权战略目的，重新在全球范围内竭力宣扬新自由主义，并将其具体化为"华盛顿共识"的所谓规范改革方案，用于反对西方的社会改良并维护垄断资本利益，误导经济转轨国家和发展中国家的经济改革。二十多年来，新自由主义和私有化浪潮在全球泛滥，造成了贫富分化和社会经济动荡的严重恶果，不仅西方发达国家的增长率大幅度下降，发展中国家的经济增长也普遍陷入停滞状态，众多转轨国家更是遭受了严重程度超过大萧条的经济衰退，因而正受到世界各国民众越来越强烈的抵制和反对。根据世界银行2006年的统计数据，1980年至2005年，在新自由主义全球化和私有化潮流风靡全球的时期，一百多个发展中国家的平均经济增长率仅为0.8%，远远低于第二次世界大战后发展中国家推行国有化、促进民族工业发展的年代，与中国这一时期8.1%的经济增长率不可同日而语。由此可见，国际权威组织在全球推行的"华盛顿共识"政策，不仅不是推动先进生产力发展的规范改革，而是已被各国长期实践证明了的阻碍生产力发展的"返古复辟"。

有些经济学家称自己根本不知道什么是新自由主义,但表示赞成"华盛顿共识"倡导的非国有化、自由化和全球化,认为"华盛顿共识"及相关政策"是为了帮助世界各国搞改革的",反映了"现代经济学各方面的新成果",由此可见,"华盛顿共识"的确对中国改革开放构成了威胁,倘若中国也受它的规范改革方案误导,效仿众多经济转轨国家推行大规模国企私有化,也迟早会步其后尘落入巨大社会灾难的陷阱。

中国出现"郎旋风"既不是偶然的也不是孤立的,它可以看作是全球反思新自由主义和私有化的浪潮在中国的延续和扩展。新自由主义在西方历来都只是一个边缘学派,它的崛起与风靡全球是依赖右翼保守政党和资本力量的推动而非学术界的共识,现在正在日益遭到西方学术界越来越强烈的质疑和批判。美国获诺贝尔奖的著名经济学家斯蒂格利茨认为新自由主义的"华盛顿共识"代表的是保守的意识形态,它不是推动进步的社会改良或改革政策,而是恢复自由放任资本主义的返古倒退,"华盛顿共识的政策有时也被称为'新自由主义'政策,它建立在'市场原教旨主义'的基础上,是自由放任政策的一种复兴,这些政策在19世纪曾为当时的统治阶层所竭力推动"。斯蒂格利茨强烈地批评了"华盛顿共识",称其"往坏里说是误导",现在应进入"后华盛顿共识"时代,还说"无论新的共识是什么,都不能基于华盛顿",直接点出了从华盛顿的立场出发,不可能符合广大发展中国家利益。中国有些经济学家对郎咸平批判新自由主义和私有化腐败,竟然激起社会广大民众如此强烈的认可感到难以理解,其实,这不是中国特有的现象,而是遍及全球的新兴潮流的反映。新自由主义和私有化在全球范围遭到越来越强烈的反对,即使在西方发达国家也不得民心,倡导新自由主义的国际经济组织如国际货币基金,在美国和西欧开会时都经常引发社会民众的抗议浪潮,参加抗议示威游行的人经常高达数万甚至十多万。经过了十几年的经济转型后,波兰人民对经济转型的评价反而比改革初期更差,波兰发行量最大的《选举报》2002年所做的民意调查显示,波兰民众对私有化持否定态度的人占87%,持肯定态度的人占7%,当被问及"你用什么词汇描述私有化最合适"时,74%的人填写的是"盗窃",18%的人填写的是"销售"。俄罗斯人民饱尝了私有化的苦果,对私有化产生的暴富阶层极为反感,据调查统计,有88%的民众否定私有化,70%的民众认为应改变私有化的现状。

拉丁美洲抗议新自由主义和私有化的社会运动不断掀起新高潮。秘鲁曾因推行私有化引发大规模抗议和社会骚乱,政府宣布全国进入紧急状态,并调集军队也无法平息抗议,最后被迫撤换了引起群众强烈不满的经济部长。玻利维亚的社会民众运动已从抗议私有化,发展到强烈要求政府实行石油资源的国有化,一位中间派前总统主张对西方石油公司征收高额税收,仍然不能满足社会民众要求将石油资源国有化的强烈愿望,在声势浩大的社会民众抗议浪潮中被迫下台。2005年12月18日,玻利维亚争取社会主义运动总统候选人埃沃·莫拉莱斯以超过半数的高得票率直接当选,之后宣布将实施一系列社会改革,彻底摒弃新自由主义和私有化的经济政策,把天然气等能源工业企业收归国有。委内瑞拉也正积极在能源、电信和制造业领域推行国有化,先后将一批跨国公司拥有的企业重新收归国有。阿根廷金融危机中大量倒闭的私营、外资企业,有许多被工人接管并被成功改造成集体所有的合作企业。美国历来将拉丁美洲视为自己的后院和势力范围,曾采取从策划政变到经济利诱等种种手段推行新自由主义,近年来拉丁美洲左翼政党崛起和亲美政权纷纷下台,充分表明了新自由主义和私有化政策不得人心和日趋衰败的趋势。

中国某些经济学家对批判新自由主义非常反感,质疑新自由主义是否真的在俄罗斯、拉美造成了灾难,对中国众多资深学者通过长期研究俄罗斯、拉美经济后撰写的批判新自由主义经济政策的科研成果不屑一顾。他们对新自由主义在全球范围内实践情况的认识,还不如某些态度比较客观的美国政府右翼智囊人士。同美国政府的右翼智囊团联系颇为密切的经济专栏作家安德鲁,坦率承认美国倡导的新自由主义的私有化和削弱政府作用的政策,在拉丁美洲正变得越来越不得人心,推行新自由主义政策的大多数拉美国家政府其民意调查支持率已跌落到严重危及政治稳定的程度,拉美甚至可能变成孕育左翼政权的肥沃土壤。美国主流媒体《纽约时报》

的评论家费拉罗，也撰文认为"持续二十年的自由市场资本主义试验，正在越来越多的拉美国家遭到反弹，无论从秘鲁到巴拉圭，从巴西到玻利维亚，还是从厄瓜多尔到委内瑞拉，我们或许正在目睹一个时代的终结，90年代末正统的经济改革终告失败"。由拉美社会各界人士组织的"社会论坛"，明确提出了反对新自由主义的全球化的口号，以及建立新社会模式的目标，积极参与"社会论坛"活动的拉美左翼政党，正在一个接着一个的拉美国家赢得大选胜利，从被西方贬低为"极端派"的反全球化民间势力，成长为执政的社会中坚力量。在美国操纵的国际经济组织诱迫下，新自由主义潮流风行世界的二十多年来，所造成的各种社会恶果经过了长期的积累，终于引爆了遍及全球的抗议活动，反对和批判新自由主义正成为新的历史潮流。

（作者单位：中国社会科学院工业经济研究所）

（原载《高校理论战线》2008年第10期）

欧洲发达国家共产党对新自由主义全球化的批判

姜 辉 于海青

全球化问题，是20世纪90年代以来西方左翼关注和探讨的重要问题之一。作为西方左翼运动一支重要力量的共产党，在苏东剧变后求生存、进行战略策略调整以及探索新的发展道路的过程中，把全球化问题纳入了研究和批判的视野。同其他左翼力量相比，欧洲共产党的全球化理论更多侧重于对全球化的新自由主义性质的揭示，并将全球化问题与对国际垄断资本主义的批判紧密联系在一起。对此进行跟踪考察和系统概述分析，不仅有助于我们从整体上把握当前欧洲共产党的现实处境和理论、战略的发展变化，而且对于分析欧洲社会主义运动的未来走向也具有一定的参考价值。

一 对全球化的本质、特征与危机的揭示

尽管欧洲发达国家共产党同其他左翼一样，都认为全球化是伴随人类社会生产力发展的历史进程而出现的，但在对全球化本质的揭示上，欧洲共产党比其他左翼表现得更为激进。它们不仅认为全球化是由资本主义大国主导，而且将其直接指斥为新自由主义或帝国主义的全球化。

法国共产党认为，全球化随着信息革命进程而得到了加速发展，但就

目前而言，全球化过程是由垄断资本主义统治占主导。当前的资本主义全球化以美国的霸权主义意志为特征，在军事层面则反映了美国和北约两大势力间的竞争。资本主义全球化的发展引发了令人震惊的灾难性后果，它不仅使人类财富和自然资源遭到劫掠，而且也使人类行为更加商品化，使武器、毒品交易以及黑手党行动恶性发展。当前的全球化正面临着来自全球范围抗议行动的冲击。

意大利重建共产党把当前的全球化视为新自由主义主导的全球化，认为现阶段的首要特征就是新自由主义全球化的危机。这一危机主要表现在金融领域。意重建共以1998年亚洲地区的金融危机为依据，强调这一危机虽然发生在东方，但是对西方金融资本主义也产生了消极影响。金融危机的发生以及随之而来的经济衰退，不仅对工人阶级和劳动群众造成影响，而且也危及中产阶级的利益。在新的千年里，失业、贫困、苦难仍将继续困扰人类。

西班牙共产党承认相对于以前而言，全球化或全球资本主义具有一些新的因素，如随着信息技术的发展所出现的新的生产组织方式、国家权力向私有经济的让渡、国家规模的跨国公司的作用等。但西共仍然认为，当今的全球化是新自由主义垄断的表现形式，带来了一切破坏性后果，如成千上万的人死于饥饿，得不到住房、教育、劳动等最基本的生活资料；第三世界穷国由于鲁莽地引进了新自由主义的资本主义而正在遭受灾难；造成了全球消费者的趣味趋同，文化领域呈现出全球普遍性的贫乏；等等。在这种状况下，全球经济体制开始超越自然资源无力再生的界限，并以这种方式消除了现在和将来全人类发展的物质基础。

作为欧洲共产党中尤为激进的希腊共产党，将全球化直接斥为帝国主义的统治。它认为当今的全球化过程，是人类经历的黑暗时期。在这一时期里，失业、饥饿和穷困四处蔓延；伴随着新的军备计划和军备竞赛，新的战争地区和热点地区正在出现；国家间关系变得愈益弱肉强食和不公；工人的权利在世界范围遭受侵害；人权和自由正被废除，新的镇压机制、限制和恐怖主义大行其道。关于上述问题产生的原因，希腊共认为完全是追逐资本利润造成的,是服务于资本利益的政府和国际组织政策选择的结果,是全球化为资本的国际化打开了通道。

德国的共产党领导人海因茨·施特尔对全球化的本质和特征进行了具体分析,指出"全球化"的形成源于跨国垄断资本的利益,是历史性的资本国际化进程中形成的一个新的阶段。施特尔将这一层次上的全球化视为帝国主义的全球化,认为它具有十个方面的特征,如战争和干预成为维持"新世界秩序"的手段;工人阶级以及所有劳动者的工作和生活条件在世界范围内受到侵害;剥夺了工人运动在一个世纪的漫长斗争中从资产阶级那里获得的权利;是一种新殖民主义的表现;危害了国家独立、主权和国际法;使社会军事化,扩大了资产阶级国家的镇压职能;攻击民主和进步文化;极大破坏了自然环境和人类赖以生存的基础;从政治和军事方面限制移民,如欧盟塞维利亚会议决议建立"共同确保边界网络"以及德国最近通过的新移民法;反对各国政府将跨国资本用于社会主义以及所有为了一个更加美好和更加民主的世界而斗争的事业等。

二 全球化背景下国际垄断资本主义的批判

垄断资本主义的全球扩张,既是全球化形成的原因,也是全球化发展的一个重要结果。20世纪末以来,随着全球化的迅猛发展,国际垄断资本主义逐渐构筑起它的全球霸权。面对国际垄断资本主义的霸权主义企图,欧洲各共产党以实际的抗议行动加以抵制,利用各种场合深刻揭露其霸权主义、强权政治的反动实质及其野蛮、贪婪的资本主义本性。"9·11"事件发生后,针对国际垄断资本主义表现出的新特点和新发展,欧洲共产党也进行了及时、全面的分析和批判。

(一) 所谓"新世界秩序"及跨国垄断资本主义的批判

所谓"新世界秩序",是在苏东剧变后不久,由当时的布什政府提出的关于未来统治秩序的一种战略构想,其实质无非是谋求建立一个由美国领导的新自由主义"单极世界",构筑起美国化的全球资本主义。在建立"新世界秩序"的幌子下,以美国为首的资本主义大国及其羽翼下的跨国垄断资本家,通过各种方式和手段在世界范围内扩张其政治经济霸权。欧洲共产党从多个角度和层面对此进行了深入剖析。

法共总书记罗贝尔·于在党的第31次代表大会的闭幕讲话中指出,十月革命后的很长一段时期,是以人们反对殖民主义争取自由的斗争为主要标志。而在规模宏大的非殖民化和独立运动之后,美帝国主义接管了落败的殖民统治,并通过各种形式的干预手段在世界各个角落建立其全球化资本主义的新秩序。面对这样一个复杂多变的世界,认为必须对标识法共身份特征的"共产主义国际主义"进行重新定义,强调国际主义意味着反对所有形式的资本主义;认为法共应该扩大其共产主义国际主义的身份特征,在反对新秩序挑战、反对资本主义全球化所带来的灾难性后果以及最大可能地实现新的发展道路的斗争中,表明法共与世界人民团结在一起。

葡共总书记卡洛斯·卡瓦略斯则指出,当前帝国主义和资本主义的逻辑图绘,就是伴随着极大贫困的疯狂财富集中。洋洋自得、夜郎自大的资本主义正在试图将其统治秩序、概念和模式,强加于世界人民之上。卡洛斯认为,在21世纪,这些资本主义式"自我娱乐"和"自我陶醉"的策略还会继续上演,它们将从帝国主义的利益出发,在所谓"单一思想"框架内铸就人们的观念模式。

希腊共产党把21世纪初的国际形势,描述为"野蛮、非人道的帝国主义试图将其'新世界秩序'强加给全球人民"。由于帝国主义在经济、劳动关系、社会政策、政治体系、意识文化等领域实行了一系列侵略政策,当前的人类社会正在经历一段灰暗时期。在这一时期里,帝国主义上层建筑的反动本性日益显现。由科技进步所开启的发展社会福利的潜力,与资本主义剥削的反差愈益明显。在当前条件下,资本主义的野蛮性和侵略性不仅表现在权力运用上,也表现在它对于帝国主义体系发展过程中的突发冲突和矛盾处理上的无能上。因此,帝国主义虽然现在看来强大异常,但它绝不是不可战胜的。

英共认为帝国主义新世界秩序的核心，就是要在全球推进私有化的进程。无论是世贸组织的规定、多边投资协议（MAI），还是国际货币基金的结构调整计划，无不推动所谓"全球化"去使用诸如"国际竞争"之类的概念，宣称民族国家作为政府干预经济的方式已告终结，宣扬政府天生腐败而私有成分天生具有效率。通过对新世界秩序下跨国公司的兼并、合并浪潮的分析，英共指出垄断资本正在为跨国公司的全球扩张而拆除贸易壁垒和地区经济保护。

（二）"9·11"后国际垄断资本主义政治经济上的新变化

"9·11"恐怖袭击事件，在欧洲各共产党内产生了强烈反响。一方面，它们一致谴责恐怖主义对无辜平民造成的伤害；另一方面，欧洲共产党也无情揭露和批判了美国政府利用该事件所聚集、膨胀的民族情绪，扩张其霸权主义势力的野心，以及垄断资本主义提出的新的全球统治策略。

法共认为，"9·11"恐怖袭击不仅仅是美帝国主义与恐怖主义及其意识形态冲突的产物。"9·11"事件以一种全新的形式展现了全球化发展的后果，全球化资本主义比先前更加受到质疑。在这种情况下，反全球化运动愈益成为应对全球化资本主义挑战的运动。当前，法共坚决主张反对恐怖主义，不仅是由于恐怖主义将诸多无辜民众牵涉其中，而且是由于它与我们的反资本主义斗争关系。恐怖主义通过各种形式融于全球化资本主义之中，这就是为什么反恐战争不能由美国单独领导的原因。法共强调反恐斗争必须通过适当方式展开，呼吁任何形式的反恐战争都必须在联合国的框架内进行。

希腊共产党认为，美国政府对于袭击事件的真相实际上并不真正感兴趣，其目的是要为发动新的袭击和非法行动寻找借口。"9·11"后的国际形势发展将面临极大风险。首先，这是帝国主义内部的相互敌视加剧了。美国试图加强其作为世界警察的角色，而欧盟则宣称除了保持它在欧洲大陆的传统角色外，也要在国际上谋求与其地位相称的角色。其次，美国的目标是指向那些具有特殊战略价值的国家和地区，从而与一些地区性大国的矛盾进一步加剧。希腊共指出，由于大量国家被牵涉进来，由于帝国主义的内部矛盾将以更加公开的形式呈现出来，人类的安全、和平与安定将面临考验，并在这一过程中产生不可预知的结果。

"9·11"袭击发生后，葡萄牙共产党中央委员会旋即发表声明，指出美国及其亲密盟友是在国际关系领域寻求发展一条独裁、侵略的政策，这是对人权和国家主权的蔑视，是对联合国宪章和国际法原则的侵犯，是建立在强权、金融统治和非正义国际秩序基础上的，并与新一轮军备竞赛相适应。葡共主张反对各种形式的恐怖主义，但坚决反对采取侵略行动和严厉的安全措施。认为各国应当清楚界定恐怖主义的概念，应当在联合国框架内按照国际法和联合国宪章的原则进行合作。

英国共产党揭示了美国利用"9·11"事件发动反恐战争的目的和实质。总书记格里弗斯在英共第46次代表大会政治报告中指出，"9·11"事件使全球笼罩于美国军事力量的阴影之下，布什政府利用了这一事件在全球扩大了美国的霸权势力。事实上，甚至早在"9·11"之前，1997年6月的美国"国防评论"就已把东南亚的石油通道作为美国全球军事政策的最重要的地区目标。现在，2001年的"国防评论"仍然把在全球范围内保持美国军事力量的所谓"全权统治"作为优先发展的目标。"9·11"后，美帝国主义的策略目标比从前更为全面、更为残忍、更富有侵略性。

2002年6月21日至23日，在希腊雅典召开的国际共产党和工人党大会，就"9·11"后世界发展出现的新形势展开了广泛讨论。这次大会（意重建共、希腊共、葡共、西共和英共等均有代表出席）一致谴责美国和北约的侵略行径，认为所有民族及其群众运动正在受到以美国为首的全球垄断资本统治的潜在威胁。"9·11"事件为美国发动一场反对各民族人权和自由的战争提供了借口。帝国主义把所有旨在反对资本主义全球化，反对IMF、WTO、EU等国际组织所作决策的斗争，反对帝国主义干预和战争的斗争都贴上了恐怖主义的标签。大会强调，在帝国主义体系中心正在孕育经济危机的大背景下，帝国主义在反恐名义下的侵略斗争，将不仅局限在国际关系和军事领域，而且包括社会生活的所有方面。它加快了资本主义在经济领域和工人生活标准上的调整速度。它也影响到政治体系，表现出更加反动的政治和意识形态特征。国际帝国主义正在建立一种新的、更为反动的制度框架，它将践踏民众的根本人权和自由，将重新确立新的镇压机制。

三 回应挑战：欧洲共产党的左翼联盟对策

在新自由主义全球化强势发展的环境中，为有效反对国际垄断资本的霸权扩张，欧洲共产党选择了与其他左翼力量和群众运动进行联盟的斗争策略。在许多国家内，共产党寻求与各种进步力量的联盟，以形成反抗国内右翼势力及其统治的联合斗争；在国际范围内，为反对国际垄断资本的联合统治，欧洲共产党也进一步探索左翼联合的新方式和方法，并着手建立起洲际的共产党联盟或左翼联盟。

法共倡导在国内建立左翼进步力量联盟，认为这应是建立在"尊重分歧、观点明确和有透明度"基础上的联盟，其目的在于联合包括社会党、绿党、左翼激进党和群众运动发起反对右翼的斗争，以建立起一个新的多数派和真正实行改革的政府。法共尤其强调要把建立左翼进步力量联盟与反全球化斗争结合起来。认为当前在诸种合作需求以及真正全球共识发展的基础上，在所有斗争和权力领域进行变革的当务之急，是通过超越资本主义来摆脱资本主义，即在创造与进步的过程中，在坚持斗争和人民意志的过程中，以新规则对所有现存规则进行渐进替代。为实现这种替代，法共提出要建立一种具有崭新内容的全球化，以应对集体安全以及社会、经济发展的挑战。

为有效反对资本主义全球化和新自由主义政治，意大利重建共产党提出了重建"替代性左翼"的目标方案。意重建共根据当前社会运动发展的特点、资本主义代议制民主的危机以及反全球化运动的本质，指出未来行动的核心是建造另一个世界，一个可能的世界。通过确立替代性左翼，就可以使运动发生质的飞跃。而在实践中，这就是要求重建共改变传统单向发展的政治道路，重新探索建立替代性左翼的方式和途径。

在当前阶段，希腊共产党反对资本主义重组与帝国主义新世界秩序的斗争策略，是试图建立一个反帝、反垄断的民主阵线（AADF）。希腊共的AADF阵线，建立在工人阶级与小资产阶级的社会联盟基础上，其成员包括社会地位、政治观点迥异的各种社会和政治力量。希腊共认为，AADF的发展不可能一帆风顺，即使在阵线内部也可能产生犹疑不决和斗争危机，阵线必须随着社会和政治形势的演进而不断整饬，阵线必须在所有行动中有效利用各种协调因素。

在积极建立国内左翼力量联盟的同时，欧洲共产党也在努力加强国际范围尤其是欧洲范围的左翼合作或联合。这个由法共、意重建共、西班牙联合左翼以及北欧诸左翼政党参加的著名左派论坛，每两年召开一次会议，由各国主要左翼党派轮流主办，就欧洲工人运动、社会发展以及左翼联合选举等共同关心的问题展开广泛交流和讨论，并通过最终发表共同宣言的形式来表达各左翼组织在相关问题上的共识。

从近几年的发展看，上述左翼联盟的理论主张越来越具有鲜明的反对新自由主义和国际垄断资本主义的倾向。在对待全球化问题上，共产党并没有像社会民主党和其他政党那样向右转，而是提出了许多自己独立的、较激进的政策主张。如在1999年欧洲议会选举期间，共产党呼吁同"新自由主义教条"决裂，主张首先实行有利于经济增长，创造就业的政策，对国际资本流动增税，终止将公共部门私有化，增加公共开支，缩短工作周等倡议。他们还提出反对种族主义、取消第三世界国家的债务，认为冷战结束后北约不应再发挥作用，反对北约东扩和军事干涉其他地区的事务，等等。

总之，欧洲发达国家共产党对新自由主义全球化和国际垄断资本主义的批判，以及它们组织开展的实际斗争，是当前仍处于低潮之中的欧洲社会主义运动的新亮点。欧洲各共产党能否通过积极参与反对新自由主义全球化的斗争实践而推动自身的发展，从而使欧洲社会主义运动在21世纪初有实质性的进展，值得我们继续跟踪研究。

四 几点简评

当前欧洲共产党对全球化和国际垄断资本主义问题的关注,既是各国党积极应对时代发展的新挑战、努力探索新环境下党的未来出路的表现,也是共产党重新思考自身社会定位和身份的契机,同时也为各国共产党和其他左翼力量建立国际联合,以开展反对新自由主义全球化和垄断资本全球扩张的共同斗争提供了新的舞台。第一,欧洲共产党对新自由主义全球化和国际垄断资本主义的批判,是当今世界反对新自由主义全球化运动的重要组成部分;第二,在反新自由主义全球化斗争中鲜明地表达自己独立的政治立场和主张,也是欧洲共产党重塑自己在政治谱系中身份特征的重要内容;第三,欧洲共产党积极参与反新自由主义全球化运动,对进一步推动各国共产党或左翼的联合斗争,对21世纪初欧洲发达资本主义国家社会主义运动的新发展,具有重要意义。

当然,当前欧洲共产党的反新自由主义全球化理论还远未形成一个系统体系,其实践斗争也未能充分实现与争取社会主义斗争的有机结合。反全球化运动的深入推进,要求各共产党必须把这一运动归结到解决资本和雇佣劳动对立的资本主义主要矛盾上来,而事实上欧洲各共产党对这个问题的看法仍然存在分歧。与此同时,国际国内右倾化的政治形势及其自身力量的边缘化,也极大限制了欧洲共产党进行斗争的规模和影响。因此,实践中欧洲各共产党针对反新自由主义全球化运动提出的许多富有战斗性的措施,并没能取得相应的斗争成果。

(作者单位:中国社会科学院信息情报院;中国社会科学院马克思主义研究院)

(原载《理论视野》2003年第4期)

六
坚持马克思主义政治经济学理论自信

西方国家金融和经济危机与中国对策研究

王伟光　程恩富　胡乐明等

2007年2月，美国次贷危机浮出水面。2007年8月，次贷危机开始向全球蔓延。进入2008年，危机从局部发展到全球，从发达经济体传导到发展中经济体，从虚拟经济扩散到实体经济，西方主要经济体日益滑向金融危机与经济衰退相互拖累的恶性循环。此次危机波及范围之广、影响程度之深、冲击力度之强，世所罕见。

运用马克思主义立场、观点和方法，深刻透析这场危机的本质、成因和影响，客观评析西方国家反危机措施的利弊，科学阐释资本主义经济运行规律和发展趋势，正确把握这场危机对于中国的影响，提出规避和防范类似危机的中国策略，对于保证中国特色社会主义事业健康稳定发展，无疑具有重要而深远的意义。

一　西方国家金融和经济危机是资本主义基本矛盾发展的必然产物

马克思认为，资本主义经济危机是资本主义基本矛盾发展的结果，是资本主义各种矛盾展开的表现，是资本主义一切矛盾的现实综合和强制平衡。因此，分析此次西方国家金融和经济危机的发生与发展必须采用矛盾分析的方法，深入分析资本主义基本矛盾及其当代发展，具体分析资本主义各种矛盾的现实表现。

（一）商品内在二重性矛盾蕴含危机发生的可能

商品是市场经济最基本的细胞和最普遍的存在，商品和商品交换的内在矛盾体现并蕴含了市场经济和市场经济占主导地位的社会形态的基本矛盾。① 因此，从商品及商品交换的内在矛盾和本质关系分析入手，可以发现此次西方国家金融危机和经济危机的一般要素与抽象形式。

马克思认为，商品是使用价值和价值的矛盾统一体，使用价值与价值二者既相互依赖、互为条件，又相互排斥、互相背离。使用价值与价值的矛盾以及决定这一矛盾的生产商品的劳动二重性，即具体劳动和抽象劳动的矛盾的发展导致了货币的产生，商品的使用价值与价值愈益分离，商品与货币愈益对立。

货币的产生使得商品交换由直接物物交换发展成为以货币为媒介的交换过程，使得一个完整交换过程的买和卖在时间和空间上发生分离，从而导致危机第一种形式的可能性。也就是说，"如果货币执行流通手段的职能，危机的可能性就包含在买和卖的分离中"②。随着商品经济的发展，货币不仅作为流通手段，而且具有支付手段功能。货币支付手段功能使得商品交换的当事人演变为债权人和债务人，使得商品生产者之间形成错综复杂的支付链条和债务链条。在这一链条上，如果一个债务人不能按时履行支付义务，整个链条上的一系列债务人也就随之不能偿债，从而形成危机第二种形式的可能性。也就是说，"如果货币执行支付手段的职能，货币在两个不同的时刻分别起价值尺度和价值实现的作用，危机的可能性就包含在这两个时刻的分离中"③。

---

① 王伟光：《运用马克思主义立场、观点和方法，科学认识美国金融危机的本质和原因》，《马克思主义研究》2009 年第 2 期。
② 《马克思恩格斯全集》第 26 卷Ⅱ，人民出版社 1973 年版，第 587 页。
③ 同上。

由商品和商品交换内在矛盾发展起来的危机两种形式的可能性，只是经济危机的"最一般的表现"，是现实危机的抽象形式，潜伏于一切商品生产之中。随着商品生产转变为资本主义商品生产，经济危机的一般可能性得到进一步发展并转变为资本主义经济危机的可能性。资本主义商品生产一开始就是发达的商品生产，发达的商品生产使商品内在矛盾的各种形式得到更加充分的发展。在资本主义商品生产条件下，产业资本必须按照一定比例分成相应部分，同时并存于货币资本、生产资本和商品资本三种形态，并相继地经过循环的三个阶段。否则，资本的生产过程和流通过程就会发生交替的中断。同时，随着信用制度和金融市场的发展，货币资本逐渐独立发展，形成借贷资本、银行资本以及虚拟资本，不仅增加了资本运动的环节和层次，也日益与产业资本相背离，商品内在二重性矛盾进一步发展为产业资本与金融资本、实体经济与虚拟经济的对立。尤其是，随着资本主义世界市场体系的形成，买卖的分离、生产与流通的分离日趋严重，处于商品资本阶段、处于流通时间内的社会资本也会绝对地和相对地增加，从而导致信用规模膨胀和信用期限延长。因此，资本主义商品生产作为资本的流通过程或再生产过程，包含着不断得到进一步发展的危机的可能性，包含着不断得到进一步发展的危机的抽象形式。

（二）资本主义基本矛盾决定危机发生的必然

危机的可能性转变为必然现实，需要整整一系列的关系，这就是资本主义生产方式及其基本矛盾。因此，从资本主义基本矛盾及其当代发展分析入手，可以发现，此次西方国家金融危机和经济危机的现实要素与表现形式。

马克思认为，资本主义生产方式的基本矛盾是生产的社会化与生产资料的私人占有之间的矛盾，其具体表现为个别企业生产的有组织性与整个社会生产无政府状态之间的矛盾，以及生产无限扩大的趋势与劳动人民购买力相对缩小之间的矛盾。资本主义基本矛盾的存在和累积，必然会使得价值与使用价值、具体劳动与抽象劳动、商品与货币的分离和对立具有不可调和的对抗性质,使得资本主义商品生产正常运行所需要的一系列连续性、并存性和均衡性关系难以得到满足,使得社会资本再生产所需要的各种比例关系经常遭到破坏,从而使资本主义经济危机的可能性转变为现实必然性。也就是说,资本主义经济危机是资本主义基本矛盾周期性激化的必然结果。

毫无疑问,马克思的分析依然正确。只要存在资本主义制度,周期性的经济危机便不可避免。此次西方国家的金融危机和经济危机依然是资本主义基本矛盾不断深化的必然结果,是资本主义基本矛盾在当代发展的必然表现。20 世纪 80 年代以来,随着经济全球化的持续推进,资本主义基本矛盾在全球范围不断扩展并日趋激化。一方面,随着信息技术和网络技术的发明与广泛应用,各类企业和资本不断突破部门和领土的边界向各个产业和世界各地扩张并相互合作,生产要素以空前的速度和规模在世界范围内流动以寻求相应的位置进行最佳的资源配置,生产与经济的社会化、全球化程度不断提高;另一方面,资本走向进一步的积聚和集中,不同国家、不同领域的资本相互渗透与融合,形成了规模巨大的全球垄断寡头,即产量超过中等国家国民生产总值的巨大型跨国公司,生产资料和金融财富更大规模地向少数人和少数国家集中。这样,当代世界资本主义的基本矛盾逐步扩展为经济的社会化和全球化与生产资料和生产要素的私人所有的矛盾。[①]可以说,此次西方国家金融危机和经济危机便是这一矛盾日趋尖锐的必然产物。

更为重要的是,当代世界资本主义基本矛盾不断扩展的一个突出方面是金融垄断资本的全球扩张和全球掠夺。20 世纪 80 年代以来,信息技术和网络技术的发明与广泛应用为金融资本的全球扩张和病态膨胀提供了有效的技术支撑,国际金融货币体系为金融垄断资本的全球扩张和全球掠夺提供了重要的杠杆与平台,新自由主义则成为金融垄断资本全球扩张及其制度安排的理论依据。正是在这"三驾马车"的拉动之下,全球金融资本

---

① 程恩富:《当前西方金融和经济危机与全球治理》,《管理学刊》2009 年第 1 期。

急剧增长并成为经济乃至政治的主宰。① 据国际货币基金组织统计,全球金融资产价值 1980 年只有 12 万亿美元,与当年全球 GDP 规模基本相当;1993 年达到 53 万亿美元,为当年全球 GDP 的 2 倍;2003 年增长到 124 万亿美元,超过当年全球 GDP 的 3 倍;2007 年,全球金融体系内的商业银行资产余额、未偿债券余额和股票市值合计达到了 230 万亿美元,为当年全球 GDP 的 4.21 倍。② 现代金融资本具有高度的逐利性,极易导致资本主义各国生产与经济的盲目扩张;现代金融资本具有高度的变动性,极易引起资本主义各国生产与经济的不稳定;现代金融资本具有高度的虚拟性,极易促成资本主义各国生产与经济的泡沫膨胀。因此,金融资本由服务于产业资本向主宰产业资本的异化必然导致当代世界资本主义基本矛盾扩展到一个新的尖锐高度,加剧资本主义市场体系的紊乱,引发资本主义更加频繁的首先以金融危机的形式表现出来的周期性经济危机。

(三) 当代资本主义各种矛盾促成危机发生的现实

"历史上没有发生过两次绝对一样的经济危机。"每一次资本主义经济危机都是资本主义基本矛盾发展的必然结果,也都是资本主义所处时代各种具体矛盾和具体问题的综合反映。此次西方国家金融危机和经济危机是在当代资本主义基本矛盾激化的同时,由微观基础、经济结构以及经济调节等方面的具体矛盾和问题共同导致的结果。

从微观基础分析,此次危机是美国式公司治理模式的缺陷的具体反映。首先,高度分散的股权结构造成公司经营的短期行为。美国式公司治理模式的一个重要特点是,公司股权集中度低,股权结构较为分散,股票流动性较强。资料显示,高盛、摩根士丹利、美林、雷曼、贝尔斯登美国五大投资银行平均股权集中度仅为 15.6%,第一大股东持股比例超过 5% 的只有摩根士丹利一家,高盛集团第一大股东持股比例仅为 1.74%。在过度分

---

① 何秉孟:《美国金融危机与国际金融垄断资本主义》,《世界社会主义研究》2009 年第 12 期。
② 转引自朱民等《改变未来的金融危机》,中国金融出版社 2009 年版,第 189 页。

散型股权结构下,股东的"理智的冷漠"和"搭便车倾向"导致的结果必然是无人愿意行使监督权,从而导致股权分散下的"内部人控制"格局。同时,由于股东判断上市公司经营绩效的主要标准是盈利率和股票价格的高低,并以短期投资收益最大化为目标,这就使公司经营在股东追求短期回报和高收益率的巨大压力下,不得不把注意力集中于目前或近期利润。尤其是,高度分散的股权结构极易导致上市公司受到极不稳定的所谓机构投资者,即养老基金、保险公司、对冲基金等金融资本的冲击和控制,顺从股票价格最大化的短期主义逻辑。其次,失当的薪酬体系"激励"管理层的冒险行为。随着 20 世纪 80 年代以来,股票期权计划的广泛实施,行使股票期权的收入逐渐成为美国公司管理层薪酬的主要来源,并导致其收入达到令人惊叹的水平。资料显示,全美前 100 名高级企业主管的平均年收入 30 年前为 130 万美元,今天则为 3750 万美元。失当的薪酬激励使美国公司高管根本无暇注重公司长期发展,而是更多追逐短期效益,过分地关注公司股票价格,甚至不惜突破道德底线,进行各种放大效应的套利行为。实证研究发现,美国许多公司在推行股票期权计划的同时,存在着明显的市场操纵行为,股票期权计划正在诱发企业管理者新的道德风险,在这些新的道德风险的冲击下,一个个庞然大物在瞬间轰然倒下。

从经济结构分析,此次危机是虚拟经济日益膨胀、实体经济与虚拟经济日益对立的直接结果。20 世纪 80 年代以来,随着金融资本的全球扩张,金融资本由服务于产业资本异化为主宰产业资本,虚拟经济与实体经济日益脱节和对立。2007 年,全球实体经济 10 万多亿美元,GDP 近 54 万亿美元,全球衍生金融产品市值为 681 万亿美元,与全球 GDP 之比为 13∶1;美国的金融衍生品市值约为 340 万亿美元,GDP 近 14 万亿美元,二者之比高达 25∶1。① 虚拟经济的病态发展在满足金融资本逐利本性的同时,由此导致的巨大的虚假需求也会诱导实体经济的盲目扩张,推动一切国家出口和

---

① 李慎明:《当前资本主义经济危机的成因、前景及应对建议》,见李慎明主编《美元霸权与经济危机——今天对今天经济危机的剖析》(上),社会科学文献出版社 2009 年版,第 37 页。

进口膨胀、生产过剩。一旦虚拟经济的泡沫破灭，必然首先引发金融危机或信用危机，进而引起全面的经济危机。此次西方国家的金融危机和经济危机与1991年的日本经济危机、1997年的亚洲金融危机一样，直接诱因都是房地产业及相关金融产业过度膨胀之后的虚拟经济泡沫破灭。

从分配和消费角度分析，金融垄断资本的全球扩张还导致收入分配两极分化、贫富差距不断加大。20世纪70年代之后的30年，美国普通劳动者家庭的收入没有明显增加，而占人口0.1%的富有者的收入增长了4倍，占人口0.01%的最富有者家庭财富增加了7倍；从2000年到2006年，美国1.5万个高收入家庭的年收入从1500万美元增加至3000万美元，而占美国劳动力70%的普通员工家庭的年收入仅从25800美元增加到26350美元；目前最富有阶层所占据的国民收入比重高于1929年美国经济衰退以来的任何时期。为缓解生产无限扩张趋势与广大劳动者有支付能力需求相对缩小的矛盾，满足金融垄断资本的逐利欲望，美国逐步形成了一种"债务经济模式"：普通民众依靠借贷维持正常消费，支撑资本积累和经济增长。然而，由债务推动的透支性经济增长终究是不可持续的，由借贷消费所掩盖的资本主义深层次结构矛盾必然转化为危机现象。

从经济调节分析，此次危机是政府监管不力、市场和国家调节双失灵的必然表现。适应金融资本自由流动和贪婪逐利的需要，美国1980年通过的《存款机构放松管制与货币控制法》、1982年通过的《加恩·圣杰曼存款机构法》、1995年通过的《1995年金融服务竞争法》、1999年通过的《金融服务现代化法案》、2002年通过的《金融服务管制放松法案》等，一步步放松了对金融体系和金融市场的监管与规制。这样，诸如次级贷款和由按揭所支撑的证券以及其他所谓金融创新产品不断增加，越来越多的金融资本和金融机构涌入投机性业务领域，经济运行的风险不断加大，市场调节的失灵必然发生。尤其是，由于金融衍生产品的巨大规模和场外交易方式已经使得基础产品的风险以极低的成本和极快的速度传递给全球金融市场的所有参与者，全球系统性金融风险不断加大和复杂化，而以功能为基础的分业监管以及以主权为基础的分割监管却难以应对全球性的市场失灵和系统性风险。因此，市场调节和国家调节双失灵的结果，必然使得美国的次贷危机发生并演变为世界性金融危机和经济危机。

二 西方国家反危机措施并未改变资本主义的本质

此次金融和经济危机发生以来，西方国家纷纷采取了包括金融稳定政策、扩张性财政政策和货币政策以及各种产业促进政策在内的一系列应对措施。尽管西方国家反危机措施对于恢复市场信心和促使经济稳定确实起到了一定作用，但是并没有克服资本主义基本矛盾及其他导致危机发生的各种具体矛盾，其缺陷及负面影响将在未来逐渐凸显。

（一）西方国家反危机措施宣告了新自由主义的破产

2007年4月，伴随着美国第二大次级抵押贷款机构新世纪金融公司向法院申请破产，次贷危机开始在美国逐步显现。2007年9月18日，美联储降息0.5个百分点，从此美国进入"降息周期"。随着次贷危机的蔓延，2008年2月7日，美国国会参众两院通过了1680亿美元的经济刺激法案，正式拉开了西方主要经济体应对金融危机的序幕。2008年3月11日，美联储、欧洲央行等5家西方主要央行联合宣布，将同时向金融系统注入资金。2008年7月13日，美联储等机构决定分别救助房利美和房地美，并承诺在必要情况下购入两公司股份。2008年7月26日，美国参议院批准总额达3000亿美元的住房援助议案，同时授权财政部无限度提高"两房"贷款信用额度，同年9月7日，美国联邦政府决定直接接管房利美和房地美。2008年9月16日，美联储、欧洲央行和日本央行等西方主要央行再次同时向金融系统注入资金，美国政府同时接管全球保险业巨头美国国际集团。2008年9月19日，日本银行再次向短期金融市场注资3万亿日元，欧洲央行以及英国和瑞士的中央银行共向金融系统注资900亿美元。2008年10月3日，布什政府提出的7000亿美元金融救援计划正式在两院通过。2008年10月8日，美联储、欧洲央行、英国央行等几大西方主要国家的中央银行联合降息0.5个百分点。

随着金融危机逐步蔓延到实体经济领域,西方主要经济体反危机措施的覆盖面也从金融领域逐渐向实体经济领域扩展。2008年10月30日,日本政府公布约2730亿美元的一揽子经济刺激方案。美联储于2008年11月25日宣布投入8000亿美元,用于解冻消费信贷市场、住房抵押信贷以及小企业信贷市场。2008年11月26日,欧盟出台了总额为2000亿欧元的经济刺激方案。2008年12月4日,欧洲央行、英国央行、瑞典央行进一步降低利率,分别降低0.75个、1个和1.75个百分点。2008年12月16日,美联储将联邦基金利率降至0—0.25%的历史低点。2009年2月17日,美国新任总统奥巴马签署了总额为7870亿美元的经济刺激方案,3月3日,美国财政部和美联储共同公布了总额为2000亿美元的刺激消费信贷计划。2009年3月5日,英国央行将基准利率从1%降至0.5%的历史低点。2009年4月10日,日本政府颁布了总额为56.8万亿日元的日本历史上规模最大的经济刺激新方案。2009年5月7日,继美国、英国政府将利率降至历史最低水平之后,欧洲央行宣布将欧元区主导利率下调0.25个百分点至1%。2009年7月2日欧洲央行宣布,将启动总额为600亿欧元资产担保债券购买计划,开始实施"量化宽松"的货币政策。[①]

上述分析表明,西方主要经济体反危机措施的实施经历了从金融领域逐步向非金融领域扩散的过程,反危机措施的着力点也经历了从挽救金融机构、防止金融形势继续恶化到阻止经济继续下滑、刺激经济复苏的演变。面对不断蔓延和深化的金融危机和经济危机,美英等西方主要国家被迫逐步放弃了奉行30年之久的新自由主义经济政策,转而采取了加大政府开支、扩大基础建设投入等政府干预政策。因此,此次危机绝不是"复活奥地利学派经济学、彻底埋葬凯恩斯主义经济学的机会",而是正式宣告了新自由主义经济理论和政策主张的彻底破产。

---

① 以上资料主要来源于《美国次贷危机全球金融危机大事记》,中国经济网,2009年9月14日。

(二) 西方国家反危机措施预示着凯恩斯主义的回潮

西方国家采取的反危机措施包括金融救助和稳定政策、货币扩张政策、财政刺激政策以及产业促进和保护政策等一系列凯恩斯主义式的干预政策，预示着凯恩斯主义经济理论和政策实践的回潮。

金融救助和稳定政策。危机发生以后，金融机构损失惨重，不得不低价抛售金融资产，紧缩信贷。为挽救金融机构日益恶化的资产负债表，恢复市场信心，西方国家采取了救助金融机构、稳定金融市场的一系列政策措施。(1) 政府出资购买金融机构的不良资产，阻止金融资产价格进一步下跌。2008年10月，布什政府提出的总额高达7000亿美元的金融救援计划，主要是用于购买金融机构的问题资产。(2) 各国央行通过各种形式向金融机构提供贷款，缓解信贷紧缩的压力。(3) 政府直接向问题金融机构注入资本金，实施"暂时国有化"。为挽救陷入破产边缘的金融机构，美国、英国和德国等国家直接动用财政资金向问题金融机构进行注资或提供债务担保，以此换取被救助金融机构的优先股或普通股甚至控股权，并对被救助金融机构高管薪酬和信贷投放等经营活动进行干预。通过上述措施，美国对房利美和房地美、花旗集团，英国对诺森罗克银行、莱斯TSB银行、苏格兰皇家银行，德国对德国住房抵押贷款银行等金融机构实施了"暂时国有化"。(4) 改革金融体系，加强金融监管。2008年3月，美国出台了金融监管体系改革计划。该计划提出，扩大美联储权限，除监管商业银行外，还将有权监管投资银行、对冲基金等其他可能造成风险的商业机构；整合银行监管权，新建监管机构如"金融审慎管理局""商业行为监管局""抵押贷款创设委员会"和"全国保险管理局"等，以完善金融监管体系。危机期间，西方主要国家普遍加强了对各类金融机构资产负债表的监管，高度关注被监管对象的资本充足率、资产质量，以及市场风险的敏感性等结构性指标，并调整会计准则以更准确地反映金融机构的风险水平。此外，为应对危机的全球蔓延，世界主要国家还就国际金融组织和金融体系的改革，以及具有全球性、系统性影响的金融机构、金融产品和金融市场的监管机制,达成了多项共识。

扩张性的货币政策。为了降低企业融资成本以促进信贷,缓解流动性紧缩的压力,西方主要国家普遍采取了降低利率、增加货币供给等扩张性的货币政策措施。(1)大幅密集降息。2007年9月18日—2008年12月16日,15个月的时间里美联储10次打出了降息牌,将基准利率大幅下调累计达500个基点,由5.25%降至0.25%,并宣布将联邦基准利率长期保持在0—0.25%之间;英国中央银行英格兰银行自2008年10月之后连续6次大幅降息,将基准利率从5%降至0.5%,欧洲央行将欧元区主导利率累计下调325个基点至2009年5月的1%;日本央行于2008年10月31日将基准利率降低到0.3%,之后进一步将其降低至0.1%的水平。同时,西方主要经济体的中央银行注重联合采取降息行动。例如,2008年10月8日,美联储、欧洲央行、英格兰银行以及加拿大、瑞士和瑞典等国的央行均宣布将基准利率降低0.5个百分点。(2)通过金融工具创新和购买金融资产等方式向市场注入流动性。危机爆发之后,美联储等西方国家央行除通过定期拍卖贷款(TAF)、重要交易商信用贷款(PDCF)、限期资产支持证券贷款(TSLF)、资产支持商业票据货币市场共同基金融资工具(AMLF)等创新性的金融工具持续不断地向市场注入流动性,同时通过购买国债和机构债等金融资产向市场注入流动性,实施"量化宽松"的货币政策。2009年1月,日本银行宣布考虑购买2万亿日元的商业票据;2009年3月,美联储宣布逐渐购买3000亿美元的长期国债,进一步购入7500亿美元的抵押贷款相关证券,追加购买1000亿美元的房贷公司债券;英格兰银行于2009年3月11日决定购买20亿英镑的国债,3月23日,又决定购买750亿英镑的公司债券;2009年5月,欧洲央行宣布将购买总额达600亿欧元的资产担保债券。

扩张性的财政政策。危机发生以后,为了稳定就业,阻止经济严重下滑,刺激其复苏,西方主要国家实施了包括减税、增加政府投资、财政补贴消费等内容的一系列财政刺激政策措施。(1)大规模减税以刺激消费和投资。美国继布什政府出台1680亿美元减税方案之后,2009年2月,奥巴马政府提出的总额达到7870亿美元的一揽子经济刺激计划中,又有35%的金额用于减税;2008年11月24日,英国宣布的200亿英镑经济刺激方案将增值税率由17.5%下调至15%;日本在住宅税、土地税、汽车税等方面减税总额达1.07万亿日元,其中,国税减征6900亿日元,地方税减征3800亿日元;欧盟的减税范围主要包括降低增值税、消费税、中低收入者的税务负担、减少企业主为其职工支付的社会保险金费用等。(2) 增加政府投资以拉动市场需求。美国奥巴马政府的7870亿美元经济刺激计划的大约65%用于政府投资,主要用于基础设施、教育、医疗和新能源技术方面投资;德国计划投入500亿欧元,主要用于公共基础设施投资;法国出台了265亿欧元的振兴计划,111亿欧元用于公共投资。(3) 财政补贴消费以扩大内需。危机期间,欧洲有10多个国家实行补贴汽车"以旧换新",意大利政府对购买电动汽车、混合燃料汽车和小排量汽车给予环境奖金和汽车报废退税,合计可高达5000欧元;德国对回收9年以上车龄的旧车并购买新型节能汽车给予2500欧元的"以旧换新"补贴,总额达50亿欧元;法国、西班牙、荷兰、奥地利等国也对"以旧换新"购买新车给予1000—1750欧元不等的补贴;美国计划斥资40亿—60亿美元,推广汽车"以旧换新"。

产业促进和保护政策。为了占领未来经济发展的制高点,维持经济霸权,保护本国企业和就业,制约其他国家发展,西方主要国家采取了一系列产业促进和产业保护政策。(1) 加大研发投入力度。美国7870亿美元的经济刺激计划中,"宽带计划"获得政府投资72亿美元,医疗信息技术研发获得政府投资190亿美元;欧盟反危机措施也注重提高产业研发、创新的标准与要求,以增强欧盟全球竞争力与长期发展潜力;2009年3月,日本政府制订了一项为期3年的信息技术紧急计划,在未来3年内官民共同增加投资3万亿日元,着重加强医疗IT环境、培养IT人才、推动电子行政等IT技术应用。(2) 加大新能源和环保投资。美国政府的经济刺激计划约有500亿美元投入绿色能源产业;欧盟2009年3月决定,在2013年之前投资1050亿欧元用于"绿色经济"的发展;日本为配合第四次经济刺激计划于 2009 年 4 月推出了新增长策略，发展方向为环保型汽车、电力汽车、低碳排放、医疗与护理、太阳能发电等。（3）加强基础设施和公共领域投资。西方主要国家根据本身基础设施的特点，普遍相应加大了基础设施投资。例如，美国在 7870 亿美元的经济刺激计划中，拿出 110 亿美元用于提升美国电网。同时，西方主要国家的反危机措施也十分注重增加教育、医疗、公共住房等公共领域的投资。美国在 7870 亿美元的经济刺激计划中，有 1059 亿美元用于教育投资，比重高达 13.5%。（4）扶持中小企业，保护国内市场。日本反危机措施特别强调促进中小企业发展和为中小企业减轻负担；欧盟反危机措施更是强调经济刺激方案向中小企业倾斜。同时，以美国为代表的西方主要发达国家虽然承诺反对贸易保护主义，实际上却加强了对国内市场的保护，贸易保护主义在西方主要发达国家抬头。世贸组织（WTO）秘书处统计数据显示，截至 2009 年 10 月 28 日，WTO 成员共发起 171 起反倾销调查，其中第三季度发起的反倾销调查数量较去年同期相比增长 23% 以上；WTO 预计 2009 年全球反倾销调查数量将达 230—250 起，超出 2008 年的 212 起。

（三）西方国家反危机措施未能消除危机的根源

实践已经证明，凯恩斯主义式国家干预政策确实有助于经济运行中各种矛盾的缓解，但是它自身同样存在严重的缺陷，而且无法消除导致资本主义经济危机周期爆发的根源和矛盾。

西方主要国家采取的反危机措施确实取得了一定的积极效果。（1）反危机措施在一定程度上维护了金融市场稳定。比如西方主要国家通过政府注资金融机构、购买金融机构不良资产、向金融机构提供贷款以及加强金融监管和国际金融合作等一系列政策措施，在短期内缓解了金融机构在资金方面的困难，避免了更多金融机构破产倒闭，避免了市场信心的彻底崩溃，在稳定各国金融市场和全球金融体系方面起到了一定作用。（2）实体经济下滑趋势有望得到遏制。2009 年第二季度之后，西方主要经济体的经济运行相继止跌，并在下半年出现了经济触底或反弹迹象。美国商务部公布的数据显示,2009年第三季度美国国内生产总值按年率计算增长了3.5%,为连续四个季度下滑后首次正增长;欧盟统计局公布的数据显示,2009年第三季度欧元区经济环比增长0.4%,结束了连续五个季度的经济萎缩势头。(3)经济结构有望得到一定程度的良性调整。西方国家反危机措施试图加强金融监管和金融体系改革,有望使虚拟经济的畸形膨胀得到一定程度的遏制;注重增加基础设施和公共领域的投资以及扶持中小企业发展,可以使实体经济的发展环境和发展基础得到一定程度的完善;重视增加新技术、新兴战略性产业投资,有利于孕育出新的支柱产业,占领未来经济发展的制高点。此外,西方国家采取的提供再就业培训、提供社会领域的临时工作岗位以及向贫困家庭发放困难补助等政策措施在一定程度上缓和了社会矛盾,有助于避免更加严重的社会危机的发生。

但是,西方国家反危机措施的缺陷及其负面影响同样不容忽视。(1)金融救助和稳定政策难以有效提高金融机构和金融体系防范风险的能力。从目前的相关措施来看,西方国家尚未有效处置巨额有毒的金融衍生产品及其他有毒的金融资产,金融机构杠杆化程度依然较高,金融机构和金融体系的质量并未得到真正改善。同时,西方主要国家也没有拿出有效解决金融监管问题的实质性方案。尤其是,从国际金融监管合作方面来看,虽然各个国家对此有着较为一致的认识,但是却很难拿出一个可操作的方案来协调不同国家的利益关系进而实现国际合作。(2)扩张性货币政策难以拉动经济复苏却可能导致通货膨胀抬头。目前,西方主要国家的利率政策已经遭遇到了"流动性陷阱":利率几乎降至为零,经济却依然萎靡不振。"量化宽松"政策的实施尽管向金融体系注入了巨量基础货币,经济体系的货币供给却没有明显增加,金融机构的信贷紧缩问题依然严重。同时,过度宽松的货币政策已经导致西方主要经济体潜伏着通货膨胀的风险。如果未来通货膨胀的发生早于经济复苏,这些国家的政府将面对"滞胀"的两难困境,无论优先处理哪个问题,都会对经济运行不利;即使通货膨胀的发生晚于经济复苏,但是一旦通货膨胀发生,那么治理通货膨胀也会严重影响经济持续增长,从而可能会使经济重新陷入低迷。(3)扩张性财政政策作用有限且导致巨额财政赤字。政府减税政策在经济低迷、预期悲观的情况下难以有效刺激消费和投资；政府投资的增加由于"挤出效应"的存在不利于私人投资的增加。同时，大规模财政刺激计划已经导致了巨额的政府财政赤字。根据经济合作与发展组织（OECD）2008年12月公布的数据，日本政府债务总额高达591万亿日元，超过了日本2008年的GDP，如果将地方政府的债务包括在内，日本政府系统的负债总额与GDP的比例高达180%。根据美国国会预算办公室的报告，美国2009年财政赤字高达1.417万亿美元，2010年将达到1.5万亿美元。财政赤字长期维持在高水平，有可能会引发国家信用危机，对经济发展造成严重危害。如果政府在未来通过财政盈余的方式逐步消除财政赤字，则可能会由于紧缩性财政政策而导致经济增长率的下降。（4）各种产业发展政策的效果仍然存在不确定性。新能源、环境保护等新兴行业的发展均依赖技术标准、消费者偏好、法律体系、国际合作等方面出现实质性的变革，短期内商业前景并不乐观。[①] 另外，各种贸易保护政策已经导致严重的贸易摩擦，国际贸易环境因此而急剧恶化。

更为重要的是，西方国家的反危机措施并没有改变资本主义基本经济制度，也不能克服资本主义基本矛盾及其各种具体矛盾。新自由主义经济理论和政策主张的破产与凯恩斯主义经济理论和政策实践的回潮，改变的只是资本主义的具体形式或治理体制，并没有丝毫改变资本主义的本质。马克思指出，危机是资本主义基本矛盾周期性激化的结果，资本主义在其自身范围内无法克服危机，它克服危机的办法不过是"准备更全面更猛烈的危机的办法，不过是使防止危机的手段越来越少的办法"[②]。与历次重大危机时期一样，西方国家在本次危机期间也对那些面临破产的重要企业实施了"国有化"，并大规模地干预经济生活，但这并不意味着西方国家政府将"无限期地直接管理经济"，更不意味着西方国家将改变以私有制为

[①] 何帆：《世界主要发达经济体应对金融危机的措施及其效果评述》，《经济社会体制比较》2009年第4期。
[②] 《马克思恩格斯选集》第1卷，人民出版社1995年版，第278页。

基础的基本经济制度。一旦度过危机，它们又会重新将更大规模的"国有企业"私有化，并放松某些应急的政府干预措施。因而，尽管西方国家的反危机措施能够在一段时间内缓解资本主义基本矛盾，却不能根除资本主义基本矛盾及其具体表现。相反，鼓励企业之间的兼并以及"再私有化"等措施，将在一定程度上加重资本主义的基本矛盾，强化金融垄断资本所主导的掠夺性经济体制，加大社会财富占有和收入分配的不平等程度，从而酝酿未来更大规模、更为猛烈的危机。

三 科学把握西方国家金融和经济危机的走势与影响

尽管世界范围的反危机措施使得西方国家的金融体系和经济运行似乎趋向稳定，但是危机的根源并未消除，不确定因素依然很多，危机的走势和影响还有待观测。可以确定的是，此次危机既是一场严重的金融危机和经济危机，又是一场资本主义意识形态危机和发展方式的危机，是资本主义的全面危机，它必将导致世界格局与发展进程发生重大变化和转折。

（一）西方国家的金融市场和经济形势依然复杂多变

正如不能仅仅从现象层面、操作层面分析此次危机的起因一样，分析预测此次危机的走势也不能仅仅停留于现象指标和技术层面。科学把握西方国家金融危机和经济危机的走势，既要关注短期、技术指标的变化，更要关注长期、深层因素的影响；既要把握资本主义经济危机的一般规律，更要把握此次危机的特殊表现。

经过巨额注资和多方联合干预，国际金融市场系统性风险虽有所降低，但是西方国家的金融体系目前依然混乱而脆弱。首先，银行等金融机构的贷款违约率、撇账率还在上升，资产质量继续恶化，问题银行数量仍在增加。2009年第四季度，美国银行贷款违约率为7.17%，连续十二个季度呈现上升趋势；撇账率为2.93%，连续十四个季度呈现上升趋势；问题银行数量跃增27%，数目达到了702家，创下1993年以来的最高纪录；截至

2010年4月10日，美国破产银行总数在2009年140家的基础上又增加42家。其次，货币金融机构对其他金融机构和非金融企业融资增长率不断下降，信贷继续停滞甚至萎缩。2010年2月24日，美国的银行信贷余额为8.89万亿美元，比1月平均值下降1.3%；2010年1月末，日本的银行信贷余额为419万亿日元，同比下降2.0%。最后，西方主要国家房地产市场再度下挫，金融机构房贷风险加大。2010年1月，美国现房价格环比下降3.4%，新房价格环比下降5.6%，现房销量环比下降7.2%，均为连续两个月下降；新房销量环比下降11.2%，连续三个月下降；2月，英国房价环比下降1%，为10个月以来首次下降。[①] 据统计，2010年美国将有超过5000亿美元的商业地产贷款到期，若美国商业地产价格持续下滑，势必导致更多美国银行等金融机构出现严重亏损甚至倒闭。更为严重的是，主权债务危机加剧，金融市场动荡重现。为应对金融危机，西方主要国家积累了巨额财政赤字，公共债务水平急剧攀升。据联合国2010年1月统计，金融危机爆发以来，各国投入的财政救援资金已达26330亿美元。研究显示，目前美国国债占GDP的比例为87.4%，2010年将升至97.5%；英国国债总额占GDP的比重将由2009年的75.3%升至2010年的89.3%；法国公债占GDP比重将由73.9%升至2010年的77.5%；希腊公债占GDP比重将从2009年的113%升至2010年的130%；日本政府债务占GDP的比例将从2009年的218%升至2010年的227%。迪拜债务危机和希腊债务危机引发股市、汇市、债市、期市等国际金融市场大幅波动表明，不断扩大的公共债务规模极易导致主权债务危机并引发新一轮的金融动荡，使得西方国家陷入金融危机和主权债务危机相互拖累的恶性循环。

因此，西方国家金融市场和金融体系依然存在恶化的风险，彻底摆脱金融危机、实现全球范围金融市场正常化更是路途遥远。首先，金融机构的治理结构及其监管机制的改革进展缓慢。此次金融危机充分暴露了美式公司治理结构的缺陷，重新构建相对完善的金融机构的治理结构已成为实

[①] 《世界经济继续缓慢复苏演变前景仍然错综复杂》，金融界网站：2010年3月29日。

现金融体系正常化的重要微观基础。然而，旨在强化投资者权益保护和董事会责任从而堵塞公司治理漏洞的各项公司治理改革法案，却遭到了美国商会以及美国证券交易委员会中代表华尔街高管和金融精英利益人士的普遍抵制。同时，完善全球金融体系的监管机制，一方面，需要各国完善自身的监管体系；另一方面，需要各国共同建立一个更为有效的全球协调监管体系，以强化金融机构的规模监管、跨国操作监管以及金融衍生品创新的动态评估和监管。然而，各国完善内部金融市场监管体系尚存在许多困难，能否尽快制定出能够为各国普遍接受的规章制度，并按照 G20 匹兹堡峰会所确定的在 2012 年将其全部付诸实施，无疑更是充满了巨大的挑战。其次，金融资本主导的畸形经济结构的调整困难重重。实现全球范围金融市场的正常化，必须终结金融资本的畸形膨胀和全球扩张，扭转金融资本主宰产业资本的异化倾向，"再平衡"虚拟经济与实体经济之间的结构关系。然而，忙于金融"救火"的西方各国政府目前基本无暇顾及金融机构的"瘦身"和资产负债表的调整，它们是否愿意与能够剔除和挤掉巨额金融有毒资产和泡沫资产，尚存许多疑问。更为困难的是，经过 20 世纪 80 年代以来的经济金融化、金融泡沫化运动，西方资本主义已经步入了金融垄断资本主义阶段，美欧等国已经步入了严重依赖经济增长和金融泡沫的"良性循环"的发展轨道，逆转这一趋势，无疑需要一场巨大的社会变革。数据显示，华尔街金融机构 2009 年较为"漂亮"的业绩表现仍然主要依赖于庞大的金融衍生品交易。最后，以美元为中心的现行国际货币金融体系的改革步履维艰。如果不对当前货币金融体系进行根本性改革，造成金融危机的制度性缺陷就不会消除，也不可能实现全球范围内金融市场的正常化。然而，尽管美元作为衡量财富的世界储备货币与美国主权货币之间的矛盾日益突出，世界各国也提出了许多创建新的世界储备货币的方案，但是，美国出于自身利益的考虑必将极力捍卫美元的霸主地位，试图挑战美元地位的欧元由于欧元区的债务危机和经济危机而尽显颓势，目前世界没有任何一种储备工具可以切实地评估、度量、交换和承载商品与服务的真正价值。同样，改革国际货币基金组织、世界银行等国际金融机构也将是一个世界各国实力角逐的漫长过程。西方主要国家自利的改革主张和议程设定仍然占据压倒性优势，发展中国家的利益与国际金融体系合理化、正常化的要求明显缺乏足够重视，IMF 份额改革的象征意义远远大于实际意义，并未改变美欧等成员国的主导地位，世界货币金融体系的合理化改革任重道远。

金融是西方国家社会经济的核心。没有一个正常运转的金融市场，西方国家就不可能真正彻底摆脱金融危机，也不可能实现经济的持续增长。因此，目前西方国家刺激经济复苏与增长的各项政策就根本而言大都是低效甚至无效的，也是难以持久的。尽管西方主要经济体从 2009 年下半年先后转入正增长，但这只是依赖短期的、特殊的政策作用取得的"临时性增长"。数据显示，西方国家的失业率仍处历史高位且呈继续攀升态势。2010 年 2 月，欧元区 16 国的失业率为 10%，比 1 月上升了 0.1 个百分点，创下了 1998 年 8 月以来的最高纪录；欧盟 27 国的失业率为 9.6%，同样比 1 月上升了 0.1 个百分点，创下了 2000 年 1 月以来的新高；美国 2010 年 3 月的失业率则继续维持在 9.7% 的高位。另外，根据总部位于巴黎的信贷保险公司 Euler Hermes 的调查显示，2010 年德国企业破产数量将增长 11%，达到创纪录的 3.89 万家；2010 年西欧国家企业破产数将平均增长 8.7%。这表明，断言经济危机已经过去显然为时尚早。西方国家经济目前的"弱势反弹"犹如"依赖特殊药物的重症病人"，没有了刺激政策的"生命保障"，随时有可能重回衰退。问题恰恰在于，西方主要经济体如今正处于进退两难的政策境地：退出经济刺激政策，必然导致经济反弹势头逆转；继续实施刺激政策，必然加剧日趋严重的主权债务危机风险和通货膨胀风险。欲摆脱两难境地，或许只能寄希望于新的一轮金融泡沫与经济增长的"良性循环"，实体经济早日实现"自主性增长"。

实现经济自主性增长，需要消费需求、投资需求和国际贸易以及主导产业等方面的振兴与持续增长。在消费需求方面，尽管改变居民负债消费模式不符合西方国家金融资本的利益，但是，修补家庭资产负债表、提高私人储蓄率却已成为美欧等国消费者的普遍选择。数据显示，美国 2010 年

3月正式登记的个人破产申请多达15.8万件，平均每天6900件，同比增加了19%，环比增加了35%，创下了2005年10月以来的单月最高纪录。显然，近期内期望美欧等国居民消费重回负债模式、实现强劲回升是不现实的。麦肯锡公司的研究显示，美国家庭负债与个人可支配收入比率每下调一个百分点，将导致总需求减少1000亿美元左右；美国家庭储蓄率每上升1个百分点，也将导致总需求减少1000亿美元左右。鉴于消费支出对于美国经济增长的贡献高达70%、美国经济占全球经济的份额超过20%，可以肯定，美国消费者行为的变化必然严重抑制西方国家实体经济的复苏。在投资需求方面，尽管去库存化步伐有所减慢，但是美欧等国产能利用率仍然处于较低水平，难以期望投资支出在近期大规模增长。2010年2月，美国工业产能利用率和制造业产能利用率分别为72.7%和69%，分别低于长期趋势（1972年1月—2009年9月）8.0个和10.3个百分点。欧盟国家和日本的产能利用率也不乐观，同样远低于长期趋势水平。固定资产投资是历次经济复苏的基础。西方国家目前产能过剩严重，加之信贷市场疲软，固定资产投资的大幅增长难以想象。在国际贸易方面，尽管世界各国普遍呼吁贸易自由以共同应对危机，但是贸易保护主义却不可阻遏地泛滥开来。迫于居高不下的失业率压力，欧美等西方主要经济体出于自身利益的考虑，以解决"全球经济失衡"为借口，不断采取各种形式的贸易保护主义措施保护本国企业和本国市场，保护的主体范围不断扩大，保护的对象不断增加，保护的手段日趋多样，导致全球贸易摩擦和贸易争端急剧升温，严重干扰了正常的国际贸易秩序和贸易增长。2010年3月26日，世界贸易组织预测，2010年全球贸易量有望增长9.5%，但恢复到全球经济危机爆发之前的水平尚需两年到三年。在主导产业方面，尽管目前人们对于新能源、低碳经济等产业的期望甚高，但它们能否成为带动西方国家经济增长的新的主导产业尚存许多疑问。一方面，促进新能源产业降低成本、提升竞争能力的技术创新进展缓慢，同时发展新能源经济必然遭受传统能源产业利益集团的抵制和阻挠。另一方面，制定更加严格的减排规则，提高化石能源的消费成本，改变化石能源与清洁能源的成本比价，无疑更是一个充满风险的国际政治博弈和经济博弈过程。上述分析表明，西方国家实体经济真正实现自主性增长需要一个艰难而漫长的过程。"可以预期，此次经济衰退的持续时间将会超过以往半个世纪之中的任何一次衰退。"[①]

当然，此次危机终将过去。然而，尽管当代资本主义通过自身调整已经具备了较强的社会矛盾调适能力，尽管西方国家经过历次危机已经积累了较为丰富的应对危机经验，尽管全球化背景下反危机行动可以实现空前的国际合作，但是各种危机干预和调节措施在降低危机破坏程度和缩短危机时间的同时，也降低了危机对于各种矛盾的强制平衡作用，即使能够暂时实现金融市场和经济运行的稳定与复苏，也必将导致资本主义经济危机更加频繁、更加猛烈地爆发。

（二）西方国家金融和经济危机是资本主义的全面危机

此次危机的爆发，集中于金融经济领域，但又不限于金融经济领域，涉及能源环境、发展模式乃至价值理念等各个领域的矛盾和问题，既是一场深度的金融经济危机，也是一场严重的思想体系危机、发展方式危机。

此次危机是资本主义意识形态的危机。危机不仅宣告了新自由主义作为一种经济理论和政策实践的失败，同时也宣告了新自由主义作为一种西方主流意识形态的破产。秉承自由主义的一贯理念，新自由主义更加信奉和推崇私有产权、市场秩序和个人自由，竭力鼓吹"个人是自身福利最好的判断者""一切财产应该属于私人和个人""市场力量可以自动实现社会繁荣"。此次金融危机和经济危机爆发以来，作为风行了近30年的西方主流意识形态，新自由主义受到了愈益广泛的质疑和批判。人们越来越深刻地认识到，新自由主义实际上是代表垄断资产阶级利益的一种意识形态，完全服务于金融垄断资本主义操纵金融市场剥夺世界各国人民的需要，必须从价值、所有权和民主自由等方面揭示新自由主义意识形态的虚伪性和

---

① ［美］理查德·波斯纳：《资本主义的失败》，北京大学出版社2009年版，第3页。

反科学性,甚至新自由主义的急先锋们也在"忏悔"自己的错误。[①] 更进一步地说,此次危机更加促使人们重新深刻审视资本主义的核心价值观、普世价值观、人权观、民主观,质疑资本主义的合理性与正当性。长期以来,西方资产阶级学者大都宣称:资本主义生产关系是"不受时间影响的自然规律",资本主义制度是不可战胜的"千年王国";资本主义之前存在历史,资本主义之后再无历史。20世纪90年代以来,所谓"历史的终结"的论调甚嚣尘上,资本主义崇拜成为全球范围的"意识形态霸权"。然而,据英国广播公司2009年6月19日—10月13日的一项调查显示,在27个国家的2.9万名受访者中,只有11%的人认为资本主义运转良好,89%的人对资本主义表示不满。其中,平均23%的人认为资本主义有着致命缺陷,需要一个全新的体系来代替它,法国、墨西哥、巴西、意大利持有此种观点的比例分别高达43%、38%、35%、29%。这表明,危机发生之后,人们不仅在讨论告别亚当·斯密,也在讨论告别资本主义,资本主义迷梦正在破灭。与此同时,马克思主义却在世界范围内再度复兴,"人们不仅重新找到马克思,而且重新发现社会主义优越传统"。此次危机爆发以来,马克思及其学说频繁地出现于西方主流媒体,《资本论》《共产党宣言》等马克思主义经典著作在德国、美国和英国等地持续热销,不仅凸显了资本主义意识形态的严重危机,也彰显了马克思主义的强大生命活力。越来越多的人开始承认,马克思所揭示的资本主义矛盾和经济社会发展规律依然正确,早在100多年前就被马克思所揭示的资本主义引发的种种灾难已经全部显现,"马克思极有可能成为21世纪最有影响力的思想家",甚至两年之前还在极力攻击马克思主义是现代灾祸之一的罗马教皇,也不得不承认马克思对于资本主义的正确批判。

此次危机是资本主义"榜样模式"的危机。1989年之后,西方主流学者普遍认为,世界只剩下两大超级力量:美国和欧洲;竞争只存在于两种资本主义模式之间:美英模式和莱茵模式。然而,此次危机的爆发却同时

---

① 郑萍:《日本新自由主义急先锋的忏悔录》,《世界社会主义研究》2009年第12期。

宣告了资本主义两大"榜样模式"的失败。一般认为，美英模式比较强调充分发挥以财产私有制和自由竞争原则为基础的市场经济的自发作用，尽量缩小政府的活动范围，能够比较有效地实现资源合理配置；莱茵模式则是一种以自由竞争为基础，国家进行适当调节，辅以较为完善的社会保障体系的市场经济，能够比较有效地实现社会公平。长期以来，美英模式和莱茵模式不仅是资本主义体系内相互竞争的两种典型模式，也是许多国家竞相效法的两种资本主义"榜样模式"。20世纪50—70年代初，是西方资本主义国家发展的"黄金时期"，美英模式和莱茵模式更是受到了普遍关注。1950—1973年，美国实际GDP增长率为3.6%，人均实际GDP从9573美元增加到16607美元，增长超过72%；德国实际GDP增长了6.3%，人均实际GDP从4281美元增加到13152美元，增长超过200%。然而，1974—1975年爆发了资本主义世界性经济危机，美国经济更是进入了衰退时期，美英模式受到了广泛的质疑和挑战。与美国相比，德国经济则处于相对稳定增长之中，莱茵模式受到了更多的关注与膜拜。1973—1983年，美国GDP年均增长率为1.1%，而德国则为2.1%；1980年，德国人均实际GDP为13217美元，高于美国的11787美元。面对滞胀困境和各种挑战，美英等国放弃了长期奉行的凯恩斯主义，转而奉行新自由主义经济理论和政策主张，开始了美英模式的新的一轮"镀金岁月"，并于20世纪90年代"战胜"了莱茵模式。美国经济从1992年开始10年间年均经济增长率达到了3.5%，1995—2001年更是占据世界GDP增长的96%，实现了世界经济史上最极端的不平衡的发展。与此同时，莱茵模式各国经济却不同程度地遇到了严重问题。1995—2000年德国平均GDP增长率仅为1.4%，平均失业率则高达10.4%。[①] 然而，正当世界各国对自由放任式的美英模式大加追捧之时，美国经济增长速度却从2000年下半年开始急剧下降，步入了以"9·11"事件开场、以金融和经济危机结束的"地狱十

---

① 参见徐崇温《当代资本主义新变化》，重庆出版社2004年版，第158、174、182页。

年"。① 与美国一样，德国等莱茵模式国家也步履蹒跚地迎来了严重的金融和经济危机。危机之下，美英等国被迫采取了凯恩斯主义式的干预政策，只能步入新的一轮政府干预式与自由放任式的美英模式的交替往复和金融经济危机的周期循环；由于欧洲各国社民党的溃败和"缓慢瓦解"，莱茵模式更是遭遇了前所未有的严峻挑战。或许，西方资本主义"必须在古典、凯恩斯、撒切尔—里根模式的基础之上创建第四种模式，以适应21世纪的需要"②。否则，西方资本主义必将遭遇更加彻底的失败。

此次危机是资本主义发展方式的危机。"资本来到世间，从头到脚，每个毛孔都滴着血和肮脏的东西。"③ 资本主义的发展历史，是用血和火的文字载入人类编年史的。资本主义愈是发展，其发展方式的危机便愈加严重。在自由竞争时代，西方资本主义依靠剥削劳动、殖民战争和殖民贸易进行资本积累和扩张。进入垄断阶段之后，资本主义世界体系逐步形成，西方资本主义通过资本输出、技术垄断以及各类战争，更加巧妙而残酷地剥削和掠夺发展中国家的资源和财富。随着资本主义全球化进程的深化，西方资本主义国家通过它们所控制的国际经济组织和游戏规则，继续主导国际政治经济秩序，持续地剥削和掠夺广大发展中国家，以试图缓解日趋严重的资本主义基本矛盾和资本积累危机。然而，当代西方资本主义的全球扩张，必然导致广大发展中国家陷入经济停滞甚至衰退并造成世界市场的萎缩。世界银行经济学家布兰科·米拉诺维奇（Branko Milanovic）的研究显示，在过去的两个世纪里，西方富裕资本主义国家已经完全甩开了其他国家，西方资本主义作为"富人俱乐部"的地位得到了不断强化，不发达国家发展的可能性则日益被侵蚀。1820年，最富和最穷国家的人均GDP之比为3∶1，1992年则上升到72∶1。④ 这样，西方资本主义依赖"外在于它自

---

① 安迪·瑟沃：《终于再见了，"地狱里的十年"》，美国《时代》周刊，2009年12月7日。
② 阿纳托尔·卡莱斯基：《我们需要建立新的资本主义模式来与中国抗衡》，英国《泰晤士报》网站，2010年2月4日。
③ 马克思：《资本论》第1卷，人民出版社1975年版，第829页。
④ [美] 约翰·贝拉米·福斯特：《帝国主义世界体系与资本主义发展模式》，《国外理论动态》2008年第3期。

身"的东西解决资本过度积累危机的可能空间日益狭窄①,大量过剩资本不断转向投机性金融领域,西方资本主义经济的金融化和虚拟化程度不断提高,日益步入不可持续的严重依赖金融泡沫和经济增长的"良性循环"的发展轨道。同时,当代西方资本主义的全球扩张还导致了全球范围日益严重的环境恶化和生态危机。资本的血腥和肮脏不仅在于压榨劳动,也在于掠夺自然。浪费资源、污染环境和破坏生态是资本主义与生俱来的破坏性基因,也是资本主义的发展动能。然而,世界能源和粮食价格的持续上涨以及"自由物品"的日渐稀少表明,资本主义依靠"劳德代尔悖论"式的发展,也就是依靠摧毁社会财富(使用价值)扩大私人财富(交换价值),把昔日丰富的东西变得日渐稀缺以满足资本的贪婪逐利,已经失去了进一步扩张的空间。因此,西方资本主义的全球扩张必然导致缓解资本主义基本矛盾的余地达到极限,使当代资本主义发展方式的扩展达到极限。此次危机是资本主义发展方式危机的必然结果,也必将导致资本主义发展方式乃至生存方式的更加严重的危机。

(三) 西方国家金融和经济危机将导致世界格局发生重大变化

历史经验表明,资本主义世界性金融危机和经济危机必然导致世界政治经济格局发生重大变化。此次危机也必然给世界经济社会发展带来重大而持续的影响,导致世界经济进入一个大调整、大动荡时期,世界格局和发展进程也将会发生重大变化和转折。

西方发达资本主义国家的霸权统治开始动摇。长期以来,以美国为代表的西方发达资本主义国家的全球霸权统治主要依赖于意识形态霸权、以美元为主导的国际货币金融体系以及庞大的军事机器等。作为一种最重要的"软性"制度安排,意识形态的影响弥漫在几乎所有的其他制度安排之中。因此,尽管意识形态的演变往往是渐进而缓慢的,美国等西方资本主义国家也必将极力捍卫其全球"意识形态霸权",但是,此次西方国家金

---

① David Harvey, The New Imperialism, Oxford: Oxford University Press, 2005, p.141.

融和经济危机导致的资本主义意识形态霸权的危机与瓦解却是不可逆转的历史趋势,它必将严重动摇西方发达资本主义国家全球霸权统治的制度基础。同时,以美元为中心的不合理的国际货币金融体系更是受到了愈益严重的挑战。2007年,拉美共同市场协议国家和美洲玻利瓦尔替代发展计划(ALA)国家创建了南方银行,构成了对美国主宰的、新自由主义的美洲国际银行的有力挑战,一些成员国还退出了国际货币基金组织和世界银行,在南美地区创立一种共同货币以替代美元的进程也在不断推进之中。可以预期,随着世界范围内区域性金融合作组织和货币体系愈益增多,作为西方金融垄断资本全球扩张和掠夺的重要工具,以美元为中心的国际货币金融体系的危机将不断加重,从而严重动摇西方发达资本主义国家的全球霸权统治。此外,尽管美国等西方发达国家依然拥有较为强大的军事机器,但是,阿富汗战争和伊拉克战争表明,美国"同时打赢两场战争"或者"一场半战争"的理论与计划已经破产,美国及其盟友的综合实力和全球控制能力已经显著下降。总之,以美国为代表的西方发达资本主义国家的全球霸权统治已经处于前所未有的衰落之中。其未来的发展,或许正如"中美国"论创始人弗格森所言,像美国这样的帝国与所有复杂体系一样,在一段长度未知的时段里看似运行平稳,然后却在刹那间毁灭。[①]

新兴经济体的国际影响日渐提升。20世纪90年代以来,新兴经济体群体性崛起的趋势逐步显现。国际货币基金组织的数据显示,1991—1998年,发达经济体的平均增长率为2.5%,发展中经济体为3.3%;1999—2006年,发达经济体的平均增长率为2.7%,发展中经济体为5.8%。尽管此次危机也严重冲击了新兴国家,但是,中国、俄罗斯、印度、巴西、南非等新兴国家崛起的势头并未减弱,日益成为世界经济增长和国际格局演变的重要推动力量;南方国家作为一个整体以高于北方国家经济增速向前发展的态势也没有改变,其发展前景依然乐观可期。2006年,由普华永道所进行的一项研究显示,到2050年中国经济将与美国并驾齐驱,而印度

[①] 尼尔·弗格森:《美国,脆弱的帝国》,美国《洛杉矶时报》2010年3月1日。

将成为第三大经济体。一年之后，高盛公司研究者预言，中国将在2027年之前超过美国，而印度将在2050年之前超过美国，巴西、中国、印度、墨西哥和俄罗斯的经济产出之和在2040年将超过目前的7国集团。经济实力的变化必然带来政治格局的调整。20国集团替代8国集团作为全球治理机制的出现和功能的不断提升，标志着发展中国家作为一个整体已经步入世界事务的中心舞台，西方发达国家独自为世界"定调"的时代必将过去。可以预期，新兴经济体的崛起"将与19世纪末德国、俄国和日本的兴起一样意义非凡"，21世纪中期将会出现一个非常不同的世界。[①]

世界历史步入动荡多变时期。随着西方发达资本主义国家全球霸权统治的衰落和新兴经济体的群体性崛起，全球多极化的趋势难以逆转，不同利益主体之间的竞争将更加激烈，民族国家以及利益集团之间的博弈将更加复杂，世界历史由此将步入更加动荡多变的复杂时期。全球"意识形态霸权"的真空必然导致各种意识形态的激烈竞争。伴随着文化、宗教和价值观的冲突加剧，地区主义和恐怖主义等各种影响全球稳定的思潮将会不断扩散、升温。随着以美元为中心的世界货币金融体系的危机和各国在全球金融货币领域主导权的竞争加剧，必然导致国际金融市场不稳定因素的增多；同时，尽管此次危机对西方金融垄断资本的全球扩张有所遏制，但金融资本与产业资本的分离已经呈现出难以逆转的态势，金融垄断资本的再度扩张和虚拟经济的畸形膨胀也将重新加大全球经济运行的风险，直接威胁到世界经济运行的稳定。随着WTO利益主体多元化趋势的增强和贸易保护主义的盛行，未来多边贸易体系将形成更加错综复杂的利害关系，不同的谈判议题会催生各种形式的利益联盟，超经济的谈判手段将不断向贸易谈判渗透，多边贸易体制的运行面临严重冲击；知识产权保护、劳工标准、环境标准的广泛滥用，也势必进一步加剧世界范围内的贸易摩擦。[②]此外，随着全球经济战略制高点竞争的加剧，全球贸易规则的博弈也将会

[①] 威廉·塔布：《当代世界资本主义体系面临四大危机》，美国《每月评论》2009年1月号。
[②] 杨丹辉：《世界经济发展的十大趋势及其影响》，《中国经济时报》2008年1月17日。

更加复杂，市场和资源的争夺将会更加激烈。更为严重的是，面对全球新兴力量的兴起和国际竞争的加剧，以美国为代表的西方发达资本主义国家绝对不会将其霸权地位拱手相让。尽管此次危机是西方发达资本主义国家的全面危机，但并不是资本主义的总危机。目前，高估西方发达资本主义国家的实力和调整能力固然错误，低估他们的实力和调整能力同样错误。以美国为代表的西方发达资本主义国家依然拥有最为强大的军事实力、经济实力以及金融领域的主导地位。为了维持其霸权地位，除了试图通过征收碳关税等手段以逼迫新兴经济体在高油价、高汇率、高关税等多重压力之下永远处于国际分工的不利地位，发动霸权战争以消除导致问题的根源，对于美欧等国无疑具有更大的吸引力。或许，在更加合理的全球治理体系构建完成之前，人类不得不经历一个痛苦的动荡多变的复杂时期。

1962年1月，毛泽东《在扩大的中央工作会议上的讲话》中指出："从现在起，五十年内外到一百年内外，是世界上社会制度彻底变化的伟大时代，是一个翻天覆地的时代，是过去任何一个历史时代都不能比拟的时代。从目前来看，世界历史的发展进程正在印证这一伟大预言。"

四 社会主义市场经济可以规避金融和经济危机

在经济全球化时代，任何国家都难以置身于世界性危机之外。此次西方国家的金融和经济危机亦使中国经济遭受巨大冲击。应该看到，社会主义市场经济存在着发生金融危机和经济危机的可能，我们必须正确认识中国没有陷入金融和经济危机的原因。

（一）西方国家金融和经济危机使中国经济遭受巨大冲击

此次危机对于我国的冲击是多方面的，既有经济贸易方面，也有思想文化方面；既有短期影响，也有长期影响。就经济方面而言，此次西方国家的金融和经济危机，导致了我国出口大幅下降、失业人数有较大攀升、经济增长速度持续下滑，更加凸显了我国经济发展方式的弊端，加大了我国调整经济结构、转换经济发展方式的压力，我国未来经济发展面临更加严峻复杂的挑战。

此次危机延缓了我国经济持续快速发展的势头。2000年以来，中国经济连续8年以超过8%的速度且不断加快的态势持续快速发展。2008年以来，来自内外两方面的不利影响尤其是西方国家金融和经济危机的冲击，使得我国经济的持续快速发展经受了前所未有的困难和挑战。随着危机的蔓延和外需的急剧萎缩，我国对外贸易首当其冲地遭受了愈益严重的冲击，经历了自1998年以来的最大波动，与入世后连续6年保持20%以上的高速增长相比，外贸进出口增速出现明显回落。2008年，我国外贸进出口总值为25616.3亿美元，比2007年增长17.8%，增速同比减缓5.7个百分点。其中，出口14285.5亿美元，增长17.2%，增速同比减缓8.5个百分点；进口11331亿美元，增长18.5%，增速同比回落2.3个百分点。尤其是，2008年11月我国进口同比增长-17.9%，出口同比增长-2.2%，进出口总值同比增长-9.1%，对外贸易正式步入了长达一年之久的较大幅度的负增长阶段。同时，此次危机还导致我国居民人均收入增速放缓、外商投资持续减少、金融机构蒙受较大损失等问题的出现。总需求的不断萎缩导致我国许多重要宏观经济指标日趋恶化。统计数据显示，2008年末，虽然全国就业人员比上年末增加490万人，但是从业人数增长率却迅速下降为0.64%，与2006年相比下降幅度为0.12个百分点，与2004年相比下降幅度高达0.39个百分点；劳动力市场求人倍率从2007年的0.98下降到2008年第四季度的0.85，达到2002年以来的最低点；城镇登记失业率也从2007年的4%升高到2008年的4.2%。同时，2008年全年国内生产总值300670亿元，比上年增长9.0%，增速回落了4个百分点，结束了连续5年保持两位数高速增长的态势，而且，经济增长速度在2007年第二季度之后连续七个季度出现逐季回落，经济下行趋势非常明显，2009年第一季度更是下降到6.1%，为17年以来的最低。

此次西方国家金融和经济危机凸显了我国原有经济增长方式的弊处。长期以来，我国的需求结构极不合理，消费与投资、内需与外需的比例严重失衡，经济增长过度依赖投资和出口的拉动作用，居民消费贡献率明显偏低，外贸依存度显著偏高。1978年至2007年，我国居民消费率从48.8%下降到35.3%，不仅大大低于世界55%的平均水平，更远低于美国、日本等发达国家，也远低于巴西、俄罗斯和印度等新兴经济体国家；外贸依存度则从改革开放之初的9.7%上升到超过60%的水平，远高于世界平均水平，也显著高于美、日等发达国家和俄罗斯、巴西、印度等新兴经济体国家。同时，我国企业长期缺乏自主创新能力，缺乏核心技术、缺乏自主知识产权，更多依靠廉价劳动力的"比较优势"、依靠资源和能源的大量投入来赚取国际产业链低端的微薄利润。2008年，我国研发投入占GDP比重仅为1.52%，不仅低于发达国家2%以上的水平，也低于世界1.6%的平均水平；我国技术进步对经济增长的贡献率低于40%，发达国家则超过70%；我国设备投资的对外技术依存度高达60%，美、日等国则仅为5%。总之，重国际市场、轻国内需求，重低成本优势、轻自主创新能力，重物质投入、轻资源环境，重财富增长、轻社会福利水平提高，这就是我们长期依赖的经济发展方式。显然，这样的经济发展方式是一条发展动力难以持续的"风险之路"，是一条资源环境难以支撑的"负重之路"，是一条竞争能力难以提升的"低端之路"，是一条人民福利难以增长的"物本之路"。[1] 此次危机带来的巨大冲击表明，转变我国经济发展方式已经刻不容缓。

后危机时代中国经济发展面临更加严峻复杂的国际经济环境。"危险往往在危机结束之后。"国际货币基金组织通过对全球过去88次金融危机的经验研究表明，危机结束后的中期内，经济增长速度比趋势平均线会低10%，而且这种持久性损害一般要持续7年以上的时间才可能消失。[2] 可以预见，为了抢食后危机时代相对缩小的全球经济蛋糕，抢占未来经济发展的制高点，各国之间的竞争和博弈必将更加激烈，中国经济发展将面临更加严峻复杂的国际金融和贸易环境。为维持以美元为中心的不合理的国际

---

[1] 任仲平：《决定现代化命运的重大抉择——论加快经济发展方式转变》，《人民日报》2010年3月2日。
[2] 李向阳：《后危机时代全球经济面临低速增长》，《中国社会科学报》2009年11月26日。

货币金融体系，西方发达国家不仅将竭力打压中国在国际货币金融组织的话语权和人民币的国际影响力，还将通过把全球经济失衡和危机的责任归咎于中国等手段不断指责中国政府操纵汇率，施压人民币升值和金融自由化改革，将中国经济彻底纳入金融垄断资本的"国际大循环"，降低中国的金融稳定和经济安全。为保护本国企业和缓解社会矛盾，西方发达国家将继续通过各种贸易保护主义手段，遏制中国的出口竞争和经济增长。2008年，中国遭遇反倾销调查73起、反补贴调查10起，分别占全球案件总数的35%和71%，涉案金额为62亿美元；2009年前三季度，共有19个国家和地区对中国产品发起88起贸易救济调查，包括57起反倾销、9起反补贴，涉案金额约102亿美元。随着西方发达国家经济实力的相对下降，后危机时代中国无疑将遭遇更多贸易摩擦，且贸易摩擦将呈现日趋多样化、综合化、隐蔽化和道义化等特点，对我国政府和企业构成新的严峻挑战。为维护产业垄断资本的利益和遏制全球经济地位的下滑，西方发达国家不仅将通过"再工业化"牢牢掌控汽车、机械、成套设备等行业的优势地位，还将利用资金和技术优势，以低碳经济为利器，有战略、有步骤地拉抬自己的竞争能力，全面主导新的一轮全球经济转型，使中国经济面临被西方发达国家拉大差距、加大对外依存度的风险。

（二）社会主义市场经济发生金融和经济危机的可能性与现实性

马克思关于商品和商品交换内在矛盾，关于市场经济内在矛盾和经济危机一般可能性的科学分析，适用于任何形式的市场经济。无论是资本主义市场经济还是社会主义市场经济，概莫能外。然而，同样的市场经济与不同的生产资料占有方式相结合，会具有不同的根本性质和运行特点。资本主义市场经济的私有制本质决定了经济危机的不可避免性、周期性，社会主义市场经济的公有制和国家有效调节的本质决定了经济危机的可规避性、可防范性。[1] 我国的社会主义市场经济是与生产资料公有制相联系的

---

[1] 王伟光：《运用马克思主义立场、观点和方法，科学认识美国金融危机的本质和原因》，《马克思主义研究》2009年第2期。

市场经济，可以克服资本主义市场经济的内在矛盾导致经济危机爆发的不可改变性，却不能改变一般市场经济内在矛盾引发金融和经济危机的一般可能性。如果不能建立相对完善的社会主义市场经济体系，强化规避风险的社会主义制度的强大作用，经济危机的抽象形式便会转化为现实可能。

社会主义市场经济是公有制为主体、多种所有制共同发展的市场经济。如果不能不断地巩固、发展和壮大公有制经济，始终保持公有制经济的基础和主体地位与国有经济的主导和控制地位，我国同样会发生严重的金融危机和经济危机。私人资本的本性是逐利而贪婪的。"一旦有适当的利润，资本就胆大起来。如果有10%的利润，它就保证到处被使用；有20%的利润，它就活跃起来；有50%的利润，它就铤而走险；为了100%的利润，它就敢践踏一切人间法律；有300%的利润，它就敢犯任何罪行，甚至冒绞首的危险。"[①] 因此，私人资本的扩张和私有制经济的发展，极易导致社会收入分配的两极分化和人民大众有效需求的不足；放大"市场失灵"的危害，导致政府调控与资本博弈失败的结果；导致生态环境恶化，陷入"劳德代尔悖论"式的经济发展，从而导致生产的无政府状态和经济社会发展的失衡，引发严重的金融和经济危机。20世纪90年代以来，在新自由主义的私有化思潮影响下，在频繁的危机和动荡之中，苏联和东欧是倒退的十年，拉美是失去的十年，被联合国认定的49个最不发达的国家，也没有通过私有化等新自由主义途径富强起来，有的反而更加贫穷。我国的社会主义市场经济既有公有制经济及其决定的社会主义经济规律在发挥作用，也有私有制经济及其决定的资本主义经济规律在发挥作用。理论和实践已经充分证明，若不能确保公有制经济及其决定的社会主义经济规律处于主导地位，放任私有制经济及其决定的资本主义经济规律发挥作用，我国的社会主义市场经济就会"失去免疫力"，难以有效规避金融危机和经济危机的发生。

社会主义市场经济是在国家宏观调控下市场对资源配置发挥基础性作

---

① 《马克思恩格斯全集》第23卷，人民出版社1972年版，第829页。

用的市场经济。如果不能不断地加强和改善国家宏观调控，放任市场机制的自发作用，我国同样会发生严重的金融和经济危机。市场原教旨主义者认为，市场机制可以自动地导致和谐的经济增长和社会公平的自发实现，应该尽可能地让政府退出经济生活，寻求所有经济问题的基于私有产权的市场化解。然而，完美竞争的市场并不存在，现实的市场并非是一个真空的机械装置而是权力的角斗场。脱离了政府科学有效的宏观调控，市场机制的自发作用固然有利于较为充分地调动各个方面的积极作用，较为有效地实现资源的合理配置，但同时也必然导致收入分配不平等程度不可避免地扩大，社会生产的各种比例关系经常性地处于失衡状态，引发各种危机发生的可能。尤其是，西方发达国家主导的经济全球化挟其自由主义与个人主义意识形态，欲使广大发展中国家的政府职能不断泡沫化、空洞化，政府的组织功能不断地萎缩甚至消逝，这就要求我们必须对政府的作用进行科学审视与合理定位。由于政府作用定位失当，许多发展中国家出现了严重的政府治理危机，甚至陷入激烈的政权危机和社会动荡之中。世界各国的发展表明，随着生产社会化、全球化程度的不断提高，政府对经济各个领域甚至个人生活的影响程度与范围都将不可避免地扩大，政府的宏观调控已经成为现代市场经济不可或缺的组成部分。我国的社会主义市场经济是在国家宏观调控下市场对资源配置发挥基础性作用的市场经济。"让市场起作用"是我国社会主义市场经济体制改革的基本追求，但这并不意味着否定政府在市场经济中的必要作用，取消国家宏观调控的职能。没有政府作用的恰当而有效地发挥，市场的基础性作用也就无从谈起。只有不断完善和加强国家的宏观调控，充分而有效地发挥政府的主导作用，我们才能有效规避一般市场经济内在矛盾引发金融危机和经济危机的可能。

社会主义市场经济是自主发展与开放发展有机结合的市场经济。如果不能始终坚持科学发展，盲目融入西方垄断资本主导的国际经济循环、陷入高度的对外经济依赖，我国同样会发生严重的金融和经济危机。开放发展，是科学社会主义的本质要求。在当今全球化时代，自主发展基础之上的开放发展，也是社会主义国家充分利用资本主义因素发展社会主义的必然要求。然而，如果简单地接受西方发达国家主导的"国际规则"和"国际惯例"，盲目融入西方垄断资本主导的国际经济循环，不仅不能利用资本主义因素，反而会被资本主义所利用，难以获得参与经济全球化的应得利益，难以有效应对资本主义全球性的市场失灵。如果对外开放程度过高过快，不能合理把握经济开放进程，不能采取有效的公共政策以提高国内产业适应外部冲击的能力，就会成为西方资本主义国家的经济附庸，难以有效确保国家的经济安全和社会稳定。如果不能合理利用国际国内的资源、市场和技术，陷入高度的对外经济依赖，就会出现依附于资本主义世界的现象，与西方发达资本主义国家的各种危机发生"共振"，难以避免输入型的金融和经济危机。我国是人口众多的发展中的社会主义大国，我国的社会主义市场经济是自主发展与开放发展有机结合的市场经济。只有高度珍惜并坚定不移地维护中国人民经过长期奋斗得来的独立自主的发展权利，同时坚持科学合理的对外开放，实现自主发展与开放发展的有机结合，我们才能确保中国特色社会主义市场经济健康发展，有效规避各种类型的金融危机和经济危机的发生。

（三）正确认识中国没有陷入金融和经济危机的原因

尽管此次西方国家的金融和经济危机给我国经济带来了巨大冲击，但是我国并没有陷入此轮危机，我国经济发展的长期向好趋势也没有改变。正确认识中国没有陷入此轮危机的原因，无疑有助于我们有效防范和科学应对各类金融和经济危机。

社会主义制度的优越性是使中国避免陷入危机的根本原因。首先，社会主义生产关系极大地促进了生产力的发展，为我国抵御此轮危机的冲击奠定了雄厚的物质基础。中华人民共和国是从半封建半殖民地的社会形态基础上建立起来的，帝国主义的掠夺和长期战争使中国经济积贫积弱。新中国成立以后，先进的社会主义生产关系极大地解放和发展了生产力，使中国经济和社会事业发生了翻天覆地的变化。改革开放以来，社会生产力更是得到了极大发展，经济总量发生了飞跃性的变化，GDP

跃居世界第三位，外汇储备稳居世界第一位。这为我国抵御各种经济风险和应对此次危机冲击提供了雄厚的物质保障。其次，以公有制经济为主体的社会主义基本经济制度可以大大降低生产的盲目性和无政府状态，有效抵御各类外来危机的冲击。以公有制经济为主体，是经济全球化条件下实现经济社会稳定健康发展、维护国家经济安全的重要保障。为抵御本次西方发达国家金融和经济危机的冲击，公有制经济发挥了巨大的积极作用。以国有金融机构为主的中国金融体系较为有效地避免了信用危机的发生，同时较为有效地实现了信贷总额的迅速扩张，对于扩大企业投资、扶持产业发展和扩大内需起到了积极有效的作用；在重点行业和关键领域里发挥主导作用的国有经济较为有效地维护了宏观经济的稳定运行，同时较好地履行了保障就业、稳定价格等社会责任；在扩大内需、调整结构、转变经济发展方式等方面，国有经济也同样发挥了积极的主导作用，为我国经济的长期稳定健康发展做出了巨大贡献。最后，包括人民民主专政、人民代表大会制、多党合作和政治协商制、民族区域自治制以及基层群众自治制度在内的社会主义政治制度，拥有灵活高效的决策执行体系，可以高效调配资源、合力解决重大问题。"社会主义国家有个最大的优越性，就是干一件事情，一下决心，一做出决议，就立即执行，不受牵扯。"[①] 面对此次危机的巨大冲击，我们党和政府迅速反应、科学决策、果断部署，从推出一揽子计划到实施产业调整振兴规划，从拉动经济增长到不断改善民生，从促进改革发展到维护社会和谐稳定，在全国范围、各个领域形成了保增长、保民生、保稳定的强大合力，充分发挥了中国特色社会主义应对重大危机和外来冲击的强大政治优势。可以说，没有社会主义制度优越性的根本保证，我国难以避免陷入此次西方国家金融和经济危机的泥潭。

应对危机措施的有效性是使中国避免陷入危机的重要保障。面对西方国家金融和经济危机的巨大冲击，我们党和政府确定了"出手要快、出拳

---

① 《邓小平文选》第3卷，人民出版社1993年版，第240页。

要重、措施要准、工作要实"的总体思路,坚持把保持经济平稳较快发展作为经济工作的首要任务,及时调整宏观经济政策,果断实施积极的财政政策和适度宽松的货币政策,出台并不断完善应对国际金融和经济危机冲击的各项政策。[①] 这是避免中国陷入此次危机的重要政策保障。首先,实施积极的财政政策和适度宽松的货币政策,大规模增加政府支出,较为迅速有效地扩大了消费需求和国内需求。包括中央政府直接投资1.18万亿的总额高达4万亿的两年投资计划,直接增加了投资需求并带动了社会资金和民间资本的投资支出。注重提高居民可支配收入,实施"家电下乡""汽车下乡"等刺激消费的积极政策,较好地稳定和增加了居民的消费需求。其次,进一步提高对外开放水平,较快地稳定了外部需求和对外贸易。在西方国家金融和经济危机的背景下,我国积极加强科技兴贸创新基地和服务外包基地建设,支持自主品牌和自主知识产权产品出口,充分发挥自身在国际经济舞台的作用,妥善应对国际贸易摩擦,使外经外贸较快地得到了稳定。再次,大范围实施产业调整振兴规划,着力进行结构调整,解决经济运行中的深层次矛盾。着眼增强国民经济的整体素质和未来竞争能力,制定并实施了汽车、钢铁、装备制造等十大产业调整振兴规划,出台了一系列促进战略性新兴产业发展的政策措施,高强度地推进了重点领域和关键环节的改革,不仅有效应对了此次危机的冲击,也提升了应对未来国际经济危机冲击的能力。最后,实施更加积极的就业政策,大幅度提高社会保障水平,扩大公共财政对社会保障体系建设的投入,扩大基本养老和基本医疗保险的覆盖面,以及实施其他以改善民生为目的的政策,较好地稳定了人民群众的未来收入和消费预期,增强了人们战胜危机的信心。显然,上述政策措施带有鲜明的社会主义特色,兼顾短期与长期,统筹国际和国内,为应对西方国家金融和经济危机的冲击、保持经济平稳较快发展提供了重要保障。

---

① 刘云山:《中国应对国际金融危机的实践和启示》,《求是》2010年第1期。

五　防范与应对金融和经济危机必须坚持"中国道路"

世界各国发展的历史已经证明：没有任何一个发展中国家能够照搬西方模式而成为现代强国，也没有任何一种发展模式适合所有的民族国家。此次西方国家金融和经济危机爆发之后，发展中国家在质疑和批判西方模式的同时，也在积极探寻适合本国的发展道路。对于中国而言，有效规避与防范金融和经济危机的发生，科学应对西方国家金融和经济危机的冲击，实现经济社会的科学发展，必须更加坚定地坚持中国特色社会主义的伟大道路。

（一）防范与应对金融和经济危机，必须巩固和完善社会主义基本经济制度

改革开放30多年来的实践证明，以公有制为主体、多种所有制经济共同发展的基本经济制度符合现阶段我国经济社会发展要求，有利于经济社会稳定健康发展。有效规避与应对各类金融和经济危机的发生与冲击，实现经济社会的科学发展，必须不断巩固和完善社会主义基本经济制度。

不断巩固和发展公有制经济的主体地位。生产资料公有制是社会主义基本经济制度的基础，是社会主义区别于资本主义的本质特征，是劳动人民当家做主的经济基础，是解放和发展生产力的根本要求，是实现共同富裕的根本前提。以生产资料公有制为基础的社会主义市场经济，可以消除生产资料私有制与社会化生产的根本矛盾以及生产与消费之间的对抗性矛盾，有利于克服市场机制的自发性和生产的无政府状态，从而消除周期性经济危机。为了有效防范与应对各类金融和经济危机的发生与冲击，必须始终不断地巩固和加强公有制经济的主体地位。首先，必须始终确保公有资产的优势地位。既要不断巩固和发展公有资产的量的优势，更要注重公有资产的质的提高。必须合理调整公有资产的布局与结构，完善公有资产的监管与经营，不断提高公有资产的整体素质和配置效率，从而更好地发

挥公有资产在稳定宏观经济、实现科学发展方面的积极作用。其次，必须巩固和壮大国有经济的主导地位。必须始终保持国有经济在包括金融产业在内的关系国家安全和国民经济命脉等重要行业以及关键领域的控制地位，必须建立符合市场经济规律和我国国情的企业领导体制和管理制度，增强国有经济的活力，充分发挥国有经济在经济社会各个领域的带动力和影响力。最后，必须不断巩固和发展集体经济尤其是农村集体经济。必须坚持以家庭承包经营为基础、统分结合的双层经营体制，巩固和发展农村集体经济，绝不允许以土地私有化代替我们党提出的土地承包经营权流转政策，瓦解农村集体经济的基础；必须积极培育农民新型合作组织和农业社会化服务组织，提高农村经济和农业生产的组织化程度，为农业改革和发展的"第二个飞跃"创造条件。此外，必须积极探索公有制的各种有效实现形式。只有积极探索和大胆利用包括股份制和股份合作制在内的一切反映社会化生产规律的公有制各种有效实现形式，才能真正解放和提高公有制经济的活力和效率，不断加强公有制经济的主体地位。

积极鼓励和引导非公有制经济发展。各种非公有制经济的存在和发展是我国社会主义初级阶段生产力水平多层次性和不平衡性特点的客观要求。个体、私营、外资等各种非公有制经济的存在和发展有利于充分调动社会各个方面的资源与积极因素，有利于增加就业、满足需要，促进经济发展的活力，为抵御各种外来危机的冲击提供物质保障。我国仍处于并将长期处于社会主义初级阶段。为了解放和发展生产力，有效应对各类金融和经济危机的冲击，必须长期积极鼓励和引导非公有制经济的发展。首先，加强制度创新，完善非公有制经济发展的政策体系。应将放宽市场准入、实现公平竞争真正落到实处，进一步加大对非公有制经济的财税金融支持，完善对非公有制经济的社会服务。其次，鼓励混合所有制经济发展，充分发挥公有制经济的影响作用。引导公有制与非公有制企业相互参股、相互融合，通过公有制经济带动非公有制经济发展，并将其发展纳入社会主义市场经济的正确轨道。最后，扶持非公有制经济加快转变经济发展方式，强化非公有制企业的自主创新能力，提升非公有制经济的发展质量和整体素质，推动非公有制企业提升国际竞争能力和抗御各类风险的能力。此外，必须引导非公有制经济增强危机意识和社会责任感，切实按照市场规则进行生产和经营，努力克服生产的盲目性和无序性。

辩证把握公有制经济为主体与多种所有制经济共同发展的关系。我国社会主义初级阶段的基本经济制度既坚持了科学社会主义的基本原则，又根据我国实际和时代特征赋予其鲜明的中国特色。巩固和完善这一基本经济制度，必须辩证把握公有制经济为主体与多种所有制经济共同发展的有机统一。首先，必须正确处理社会主义与资本主义的关系。绝不能简单地将社会主义与资本主义绝对对立，追求"纯粹"的社会主义经济。必须承认各种非公有制经济的历史作用，并以"三个有利于"标准评判各种所有制形式的优劣。在社会主义初级阶段，公有制经济和各种非公有制经济，都是社会主义市场经济的重要组成部分，不能简单地把坚持公有制为主体和促进非公有制经济发展两者对立起来。其次，毫不动摇地鼓励、支持和引导非公有制经济的发展不等于全面推行资本主义私有制。生产资料公有制是社会主义的一个根本原则。没有公有制经济的主体地位，就没有共产党执政和整个社会主义上层建筑的坚实经济基础和强大物质手段，就不能防止两极分化、实现共同富裕，就难以有效地防范与应对各类金融和经济危机的发生与冲击。社会主义初级阶段促进非公有制经济发展必须服务于完善社会主义市场经济体制，而不能用资本主义私有制经济取代社会主义公有制经济，毫不动摇地鼓励、支持和引导非公有制经济的发展，必须以毫不动摇地巩固和发展公有制经济的主体地位为前提。最后，毫不动摇地巩固和发展公有制经济也不等于实行单一的公有制。在社会主义初级阶段，巩固和发展公有制经济，同时发展而不是排斥非公有制经济，既能够充分调动各种社会潜在经济资源，也是公有制经济巩固和发展自身的需要。[①]社会主义初级阶段，鼓励、引导非公有制经济发展，是生产力水平相对落

[①] 程恩富、何干强：《坚持公有制为主体、多种所有制经济共同发展的基本经济制度》，《光明日报》2009年4月5日。

后国家坚持社会主义道路,正确对待资本主义、利用资本主义建设社会主义,辩证否定私有制的必然要求。

(二) 防范与应对金融和经济危机,必须加强和改善国家宏观调控

我国的社会主义市场经济,是在国家宏观调控下市场对资源配置发挥基础性作用的市场经济。公有制经济主体地位基础之上的有调控的市场经济,是我国社会主义市场经济的优势所在。只有不断加强和改善国家宏观调控,有效调节私人资本的逐利性和扩张性,克服私人资本和金融资本的无序化、极端化,努力维护宏观经济的稳定性、平衡性和持续性,我们才能有效规避与防范金融和经济危机的发生,科学应对西方国家金融和经济危机的冲击,实现经济社会的科学发展。

完善市场与政府的调节功能,强化长期规划和计划调节。必须合理借鉴西方发达市场经济国家调节经济的成功经验,多结构、多层次地发展市场体系,充分发挥市场基础性配置资源的作用,同时更加注重发挥政府的财政政策和货币政策的宏观调节作用,健全宏观经济预测体系,增强宏观调控政策的科学性与准确性,提高宏观经济政策的针对性和灵活性。更为重要的是,必须强化政府的长期规划和计划调节。西方发达资本主义国家之所以频繁地爆发金融和经济危机,除了无法克服资本主义基本矛盾周期性激化这一根本原因,也与市场自发调节的短期性、盲目性和政党轮替导致政府宏观经济政策的周期性、局限性有关。我国社会主义市场经济的经济调节,必须充分发挥社会主义政治制度的强大优势,强化政府的长期规划和计划调节功能,科学制定经济社会的长远发展规划,努力保持各项政策的稳定性和连续性。这样,既发挥市场调节的优良功能去抑制"政府调节失灵",更有效地发挥政府调节的优良功能去纠正"市场调节失灵",建立一种"基础—主导"双重调节机制,形成"强市场"和"强政府"的"双强"调节格局,从而确保社会经济的长期稳定健康发展。[①]

---

① 程恩富:《中国模式的经济体制特征和内涵》,《经济学动态》2009 年第 12 期。

提升政府微观规制和宏观驾驭能力，有效"节制资本"。必须通过《公司法》等法律政策的调整与完善，构建具有中国特色的社会主义现代企业制度，完善以职工代表大会为基本形式的企业单位民主管理制度，赋予人民群众拥有管理生产过程和决定剩余产品分配的权利，节制资本的逐利倾向和剥削行为，提升工人阶级的主人翁意识，全心全意依靠工人阶级。必须通过制定发展规划、实施经济政策、制定经济规则等手段，限制资本主义因素在社会主义中国的发展规模和活动范围，使资本主义因素的发展严格控制在社会主义国家允许的必要范围之内，防止社会生活领域的"全面资本主义化"。同时，必须提高无产阶级国家政府对各种非公有制经济的驾驭能力。确保非公有制经济受制并服务于社会主义，关键在于正确发挥无产阶级国家的作用。为此，必须协调国家政权的社会主义性质与经济基础多元性之间的矛盾，实现无产阶级专政对社会经济关系的统领，从而保障国家社会主义建设的制度方向；必须保证共产党的领导和代表人民的利益，坚持马克思主义的指导地位，反对任何形式的资产阶级自由化，防止资本膨胀，警惕"权钱腐败联盟"；必须加强人民民主权利，扩大人民群众参与国家各项公共事务管理和决策的范围和程度，真正实现发展依靠人民、发展为了人民、发展成果由人民共享。[①]

发挥社会调节和伦理调节的积极作用，弥补"市场失灵"和"政府失灵"。随着现代信息技术和网络技术的发展，社会调节和伦理调节的重要作用日益凸显，并日益成为弥补"市场失灵"和"政府失灵"的重要手段。为有效调节私人资本的逐利性和盲目性，维护社会经济的稳定性与平衡性，我们必须充分发挥社会调节和伦理调节的积极作用，矫正市场调节和政府调节的偏差，弥补市场调节和政府调节的"空场"。必须有效增加教育、科学、信息、安全秩序和社会舆论等领域的政府投入和公共物品供给，为社会调节和伦理调节作用的发挥提供基本的平台保障。必须努力通过法制建设和社会保障体系的完善，保障社会成员的自由、公正权利，保

[①] 胡乐明、刘志明、张建刚：《国家资本主义与"中国模式"》，《经济研究》2009年第11期。

障社会成员的基本食品、医疗及教育，实现"特定的平均主义"，尽力化解不同利益群体和阶层间的结构性利益矛盾以及社会心理情绪和社会心理诉求失衡的现象。必须依靠法律、行政和经济等手段为民间组织参与国家的政治生活提供较多的渠道，提高社会公众政治参与和社会参与的能力，积极培育与政府合作的民间组织。必须对文化领域和意识形态领域倾注更多的政府关注。离开成功的意识形态，任何制度的维持或创新都是不可能的。面对全球化所带来的外来文化和意识形态的冲击，为实现社会利益的最大化，政府必须投入一定的公共资源，整合社会成员的意识形态与价值追求，打破个人利益至上的市场价值追求，以社会主义核心价值体系引领人们的经济行为，构建良好的"利益追求—道德文化"互动架构。

统筹国际和国内，提升政府应对国际形势变幻的能力。在全球化时代，面对外部世界的种种不确定性与危机的冲击，我们应进一步认真贯彻落实科学发展观，更加紧密地统筹国际国内两个大局，有效提升政府应对各种危机、维护本国经济安全和社会稳定的能力。必须加强国际国内金融体系和国际资本流动的监管。对货币稳定、汇率、利率、金融和信贷体制的稳定等领域投入更多的公共资源，努力使虚拟经济服务于实体经济的需要，加强金融规制以防范全球化所带来的金融风险和经济危机以及发达资本主义国家的"金融殖民"。必须坚持"自力更生为主，争取外援为辅"，坚持走中国特色自主创新道路。对于具有战略意义和高风险的新技术产业（生物技术、网络经济、空间技术、低碳技术、数字化经济），政府不仅应增加投资并带动民间投资，更应增加规制其发展的规则和管理的供给，遏制发达资本主义国家的"技术殖民"。必须积极参与"国际规则"的博弈，防范西方发达国家的"规则殖民"。在全球化时代，西方发达资本主义强国凭借其在国际事务上的垄断和霸权，一直力图将自身的生产方式和"宪法条款"以国际惯例之名逐渐扩展到所有的国家。我们必须始终坚持科学社会主义的基本原则，合理承担国际义务和接受国际规则，避免陷入西方资本主义规则体系以及由此引发的各种危机的冲击。

(三) 防范与应对金融和经济危机，必须转变和提升经济发展方式

近 300 年的世界现代化史表明，一个国家要保持充满活力、持续向上的发展态势，关键是让经济发展方式始终与时俱进，找到符合潮流、契合自身发展阶段的现代化路径。[①] 此次西方国家的金融和经济危机的巨大冲击使我国传统经济发展方式"软肋"尽显。适应全球经济结构重大变化，提高我国经济社会可持续发展水平，增强我国经济防范和抵御各类危机发生与冲击的能力，迫切需要全面转变和提升我国传统经济发展方式。[②]

适当降低外贸依存度，提升消费拉动增长的作用。适应全球需求结构的重大变化，必须适当降低外贸依存度，提升消费拉动增长的作用，努力做到消费、投资和出口相协调。必须加快收入分配制度改革，调整国民收入分配结构，尽快提高劳动收入占 GDP 的比重，切实提高普通居民的收入水平，扭转收入和财富分配差距不断扩大的趋势；必须坚持把解决好"三农"问题作为全党工作的重中之重，加大农业和农村的基础设施投资，构建促进农民持续增收的长效机制，持续扩大农村消费；必须着力改善民生，加快交通、通信、电力、生态环境等基础设施建设，尽快完善社会医疗和社会保障体系，加大基础教育和健康卫生方面的公共投资，逐步缩小公共物品和公共服务的分配差距，有效改善人们的消费预期，提高消费倾向。

适当控制外资依存度，提升协调利用中外资的效益。改革开放以来，利用外资对我国的经济增长和社会进步曾经起到了不可替代的重要作用。但是，随着外资向我国转移污染企业和垄断我国的食用油、种子等战略性行业，外资不仅使我们付出了巨大的环境成本和经济代价，而且对内资产生了"挤出效应"，影响了国家宏观调控的效果。同时，外资的大量涌入导致外汇储备和对外贸易顺差异常增加，直接影响到中国的经济安全，加大了国际经济摩擦。为此，应逐步取消外资企业在税收等方面的优惠政策，

---

① 任仲平：《决定现代化命运的重大抉择——论加快经济发展方式转变》，《人民日报》2010 年 3 月 2 日。
② 程恩富：《"五个提升"促对外经济发展方式转变》，《中国经济周刊》2008 年第 11 期。

保证国内企业得到公平的竞争环境;应提高环保标准等投资门槛,调整引资政策,引导外资投资方向,使外商的投资逐渐向现代服务业和高新技术产业转移;应运用经济的、法律的手段制止跨国公司控制和垄断我国产业的行为,保证我国经济安全;应加快金融体系和金融市场建设,充分利用国内闲置资金,为中国的民族企业的发展扩展空间。

努力降低外技依存度,提升自主创新能力。世界各国发展的历史表明,一个国家只有拥有强大的自主创新能力,才能从容应对各种重大挑战,把握先机、赢得主动。过度依赖发达国家的先进技术,只能丧失技术进步的动力,导致贸易结构畸形、贸易条件恶化、社会整体福利水平下降。必须以科学发展观为指导,加大创新人才的培养力度,建设一支适应时代和社会发展需要的创新人才队伍;加大自主创新的研发经费投入,为自主创新提供必要的物质基础;充分发挥政府的主导作用,利用社会主义集中力量办大事的优势,组织好若干重大科研项目的攻关,努力在若干重要领域、重要产业掌握一批核心技术,拥有一批自主知识产权,造就一批控股、控技、控牌的"三控型"民族企业集团,突出培育和发挥知识产权优势,尽快完成从贸易大国向贸易强国、经济大国向经济强国的转型。

适当降低"外源"依存度,提升配置资源的效率。20世纪90年代以来,中国的能源和资源进口急剧增加。石油从1993年成为净进口国以来,对外依存度逐年上升,目前达到46.6%,已接近50%的警戒线。外源依存度过高不仅容易引发国际争端,也容易威胁到国家的政治安全和经济安全,引发各类危机。因此,必须科学制订国内能源和资源的可持续开发、利用和保护计划,提高国内矿产资源开发的门槛限制和企业标准,提升国内矿产资源的开发效率;必须适当提高资源消费价格,引导资源消费行为,提高资源的利用效率;必须大力鼓励和支持新能源的开发和利用,大力支持低碳技术、节能减排技术的创新和应用,限制"三高一低"项目的发展,减轻资源环境的压力;必须加强石油、黄金、有色金属、煤炭等各种稀缺资源的战略性管理,提升资源类商品的国际市场定价权和市场控制力。

适当控制外汇储备规模,提升使用外汇的收益。充足的外汇储备有利于增强我国的对外支付和清偿能力，防范国际收支和金融风险，而且有利于提高海内外对中国经济的信心。但是，如果长时间和大幅度地超过合理规模，则必然给经济发展带来诸多负面影响。解决外汇储备过度的问题，不仅要控制低收益加工贸易的发展规模，从根源上减少贸易顺差，降低外汇储备激增的速度。同时也要合理配置已有的外汇资源。应考虑主动运用不断贬值的美元外汇储备，赎回被美国企业收购的中国重要国有企业资产，收购控制着中国战略性行业的跨国公司股份，引进国外的关键技术和科研人才实现"引智创新"，帮助中国企业收购海外资源和有价值的实体企业，减少美元贬值带给中国持有美元资产损失的风险，降低货币资本储存的机会成本，提高资本配置的经济效率。

适当降低"外产"依赖度，提升参与国际分工的层次。历史经验表明，危机时期往往是一个国家推进产业优化升级，提升参与国际分工层次的重要机遇。适当降低对外国产业的依赖度，打破西方发达国家对我国的"产业链阴谋"（郎咸平语），提升参与国际分工的层次，也是增强国际竞争力、抵御未来国际经济风险的基本依托。必须加快推动传统产业技术装备更新换代和产业升级，用先进技术改造传统产业，力争使传统产业在全球产业链获取更高的附加值，避免陷入"比较优势陷阱"，防止我国沦为西方发达国家的"生产基地"；必须大力发展信息产业和新能源产业，以及研发、物流等现代生产性服务业，制定中长期的国家产业创新战略，切实推进产业创新，抢占未来全球经济竞争的制高点；必须稳健开放金融业等涉及国家经济安全的核心产业，确保国内金融体系的安全稳定，稳步推进人民币的国际化进程，积极参与国际货币金融体系改革；必须把握外汇储备急剧增长以及人民币升值等因素为海外投资和跨国并购带来的重要机遇，提升全球要素配置能力，建立自主的全球生产体系，创造出参与国际分工的新优势。[1]

---

[1] 安毅、常清、付文阁：《历次国际金融危机与世界经济格局变化探析》，《经济社会体制比较》2009年第5期。

（本文为中国社会科学院"西方国家金融和经济危机与中国对策研究"课题组的研究报告。课题主持人为王伟光，课题组组长为程恩富、胡乐明，课题组副组长为余斌，课题组成员有杨斌、杨静、曾宪奎、王佳菲、牛正科、李洪江等）

（作者单位：中国社会科学院）

（原载《马克思主义研究》2010年第7、8期）

社会主义市场经济理论是重大创新

——学习习近平总书记关于马克思主义政治经济学讲话

程恩富

2015 年 11 月 23 日，中共中央政治局就马克思主义政治经济学基本原理和方法论进行第二十八次集体学习。习近平总书记在会上阐述了马克思主义政治经济学的重要意义和发展创新等问题，其中提到中国特色社会主义经济理论的一个重要创新，便是社会主义市场经济理论。可以说，这是当代中国政治经济学和社会主义经济理论的基石和核心，其他有关中国特色社会主义的经济理论均是以此为中心来构建和创新的，因而必须深化认识和认同。

社会主义与市场经济的有机结合，是中国特色社会主义的重大理论和伟大实践。相比资本主义市场经济理论和实践，它不仅在理论上能站得住，而且在实践上能行得好。

社会主义市场经济理论具有系统的创新性。早在 1979 年改革之初，邓小平就提出"社会主义也可以搞市场经济"。在建立社会主义市场经济体制初期，江泽民便强调"社会主义市场经济体制是同社会主义基本制度结合在一起的，'社会主义'四个字是'画龙点睛'"。在总结 30 年改革开放的经验时，胡锦涛阐明了"必须把坚持社会主义基本制度同发展市场经济结合起来，发挥社会主义制度的优越性和市场配置资源的有效性"。针对混淆市场经济的不同经济社会性质和类型的误解，习近平明确指出："建立在社会主义公有制基础之上，就是社会主义市场经济，建立在资本主义私有制基础之上，就是资本主义市场经济。"从党的十四大报告提出建立社会主义市场经济体制，到党的十八大提出加快完善社会主义市场经济体制，再到党的十八届三中全会提出全面深化社会主义市场经济体制改革的方向和举措，表明了我国社会主义市场经济理论已逐渐显示出全面的创新性。它是以社会主义初级阶段国情和理论为前提，在产权、分配、调节、开放等体制机制方面，在区域发展、新型农村、城镇布局、生态环境、民生改善、人口计划、教科文卫体等发展建设方面，均形成不断发展的较为系统的理论，在人类经济理论发展史上有着独特的创新地位。

社会主义市场经济理论具有学理的科学性。在中国实行社会主义市场经济体制之前，无论是社会主义国家，还是资本主义国家，不管是马克思主义学者，还是资产阶级学者，普遍都把市场经济等同于资本主义、把计划经济等同于社会主义，认为市场经济同资本主义的结合是天然的最佳结合，社会主义则不能搞市场经济。但是，随着我国社会主义市场经济的发展，中外绝大多数马克思主义学者已改变了这一传统观点，而国外资产阶级学者和政治家仍然固守这一教条。在苏联东欧国家剧变后，匈牙利经济学家科尔奈宣称市场经济或市场化只能与私有化相结合。这在学理上是不能成立的，其现代政治经济学的道理很简单。因为产权的私人所有制、合作所有制、集体所有制、国家所有制，说的是生产资料或生产要素在法律上的最终归属，而市场经济或市场化说的是经济如何运行，主要是生产什么、生产多少、如何定价的问题，要由各类性质不同的经济主体或企业自行决策。也就是说，前者涉及生产要素的公有与私有问题，而后者涉及经济运行或经济调节的市场与计划（政府或国家）问题。倘若使用"资源配置"一词，那也是前者指资源由私人企业，还是集体企业或国有企业来配置；而后者指资源是由企业，还是由政府来配置，即"资源配置"包括产权配置和调节（运行）配置两个不同层面的含义。因此，公有制或社会主义可以与计划经济结合，也可以与市场经济结合；私有制或资本主义可以与市场经济结合，也可以不同程度地采用计划或政府调节的方式。如法国等被西方学界称为计划资本主义,越南和白俄罗斯被称为社会主义取向的市场经济(市场社会主义),便是这个逻辑。连西方产权学派的创始人科斯都只能承认,以往只有资本主义与市场经济结合的经验,至于社会主义能否与市场经济结合,目前不能被证伪。日本经济学院士伊藤诚曾专门从学理上论证,得出中国把市场经济与社会主义结合起来,是行得通的,其关键在于要消除新自由主义观念和政策的影响。

社会主义市场经济理论具有实践的可行性。一种理论行不行,不仅要接受理论逻辑的检验,而且要接受客观实践的检验。法国年鉴学派代表人物布罗代尔考察数百年的市场经济发展史得出,资本主义初期与市场经济是非常矛盾的。而世界体系论的主要创始人沃勒斯坦则一贯强调,资本主义与市场经济是不相容的。其实,应该这样准确地表达,市场经济所要求的企业和个人的自由选择、自由决策和公平竞争,在资本主义私有垄断寡头控制下,均难以充分实现,或者说市场经济所要求的自由性和公平性,与资本的私有性和寡头性内含严重的矛盾和冲突。其实践凸显为私有制主体型市场经济往往存在贫富对立、高失业率、金融经济危机、对外掠夺等。因此,西方不少非马克思主义的著名经济学家,如美国的加尔布雷斯早就揭露美国等资本主义市场经济内含垄断型大公司剥削中小企业的"二元体系"对抗性,因而倡导"新社会主义",并支持法国和英国等青年师生10年前开展的批判资本主义市场经济理论即西方主流经济学的"经济学国际改革运动";法国皮凯蒂在近年出版的《21世纪资本论》世界畅销书,用数百年的大数据揭露资本主义市场经济是财富和收入分配极不公平的"世袭资本主义"。可见,被西方实践检验表明的资本主义市场经济理论(西方微观经济学和宏观经济学)并不怎么行得通,存在无法克服的逻辑和应用弊端。与此相反,社会主义市场经济理论作为人类思想史上的崭新学说,已被中国30多年的实践所证实,其国家整体发展绩效和经济公平都比资本主义市场经济状况好得多,这也被国际舆论中广泛使用的中国道路、中国模式、中国经验、中国奇迹等赞扬性话语所肯定。我国搞社会主义市场经济的成功实践表明,不仅社会主义可以搞市场经济,而且社会主义市场经济优越于资本主义市场经济。诚然，作为新生事物，目前我国市场经济实践中确实存在不少问题，其中有些是经验不足所致，有些是依法治国和依法治市不严所致，有些则是受西方不良理论和政策误导所致，亟须在不断提升社会主义市场经济的道路自信、理论自信和制度自信的氛围中，通过全面深化改革和从严依法治国，提高国家治理体系和治理能力，从而进一步实现经济理论、政策、体制、机制和实践各方面的中国式创新来圆满解决。要言之，社会主义比资本主义更适合市场经济，因而中国社会主义市场经济理论比资本主义市场经济理论更可行，中国现代政治经济学比现代西方经济学更科学。

社会主义市场经济理论具有深厚的理论渊源。1934年，英国经济学家勒纳提出，价格和市场不应被认为是资本主义的概念，而社会主义能够至少如资本主义交换经济中一样地利用这些手段，而且能够利用得更好。他强调，自由的价格制度与科学社会主义的按需分配精神是符合的，社会主义需要市场和自由价格制度，并在1944年问世的《统制经济学》一书中再次阐发了这些原理。第二次世界大战后，随着南斯拉夫"半市场化改革"和资本主义国家经济体制调整的兴起，许多西方比较经济学家正式提出和论证"市场社会主义"的概念。美国《新帕尔格雷夫经济学大辞典》（1987年）的定义如下：市场社会主义是一种经济体制的理论概念（或模式），在这种经济体制中，生产资料公有或集体所有，而资源配置则遵循市场（包括产品市场、劳动市场和资本市场）规律。进入20世纪90年代以来，西方市场社会主义理论并没有因原苏东国家解体而消亡，反而出现了新的发展势头。在《社会主义的未来》（1994年）和《市场社会主义》（1993年）的著作中，美国加州大学罗默和巴德汉分别阐述了市场社会主义的新构想。他们认为，市场社会主义就是把社会主义公有制与市场机制结合起来，创造一种既有经济效益，又使全体公民享有更多社会平等的经济制度。

由此可见，当前要积极响应习近平总书记的号召，尤其在"面对极其复杂的国内外经济形势，面对纷繁多样的经济现象，学习马克思主义政治经济学基本原理和方法论，有利于我们掌握科学的经济分析方法，认识经济运动过程，把握社会经济发展规律，提高驾驭社会主义市场经济能力，更好回答我国经济发展的理论和实践问题，提高领导我国经济发展能力和水平"。这就是说，马克思主义政治经济学不仅是国民教育系统通识教育的必修课，也是社会科学教研人员的必备知识，更是各级党政干部提升理论素养的必通课。

(作者单位：中国社会科学院)

(原载《中国社会科学报》2015年12月24日)

实现市场经济与社会主义的有机统一

——中国发展道路的应有之义

刘国光

今天在这里非常荣幸地接受"21世纪世界政治经济学杰出成果奖",对此我深表感谢。

我今年已经87周岁高龄了,经历了新中国社会主义建设事业的曲折过程,参与了改革开放30多年来许多重大经济理论探讨,和一些决定改革开放前途命运的重大决策、中央文件和中长期规划的起草工作。我在这篇获奖论文《试用马克思主义哲学方法总结改革开放三十年》中,以一个亲历者的身份运用马克思主义的基本观点、方法对中国改革开放30年作了全方位的思考,力求在总结实践经验中创新。我尝试从11个方面将改革开放经验得失方方面面的问题涵盖进来,力求全面客观、言简意赅、说理透彻。

我在该文中提出,改革开放各项政策经历了一个否定之否定的正、反、合过程,只有不断地对一些新矛盾进行新的反正,才能在更高层次上转向新的综合。辩证地看待改革开放30年,我们既要充分肯定30年取得的伟大成就,也要正视存在的问题和潜在风险,包括生产力与生产关系之间的矛盾、经济基础与上层建筑之间的矛盾、生产力内部的矛盾、生产关系内部的矛盾,以及社会意识形态与社会存在的关系等。概括起来,就是要实现市场经济和社会主义的有机统一。关于社会主义市场经济体制,一方面是"社会主义"，着眼于强调生产关系；另一方面是"市场经济"，着眼于发展生产力，二者有机统一，不可偏废。改革的成败要看社会主义生产关系最终是巩固了没有，所谓改革的失败，不是指生产力的失败，而是指社会主义生产关系丧失了，两极分化，产生了什么新的资产阶级，邓小平同志说这是改革的失败。不是什么都讲姓"社"姓"资"，如生产力就不能讲姓"社"姓"资"，生产关系中一些共性的东西，也不必去问什么姓"社"姓"资"。但是，生产关系中非共性的东西，就不能不讲姓"社"姓"资"，一定要具体分析，辨明是非。

我在该文中依照"否定之否定"规律和历史唯物论推进"改革在更高层次上综合"，从新形势出发针对深化改革提出一系列基于马克思主义经济学的见解：

比如，计划与市场有机结合论。我始终坚持两点论而不是偏执于其中的一点，根据具体实际辩证地摆正二者关系。在改革开放初期，有些人将市场视作洪水猛兽，我是比较早地倡导市场取向改革的；而当市场经济体制基本建立，面对市场体系中出现的这样或那样的问题，我则更加关注市场缺陷，坚持合理而有效的政府干预。我始终坚持计划与市场的结合论，认为尽管不同阶段侧重点不同，但目标都是指向让看得见的手和看不见的手相得益彰，各自发挥应有作用。单纯靠计划或者市场调节都是不完善的。市场作为资源配置的基础性方式，是历史的必然，但市场经济也有许多缺陷，不能迷信市场。在坚持市场取向改革的同时，政府必须实施合理而有效的宏观调控。社会主义市场经济是一个完整的概念，在继续坚持市场取向改革的同时，需要加强宏观计划调控的作用，强调国家计划在宏观调控中的指导作用。强调社会主义市场经济下也要加强国家计划在宏观调控中的作用，而且是十分必要的，不能把"计划性"排除在社会主义市场经济含义之外。

比如，公平与效率并重论。改革过程中围绕计划与市场争论而展开的另一条主线，就是如何协调公平和效率关系。在改革开放初期，在重公平、轻效率的大背景之下，我赞成效率优先的提法，以此改变吃"大锅饭"和平均主义的利益格局；而当改革进行了 30 年之后，当效率问题不如公平问题突出、公平问题愈益表现出影响效率和稳定的新形势下，我则极力呼吁效率与公平兼顾并重，更加重视社会公平。认为完全让看不见的手来调节，不能保证社会公正和协调发展。要防止因两极分化而导致改革失败。不强调社会主义，忽视共同富裕的根本方向，那么，在中国这样一个法治不完善的环境下建设市场经济，必然会是人们所称谓的权贵市场经济。

比如，所有制和分配关系统一论。在调整收入分配差距关系、缩小贫富差距时，从分配关系入手，特别是从财政税收、转移支付等再分配领域入手，完善社会保障，改善低收入者的民生状况，这些措施都是完全必要的，但是，光从分配和再分配领域着手是远远不够的，不能从根本上扭转贫富差距扩大的问题。还需要从所有制结构，从财产制度上直面这一问题，延缓"公"降"私"升速度和程度，阻止化公为私的所有制结构转换过程，从根本上阻止贫富差距扩大、向两极分化推进的趋势。

比如，解放思想与改革开放的辩证关系论。要看到有两种不同的思想解放观，一种是以马克思主义、科学社会主义为指导的思想解放，这是促进我们的改革开放向社会主义自我完善的方向前进的；另一种是以新自由主义、民主社会主义为指导的思想解放。不能天真地认为凡是思想解放都能正确引导推动我们的改革开放，要警惕有人想利用思想解放来误导改革开放。

辩证地看待改革、反思改革的得失、及时地总结改革的经验教训并不等于反改革，相反地，只有这样才能始终把握正确的改革方向，及时地消除隐患。消除隐患最好的、最聪明的办法就是防微杜渐、防患于未然，而不是掩盖错误或粉饰失误。30 年之后回过头来看，改革开放各项政策经历了一个否定之否定的正、反、合过程，现在到了对一些新的矛盾进行新的反正的时候了，正是着手解决现实的问题和矛盾，才能使得改革开放和社会主义建设事业在更高层次上达到新的综合。具体来说，关于经济运行机制，要继续坚持市场改革，同时要重新强调国家宏观计划调控的作用；关于所有制结构，要坚持多种所有制共同发展，同时要重新强调"公有制为主体"，在此前提下毫不动摇地发展公私两种经济；关于分配关系，要从"让一部分人先富起来"转向"更加重视社会公平"。这可以说是中国经验、"北京共识"的应有之义。中国的成功已经表明了这种独特的经验、模式和道路之存在。

应该看到，改革开放的很长一段时期，有的同志只注意到了政治上的资产阶级自由化，没有从经济上解决资产阶级自由化，那时还没有发展到这一步。私有化的观点、完全市场化的观点、政府守夜人的观点，都是经济领域里资产阶级自由化的表现。防止经济领域资产阶级自由化，就是防止经济领域变质，经济领域如果变质，政治领域会跟着变质。这是经济基础决定上层建筑和社会存在决定社会意识的作用。那种认为经济领域没有意识形态问题，是政治上的幼稚。坚持正确的改革方向，当前最紧要的是要与新自由主义划清界限。新自由主义不是两点论，而是执其一端、即主张一切要由"纯粹的""看不见的手"来指挥，反对政府对市场的干预与管制。新自由主义的核心理论体系和价值观念是"三化"，即市场化、私有化、自由化，与之相对应地，要达到"三个否定"的目的，即否定公有制，否定社会主义，否定国家干预。这种观念也被称为"市场原教旨主义"。其实践的结果又如何呢？它必然是导向权贵资本主义方向的"改革"，贫富分化将会达到不堪忍受、难以收拾的地步。因此，新自由主义不是什么社会的福音，而是干扰改革的杂音，必须从改革的起步阶段就应努力加以抵制和反对。

新自由主义在国际战略政策方面推行市场的非调控化，国有企业的私有化，贸易和资本的无限制开放、自由化等。新自由主义主张以超级大国为主导的全球经济、政治、文化一体化，即全球资本主义化，因而成为了损害发展中国家和社会主义国家利益的理论工具和舆论工具。事实表明，新自由主义也没有给发展中国家带来福音。早在20世纪90年代就有拉美教训，许多国家搞自由化、私有化、放松国际金融管制最终都出了大问题，现在觉悟了，毅然决然地抛弃了"欧美自由市场经济模式"而向左转。俄罗斯过去听信新自由主义搞"休克疗法",结果一蹶不振,现在也跌醒了。诚如美国纽约大学教授塔布(William K. Tabb)所指出的,"新自由主义就其所许诺的目标而言,已经失败了。它没有带来快速的经济增长,没有消除贫困,也没有使经济稳定。事实上,在新自由主义霸权盛行的这些年代里,经济增长放慢,贫困增加,经济和金融危机成为流行病。"

这次由美国次贷危机引发的全球性金融危机就是自由放任政策给世界带来的恶果。西方大资本、金融资本、虚拟资本都需要自由放任的体制,美国等强国利用手中极其雄厚的资本对发展中国家的经济自由出入也需要这种"便利",自20世纪70—80年代以来,撒切尔夫人、里根陆续上台,开辟了长达近30年的主流经济学地位。这次大的金融危机,再次宣告了新自由主义的破产,不得不更多地乞灵于凯恩斯主义国家干预之类的手段,不得不借助于类似社会主义国家的计划手段。当然,这并不意味着新自由主义的终结。一旦经济形势变暖,它还会死灰复燃。——只要大的垄断资本集团存在,特别是大金融资本存在,它们还会大肆鼓吹和利用新自由主义蛊惑人心。

在这次世界经济大动荡中,中国政府为稳定经济采取了诸多重大措施,取得了良好的实效,再次有力地证明了社会主义市场经济是不能离开国家宏观协调的。国民经济许多重要领域也都不能完全交给"看不见的手"的市场去管。如教育、卫生、住宅、社会保障、收入分配等民生领域,交通运输、资源开发、环境保护、农村设施等基本建设领域,以及扩大内需和调整结构,乃至宏观总量平衡等问题,都不能完全交给自由市场去调节,而不要国家的协调和安排。新自由主义关于市场万能的迷信、自由放任的神话,越来越多的人开始认识其本质、其用心而不再相信了。

(本文系作者在"21世纪世界政治经济学杰出成果奖"颁发大会的演说)

(原载《中国社会科学报》2010年6月29日)

构建中国特色社会主义金融体制的思考

——兼析金融私有化、自由化的几个观点

杨承训

金融是现代经济的核心,是国民经济命脉的血液和心脏。中国选择什么样的金融发展方向和基本制度,关系到社会主义现代化事业的兴衰,关系到社会主义市场经济的成败,关系到中国的经济独立和经济安全。二十多年来,中国金融体制进行了多方面的改革,尤其是从西方发达国家学来了不少现代金融理论和运作方法,使我们打开了思路,对于中国金融创新、化解和防范金融风险提供了许多有益的经验;同时不可忽视,也带来一些负面影响,特别是以"华盛顿共识"为代表的新自由主义观点的传播,使人们的认识陷入迷茫。现在很有必要总结国内外金融业运作和发展的经验,从中国的实际出发,探索中国特色社会主义金融发展之路,通过深化改革完善金融体制。现在的讨论应当将基本制度、体制架构同经营管理层面的具体方式、方法区别开来。本文着眼于研究它的制度特征和发展方向,从几个方面谈谈自己的想法。

一 坚持社会主义方向,体现金融共性与个性的辩证统一

毫无疑问,全世界的金融业有其运行和发展的共同规律,特别是西方发达资本主义国家的金融业已经有几百年的发展历史,依托发达的市场经

济平台构建了相当完备的金融体系，经过多年各式各样的风风雨雨，积累了十分丰富的运营、监管和创新的经验，并且形成了多家学派的金融理论。而中国以银行为主体的金融体系，则是计划经济体制的产物，基本模式是从苏联学来的，虽然在几十年的经济建设中曾经起到重要作用，但缺少应有的活力，同社会主义市场经济越来越不适应，也存在同国际金融接轨的多种障碍，不利于规避金融风险。正是因为这样，我们应当像邓小平所说的那样，"把银行真正办成银行"，汲取国际金融的有益经验，认真克服原有的弊端，加快进行金融体制改革。

然而，在借鉴国外金融经验的时候切不可忘记自己的特殊性，最重要的一点是突出中国特色社会主义宗旨，实现共性与个性的辩证统一。邓小平晚年说过："社会主义市场经济的优越性在哪里？就在于四个坚持"（即坚持社会主义道路、坚持人民民主专政、坚持共产党的领导、坚持马克思主义）。"四个坚持集中表现在党的领导"，"党的领导是个优越性"，"四个坚持是'成套设备'。在改革的同时，搞好四个坚持"。[1] 这个基本要求，完全适用于金融体制改革。这些年把大量西方金融理论引入中国金融体制改革中，讲技术层面的多了，讲金融的社会性质和服务方向的少了，有的学者强调淡化"意识形态"，好像金融业没有为谁服务的问题，"金融就是金融，没有'姓氏'的区别"，没有必要划分资本主义金融和社会主义金融。恐怕将来金融中的一切病症都会发端于兹。

当年毛泽东强调："共同点与特殊点都是要紧的，而特点尤要。"[2] 这个道理今天仍然适用于现今的金融体制改革。就中国特色社会主义金融业的基本方向来说，有两个基本特点必须坚持：一是要在改革中突出"四个坚持"，特别是坚持共产党对金融业的领导，特别是作为"银行的银行"的央行要服从党的绝对领导（与"党指挥枪"有同等意义），金融必须成为社会主义的一大经济工具，而不能是瓦解社会主义、助长两极分化的手

---

[1] 中共中央文献研究室编：《邓小平年谱》，中央文献出版社2004年版，第1363页。
[2] 中共中央文献研究室编：《毛泽东书信选集》，中央文献出版社1988年版，第189页。

段和渠道。像邓小平所要求的那样，要"突出抓金融"，"什么时候政府都要管住金融"①。二是要为广大群众根本利益和国家宏观调控服务，而不能仅仅为资本增值服务，比如银行和非银行金融机构盈利是必要的，但不能像"经济人"假定所要求的那样，只强调实现银行自身的利益最大化，只强调"嫌贫爱富"，而不顾广大人民特别是弱势群体的利益（现在讲为广大农民和失业职工排忧解难就少多了），不为构建社会主义和谐社会服务。当然，具体的服务职责、路子、办法可以选择（不能等同于慈善机构和公共事业机关），但是服务的基本方向和宗旨不能动摇。在中国金融体制改革中应当强化社会责任意识。

二　发展多种成分的金融业一定要保持国有金融的主体地位

在深化经济体制改革中，有的学者认为国有银行机制不活，不良资产太多，风险大，效率低，主张放开私人金融，建立私人银行，甚至认为私有银行应成为金融的主体，说这是搞活经济和发展市场经济的关键。有人提出，只要有央行控制住金融政策，管住金融秩序，商业银行私有化有利于克服官银体制和经济协调发展，这是西方的成功经验。有的还主张无条件地把私人钱庄公开化、合法化，从地下转到地上，有利于扩大和活跃资本市场，特别是解决中小企业主要是非公有企业的融资问题。这些见解不无道理，其合理成分在于发展多种所有制的金融机构和多层次的金融体系，有利于扩大民间融资渠道。问题在于，私人的银行和其他非银行金融机构要占据什么样的位置、占多大比例、在哪个范围内起作用，以及在什么条件下放开。这也关系到改革的社会主义方向问题。

事物的性质是由主要矛盾的主要方面决定的。中国经济基本制度是公有制为主体、多种经济成分共同发展，其中，国有经济起主导作用，必须

---

① 中共中央文献研究室编：《邓小平年谱》，中央文献出版社2004年版，第1361页。

控制国民经济命脉。金融更有特殊性，它是经济命脉的命脉，它的运行影响着整个经济的质量、结构、速度和发展方向。如果公有制在金融体系中不占主体地位，国有银行不起主导作用，国家就失去了操纵国民经济命脉的能力，无法左右整个经济的运行。按照恩格斯的说法，在商品经济发达形态中经济的运行呈现"头足倒置"的状态，即金融本来依赖于经济而存在，而在运行中却是金融对经济发生决定性的影响，虚拟资本支配产业资本。列宁则把金融称为经济生活的"上层建筑"。其基本原理就是价值运动支配着使用价值运动。因为"货币是交换和商品生产发展的最高产物"，"银行是现代经济生活的中心"，是整个国民经济的"神经中枢"。金融资本是财富的"流体"，它的流动性、组合性特别强。谁控制了金融，谁就决定整个经济的性质和命运。我们要保持中国的社会主义性质，最终达到共同富裕，就必须牢牢保持和不断增强公有制在金融中的主体地位和国有银行的主导作用，否则等于放弃了整个经济的控制权，整个社会主义经济就会改变性质。

就整个经济发展和经济结构的调整来说，国有银行在中国一直发挥着主导作用。现在，中国有国有银行4家，基本上由国家控股或控制的股份制银行有13家，公有制的商业银行有111家，还有758家城市信用社、35544家农村信用社、70多家信托公司、74家财务公司、12家金融租赁公司、126家证券公司、25家基金管理公司、189家期货经纪公司、58家保险公司等。截至2003年上半年，国有商业银行资金运用总额14.2亿元，其中各项贷款9亿元，占银行资产和货款的比重均为70%，对国家重点企业货款中，国有商业银行占90%左右；国家重点建设贷款中，国有商业银行占75%左右。试想，如果没有中国强大的国有银行支持，中国保持改革以来的高速增长是不可能的，多次宏观调控的实施（特别是2004年避免了国民经济的大起大落）也是不可能的。事实表明，真正执行国家宏观政策还是要依靠国有银行。这是抹杀不了的铁一般的历史事实。也可以反向思维：为什么其他发展中大国不可能有这样持续发展的高速度和整个经济相对协调的发展？它们没有这样强大的国有银行，是重要因素之一。这从整体上证明，社会主义银行还是优越的，其主体地位和主导作用不容动摇。

或许有人认为，国有银行不良资产的比重很大，潜伏着重大风险，机制不活，弊端很多，必须改革。这也是事实。我们要坚持深化金融体制改革，并且使之成为整个经济体制改革的重点之一。但是，改革不等于改掉，这属于自我完善层面的问题，实质上是有关金融体制改革争论的焦点。这里应当探究：第一，"孩子"身上脏了是给"孩子"洗好澡，还是连脏水带"孩子"一起倒掉？社会主义自我完善的原理就是给"孩子"洗好澡，使之更好地成长；而新自由主义的主张则是借洗澡（改革）之名，扔掉"孩子"（公有制，包括公有制银行）。这是两种截然不同的改革路线。第二，在看到缺陷的同时，也不可全盘否定国有银行的优点，比如信誉度高，抗风险的能力强，中国的老百姓信得过，不担心还不了款，并承担着许多政策性任务，还有一支忠于职守、素质较高的队伍。第三，金融体制改革重点是改什么？新自由主义主张改变根本的经济制度，借产权改革改变所有制性质，把国有银行变为私人银行或外资银行。我们则主张优化公有制，包括改革管理体制、经营方式、消化不良资产、加强监管、提高人员素质、选择有利于发展和提升控制力的实现形式（如国家控制的股份制），而不能动摇国有银行的主体地位。至于银行以及非银行金融机构的分工架构、经营模式、机构的具体设置，这些多属于经营层面的问题，属于量变或部分质变的内容，不属于根本性质的改变。相反，金融体制改革归根结底正是为了增强国有银行的控制力、竞争力。

要不要发展私营银行？根据中国的基本经济制度规定和从金融市场发展的实际出发，应当发展一些。但必须有两条限制：一是前提条件成熟，比如，外部金融法规健全，金融秩序规范，诚信环境形成，国家有能力加以控制和管理；内部要有充足的资本，有素质高、善经营的人员，遵守信用规则等，而不是有钱就可以随意办银行。这也有个发展完善的过程。二是数量不能太多，规模不能太大，而是办中小型银行，一般不设分支（美国就是如此），更不能取代国有银行的主体地位，只能起补充作用。就这一点而言，私人银行还不能与私营工商业企业相提并论，因为金融业业务道德风险大、信用要求高，如果仅仅追求利润最大化便会丢弃信用的基本准则。有人说：美国不是私人银行占多数吗？照样管得好。这是由于国情不同。首先，美国的私人银行是为资本主义服务的，更有利于富人（美国的两极分化是相当严重的）。其次，那里的银行发展了二百多年，法规比较健全，也没有外国人插手。中国则不同，管理达不到那种程度，况且往往有外国人作祟，一旦出现了问题，对社会危害很大。最后，还要看到，即使在美国，由此引起的金融破产也是相当严重的。据美国公布的数据，全国共有银行15000多家，其中小型银行占80%，每年都有1000多家破产，同时新生1000多家，也造成了许多社会问题和法律纠纷。这个办法我们不能照搬。

是不是可以让私人钱庄公开化？看来原样翻版会造成很大的危险，需要认真对待。现在东南沿海地区私人钱庄主要有三种类型：一是放高利贷；二是从事洗钱活动；三是与外商勾结，利用外资从事高利贷和套汇活动。它们严重破坏了金融秩序，对社会危害很大。据《经济日报》2004年7月24日报道，仅2003年就查处私人钱庄搞地下外汇交易260万笔，涉及金额6000亿美元（相当于GDP的近50%）。2004年4—12月又打掉黑钱庄155个，涉及金额达40多亿元。[①] 据专家估计，全世界每年的洗钱数量高达1.5万亿—3万亿美元，相当于世界经济总量的2%—5%，中国的洗钱数量大体相当于中国经济总量的2%上下。如果不能彻底改造便让其公开化、合法经营，它们不会甘心失去原有的经营而不再从事洗钱活动和放弃高利贷收入。所以，私人钱庄危害很大，与正常的合法的私人银行是两个不同的概念，对这种非法的钱庄现在只能采取坚决打击的措施；愿意转到地上的，要进行脱胎换骨的改造，严格加以规范。

综上所述，中国的金融体制改革不能走新自由主义鼓吹的私有化道路，必须坚持中国特色社会主义金融方向。大体上说，应当建立以央行为主导，

---

① 2005年7月13日《经济参考报》。

国有商业银行为主体，国有专业银行和政策银行为助手，非银行金融机构为补充，合作信用社相配套的多种所有制共同发展的多层次的金融体系。它既不同于计划经济体制下的银行体制，也不同于资本主义国家的金融体系。目前的重点是改革国有商业银行，在条件具备的前提下，慎重地发展非公有的小型银行。在深化金融体制改革中着力转换经营方式，改善金融生态（外部环境）。

三 加强和改进金融监管与金融调控，稳健地实现利率市场化和发展金融市场

被人们称为市场原教旨主义的新自由主义反对政府干预经济，"华盛顿共识"则要求放松对货币和银行的管制。实际上，美国等发达资本主义国家在国内并不完全实行这样的政策，其国家银行（包括美联储）对货币银行的干预是很厉害的。而国内的有些学者却把这种理论和政策当作圣经，针对中国金融业出现政府干预过多、利率市场化未到位、金融市场发育不足等问题，就跳到另一个极端，主张中国应当对银行业放开，一切靠市场化来解决，银行私有化又最能适应市场要求，可以自发地"自求稳定"。这也关系到中国金融体制改革的方向问题。

列宁说：只要再多走一小步，看来像是朝同一方向多走一小步，真理就会变成错误。中国的金融体制改革也是如此。诚然，中国商业银行现在既存在政企不分、市场化不足的弊端，又存在监管不力、腐败严重的现象。在深化改革中，既有利率市场化和发展金融市场的内容，又有强化和改进监管、建立新的监管体系和健全金融调控机制以及反腐败的任务。但是，绝不可完全不要政府干预、弱化金融监管、放任利率市场化、放纵金融市场的投机行为，否则会导致金融市场的紊乱。

这里需要明确的是，建立和强化金融监管体系，是属于金融机构和金融市场的管理范畴，不涉及所有制的性质。金融腐败并不是银行公有制不可克服的弊端（私有银行中的丑闻也是屡见不鲜的），而主要是监

管不力,特别是处于计划经济体制向市场经济的转轨时期,管理的空档非常多,权力与资本容易结合,在国有银行中利用贷款手段受贿的现象相当严重(银行中多是银行内控人与社会上私人资本结合),必须通过严格的监管加以克服和防范。只要措施得力、体系健全,这个问题是可以解决的。与此相关,由于腐败现象的存在,本来风险很大的金融业就会进一步加大风险,现在国有商业银行实行的终身责任制也有利于克服这种现象。更重要的是金融监管的系统化,管风险,管法人,管内控,提高透明度,强化监管法规,改进监管方式和手段等。现在需要进一步实施,并且要建立对监管部门的特殊监督机制。只要强化这方面的管理,公有银行完全可以搞好,而且可以避免私有银行的弊端,特别是诚信度会更加增强。

健全金融调控机制是深化金融体制改革的又一项重要任务。在市场经济下价格机制是配置资源的基础,金融也不例外,利率就是资金或资本的价格,利率市场化是一个必然趋势,有利于金融资源的合理配置。不过,利率市场化不等于放任自流,即国家银行不能制定基准利率,不要宏观调控。有一种观点主张利率完全放开,完全由市场决定,让其自由浮动,由银行特别是私人银行自己掌握。这是不符合金融运行规律的,连美国也没有这样。事实上,美联储对利率的管理非常严格。所谓利率市场化只能在基准利率的框架内适当浮动,而不能违背国家宏观调控的大政策。

与此相关,要对投资行为进行引导、调整和监管。金融是宏观调控的基本手段之一,按产业政策控制贷款则是调整投资的最重要的闸门。在一般投资领域,可由市场决定,而在重点调控领域,金融投资行为必须服从宏观调控的指导方针。有人主张,放松金融管制,放纵投资行为,认为重复建设有积极意义,可以完全由市场自发调节。如果照此办理,中国经济必定出现经济结构的畸形化,出现大的经济波动,乃至酿成经济危机。中国宏观调控的成功,正是基于运用了正确稳健的金融政策。还有人主张投机有利于经济发展,反对限制投机,甚至埋怨管住贷款这个闸门是"专门治私营经济的"。这也是一种十分有害的观点和危险的政策主张。不错，在市场经济下投机是不可避免的，在有些领域（如证券市场、期货市场等）可以适当利用投机活跃市场。但是，要知道，我们是社会主义市场经济，其宗旨是实现人民的共同富裕，保证条件是"四个坚持"，重要任务是构建社会主义和谐社会，我们不可能全面支持投机活动，而必须把它限制在一定范围和一定的程度内，不允许过度投机，绝对禁止非法投机。这些年，一些人就是利用体制转轨钻了空子成了暴发户。20世纪80年代的价格双轨制，20世纪90年代初的利率差，20世纪90年代中期的股票炒作，20世纪末的房地产投机，21世纪初的国有企业改制，近两年的矿产投资炒作等，使财富迅速集中在少数人手中，形成严重的收入分配不公（在私营企业收入差距平均为25.15倍，最高的可达上万倍）。突然暴富和骤然变穷也会引发严重的社会问题。而这些投机行为都与金融联系在一起。所以，我们绝不可削弱金融宏观调控的功能，必须认真按照社会主义市场经济的要求进一步加强和改进。

现在有的学者主张照搬西方模式，银行私有化，金融自由化，投机放任化，也建立类似投机家乐园式的金融市场。这里需要考虑的问题是：中国在发展金融市场特别是证券市场的时候，是不是要照搬西方的模式，是否一定要建立十分发达的股票市场，把股市成为全部市场的中心，让人们都去炒股票、炒房地产、炒外汇等，以致迅速分泌出这样的一批暴发户？这些市场要不要有一个限度？过去把股市（交易所）比作"狼吃羊"的地方，现在看来有些偏颇。但是，在我们发展资本市场、倡导居民投资的时候，社会主义市场经济是否一定也要构建那种投机家乐园式的绝对自发的而又左右整个经济的股票市场，使整个经济特别是金融价格处于不稳定之中？怎样才能避免经济泡沫、金融泡沫乃至泡沫经济，致使经济大起大落和造成周期性危机，导致严重的两极分化？这是很值得思考的重大问题，看来也要突出社会主义市场经济的特征和优势。在讨论构建中国特色社会主义金融的时候，我们应当研究这个问题。

此外，为了承担一些社会责任，政策银行还是应当保留和扩大的。社会主义银行不能仅限于"经营货币的企业"这一定义的束缚,它应当有一部分承担一些非营利的社会公平任务,以无息或低息贷款的方式调节收入分配和支持一些公益事业,体现共同富裕和社会主义和谐社会的要求。

四 保持中国金融的独立自主地位,保证金融的国际安全

"华盛顿共识"还有一条重要的政策,即让国外资本自由进出,结果造成了发达国家控制许多国家的金融机构和金融市场,使这些国家造成严重的外债负担(有的超过它们的经济总量)和金融风险的灭顶之灾。然而,我们的有些学者却津津乐道于这种模式,主张全面开放外资,企图利用外资改造我们的银行,汇率制度也要以西方为准。事实表明,这条道路不能走,中国特色社会主义金融必须保持独立自主的特点,绝不能让国际金融大鳄控制自己的金融命脉。

这不仅是重大理论问题,而且是更严重的实践问题。我们可以看拉美、东欧(转型后)外资控制金融的情况。由波兰学者波兹南斯基在《全球化的负面影响——东欧国家的民族资本被剥夺》一书中提供了这样一组数据(见表1):

表1　　　　　工业和银行业中外所有权比重(2000年)　　　　　(%)

国家及地区	工业	银行业	银行业中公有成分
东欧国家			
波兰	35—40	75	20
克罗地亚	—	85	10
捷克共和国	35	65	30
爱沙尼亚	60	80	15
匈牙利	75	70	10
斯洛伐克	25	40	40
斯洛文尼亚	15	10	60
拉美国家			
阿根廷	—	40	20

续表

国家及地区	工业	银行业	银行业中公有成分
巴西	—	15	38
智利	—	35	—
委内瑞拉	—	55	5
西欧国家			
奥地利	30	4	35
丹麦	15	7	—
法国	25	12	—
西班牙	25	13	20
爱尔兰	50	55	—
德国	13	6	40
挪威	11	7	55
葡萄牙	23	15	30
北美国家			
加拿大	50	7	—
墨西哥	—	8	30
美国	18	11	—
东亚国家和地区			
日本	3	2	15
马来西亚	—	17	42
韩国	—	5	16
中国台湾	—	4	57

资料来源：加博尔·汉尼亚：《外国直接投资的发展与私有化》，《维也纳国际经济研究所月度报告》2000年第5期；加博尔·汉尼亚：《通过外国直接投资对罗马尼亚制造业所进行的改造》，《维也纳国际经济研究所月度报告》2002年第287期；詹姆斯·波利蒂：《私有化与经济成就携手并肩》，英国《金融时报》2001年增刊《新的游戏规则》；卡齐米耶日·Z. 波兹南斯基：《波兰的所有制结构与对外行业》，载联合国2001年5月文件。

最严重的是东欧几国，外资基本上控制了银行业；其次是拉美国家，银行也处于外资相对控股的状态。这就很难保持经济上的独立性。有的已经变成西方的附庸，有的遭到国际金融危机的严重冲击。这应当引起我们的深思。我们不可忘记中国半殖民地的历史旧痛，如1894年外国在华投资的比重为60.7%，到1936年达到78.4%，等于经济主权落在别人手里。

必须看到,西方发达资本主义国家在世界经济中占主导地位,它们拥有的金融资产巨大,大体为30多万亿美元,犹如决堤的洪水,想吞没一个国家容易得很。早在20世纪初,列宁就说过:"金融资本特别机动灵活,在国内和国际上都特别错综复杂地交织在一起,它特别没有个性而且脱离直接生产,特别容易集中而且已经特别高度地集中,因此整个世界的命运简直就掌握在几百个亿万富翁和百万富翁的手中。"① 现在更加严重了,金融风险带有突发性、连锁性、破坏性,金融安全问题特别突出。如果我们不注重保持金融的独立自主地位,也会陷入灭顶之灾。1997年中国之所以能够避免东南亚金融危机的冲击,就是基于掌握了对外资进入的控制权。我们汇率的保值和调整,坚持独立自主,不屈从于国际资本的压力,保证了国民经济的健康发展和经济秩序的稳定有序,是一条重要经验。今后的汇率改革也不等同于人民币汇率升值,而是要建立有政府管理的市场化浮动汇率制。我们深化金融体制改革,引入外资参股,有利于我们吸纳资金和管理经验,但也不能不提防外资对银行的控制。根据WTO协定,2006年后外资会大举进入金融市场,如果过度引入外资便会沦为金融殖民地,即使允许像索罗斯那样的捣家扰乱中国金融市场,那也会造成国民经济的混乱和危机。这是十分危险的,我们不可不警惕,绝不能误入新自由主义的圈套。对于人民币资本项下的自由兑换,应当保持独立的货币政策,在中国资本市场相对稳定并能适应国际变化、国内金融机构和中央银行监管能力大大增强等条件成熟之后逐步放开,应当依靠强大的政权力量实行自己的国家管制政策。面对国际金融资本的新特点、新趋势及其强大实力,我们要坚定地保持金融业的独立自主地位,建立强有力的防火墙和安全阀,建立健全应急机制,以规避国际金融风险,既要善于利用国际金融资本(包括银行参股),又要确保自身金融安全。这应当成为中国特色社会主义金融的重要特征之一。

归结起来,我们在深化金融体制改革的时候,要辩证地领会邓小平的

---

① 《列宁全集》第27卷,人民出版社1990版,第142页。

两句话:"改革是社会主义的自我完善";"社会主义要赢得与资本主义相比较的优势,就必须大胆地吸收和借鉴人类社会创造的一切文明成果,吸收和借鉴当今世界各国包括资本主义发达国家的一切反映现代社会化生产力规律的经营方式、管理方法。"前一句话是方向、宗旨,后一句是方式、方法,这两个层面要辩证地统一起来,不能混淆,以创造富有生机的中国特色社会主义金融经济。

(作者单位:河南财经学院)

(原载何秉孟主编《金融改革与经济安全》,社会科学文献出版社 2007 年版)

马克思主义是研究美国金融危机的强大理论武器

裴小革

2007年美国爆发了严重的次贷危机，2008年以来又引发了全球性的国际金融危机。从操作层面来描述美国金融危机产生的技术性失误和政策性弊端是必要的，但更需要的是从生产方式的矛盾、虚拟资本和实体资本的关系、经济周期的形成机制等方面，认识此次美国金融危机产生的深刻根源和实质，研究美国金融危机对中国和世界经济的影响，探索应对美国金融危机的科学方法。这就需要创新发展马克思主义及其经济学。

一种比较流行的观点是：按照西方经济学界的说法，把马克思主义经济学称为激进的经济学，把西方经济学称为建设的经济学，认为对于美国金融危机问题，马克思主义经济学最多只是"病理学"，西方经济学才既是"病理学"又是"治疗学"，所以我们在对美国金融危机的研究中，只应用西方经济学或只创新发展西方经济学就可以了，马克思主义经济学只讲了金融危机的危害和后果，与应对和克服美国金融危机问题无关，它的一套话语体系应该完全放弃不用。这种说法是不符合实际的，也是不利于全面深入研究美国金融危机的。

一 马克思主义揭示了美国金融危机的本质原因

此次美国金融危机不是一种新的经济现象,自从资本主义生产方式占统治地位以后就不断出现,只不过由于美国等资本主义发达国家自20世纪30年代的大萧条以来,采取一系列涉及生产分配关系改变的政策措施,使危机的形式有所变化,危机的程度有所缓和而已。

西方经济学家常常按照流通领域中的事件,如交易所的恐慌、银行倒闭等来确定危机的开始。而在马克思主义关于资本主义经济制度的理论看来,生产领域中的事件才是决定性的因素。马克思指出:"危机的一般的、抽象的可能性,无非是危机最抽象的形式,没有包含危机的内容,也没有包含危机内容丰富的起因。卖和买可能彼此脱离。因此它们是潜在的危机。……但是,使危机的这种可能性变成危机,其原因并不包含在这个形式本身之中……世界市场危机必须看作资产阶级经济一切矛盾的现实综合和强制平衡。因此,在这些危机中综合起来的各个因素,必然在资产阶级的每一个领域中出现并得到阐明。我们越是深入地研究这种经济,一方面,这个矛盾的越来越新的规定就必然被阐明;另一方面,这个矛盾的比较抽象的形式会再现并包含在它的比较具体的形式中这一点,也必然被说明。"[①]

随着工人阶级作为独立的政治力量登上历史舞台,资产阶级统治地位受到了威胁,西方主流经济学放弃了对于金融危机基本经济制度层面原因的研究。它的各种理论顽固地宣称资本主义社会制度的生产领域没有矛盾,是终极的永恒的社会形态。资产阶级的立场使西方经济学害怕指出使资本主义在其特有的内部运动规律作用下遭到革命性崩溃的力量。而这样,它也就给自己堵塞了理解美国金融危机本质的道路。因为,美国周期性重复的金融危机和资本主义在历史发展中不可避免崩溃的基本原因,同样都是

---

① 马克思:《剩余价值理论》,第2册(下),人民出版社1975年版,第581—582页。

生产的社会性同资本主义占有形式之间的矛盾。正是由于这种矛盾，必然造成贫富两极分化和生产者享受不到自己创造的剩余价值，因而美国的资本主义市场便不能按照资本对增值其价值的要求扩大容量。

恩格斯指出："市场的扩张赶不上生产的扩张。冲突成为不可避免的了，因为它在把资本主义生产方式本身炸毁以前不能使矛盾得到解决，所以它就成为周期性的了。资本主义生产产生了新的'恶性循环'。"① 周期性重复的生产过剩危机是资本主义社会制度全部矛盾的爆发。社会性的生产同资本主义占有制之间的这个基本矛盾是危机的总根源。危机就是把所积累的扩大再生产的尖锐矛盾作暂时的强制解决。然而，资本主义的基本矛盾不仅仍然保存着，而且由于每次危机的结果而更加深刻，并且必然要导致新的生产过剩危机的产生。

列宁结合资本主义发展到垄断阶段出现的新现象研究了金融危机问题。和马克思、恩格斯研究自由竞争资本主义一样，列宁研究垄断资本主义时，也是从生产力和生产关系的对立统一入手，始终抓住生产社会化和资本主义私人占有之间的矛盾这个中心环节。列宁认为，垄断的产生是资本主义基本矛盾尖锐化的结果，而垄断产生后，一方面使生产社会化有了高度发展，以致国际化了；另一方面又使占有成为极少数人的垄断私有，这样就使资本主义基本矛盾进一步尖锐化，并突破国界，在世界范围内展开。所以国家垄断资本主义和国际金融危机的出现，都进一步表明资本主义必然要被社会主义取代。他说：伴有金融危机等灾难的国家垄断资本主义"是社会主义的入口，是历史阶梯上的一级，从这一级就上升到叫做社会主义的那一级，没有任何中间级"②。

第二次世界大战后美国国家垄断资本主义的发展轨迹证实了列宁的论断。在国家垄断资本主义条件下，美国政府由于掌握了巨额资本，使得国家干预国民经济的能力空前加强，同时它还接受了主张由国家干预经济活

---

① 恩格斯：《反杜林论》，《马克思恩格斯全集》第20卷，人民出版社1971年版，第300页。
② 列宁：《大难临头，出路何在？》，《列宁选集》第3卷，人民出版社1972年版，第164页。

动的凯恩斯主义理论。在这种理论指导下，美国的罗斯福政府作出了在不改变资本主义基本经济制度的前提下，通过国家干预克服金融危机的尝试。应当承认，国家干预在相当程度上克服了私人垄断在发展社会生产力和容纳已经发展起来的生产力方面的局限性，从而在一定时期内推动了资本主义生产的快速发展。从20世纪50年代起到1973年止出现的美国资本主义经济发展的"黄金时代"，与战后国家垄断资本主义对经济加强宏观调控有很大关系。

但是，在马克思主义关于资本主义经济制度的理论看来，国家垄断资本主义本质上是资本主义私有制的一种特殊形式，同时，国家垄断资本主义又是靠人为的措施刺激经济增长，使资本主义基本矛盾受到抑制而不能充分展开。因此，国家垄断资本主义对资本主义经济发展的推动作用不仅是有限的，而且到一定时候必然会逐步弱化它的推动作用，以致拖延和阻碍生产力的发展。1973年以来，美国等资本主义经济出现"滞胀"的艰难局面，并不是偶然的，正是战后国家垄断资本主义过分依赖对经济进行国家干预长期积累的恶果。战后国家垄断资本主义的反危机措施，使危机得不到充分展开，不能充分发挥危机淘汰过剩生产能力和多余产品的应有功能，致使已有的生产和消费的矛盾得不到应有的解决。

此次美国金融危机爆发的导火索是美国的次贷危机，它发生在金融领域，根源却在生产领域。在美国，由于资本主义基本矛盾的作用，社会实际有支付能力的需求还是无法跟上实体经济的发展速度，只不过在现代金融高度发达的条件下，其表现形式不是生产出来的住房卖不掉，而是通过贷款已经得到住房的穷人无力支付房款。因此，尽管表面上看，生产出来的住房已经卖掉了，但实际上在实体经济生产领域中的生产过剩已经存在。当过度发展金融业催生的房地产泡沫一旦破灭，其隐含的总供给大于总需求的矛盾就显现为经济运行的现实矛盾。作为此次国际金融危机先兆的次贷危机，并不是此次美国金融危机的根源，相反，它只是生产过剩的结果和危机的另一种表现形式。

此次美国金融危机表明，战后私人垄断和国家垄断的发展，是资本主义对生产力发展客观要求的一种适应性调整，这种调整一方面在一定时期和一定程度上促进生产力的发展，另一方面又有阻碍经济发展的效应。这表明了资本主义垄断制的历史局限性，因为资本关系不管如何发展，本质上仍是资本主义私有制，因而不能解决资本主义基本矛盾。垄断制的发展，特别是国家垄断资本主义的发展，只是表明资本主义基本矛盾需要解决，并为解决这一矛盾提供了线索，这就是需要以马克思主义关于资本主义经济制度的理论为指导，用社会主义经济制度取代资本主义经济制度。

二　马克思主义经济学重视研究美国金融危机的体制、技术层面原因

马克思主义经济学不仅揭示了美国金融危机产生的本质原因，而且还重视研究美国金融危机的体制、技术层面的原因。自资本主义制度确立以来，它使社会生产力得到了飞速发展，创造了经济增长的奇迹。马克思和恩格斯早在1848年发表的《共产党宣言》中就明确指出了这一点。但与此同时，他们更注意到，资本主义的这种经济增长的奇迹不是不经波折的持续增长，实际上，资本主义的经济增长离不开金融危机，它是在金融危机周期爆发中实现的。制约经济增长的诸因素如科技进步、资本的积聚、人口的增加等同样对造成金融危机的经济波动发生作用。但是这些因素与经济增长和经济波动发生作用的内容有所不同。科技进步、人口增加、资本规模的扩大，既是推动经济增长的原因，又是经济长期持续增长的结果。而经济波动反映的是在经济周期循环过程中，各类经济部门对现有的科技、人口和资本等生产要素利用程度的变化。同时，一定时期内的科技水平、人口和资本等资源要素的供给量又影响和制约着这一时期的经济波动，为经济波动限定了一定范围。

马克思主义经济学注意到了社会化大生产各部门间的有机联系，以及整个经济结构中，某些部分对其余部分的影响，并意识到了局部或部门的危机或波动对于整个经济波动的影响。马克思深刻阐明了在商品生产条件

下社会再生产正常进行所要求的两大部类平衡问题。这种平衡既包括使用价值，即物质的方面，也包括价值的方面；既有相对稳定的静态的简单再生产分析，也有比较复杂的动态的扩大再生产分析。这些分析对于研究美国金融危机同样具有适用性。如果在社会再生产中，两大部类的比例不能保持适当的关系，社会生产就会因结构比例和发展速度的差异而导致失衡，从而产生大的波动和危机。

20世纪70年代中期美国金融当局把利率大大提高之后，大量国内外资本急剧地转向金融领域，因为在这里资本的回报率十分高。美国金融当局知道在实体经济领域产业比较萧条的情况下，资本家的问题不是货币资本太少，而是在资本过剩的危机中投资获利的机会太少了。而货币资本一旦进入金融领域就不会闲置了。在随后的30年里，美国在其不断扩张的内在本质和外在竞争压力（要么增长，要么灭亡）的驱动下，资本的金融代理人（银行、投资公司、对冲基金、私人产权公司等）飞速地进行大量的买卖、借贷和消费，导致金融领域（包括就业、交易、工具、参与者和赢利）的急剧膨胀。换句话说，金融产业疯狂地发展。

在马克思主义经济学看来，生产资本是通过在生产领域创造剩余价值和利润来实现扩大再生产，而货币资本则是不同的，它更加自由自在，可以在流通领域通过各种对生产生活有利和不利的财富转移短期行为获利。货币资本可以借助电脑网络在全球流动。如果金融资本能够进入工厂、设备和新技术的长期投资中，则可以创造新的就业岗位，促进增长。然而这些并不是金融资本最喜爱的投资行为，因为它更愿意仅在流通领域通过自我膨胀来获取短期暴利。金融资本脱离实体经济的无限度扩张，不仅不能促进经济增长，而且还会破坏经济发展的顺利进行。此次美国金融危机给美国中西部和东北部各州带来的经济衰退，以及给欧亚各国特别是发展中国家带来的发展困难就说明了这一点。

在20世纪80年代晚期和90年代，美国金融资本的力量日益增强，活动范围日益扩大，成为民族国家经济和世界经济的轮廓、结构、相互关系及其演变的主要决定因素。金融产业脱离实体经济的过度膨胀是美国资本主义体制性弱点和矛盾的产物，同时它也是新自由主义的资本积累和治理模式的急先锋，目的是恢复美国资本主义在国内事务和世界事务中的活力、获利能力和支配地位。

但是，金融产业脱离实体经济的过度膨胀是一柄双刃剑。正是金融产业脱离实体经济的过度膨胀促使美国经济和世界经济产生了新的薄弱环节，使其变得不可持续。在金融产业脱离实体经济过度膨胀的国内和全球经济的同时，也使美国的家庭债务、政府债务和企业债务像天文数字般堆积，这些债务可以在一夜之间爆炸；在它刺激经济增长的同时，也引起美国和世界经济动脉的极大不稳定——过去20年不断发生的金融危机就是证明；在它延长美国经济周期性循环的上升期的同时也导致经济的"硬着陆"，最终使危机变得更为严重（这正是美国现在所正经历的）；在它推动财富创造的同时，也成功地把美国历史上最多的财富由财富的创造者工人身上转移到财富的占有者——美国的金融资本家等上流社会手中。美国的金融市场吸引了大量的流动资本，使美国依赖于外国投资者来吸收大量债务。由于美元贬值和美国市场的过度波动，外国投资者越来越不愿意这种状况继续下去。在美国消费者通过借债增加的购买力支撑着全球需求的同时，也使世界经济与美国过度金融化的、过度负债的不稳定经济紧密地联系在一起。

马克思主义经济学关于金融危机体制、技术层面的研究，对于研究美国金融危机具有重要的指导意义。社会生产两大部类及其各产业部门结构失衡，消费者过度提前消费寅吃卯粮，房地产市场投机活动失控，利率大起大落，次级抵押贷款被过度证券化或衍生出更多的金融交易等，都是次级债危机产生的重要原因。虽然虚拟资本积累对于实体资本积累的效率有着巨大的影响，它在适应实体资本积累时，能够使市场交易更加方便，从而加速资源的配置和财富的创造，但是归根结底，是不能脱离实体资本积累而单独发展的。它本身的发展还不是生产力的发展，它脱离实体资本积累的发展，不仅不能促进经济的发展和人类福利的增加，还会给经济和人类带来很多不良后果。所以，以适度的货币政策与金融工具创新，使虚拟资本的积累服务于实体资本的积累而不是脱离实体资本的积累，保持社会再生产两大部类各产业之间的动态平衡，是防范金融危机的重要前提。

三 中国化马克思主义是我国应对美国金融危机的根本指导思想

美国是中国最大的贸易伙伴和债务国，此次美国金融危机从时间上看，恰好又发生在中国经济经过一段高速增长后周期性地出现回落并进入调整的阶段，这就使中国的经济增长和经济发展面临更严峻的挑战。美国金融危机的持续蔓延和国内经济下行压力不断加大，使得继续保持经济平稳较快增长成为中国经济工作必须强调的当务之急。而中国化"危"为"机"保增长的根本途径就在于，在继承马克思主义精髓的同时反对各种对马克思主义的教条式理解，在中国化马克思主义指导下，坚定不移地抓好发展。

改革开放以来我们取得的一切成绩和进步的根本原因之一，就是形成了中国特色社会主义理论体系，这个体系是马克思主义中国化的最新成果。在当代中国，坚持中国特色社会主义理论体系，就是真正坚持马克思主义。中国社会主义建设的实践经验，是中国特色社会主义理论体系形成的历史根据。新中国成立以后，我们党领导人民建立起社会主义基本制度，提出要以实现工业化为核心，逐步建立独立的比较完整的工业体系和国民经济体系，提出坚持统筹兼顾等方针原则，推进经济社会各项事业的发展。由于种种复杂的原因，我国的发展走了弯路。党的十一届三中全会后，我们党认真总结经验教训，在正确判断社会主义初级阶段基本国情的基础上，形成了以"一个中心、两个基本点"为主要内容的基本路线，制定了一系列推进发展的方针政策，开辟了建设中国特色社会主义的道路。党的十四大以后，我们党围绕建立社会主义市场经济体制的目标，抓住机遇、加快发展，实现了改革开放的新突破，促进了经济快速发展和社会全面进步。

美国金融危机爆发以后，在基本经济制度层面，产生了一些无视我国社会主义建设实践经验的错误认识。其中一个观点就是，把资本主义和市场经济相等同,认为既然资本主义必然出现金融危机,我们要坚持社会主义的基本经济制度,就必须放弃市场经济。这种观点的错误在于没有看到,虽然资本主义存在于市场经济之中,但恰恰是资本主义的生产方式和政治制度,用劳资之间交易关系的平等自由掩盖了他们之间生产关系的不平等不自由,形成了不断导致国际金融危机的社会化生产同资本主义占有形式之间的基本矛盾。所以应该在资本主义和市场经济之间做出明确区分。

法国学者布罗代尔认为,"存在着两种类型的交换:一种是实际的交换,它以竞争为基础,几乎是透明的;另一种是高级形式的交换,它是复杂的、压迫的。这两种类型的活动既没有相同的机制也没有相同的动因,资本主义领域存在于高级形式的交换之中"[1]。集镇是第一种交换形式的典型场合,而远距离的贸易垄断和金融投机即"资本主义"则属于第二种类型,后者从本质上是"反市场的"。[2] 布罗代尔的看法,是很有道理的,把资本主义等同于市场经济是似是而非的。

资本主义制度的最基本特点表现在其生产方式中,即一个阶级独占的拥有作为社会劳动产品的生产资料。这种某一阶级独占的拥有,虽然在历史上采取了生产资料个人所有制的形式,但也可能采取公有的形式。当社会劳动所生产的生产资料不被社会整体所掌握而被社会的一部分人所掌握(然后这一部分变成统治社会的"资产阶级"),他们在市场交易的掩盖下剥削、压迫无产阶级,那里就存在着资本主义,也就存在着不断导致金融危机的资本主义基本矛盾。

应对美国金融危机不是要取消市场经济,而是要尽力消除导致金融危机的资本主义因素,即少数人对生产资料和剩余价值的独占,在中国特色社会主义理论体系指导下,贯彻落实科学发展观,坚持以人为本。科学发展观讲的以人为本的人,是指最广大的人民群众。在当代中国,就是指包

---

[1] [法]费尔南·布罗代尔:《物质文明和资本主义的再思考》,约翰·霍普金斯大学出版社1977年版,第62页。转引自曹天予主编《现代化、全球化与中国道路》,社会科学文献出版社2003年版,第202—203页。

[2] 同上书,第203页。

括工人、农民、知识分子以及社会各阶层在内的最广大人民群众。以人为本的本，就是根本，就是出发点、落脚点，就是最广大人民的根本利益。在应对美国金融危机中坚持以人为本，就是坚持人民在应对美国金融危机中的主体地位，坚持发展为人民，发展依靠人民，发展成果由人民共享。共享不是平均主义，不是劫富济贫，而是使各阶层人民的实际利益都能够随着改革和发展的进展而增加。只有这样，才能在全社会进一步扩大应对美国金融危机的共识，调动全民参与的积极性。当务之急是"雪中送炭"，帮助城乡贫困人口解决生产和生活困难，使之逐步走上共同富裕的道路。

这就需要把应对美国金融危机保增长与扩大内需保民生结合起来，改善社会各阶层特别是低收入阶层的生活状况，这些人包括：处于二元经济结构转型中的几亿农民，特别是失去土地而生计又没有完全落实的农民；人数在1亿以上而且还在不断增加的作为工人阶级尚不稳定部分的农民工；下岗失业工人；新的社会阶层；各类所有制企业的弱势群体；等等。要采取如下措施：大幅度增加公共支出，实行结构性减税，继续加大对"三农"、就业、社会保障、教育、医疗等重大改革方面的支持力度，加大对低收入家庭的补贴和救助力度，全方位促进就业增长，加快完善城乡社会保障体系，扩大城镇职工基本养老保险、基本医疗保险和城镇居民基本医疗保险覆盖面，积极开展农村养老保险试点，增加保障性住房供给，减轻居民合理购买自住普通商品住房负担等。应对美国金融危机保增长归根结底要依靠全国人民齐心协力的参与和支持，可以说，这些为科学发展所采取的措施既是扩大内需保民生的，也是从根本上应对美国金融危机保增长的。

坚定不移地坚持全面协调可持续发展，是中国特色社会主义理论体系科学发展观的基本要求。我国过去的发展，在全面、协调、统筹、可持续发展上，虽然存在严重的不足，但应对此次国际金融危机也具有很大的潜力。目前，中国经济的困难主要在于，国际金融危机冲击下的经济结构性失衡，内需不足，外需不振，导致产能过剩。过去十几年，在经济全球化推动下，在以美国为首的发达国家进口需求扩张的刺激下，中国的出口经济和劳动密集型制造业得到了长足发展，已成为中国经济高增长的主要推动力量。然而，出口经济和劳动密集型制造业的庞大规模，在世界经济调整与出口快速下降的趋势下，迅速转换为大量的过剩产能。中国东部沿海地区大量外向型中小企业，正面临着出口需求的快速下滑、生产难以为继的困难局面。由于世界经济调整的深度和持续时间可能超出市场预期，国内消费需求的扩大又有一个过程，因而中国出口经济和劳动密集型制造业产能过剩的问题，已成为保增长的直接困扰因素。由此带来的企业利润下滑以及职工就业和收入下降，又会影响国内消费需求与经济增长。

应对上述困难局面，必须依据中国特色社会主义理论体系，贯彻落实科学发展观，积极采取反周期宏观经济政策措施，增强中国经济发展的自身内生因素，转变经济发展方式，全面调整产业结构，改变目前产业链集中于价值链低端，高度依赖资源要素投入，智力要素缺失的局面。为保持一定的经济增长速度，保持一定的投资强度，发展重化工业和大型制造装备业是必要的，但更为重要的是要适应我国经济科学发展的要求，特别是要考虑要素制约的影响和就业压力的持续，把大力推进高技术产业、新兴产业和服务业作为我国产业调整的重中之重。

摒弃片面追求GDP产出而不计资源环境成本投入、只重视物质财富积累而忽视人的全面发展、只考虑当代人不顾及后代人的发展理念，采取各种措施实现速度质量效益相协调、投资消费出口相协调、人口资源环境相协调，把短期经济增长与长期经济增长结合起来，走新型工业化道路，通过自主创新和循环经济，提高资源利用率；通过深化改革，形成有利于经济发展方式转变的体制保障。现在燃油税改革已启动，接下来应以此为突破口，加快推动资源价格改革。此外还需加快推动政府职能转变和公共财税体制、土地管理体制、技术创新机制等多方面的配套改革，为转变经济发展方式提供切实的体制保障。

在统筹虚拟资本和实体资本的关系时，则要审慎对待国际资本的流动。此次国际金融危机表明，现在虚拟资本的发展和国际化已经成为不可阻挡的潮流，面对这种潮流，我们必须以对马克思主义关于科学发展理论的创新发展,抵制新自由主义经济学的误导,发挥社会主义制度易于团结协作的优势,趋利避害,循序渐进地开放资本市场,在充分发挥虚拟资本服务于实体资本积极作用的同时,避免其消极影响。尤其是对国际资本的流出流入要采取适度的管理措施,有张有弛,既引导其合理适度的流动以促进经济增长,又要防止非理性的大进大出,避免危及实体资本的正常发展。虚拟资本积累的发展和开放,应该以是否能推动实体资本积累的持续健康发展为基本准绳,严格控制其中的非理性泡沫成分,在虚拟资本积累和实体资本积累的良性互动中,寻求我国经济的快速发展,争取把此次国际金融危机对我国经济的冲击压制在可能的最低限度。

(作者单位:中国社会科学院经济研究所)
(摘选自何秉孟主编《国际金融垄断资本与经济危机跟踪研究》,社会科学文献出版社2010年版)

坚持马克思主义政治经济学理论自信

何干强

早在1984年，中共中央作出《关于经济体制改革的决定》，表明了我们党领导的经济体制改革，一开始就是以马克思主义政治经济学为指导的。而在全面深化改革的今天，习近平总书记再一次强调了"学习马克思主义政治经济学基本原理和方法论"。笔者认为，这既是解决现实经济问题的紧迫需要，也是全面建成小康社会的战略性新要求。

一 经济发展不应偏离指导思想

目前，我国的整体经济出现了收入分配差距过大、部分行业产能过剩、供需结构失衡以及经济增速下行等问题。尽管这与外部的世界经济形势密切相关，但也同国内在某些时段、某些领域存在的轻视、淡化政治经济学指导，盲目搬用西方资产阶级经济学（以下简称"西方经济学"）制定具体政策，有必然联系。一段时期以来，一些人受西方新自由主义思潮的影响，试图把国有经济退出市场竞争领域作为改革攻坚目标，在国有、集体企业中推行管理层收购（MBO），同时"放手、放胆"发展私营经济，不利于以公有制为主体的社会主义基本经济制度的完善，国有经济的主导作用被部分削减。唯物史观揭示出，生产关系决定分配关系。当私有制经济比重加大到一定程度时，少数人的财富和收入就会出现惊人增长，占人口大多数的劳动人民的消费需求就会明显地相对缩小,这就势必造成生产过剩,使私有制与生产社会化这对矛盾在经济关系中逐渐凸显。因此,习近平总书记所强调的"要坚持以人民为中心的发展思想,这是马克思主义政治经济学的根本立场";"公有制主体地位不能动摇,国有经济主导作用不能动摇,这是保证我国各族人民共享发展成果的制度性保证,也是巩固党的执政地位、坚持我国社会主义制度的重要保证",就是从当前现状和长远发展结合的角度,精辟地阐明了学好用好马克思主义政治经济学的重要性。

二 马克思主义政治经济学是科学的

当前,确有一些人在西方错误思潮影响下,陷入对政治经济学的认识误区。诸如,"马克思主义经济学不过是一种学派而已","《资本论》是革命的经济学,现在需要建设的经济学","马克思主义经济学是计划经济的老祖宗,现在已经过时了","马克思主义经济学是本质经济学,不能解决实际经济问题",等等,造成了政治经济学在我国日益被"边缘化"。特别是在广大科研院校,关于马克思主义政治经济学的教学体系残缺不全、课时严重不足,而关于西方经济学的各种课程充斥课堂、备受热捧。

习总书记此次讲话有很强的针对性。他强调,"马克思主义政治经济学是马克思主义的重要组成部分,也是我们坚持和发展马克思主义的必修课"。自从人类思想史上产生马克思主义,在经济学这个学科领域,就形成了科学的和非科学的两大理论体系。政治经济学是人类社会发展到一定历史阶段的产物,它总结了人类社会的经济实践进入社会化大生产时代的新经验和新发展;是在人类最先进的思想方法唯物史观指导下,继承和扬弃前人经济思想,经过彻底的思想革命而形成的科学理论体系。因此,它是人类经济思想发展的结晶,绝不是个人的主观设计,更不属于宗派性质的学术派别。而马克思对这个理论体系的形成作出了开创性的伟大贡献。他的代表作《资本论》从抽象到具体,从微观到宏观,由表及里,又由里及表，既有分析又有综合，坚持理论逻辑与历史过程的一致性，辩证地揭示了资本主义经济形态运动的客观规律，其中包括了人类社会经济运动的一般规律。而由此形成的一系列科学经济范畴、原理，尤其是科学研究方法，不仅是指导无产阶级革命取得胜利并已被实践证实的思想武器，还是我们形成社会主义初级阶段经济形态的科学认识和发展社会主义市场经济最科学的思想武器。可以说，在深化经济体制改革的新形势下，只有坚持和发展政治经济学，才能全面坚持和发展马克思主义。

三 西方经济学存在一系列弊病

确立政治经济学的理论自信，必须深刻认识西方经济学的严重弊病。目前有种倾向，一谈学习马克思主义，就说要防止教条主义；一谈社会主义市场经济，就说要借鉴西方经济学。其实，只要真正深刻理解了马克思主义唯物史观和辩证法，又能深入实际，就不会犯教条主义错误；那些搞教条主义的，往往是没有弄懂弄通马克思主义。而对现代西方经济学，如果没有批判和扬弃，就谈不上科学的借鉴。固然，资本主义经济形态是人类历史发展的必经阶段，其经济实践具有二重性，即资本主义私有制生产关系的规定性和社会化生产的一般规定性。因而西方经济学作为反映这种经济形态的理论，也会在一定程度上反映这种一般规定性。从这个角度看，研究和借鉴现代西方经济学是必要的。但是，西方经济学从来不是科学的理论体系。这是因为，其指导思想是唯心史观，思维方法主要是形式逻辑而不是辩证逻辑，代表的是资产阶级利益，因而存在一系列弊病。

一是主观性。站在"自利经济人"或人格化的资本这种立场上观察经济，这决定了其往往只能直观地或扭曲地反映客观经济形态。例如，所谓"要素创造价值"论，就体现了拜物教观念和对劳动创造价值的严重歪曲。

二是表面性（或庸俗性）。仅仅停留在市场经济形态的流通、分配层面看问题，而忽略了在市场供求关系与工资、利润、利息和地租等分配关系的背后，是社会分工比例关系特别是生产资料所有制关系在起决定性作用。

三是片面性。看不到社会生产与市场流通的内在联系，只从流通层面研究市场经济现象。例如，凯恩斯主义从 GDP［即 Σ（V+M）］出发，搞消费、投资和外贸"三驾马车"调节宏观经济，就沿袭了"斯密教条"［在社会总产品 Σ（C+V+M）中丢掉了总不变资本 Σ C］这种片面性。西方经济学流派众多，正是不同学者在认识方法上存在不同的片面性的理论表现。

四是含糊性。忽视了货币流通与商品流通、商品流通与资本流通之间的共性、联系和区别。例如，西方经济学中的货币理论，就忽视了商品流通决定货币流通这种因果关系，把货币与货币资本混为一谈。

五是虚伪性和欺骗性。宣扬资本主义市场经济是自由、平等、相互尊重所有权和互利的，这是最典型的理论虚伪，其实质是用简单商品流通的交易关系掩盖生产领域资本家对雇佣工人的剥削关系。再以现代西方经济学的数理分析方法为例，一些人认为这是其科学优势，其实不然。科学的数理分析必须以对经济关系科学定性为前提，要求数学运用服从科学的理论逻辑。但是现代西方经济学却因为上述一系列缺陷，不可能符合这种要求，因此，如果只是用数学逻辑来掩盖理论逻辑的贫乏，就很难称为"科学优势"。如果要用西方经济学来指导社会主义市场经济，只能带来饮鸩止渴的效果。

四　开拓马克思主义政治经济学新境界

坚持对政治经济学的理论自信，关键在于学好用好。习总书记指出，"要立足我国国情和我国发展实践，揭示新特点新规律，提炼和总结我国经济发展实践的规律性成果，把实践经验上升为系统化的经济学说，不断开拓当代中国马克思主义政治经济学新境界"。落实这些要求的基本前提是，要下决心弄懂弄通并在实际经济工作中自觉地应用政治经济学；与此同时，还必须深入调查研究，依靠和组织广大人民群众的经济实践，这样才能真正落实习总书记所说的"立足""揭示""提炼和总结""上升",达到"不断开拓当代中国马克思主义政治经济学新境界"的目的。

如果缺乏理论自信,继续迷信西方经济学,那就只会在其不同流派中"兜圈子""找药方",可能导致某些颠覆性的错误。所以,开拓政治经济学的新境界,实质上是要求端正深化经济改革和一切经济工作的指导思想。政治经济学已经揭示出,公有制与市场经济的一般关系不是根本对立的,可以实现有效结合;只要坚持以公有制为主体的基本经济制度,坚持按劳分配为主的分配制度,广大人民群众就能走共同富裕之路;在此基础上,应用劳动二重性的原理,抓好宏观经济计划调控,发挥国有经济的主导力量,市场供求关系就有条件实现基本平衡,国民经济就有条件实现可持续的科学发展。

我们坚信,只要深入贯彻习总书记系列重要讲话精神,在实践中毫不动摇地应用政治经济学的基本原理,从而将其转化为指导具体实践的经济政策,就一定能够有效推进"四个全面"战略布局,夺取全面建成小康社会的伟大胜利。

(作者单位:南京财经大学经济学院)

(原载《中国社会科学报》2015 年 12 月 17 日)

以马克思主义引领高校经济学教育

丁堡骏

中国共产党历来重视意识形态工作,特别是十八大以来,以习近平同志为总书记的党中央高度重视这项工作,并提出要坚持对中国特色社会主义的道路自信、理论自信和制度自信。日前,中央办公厅、国务院办公厅印发《关于进一步加强和改进新形势下高校宣传思想工作的意见》,强调"建立健全符合国情的哲学社会科学人才培养质量标准体系,制定实施马克思主义理论、新闻传播学、法学、经济学、政治学、社会学、民族学、哲学、历史学等相关专业类教学质量国家标准,启动实施卓越马克思主义理论人才培养计划"。

从目前中国一些高校经济学研究和教学的实际情况来看,西方经济学大行其道,马克思主义政治经济学不再具有主体教学地位。一些高校将马克思主义政治经济学课程狭隘地划归"政治理论课",放到马克思主义教研部或马克思主义学院压缩讲授。与此同时,西方经济学却被作为没有意识形态属性的、与国际接轨的纯粹经济学,而放到经济学院(或者是商学院,或者是管理学院)进行系统的讲授。这弱化了马克思主义经济学,强化了西方经济学和西方资产阶级价值观的教育体系。

2005年刘国光同志曾经发表一篇关于经济学教学研究存在问题的长篇谈话,这个谈话分别从高等学校经济学教育方针、教材、师资队伍建设、经济学高等教育领导权等方面,指出了中国经济学高等教育西化的情况,并且相应地提出了解决问题的对策。然而，此后由于各种复杂因素的影响，"经济学西化"的问题没有得到有效解决。在一些人那里，马克思主义政治经济学被贴上政治课标签，被严格地限定活动范围。学生除了在入党、提干或参加社会活动时偶尔还能想起之外，马克思主义经济学就再无别的地位。而当他们遇到人生问题，例如升学读研、工作选择时，所运用的都是西方经济学的概念、范畴以及在这些概念范畴背后所隐藏着的资产阶级价值观。

当下通行的这一旨在强化西方经济学的经济学教育体系，要害在于它人为地割裂了中国特色社会主义的物质形态建设和意识形态建设。实际上，这两方面是对立统一的关系。中国特色社会主义从物质存在来看，是一种全新的物质生产方式，由生产力和生产关系以及它们的对立统一关系构成。同时，中国特色社会主义作为意识形态，又是对中国特色社会主义物质存在的反映，因而也是一种全新的意识形态。这种全新的意识形态，一方面由马克思主义政治经济学关于资本主义生产方式的理论所阐述；另一方面由当代马克思主义者对社会主义生产方式的实践经验进行政治经济学的概括和总结。

事实上，马克思主义政治经济学的这两方面内容之间是相互依赖、相互补充、相辅相成的。然而，在当下有人有意无意地低估前一部分内容。在他们看来，《资本论》毕竟是100多年前写成的，其理论宗旨是论证资本主义必然灭亡，现在我们国家资本主义已经灭亡了，我们要考虑如何建设社会主义。在这种观点看来，建设社会主义与认识资本主义可以没有必然联系。然而，恩格斯的看法却不是这样。恩格斯说，"我们对未来非资本主义社会区别于现代社会的特征的看法，是从历史事实和发展过程中得出的确切结论；不结合这些事实和过程去加以阐明，就没有任何理论价值和实际价值"。显然，恩格斯在这里明确地说到，对未来非资本主义社会的特征，或者说对社会主义特征的认识，必须依据历史事实和发展过程来获得。这当然包括资本主义生产方式发生、发展和必然灭亡的历史事实和无产阶级同资产阶级进行阶级斗争的发展过程。资本主义发展的历史事实和发展过程，既客观地发生在现实的资本主义社会制度之中，也作为历史事实记述于马克思的不朽著作《资本论》之中。可见，建设社会主义与理解、批判资本主义是分不开的，因为社会主义本身就是对资本主义的积极扬弃。

建设中国特色社会主义，不仅要建设它的物质形态，而且同时也要注意建设它的意识形态。中国特色社会主义的这两方面建设，是相互促进、相互作用、相互影响的。建设中国特色社会主义，不注意在物质上建设社会主义的物质要素，那就丢掉了根本。但是，如果只注意它的物质形态建设而不注意建设它的意识要素，那就忽视了精神对物质的巨大反作用。在改革开放关键时期，如果中国特色社会主义的意识形态工作做不好，那么，我们的国家和民族就有可能患精神分裂症，也有可能出现苏联东欧国家亡党亡国的灾难性后果。西方资产阶级经济学的思维方式和话语体系已经使我们的一些干部和群众头脑中毒了，甚至快要精神分裂了。

西方经济学本质上是资产阶级的意识形态，这一点是连资产阶级主流经济学家都公开承认的事实。然而，我们的一部分教育精英和一些不明真相的教育行政领导机关，却因其所具有的外表形象（即市场经济学的外观）而将它奉为主流。事实上，宣扬资产阶级意识形态的西方经济学占领我们高校经济学教育阵地，是我们建设中国特色社会主义在人才培养方面所面临的最大危机。如果我们的经济学教育按照所谓的学术自由的要求：某所大学奉行货币主义或芝加哥学派自由主义传统，某所大学奉行新古典经济学传统，另外一些大学则奉行新制度经济学传统；如果我们的经济学教育不能够引导教师和大学生对西方资产阶级经济学的理论进行分析鉴别；如果我们的教师和大学生对西方资产阶级经济学盲目信仰，那么，就一定会动摇马克思主义和中国特色社会主义事业。

与马克思主义一脉相承的邓小平理论、"三个代表"重要思想和科学发展观已经"进课堂"，更要让这些思想进学生的头脑；如果青年学生缺乏马克思主义基本世界观和方法论的基础，中国特色社会主义理论体系还是难以"进头脑"，更无法化为自觉的行动。任其这样发展下去，"坚定中国特色社会主义的道路自信、理论自信、制度自信",就必然是一句流于形式的空话,实现中华民族伟大复兴的中国梦就不会有共同的思想基础。这绝不仅仅是一个经济学教学问题,也是一个涉及意识形态领域斗争的问题,更是涉及中国特色社会主义前途命运的重大政治问题。

我们要拿出切实可行的措施彻底解决我国经济学高等教育领域里"全盘西化"的问题,让马克思主义经济学占领高校阵地,为同心同德实现中华民族伟大复兴的中国梦贡献力量。

(作者单位:吉林财经大学)

(原载《中国社会科学报》2015年1月26日)

西方主流经济学难以解释中国经验

张 宇

改革开放以来,中国成功地走出一条有中国特色的社会主义经济发展的新道路,中国经济显示的蓬勃生机和活力为全世界所瞩目。但是对于如何概括中国经济改革和发展的经验及其意义,却众说纷纭、难做定论。

近年来,经济学界流行着一种新的教条主义思想。这种思想认为,整个世界上的经济学只有一种,这就是西方主流经济学。它是和自然科学一样的普适性科学,是无民族无国界的,是中国经济改革和发展必须遵循的一般原理。在这种思维逻辑的支配下,形成了一种关于中国经验的主流经济学版本:中国经验至多是"转型经济学",是向资本主义标准市场经济的过渡形态,不具有经济学的普遍意义。中国经济的成就归功于对这些"一般原理"的有效应用,如发展私有经济、自由市场、对外开放等;而中国经济面临的问题则是由于偏离了这些"一般原理",如保留国有经济、政府干预、独立自主等,这些问题如不彻底解决,中国经济迟早会崩溃。总之,一切不符合主流经济学标准模型的做法,都被看作是对"一般原理"的偏离和扭曲。必须指出,这样的思维逻辑是完全错误和极其的,是典型的形而上学。

现代西方经济学,由于在一定程度上反映了市场经济的运动规律具有一些共性或普遍性,需要我们认真学习、吸收和借鉴。但看,它又具有特殊性。且不说西方经济学学派林立、观点各和不同的国家有不同的主流理论，就当前被当作西方主流的新古典经济学来说，就受到来自其他经济学学派的广泛批评。例如，新古典经济学被认为是重逻辑、轻历史，重形式、轻内容；否认不同社会制度和历史条件下人们行为的差异，排除技术、制度、政治、文化等各种复杂因素对经济生活的影响；把追求自身利益最大化的所谓"经济人"假设当作考虑所有问题的出发点，把资本主义制度下的市场经济当作人类永恒不变的经济形式，把抽象的数理逻辑当作判断经济学是否科学的主要标准，等等。此外，即使是一些人们比较认同的"正确理论"也是以一定的时空结构为前提的。

总的来说，现代西方经济学是以发达市场经济为基础产生发展起来的，对于非市场经济体系如原始社会、奴隶社会、封建社会和社会主义计划经济并不适用。即使是市场经济，由于存在着社会主义市场经济与资本主义市场经济的本质区别，其适用性也是需要仔细斟酌的。资本主义的市场经济是到目前为止最流行的经济形态，这就导致人们很容易以它为样板，把资本主义市场经济的特殊规律当作普遍规律或"国际惯例"。但实际情况真是如此吗？作为一般与特殊的统一，资本主义市场经济同样服从于一般与特殊的辩证法。众所周知，劳动力成为商品、资本雇佣劳动、剩余价值的生产、平均利润的形成、垄断资本的出现、普遍的生产过剩的世界性经济危机……所有这些都不是市场经济与生俱来的现象，而是小商品生产向资本主义商品生产过渡的产物。但在以公有制为基础的社会主义市场经济中，上述现象虽然不可能完全消失，至少也能在很大程度上受到调节和制约，发生重要的变化，同时伴随出现一些新的经济规律和运行特点。

特别需要强调的是，从实践经验中概括出来的中国特色社会主义经济理论不能简单地被当作是一种个案或例外。毫无疑问，这些经济改革和发展的经验首先是中国特殊国情的产物。特殊的经济结构、政治结构、历史文化传统以及路线方针政策乃至领导集团风格，都是中国特色的重要元素。因此，中国经验并不一定适用于所有国家。但是，我们不能把中国特色与一般性或普遍性对立起来、割裂开来，这样的做法不符合辩证法。实际上，中国经济改革和发展中的所有重要议题，如工业化、信息化、城市化、宏观经济稳定、市场体系发展、企业治理结构创新、中央与地方关系、对外开放、民主政治建设、传统文化继承与发展等，是每个国家特别是发展中国家都要面临的共同问题。这些问题的产生、发展和有效解决，当然也有其一般规律。

因此，中国经验必然具有一定的普遍性和一般意义。比如，在很长的历史时期中，无论是社会主义国家，还是资本主义国家，人们对市场经济的认识都存在很大的狭隘性、片面性，认为市场经济仅仅适合资本主义，只有资本主义才能搞市场经济，社会主义不能搞市场经济。这种认识严重阻碍了人们的眼界。中国共产党以巨大的理论勇气，突破了这一传统认知，不仅提出了社会主义市场经济理论，还建立了社会主义市场经济体制，在人类历史上第一次实现了社会主义与市场经济的结合。这一伟大创举，既体现了市场经济的普遍原则，又体现了社会主义制度的基本特征，实现了效率和公平、计划和市场、自主和开放、公有制主体地位和多种所有制共同发展的结合，发挥了社会主义制度的优越性和市场经济的长处。社会主义市场经济理论的提出，不仅是对马克思主义和科学社会主义理论的重大贡献，也为当今世界努力摆脱贫困、实现国家发展的广大发展中国家选择发展道路，提供了重要启示。因此，中国经验既是特殊的，也是普遍的。

中国经济改革和发展的实践开阔了经济学研究的视野，丰富了经济学研究的思路，深化了人们对市场经济和制度变迁过程的认识，对西方主流经济学的许多所谓"一般理论"提出了挑战。当代中国经济学的历史使命，就是要立足中国实践、扎根中国历史、面向中国问题，从中总结经验、构建话语、提炼思想、创新理论，创造出无愧于时代和人民的理论成就，为中华民族的伟大复兴和人类的发展做出应有的贡献。

（作者单位：中国人民大学经济学院）

（原载《中国社会科学报》2015年2月6日）

"西化"的经济学教育不能成为主流

邱海平

早在 20 世纪 80 年代，虽然当时少数高校开设了西方经济学课程，但所有高校的经济学专业都设有政治经济学，绝大多数还开设了社会主义经济理论、《资本论》等课程。同期开设的金融学、财政学等应用经济学课程，也都使用以马克思主义经济学为指导、由我国学者编写的教材。因而，在那个时代，马克思主义政治经济学是我国高校的"主流经济学"。

从 20 世纪 90 年代中期开始，西方经济学课程开始在中国大部分高校恢复，并且开设的课程越来越多。其中，不仅有经济学原理，而且还有中级和高级微观经济学、宏观经济学、计量经济学、新制度经济学等课程。与此同时，政治经济学课程被越来越多的高校所取消，甚至一些大学的经济学专业连《资本论》课程也取消了。在这样的情势下，高校的政治经济学教师队伍严重萎缩。特别是在今天，几乎所有大学的经济学科设置中，政治经济学专业教师在数量上都远远少于西方经济学专业教师。而从应用经济学学科情况来看，金融学、财政学等课程也全部改为使用西方经济学理论编写的教材，有的高校甚至直接采用外文原版教材。可见，西方经济学已经在事实上成为我国高校的"主流经济学"，政治经济学则被严重边缘化。

在高校经济学课程设置发生巨大变化的同时，我国经济学专业期刊的选文标准以及经济学科研成果评价标准也相应地发生了重大改变。从期刊选文标准来说，一些经济学专业期刊特别是个别影响力很大的期刊，在"经济学现代化"的名义下，大量刊登运用西方经济学研究范式（包括理论、方法和分析工具等）写作的专业论文，以至于再到后来，"不刊登政治经济学的文章"已经成为某些专业期刊的"显规则"。从经济学科研成果评价标准来说，在"国际化"的政策导向下，大部分高校对于在SSCI上发表文章的教师进行重奖。近年来，为了提高国外发文量和所谓"国际化"水平，很多高校不惜花重金，展开了一场大量引进海外留学博士生的"竞赛运动"，一些高校的"海归"博士和外国教师的数量越来越多。

因此，对于当前中国经济学教育和科研的严重"西化"倾向，必须进行实事求是的科学分析。一方面，必须充分认识这种倾向可能产生的严重危害；另一方面，必须科学认识政治经济学和西方经济学在我国高校经济学教育中的不同地位和相互关系，并采取适当政策予以引导和调整。

从前一个方面来说，这种严重"西化"倾向产生的主要危害有：第一，导致青年学生对于政治经济学以及整个马克思主义思想理论的淡漠甚至抵触，怀疑社会主义，否定共产党领导地位的合法性和合理性；第二，导致青年学生迷信西方资本主义制度和个人主义；第三，导致我国高等院校开设的学生思想政治课部分失效；第四，导致青年学生思想方法的教条化和僵化，不利于学生形成和掌握正确认识历史和社会的科学方法；第五，不利于中国特色社会主义经济学理论的创新和发展；第六，严重"西化"的经济学教育产生严重"西化"的经济学研究，从而与中国特色社会主义发展的现实需要相脱节，产生了大量形式主义的无效研究成果，造成了科研资源的严重浪费；第七，我国高校经济学教育的严重"西化"倾向最根本的危害在于，这种经济学教育无益于培养中国特色社会主义的接班人。因此，党和政府必须高度重视我国经济学严重"西化"的倾向和现象，并采取各种有力措施予以纠正。

从后一个方面来说，我国是一个社会主义国家，马克思主义是中国特色社会主义的理论基础和指导思想，政治经济学作为马克思主义理论最重要的组成部分，理所应当在我国高校的经济学教育和科研中居于主导地位。同时，我们也应该看到，当代西方经济学是现代资本主义发展的最重要文明成果之一，从我们必须吸收和借鉴一切人类优秀文明成果这个角度来说，西方经济学也是我国经济学必须批判性地借鉴和吸收的对象。因此，在我国经济学教育中继续开设西方经济学课程仍然是必要的和必需的。我们并不主张取消西方经济学课程而只开设政治经济学课程。但问题在于，必须采取有关政策和措施，彻底改变我国经济学教育和科研过于"西化"的整体格局，重新恢复马克思主义经济学即政治经济学在我国的主导地位。

为此，可以从以下几个方面入手：第一，必须从领导和干部问题抓起。相关部门在考核和任用高校党委书记和校长时，应当把是否高度重视马克思主义经济学即政治经济学的学科建设列为重要的考核内容。第二，重新设计和修改学科评估指标体系，加大对于政治经济学的鼓励支持力度，对于重视政治经济学教育和科研的学校要加大奖励支持力度。第三，必须深刻反思"教育国际化"及其相关政策。要对学科评估中那些过分抬高SSCI发文的导向作用、不适当地鼓励推行全英文教学、片面强调引进"海归"数量的意义和作用等方面进行大力调整。第四，为了鼓励各高校重视政治经济学的建设和发展，国家社科基金委和教育部在科研立项中，应该加大政治经济学方面的研究选题和支持力度。同时，在长江学者、跨世纪人才等项目评选中，加大向政治经济学专业青年教师的倾斜力度。第五，采取有力的以正面引导和鼓励为主的有关政策，使"马工程"中的《西方经济学》教材能够在高校得到更广泛的使用。第六，师资严重不足是我国政治经济学建设和发展面临的根本问题。各级高校领导应从思想上高度重视政治经济学建设和发展的重要性，并采取相关具体办法来解决政治经济学师资不足和后继乏人的问题。

总之，解决我国高校经济学教育的严重"西化"问题是一项复杂且长期的重大工程，教育主管部门应召开各种不同层面的会议进行大量的专题研究，集思广益、科学决策，提出一个系统的解决思路和政策方案，以加强政治经济学的学科建设为时代使命，不断丰富和发展有中国特色的社会主义经济学理论体系。

（作者单位：中国人民大学经济学院）

（原载《中国社会科学报》2015年3月20日）